컴퓨터 기반의 제어와 계측

LabVIEW 데이터 수집 및 CompactRIO

LabVIEW는 컴퓨터 기반의 제어와 계측 어플리케이션을 구현하는 완벽한 솔루션입니다.
본 책자는 LabVIEW 시작하기와 데이터 수집 및 CompactRIO 어플리케이션 구현에 대한 예제 따라하기와 해설로 구성된 완벽한 해설서입니다.

곽두영 지음

Desktop | Industrial | Mobile | Embedded

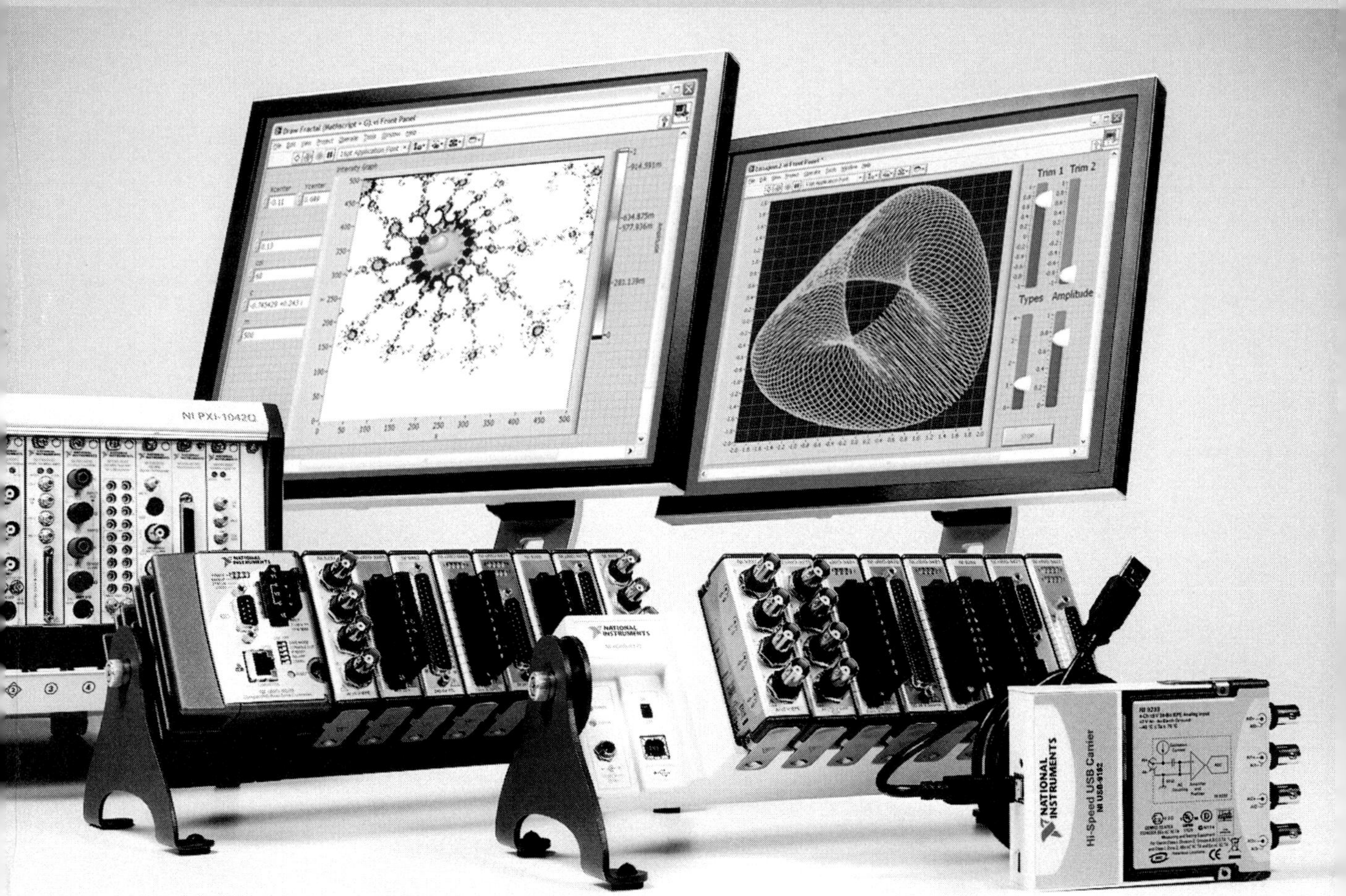

Ohm사

머리말

LabVIEW의 사용 목적이 컴퓨터를 이용한 계측과 제어이므로 계측 하드웨어나 임베디드 하드웨어를 다루어야 됩니다. 그래서 프로그래밍에 대한 지식뿐 아니라 데이터 수집 하드웨어와 계측 이론에 대한 전반적인 지식이 요구됩니다.

본 책자는 한국 내쇼날인스트루먼트 기술지원부의 신입사원에게 LabVIEW 및 데이터수집에 대하여 교육하기 위한 교재로 저술되었습니다. 그래서 기술지원부에 축적된 기술 자료를 정리하고, 이해하기 쉽게 풀어서 설명하였습니다. 이를 위하여 이론 부분의 일부는 ni.com 웹페이지에 있는 기술 백서를 인용하였고, Specialist의 기술 검수를 받았습니다. 그리고 전문 기술 엔지니어를 양성하는 목적으로 저술되다보니 이해하지 못해도 LabVIEW 프로그래밍에는 지장이 없는 부분까지 다루어져있습니다. 이런 부분은 차후에 공부해도 될 것입니다.

데이터 수집 하드웨어를 이용한 아날로그 입력과 출력, 디지털 입력과 출력에 대하여 심도 있게 다루었으며, 윈도우즈 운영체제의 DAQ 플랫폼뿐 아니라 Real Time 기반의 임베디드 플랫폼에서의 데이터 수집과 제어도 다루었습니다. 또한 한권의 책으로 LabVIEW 시작하기부터 CompactRIO 임베디드 솔루션 개발까지 다루는 것을 목표로 하였습니다. 그래서 제1장부터 3장까지는 LabVIEW 시작하기로 구성되었고, 4장에서 7장까지는 데이터 수집의 기본 이론과 솔루션을 다루었으며, 8장은 CompactRIO를 다루었습니다.

본 책자는 LabVIEW 2010을 기반으로 작성되었으므로, 이전 버전에서는 일부 함수의 모양이나 기능이 다를 수 있습니다. 특히 하드웨어의 발전에 따라서 LabVIEW의 기술도 함께 발전하고 있으므로 적합한 하드웨어 사양과 LabVIEW 버전이 아니면 사용할 수 없는 기능들도 있습니다. 이런 경우에는 시뮬레이션 하드웨어를 이용하거나 이론적으로 학습해야 될 것입니다.

기술서의 완벽성을 위하여 CompactRIO 부분은 Specialist 정진호 과장의 검수를 받았습니다. 또한 이해도를 확인하기 위하여 여러 신입사원들에게 초본을 제공하여 공부하도록 하여 피드백을 받아서 개선하였습니다.

많은 도움을 주신 한국 내쇼날인스트루먼트 김주엽 대표이사님과 직원 분들께 감사드립니다. 그리고 검수를 도와주신 정진호 과장과 기술지원부원들께 감사드립니다. 책을 출판해주신 Ohm사 곽종학 사장님과 직원 분들께도 감사드립니다.

사랑하는 아내 창은과 아들 주형, 주환에게 이 책을 바칩니다.

2011년 1월 17일
곽두영

추 천 글

곽두영 씨의 LabVIEW 데이터수집 및 CompactRIO 교재 출간을 진심으로 축하합니다.

컴퓨터 기반의 제어 및 계측 솔루션을 구축하기 위해서는 소프트웨어와 하드웨어의 완벽한 조화가 필요합니다. LabVIEW는 측정 및 테스트 시장에서 적용 가능한 데이터 수집보드와 모듈형 계측기 뿐만 아니라 디자인 및 제어 분야에서 사용 가능 한 CompactRIO Real Time 플랫폼과의 연동을 최적화시켜 최신 기술 및 산업의 요구사항을 충족시키고 있습니다. LabVIEW로 개발 가능한 하드웨어는 매년 수백 여종 이상 출시되고 있으며, LabVIEW도 새로운 하드웨어나 기술 플랫폼에 대응하기 위하여 매년 업그레이드된 버전을 출시하고 있습니다.

최근에는 특히 기술융합을 통한 신기술 개발에 대한 수요와 함께 임베디드 플랫폼에 대한 관심이 높아지고 있습니다. 이를 위한 가장 완벽한 솔루션으로 CompactRIO 하드웨어와 이를 프로그램 할 수 있는 LabVIEW FPGA 플랫폼이 다양한 산업 분야에 적용되고 있습니다. CompactRIO 임베디드 플랫폼은 교량, 건물, 발전소, 댐, 풍력발전기 등의 머신 상태 모니터링이나 고속 FPGA 제어를 이용한 가정용 연료전지 개발, 플라즈마 절단기, 레이저 용접 기기, 지능형 로봇 개발 등에 사용되는 등, 고급 제어 분야부터 간단한 모니터링 용도까지 여러 형태의 임베디드 컨트롤러로 사용되고 있습니다. 그러나 지금까지는 새로운 플랫폼을 일반 사용자들이 쉽게 배우고 사용할 수 있는 한글 교재가 부족하였습니다. 이에 국내 최초로 LabVIEW 2010을 기반으로 하는 CompactRIO 교재가 출간된 것을 진심으로 축하합니다.

아울러 앞으로의 LabVIEW는 Real Time 및 FPGA 임베디드 플랫폼에 최적화된 프로그래밍 언어로 개발 발전해나갈 것입니다. 그래서 관련한 한글 교재도 더 많이 만들어지고 여러 사용자들이 쉽게 접하고 배워서 성공적인 솔루션을 개발할 수 있기를 바랍니다.

이 책이 LabVIEW를 이용하여 데이터수집 및 CompactRIO 임베디드 솔루션을 개발하고자 하는 많은 엔지니어들에게 좋은 교재가 될 것으로 확신합니다.

감사합니다.

한국내쇼날인스트루먼트
대표이사 김 주 엽

차 례

제 1 장 LabVIEW 시작하기

제 2 장 구조 Structure

제 3 장 LabVIEW 프로젝트

제 4 장 데이터 수집 이론

제 5 장 DAQmx-아날로그 입력

제 6 장 DAQmx-아날로그 출력

제 7 장 디지털 신호 측정

제 8 장 cRIO 어플리케이션

제 1 장

LabVIEW 시작하기

LabVIEW의 기본 구성과 변수 타입에 대하여 배웁니다. 그리고 배열, 클러스터, SubVI 만들기, 디버깅 방법 등을 소개합니다.

가. LabVIEW 시작하기

LabVIEW의 첫 화면은 시작하기 창입니다. 그리고 시작하기 창은 아래와 같이 구성됩니다.

- 새로 만들기 : 새 VI, 새 프로젝트, Real-Time 프로젝트, 그리고 기타로 구성됩니다.
- 열기 : 최근에 작업한 프로젝트(lvproj), VI, 라이브러리(lvlib)를 선택하여 다시 열 수 있도록 도와줍니다.
- 타깃 : LabVIEW Real Time 모듈이나 FPGA 모듈이 설치되어 있을 경우, 원격 타깃을 지정할 수 있습니다.
- 유용한 정보 : ni.com 홈페이지에서 제공하는 LabVIEW 뉴스, 예제, IP, 및 LabVIEW 공부에 필요한 LabVIEW 시작하기, LabVIEW 도움말, 그리고 기본 예제 찾기 등이 제공됩니다.

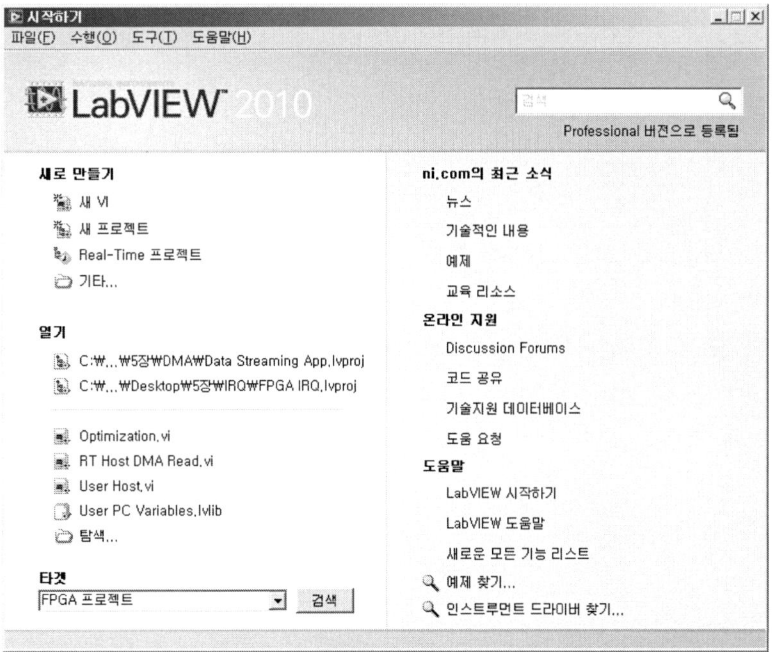

LabVIEW 프로그래밍은 프로젝트 > 타깃 > VI로 구성됩니다. 프로젝트 아래에 호스트 컴퓨터, Real Time 호스트 컨트롤러, FPGA 타깃, 임베디드 비젼 시스템 등의 타깃들을 위치시키고, 각 타깃별로 VI를 작성합니다. VI는 Virtual Instruments의 약자이며 확장자명은 *.vi입니다.

시작하기 창에서 새로 만들기의 [새 프로젝트]를 선택하면 다음과 같이 새로운 프로젝트를 생성할 수 있습니다. 저장 버튼을 클릭하여 저장해줍니다. 단축키는 <Ctrl + S>입니다. 이때 프로젝트의 확장자명은 *.lvproj입니다. 현재 프로젝트 아래에는 Windows 호스트 컴퓨터인 [내 컴퓨터] 타깃이 하나 있는 상태입니다. Windows 시스템을 구성할 경우에는 [내 컴퓨터] 타깃에서 VI를 생성하고 프로그래밍하면 됩니다. 그리고 이와 같이 Windows Only로 사용할 경우에는 프로젝트 없이 간단하여 VI만 만들어 프로그래밍해도 됩니다. 시작하기 창에서 새로 만들기의 [새 VI]를 선택해줍니다. 단축키는 <Ctrl + N>입니다.

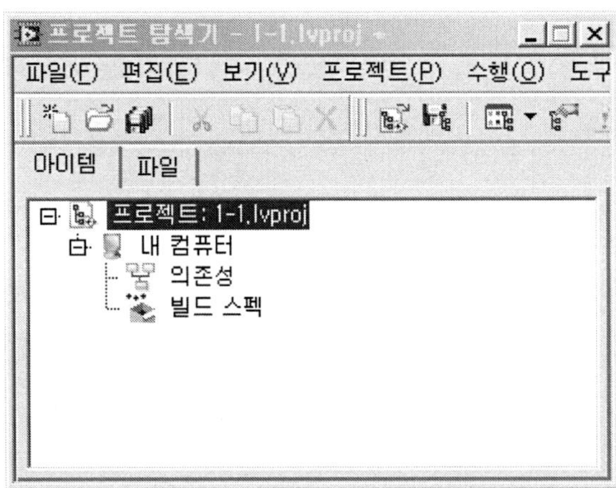

[프로젝트를 꼭 만들어야 되는 경우]

- 여러 VI를 묶어서 라이브러리를 구성할 때
- EXE 실행 배포 파일을 만들 때
- Real Time 타깃이나 FPGA 타깃을 함께 사용할 때

Windows OS 기반의 일반적인 어플리케이션 개발시에는 VI만으로도 충분합니다.

LabVIEW 프로그래밍의 최소 단위인 VI는 두 개의 창과 세 개의 팔레트로 구성되어 있습니다. 두 개의 창은 **프런트패널과 블록다이어그램**이며, 세 개의 팔레트는 **컨트롤 팔레트, 함수 팔레트**, 그리고 **도구 팔레트**입니다. 회색 창이 프런트패널이고 흰색 창이 블록다이어그램입니다. 그리고 각 창에는 대응되는 팔레트가 있습니다. 프런트패널에는 컨트롤 팔레트가 대응되며, 블록다이어그램에는 함수 팔레트가 대응됩니다. 도구 팔레트는 두 창에서 모두 사용할 수 있습니다.

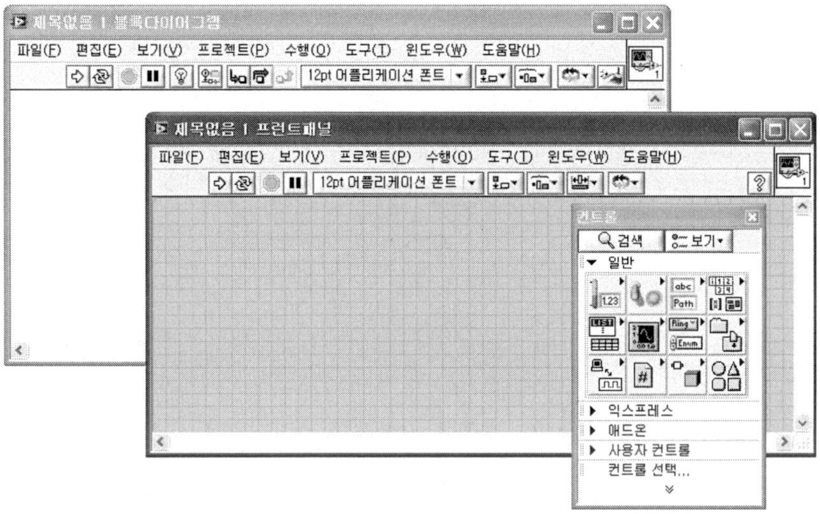

VI를 새로 생성한 뒤에는 저장하여 이름을 지정합니다. 단축키 <Ctrl + S>나 상단 메뉴의 파일(F) > 저장(S)을 이용하여 새로운 이름으로 저장합니다. 컨트롤 팔레트나 함수 팔레트가 나타나지 않았을 경우에는 해당 창의 빈 공간에서 마우스의 오른쪽 버튼을 클릭하면 대응되는 팔레트를 임시로 나타낼 수 있습니다. 그리고 팔레트를 계속 고정시키고 싶을 경우에는 왼쪽과 같이 핀으로 고정합니다.

팔레트에 보이는 항목을 변경하고자 할 경우에는 다음과 같이 **보기 > 보이는 항목 변경**을 선택하여 **보이는 항목 변경** 창을 실행할 수 있습니다. 사용하지 않는 항목은 선택해제하면 될 것입니다.

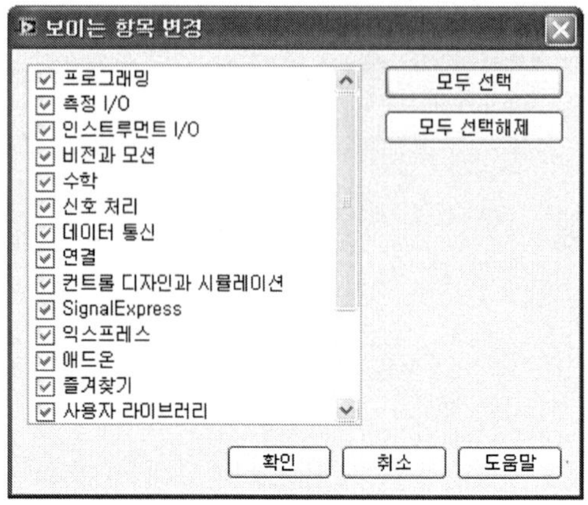

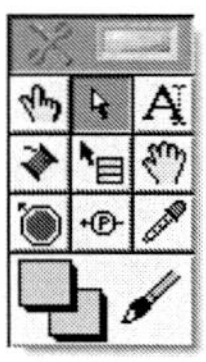

도구 팔레트는 프런트패널과 블록다이어그램 모두에서 사용할 수 있는 팔레트입니다. 도구 팔레트는 마우스의 여러 가지 기능을 선택하는 팔레트입니다. LabVIEW는 그래픽 기반의 프로그래밍 언어이므로, 컴퓨터 마우스의 역할이 중요합니다. 마우스로 아이콘을 선택하거나, 문자/라벨을 입력하거나, Run 버튼을 클릭하거나, 아이콘의 색을 변경하는 등의 다양한 역할을 수행해야 됩니다. 이때 각 역할을 지정하는 것이 도구 팔레트입니다. 도구 팔레트는 프런트패널이나 블록다이어그램의 빈자리에서 <Shift + 마우스 오른쪽 버튼 클릭>으로 띄울 수 있습니다.

도구 팔레트에서 10가지 도구를 선택할 수 있지만, 실제로 많이 사용하는 도구는 그중 일부입니다. 그래서 일반적으로 자동 도구 선택으로 지정하고, 자주 사용되는 도구가 자동으로 선택되도록 설정합니다. 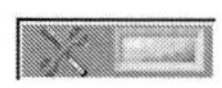 **자동 도구 선택 버튼**이 선택되었을 경우에는 자동으로 가장 적합한 마우스 도구를 선택해 줍니다. 그러나 색 도구 등을 사용하기 위해서는 도구 팔레트를 띄워서 원하는 도구를 선택해야 됩니다.

만약 자동 도구 선택으로 지정하지 않았을 경우에는 키보드의 <스페이스>나 <탭> 키로 도구를 변경하여 선택할 수 있습니다. <스페이스> 키는 가장 많이 사용되는 두 가지 도구를 변경/지정할 때 사용하고, <탭> 키는 도구들을 순차적으로 바꾸어 지정할 때 사용합니다.

⌘ 프런트패널

프런트패널을 사용자 인터페이스(User Interface)라고도 부릅니다. 사용자는 숫자형 입력이나, 버튼 입력, 웨이브폼 그래프 등을 이용하여 사용자 인터페이스를 구성할 수 있습니다. 이러한 아이콘들은 컨트롤 팔레트에서 찾을 수 있습니다. 특히 LabVIEW가 실행 모드일 때 사용자가 접하고 이용하는 부분이 프런트패널입니다.

컨트롤 팔레트에서 필요한 아이콘을 찾은 다음, 마우스 왼쪽 버튼으로 선택합니다. 그리고 다시 프런트패널의 원하는 위치를 클릭하면, 다음과 같이 아이콘을 위치시키고 프런트패널을 구성할 수 있습니다.

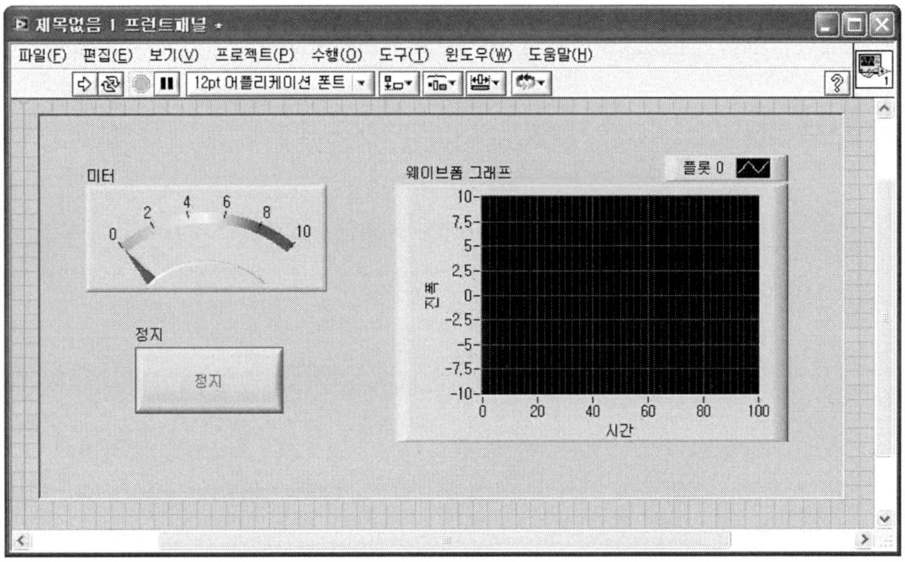

⌘ 블록다이어그램

LabVIEW에서 블록다이어그램은 프로그램을 작성하는 창입니다. 프런트패널에 아이콘을 위치시키면 이에 대응되는 터미널이 블록다이어그램에 생성됩니다. 그리고 사용자는 이 터미널들과 함수 팔레트에서 제공되는 함수를 와이어로 연결하여 프로그램을 완성할 수 있습니다.

다음과 같이 프런트패널에 숫자형 컨트롤을 위치시키면 블록다이어그램에 대응되는 숫자형 터미널이 생성됩니다. 이와 같이 프런트패널의 컨트롤에는 항상 대응되는 터미널이 한 개 존재합니다. 숫자형 컨트롤은 컨트롤 > 일반 > 숫자형 팔레트에서 찾을 수 있습니다.

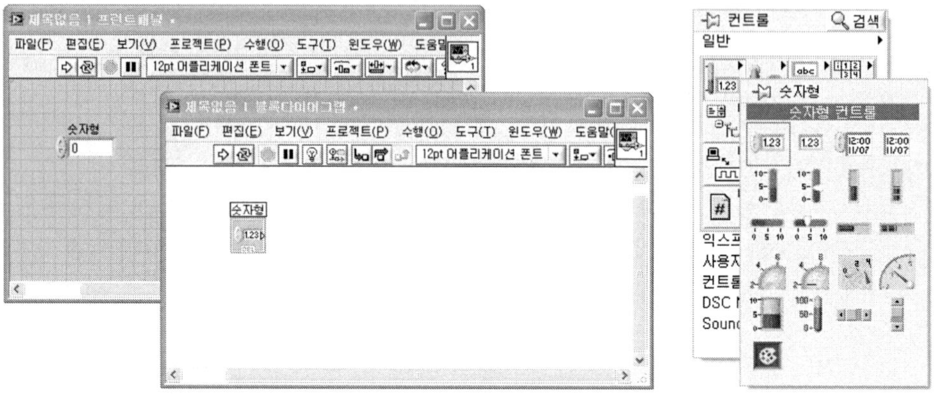

⌘ 컨트롤과 인디케이터

프런트패널의 객체는 **컨트롤**과 **인디케이터**로 나누어집니다. 컨트롤은 사용자 입력을 위한 객체입니다. 그리고 인디케이터는 프로그램의 실행 결과를 출력하는 객체입니다. 그리고 LabVIEW에서 데이터의 흐름은 항상 컨트롤에서 인디케이터로 흐르게 되므로 와이어를 컨트롤에서 인디케이터로 연결해야 합니다. 이 규칙을 따르지 않으면 실행 버튼이 깨어져서 VI를 실행할 수 없습니다. 

연습 1을 통하여 컨트롤과 인디케이터의 차이점과 용도에 대하여 상세히 배울 수 있을 것입니다.

참고 LabVIEW는 와이어에 의한 데이터 흐름 구조로 구성됩니다. 특히 와이어의 연결 방향은 항상 왼쪽에서 오른쪽입니다. 데이터도 와이어를 따라 왼쪽에서 오른쪽으로 흘러갑니다. 또한 블록다이어그램의 실행 순서도 와이어의 데이터 흐름에 따라서 결정됩니다.

⌘ 도구바

프런트패널과 블록다이어그램의 도구바를 이용하여 실행 및 디버깅, 정렬, 문자 폰트 변경 등을 수행할 수 있습니다.

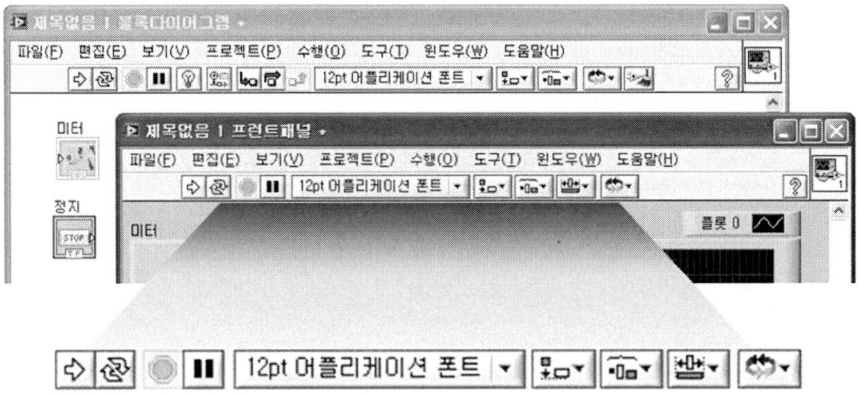

실행

디버깅 반복실행

강제종료 및 일시정지

아이콘 정렬 : 상하좌우 줄맞추기, 간격 맞추기, 크기 맞추기, 앞뒤 아이콘 위치 바꾸기, 그룹 지정 및 해제

블록다이어그램 도구바

실행 하이라이트

다이어그램 정리 : 아이콘과 와이어 정리, 특히 블록다이어그램의 일부를 마우스로 선택한 다음, 다이어그램 정리를 클릭하면 선택된 부분만 정리됩니다. (2009 버전부터 가능함)

⌘ 단축키

LabVIEW에서는 OS에서 제공되는 기본적인 단축키와 LabVIEW 전용 단축키를 사용할 수 있습니다. 특히 대부분의 메뉴 항목과 단축메뉴의 항목들이 단축키를 가지고 있으므로 마우스의 조작을 최소화하면서 좀더 편리하게 프

로그래밍을 할 수 있습니다. 많이 사용되는 단축키를 다음과 같이 소개합니다.

삭제

프런트패널이나 블록다이어그램에서 아이콘을 삭제하고자 할 경우에는 해당 아이콘을 선택하고 <Delete> 키로 삭제할 수 있습니다.

복사 및 붙여넣기

복사의 단축키 <Ctrl + C>와 붙여넣기의 단축키 <Ctrl + V>를 이용할 수 있습니다. 또는 복사할 아이콘을 선택한 다음, <Ctrl> 키를 누른 상태에서 끌어서 옮기면 아이콘을 복사할 수 있습니다.

아이콘 사이의 공간 넓히기

아이콘들 사이에 공간을 새로 확보하고자 할 경우에는 <Ctrl> 키를 누른 상태에서 아이콘 사이의 공간에 필요한 만큼의 공간을 드래그해줍니다.

실행 취소 및 다시 실행

실행 취소 혹은 되돌리기의 단축키인 <Ctrl + Z>와 다시 실행의 <Ctrl + Shift + Z>를 이용하여 프로그래밍 과정을 되돌리거나 되돌린 것을 다시 실행할 수 있습니다.

깨어진 와이어 제거

블록다이어그램에서 깨어진 와이어를 제거하기 위해서, 와이어들을 일일이 마우스로 선택하고 <Delete> 키를 이용하여 제거할 수도 있습니다. 그러나 단축키 <Ctrl + B>를 이용하면, 블록다이어그램이 있는 모든 깨어진 와이어를 제거할 수 있습니다.

블록다이어그램 정리

단축키 <Ctrl + U>를 이용하여 블록다이어그램의 아이콘과 와이어를 자동으로 정리할 수 있습니다. 도구바의 **다이어그램 정리**와 동일합니다.

프런트패널과 블록다이어그램 전환

프런트패널과 블록다이어그램에서 활성화된 창에서 다른 창으로 전환하고자 할 경우, 단축키 <Ctrl + E>를 사용합니다.
그리고 프런트패널을 왼쪽으로 블록다이어그램을 오른쪽으로 위치하게 할 경우에는 단축키 <Ctrl + T>를 이용합니다.

다음 연습을 통하여 숫자형 컨트롤과 숫자형 인디케이터를 사용하는 방법과 차이점을 확인하고, 팔레트와 도구 사용에 대하여 익힙니다.

연습 1-1. 숫자의 더하기와 빼기

숫자 두 개를 입력받아서 더하고 빼는 VI를 만들어봅니다. 이 연습을 통하여 다음을 배울 수 있습니다.

- 컨트롤 팔레트와 함수 팔레트에서 객체를 찾아서 프런트패널과 블록다이어그램에 위치시키는 법을 배웁니다.
- 마우스의 도구를 자동으로 변경하여 다양한 마우스 도구를 사용해봅니다.
- 프런트패널과 블록다이어그램의 객체들을 정렬하는 방법을 배웁니다.
- 객체의 속성을 단축메뉴에서 변경하는 방법을 배웁니다.
- 컨트롤과 인디케이터의 개념을 배우고, 와이어로 서로 연결하는 방법을 배웁니다.
- 더하기와 빼기 연산 함수의 사용법을 배웁니다.
- 기본 도움말 사용법을 배웁니다.
- VI의 아이콘을 편집해봅니다.

⌘ 프런트패널

1. 컨트롤 > 일반 > 숫자형 팔레트에서 1.23 **숫자형 컨트롤** 두 개를 프런트패널에 위치시킵니다. 객체를 선택하고 프런트패널에 끌어놓습니다.
2. 라벨을 각각 a와 b로 바꿉니다. 도구 팔레트가 자동선택으로 설정되어 있을 때는, 고치고 싶은 라벨을 더블클릭하여 바꿀 수 있습니다. 또는 문자 입력 도구 A을 이용하여 라벨을 바꿀 수 있습니다.
3. 컨트롤 > 일반 > 숫자형 팔레트에서 1.23 **숫자형 인디케이터** 두 개를 가지고 와서 프런트패널에 위치시키고, 라벨을 a+b와 a-b로 바꿉니다. 또한 을 이용하여 정렬합니다.

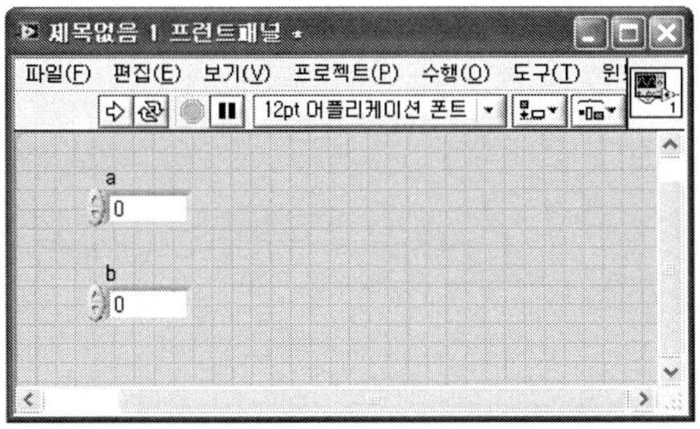

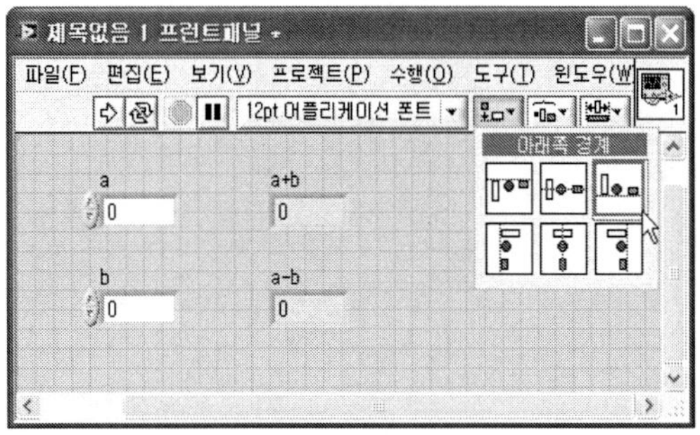

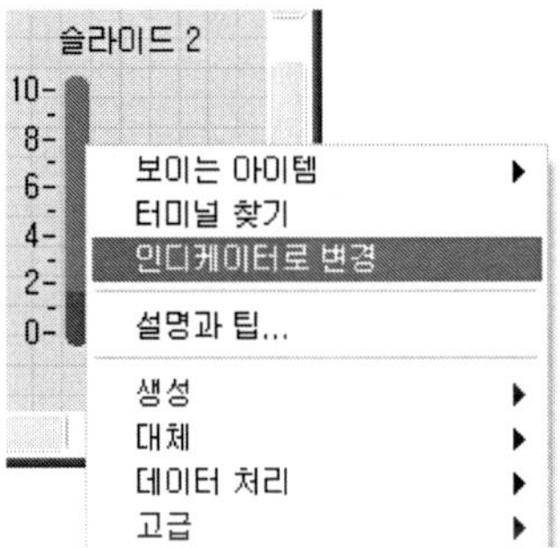

4. 컨트롤 > 일반 > 숫자형 팔레트에서 **수직 채움 슬라이드** 두 개를 가지고 와서 프런트패널에 놓습니다.
5. [슬라이드 2]를 마우스로 선택하고 마우스의 오른쪽 버튼을 클릭하면 **단축메뉴**가 나타납니다. 여기에서 **인디케이터로 변경**을 찾아서 선택해줍니다. 수직 채움 슬라이드의 초기 상태는 컨트롤이므로 [슬라이드 2]는 인디케이터로 바꿔준 것입니다.

참고 **단축메뉴** : LabVIEW는 아이콘을 이용하여 프로그래밍을 하기 때문에 객체의 세부적인 설정은 단축메뉴를 이용하여 바꿔야 됩니다. 위와 같이 객체를 선택하고 마우스의 오른쪽 버튼을 클릭하여 단축메뉴를 나타낼 수 있습니다.

6. 프런트패널을 다음과 같이 정리합니다.

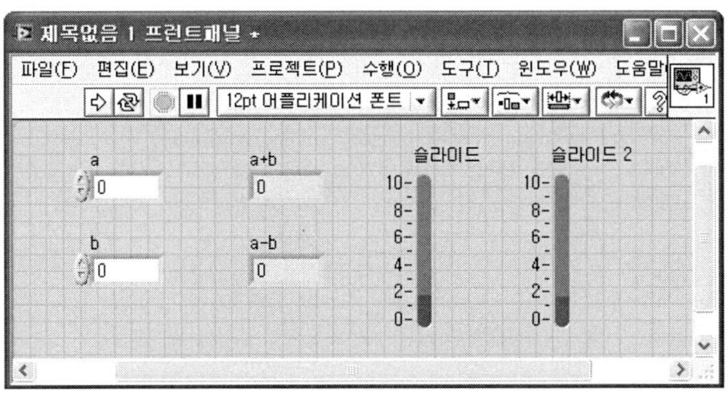

숫자형 컨트롤과 인디케이터는 프런트패널의 모양으로 구분이 가능하지만, 슬라이드는 구분할 수 없습니다. [슬라이드]와 [슬라이드 2]는 모양은 같지만, [슬라이드]는 컨트롤이고 [슬라이드 2]는 인디케이터입니다. 이때 컨트롤인지 인디케이터인지 정확히 구분하기 위해서는 각 아이콘에 대응되는 터미널을 확인해야 됩니다.

은 **컨트롤**이고 은 **인디케이터**입니다. 굵은 테두리는 컨트롤을, 얇은 테두리는 인디케이터를 의미합니다. 이때 주황색은 실수 형태의 숫자형임을 의미하고 DBL 은 배정도실수형임을 의미합니다. 흰색 삼각형  위치도 서로 다릅니다. 컨트롤은 나가는 쪽에 삼각형이 있고 인디케이터는 들어오는 쪽에 삼각형이 있습니다.

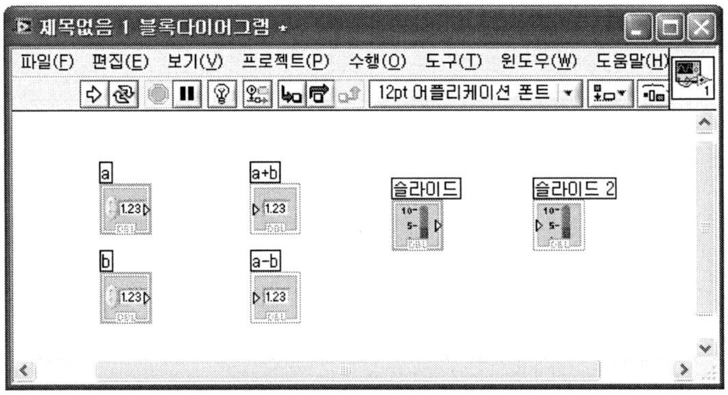

⌘ 블록다이어그램

7. 함수 > 프로그래밍 > 숫자형 팔레트에서 더하기와 빼기를 찾아서 위치시키고 와이어를 연결합니다. 이때 **기본 도움말**을 이용하여 정확한 연결위치를 확인합니다.

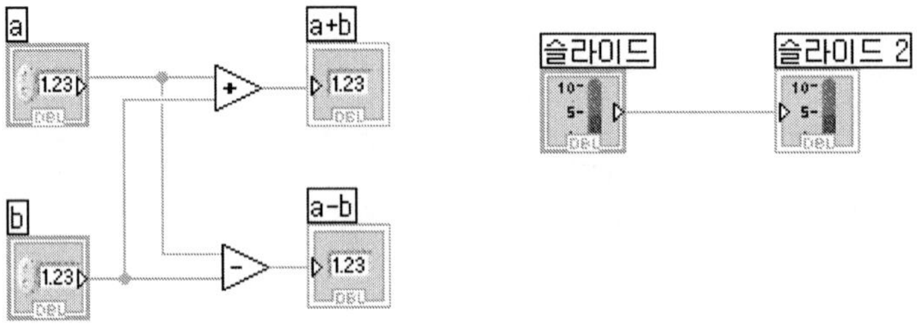

참고 **기본 도움말**은 단축키 〈Ctrl+H〉나, 도움말(H)에서 **기본 도움말 보이기(H)**를 선택하거나 또는 윈도우 창의 오른쪽 상단에 있는 을 클릭하여 사용할 수 있습니다. 기본 도움말은 마우스로 지시한 아이콘의 역할과 와이어 연결 방법을 알려줍니다. 사용자가 마우스로 아이콘을 선택하면 아래와 같이 기본 도움말을 볼 수 있습니다. 아래는 더하기 함수 노드가 x와 y값을 입력받고, x+y값을 출력한다는 것을 알려주는 기본 도움말 창입니다.

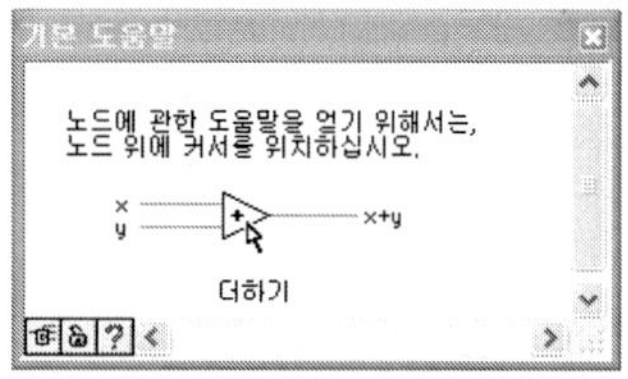

8. 더하기와 빼기.vi로 저장합니다. 단축키는 <Ctrl+S>입니다.
9. 프런트패널로 다시 돌아와서 컨트롤인 [a], [b], [슬라이드]에 값을 입력하고 VI를 실행합니다.

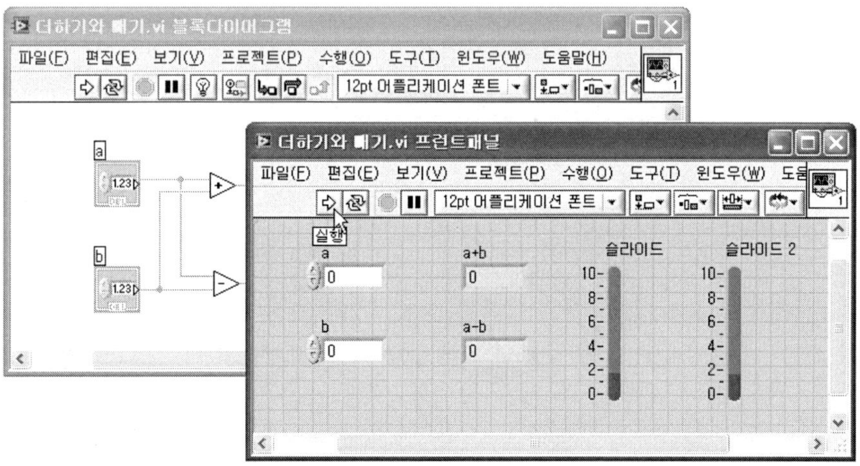

참고 VI의 이름은 한글이나 영문을 모두 사용할 수 있습니다. 그러나 Real Time OS와 같은 임베디드 솔루션을 개발하는 경우에는 OS에서 한글을 인식할 수 없는 경우가 있으므

로, 영문 이름과 폴더 명을 사용하는 것이 안전합니다. 영문VI 이름에서 대문자와 소문자를 구분하지 않습니다.

참고 처럼 실행 버튼이 깨어진 경우는 깨진 와이어가 있거나, 꼭 필요한 와이어를 연결하지 않은 경우입니다. 깨진 와이어는 단축키 〈Ctrl+B〉를 이용하여 없앨 수 있습니다. 또는 상단 메뉴의 편집(E) 〉 **깨진 와이어 제거(B)**를 이용하여 없앨 수도 있습니다.

10. 슬라이드 눈금의 최대값을 10에서 100으로 바꿔줍니다. 최대값을 더블 클릭하여 편집모드로 바꾼 다음, 새로운 값을 입력해주면 나머지 눈금들은 새로운 최대값 100에 맞추어 자동으로 조정됩니다.
11. 슬라이드의 특성을 바꿔봅니다. 우선 슬라이드를 마우스로 선택하고 마우스 오른쪽 버튼을 클릭해봅니다. LabVIEW의 모든 아이콘에 마우스를 두고 오른쪽 버튼을 클릭하면 단축메뉴가 나타납니다. 슬라이드의 단축메뉴에서 가장 아래쪽에 있는 **프로퍼티**를 선택합니다. 다음과 같이 **슬라이드 프로퍼티** 창이 나타날 것입니다.

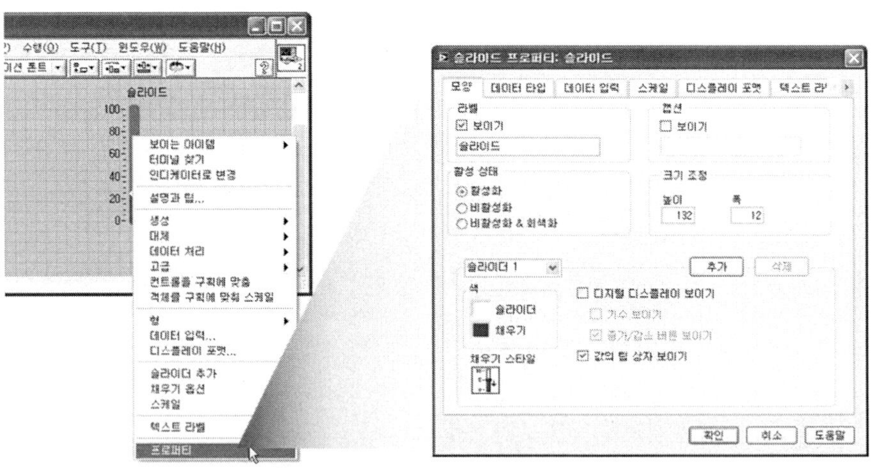

슬라이드 프로퍼티 창에서 필요한 속성을 변경해줍니다.

디스플레이 포맷 텝을 선택하고 **뒤따르는 제로 숨기기**의 체크를 없앱니다. 전체적으로 **자릿수**만큼 되도록 나머지부분을 Zero로 채워 넣게 됩니다.

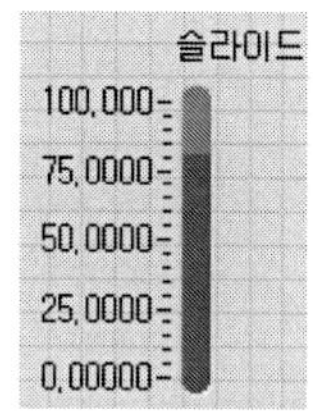

12. VI의 아이콘 모양 바꿔줍니다. 더하기와 빼기.vi의 아이콘은 기본형인 입니다. 더하기 빼기.vi를 다른 VI에서 불러서 사용할 때 이 아이콘으로 표현됩니다. 다른 아이콘과 구별을 하기위해서 아이콘 모양을 고칩니다.

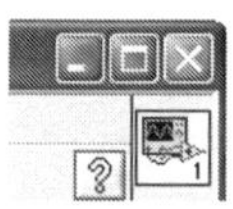

VI의 오른쪽 위에 있는 아이콘을 더블클릭하면 **아이콘 편집기**가 실행됩니다. 아이콘 편집기를 이용하여 더하기와 빼기.vi의 아이콘을 바꾸고 다시 저장합니다. 아이콘 편집기의 문양 탭에서 다양한 아이콘을 선택할 수 있습니다.

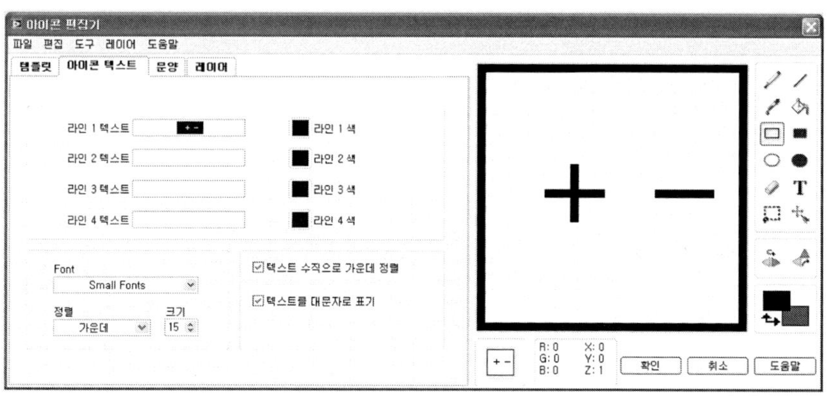

연습 1-1 끝

연습 1-2. 섭씨온도를 화씨온도로 바꾸기

섭씨온도를 입력 받아서 화씨온도로 만드는 VI를 만들어봅니다.

화씨온도 = (섭씨온도) X 1.80 + 32.00

이 연습을 통하여 다음을 배울 수 있습니다.

- 객체를 복사하는 방법을 배웁니다.
- 곱하기 연산을 배웁니다.
- 단축메뉴를 이용하여 상수를 생성하는 방법을 배웁니다.

⌘ 프런트패널

1. **새 VI**를 선택하여 새로운 창을 만듭니다. <단축키 Ctrl+N>
2. 숫자형 컨트롤 하나를 프런트패널에 위치시키고 라벨로 '섭씨온도' 를 입력합니다.
3. **객체 복사하기** : <Ctrl> 키를 누른 상태에서 [섭씨온도]를 선택하여 옮기면 마우스 포인트가 화살표에서 +로 모양이 바뀌고 [섭씨온도 2]로 복사됩니다.

4. **인디케이터로 변경** : 새로운 숫자형 컨트롤의 라벨을 '화씨온도' 로 바꾸고, 단축메뉴에서 인디케이터로 변경을 선택하여 숫자형 인디케이터로 바꿉니다.

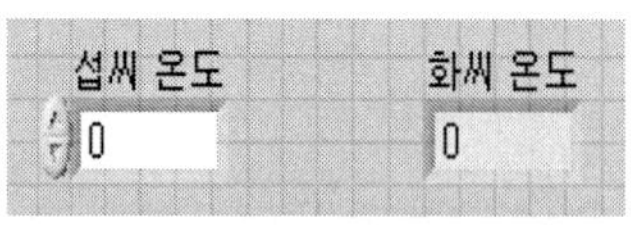

⌘ 블록다이어그램

5. 단축키 <Ctrl+E>를 이용하여 블록다이어그램으로 창을 옮기고, 더하기와

곱하기를 위치시킵니다. 함수 > 프로그래밍 > 숫자형 팔레트에서 더하기와 곱하기를 찾을 수 있습니다.

6. 다음과 같이 **기본 도움말**을 확인하면서 와이어를 연결합니다.

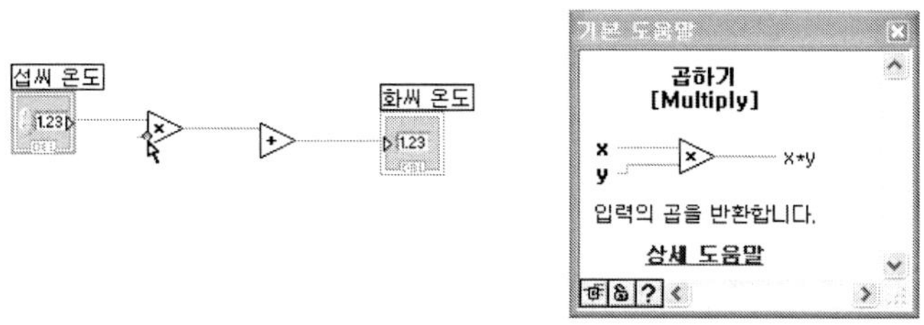

7. **상수 생성하기** : 곱하기의 y입력에서 마우스 오른쪽 클릭하고, 단축메뉴에서 **생성 > 상수**를 선택합니다. 그리고 생성된 숫자형 상수에 1.8을 입력합니다.

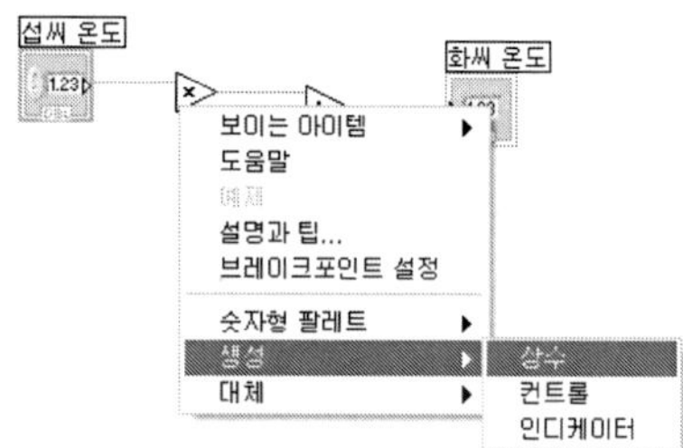

8. 같은 방법으로 더하기의 y입력에서 숫자형 상수를 생성하고 32를 입력합니다.
9. 섭씨 화씨 변화.vi라는 이름으로 저장하고, 아이콘 편집기로 아이콘 모양을 바꿔줍니다.
10. 단축키 <Ctrl+S>를 이용하여 저장하고 창을 닫습니다.

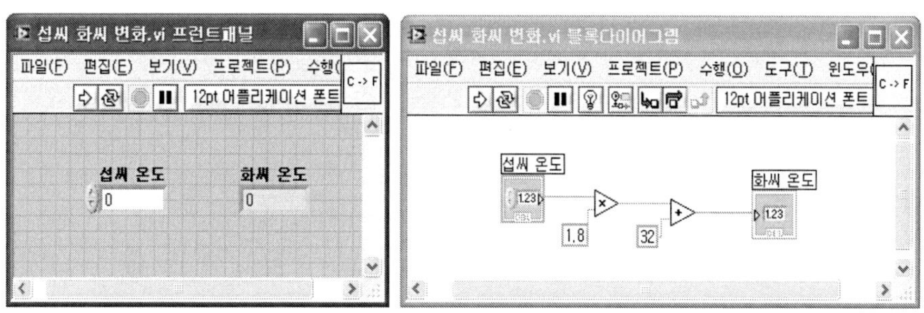

연습 1-2 끝

나. LabVIEW의 데이터 타입

이번 절에서는 LabVIEW에는 어떤 데이터 타입이 있는 지 알아봅니다. LabVIEW에는 **숫자형**, **불리언**, 그리고 **문자열**의 세 가지 데이터 타입이 있습니다. 그리고 각각 **컨트롤**과 **인디케이터**가 있으므로 숫자형 컨트롤과 숫자형 인디케이터, 불리언 컨트롤과 불리언 인디케이터, 그리고 문자열 컨트롤과 문자열 인디케이터가 있습니다.

숫자형 컨트롤	숫자형 인디케이터	숫자형 상수
불리언 컨트롤	불리언 인디케이터	불리언 상수
문자열 컨트롤	문자열 인디케이터	문자열 상수

컨트롤 > 일반 팔레트에 차례로 숫자형, 불리언, 문자열 & 경로 항목이 있음을 확인할 수 있습니다.

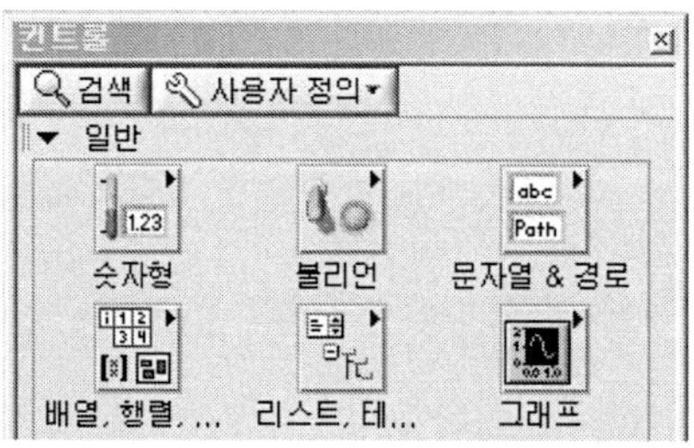

⌘ 숫자형 변수

숫자형은 실수와 정수 같은 숫자입니다. 더하기, 빼기, 곱하기, 혹은 나누기 등의 산술연산이나 삼각함수 같은 연산에서 입력과 출력으로 사용되는 값이 숫자형입니다. 숫자형은 다시 실수, 정수, 자연수 등으로 나누어집니다. 총 15개의 다른 형태로 구분되는데, 이것은 숫자형의 단축메뉴에서 **형** (Representation)을 선택하면 고를 수 있습니다. 이러한 분류는 메모리의 크기와 용도에 따른 것입니다.

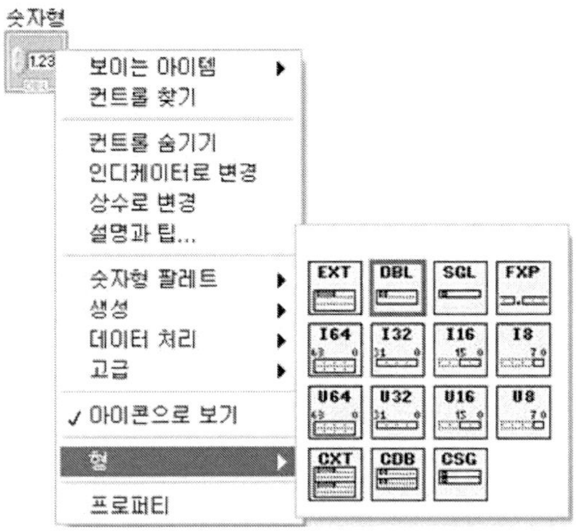

그리고 블록다이어그램에서 터미널 형태의 차이로 숫자형의 데이터 형을 구분할 수 있습니다. 실수와 복소수는 **주황색**이고 정수와 자연수는 **파란색**임을 확인할 수 있을 것입니다.

와이어를 연결할 때 숫자형은 숫자형끼리 연결해야 됩니다. 그리고 같은 숫자형이지만 정수와 실수를 연결하게 되는 경우에는 자동으로 형이 바뀌게 됩니다. 예를 들어, 다음과 같이 배정도 DBL을 정수 32인 I32에 연결하면 자동으로 반올림 처리되어 실수가 정수로 바뀝니다. 이것을 강제 형변환이라고 부르고, 빨간색의 **강제 형변환점(Coercion dot)**이 생겨서 강제 형변환되었음을 알려줍니다. 이때 강제 형변환을 위하여 Coercion Dot에 새로운 메모리가 추가로 생성됩니다.

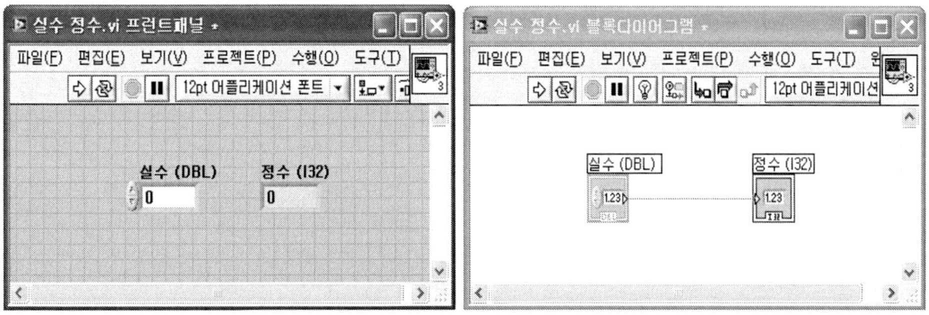

또한 프런트패널에서 숫자형은 여러 가지 아이콘으로 표현이 가능합니다. 사용자는 보기 좋은 사용자 인터페이스를 만들기 위하여 슬라이드나 다이얼 같은 아이콘을 이용할 수 있습니다. 아래 팔레트의 아이콘들은 형태만 다를 뿐이지 같은 숫자형 변수들입니다.

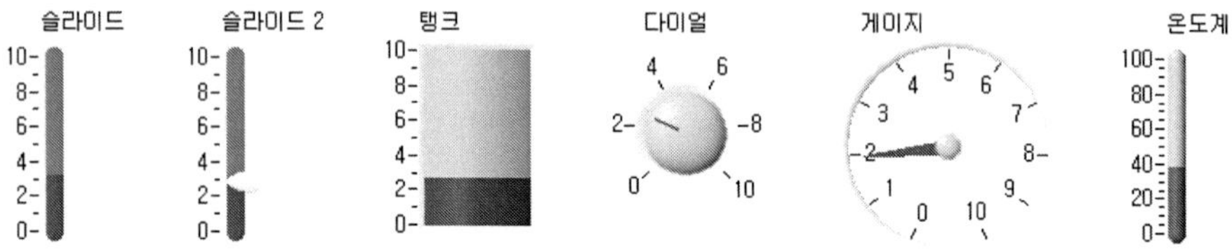

블록다이어그램에서는 컨트롤과 인디케이터의 터미널과 함께 **숫자형 상수**를 사용할 수 있습니다. 함수 > 프로그래밍 > 숫자형 팔레트에서 숫자형 상수를 찾을 수 있습니다. 초기 데이터 형은 I32 정수입니다.

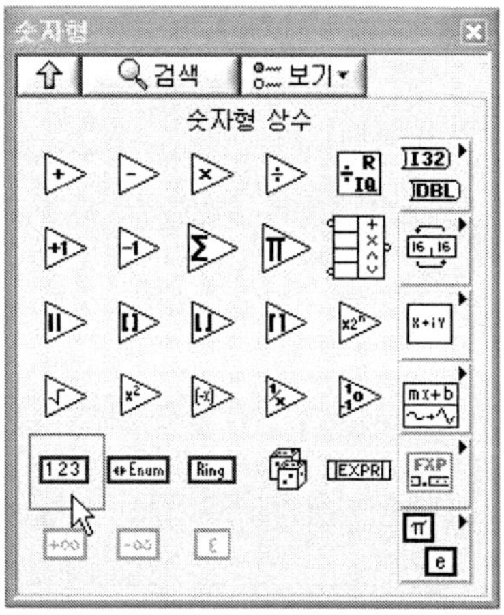

⌘ 불리언 변수

불리언은 **참**과 **거짓**의 두 가지 값을 가지는 논리 데이터입니다. 다음과 같이 컨트롤 팔레트에서 불리언을 찾을 수 있습니다. 스위치와 버튼은 불리언 컨트롤에 속하고, LED는 인디케이터에 속합니다. 그리고 함수의 불리언 팔레트에서 불리언 함수와 불리언 상수를 찾을 수 있습니다. 참고로 컨트롤과 인디케이터, 상수는 단축메뉴에서 상호 변환이 가능합니다.

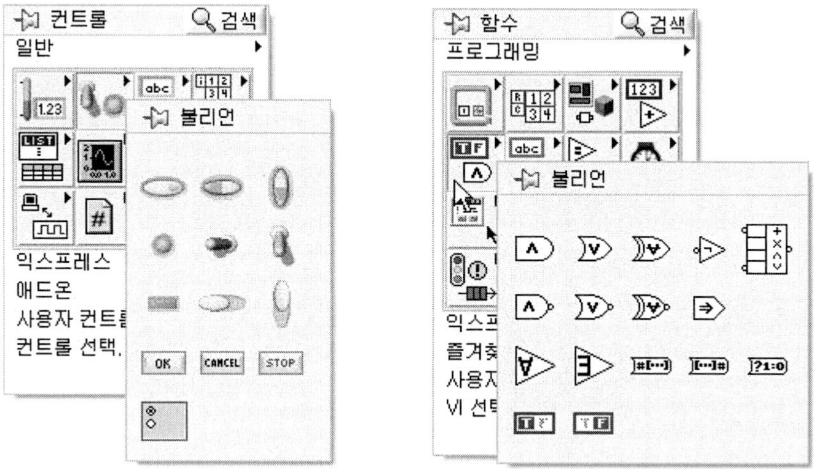

불리언 함수는 논리 연산을 의미합니다. 논리 연산에는 AND, OR, XOR, NOT, NAND, NOR, 그리고 NXOR 등이 있습니다.

연습 1-3. 불리언 연산

토글스위치로 입력받은 불리언 값으로 AND, OR 등의 논리 연산을 수행합니다. 그리고 결과 값을 다시 토글스위치로 디스플레이해줍니다. 이 연습에서는 다음을 배울 수 있습니다.

- 불리언 데이터 타입의 사용법을 배웁니다.
- 논리 연산 방법을 배웁니다.
- 복합 연산 함수의 사용법을 배웁니다.

프런트패널

1. 새 VI를 열고, 불리언 함수.vi로 저장합니다. <단축키 Ctrl+N, Ctrl+S>
2. 아래와 같이 프런트패널에 토글스위치 여섯 개를 위치시키고 라벨을 붙입니다. 컨트롤 > 불리언 팔레트에서 **토글스위치**를 찾을 수 있습니다.

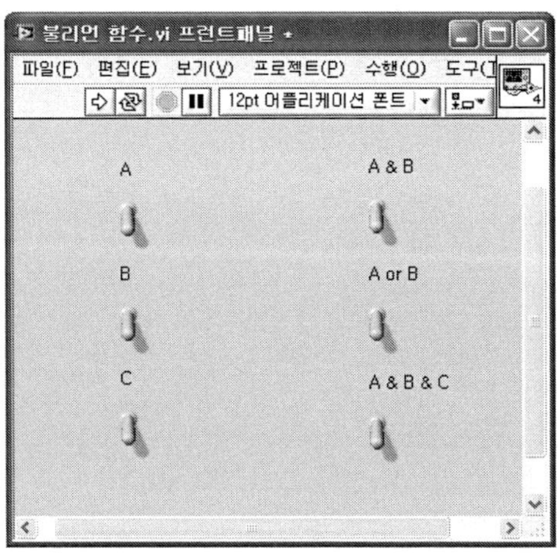

3. 위에 있는 세 개의 불리언은 오른쪽 같이 단축메뉴를 이용하여 **인디케이터**로 바꿔줍니다. 결과적으로 왼쪽의 A, B, C는 불리언 컨트롤이고, 오른쪽의 A & B, A OR B, A & B & C는 인디케이터가 되도록 만들어줍니다.

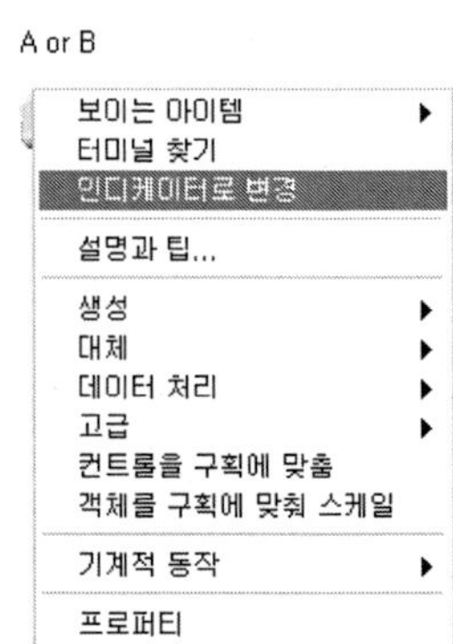

⌘ 블록다이어그램

4. 아래와 같이 블록다이어그램을 구성합니다. 함수 > 프로그래밍 > 불리언 팔레트에서 AND와 OR를 찾을 수 있습니다.
5. 함수 > 프로그래밍 > 불리언 팔레트에서 **복합연산**을 찾아 화면에 위치시키고 크기를 늘려줍니다. 그리고 단축메뉴에서 다음과 같이 **모드 변경 >** AND을 선택해줍니다.

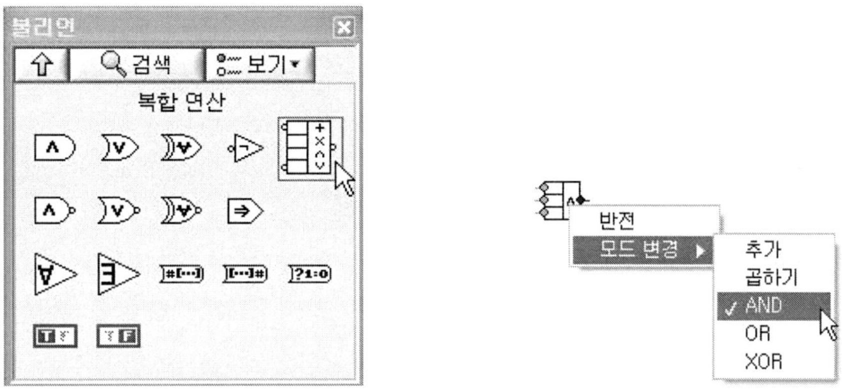

다음과 같이 블록다이어그램을 완성합니다.

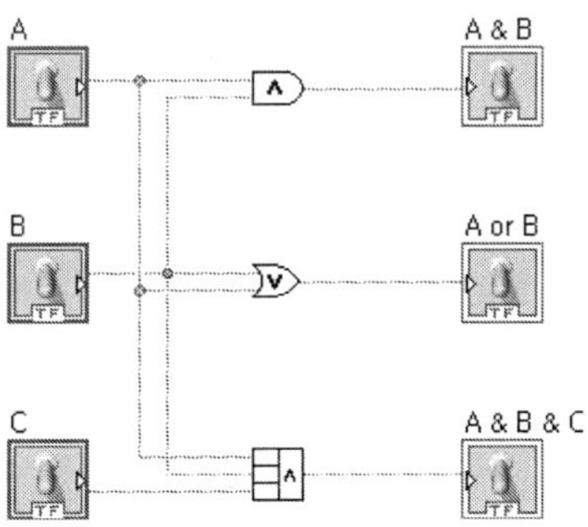

6. VI를 저장하고 실행시켜봅니다.

연습 1-3 끝

⌘ 문자열 변수

문자열은 ASCII 코드로 구성된 데이터 타입입니다. 그래서 간단한 Text 문을 작성할 수 있고 하드디스크에 저장하고 다른 프로그램 언어, Excel, 혹은 메모장에서 읽을 수 있습니다. 그리고 문자열은 인터넷 통신이나 GPIB 통신의 데이터 타입으로 사용됩니다.

영문 소문자, 대문자, 한글, 특수 문자, 숫자, 텝, 스페이스, 그리고 Enter 등 키보드에서 입력 가능한 모든 문자들을 문자열로 사용할 수 있습니다. 참고로 문자열에서 숫자는 48에서 57에 대응하는 ASCII 코드입니다. 그래서 더하기와 빼기, 나누기 같은 산술연산을 할 수 없습니다. 문자열 숫자로 연산을 수행하기 위해서는 먼저 문자열 타입을 숫자형 타입으로 변환시켜줘야 됩니다.

컨트롤 > 일반 > 문자열 & 경로 팔레트에서 **문자열 컨트롤, 인디케이터**를 찾을 수 있습니다. 그리고 **문자열 함수와 상수**는 함수 > 프로그래밍 > 문자열 팔레트에서 찾을 수 있습니다.

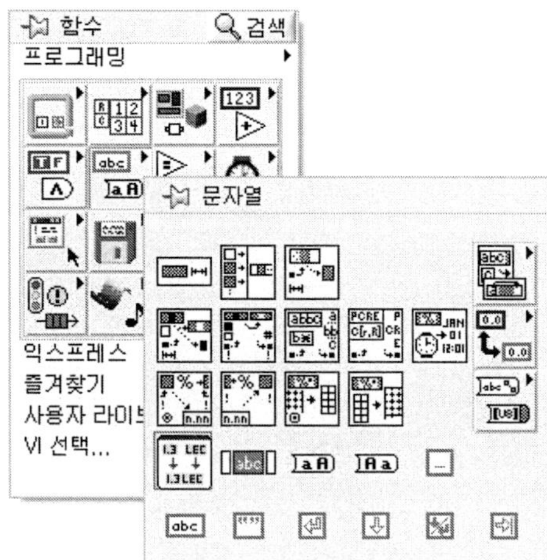

문자열에도 컨트롤, 인디케이터, 그리고 상수가 있으며, 컨트롤은 **흰색**이고 인디케이터는 **회색**입니다. 블록다이어그램에서 문자열의 터미널은 **분홍색**입니다.

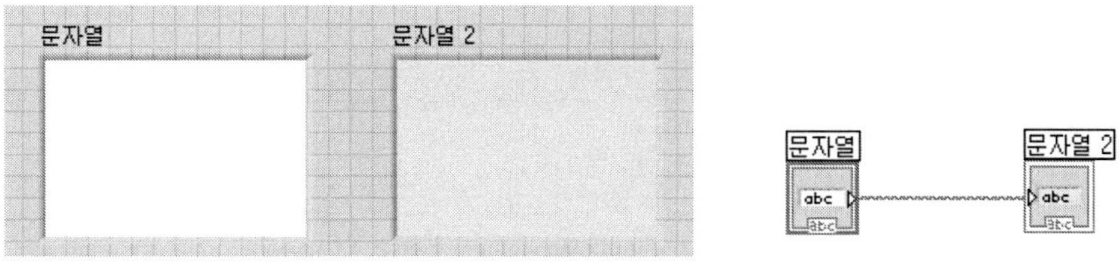

문자열의 컨트롤이나 인디케이터의 크기는 가변적입니다. 그래서 다음과 같이 마우스로 크기를 적당히 조절해줄 수 있습니다. 이때 여덟 개 방향으로 크기를 바꿀 수 있습니다.

연습 1-4. 문자열과 문자열 함수

문자열을 만들고 문자열 함수들을 이용해 봅니다. 문자열과 숫자형 입력을 받아서 연결된 문자열을 출력하는 VI를 만들어봅니다. 이 연습에서는 다음을 배울 수 있습니다.

- 문자열로 포맷 함수를 사용하여 문자열에 숫자형을 추가합니다.
- 문자열 연결 함수와 문자열 길이 함수의 사용법을 배웁니다.
- 현재 값을 기본 값으로 설정하는 방법을 배웁니다.

⌘ 블록다이어그램

1. 새 VI를 만들고, 숫자형 문자열.vi라는 이름으로 저장합니다.
2. 다음과 같이 블록다이어그램을 구성합니다.

 **문자열로 포맷**을 위치시키고, [초기 문자열]과 [입력 1]에서 단축메뉴로 생성 > 컨트롤을 실행하여 컨트롤들을 만들어줍니다. 그리고 [포맷 문자열]에서 생성 > 상수를 실행하고 키보드로 " **%.4f** "를 입력합니다. 이때 앞뒤로 <Space>가 하나씩 들어갑니다.

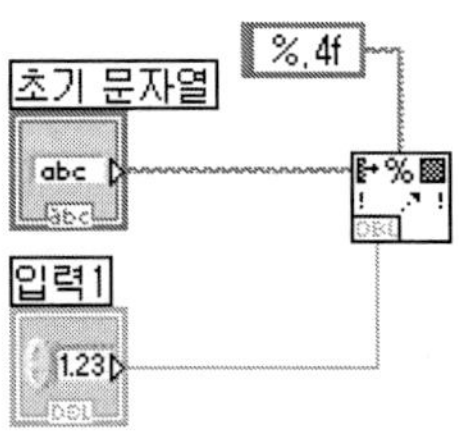

참고 **단축메뉴의 생성 기능**은 가장 유용하게 사용되는 단축메뉴 기능 중의 하나입니다. 단축메뉴의 생성에서 생성 〉 컨트롤, 생성 〉 인디케이터, 그리고 생성 〉 상수 등을 선택할 수 있습니다. 단축메뉴의 생성 기능은 해당 함수노드나 SubVI의 커넥터에 가장 적합한 변수 타입을 생성해줍니다. 함수 팔레트나 컨트롤 팔레트에서 아이콘을 찾을 필요가 없기 때문에 빠르고 쉬운 프로그래밍 방법입니다. 그러나 커넥터의 변수 타입이 결정되지 않았을 때는 생성 기능을 사용할 수 없습니다. For나 While 루프의 시프트 레지스터 초

기화가 대표적인 사례입니다.

3. 문자열 함수를 이용하여 다음을 완성합니다.

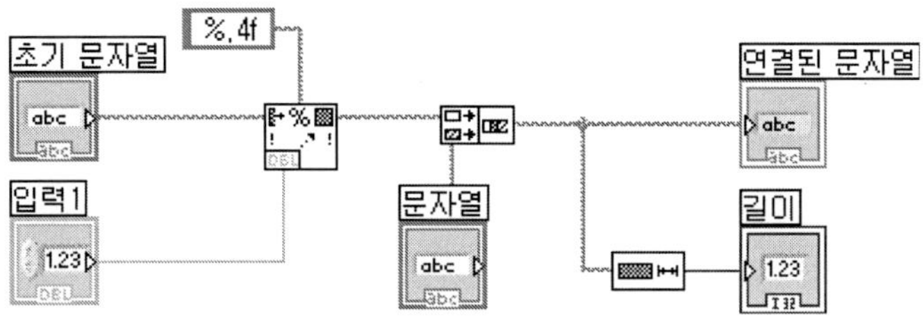

문자열 연결은 입력된 문자열을 차례로 연결하여 새로운 문자열을 만드는 함수입니다.

문자열 길이는 문자열의 길이를 I32값으로 출력하는 함수입니다.

⌘ 프런트패널

4. 다음과 같이 프런트패널을 정리하고, 값을 입력한 다음 실행합니다.

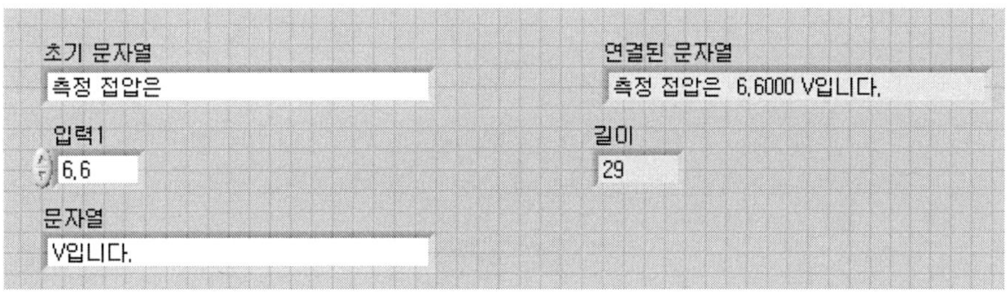

5. 상단 메뉴의 **편집(E) > 현재값을 기본값으로(M)**를 선택해주고 저장합니다. **현재값을 기본값으로(M)**를 설정해주지 않으면, 이 VI를 닫았다가 다시 열었을 때, 입력했던 글자들이 모두 사라져버립니다. 즉, 원래 기본값인 빈 문자열로 바뀝니다.

연습 1-4 끝

정리를 하면 LabVIEW의 데이터 타입은 **숫자형**, **불리언**, 그리고 **문자열**로 세 가지입니다. 숫자형은 주황색 또는 파란색, 불리언은 녹색, 문자열은 분홍색으로 구분되며, 이러한 데이터 타입이 흐르는 와이어 역시 그 색을 따릅니다. 또한 각각의 데이터 타입에는 **컨트롤**과 **인디케이터**, **상수**가 있습니다. 프런트패널에는 컨트롤과 인디케이터의 아이콘을 놓을 수 있고, 블록다이어그램에서는 컨트롤과 인디케이터의 터미널과 상수 및 관련 함수를 이용하여 프로그래밍할 수 있습니다. 같은 데이터 타입끼리만 와이어로 연결이 가능합니다. 다른 데이터 타입을 와이어로 연결하기 위해서는 타입변환 함수를 이용하여 다른 타입으로 변환시켜줘야만 가능합니다.

⌘ 타입변환 함수

숫자형 변수를 문자열로 바꾸어 저장하거나, 문자열을 숫자형으로 바꾸어 산술 연산을 수행할 수 있습니다. 그리고 숫자형 변수인 0과 1을 불리언인 참과 거짓으로 변환할 수 있습니다.

숫자형과 문자열의 타입변환 함수는 함수 > 프로그래밍 > 문자열 > 문자열/숫자 변환 팔레트에서 찾을 수 있습니다. 숫자형 변수에는 정수, 실수, 자연수 등의 형과 데이터의 포맷에 따라서 가지고 있는 정보가 다르므로 문자열로 변환할 때, 정확한 데이터의 정보를 파악해야 될 것입니다. 일반적으로 많이 사용하는 것이 소수점 4자리의 배정도 실수 타입입니다.

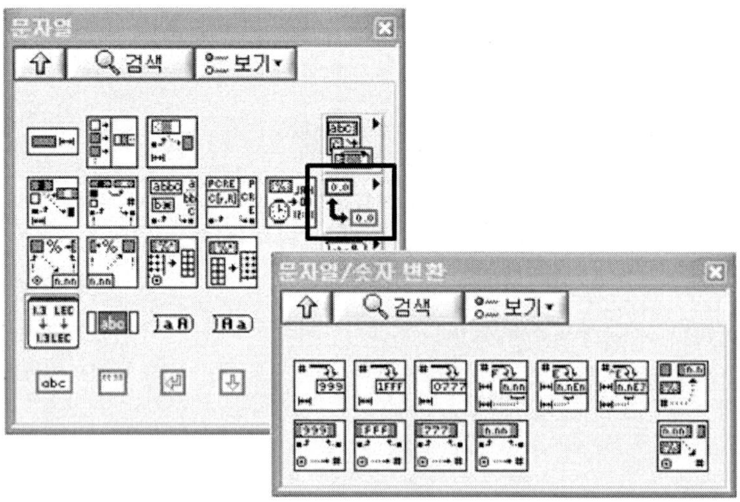

숫자형을 불리언으로 타입 변환하는 함수는 함수 > 프로그래밍 > 불리언 팔레트에서 찾을 수 있습니다. 그리고 함수 > 프로그래밍 > 숫자형 > 변환 팔레트에서도 같은 함수를 찾을 수 있습니다.

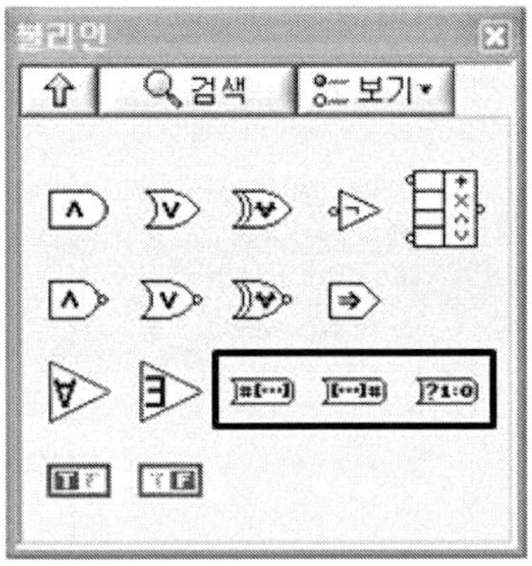

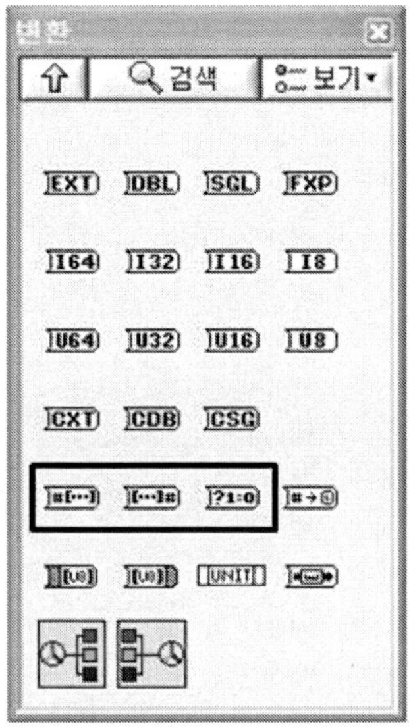

연습 1-5. 숫자형 데이터를 문자열로 바꾸기

소수점 아래 자리수를 가진 숫자형 실수를 문자열로 바꿔봅니다.

⌘ 프런트패널

1. 새 VI를 만들고, 형변환.vi라는 이름으로 저장합니다.
2. 숫자형 컨트롤 한 개와 문자열 인디케이터 한 개를 프런트패널에 놓습니다.

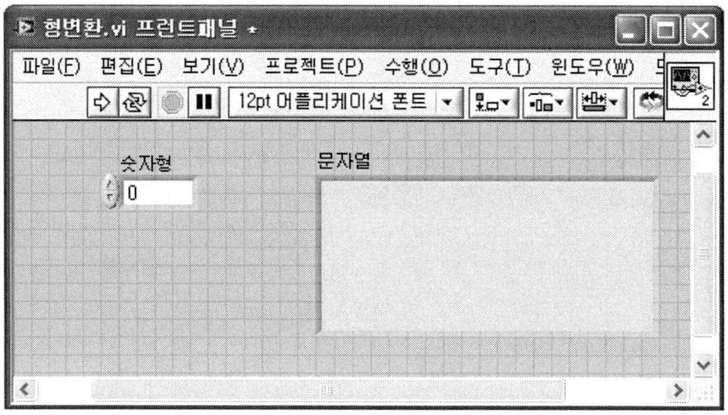

⌘ 블록다이어그램

3. 다음과 같이 블록다이어그램을 구성합니다.

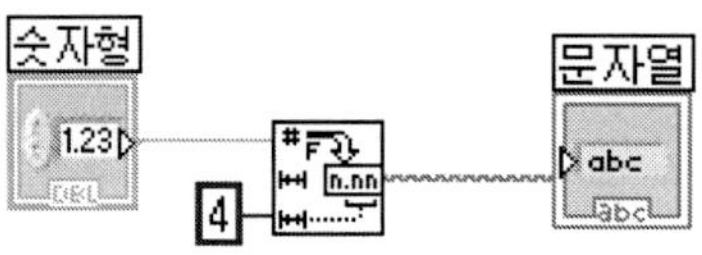

 **숫자를 소수점형 문자열로**는 실수 숫자형을 소수점을 가진 문자열로 바꾸는 함수입니다. 위와 같이 [정밀도]에 4를 입력하면, 소수점 네 자리의 문자열로 표현됩니다. 함수 > 프로그래밍 > 문자열 > 문자열/숫자 변환 팔레트에서 찾을 수 있습니다.

4. 숫자형 컨트롤에 값을 입력하고 실행합니다.

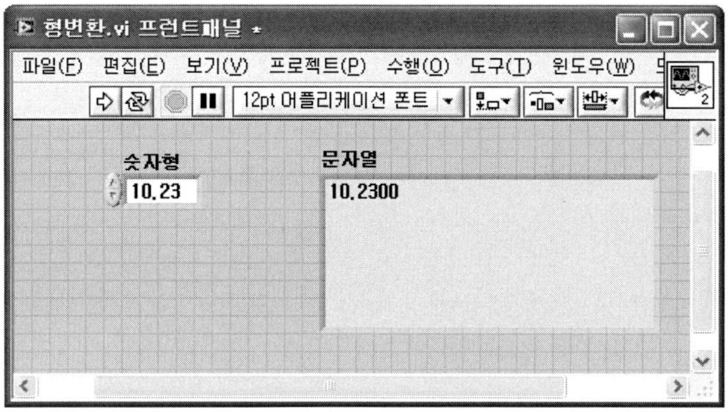

문자열에서 소수점 아래 네 자리를 만들기 위하여 나머지 두 자리는 0으로 채워진 것을 확인할 수 있습니다.

연습 1-5 끝

연습 1-6. 문자열 데이터를 숫자형으로 바꾸기

문자열 데이터를 숫자형으로 바꿔 산술연산을 수행해봅니다.

⌘ 프런트패널

1. 새 VI를 만들고, 문자열 to 숫자형.vi라는 이름으로 저장합니다.
2. 문자열 컨트롤 한 개와 숫자형 인디케이터 한 개를 프런트패널에 놓습니다.
3. 문자열에 10.23 + 12 = 라고 입력합니다.
4. 메뉴의 편집(E) > 현재값을 기본값으로(M)를 선택해주고 저장합니다.

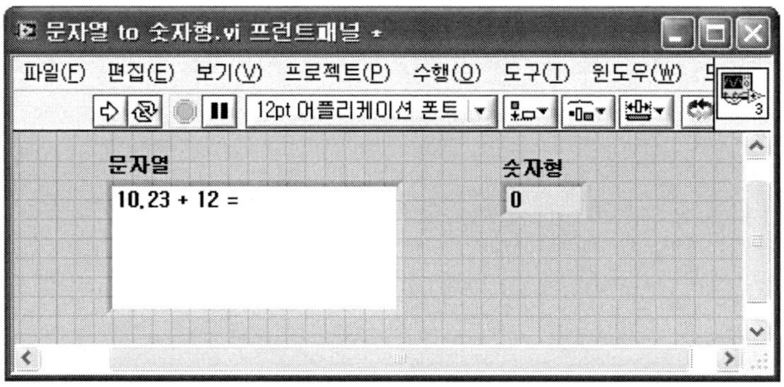

⌘ 블록다이어그램

5. 다음과 같이 블록다이어그램을 구성합니다.

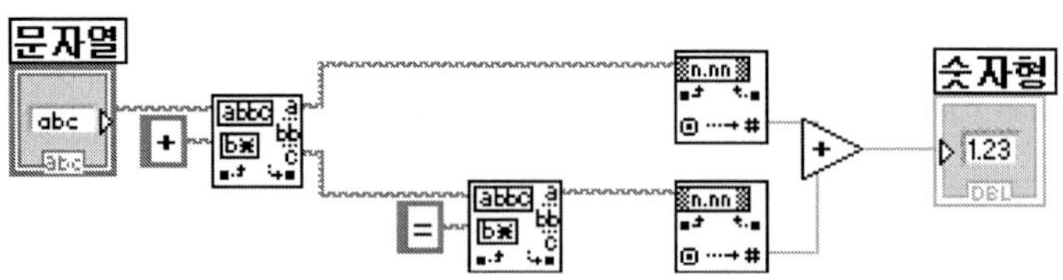

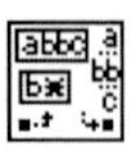 **패턴 일치**는 문자열에서 특정한 문자를 찾는 함수입니다. 여기에서

는 "+"와 "="을 찾습니다. 함수 > 프로그래밍 > 문자열 팔레트에서 찾을 수 있습니다.

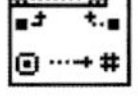 **소수점/지수 문자열을 숫자로** 함수는 함수 > 프로그래밍 > 문자열 > 문자열/숫자 변환 팔레트에서 찾을 수 있습니다. 문자열을 배정도 실수로 변환하는 함수입니다.

6. VI를 저장하고 실행합니다.

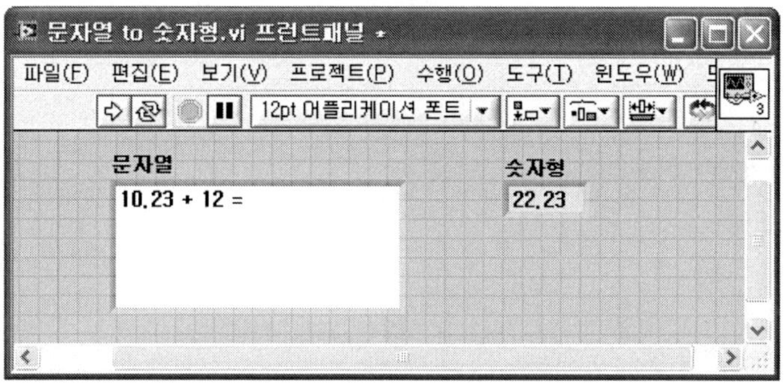

문자열에서 숫자 부분만 분리하고, 분리한 숫자 문자열을 숫자형으로 변형시킨 다음, 더하기 연산을 수행한 것입니다.

연습 1-6 끝

다. 배열

데이터의 개수가 많을 때 각 원소들을 하나씩 따로 처리하는 것은 효율적이지 못합니다. 이때 같은 타입의 데이터를 묶어서 배열로 만들면 쉽게 많은 양의 데이터를 처리할 수 있습니다. 배열에는 숫자형 배열, 불리언 배열, 그리고 문자열 배열이 있습니다. 또한 각각에 컨트롤, 인디케이터, 그리고 상수가 있습니다. 컨트롤 > 일반 > 배열, 행렬, 클러스터 팔레트에서 **배열**을 찾을 수 있습니다.

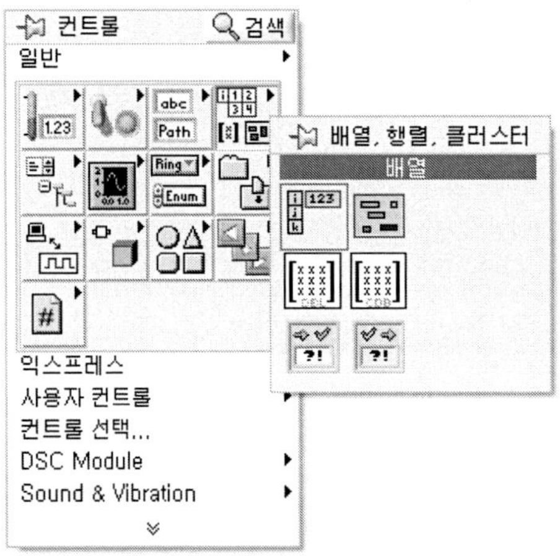

배열은 차원을 가집니다. 주로 1차원 배열과 2차원 배열을 많이 사용합니다. 참고로 행렬은 2차원 숫자형 배열입니다.

⌘ 1차원 배열

배열을 만들기 위해서 가장 먼저 컨트롤 > 일반 > 배열, 행렬, 클러스터 팔레트에서 배열을 찾아서 프런트패널에 위치시킵니다. 그러나 배열의 초기 상태는 다음과 같이 텅 빈 배열이 놓이게 됩니다. 빈 배열의 터미널은 검정색 테두리입니다.

이 속에 숫자형 컨트롤을 넣으면 숫자형 컨트롤 배열이 되는 것이고, 불리언 인디케이터를 넣으면 불리언 인디케이터 배열이 됩니다.

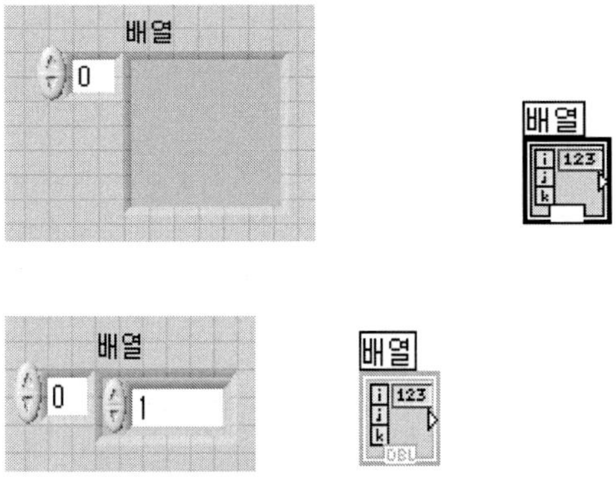

[숫자형 컨트롤 배열]

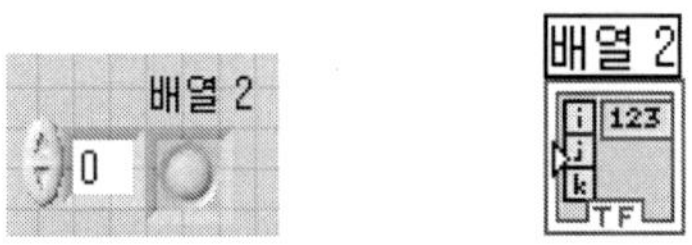

[불리언 인디케이터 배열]

배열은 마우스를 이용하여 크기를 바꿔줄 수 있습니다. 이때 마우스로 선택하는 위치에 따라서 다음과 같이 두 가지 변화가 가능합니다.

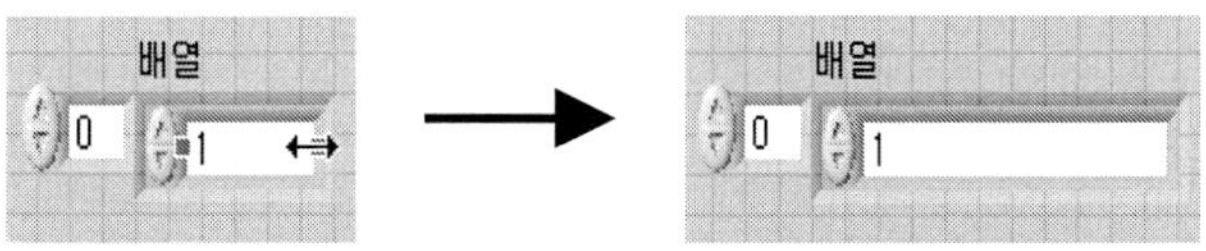

[원소 한 개가 차지하는 공간의 크기를 바꾸는 경우]

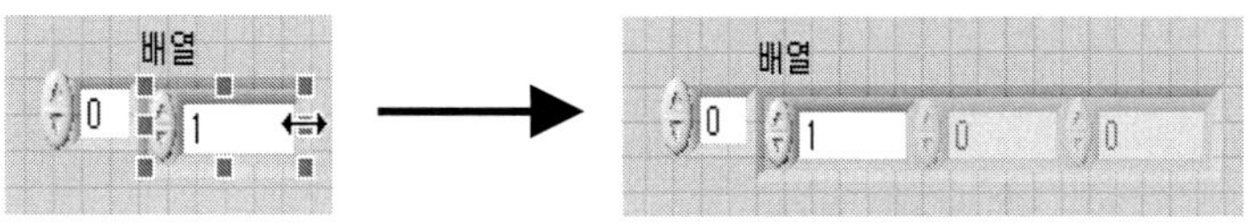

[보이는 원소의 개수를 늘이는 경우]

참고 배열의 메모리 할당 : LabVIEW에서 배열의 메모리 크기를 미리 선언할 필요가 없습니다. 배열의 메모리는 다이내믹하게 자동으로 설정됩니다.

참고 배열의 인덱스(Index) : LabVIEW는 그래픽 사용자 인터페이스를 제공하지만 배열을 표현하는 것은 쉽지 않습니다. 왜냐하면 모니터와 같은 디스플레이의 크기가 유한하기 때문에 배열의 원소를 전부 프런트패널에 표현하는 것은 사실상 불가능하기 때문입니다. 아래와 같이 인덱스에 30을 입력하면, 인덱스 30의 원소가 첫 번째로 디스플레이됩니다. 즉, 인덱스를 이용하여 원하는 위치의 원소 값을 확인할 수 있는 방식입니다. 참고로 1차원 배열은 인덱스가 한 개이고, 2차원 배열은 인덱스가 2 개입니다. 같은 방식으로 N차원 배열은 N개의 인덱스를 가지고 있습니다.

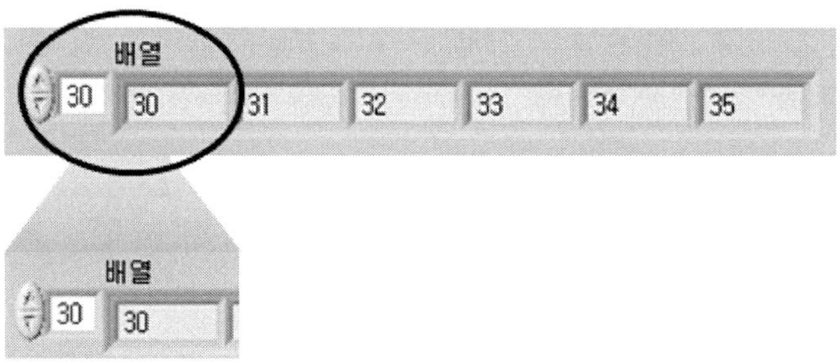

연습 1-7. For 루프를 이용하여 배열 만들기

For 루프를 이용하여 100개 원소를 가진 배열을 만들어봅니다.

⌘ 블록다이어그램

1. 새 VI를 만들고, 배열만들기.vi라는 이름으로 저장합니다.
2. 아래와 같이 블록다이어그램을 구성합니다. For 루프는 입력한 횟수 N만큼 루프 속의 함수를 반복 실행하는 구조입니다. 함수 > 프로그래밍 > 구조 팔레트에서 찾을 수 있습니다.
3. For 루프의 기본 출력은 배열입니다. **자동 인덱싱**이 되도록 설정되어 있습니다. For 루프가 실행되는 동안 이 부분에서 데이터들의 Index가 자동으로 할당되면서 배열이 만들어지고, For 루프가 끝나면 N개의 원소를 가진 배열을 출력합니다. 출력단에서 단축메뉴의 생성 > 인디케이터를 선택하면 숫자형 DBL 배열이 생성됩니다.

   사인[Sine]은 함수 > 수학 > 기본&특수 함수 > 삼각함수 팔레트에서 찾을 수 있습니다.

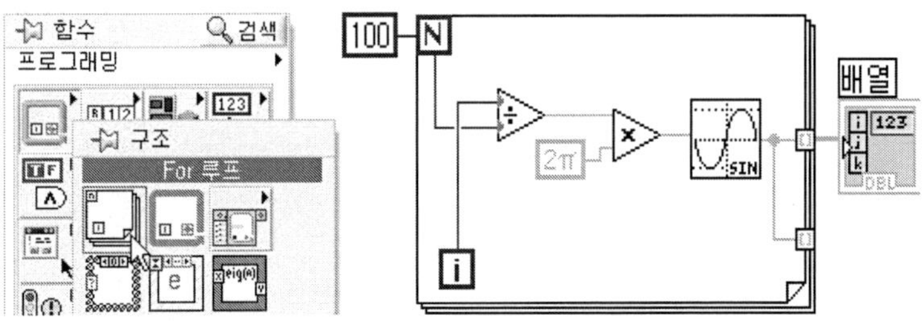

단축메뉴에서 **인덱싱 비활성화**를 선택하면 배열이 생성되지 않습니다. 이 경우에는 배열을 만들지 않고 For 루프가 끝날 때의 마지막 100번째 데이터를 출력합니다. 즉, 숫자형 변수 한 개가 출력됩니다. 단축메뉴의 생성 > 인디케이터를 선택하면 숫자형 DBL 인디케이터가 생성됩니다.

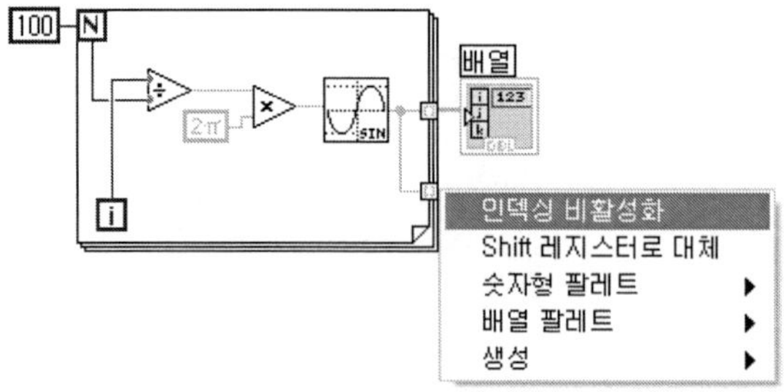

4. 아래와 같이 배열 출력단과 숫자형 출력단이 다름을 확인할 수 있습니다. 배열 출력은 [ ]와 같이 속에 [ ]이 있고, 숫자형 출력은 ■와 같이 속이 메워져 있습니다.

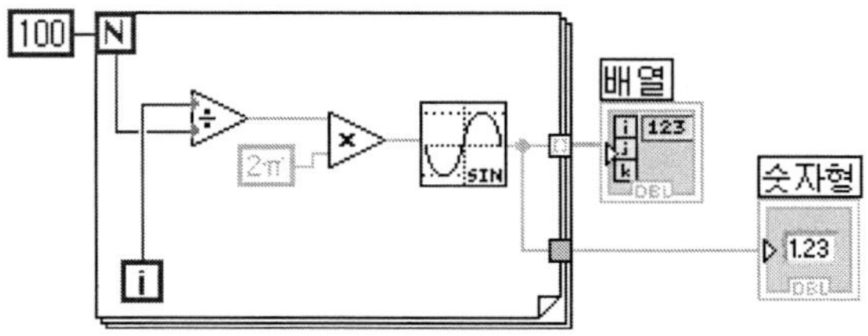

⌘ 프런트패널

5. 100개의 원소를 모두 배열에서 나타낼 수 없습니다. 그래프를 위치시키고 배열을 그래프에 연결합니다. 컨트롤 > 일반 > 그래프 팔레트에서 웨이브폼 그래프를 찾을 수 있습니다. 프런트패널을 정리하고 실행합니다.

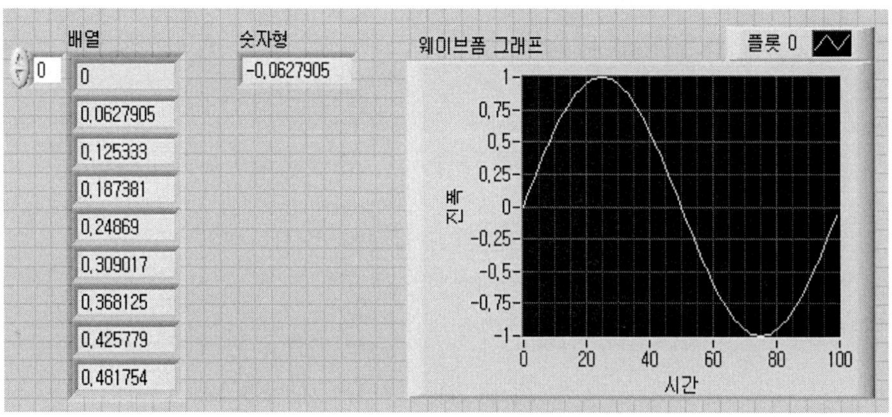

참고 웨이브폼 그래프

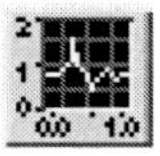

웨이브폼 그래프는 배열 형태의 데이터를 표현하기 위하여 사용하는 그래프 인디케이터의 한 종류입니다. 컨트롤 〉 일반 〉 그래프 팔레트에는 웨이브폼 차트와 웨이브폼 그래프 등이 있습니다. 웨이브폼 그래프는 이전 데이터를 지우고 새로 플롯합니다. 반면 웨이브폼 차트는 이전 데이터를 그대로 두고 새로운 데이터를 이어서 플롯합니다. 또한 차트는 숫자형 데이터도 플롯할 수 있습니다. 그러나 그래프는 항상 배열 형태의 데이터를 플롯해야 합니다. 웨이브폼 그래프와 차트에 대하여 뒤에서 다시 배울 것입니다.

6. Index에 50을 입력하여 50번째부터 54번째까지의 데이터 값을 확인해봅니다. Index의 역할은 화면 전체에 100개의 원소를 모두 보여줄 수 없기 때문에 보고 싶은 부분을 선택할 수 있게 도와주는 것입니다.

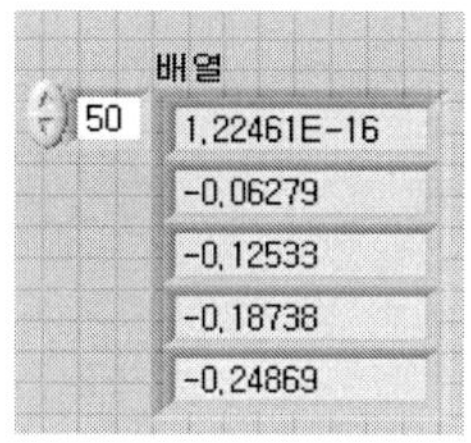

7. Index에 98을 입력해봅니다. 98번째와 99번째 원소를 보여줍니다. Index 100이상은 회색으로 아직 메모리가 할당되지 않았음을 나타냅니다. 또한 99번째 값은 −0.06279입니다. 이것은 숫자형 출력과 같은 값입니다. 숫자형 출력은 For 루프의 마지막 값을 출력하기 때문입니다.

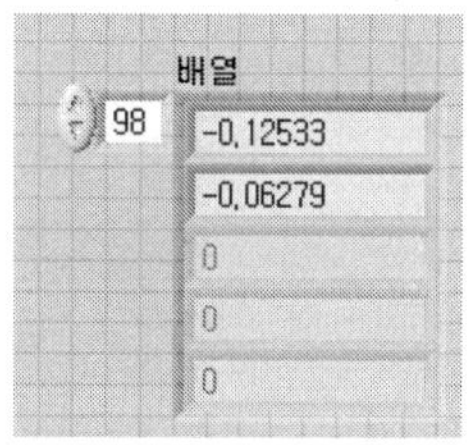

연습 1-7 끝

⌘ 2차원, 3차원 그리고 다차원 배열

2차원 배열을 만들기 위해서는 1차원 배열을 먼저 만듭니다. 인덱스(Index)를 마우스로 클릭하고 아래로 당겨서 다음과 같이 두 칸으로 늘여줍니다. 이렇게 인덱스가 두 개 있는 배열이 2차원 배열입니다.

[1차원 배열]

[2차원 배열]

2차원 배열은 다음과 같이, 원소부분을 2차원으로 늘여줄 수 있습니다.

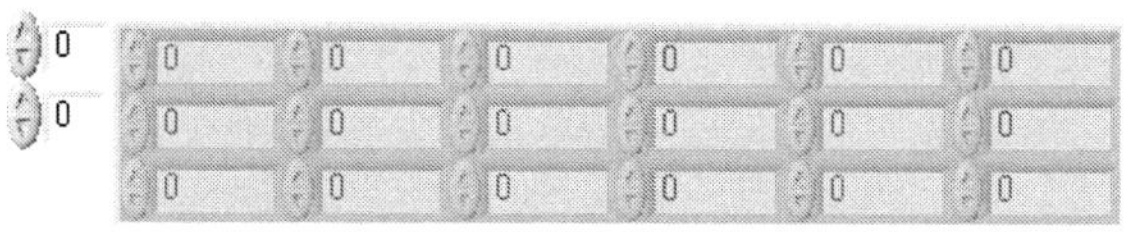

같은 방법으로 3차원 배열 이상의 다 차원 배열도 만들 수 있습니다. 그러나 인덱스 개수를 늘여서 차원을 계속 높일 수 있지만, 직관적으로 이해하기 힘들기 때문에 3차원 정도까지만 사용합니다. 그리고 프런트패널에서는 2차원 배열까지만 배열의 원소를 직관적으로 디스플레이할 수 있습니다.

연습 1-8. 2차원 배열을 만들기

For 루프 두 개를 이용하여 2차원 배열을 만들어봅니다. 이 연습에서 다음을 배울 수 있습니다.

- 2차원 배열을 만드는 방법을 배웁니다.
- 2차원 배열에서 Index를 활용하는 방법을 배웁니다.

⌘ 프런트패널

1. 새 VI를 만들고, 2D배열.vi라는 이름으로 저장합니다.
2. 배열, 행렬, 클러스터 팔레트에서 배열을 찾아서 프런트패널에 위치시킵니다.
3. 숫자형 팔레트에서 숫자형 인디케이터를 배열 속에 넣어서 1차원 숫자형 인디케이터 배열을 만듭니다.
4.  Index를 늘여서 2차원 배열로 바꾸어줍니다.

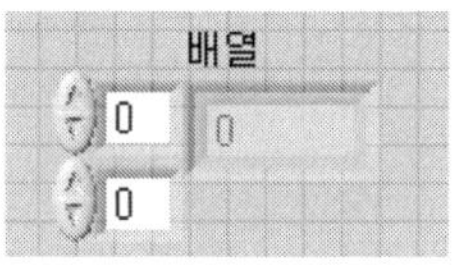

⌘ 블록다이어그램

5. For 루프를 두 개 위치시키고 아래와 같이 블록다이어그램을 구성합니다. 난수(0-1)는 함수 > 프로그래밍 > 숫자형 팔레트에서 찾을 수 있습니다. For 루프의 출력을 배열 터미널에 연결합니다.

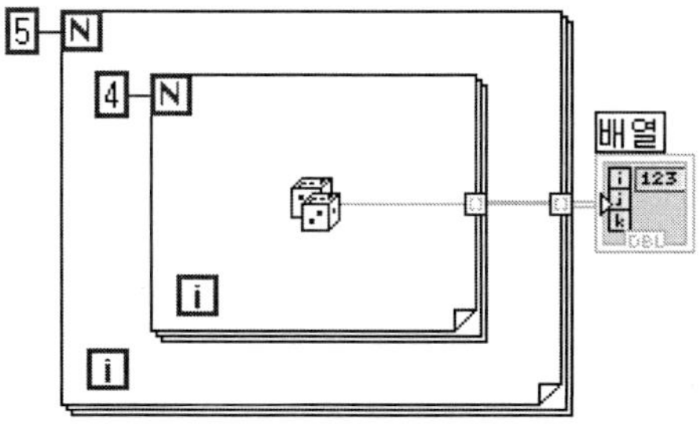

6. 프런트패널을 다음과 같이 구성하고 실행합니다.

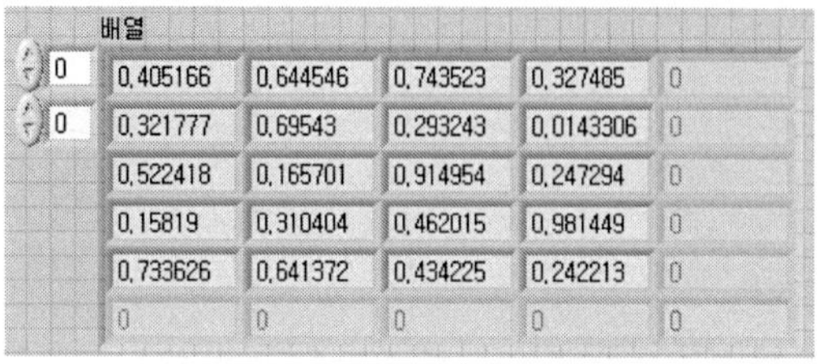

7. Index에 2와 3을 입력하여 Index(2, 3) 원소를 찾아봅니다.

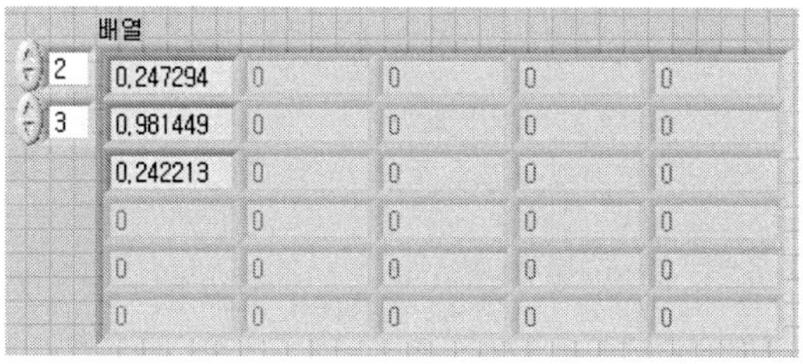

연습 1-8 끝

배열 함수와 노드

다음과 같이 함수 > 프로그래밍 > 배열 팔레트에서 배열 관련 함수와 노드들을 찾을 수 있습니다.

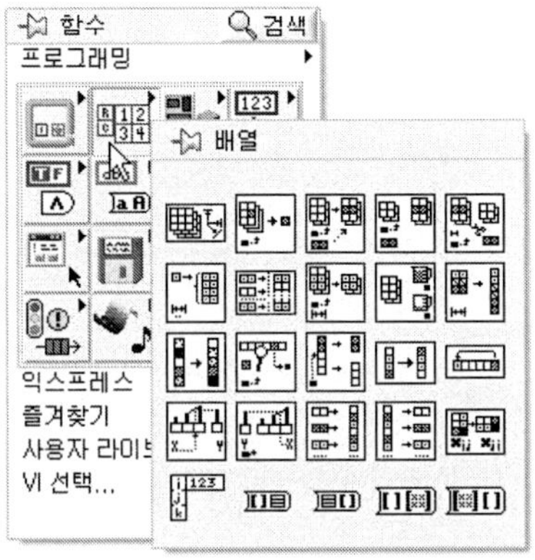

배열 크기

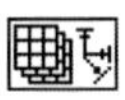 **배열 크기**는 배열의 크기를 알아내는 함수입니다. 예를 들어, 배열 형식의 데이터를 네트워크로 전송할 때, 전송할 파일 사이즈를 알기 위하여 배열 크기 함수를 사용할 수 있습니다.

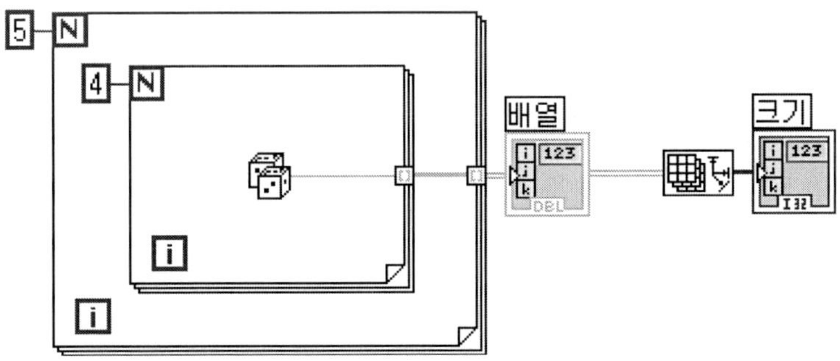

배열 인덱스

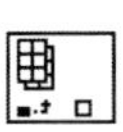 **배열 인덱스**는 배열에서 원하는 인덱스의 원소를 찾을 때 사용합니다. 다음은 2차원 배열에서 Low = 1, Column = 2에 있는 원소를 찾는 예입니다.

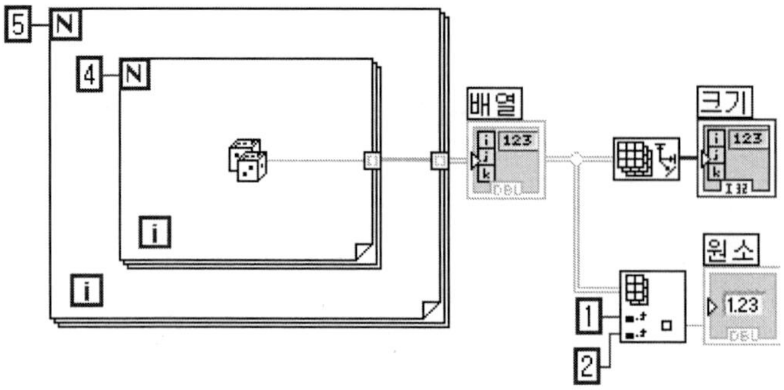

배열 상수

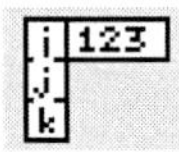 **배열 상수**를 블록다이어그램에 위치시키면 다음과 같은 모양입니다. 이곳에 원하는 데이터 타입을 넣어줍니다. 예를 들어, 숫자형 상수를 넣으면 **숫자형 상수 배열**이 됩니다.

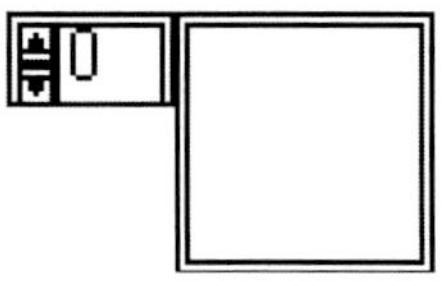

배열 만들기

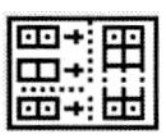 **배열 만들기**는 여러 개의 배열이나 원소를 묶어서 새로운 배열을 만들 때 사용됩니다. 예를 들어, 숫자형 원소를 여러 개 묶어서 1차원 배열을 만들거나, 1차원 배열들을 묶어서 2차원 배열을 만들 수 있습니다. 또는 1차원 배열에 원소를 추가하여 붙일 수 있습니다.

배열 만들기 노드를 블록다이어그램에 놓으면 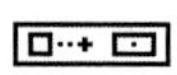과 같은 모양입니다. 다음과 같이 마우스로 필요한 만큼 키워줍니다.

다음은 배열 만들기 함수를 이용하여 숫자형 상수 세 개를 묶어서 1D 배열을 만든 예입니다. 만들어진 배열은 {23, 0, 100.24} 입니다.

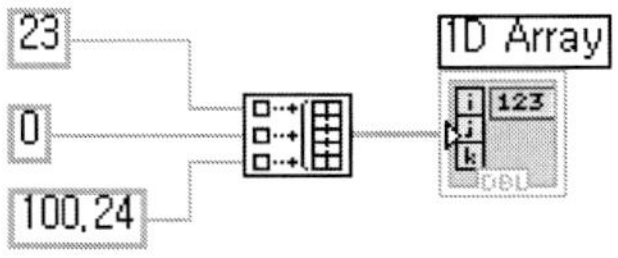

다음은 배열 만들기 함수를 이용하여 1D 배열 두 개를 묶어서 2D 배열을 만든 예입니다. 배열의 길이가 서로 다를 경우에는 긴 쪽에 맞추어 2D 배열이 생성됩니다. 이때 부족한 부분은 0으로 채워집니다.

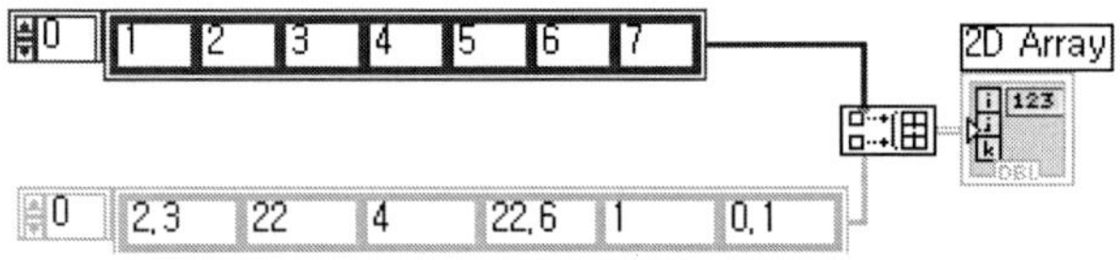

다음은 1차원 배열에 원소를 추가한 예입니다. 추가된 배열은 1차원 배열인 {3, 4, 5, 6}이 됩니다.

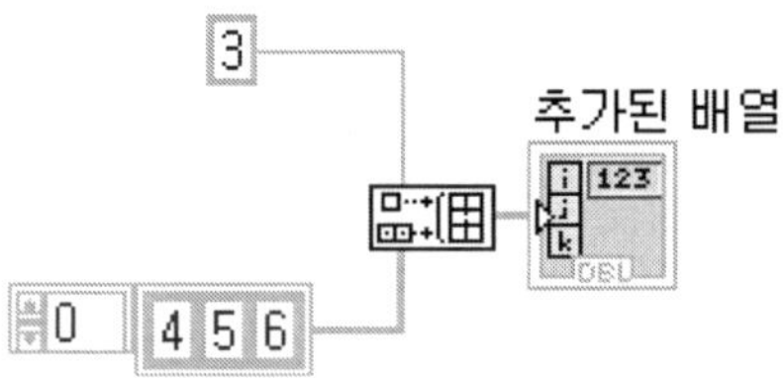

다음은 배열 만들기 함수를 이용하여 1D 배열 두 개를 연결하여 1D 배열을 만든 예입니다. 이때 배열 만들기의 단축메뉴에서 **입력 연결**을 선택해줘야 됩니다. 다음과 같이 배열 만들기의 모양도 다르게 표현됩니다. 새로운 1D 배열은 {1, 2, 3, 4, 5, 6, 7, 2.3, 22, 4, 22.6, 1, 0.1, 7}입니다.

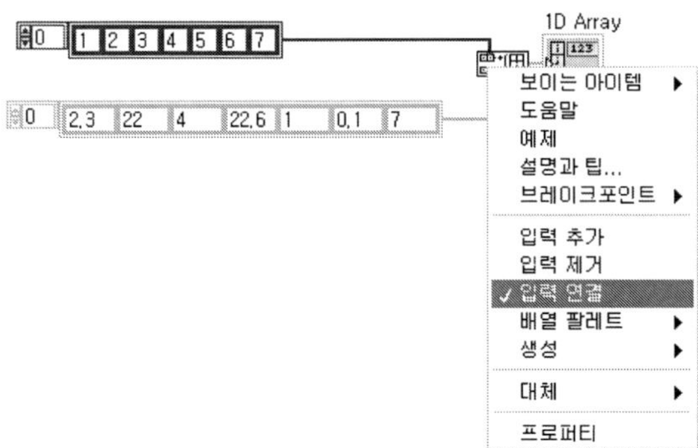

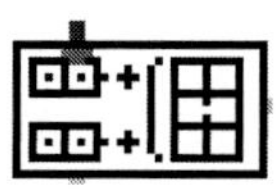

기타 함수

이외에도 여러 가지 배열 함수들이 있습니다. 예를 들어 원소를 바꾸는 함수, 원소를 추가 하는 함수, 원소를 제거 하는 함수 등이 있습니다.

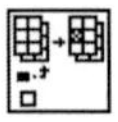 **배열 부분 대체,**

 **배열에 삽입,**

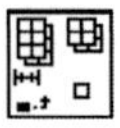 **배열로부터 삭제**입니다.

배열의 연산(Polymorphism)

배열의 연산, 즉 더하기, 빼기, 곱하기, 나누기 등에 대하여 알아봅니다. 여기서 Polymorphism이란 다른 데이터 구조라도 계산이 가능하다는 뜻입니다.

배열 + 숫자형 = 배열

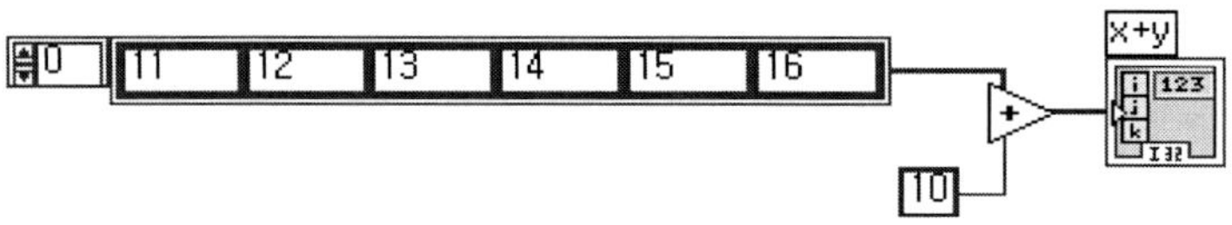

[블록다이어그램]

[프런트패널]

배열(6원소) * 배열(8원소) = 배열(6원소)

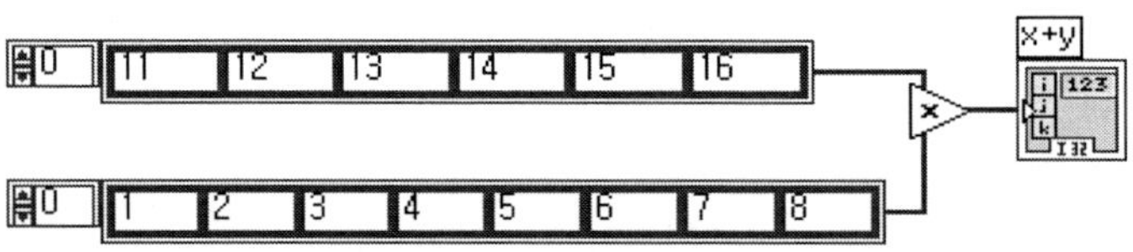

[블록다이어그램]

[프런트패널]

연습 1-9. 배열 함수와 연산

배열을 만들고 여러 가지 함수와 연산을 이용하여 배열을 연산해봅니다. 이 연습에서는 1D 배열과 숫자형 곱하기, 배열 잘라내기, 1D 배열 부분제거 함수에 대하여 배웁니다.

⌘ 블록다이어그램

1. 새 VI를 만들고 배열함수.vi라는 이름으로 저장합니다.
2. 함수 > 프로그래밍 > 구조 팔레트에서 For 루프를 찾아서 블록다이어그램에 위치시킵니다. 루프 카운터에서 단축메뉴로 [상수 생성]을 선택해주고, 20을 입력합니다.
3. 루프 반복횟수의 값을 For 루프 밖으로 와이어해줍니다. 출력 터미널에서 단축메뉴로 생성 > 인디케이터를 선택하여 I32 배열을 생성합니다.
4. 프런트패널에 숫자형 컨트롤을 하나 위치시키고, 라벨을 "스케일"로 바꿔줍니다.
5. 블록다이어그램에서 스케일의 터미널과 배열을 곱하기 함수로 곱해줍니다.

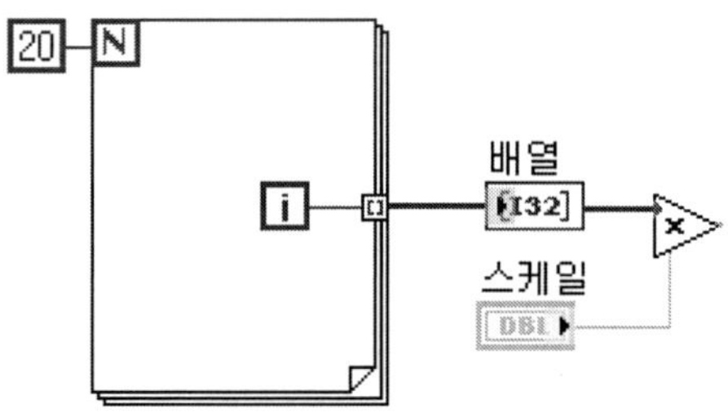

이때 스케일은 숫자형 컨트롤이고 배열은 1D 배열입니다. 배열 Polymorphism이 있기 때문에 단축메뉴의 생성 > 컨트롤을 이용하여 숫자형 컨트롤을 생성시킬 수 없습니다. 그래서 프런트패널에서 숫자형 컨트롤을 붙여줘야 되는 것입니다.

6. **배열 잘라내기**를 이용하여 배열의 일부를 떼어냅니다. 단축메뉴의 생

성을 이용하여 [인덱스], [길이]에 컨트롤을 생성시켜줍니다. 그리고 [부분배열]에 인디케이터를 생성시킵니다.

7. 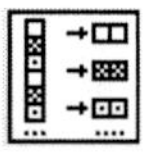 **1D 배열 부분제거** 함수를 위치시키고, [스케일된 배열]을 연결합니다. 아래로 당겨서 출력을 3개로 만들어줍니다. 그리고 [부분제거된 배열]에 인디케이터를 생성시킵니다.

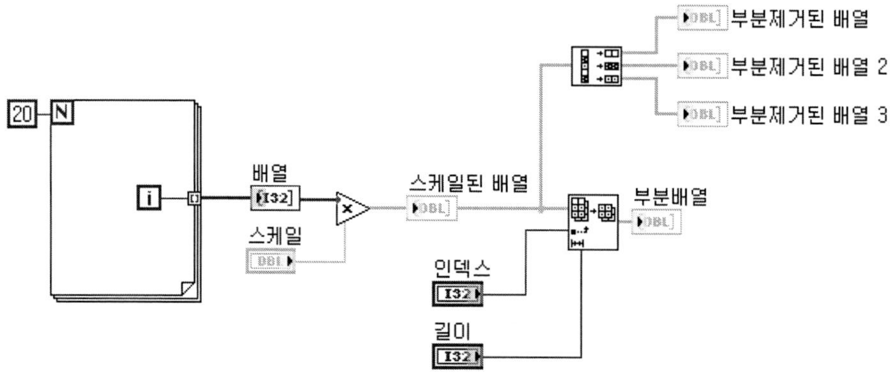

⌘ 프런트패널

8. 프런트패널을 아래와 같이 정리하고 실행합니다.

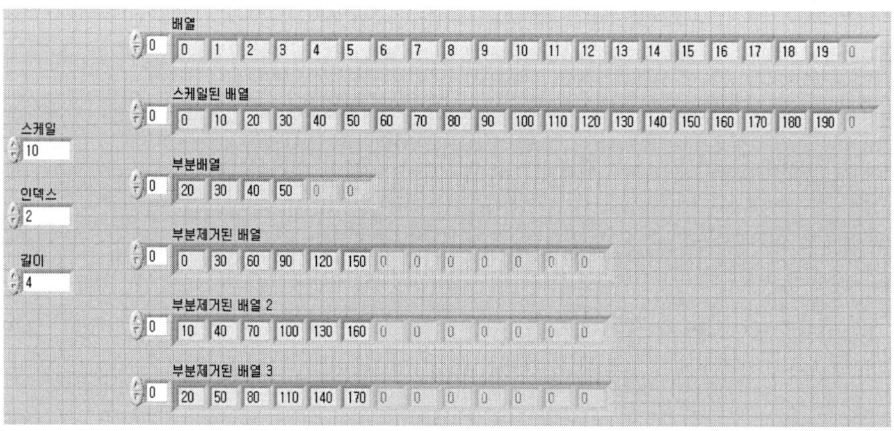

For 루프에서 I32 정수로 0,1,2,3, ..., 19를 생성하여 배열을 만듭니다. 그리고 DBL 1차원 배열에 DBL 숫자형 [스케일]을 곱하여 [스케일링 배열]을 만듭니다. 다시 입력한 [인덱스]에서 [길이]만큼 잘라서 새로운 배열인 [부분배열]을 생성합니다. 또한 1D 배열 부분제거 함수가 배열을 3 등분해줍니다. 20개 원소이므로, 3등분이 가능한 18개까지만 등분되고, 2 개 원소는 생략됩니다.

연습 1-9 끝

연습 1-10. 원 그리기

XY그래프를 이용하여 원을 그려봅니다. 사인과 코사인 함수를 이용하여 원을 만드는 예제는 다른 프로그래밍 언어에서도 많이 시도되는 예제입니다. 이 연습에서는 For 루프와 사인 & 코사인 함수를 이용하여 원에 필요한 X배열과 Y배열을 만들고, XY그래프에 원을 그리는 방법에 대하여 배워봅니다.

⌘ 프런트패널

1. 새 VI를 만들고, 원.vi라는 이름으로 저장합니다.
2. 프런트패널에 XY그래프를 위치시킵니다.

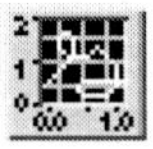
XY그래프는 X배열과 Y배열을 각각 Time과 Amplitude 축으로 하여 그래프를 그리는 인디케이터입니다. 컨트롤 > 일반 > 그래프 팔레트에서 찾을 수 있습니다.

⌘ 블록다이어그램

3. 아래와 같이 블록다이어그램을 구성합니다.

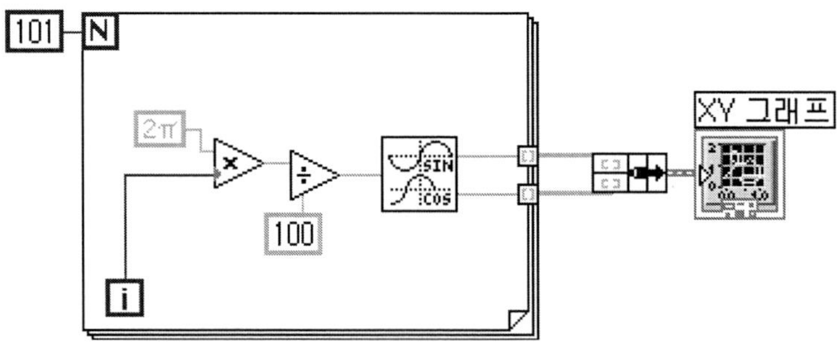

사인 & 코사인은 함수 > 수학 > 기본&특수 함수 > 삼각함수 팔레트에서 찾을 수 있습니다. 입력값 x에 대하여 sin(x)과 cos(x)를 출력하는 함수입니다.

2π는 함수 > 프로그래밍 > 숫자형 > 수학 & 과학 상수 팔레트에서 찾을 수 있습니다.

묶기는 함수 > 프로그래밍 > 클러스터 & 배리언트 팔레트에서 찾을 수 있습니다. XY그래프를 이용하기 위해서는 클러스터 묶기 함수를 항상 사용해야 됩니다. 클러스터에 대하여 뒤에서 설명합니다.

4. VI를 자장하고 실행합니다.

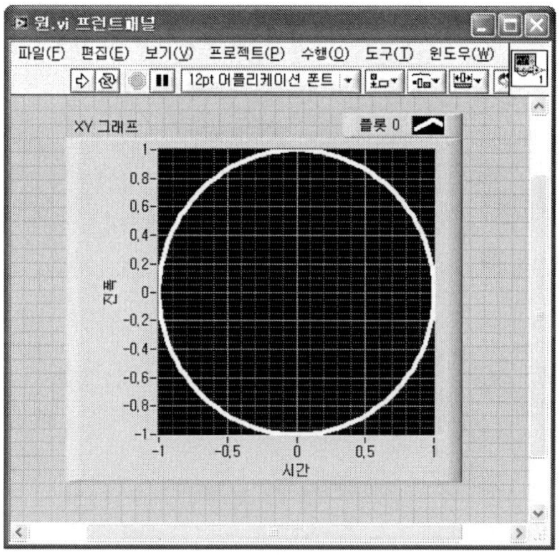

X=sin(t)일 때, Y=cos(t) (t=0 to 2π)이면 XY그래프에서 원을 그릴 수 있습니다. For 루프 속의 i는 0에서부터 N-1까지의 정수 값을 차례로 출력합니다. N=101이므로 0에서부터 100까지 출력합니다. 각각에 2π를 곱하고, 100으로 나누어주었으므로 0에서부터 2π사이를 100등분하여 **사인 & 코사인** 함수에 차례로 입력되는 것입니다.

연습 1-10 끝

라. 클러스터

배열은 같은 타입의 데이터를 묶을 때 사용합니다. 그러나 서로 다른 타입의 데이터를 하나로 묶어서 관리하면 더 효율적으로 프로그래밍할 수 있습니다. 클러스터는 여러 가지 데이터 타입을 묶어서 만든 데이터의 묶음입니다. 예를 들어, 컴퓨터 통신에 많이 사용되는 Len케이블을 보면 여러 색깔의 선들을 하나로 묶어서 만들어져 있습니다. 이들은 모두 다른 타입의 데이터가 전달되는 선들입니다. 디지털 데이터 신호선, 전력선, 통신 관리선 등으로 기본 구성이 되어있을 것입니다. 이것처럼 여러 가지 다른 데이터 타입을 하나로 묶어서 처리하면 와이어의 수를 줄일 수 있고 관리도 편할 것입니다.

컨트롤 > 일반 > 배열, 행렬, 클러스터 팔레트에서 클러스터를 찾을 수 있으며, 배열과 비슷한 방법으로 사용됩니다. 클러스터를 프런트패널에 위치시키면 다음과 같이 빈 클러스터가 놓이게 됩니다.

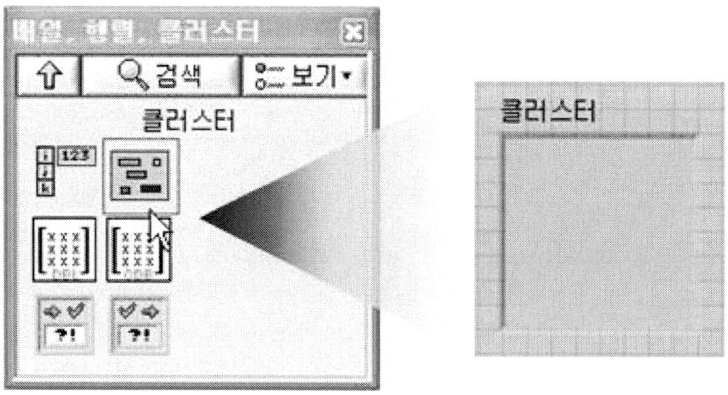

다음은 숫자형, 숫자형 배열, 불리언, 불리언 배열, 문자열, 문자열 배열을 클러스터에 넣은 예입니다.

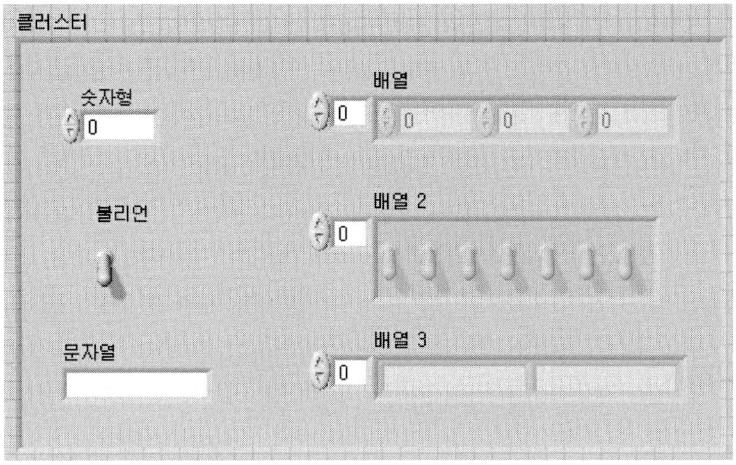

⌘ 클러스터의 두 가지 주의사항

첫째, 묶어주는 데이터들은 모두 컨트롤로 통일하거나 인디케이터로 통일해야 합니다. 컨트롤과 인디케이터를 섞어서 클러스터를 만들 수는 없습니다. 이것은 LabVIEW가 와이어를 통한 데이터 흐름으로 구성된다는 것과 일치합니다.

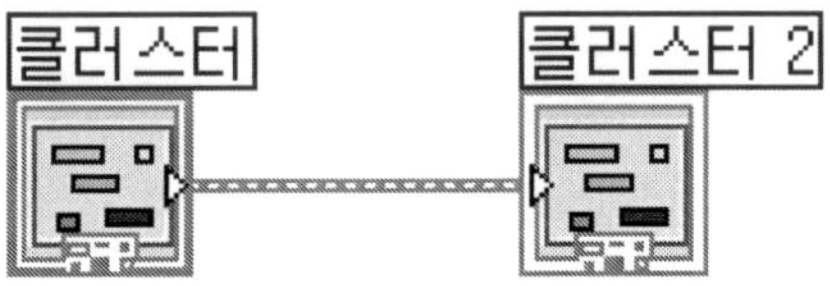

둘째, 클러스터에 아이콘을 넣을 때, 넣어주는 순서에 따라서 **컨트롤 순서**가 정해집니다. 그리고 클러스터 컨트롤과 클러스터 인디케이터를 서로 연결할 때, 이 순서가 꼭 맞아야합니다.

순서를 바꾸기 위해서는 클러스터의 단축메뉴에서 **클러스터 내의 컨트롤 순서 재설정**…을 선택하여 원소들의 순서를 새로 정해줄 수 있습니다. 이때 새로운 순서로 원소들을 클릭해주면 됩니다. 마우스의 모양은 바뀝니다.

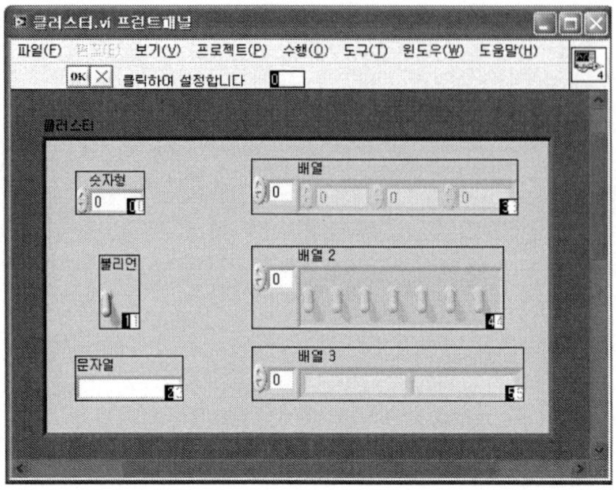

⌘ 클러스터의 함수

클러스터는 데이터의 묶음이므로 **묶어주는 함수와 풀어주는 함수**가 있습니다. 함수 > 프로그래밍 > 클러스터, 클래스 & 배리언트 팔레트에서 찾을 수 있습니다.

[풀어주는 함수]

풀어주는 함수에는 **풀기**와 **이름으로 풀기**가 있습니다.

풀기

 **풀기**는 클러스터의 데이터 전체를 순서에 따라 모두 풀어줍니다.

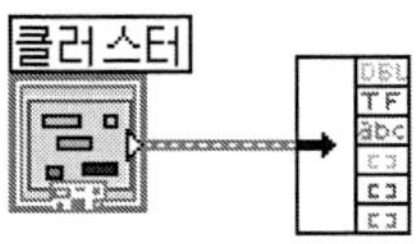

앞에서 순서를 다시 정해준 클러스터를 풀어주면 왼쪽과 같습니다. DBL, 불리언, 문자열, DBL 배열, 불리언 배열, 문자열 배열의 순서로 클러스터가 풀림을 확인할 수 있습니다. 사용자는 이들 중에서 필요한 데이터만 사용하면 될 것입니다.

이름으로 풀기

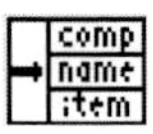

이름으로 풀기는 원소 별로 골라서 풀러주는 함수입니다. 이때 원소의 이름을 이용합니다. 클러스터를 **이름으로 풀기**에 연결하고 마우스로 클릭하여 원하는 원소를 선택해줍니다. 동시에 두 개 이상의 아이템을 선택하고 싶은 경우에는 **이름으로 풀기**의 크기를 늘려줍니다.

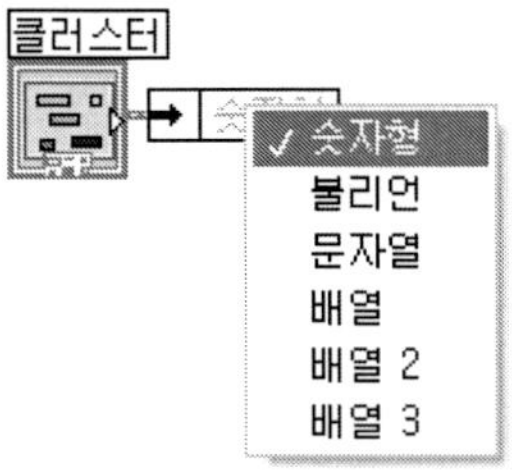

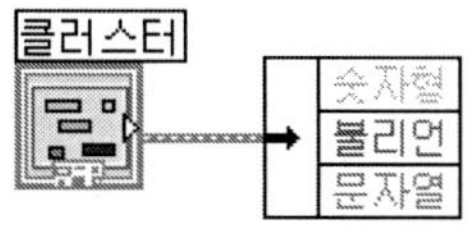

클러스터의 대표적인 예는 **에러 입력**입니다. **에러 입력**에서 상태(Status)만 풀어내기 위하여 **이름으로 풀기**를 사용할 수 있습니다.
에러 입력에서 **상태**는 불리언 타입이고, **코드**는 숫자형 타입이며, **소스**는 문자열 타입입니다. 컨트롤 > 일반 > 배열, 행렬, 클러스터 팔레트에서 **에러 입력**을 찾을 수 있습니다.

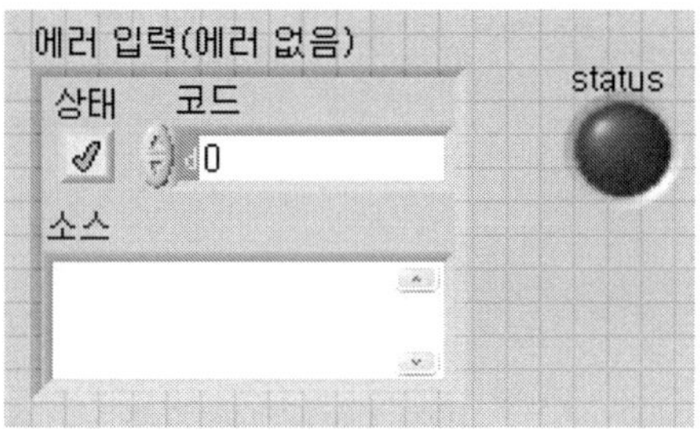

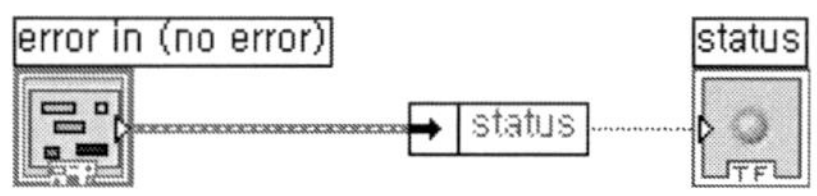

[묶어주는 함수]

클러스터를 만들기 위하여 묶어주는 함수에는 **묶기**와 **이름으로 묶기**가 있습니다.

묶기

 **묶기**는 여러 개의 데이터들을 위에서부터 순서대로 묶어주는 함수입니다. 예를 들어, 숫자형 배열, 불리언, 그리고 문자열 배열을 클러스터로 묶어주면 아래와 같습니다.

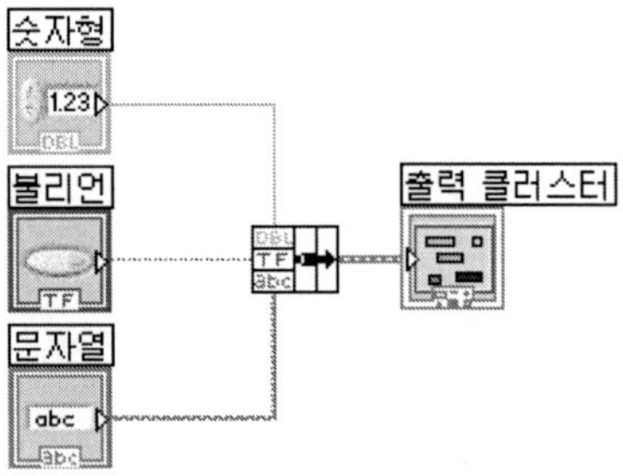

묶기를 블록다이어그램에 놓으면 처음에는 와 같은 모양이지만 마우스로 클릭해서 아래로 당겨주면 필요한 크기로 바꿔줄 수 있습니다.

이름으로 묶기

이름으로 묶기는 미리 어떤 클러스터를 만들 것인가에 대한 정보를 알고 있을 때, 이 정보에 따라서 클러스터를 구성하는 함수입니다. 클러스터의 함수 중에서 가장 까다로운 함수입니다. 어떤 클러스터를 만들 것인가에 대한 정보를 다음과 같이 **이름으로 묶기**의 중간부분인 [입력 클러스터]에 꼭 연결해줘야 됩니다.

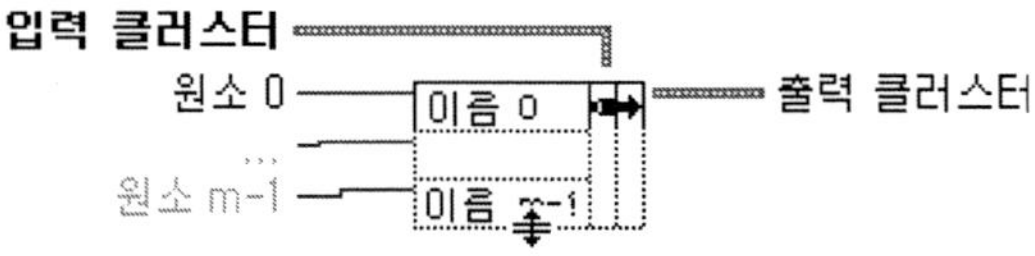

다음 연습을 통하여 클러스터를 만드는 방법과 클러스터 함수를 이용하는 방법에 대하여 익혀봅니다.

연습 1-11. 클러스터를 만들고 다루는 법

클러스터를 만들고, 클러스터 함수를 이용하여 클러스터를 수정해봅니다. 이 연습에서는 다음을 배웁니다.

- 클러스터를 만드는 방법을 배웁니다.
- 클러스터를 풀고, 데이터 값을 변경하고, 다시 묶어서 새로운 클러스터를 만드는 방법에 대하여 배웁니다.

⌘ 프런트패널

1. 새 VI를 만들고, 클러스터.vi라는 이름으로 저장합니다.
2. 프런트패널에 클러스터를 만듭니다. 숫자형, 숫자형 배열, 불리언, 불리언 2, 슬라이드를 클러스터에 순서대로 넣어줍니다. 순서를 틀렸을 때에는 **클러스터 내의 컨트롤 순서 재설정**…을 이용하여 순서를 바꿔줍니다.

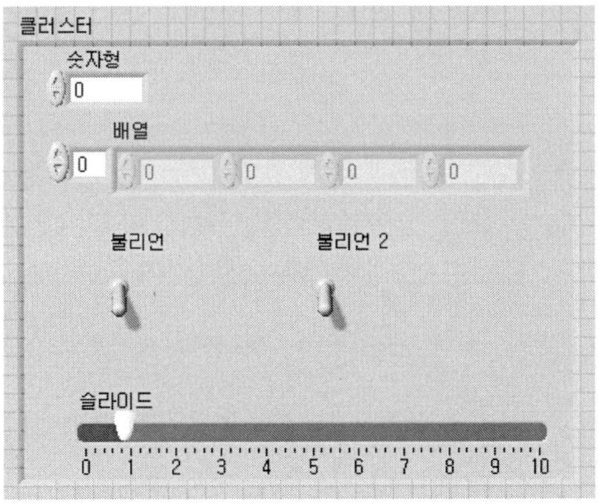

⌘ 블록다이어그램

3. **풀기**와 **이름으로 풀기**를 이용하여 이 클러스터를 풀어줍니다. 그리고 **묶기**와 **이름으로 묶기**를 이용하여 다시 묶어줍니다.

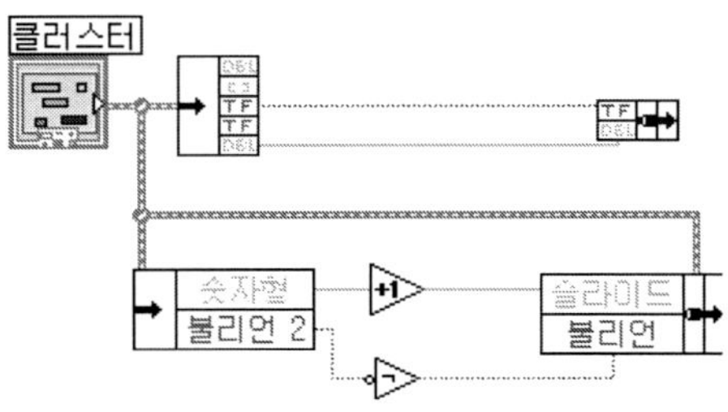

증가는 숫자형 값에 +1을 해주는 함수입니다. 함수 > 프로그래밍 > 숫자형 팔레트에서 찾을 수 있습니다.

NOT은 불리언 값에 Not 연산을 하는 함수입니다. 함수 > 프로그래밍 > 불리언 팔레트에서 찾을 수 있습니다.

4. 단축메뉴의 생성 > 인디케이터를 이용하여 다음을 완성합니다. 그리고 While 루프로 전체를 둘러줍니다. **While 루프 조건**에서 단축메뉴의 생성 > 컨트롤을 이용하여 [정지] 버튼을 생성해줍니다.

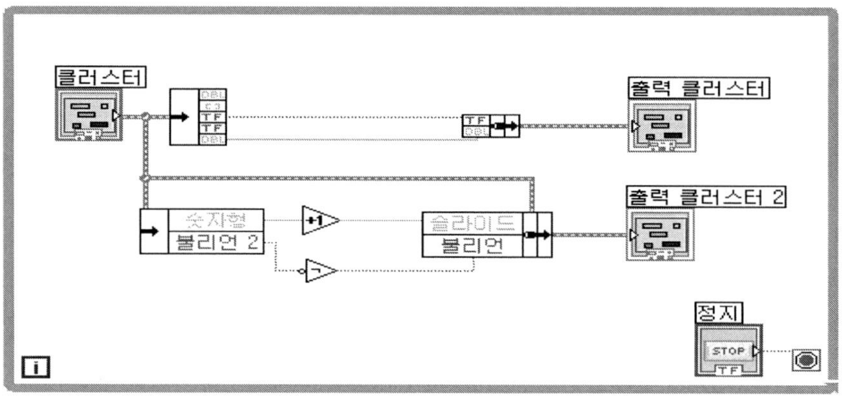

[출력 클러스터]는 두 개의 원소를 가진 새로운 클러스터이고, [출력 클러스터 2]는 [클러스터]에서 슬라이드와 불리언의 값만 바뀐 것입니다.

참고 **While 루프** : While 루프는 조건을 만족할 때까지 루프 속의 함수를 반복 실행하는 **구조**이며, 함수 〉 프로그래밍 〉 구조 팔레트에서 찾을 수 있습니다. 위의 연습에서는 [정지] 버튼을 클릭해서 참 값이 입력될 때까지 루프를 실행합니다.

5. While 루프는 컴퓨터 시스템이 가능한 범위까지 최대한 빨리 실행됩니다. While 루프의 실행 속도를 조절하기 위해서 **시간 지연** 함수를 사용합니다.

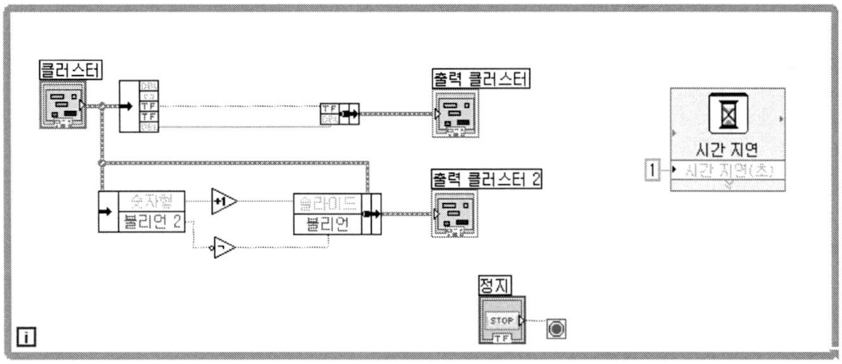

 **시간 지연**은 초단위의 시간 지연을 주는 함수입니다. 함수 > 프로그래밍 > 타이밍 팔레트에서 찾을 수 있습니다. While 루프에 시간 지연을 넣어주지 않으면, 이 VI를 실행했을 때, 필요 이상의 리소스를 사용하게 됩니다.

⌘ 프런트패널

6. 프런트패널을 정리하고 실행합니다. While 루프에 의하여 반복 실행함을 알 수 있습니다. 정지 버튼을 클릭하여 VI의 실행을 멈춥니다.

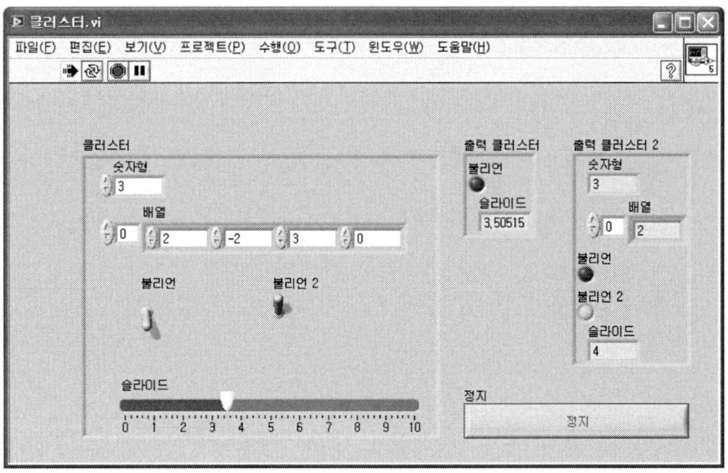

연습 1-11 끝

마. SubVI 만들기

SubVI는 LabVIEW에서 제공되는 함수 이외에 사용자가 만들어서 사용할 수 있는 함수입니다. Text 기반의 프로그래밍 언어에서처럼 프로그래머는 자주 사용하는 자기만의 프로그램을 함수의 형태로 보관하고 다른 프로그램에 붙여서 사용하거나 다른 프로그래머에게 제공할 수 있습니다. 이런 경우에 SubVI를 만들고 이 SubVI를 다른 VI에서 호출하여 사용합니다. 또는 반복해서 같은 형태의 작업이 계속 나타나는 경우, 이 반복되는 부분을 SubVI로 만들어두면 아주 간편하게 프로그램을 작성할 수 있습니다.

SubVI는 두 가지 방법으로 만들 수 있습니다.

- 모든 VI는 근본적으로 다른 VI에서 SubVI로 사용할 수 있습니다. 그러나 커넥터가 있는 SubVI가 되기 위해서는 VI의 프런트패널에 있는 컨트롤들과 VI의 커넥터를 연결하는 작업을 수동으로 해줘야 됩니다.
- VI의 일부만 선택하여 SubVI로 만들 수 있습니다. 이 경우에는 와이어 연결이 필요한 커넥터가 자동으로 생성됩니다.

SubVI는 다른 VI에서 서브로 사용되는 일종의 함수이므로, 함수의 기능을 아이콘으로 이해할 수 있게, 함축적으로 표현할 수 있는 아이콘으로 편집해 줄 필요가 있습니다. 이때 아이콘 편집기를 이용합니다.

두 가지 연습 문제를 통하여 SubVI 만드는 방법을 배워봅니다.

연습 1-12. SubVI 만들기

모든 VI는 저장만 되면 SubVI가 됩니다. 간단한 연습을 통하여 SubVI를 만드는 방법을 배워봅니다.

⌘ 블록다이어그램

1. 새 VI를 만듭니다. <Ctrl+N>
2. 함수 > VI 선택...을 선택하면 원하는 VI를 불러올 수 있습니다. 연습 1-1에서 만든 더하기와 빼기.vi를 불러옵니다.
3. **아이콘 편집기**로 만들어준 아이콘 모양으로 나타남을 확인할 수 있습니다. 이 아이콘을 더블클릭해봅니다. 더하기와 빼기.vi가 다시 열립니다.

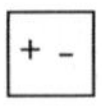

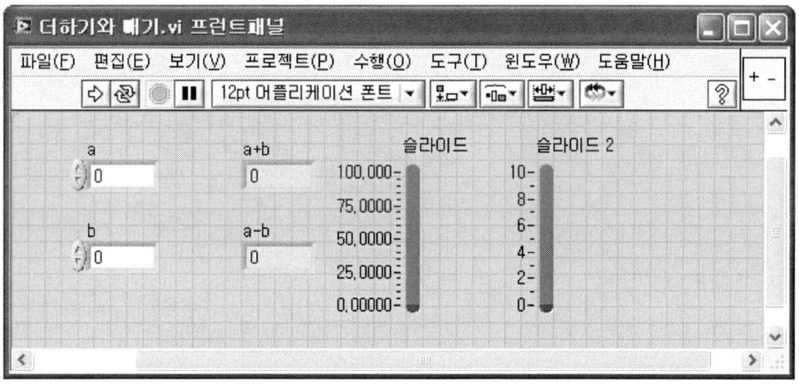

연습 1-1에서 저장해두었던 더하기와 빼기.vi는 이 연습에서 SubVI로 사용됩니다. 이와 같이 모든 VI는 다른 VI의 SubVI가 될 수 있습니다.

그러나 이 SubVI에는 한 가지 빠진 점이 있습니다. SubVI로서 역할을 다하기 위해서는 와이어를 연결하여 입력과 출력을 연결할 수 있어야 합니다. 이제 더하기와 빼기.vi에 커넥터를 만들어주는 방법에 대하여 알아봅니다.

4. 더하기와 빼기.vi의 아이콘을 클릭하고, 마우스 오른쪽 버튼을 이용하여

단축메뉴를 만들고 **커넥터 보이기**를 선택합니다.

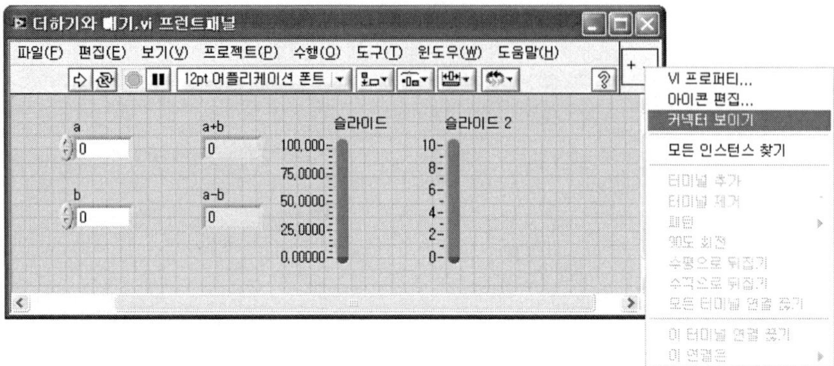

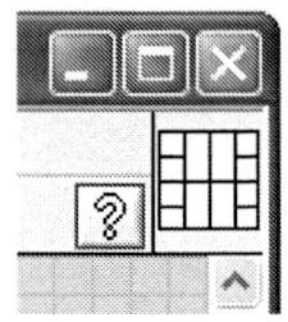

5. 커넥터들이 나타납니다. 빈칸의 오른 쪽에는 컨트롤을, 왼쪽에는 인디케이터를 ◈ 도구를 이용하여 연결합니다. 만약 커넥터가 부족하면 단축메뉴에서 **터미널 추가**를 선택해서 커넥터를 더 만들 수 있습니다. 그리고 필요한 커넥터만 연결하고 나머지는 비워둬도 됩니다. 오른쪽 커넥터에는 a와 b를 연결하고 왼쪽은 a+b와 a−b를 연결해봅니다. 슬라이드와 슬라이드 2는 연결하지 않아도 됩니다. 우선 ◈을 이용하여 a를 선택하고, 다시 왼쪽 커넥터 중에서 하나를 선택하면 서로 연결됩니다.
6. 같은 방법을 나머지도 연결합니다. 연결된 커넥터에는 색깔이 채워집니다.

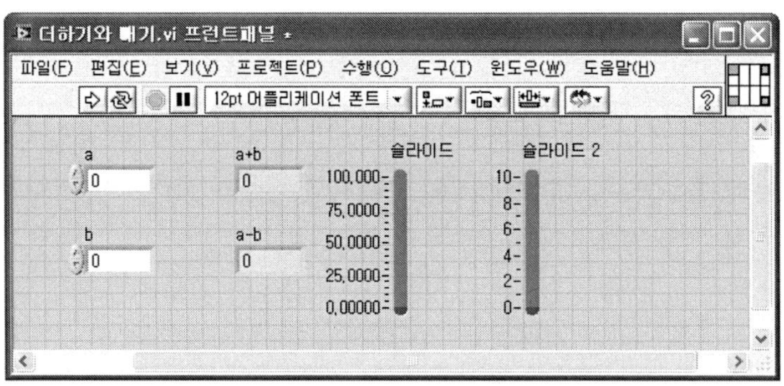

다시 **VI 선택...**으로 더하기와 빼기.vi를 불러와서 위치시키면 와이어를 연결할 수 있는 커넥터가 생겼음을 확인할 수 있습니다. 다음과 같이 **기본 도움말**에서 커넥터를 확인할 수 있습니다.

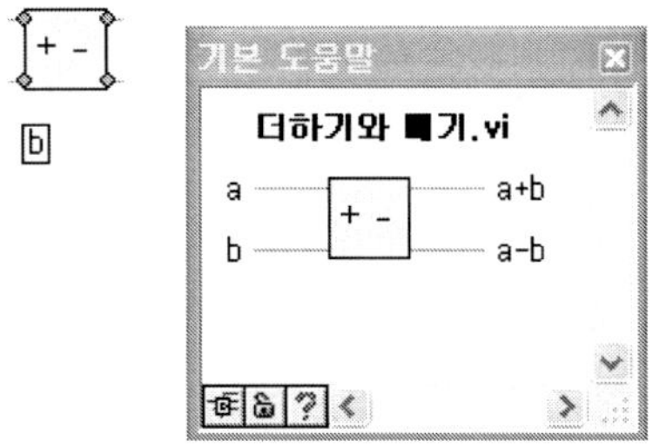

7. 각 커넥터에서 단축메뉴를 이용하여 컨트롤과 인디케이터를 생성해봅니다.

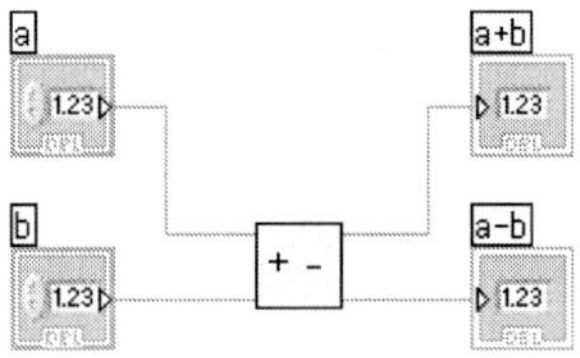

연습 1-12 끝

연습 1-13. VI의 일부만 SubVI로 만들기

연습 1-12의 더하기와 빼기.vi에서 표시한 부분만 사용합니다. 그렇다면 굳이 전체 VI를 SubVI로 만들 필요는 없습니다. 예를 들어, 아주 큰 VI에서 전체의 일부만을 SubVI로 만들고 싶은 경우를 생각한다면 연습 1-12는 적절한 방법이 아닙니다.

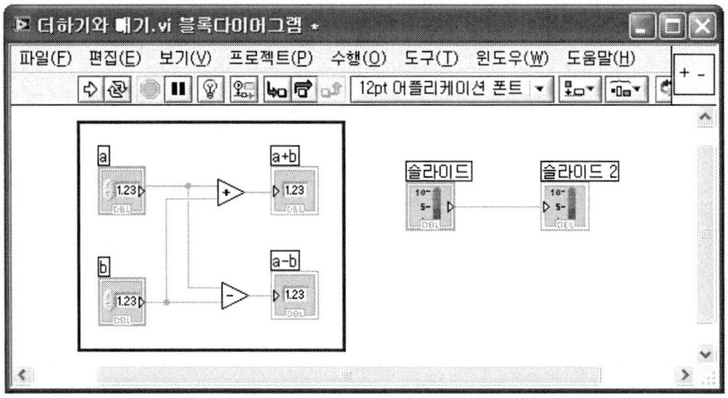

표시한 부분만 따로 SubVI로 만들어봅니다.

⌘ 블록다이어그램

1. 우선 SubVI로 만들고 싶은 부분을 다음과 같이 마우스로 선택합니다. 선택된 영역은 점선으로 표시됩니다.

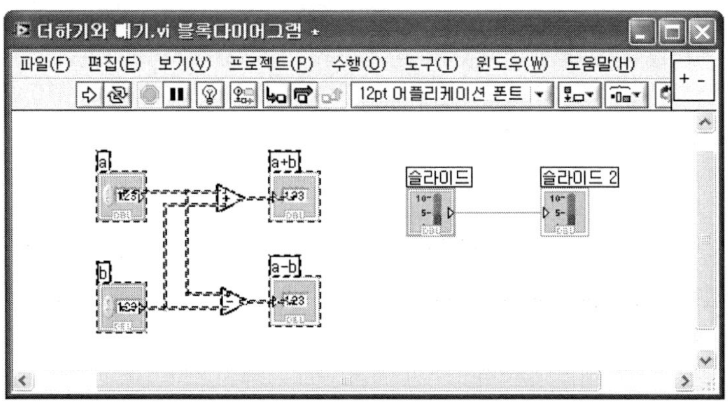

2. 메뉴의 **편집(E)**에서 **SubVI 생성(S)**을 선택합니다.

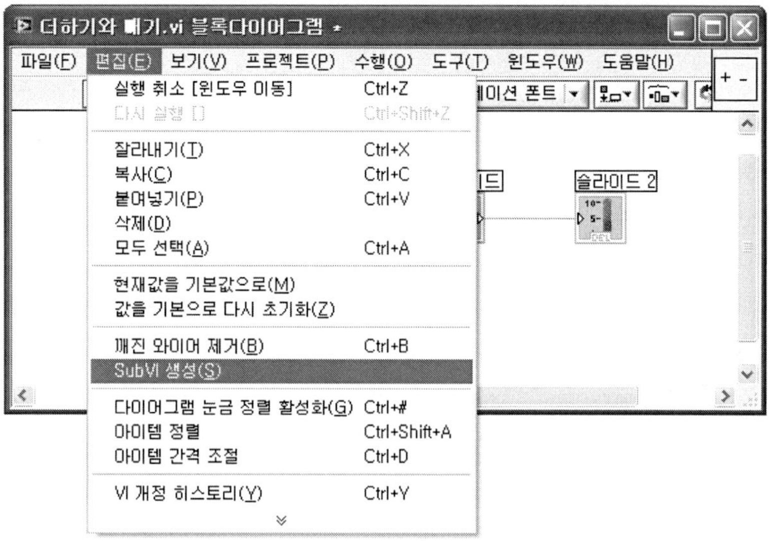

다음과 같이 SubVI가 생성됨을 확인할 수 있습니다.

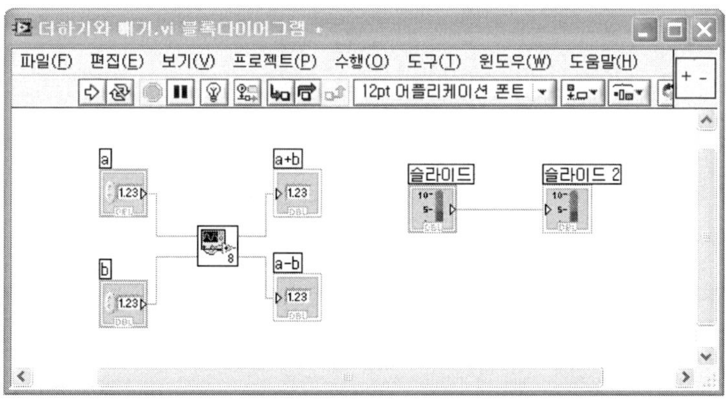

연습 1-12와 반대로 이번에는 커넥터는 있지만 아이콘의 모양이 기본형 인 SubVI가 만들어집니다. 이제 아이콘 편집기를 이용하여 아이콘의 모양을 바꿔줍니다. 또한 이 SubVI의 이름을 정해줘야 됩니다.

3. SubVI를 더블클릭하여 창을 띄웁니다. 그리고 SubVI 연습.vi로 저장합니

다. 아이콘 편집기를 이용하여 아이콘 모양을 바꿔줍니다.

4. 새 VI를 만들고 **VI 선택...**를 이용하여 SubVI 연습.vi을 불러옵니다. 그리고 컨트롤과 인디케이터를 생성시킵니다.

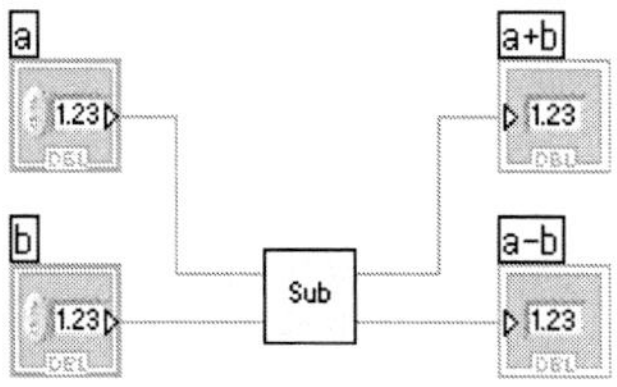

연습 1-13 끝

⌘ SubVI의 데이터 입력

왼쪽으로 데이터를 입력하고 오른쪽으로 수행 결과를 출력합니다. 그리고 다음과 같이 [기본 도움말]을 이용하여 각 터미널에 대한 정보를 확인할 수 있습니다.

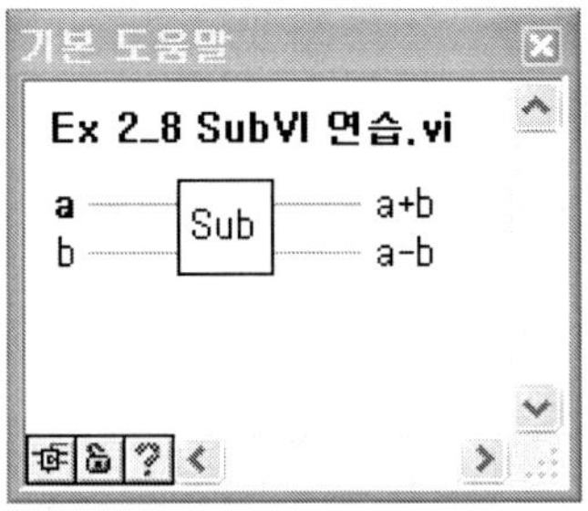

터미널의 연결 속성 변경

다음과 같이 커넥터 보기로 선택한 뒤에 단축메뉴에서 이 연결은 필수, 권장, 또는 옵션으로 선택해줄 수 있습니다.

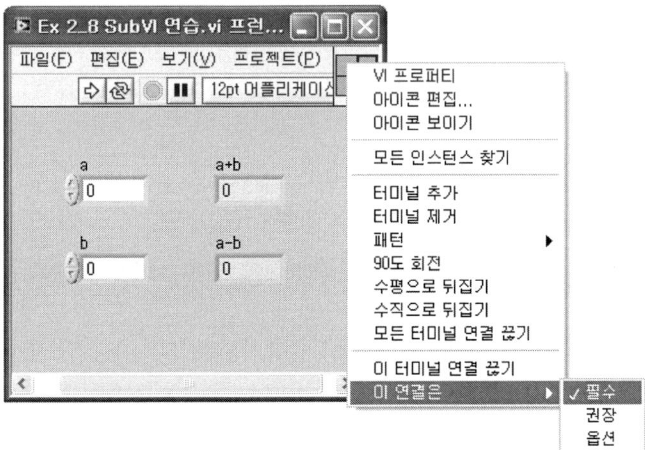

필수로 선택된 터미널에 입력을 연결하지 않으면 에러가 발생합니다. 그리고 [기본 도움말]에서는 필수 터미널임을 알리기 위하여 굵은 글씨체로 표시해 줍니다. SubVI를 사용할 때, 위와 같이 [기본 도움말]을 이용하여 터미널에 필수 입력이 요구되는지를 꼭 확인해야 될 것입니다.

권장으로 선택된 터미널에는 입력을 연결하지 않아도 에러는 발생하지 않습니다. 그러나 SubVI 내부 연산을 수행하기 위하여 입력이 필요하기 때문에 연결되지 않은 경우에는 그 변수 타입의 기본값이 사용됩니다. [기본 도움말]에서 평이한 글씨체로 권장 터미널임을 표시해줍니다.
옵션으로 선택된 터미널에도 입력을 연결하지 않으면 에러가 발생하지 않고, 입력 값이 연산에 필요한 경우에는 그 변수 타입의 기본값을 사용합니다. 그러나 [기본 도움말]에 터미널에 대한 정보가 나타나지 않습니다.

⌘ SubVI의 메모리 사용

VI 프로퍼티에서 그 VI의 메모리 사용량을 다음과 같이 확인할 수 있습니다.
VI 프로퍼티는 파일(F)에서 VI 프로퍼티(I)를 선택하여 열 수 있습니다.
VI 메모리 사용은 다음과 같이 프런트패널 객체, 블록다이어그램 객체, 코드, 데이터로 나누어집니다. 프런트패널에 용량이 큰 그림 아이콘이 있거나 웨이브폼 그래프 등에 대용량의 데이터를 디스플레이할 경우에는 프런트패널 객체의 메모리 사용량이 많아질 것입니다.

SubVI의 경우에도 이들 네 가지 메모리 객체들을 모두 가지고 있지만, 프런트패널 객체와 블록다이어그램 객체는 SubVI를 열 경우에만 메모리가 할당되고, 평소에는 코드와 데이터만 메모리에 상주하여 메모리의 사용을 최소화시켜줍니다.

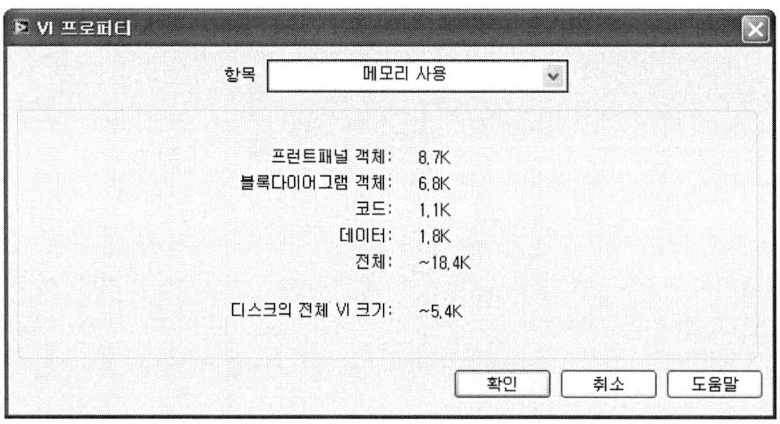

⌘ VI의 계층구조

프로그램의 소스코드를 이해하기 쉽고, 수정하기 쉽게 만들기 위해서는 구조화된 프로그램을 만들어야 됩니다. LabVIEW에서는 SubVI를 이용하여 구조화된 프로그램을 만들 수 있습니다.

다음과 같이 메뉴의 **보기 > VI 계층구조(H)**를 선택하면, 그 VI의 계층구조를 확인할 수 있습니다. VI 계층구조를 확인하면 어떤 SubVI들이 그 VI에서 사용되고 있는지 확인할 수 있습니다.

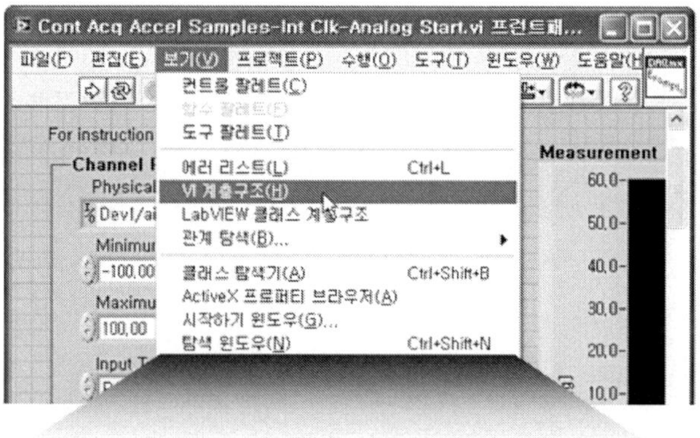

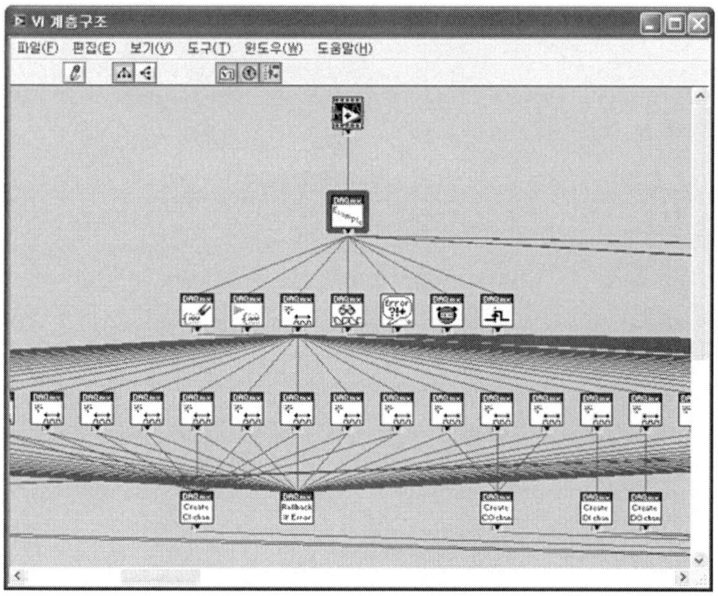

바. VI 스니핏

VI 스니핏(Snippet)은 블록다이어그램의 일부를 선택하여 그림 파일인 png 파일로 저장할 때, VI의 정보까지 저장하는 기능입니다. Snippet한 그림 파일의 특징은 다른 블록다이어그램에 이 그림 파일을 드래그 앤 드롭하면 다시 블록다이어그램과 프런트패널의 정보가 되살아난다는 것입니다.

VI 스니핏은 LabVIEW 2009 버전부터 사용 가능한 기능입니다. 한글 버전의 번역 방식에 따라서 편집(E) > **선택사항에서 VI 일부 생성** 또는 편집(E) > **선택사항에서 VI 스니핏 생성**으로 이 기능을 사용할 수 있습니다. LabVIEW 2009의 첫 버전에서는 아래와 같이 [선택사항에서 VI 일부 생성]으로 번역되어 있습니다.

Snippet한 그림 파일에는 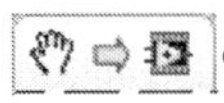이 추가됩니다. 드래그 앤 드롭으로 VI를 복원할 수 있다는 의미입니다.

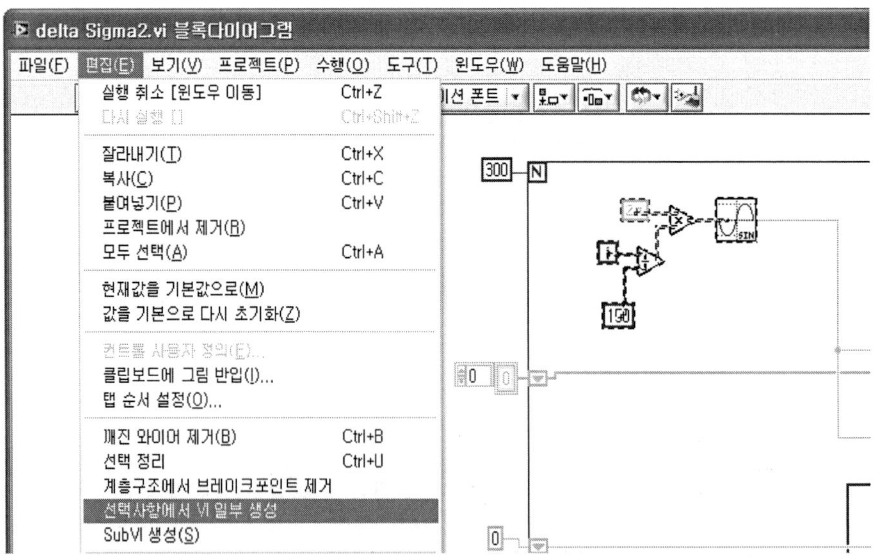

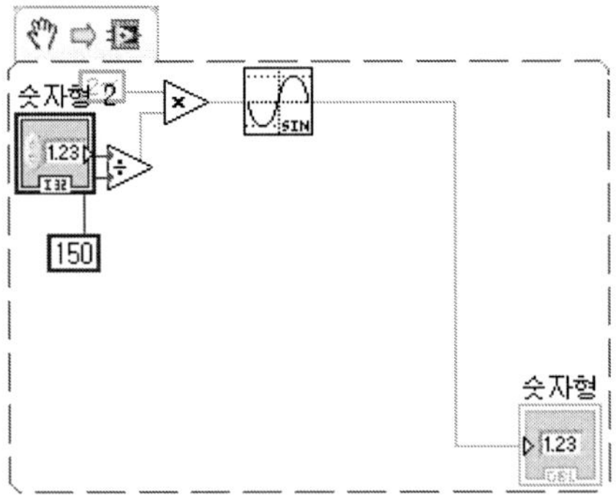

VI Snippet의 특징

1. 그림 파일로 저장한다고 해서 파일의 크기가 작아지는 것은 아닙니다. VI의 정보가 png파일에 추가되므로, 실제로는 사이즈가 약간 커집니다.
2. 그림 파일을 수정하면 VI Snippet의 기능이 사라집니다. 예를 들어, 포토샵이나 그림판에서 그림을 수정하거나 파워포인터나 워드, 훈글 같은 에디터에서 그림 붙여넣기를 한 경우에는 VI의 정보를 잃어버립니다.
3. 블록다이어그램에 SubVI가 포함되었을 경우에는 SubVI에 대한 정보까지 그냥 가지고 가지는 못합니다. SubVI를 별도로 첨부해주거나 라이브러리를 만들어 VI와 SubVI를 같은 라이브러리 속에 넣어주면 됩니다. 라이브러리 만들기는 뒤에서 배울 것입니다.

VI Snippet의 사용례

1. 이메일로 자료를 전송
2. Knowledge Base와 같은 웹 환경에서의 VI를 공유
3. 마이랩뷰 같은 커뮤니티에서 VI를 공유

블록다이어그램을 그림 파일로 공유하고, 필요한 경우에는 VI로 복원할 수 있다는 것이 VI 스니핏의 의미입니다.

사. VI의 디버깅

와이어를 잘못 연결하거나 함수의 필수 입력에 데이터를 연결하지 않은 경우에는 깨어진 실행 버튼으로 에러를 알려줍니다. 또한 버튼을 클릭하면, 에러에 대한 정보가 열거됩니다.

다음과 같이 **에러 리스트**에 에러와 경고가 리스트됩니다. 그리고 에러를 선택하면 세부사항에 에러에 대한 설명을 디스플레이해줍니다. 또한 에러를 더블클릭하면 에러가 발생한 곳을 찾아서 지시해줍니다.

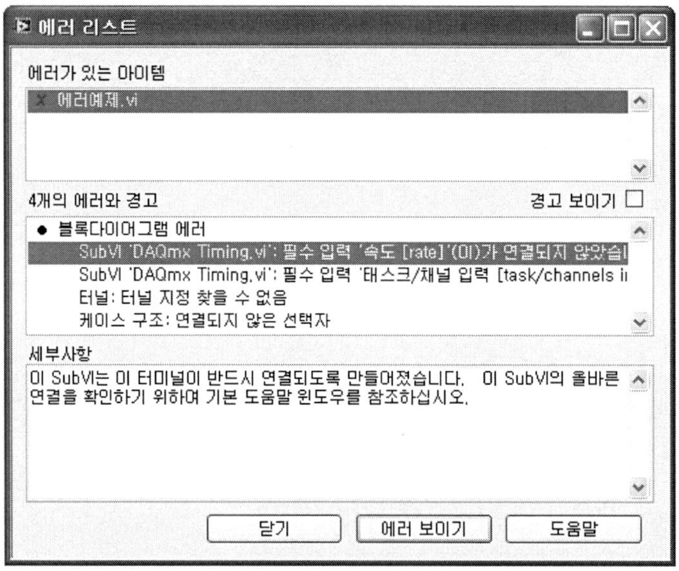

에러 없이 실행은 가능하지만, 논리적인 오류에 의하여 원하는 결과 값이 출력되지 않는 경우에는 다양한 디버깅 툴을 이용하여 VI를 디버깅해야 됩니다. LabVIEW에는 실행 하이라이트, 프로브, 브레이크포인트, 단계별 실행 버튼 등의 디버깅 툴들이 있습니다.

1. 실행 하이라이트

블록다이어그램에서 실행 하이라이트 버튼을 선택하고 VI를 실행하면, 슬로우모션으로 VI가 실행하고, 각 노드에서 출력되는 값들이 디스플레이됩니다. 이때 프로브와 함께 사용하면 더욱 효과적입니다.

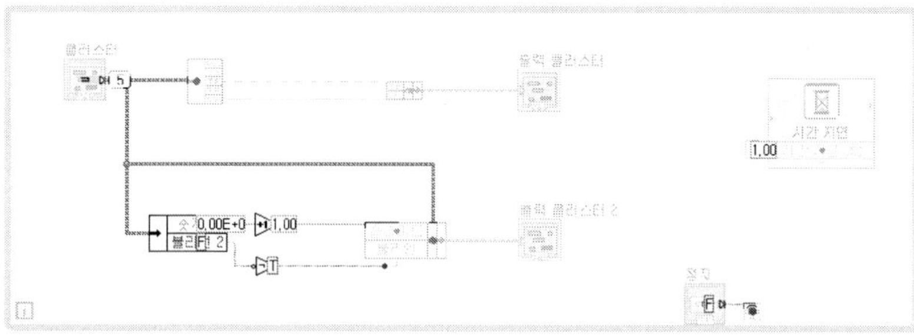

2. 프로브

블록다이어그램에서 와이어들에 실시간으로 흐르는 데이터를 모니터링하기 위하여 프로브를 사용할 수 있습니다. 데이터를 모니터링하고자 하는 곳에서 단축메뉴로 프로브를 선택하면 아래와 같이 **프로브 관찰 윈도우**가 나타납니다. 프로브 관찰 윈도우에서는 여러 VI에서 생성한 모든 프로브를 디스플레이해줍니다. 그리고 관찰 윈도우에서 더블클릭하면 해당 프로브를 찾아갑니다.

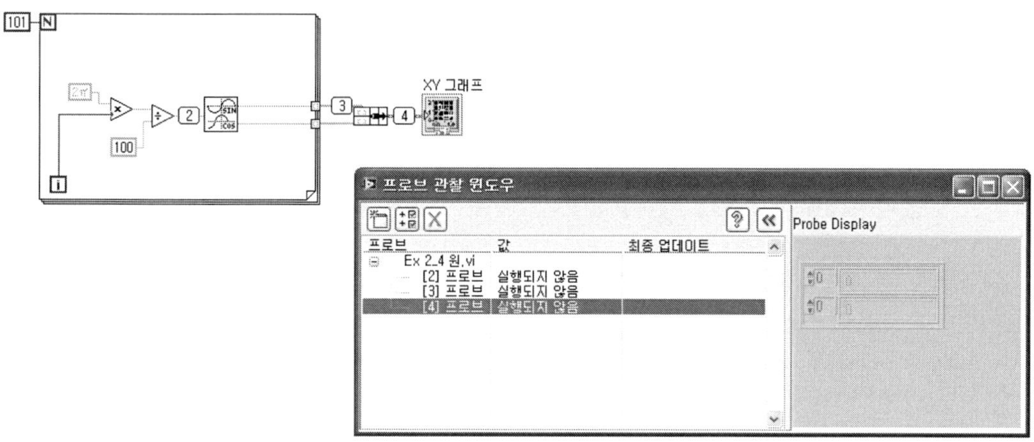

다음과 같이 [새 윈도우에서 열기]를 선택하면, 선택한 프로브만 별도의 창으로 띄울 수 있습니다.

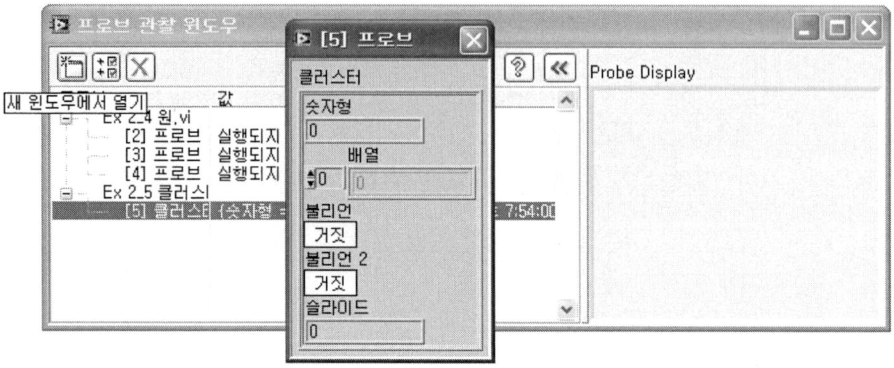

그리고 사용자 프로브를 만들어 좀더 구체적으로 프로브의 출력을 지정할 수 있습니다. 와이어의 단축메뉴에서 사용자 프로브 > 컨트롤 > 일반 팔레트에서 원하는 컨트롤을 선택하거나, 사용자 프로브 > 새로 만들기를 이용하여 사용자 프로브를 만들 수 있습니다.

다음은 XY그래프를 이용하여 사용자 프로브를 만든 예입니다.

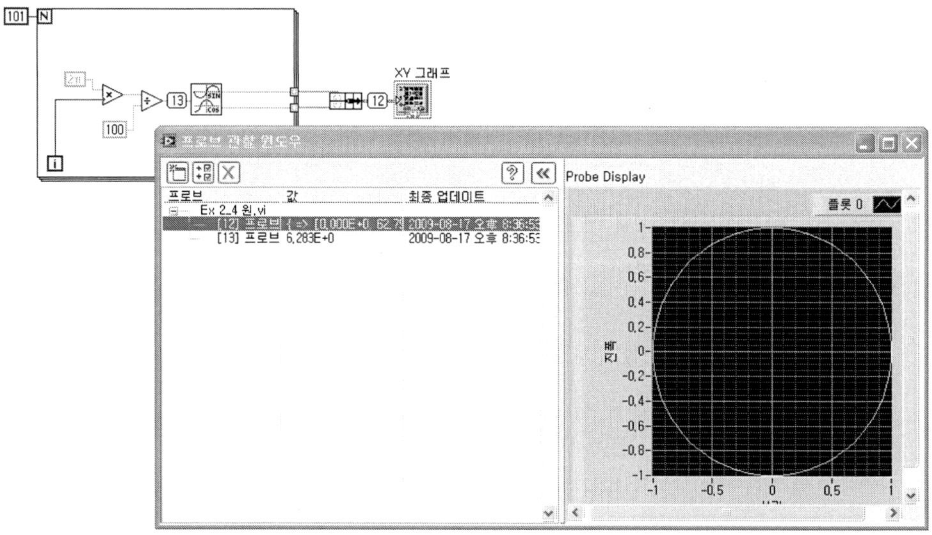

3. 브레이크포인트

브레이크포인트는 설정한 위치에서 VI를 정지시키기 위하여 사용됩니다. 브레이크포인트로 실행을 정지시킨 뒤에 단계별 실행 버튼 을 이용하여 단계별로 실행하면서 VI를 관찰할 수 있습니다. 또는 프로브와 함께 사용하여 각 위치에서의 값을 확인할 수 있습니다.

브레이크포인트는 도구 팔레트에서 브레이크포인트 도구를 선택하여 설정하거나, 와이어의 단축메뉴에서 브레이크포인트 > 브레이크포인트 설정을 이용하여 설정할 수 있습니다.

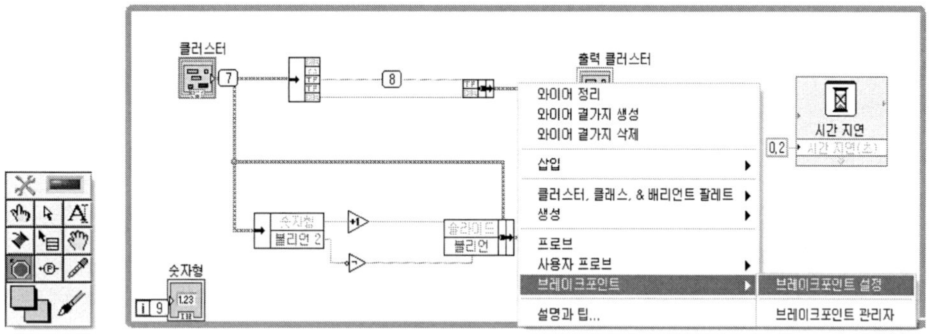

VI가 실행 중인 경우에는 설정할 와이어에 마우스를 놓고, 마우스 오른쪽 버튼으로 브레이크포인트 > 브레이크포인트 설정을 선택하여 설정할 수 있습니다.
브레이크포인트 관리자는 VI에 있는 모든 브레이크포인트를 활성화, 비활성화, 삭제를 수행할 수 있는 유틸리티입니다.

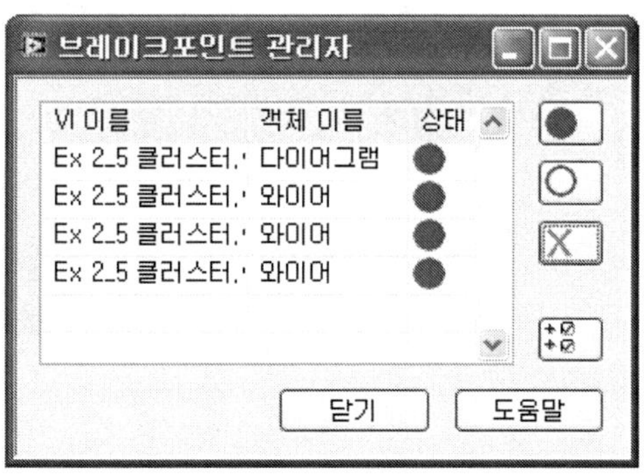

그리고 편집(E) > 계층구조에서 브레이크포인터 제거를 선택하여 VI의 모든 브레이크포인트를 제거할 수 있습니다.

4. 에러 핸들러

VI를 실행할 수는 있지만, 설정 값이나 조건이 만족되지 못하여 에러가 발생하는 경우에는 에러 핸들러를 이용하여 에러를 확인하고 디버깅할 수 있습니다. 다음은 에러 입출력과 단순 에러 핸들러를 이용한 사례입니다. 함수들을 연결한 아래쪽 클러스터 와이어가 에러에 대한 데이터입니다.

단순 에러 핸들러는 함수 > 프로그래밍 > 대화 상자 & 사용자 인터페이스 팔레트에서 찾을 수 있습니다. 에러가 발생하면 에러 메시지와 정보를 팝업해줍니다.

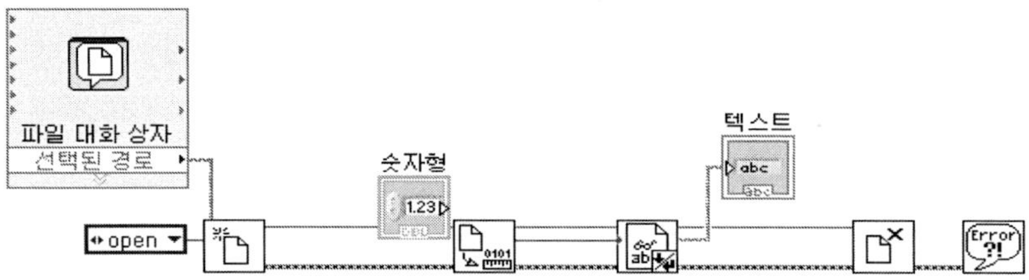

다음과 같이 단순 에러 핸들러를 사용하지 않고, 에러 출력 인디케이터를 생성해줘도 됩니다. 에러 출력 인디케이터는 클러스터 타입으로, 에러 상태, 에러 코드, 에러 소스를 디스플레이해줍니다.

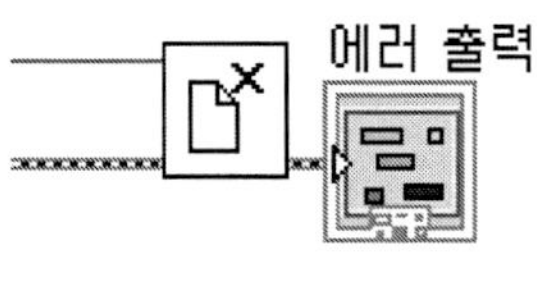

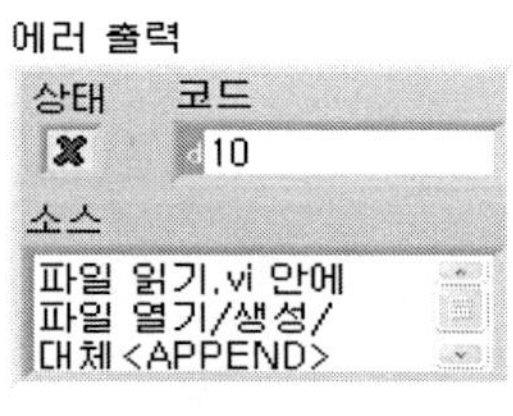

에러에 대한 좀더 상세한 설명이 필요한 경우에는 메뉴의 도움말(H) > 에러 설명(X)을 선택하여 에러 설명 대화 상자를 열수 있습니다. 에러 설명 대화 상자의 코드에 에러 코드를 입력하면 에러에 대한 상세한 설명을 확인할 수 있습니다.

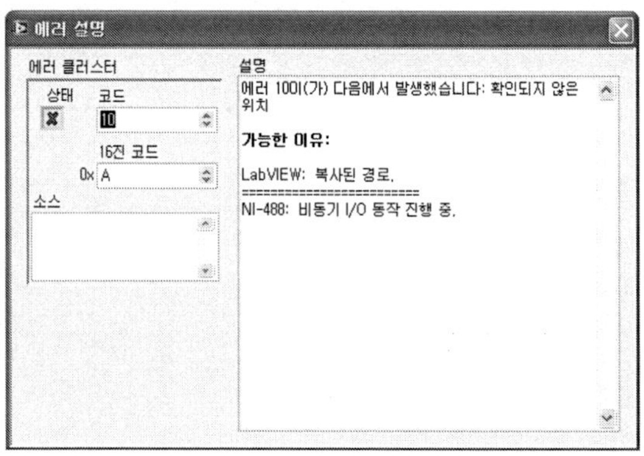

요약정리

가. 시작하기 창에서 새로 만들기 〉 새 VI 혹은 새 프로젝트를 선택하여 프로그래밍을 시작합니다.

나. LabVIEW는 프런트패널과 블록다이어그램으로 구성됩니다. 프런트패널에서는 컨트롤 팔레트를 사용할 수 있고, 블록다이어그램에서는 함수 팔레트를 사용할 수 있습니다.

다. 프런트패널의 객체들은 컨트롤과 인디케이터로 구분됩니다.

라. LabVIEW에서는 숫자형, 불리언, 문자열 타입의 변수를 사용합니다. 그리고 모든 변수에는 컨트롤, 인디케이터, 그리고 상수가 있습니다.

마. LabVIEW는 데이터 흐름 방식으로 프로그래밍 하므로 와이어는 항상 컨트롤이나 상수에서 인디케이터로 연결되어야 됩니다.

바. 타입 변환 함수를 이용하여 숫자형을 문자열로, 문자열을 숫자형으로, 그리고 숫자형을 불리언으로 바꿀 수 있습니다.

사. 같은 타입의 데이터를 묶어서 배열을 만들 수 있습니다.

아. 컨트롤 팔레트에서 배열을 찾아서 프런트패널에 놓고, 빈 배열 속에 원하는 타입의 객체를 넣어줘서 배열을 완성합니다.

자. 다른 타입의 데이터를 묶어서 클러스터를 만들 수 있습니다.

차. 모든 데이터 타입을 클러스터 속에 넣을 수 있지만, 컨트롤은 컨트롤끼리 인디케이터는 인디케이터끼리 묶어줘야 됩니다.

카. 클러스터 속에 넣어주는 순서가 중요합니다. 순서가 다르면 다른 타입의 클러스터가 됩니다.

타. VI를 SubVI로 만들어 다른 VI에서 불러서 사용할 수 있습니다.

파. VI의 전체 또는 일부를 SubVI로 만들 수 있습니다.

하. VI 스니핏을 이용하여 블록다이어그램을 그림 파일인 png파일로 저장하여 공유할 수 있습니다. 그리고 저장된 png파일은 드래그 앤 드롭으로 VI를 복원할 수 있습니다.

거. 실행 하이라이트, 프로브, 브레이크포인트, 그리고 에러 핸들러 등의 다양한 디버깅 툴을 이용하여 VI를 디버깅할 수 있습니다.

Note

제 2 장

구조 Structure

LabVIEW에서 사용되는 While 루프, Timed 루프, For 루프, 케이스 구조, 수식 노드, 이벤트 구조, 그리고 시퀀스 구조에 대하여 설명합니다.

가. While 루프

While 루프는 루프안의 내용을 조건에 따라 반복 실행하는 구조입니다. 어떤 Task를 일정한 속도로 반복 실행하고, 정지 버튼을 클릭하면 멈추는 어플리케이션을 만들 때, 사용할 수 있는 가장 기본적인 LabVIEW의 구조입니다. 아래와 같이 화살표로 그려진 사각형의 테두리가 있고, 그 속에 i과 ◉이 들어있습니다. While 루프는 함수 > 프로그래밍 > 구조 팔레트에서 찾을 수 있습니다.

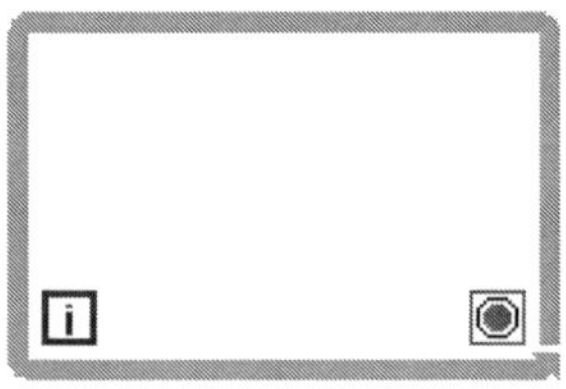

i는 **루프 반복횟수(Iteration)**이라고 부르며, 0에서부터 시작하여 1씩 증가하는 I32 정수 값을 내줍니다. 그러므로 While 루프의 반복 횟수는 N+1이 됩니다.

◉ **루프 조건**은 While 루프의 실행을 제어합니다. 또한 이것은 ◉ **참인 경우 정지**와 ⟳ **참이면 계속**의 두 가지 선택 가능한 제어 방법이 있습니다. ◉는 참값이 들어오면 While 루프를 멈추라는 것이고, ⟳는 참 값이 들어오면 While 루프를 실행하라는 의미입니다. 논리적으로 이해가 쉬운 것이 ◉ 참인 경우 정지이므로 이것을 주로 사용합니다. 이들은 단축메뉴에서 선택 가능합니다.

While 루프는 CPU의 성능이 가능한 범위에서 최대한 빨리 실행됩니다. 그러므로 루프를 사용자가 설정한 속도로 실행하기 위해서 **시간 지연** 함수를 사용합니다.

시간 지연은 함수 > 프로그래밍 > 타이밍 팔레트에서 찾을 수 있습니다. 그리고 **기다림(ms)**과 **다음 ms 배수까지 기다림** 함수는 밀리초(Millisecond)단위로 시간 지연을 줄 수 있는 함수입니다. 이 두 함수는 실제로 비슷한 기능을 수행합니다. 그러나 루프가 처음 시작할 때나 한 개 루프 속에서 타이밍 함수를 여러 개 사용할 때, 차이를 확인할 수 있습니다.

기다림(ms)은 무조건 입력한 [대기 시간(ms)]만큼 기다리는 함수입니다. 반면 **다음 ms 배수까지 기다림**은 입력된 [ms 배수] 값의 최소 배수가 될 때까지 기다리는 함수입니다. 0배일 수도 있고, 1배일 수도 있고, 2배일 수도 있습니다. 특히 다음 ms 배수까지 기다림이 최초로 호출될 때에는 0이 입력되어 현재 스레드가 CPU의 컨트롤을 양도하도록 강제하는 명령을 주게 됩니다. 그래서 최초 호출시에는 입력된 [ms 배수] 값보다 작게 기다릴 수 있습니다.

기다림(ms)은 아래와 같이 지정한 mSec만큼 기다리는 함수입니다. 기다림으로 10mSec를 지정할 경우, Function A가 실행되고 Function B가 실행된 다음, 기다림(ms)가 10mSec를 기다리는 것입니다. 각 함수가 어떻게 실행하느냐에 관계없이 기다림(ms)은 무조건 10mSec를 기다리는 것입니다.

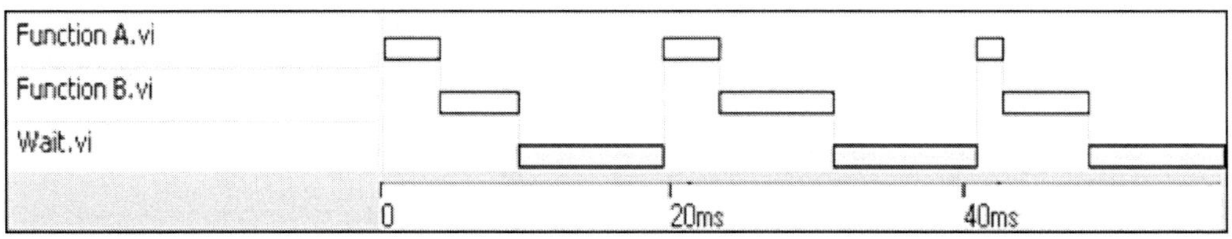

다음 ms 배수까지 기다림 함수는 아래와 같이 다른 함수들과 연계하여 전체 loop의 실행 속도를 지정합니다. 20mSec로 지정했을 경우, Function A와 Function B, 그리고 다음 ms배수까지 기다림 함수까지 합하여 20mSec가 되도록 기다림의 시간이 가변 합니다.

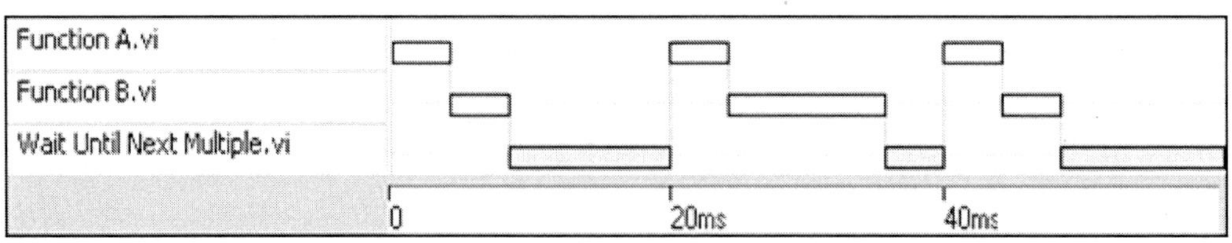

연습 2-1. While 루프의 속도

While 루프는 CPU의 성능이 가능한 범위에서 최대한 빨리 실행됩니다. 이 연습에서 다음을 배웁니다.

- While를 사용하는 법을 배웁니다.
- 루프 컨트롤에 정지 버튼을 추가하는 방법과 루프 반복횟수에 인디케이터를 추가하는 방법을 배웁니다.
- 시간 지연 함수를 추가하여 루프의 실행속도를 제어합니다.

⌘ 블록다이어그램

1. 새 VI를 만들고, 반복횟수.vi라는 이름으로 저장합니다.
2. While 루프를 블록다이어그램에 위치시킵니다. While 루프를 놓으면서 마우스로 끌어주면 원하는 크기로 만들 수 있습니다. 그리고 **참인 경우 정지**에서 단축메뉴의 생성 > 컨트롤을 이용하여 [정지] 버튼을 생성시킵니다.

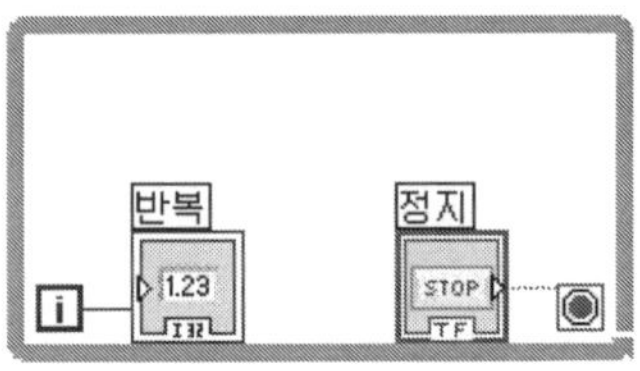

3. i의 단축메뉴에서 **생성 > 인디케이터**를 합니다. I32 정수 값의 인디케이터가 생성되며 이것의 라벨을 '반복' 으로 바꿔줍니다.
4. VI를 실행해서 루프 반복횟수(Iteration)의 값이 얼마나 빨리 증가하는지 확인해봅니다. 이때 루프 반복횟수(Iteration)는 0에서부터 시작합니다. 그래서 실제로 While 루프가 실행된 횟수는 **루프 반복횟수(Iteration) + 1**입니다.
5. **실행 하이라이트**을 이용하여 관찰해봅니다.

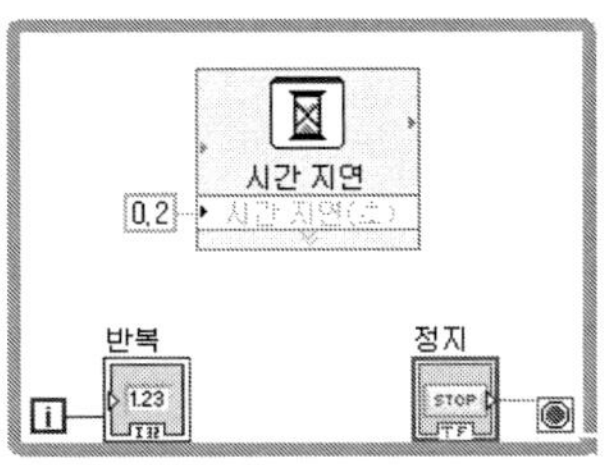

6. While 루프 속에 시간 지연을 위치시킵니다. 그리고 시간 지원(초)에 0.2를 입력합니다.
7. 실행 하이라이트를 끄고 VI를 실행합니다. 루프의 반복횟수를 관찰합니다. While 루프가 0.2초에 한번씩 실행함을 확인할 수 있습니다.

연습 2-1 끝

연습 2-2. 난수 발생 및 일치되는 실수 값 찾기

While 루프와 난수 발생기를 이용하여 입력한 실수 값과 똑같은 난수가 생성될 때까지의 While 루프 반복횟수를 찾는 VI를 만들어봅니다.

⌘ 블록다이어그램

1. 새 VI를 열고, 난수 자동 일치.vi라는 이름으로 저장합니다.
2. While 루프를 블록다이어그램에 위치시킵니다.
3. **난수(0-1)**를 위치시킵니다. 함수 > 프로그래밍 > 숫자형 팔레트에서 **난수(0-1)**를 찾을 수 있습니다.
4. **곱하기**를 위치시키고, 단축메뉴에서 상수 생성을 이용하여 상수를 만들고 10,000을 붙입니다. 난수는 0에서 1 사이의 값이므로 10,000을 곱하여 0에서 10,000 사이의 값으로 바꿔주는 것입니다.
5. 함수 > 프로그래밍 > 숫자형 팔레트에서 **반올림** 을 찾아서 위치시키고, 출력단의 단축메뉴에서 생성 > 인디케이터를 선택하여 DBL 인디케이터를 만들어줍니다. 라벨을 '현재 값'으로 바꿉니다.

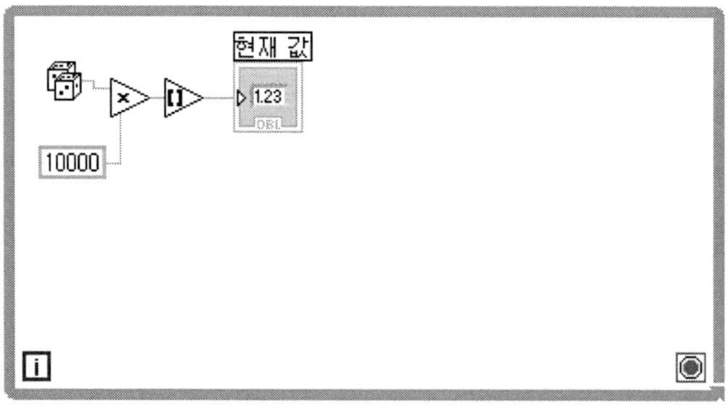

6. 함수 > 프로그래밍 > 비교 팔레트에서 **같지 않음?**을 찾아서 위치시키고, 입력 쪽의 단축메뉴에서 컨트롤 생성으로 DBL 컨트롤을 만들고 라벨을 '입력'으로 바꿉니다.

7. 의 단축메뉴에서 **참이면 계속**을 선택하여 로 바꾼 다음, 의 출력을 연결합니다.

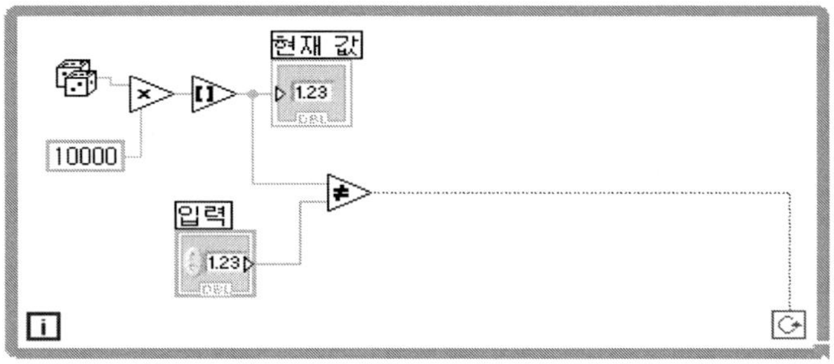

8. 을 오른쪽으로 옮기고 함수 > 프로그래밍 > 숫자형 팔레트에서 **증가**를 찾아서 위치시킵니다. 그리고 출력에 인디케이터 생성을 하고 라벨을 '반복 횟수' 로 바꿉니다. 1을 더해주는 것은 가 0에서부터 시작하기 때문입니다.

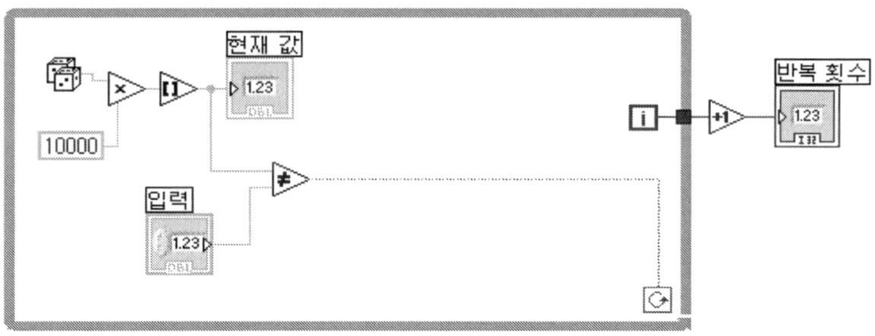

⌘ 프런트패널

9. 아래와 같이 프런트패널을 정리합니다.

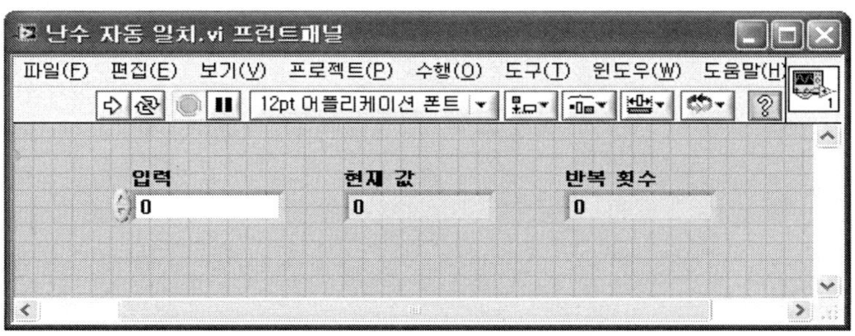

10. 난수에 10,000을 곱하고 반올림 처리를 했기 때문에, 0에서 10,000사이의 정수만 생성됩니다. 만약 [입력]에 이외의 값을 입력하면, 일치되는 값을 찾지 못하고 무한 루프가 됩니다. 그래서 [입력]에 0에서 10,000 사이의 정수 값만 입력되도록 범위를 정해줍니다. 단축메뉴에서 **데이터 입력**…을 선택하고 아래와 같이 설정을 바꿔줍니다.

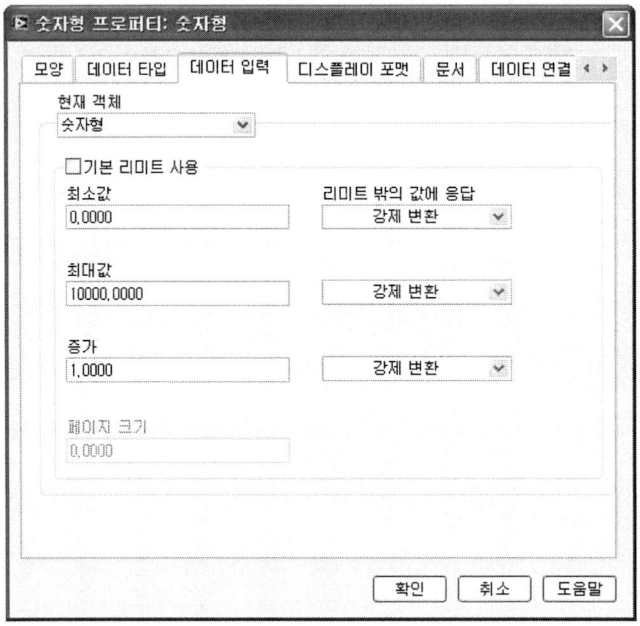

최소값 : 0	리미트 밖의 값에 응답 : 강제 변환
최대값 : 10,000	리미트 밖의 값에 응답 : 강제 변환
증　가 : 1	리미트 밖의 값에 응답 : 강제 변환

11. **입력**에 0에서 10,000 사이의 정수 값을 입력하고 실행시킵니다.
12. 실행 하이라이트를 이용하여 관찰해봅니다.

연습 2-2 끝

⌘ While 루프 없애기

While 루프를 없애기 위하여 <Delete>키를 이용하면 While 루프 안에 있는 것들까지 모두 사라져버립니다. 그래서 While 루프만 없애기 위해서 단축메뉴에서 **While 루프 제거**를 선택하여 없애야합니다.

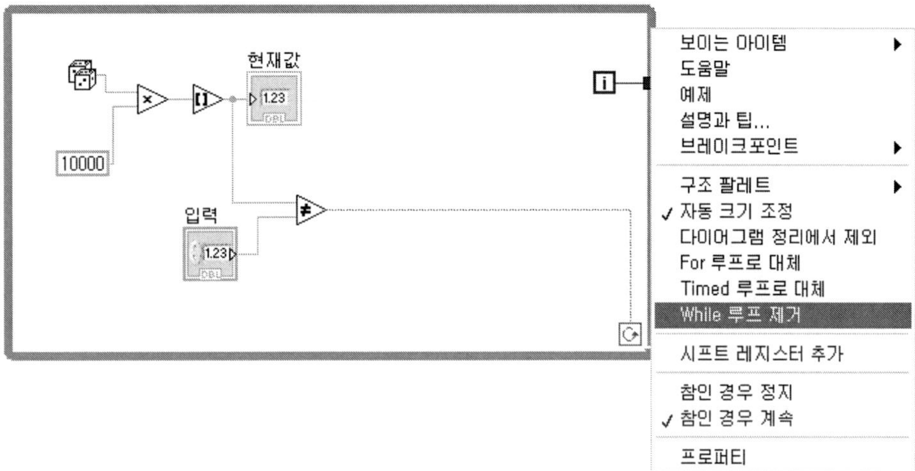

⌘ 다이어그램 정리에서 제외

도구바에 있는 **다이어그램 정리**를 이용하여 블록다이어그램을 자동으로 정리할 수 있습니다. 그러나 선택한 While 루프는 다이어그램 정리에서 제외시키고자 한다면, While 루프의 단축메뉴에서 [다이어그램 정리에서 제외]를 선택하면 됩니다.

⌘ 시프트 레지스터

While 루프나 For 루프에서 이전 루프에서 다음 루프로 데이터를 전달할 경우가 있습니다. 단순한 와이어의 연결은 루프 밖으로 데이터를 전달하는 역할이므로 루프 내에서 데이터를 전달하기 위해서는 **시프트 레지스터**라는 기능이 필요합니다. While 루프의 테두리를 마우스로 클릭하고 단축메뉴에서 [시프트 레지스터 추가]를 찾을 수 있습니다.

시프트 레지스터는 일종의 기억 공간으로 변수 선언과 유사합니다. 그래서

Text 기반의 프로그래밍 언어들과 마찬가지로 시프트 레지스터 변수는 초기화시켜줘야 하며, 데이터 타입도 미리 정해줘야 됩니다. 데이터 타입에는 제한이 없습니다.

시프트 레지스터를 임의 타입의 상수로 초기화시켜주면 그 타입으로 바뀝니다. 다음은 각각 시프트 레지스터를 I32 정수, 불리언, 문자열 상수로 초기화시킨 예입니다. While 루프가 시작하기 전에 먼저 초기 값을 입력받게 됩니다. 참고로 시프트 레지스터의 초기 데이터 타입이 정해져 있는 것이 아니므로 단축메뉴의 생성 > 상수로 초기화할 수 없습니다. 함수 팔레트에서 필요한 상수를 찾아서 붙여줘야 됩니다.

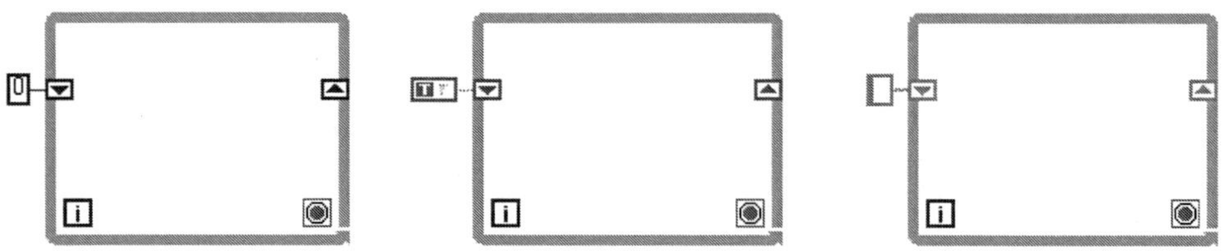

시프트 레지스터의 오른쪽 터미널로 값을 넣어주면, 다음 루프의 왼쪽 터미널에서 그 값이 출력됩니다. 아래는 오른 터미널에 **루프 반복횟수** 을 넣어주고 다음 루프에서 그 값을 출력하는 예입니다.

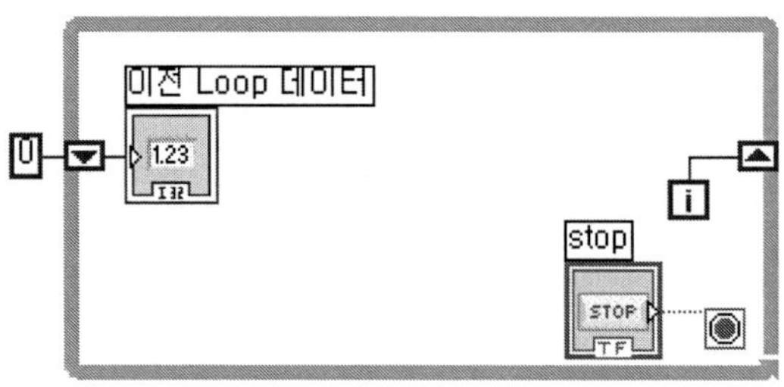

시프트 레지스터 원소 추가

바로 이전 단계의 값뿐만 아니라 몇 단계 앞의 값도 불러오고 싶을 때에는 오른쪽 시프트 레지스터 터미널의 단축메뉴에서 **원소 추가**를 선택합니다. 이때 추가한 시프트 레지스터 모두를 초기화시켜줘야 됩니다.

아래 블록다이어그램에서 왼쪽의 출력부분은 세 개이고, 오른쪽 입력부분은 하나임을 확인할 수 있습니다. 출력부분은 차례로 이전 루프의 값, 전전 루프의 값, 전전전 루프의 값이 됩니다.

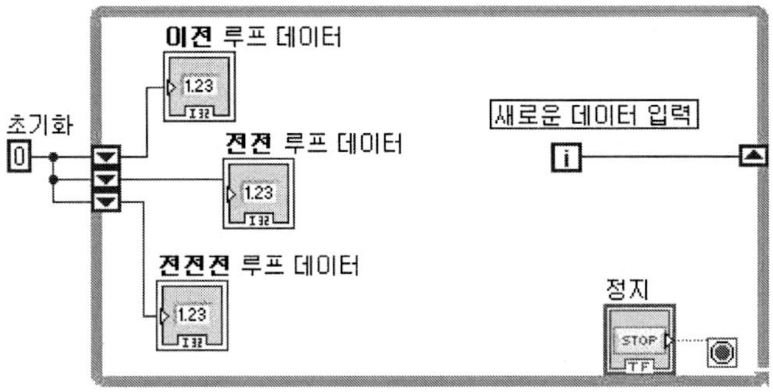

연습 2-3. 시프트 레지스터 만들기

While 루프에서 시프트 레지스터를 만들고 그 의미를 이해합니다. 이 연습에서 다음을 배웁니다.

- 시프트 레지스터를 만드는 방법을 배웁니다.
- 시프트 레지스터에 원소를 추가하는 방법을 배웁니다.
- 각 원소가 어떤 순서로 실행되고, 어떤 값을 가지는지 확인합니다.

⌘ 블록다이어그램

1. 새 VI를 만들고, 시프트 레지스터.vi라는 이름으로 저장합니다.
2. 블록다이어그램에 While 루프를 위치시킵니다.
3. While 루프의 테두리를 마우스로 클릭하고 단축메뉴에서 [시프트 레지스터 추가]를 선택하여 시프트 레지스터를 하나 만듭니다.
4. 왼쪽 시프트 레지스터 아이콘에 마우스를 위치시키고, 단축메뉴에서 [원소 추가]를 두 번 실행합니다.
5. 숫자형 상수 0을 이용하여 세 개 모두 초기화시킵니다. 함수 > 프로그래밍 > 숫자형 팔레트에서 숫자형 상수를 찾을 수 있습니다.

6. **더하기**를 위치시키고 5를 더해줍니다. 단축메뉴의 **상수 생성**을 이용합니다. 출력부분에 인디케이터를 생성하고 라벨을 X(i)로 바꿉니다.

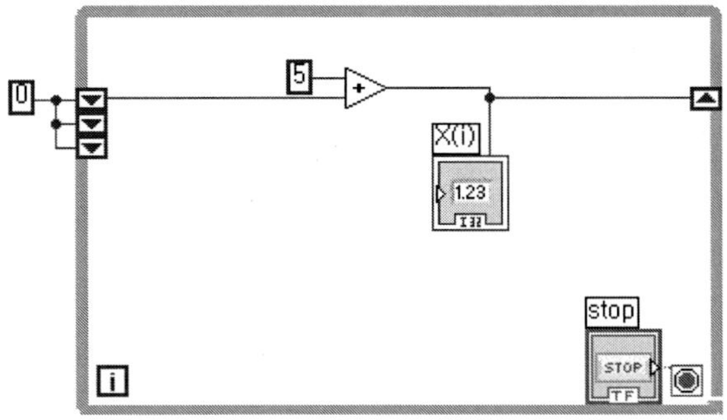

7. 오른쪽 세 개의 시프트 레지스터에서 인디케이터를 생성하고 위에서부터 차례로 라벨을 X(i-1), X(i-2), X(i-3)로 바꿉니다. 각각 i-1번째 루프의 값, i-2번째 루프의 값, i-3번째 루프의 값이라는 의미입니다. 단축메뉴에서 생성 > 인디케이터를 선택하여 필요한 인디케이터를 생성해줍니다. 그리고 블록다이어그램을 보기 좋게 정리하기 위하여 각 인디케이터의 단축메뉴에서 **아이콘으로 보기**의 체크를 없앴습니다.

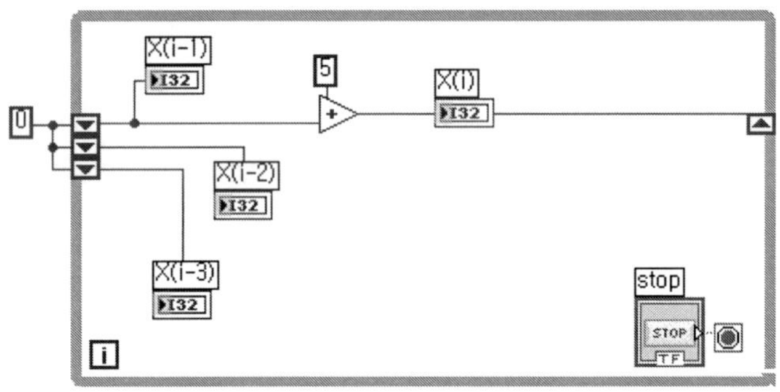

8. 함수 > 프로그래밍 > 타이밍 팔레트에서 시간 지연을 찾아서 위치시킵니다. 시간 지연(초)에 0.5초를 입력합니다.

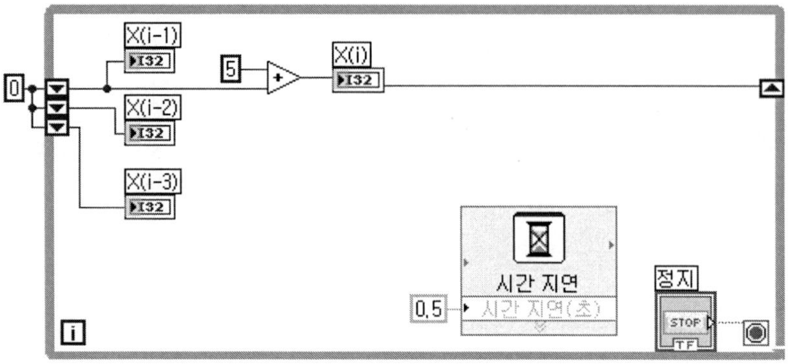

⌘ 프런트패널

9. 프런트패널로 가서 아이콘들을 정리하고 실행합니다. 현재 값 X(i)가 45일 때, 아래로 내려오면서 5씩 감소함을 확인할 수 있습니다. 40, 35, 30입니다.

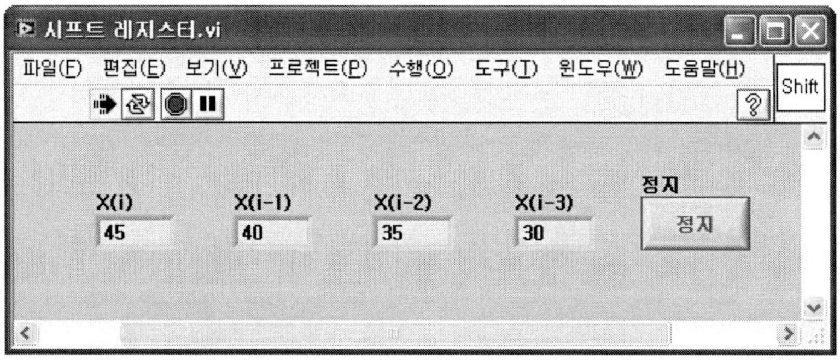

연습 2-3 끝

연습 2-4. While 루프를 이용한 난수 발생 및 플롯

웨이브폼 차트를 이용하여 난수(0-1)를 플롯해봅니다. 이 연습에서는 다음을 배웁니다.

- 난수 발생 함수의 사용법을 배웁니다.
- 생성한 난수를 웨이브폼 차트에 플롯하는 방법을 배웁니다.

⌘ 블록다이어그램

1. 새 VI를 만들고 블록다이어그램에 While 루프를 위치시킵니다.
2. 프런트패널에 웨이브폼 차트를 위치시킵니다. 아래와 같이 블록다이어그램을 구성합니다.

 **난수(0-1)**는 0에서 1사이의 난수를 생성하는 함수이며, 함수 > 프로그래밍 > 숫자형 팔레트에서 찾을 수 있습니다.

 **시간 지연**은 함수 > 프로그래밍 > 타이밍 팔레트에서 찾을 수 있습니다. While 루프가 실행되는 속도를 조절합니다. 0.5 초에 한 번씩 While 루프를 실행하기 위하여 [시간 지연(초)]에 0.5를 입력합니다.

⌘ 프런트패널

3. **난수 차트.vi**로 저장합니다.

4. 오른쪽 위에 있는 플롯 0을 마우스로 클릭하고, 단축메뉴에서 **일반 플롯**을 다른 형태로 바꿔봅니다.

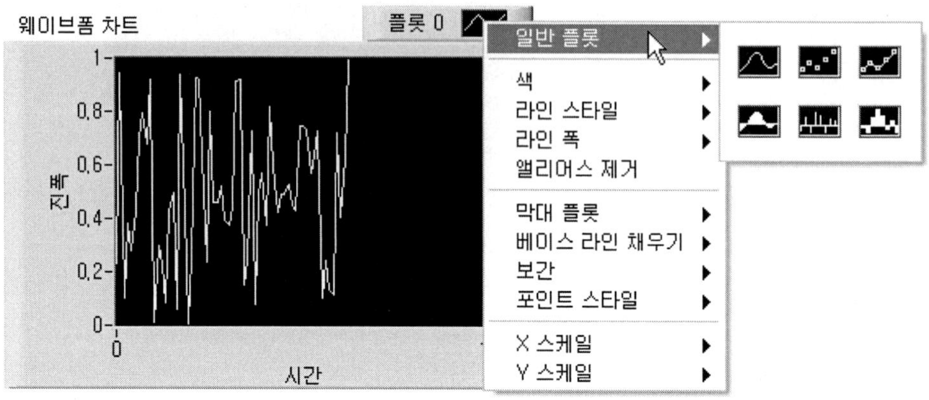

연습 2-4 끝

나. 웨이브폼 차트

웨이브폼 차트는 숫자형 값을 디스플레이하는 인디케이터 중의 하나입니다. 컨트롤 > 일반 > 그래프 팔레트에서 웨이브폼 차트를 찾을 수 있습니다.
숫자형 인디케이터와 웨이브폼 차트의 가장 큰 차이점은 차트에서는 현재 데이터와 함께 이전 데이터를 비주얼하게 보여준다는 것입니다. 이를 위하여 웨이브폼 차트에는 히스토리 데이터를 기억할 수 있는 히스토리가 있고, 히스토리 길이의 기본 값은 1024입니다. 이 값을 바꾸기 위해서는 차트의 단축메뉴에서 [차트 히스토리 길이...]를 선택하여 바꿀 수 있습니다. 그리고 히스토리 버퍼를 가지고 있으므로 웨이브폼 차트는 배열 값을 받아서 디스플레이할 수도 있습니다.

⌘ 웨이브폼 차트의 보이는 아이템

웨이브폼 차트에서 다양한 보이는 아이템들을 추가할 수 있습니다. 사용자는 이 아이템들을 이용하여 이해하기 쉽고, 사용이 편리한 사용자 인터페이스를 구성할 수 있습니다.
다음과 같이 웨이브폼 차트의 단축메뉴인 **보이는 아이템**에서 여러 가지 옵션들을 선택할 수 있습니다. 보이는 아이템에는 플롯 범례, 스케일 범례, 그래프 팔레트, 디지털 디스플레이, 그리고 X스크롤 막대 등이 있습니다.

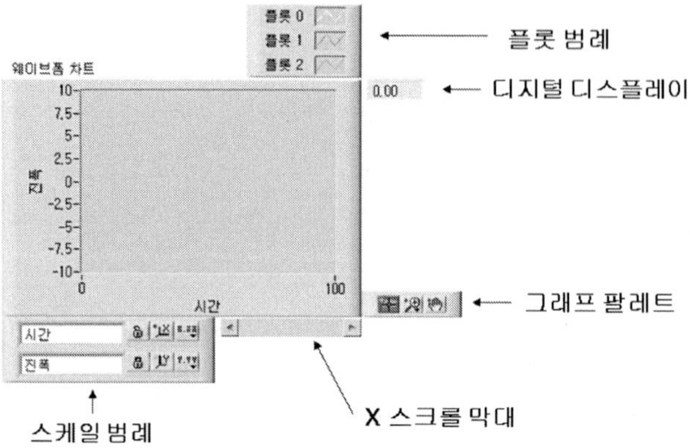

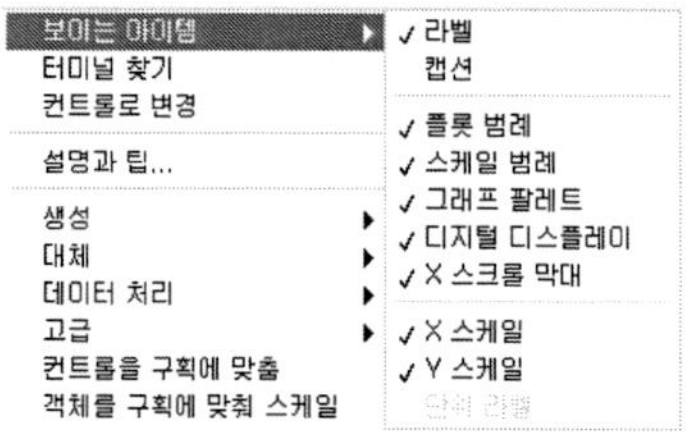

플롯 범례

플롯 범례는 웨이브폼 차트에 디스플레이되는 데이터의 표현 방식을 바꿀 수 있는 도구입니다. 사용자는 플롯 범례를 이용하여 데이터의 플롯 방식을 다양하게 바꿀 수 있습니다.

만약 웨이브폼에 두 개 이상의 데이터가 동시에 플롯된다면, 마우스로 선택하고 당겨서 키워줄 수 있습니다. 이때 플롯의 형태, 색, 라인 스타일, 라인 폭 등은 개별 플롯 범례의 단축메뉴로 바꿀 수 있습니다. 그리고 플롯의 이름은 마우스로 선택하여 텍스트로 입력할 수 있습니다.

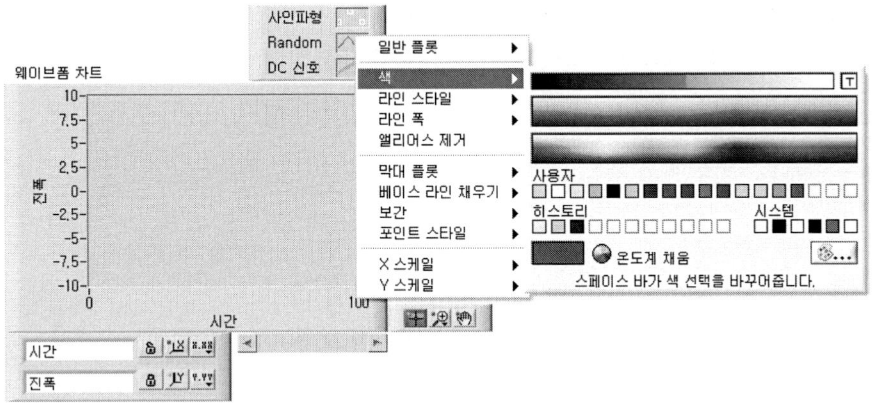

디지털 디스플레이

웨이브폼 차트는 숫자형 인디케이터의 일종이므로 디지털 디스플레이로 현재 숫자 값을 바로 나타내줍니다.

X 스크롤 막대

차트는 **히스토리(History)** 데이터를 저장할 수 있습니다. 그리고 X 스크롤 막대를 이용하여 차트 히스토리 데이터를 모두 볼 수 있습니다.

스케일 범례

VI의 편집 모드에서는 각 축의 스케일이나 이름 등을 단축메뉴를 이용하여 직접 바꾸고 입력할 수 있습니다. 그러나 VI가 실행 모드일 때는 축의 스케일이나 이름 등을 스케일 범례를 이용하여 변경시켜야 됩니다. 특히 VI를 실행 파일로 만들어 배포하고자 하는 경우에는 스케일 범례가 유용하게 사용될 수 있습니다.

그래프 팔레트

그래프의 여러 가지 도구들입니다. 1은 **[일반 디스플레이]**이며, 2는 **[줌]**이고, 그리고 3은 **[드래그]**로 마우스를 이용하여 화면을 끌어서 움직일 수 있는 도구입니다.

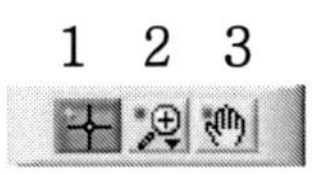

이와 같이 웨이브폼 차트에 보이는 아이템을 추가하여 다양한 도구를 사용자

들이 사용할 수 있도록 만들 수 있습니다. 참고로 웨이브폼 그래프에서도 차트와 동일하게 보이는 아이템들이 있습니다. 그러나 웨이브폼 그래프에는 디지털 디스플레이가 없고, 그 대신 **커서 범례**가 있습니다. 커서 범례는 커서를 만들고 설정하는 역할을 수행합니다.

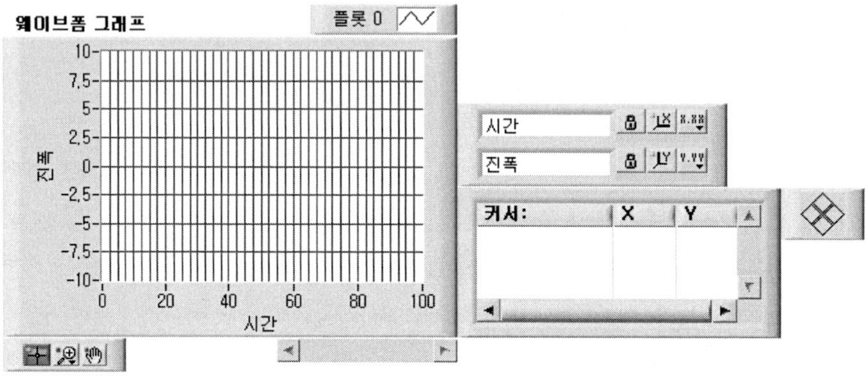

⌘ 웨이브폼 차트의 데이터 지우기

단축메뉴에서 **데이터 처리 > 차트 지우기**를 선택해서 차트에 있는 모든 데이터를 삭제할 수 있습니다. 이것은 차트의 히스토리에 저장되어 있던 데이터를 지운다는 의미와 같습니다.

프로그램적으로 차트를 지우기 위해서는 프로퍼티 노드를 사용해야 됩니다. 프로퍼티 노드는 차트의 터미널에서 단축메뉴로 생성시킬 수 있습니다. **생성 > 프로퍼티 노드 > 히스토리 데이터**를 선택하면 웨이브폼 차트의 히스토리 데이터를 선택할 수 있습니다. 다음과 같이 **쓰기로 변경**한 다음, 빈 배열을 연결해주면 히스토리 데이터를 지울 수 있습니다.

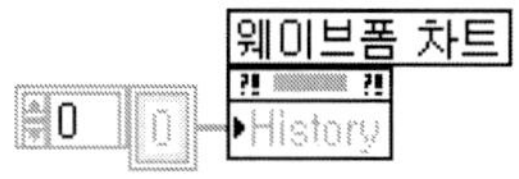

⌘ 웨이브폼 차트의 업데이트 모드

웨이브폼 차트의 프로퍼티에서 세 가지의 서로 다른 업데이트 모드를 선택할 수 있습니다. 스트립 차트, 스코프 차트, 스윕 차트입니다.

스트립 차트는 데이트를 연결해서 계속 업데이트하는 기본 모드입니다. 그리고 **스코프 차트**는 왼쪽에서 오른쪽으로 그린 후 차트를 지우고 다시 새로운 데이터를 왼쪽에서 오른쪽으로 업데이트하는 모드입니다. **스윕 차트**는 수직하는 스윕 선을 기준으로 새로운 데이터를 업데이트해 나가는 모드입니다. 병원 등에서 사용하는 스윕 디스플레이와 비슷한 모양이 됩니다.

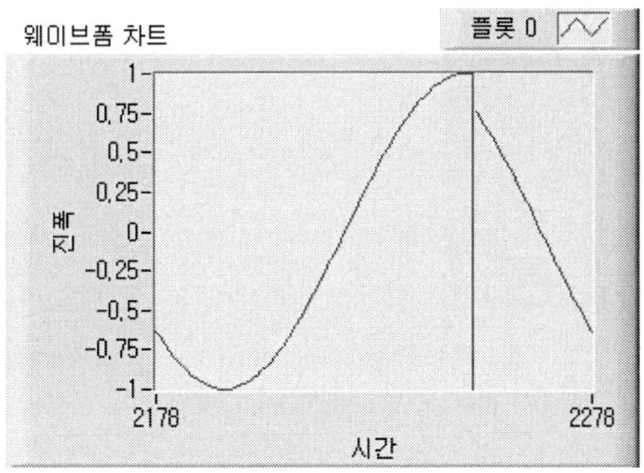

⌘ 웨이브폼 차트와 그래프의 차이점

웨이브폼 차트는 숫자형이나 숫자형 배열, 웨이브폼을 플롯할 수 있습니다. 그리고 차트 히스토리를 가지고 있습니다. 그러나 웨이브폼 그래프는 숫자형 배열과 웨이브폼은 플롯할 수 있지만, 숫자형은 플롯할 수 없습니다. 그리고 히스토리 버퍼를 가지고 있지 않습니다.
또한 웨이브폼 그래프에는 차트에는 없는 커서를 가지고 있습니다.
웨이브폼 그래프는 숫자형 배열이나 웨이브폼 전체를 한 번에 플롯하고, 새로운 배열이나 웨이브폼이 들어오면 이전 데이터를 지우고 새로운 데이터는 업데이트하는 방식으로 디스플레이합니다. 입력된 데이터를 연결하여 플롯하는 웨이브폼 차트와는 대조되는 플롯방식입니다.

웨이브폼 차트와 웨이브폼 그래프는 일정한 간격으로 데이터를 플롯하지만, 시간 축으로 데이터가 일정한 간격이 아닐 경우에는 각 데이터에 대응되는 시간 정보를 X축 배열로 만들어 XY그래프로 디스플레이할 수 있습니다.
XY그래프는 X축 배열과 Y축 배열을 클러스터로 묶어서 입력받아 플롯하는 그래프입니다.

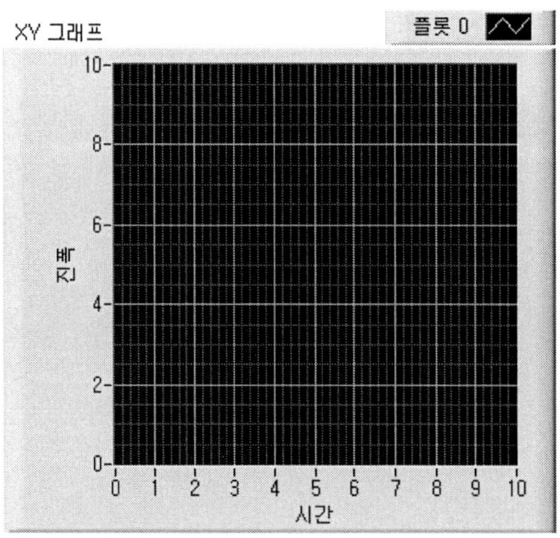

연습 2-5. 차트에 여러 개의 데이터를 동시에 그리기

차트에 여러 개의 데이터를 동시에 그리기 위해서는 우선 이들 데이터를 하나로 묶어줘야 합니다.

⌘ 블록다이어그램

1. 새 VI를 만들고, While 루프를 위치시킵니다.
2. 프런트패널에 웨이브폼 차트를 위치시키고, 아래와 같이 블록다이어그램을 구성합니다.

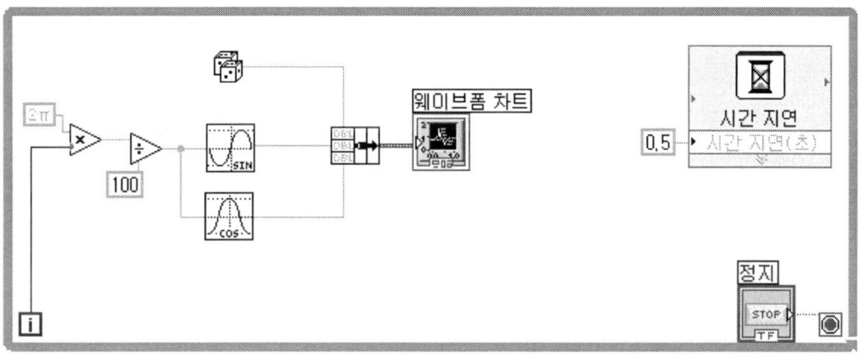

사인과 **코사인**은 함수 > 수학 > 기본 & 특수 함수 > 삼각함수 팔레트에서 찾을 수 있습니다.

묶기는 함수 > 프로그래밍 > 클러스터, 클래스. & 배리언트 팔레트에서 찾을 수 있습니다.

을 마우스로 키워주면 이 됩니다.

⌘ 프런트패널

3. 차트.vi로 저장하고 실행합니다. 플롯 범례의 이름을 각각 난수, 사인, 코사인으로 바꿔줍니다. 이름을 더블클릭하여 선택한 다음, 키보드로 원하

는 이름을 새로 입력하면 됩니다.

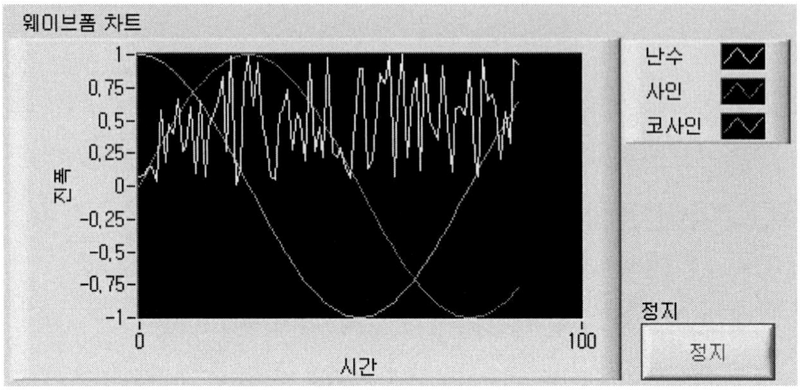

연습 2-5 끝

다. Timed 루프

Timed 루프는 함수 > 프로그래밍 > 구조 > Timed 구조 팔레트에서 찾을 수 있습니다. While 루프의 다른 형태이며, 정확한 타이밍으로 루프를 실행합니다. 그리고 Timed 루프는 실행 우선순위를 지정할 수 있습니다. 그래서 더 정확한 타이밍이 필요한 루프에 더 높은 우선순위를 지정할 수 있습니다. 또한 클럭(Clock)을 선택할 수 있습니다.

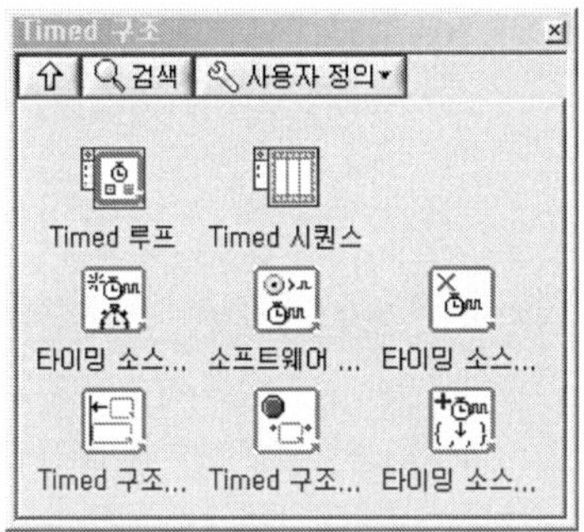

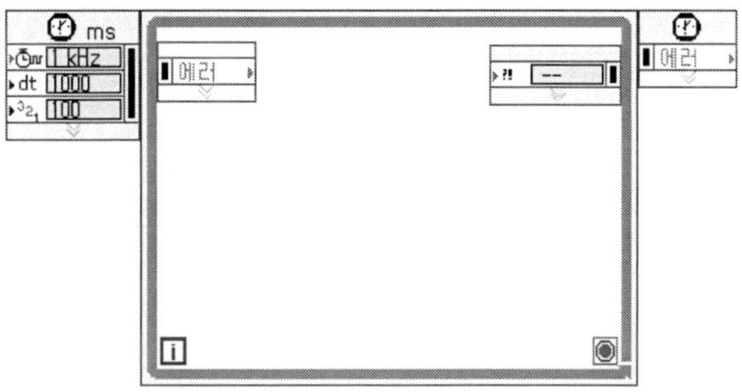

Timed 루프의 사용법은 While 루프와 동일합니다. 그리고 Timed 구조 팔레트에는 루프를 정밀하게 제어할 수 있는 여러 가지 함수들이 추가되어 있습니다.

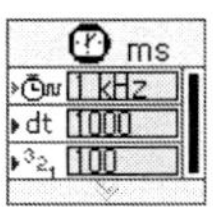

Timed 루프의 왼쪽 위에 위치한 입력노드를 더블클릭하면 **Timed 루프 설정** 창을 열 수 있습니다. 루프 타이밍 소스, 루프 타이밍 속성 등을 설정할 수 있습니다.

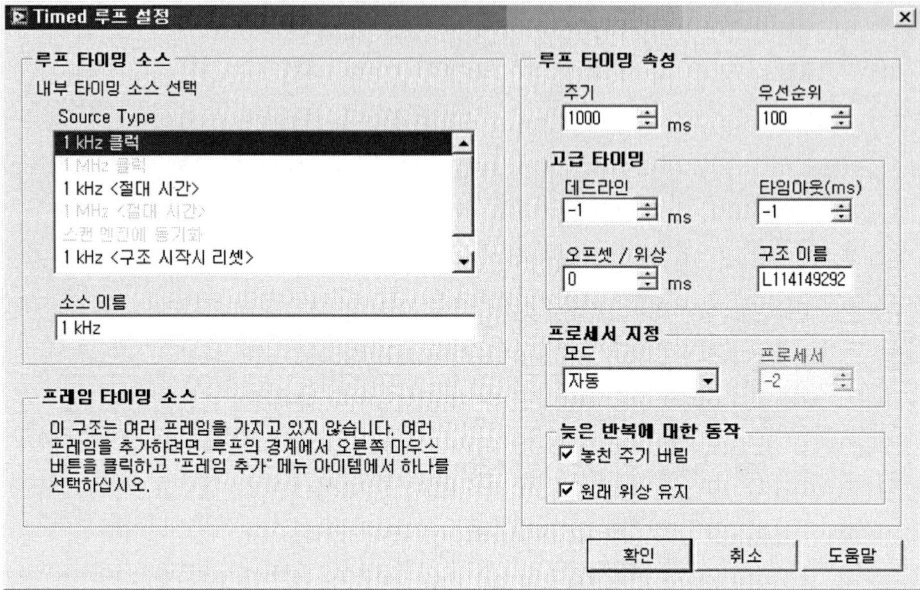
Timed 루프 설정
루프 타이밍 소스
내부 타이밍 소스 선택
Source Type
1 kHz 클럭
1 MHz 클럭
1 kHz <절대 시간>
1 MHz <절대 시간>
스캔 엔진에 동기화
1 kHz <구조 시작시 리셋>
소스 이름
1 kHz
프레임 타이밍 소스
이 구조는 여러 프레임을 가지고 있지 않습니다. 여러 프레임을 추가하려면, 루프의 경계에서 오른쪽 마우스 버튼을 클릭하고 "프레임 추가" 메뉴 아이템에서 하나를 선택하십시오.
루프 타이밍 속성
주기
1000
ms
우선순위
100
고급 타이밍
데드라인
-1
ms
타임아웃(ms)
-1
오프셋 / 위상
0
ms
구조 이름
L114149292
프로세서 지정
모드
자동
프로세서
-2
늦은 반복에 대한 동작
놓친 주기 버림
원래 위상 유지
확인
취소
도움말

연습 2-6. While 루프와 Timed 루프의 타이밍 차이

While 루프와 Timed 루프의 타이밍 차이를 알아봅니다. 이 연습에서 다음을 배웁니다.

- 틱 카운터(ms) 함수를 이용하여 루프의 실행 속도를 측정하는 방법을 배웁니다.
- While 루프와 Timed 루프의 실행 타이밍 차이를 확인합니다.

⌘ 블록다이어그램

1. 다음과 같이 While 루프를 이용하여 블록다이어그램을 구성합니다.

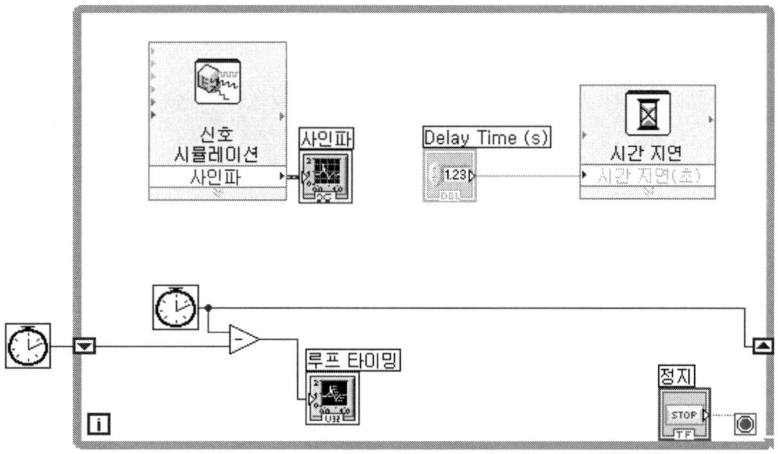

틱 카운터(ms)는 함수 > 프로그래밍 > 타이밍 팔레트에서 찾을 수 있습니다. 현재 시간을 정수 타입으로 출력하는 함수입니다. 단위는 밀리 초입니다.

시프트 레지스터를 이용하여 현 루프의 시간에서 이전 루프의 시간으로 빼주고, 결과 값을 웨이브폼 차트에 플롯해준 것입니다. 웨이브폼 차트의 라벨을 '루프 타이밍' 으로 바꿔주었습니다.

일반적으로 **시간지연(초)**에 입력한 시간만큼, 루프 타이밍이 출력됩니다. 그러나 Window 환경에서 수십 msec 단위까지만 타이밍을 보장할 수 있습니다.

신호 시뮬레이션은 함수 > 익스프레스 > 입력 팔레트에서 찾을 수 있습니다. 임의의 신호를 시뮬레이션 할 경우에 사용할 수 있습니다. 여기에서는 사인파를 시뮬레이션 하였습니다. 신호 시뮬레이션 설정 [신호 시뮬레이션] 창에서 다른 설정 없이 확인 버튼을 클릭하면 10.1Hz의 사인파를 시뮬레이션 할 수 있습니다.

⌘ 프런트패널

2. 다음과 같이 프런트패널을 구성하고 [시간 지연(초)]에 **0.001**을 입력하고 실행합니다.

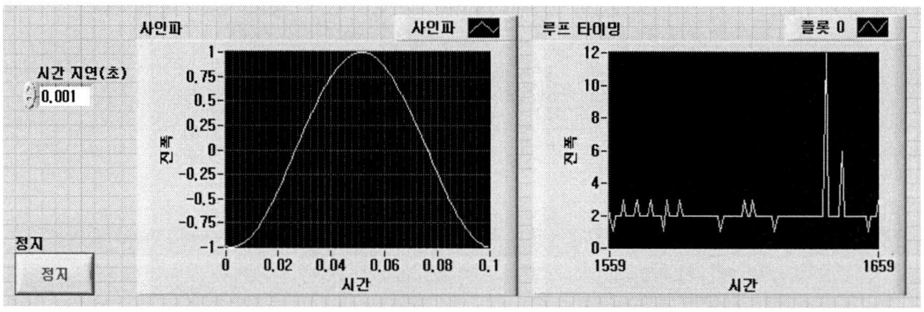

시간 지연(초)에 0.001을 입력하여 1msec에 한번씩 While 루프를 실행하도록 명령했지만, 실제로 While 루프가 한번 실행한 시간은 루프 타이밍에서 볼 수 있듯이 2~12msec의 에러가 발생합니다. 실행 중에 마우스를 움직이면 더 큰 에러가 발생합니다.

⌘ Timed 루프

3. 블록다이어그램에서 While 루프를 선택하고, 단축메뉴에서 [Timed 루프로 대체]를 선택합니다.
4. **시간 지연** 함수를 삭제합니다. Timed 루프에서는 시간 지연 함수를 사용

하지 않습니다.

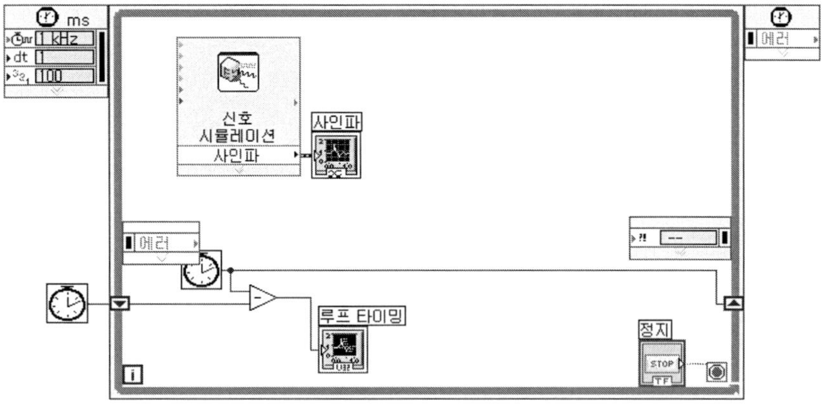

5. Timed 루프 입력노드를 더블클릭하여 **Timed 루프 설정**을 실행합니다.
6. Timed 루프 설정 대화 상자의 **주기** 항목에 1을 입력합니다. msec 단위이므로 1msec 주기로 루프를 실행한다는 의미입니다.

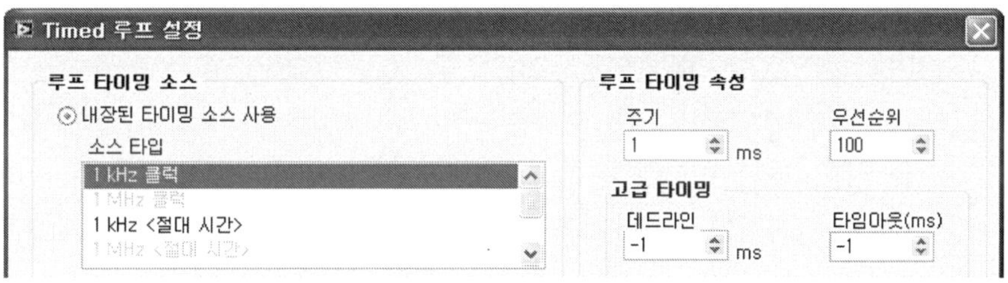

7. 프런트패널에서 VI를 실행하면, 루프 타이밍이 1msec에서 거의 유지됨을 확인할 수 있습니다. 그러나 윈도즈 시스템 레벨에서 사용하는 리소스가 있기 때문에 2msec로 가끔씩 튀는 것을 완전히 없앨 수는 없습니다.

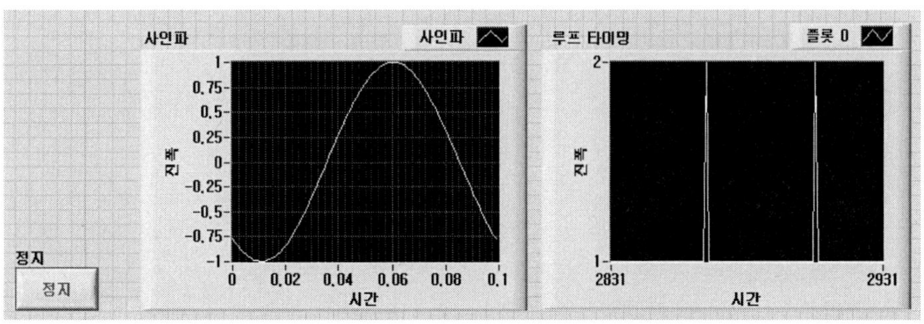

Timed 루프는 While 루프보다 정확한 타이밍을 보장할 수 있지만, 시스템 리소스를 독점하는 것이므로 정확한 타이밍 제어가 필요한 경우에만 사용하는 것이 바람직합니다. 일반적인 루프 반복의 경우에는 While 루프가 적합합니다.

연습 2-6 끝

라. For 루프

For 루프는 사용자가 정해준 숫자만큼 루프를 실행하고 멈추는 구조입니다. While 루프가 정지 버튼을 누를 때까지 끊임없이 실행하는 것과는 차이를 보입니다. 함수 > 프로그래밍 > 구조 팔레트에서 For 루프를 찾아서 블록다이어그램에 위치시키고 마우스로 적당한 크기만큼 키워줘서 사용합니다.

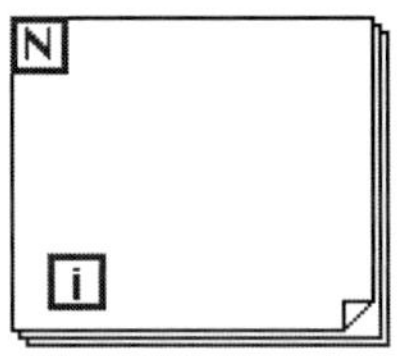

[N]에 실행시키고 싶은 횟수를 입력하면 입력한 숫자만큼 실행하고 멈춥니다. [i]는 0에서 시작하고 현재 실행 횟수를 나타냅니다. While 루프의 반복횟수와 기능이 동일합니다.

아래는 For 루프를 이용한 간단한 예제입니다. 연습 2-4를 For 루프에서 구현한 것입니다.

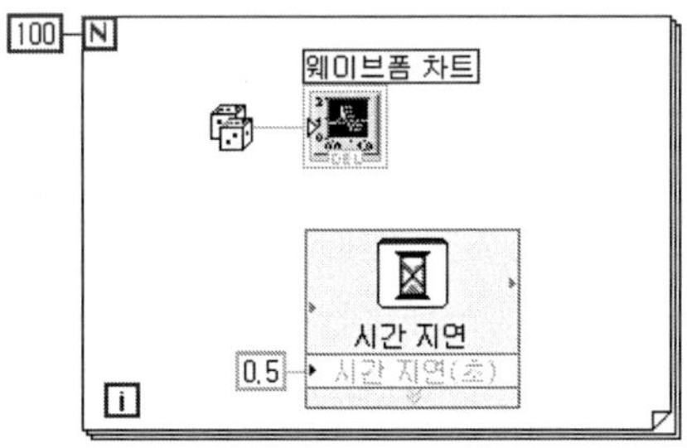

⌘ For 루프의 자동 인덱싱

For 루프에서 값이 입출력될 때, **자동 인덱싱** 기능이 작동합니다. 다음은 For 루프 속에서 반복횟수 값을 루프 밖으로 빼내는 경우입니다. 출력이 자동 인덱싱 되었습니다.

이때 자동 인덱싱은 출력 데이터의 차원을 하나 더 높여주는 역할을 합니다.

예를 들어, 1차원 배열을 같은 방법으로 자동 인덱싱하면, 2차원 배열이 출력됩니다.

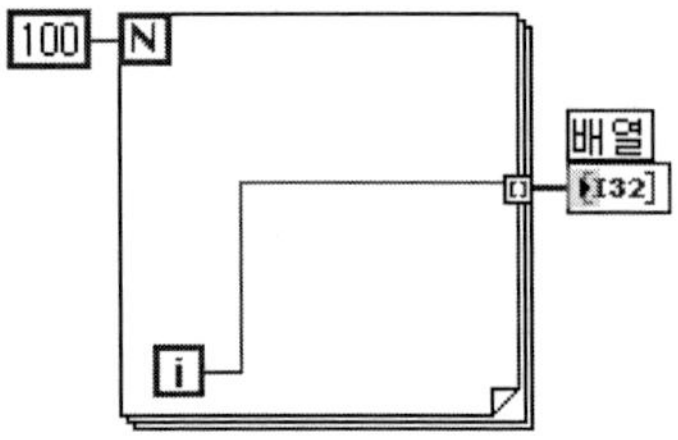

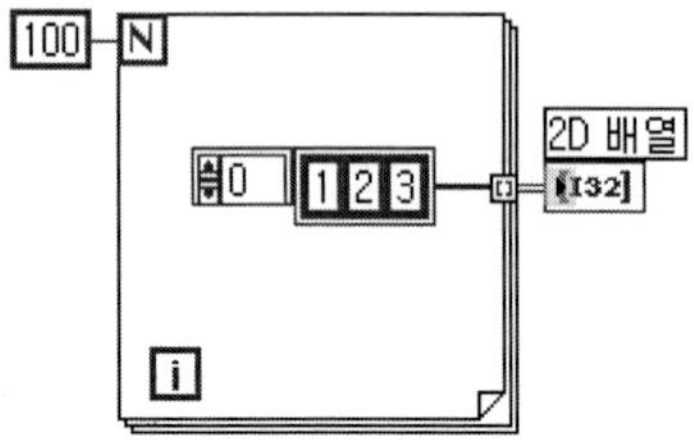

그리고 단축메뉴에서 **인덱싱 비활성화**를 선택하면, 인덱싱 기능이 비활성화됩니다.

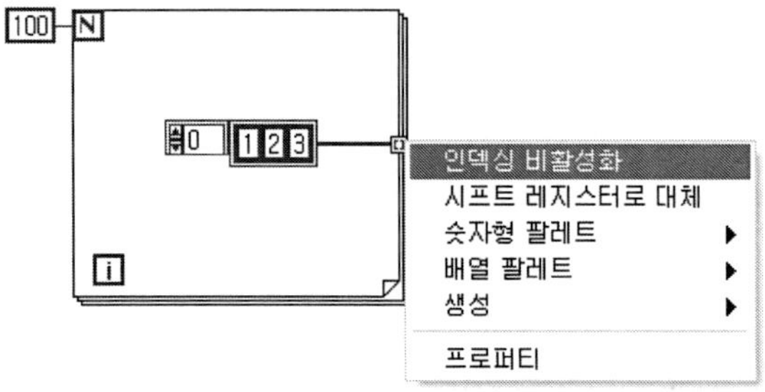

For 루프의 출력에서는 자동 인덱싱으로 데이터의 차원이 높아졌지만, 입력에서는 반대로 낮아집니다. 다음과 같이 1D 숫자형 배열을 입력하면 For 루프 속에서는 숫자형으로 원소들이 분리됩니다. 이때 N에 값을 입력하지 않으면 자동 인덱싱 되는 배열의 원소 개수만큼 루프가 실행됩니다. 즉 **N = 입력 배열의 원소 개수**가 됩니다.

입력의 자동인덱싱은  **배열 인덱스**와 같은 역할을 수행합니다. 다음과 같이 단축메뉴의 **인덱싱 비활성화**를 이용하여 자동 인덱싱 기능을 비활성화 시킬 수 있습니다. N에 5를 입력하여 루프가 다섯 번 실행하도록 지정하고, 배열 인덱스 함수를 이용하여 위와 동일한 VI를 만들 수 있습니다. 배열 인덱스는 함수 > 프로그래밍 > 배열 팔레트에서 찾을 수 있습니다.

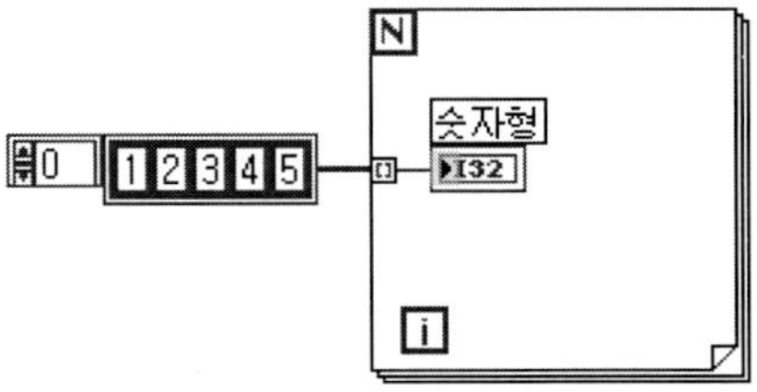

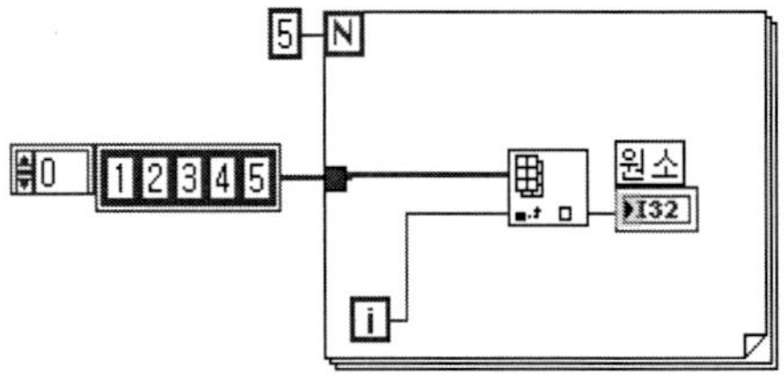

⌘ For 루프의 정지

For 루프는 N에 입력된 값만큼 실행하고 멈추는 구조입니다. 그래서 도중에 루프를 멈출 수 없습니다. 그러나 실행 도중에 에러가 발생하거나 디버깅을 위하여 실행을 멈춰야 될 경우에는 다음과 같이 단축메뉴에서 **조건 터미널**을 선택하여 While 루프와 동일한 조건 터미널을 생성해줘야 됩니다. N번을 실행하고 멈추거나 조건 터미널에 정지 명령을 입력하면 멈출 수 있습니다.

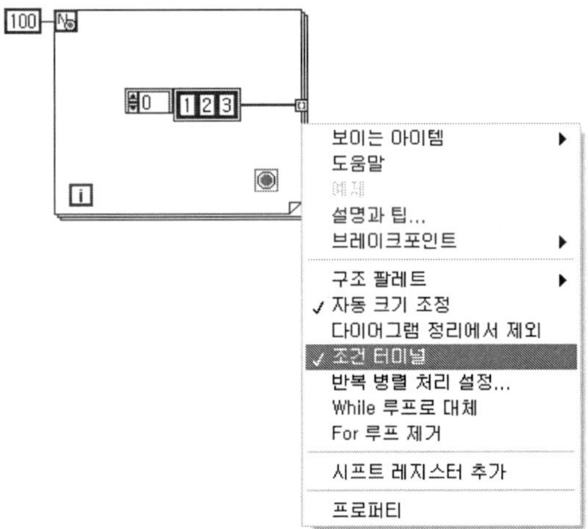

⌘ For 루프의 반복 병렬 처리 설정

같은 계산을 반복해서 N번 수행하기 위하여 For 루프를 사용하는 경우가 있습니다. 이런 경우, 멀티코어 프로세스의 병렬 처리 기능을 이용하면 효율적으로 일을 처리할 수 있습니다. 예를 들어, 임의의 수학 연산을 1000번 수행해야 되는 경우에 아래와 같이 250루프씩 네 개로 나누어 For를 만들면 병렬 수행이 가능합니다.

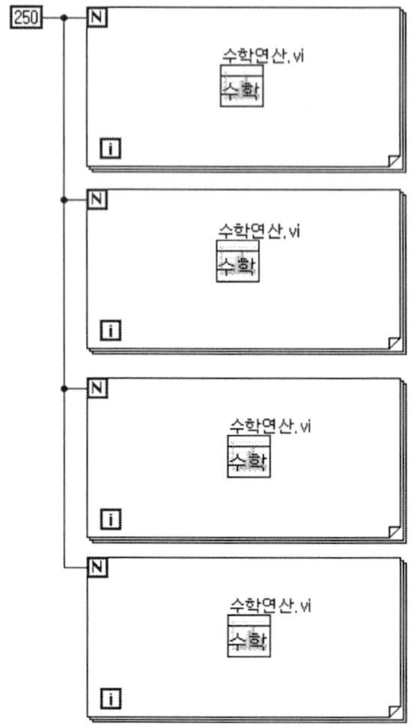

그러나 **반복 병렬 처리 설정**을 이용하면 아래와 같이 단순화시킬 수 있습니다. For 루프의 단축메뉴에서 반복 병렬 처리 설정을 선택할 수 있습니다. 수학 연산을 1000번 수행하는데, 4개의 Worker로 나누어 병렬 처리하도록 설정한 것입니다.

For 루프의 단축메뉴에서 반복 병렬 처리 설정...을 선택하여 [For 루프 반복 병렬 처리 설정] 창을 띄울 수 있습니다. 그리고 [루프 반복 병렬 처리 활성화]를 선택해주면, For 루프에 **작업 개수** P가 생성됩니다. 여기에서 [생성된 병렬 루프 인스턴스 개수]는 Worker의 개수를 의미합니다. 또는 블록다이어그램에서 상수나 컨트롤로 P값을 새로 입력해줄 수 있습니다. 여기에서 [디버깅 허용]은 For 루프를 디버깅할 수 있게 허용해주는 옵션입니다. 그러나 디버깅 허용을 선택하면, 병렬 처리는 비활성화 됩니다.

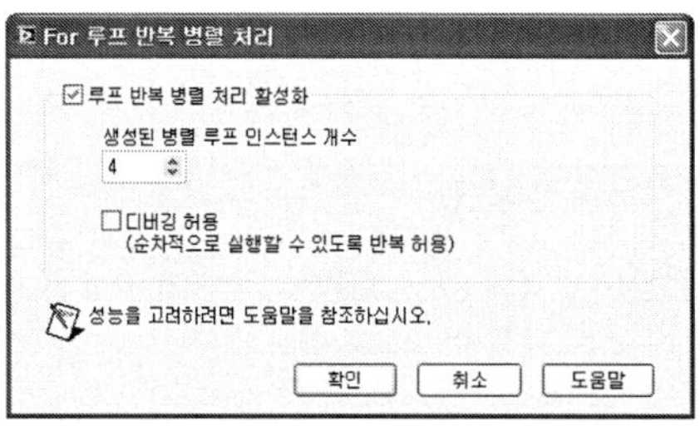

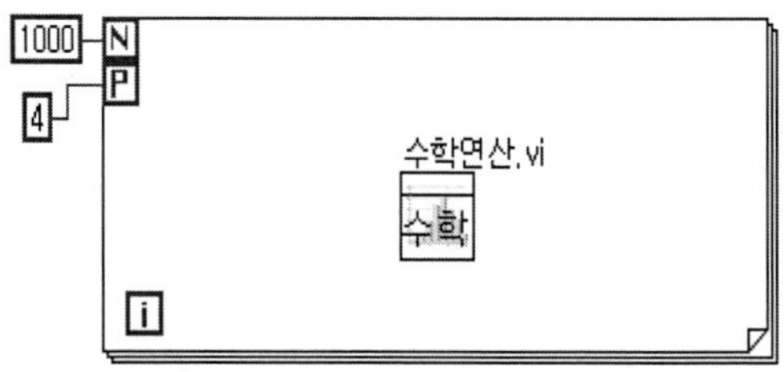

모든 For 루프에서 병렬 처리를 활성화할 수 있는 것은 아닙니다. 개별 루프가 독립적이어서 루프를 나누어 실행할 수 있는 경우에만 사용할 수 있습니다. 예를 들어, 시프트 레지스터를 이용하여 다음 루프로 데이터를 전달하는 경우에는 병렬 실행을 할 수 없습니다. 도구(T) > 프로파일 > **병렬 가능 루프 찾기**를 실행하여 VI에서 병렬 실행이 가능한 루프를 검색할 수 있습니다. [병렬 가능한 루프 찾기 결과]에서 **병렬 가능**으로 확인되는 경우에만 병렬화할 수 있습니다.

마. 케이스 구조

케이스 구조는 조건에 따라서 다른 실행을 수행할 수 있게 하는 구조입니다. 케이스 구조는 함수 > 프로그래밍 > 구조 팔레트에서 찾을 수 있습니다. 케이스 구조의 모양은 아래와 같습니다.

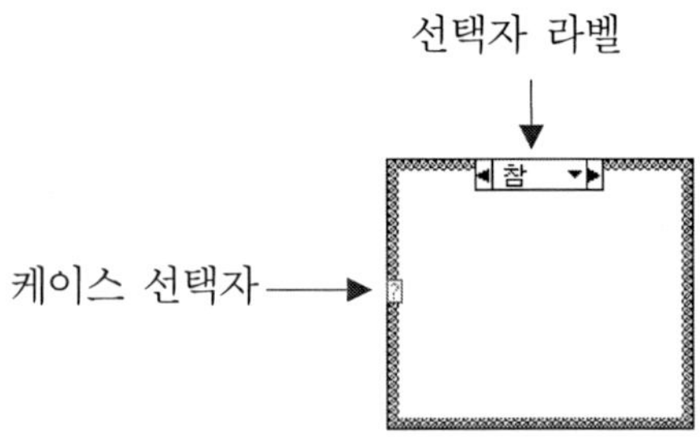

케이스 구조를 사용하기 위해서는 [?]에 선택자를 입력해줘야 합니다. 불리언, 숫자형, 문자열, 에러 등을 입력할 수 있습니다. 예를 들어, 케이스 선택자에 불리언을 연결하면 [참]과 [거짓]의 두 가지 조건에 대한 케이스가 생길 것이고, 숫자형 0, 1, 2, 3을 입력하면 [0], [1], [2], 그리고 [3]의 네 가지 조건에 대한 케이스가 생길 것입니다.

[참] **선택자 라벨**을 마우스로 클릭하면 원하는 조건으로 케이스를 선택할 수 있습니다.

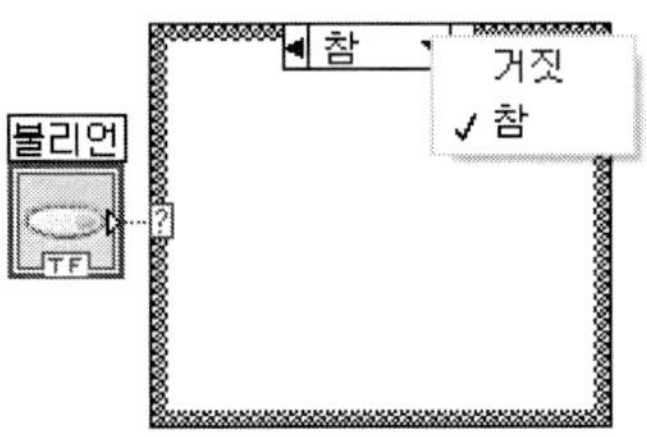

⌘ 불리언을 조건으로 사용하는 경우

케이스 선택자로 불리언을 사용하는 것은 가장 일반적인 경우이며, 참과 거짓 두 가지 조건을 가집니다. 다음 연습을 통하여 불리언 조건으로 케이스 구조를 사용하는 방법을 배워봅니다.

연습 2-7. 케이스 구조(불리언 조건 입력)

두 개의 값을 입력받아서 참일 때는 더하고 거짓일 때는 빼는 예제입니다. 이 연습에서 다음을 배웁니다.

- 케이스 구조의 사용법을 배웁니다.
- 불리언을 이용하여 참/거짓의 두 가지 케이스를 가진 구조를 만들어 봅니다.

⌘ 프런트패널

1. 새로운 VI를 만들고, 케이스.vi로 저장합니다.
2. 프런트패널에 숫자형 컨트롤 두 개와 인디케이터 한 개를 위치시키고 라벨을 바꿔줍니다.

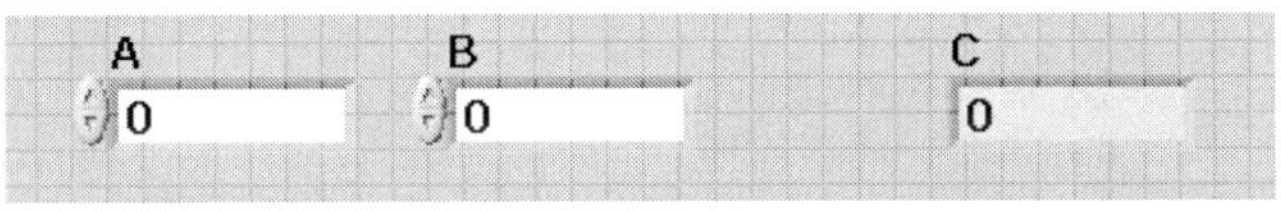

⌘ 블록다이어그램

3. 구조 팔레트에서 케이스를 가지고 와서 블록다이어그램에 적당한 크기로 위치시킵니다.
4. ?의 단축메뉴인 **컨트롤 생성**으로 불리언 컨트롤을 만들어줍니다.

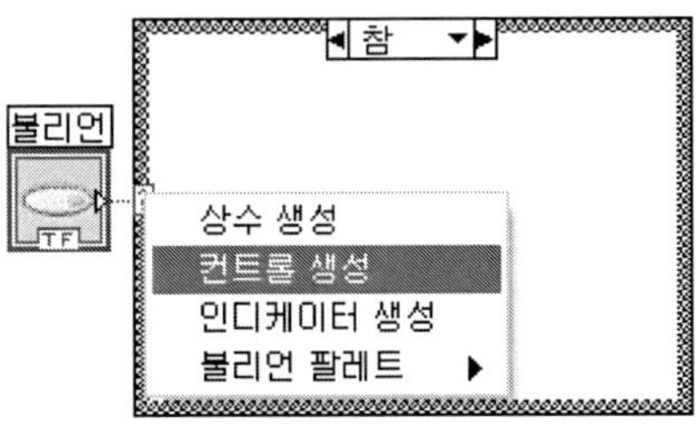

5. (참인 경우) 아래와 같이 블록다이어그램을 구성합니다.

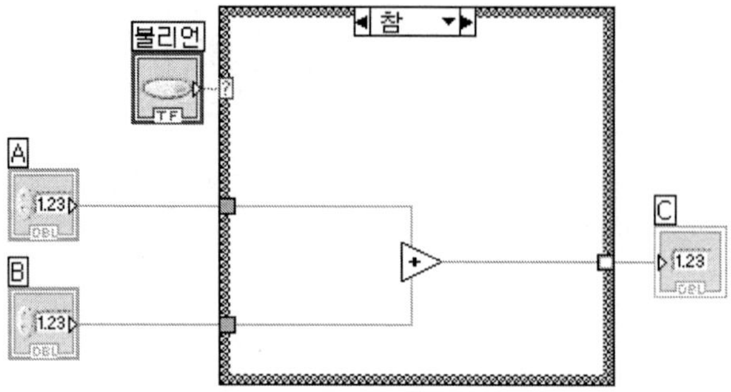

6. (거짓인 경우) [◀참 ▼▶]을 마우스로 클릭하여 [◀거짓 ▼▶]으로 옮깁니다. 빼기를 위치시킵니다.

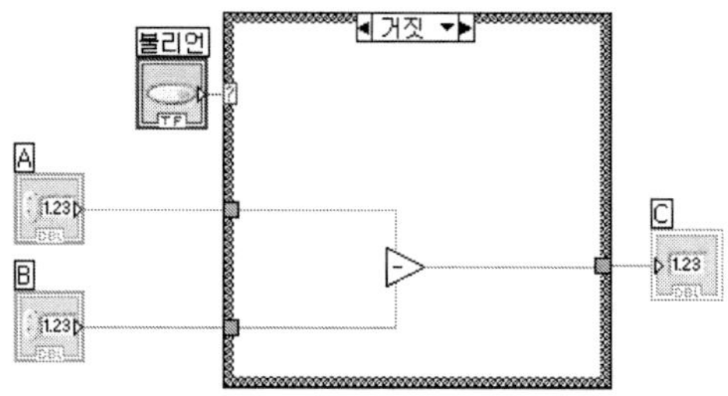

7. VI를 실행하고 출력 값을 확인합니다. A와 B의 숫자형 컨트롤에서 두 개의 숫자 값을 입력받아서, 참인 경우에는 서로 더해주고, 거짓인 경우에는 서로 빼주는 예제입니다. 다음과 같이 선택을 이용하여 동일하게 구현할 수도 있습니다.

8. 다음과 같이 VI를 수정합니다. 함수 > 프로그래밍 > 비교 팔레트에서 **선택**을 찾을 수 있습니다. 불리언 값이 참이면 T를 선택해서 출력하고, 거짓이면 F를 선택해서 출력합니다. 케이스를 사용하는 것과 동일한 결과를 구현한 것입니다.

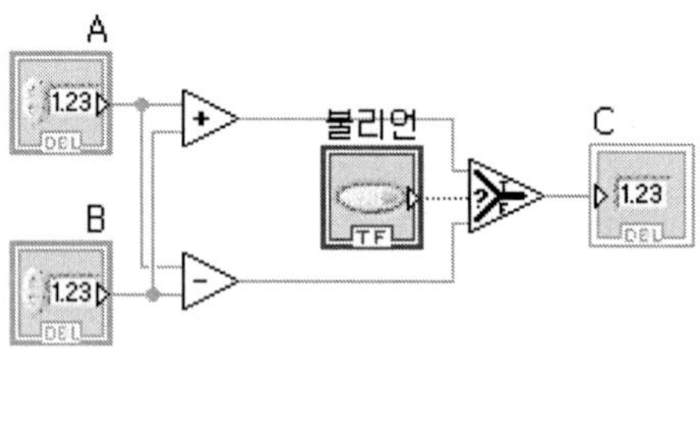

연습 2-7 끝

⌘ 숫자형을 선택자로 사용하는 경우

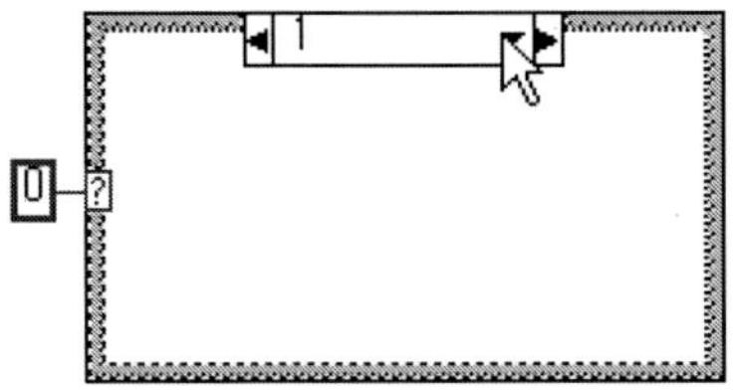

숫자형 팔레트에서 숫자 상수를 가지고 와서 케이스 선택자 에 연결합니다. 케이스 구조가 0과 1의 두 경우로 바뀔 것입니다. 선택자 라벨에서 단축메뉴를 만들고, [다음 케이스 추가]를 선택합니다. 2가 추가 될 것입니다. 같은 방법으로 3과 4도 추가해봅니다.

불리언에서는 참과 거짓의 두 경우뿐이지만, 숫자형이나 문자열에서는 케이스의 개수를 계속 늘일 수 있습니다. 이제 숫자 상수 0을 삭제하고 단축메뉴의 [컨트롤 생성]을 이용하여 숫자형 컨트롤을 만들어 케이스 구조를 제어합니다. 다음과 같이 선택자 라벨을 클릭하면 0에서 4까지의 케이스를 선택할 수 있습니다.

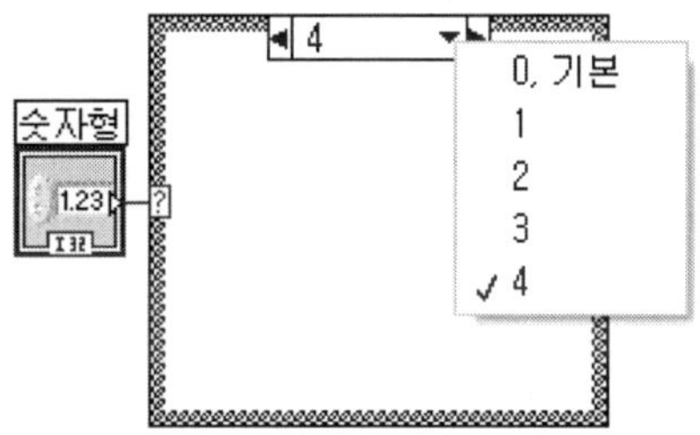

0번 케이스에는 [0, 기본]이라고 되어 있습니다. 만약 0, 1, 2, 3, 4 이외의 숫자가 입력되면, 기본 케이스인 [0, 기본] 케이스가 실행된다는 의미입니다.

⌘ 링을 이용한 케이스 선택자

링은 정수타입의 숫자형 컨트롤과 같은 역할입니다. 그래서 단순한 숫자형 컨트롤을 사용하는 것보다는 링을 사용하는 것이 훨씬 유용합니다.

컨트롤 > 일반 > 링 & 열거형 팔레트에서 **텍스트 링**을 찾을 수 있습니다.

링의 단축메뉴에서 **아이템 편집...**을 선택하여 아이템을 추가하거나 바꿉니다. **[링 프로퍼티: 링]**의 아이템 편집 탭에서 순차적인 값을 체크하고, 아이템 항목에 사용할 아이템을 하나씩 삽입합니다.

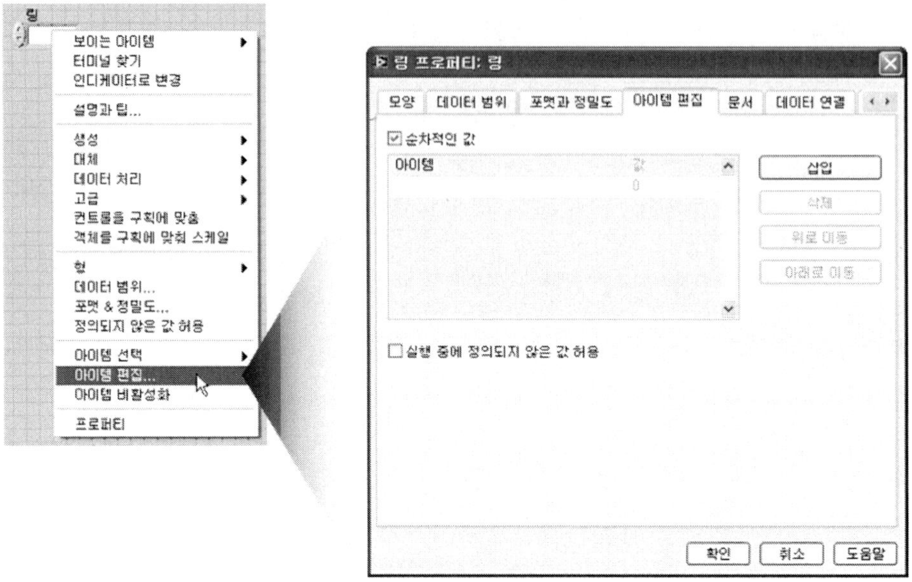

아이템을 선택한 뒤에 키보드로 문자를 입력하고 <Enter> 키를 클릭하면 값을 입력할 수 있습니다. 다음과 같이 '없음', '사인파', '코사인파', '난수', 그리고 '사각파'를 차례로 입력합니다. 각 아이템에 대응하는 값이 0, 1, 2, 3, 4로 지정됨을 확인할 수 있습니다.

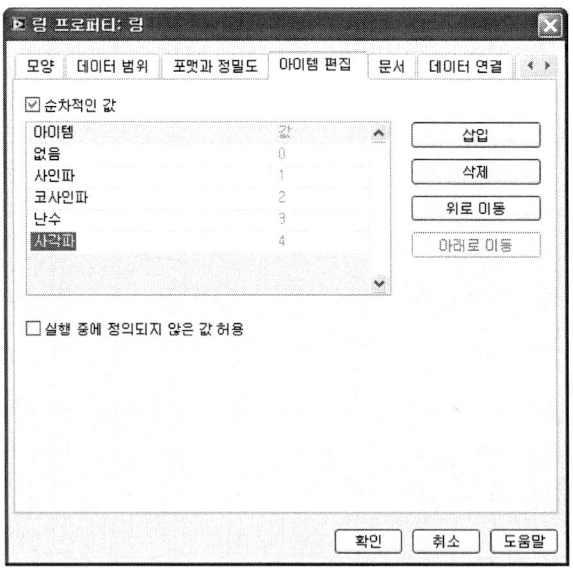

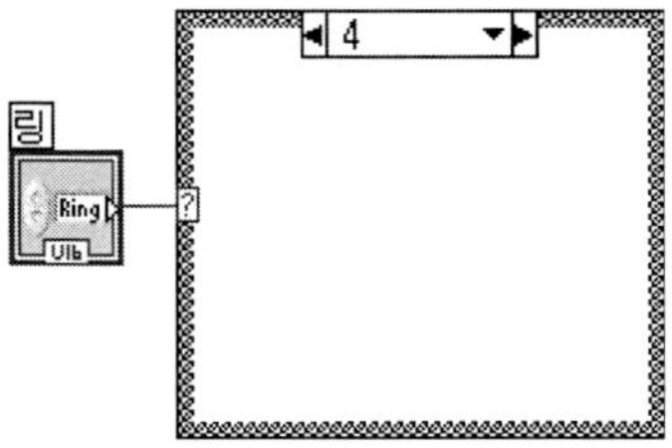

링 컨트롤을 케이스 선택자에 연결합니다. 참고로 기본 케이스 구조에는 두 개의 케이스 (0과 1)만 있으므로 2, 3, 4케이스를 추가해 줘야 할 것입니다. 단축메뉴의 [다음 케이스 추가]를 이용합니다.

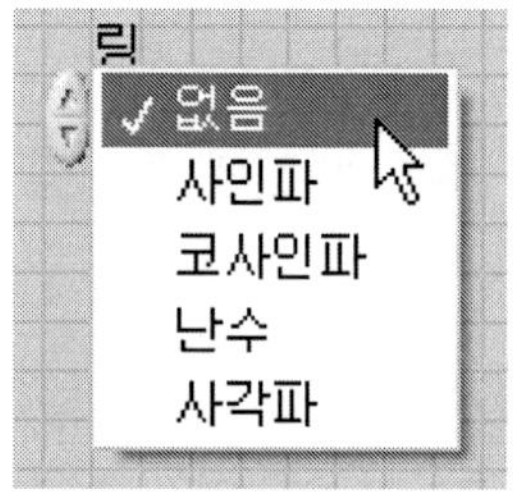

프런트패널의 링 컨트롤을 마우스로 클릭하면 다음과 같이 입력된 아이템들을 확인하고 선택할 수 있습니다.
링 컨트롤은 근본적으로 U16 정수형이므로 선택한 아이템은 대응되는 정수 값으로 출력됩니다. 예를 들어, '코사인파' 를 선택하면 2가 출력됩니다.

연습 2-8. 케이스 구조 (링 조건 입력)

링에서 선택한 형태의 웨이브폼을 생성하는 VI를 만들어봅니다. 이 연습에서 다음을 배웁니다.

- 링 컨트롤의 사용법을 배웁니다.
- 링 컨트롤을 이용하여 케이스 구조를 만들어 봅니다.

⌘ 프런트패널

1. 새 VI를 만들고, 링.vi로 저장합니다.
2. 프런트패널에 Ring **링 컨트롤**을 위치시키고, **아이템 편집...**을 이용하여 'DC', '사인파', '사각파', '톱니파', 그리고 '삼각파'를 차례로 입력합니다. 컨트롤 > 일반 > 링 & 열거형 팔레트에서 텍스트 링을 찾을 수 있습니다.

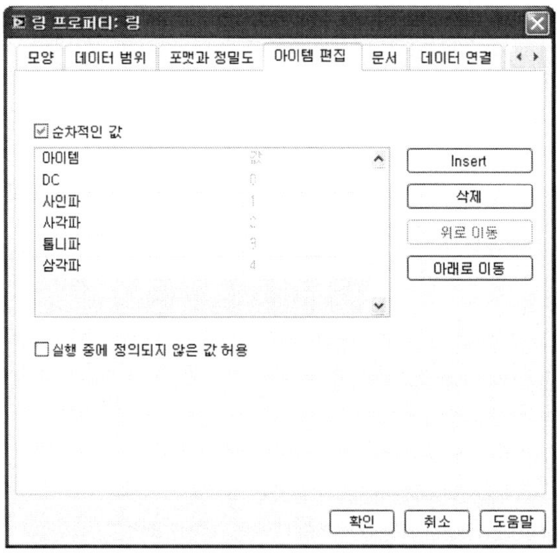

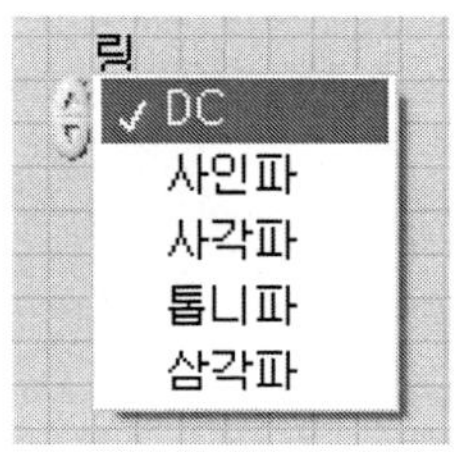

⌘ 블록다이어그램

3. 블록다이어그램에 케이스 구조를 위치시키고, 링 컨트롤을 케이스 선택자

에 연결합니다.

4. 단축메뉴의 **다음 케이스 추가**를 이용하여 2, 3, 4 케이스를 추가해줍니다.

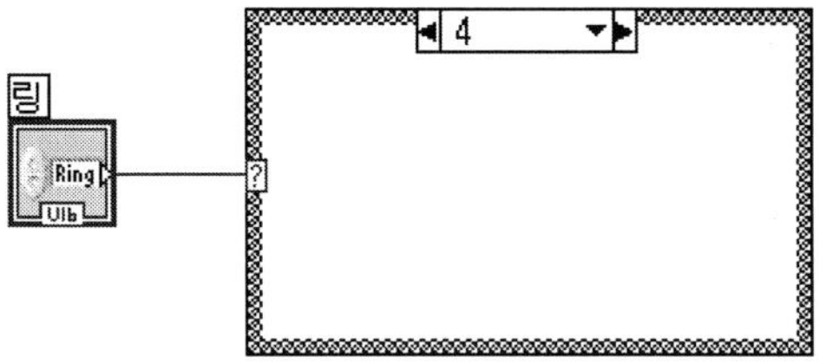

5. 케이스 0을 선택하고  **신호 시뮬레이션**을 위치시킵니다. 함수 > 익스프레스 > 입력 팔레트에서 신호 시뮬레이션을 찾을 수 있습니다. 신호 시뮬레이션 설정 창에서 신호 타입으로 [DC]를 선택해줍니다.

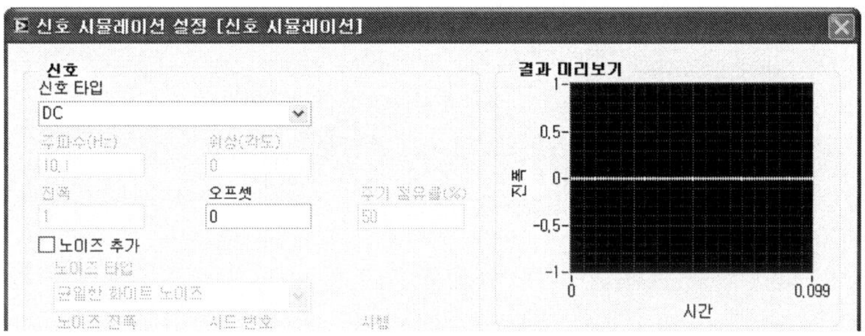

블록다이어그램은 다음과 같습니다.

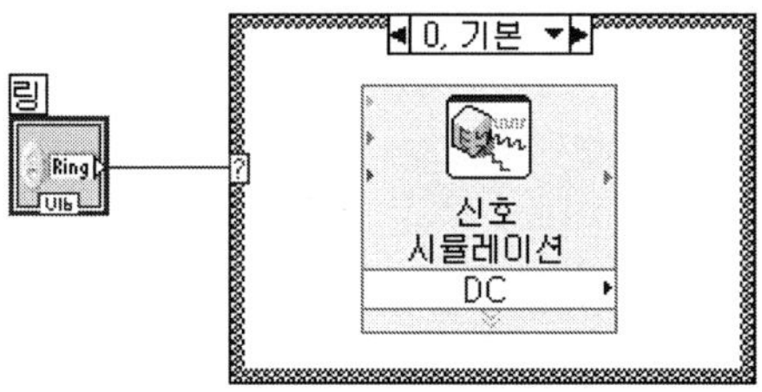

6. 같은 방법으로 각 케이스에 신호 시뮬레이션을 하나씩 위치시키고, 차례로 사인파, 사각파, 톱니파, 그리고 삼각파를 생성시킵니다.

7. 각 케이스에서 신호 시뮬레이션 출력을 케이스의 오른쪽 테두리로 연결합

니다. 이때 모든 케이스에서 한곳으로 출력을 연결해야 됩니다.

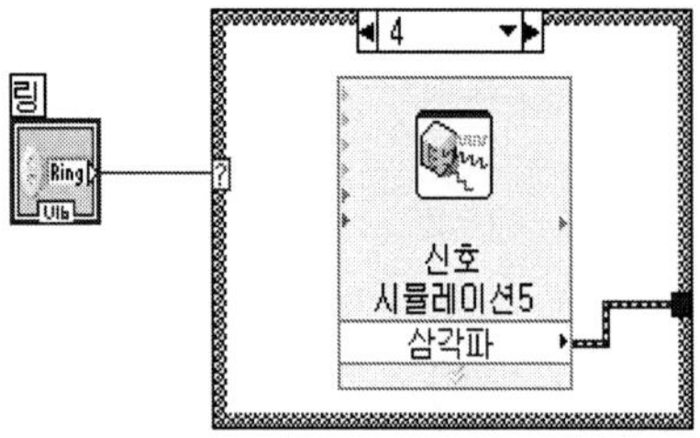

8. 출력단을 클릭하고 단축메뉴에서 생성 > 그래프 인디케이터를 선택합니다.

9. While 루프를 위치시키고,  **시간 지연**으로 1초를 설정합니다.

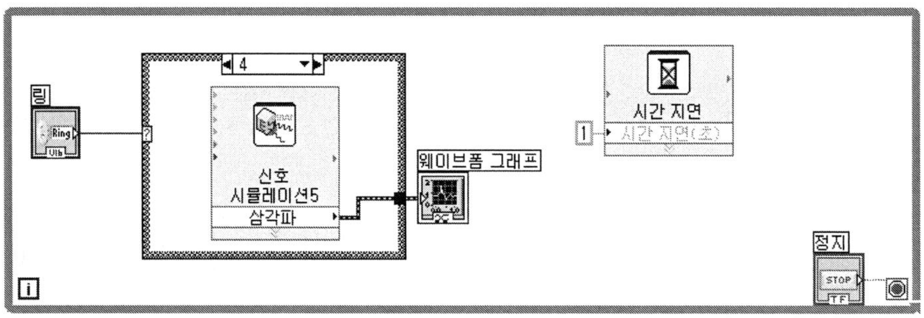

10. 프런트패널의 링 컨트롤에서 [톱니파]를 선택하고 실행합니다.

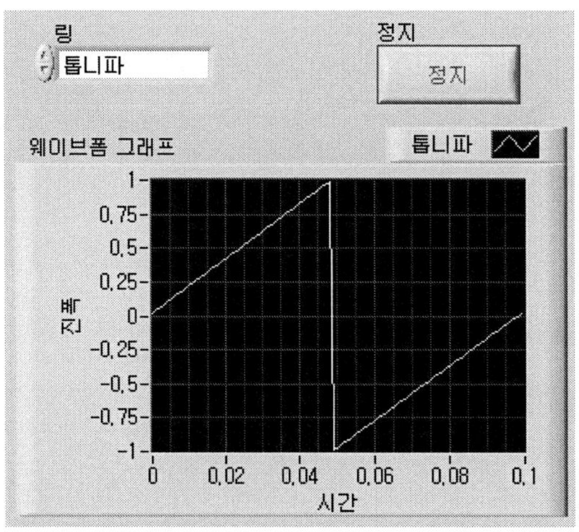

연습 2-8 끝

⌘ 문자열을 조건 문으로 사용하는 경우

프런트패널에 문자열 컨트롤을 위치시키고, 블록다이어그램에서 문자열 터미널을 케이스에 연결합니다. 케이스 선택자[?]가 분홍색으로 바뀌고 불리언 참이 문자 **"참"** 으로 바뀜을 확인할 수 있습니다.

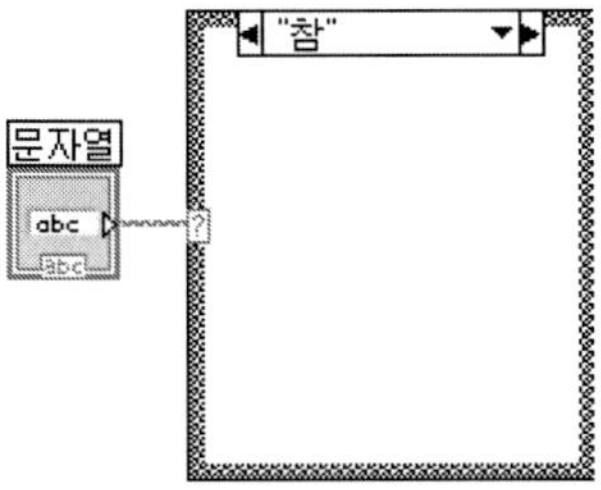

"참" 이나 "거짓" 을 다른 문자열로 바꿀 수 있습니다. 그리고 단축메뉴에서 [다음 케이스 추가]를 선택하여 케이스를 추가할 수 있습니다. 아래는 "거짓" 을 "A" 로 "참" 은 "B" 로 바꾸고, C와 D를 추가한 예입니다. 케이스는 " A " , "B" , "C" , "D" 가 됩니다.

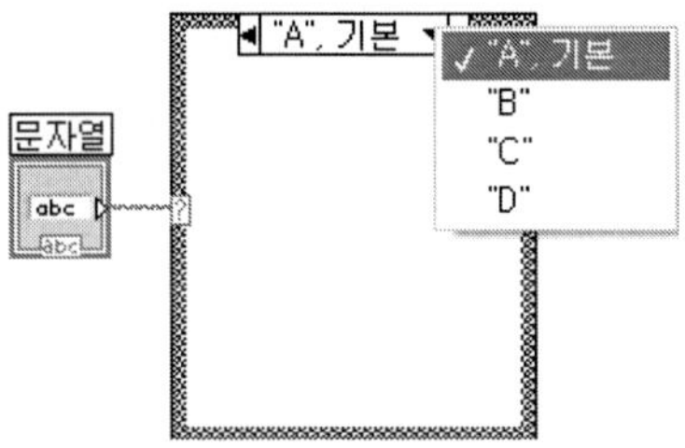

문자열은 소문자와 대문자를 구분하므로 케이스에서도 소문자와 대문자를 구분해야 됩니다.

⌘ 라디오 버튼을 조건 문으로 사용하는 경우

라디오 버튼을 연결하여 케이스를 선택할 수 있습니다. 라디오 버튼은 컨트롤 > 일반 > 불리언 팔레트에서 찾을 수 있습니다.

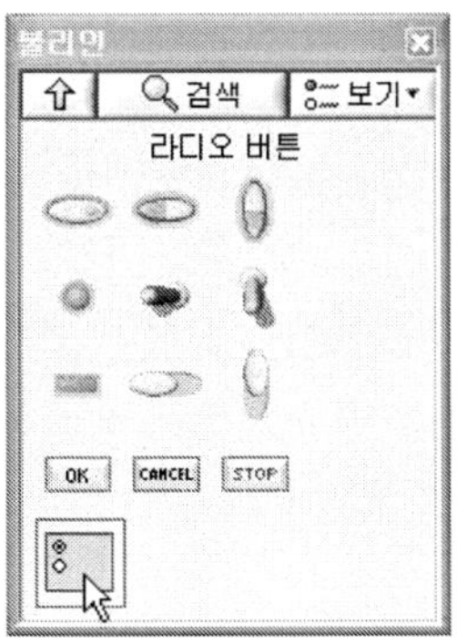

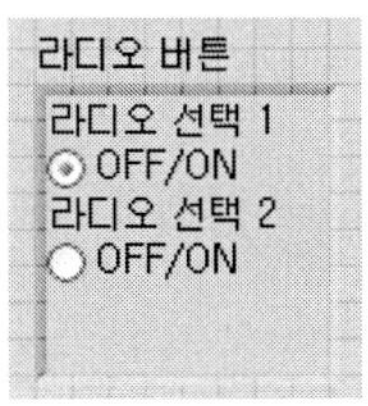

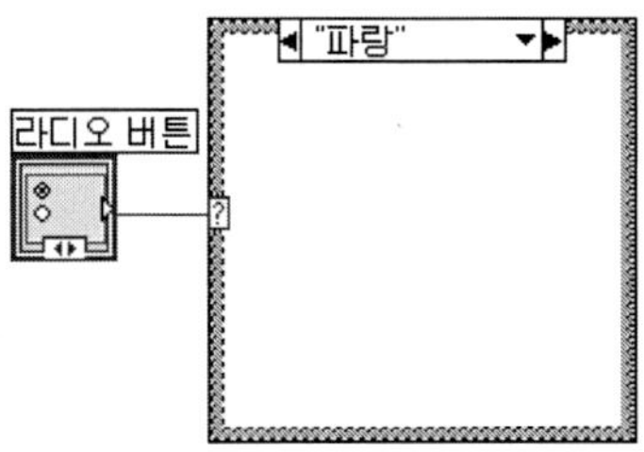

라디오 버튼은 동시에 두 개를 선택할 수 없고, 한번에 하나의 버튼만 선택할 수 있습니다.

NI 예제 탐색기에서 "라디오" 라는 검색어로 예제를 검색하면 라디오 버튼을 이용한 예제를 찾을 수 있습니다. Radio Buttons Controls.vi를 찾을 수 있습니다. 이 VI는 선택한 색에 따라서 프런트패널의 바탕색이 바뀌는 예제입니다. 프런트패널이 동시에 두 가지 색을 가질 수는 없으므로 한번에 한 가지 색만 선택할 수 있어야 됩니다.

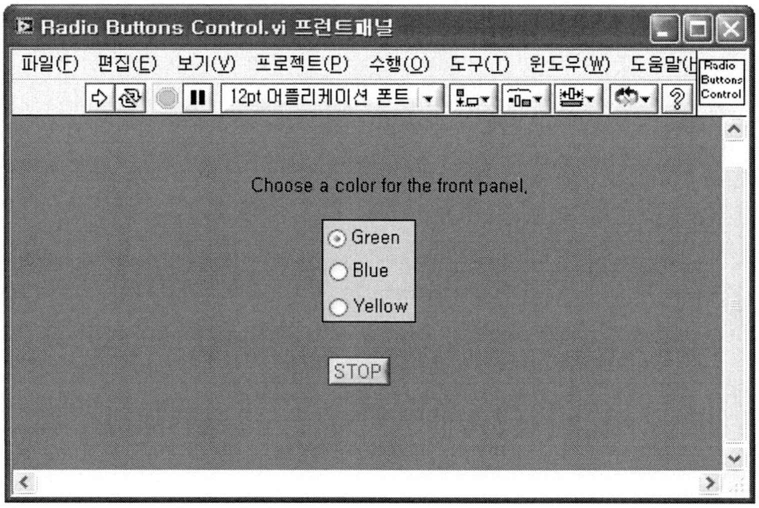

라디오 버튼은 클러스터와는 근본적으로 다릅니다. 아래와 같이 클러스터에 불리언을 두고 비슷한 모양으로 구현할 수는 있지만, 클러스터 속의 선택된 불리언은 수동으로 선택 해제해줘야만 되기 때문에 라디오 버튼처럼 한 번에 하나만 선택할 수는 없습니다.
라디오 버튼이 없는 LabVIEW 버전에서는 케이스 구조와 프로퍼티 노드들로 여러 조건을 만들어줘야 될 것입니다.

⌘ 케이스 구조의 출력 연결

케이스 구조에 입력을 연결할 때에는 아무런 제약이 없습니다. 케이스에 입력된 값은 모든 케이스에서 필요에 따라 사용할 수 있습니다. 그러나 출력을 연결할 때에는 꼭 지켜야 되는 규칙이 있습니다. 케이스의 출력은 무조건 모든 케이스에서 값을 연결해줘야 합니다. 만약 출력이 없다면 임의의 상수 값이라도 연결해줘야 됩니다.

다음 예제는 Case 0에서는 숫자형 값을, Case 1은 불리언 값을, Case 3은 문자열값을 출력하는 예입니다. 표시된 부분이 메워지지 않았기 때문에 이 예제는 에러를 발생합니다. 모든 출력부분에 데이터를 연결해주지 않았기 때문입니다. 이런 에러는 LabVIEW의 초보자들이 많이 접하는 에러입니다.

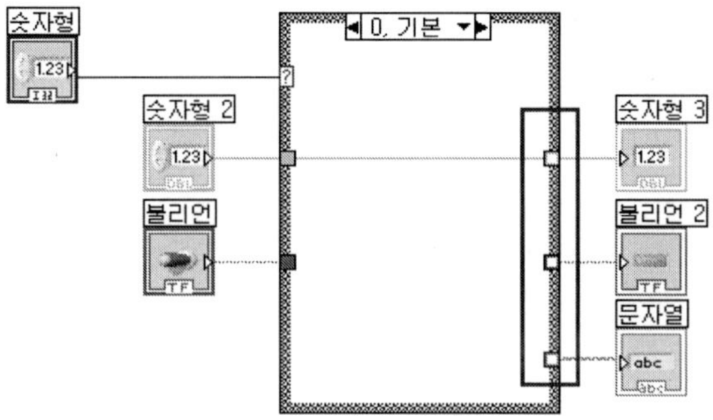

해결책은 이곳을 메워주는 것입니다. 다음과 같이 출력 터미널의 단축메뉴에서 [연결되지 않으면 기본값 사용]을 선택해줍니다. 즉, 출력을 연결하지 않았을 경우에는 그 데이터 타입의 기본 값을 사용하겠다는 의미입니다. 케이스 구조의 이런 출력 특징은 LabVIEW가 데이터 흐름 구조이기 때문에 나타나는 것입니다. 모든 경우에 대하여 인디케이터에는 데이터가 입력되어야 되는데, 만약 데이터 출력이 없는 케이스가 있다면 이 조건을 만족하지 못하기 때문에 에러를 발생시키는 것입니다. 그래서 어떤 값이던 케이스에서 출력 값이 있어야 되는 것입니다.

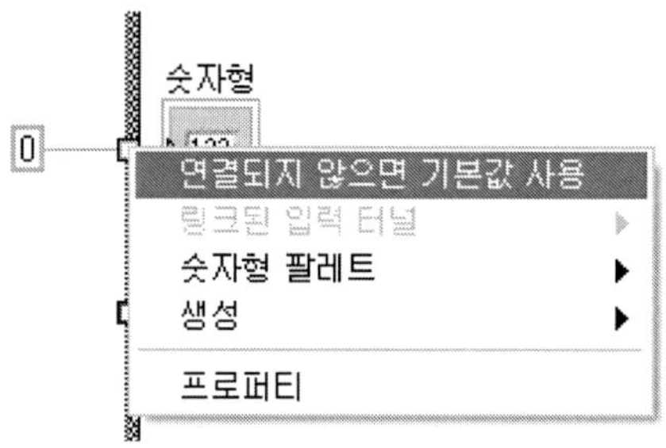

⌘ 로컬 변수 사용하기

와이어를 이용하여 케이스에서 값을 출력하는 경우에는 모든 케이스에서 값을 꼭 출력해줘야 됩니다.

그러나 참일 때는 출력 값을 내주고, 거짓일 때는 아무 값도 나오지 않게 해

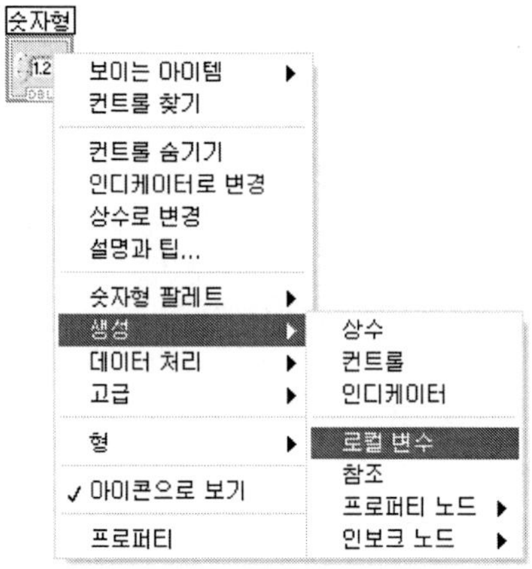

야 되는 경우가 있습니다. 이러한 경우에 사용하는 방법이 **로컬 변수**입니다. 로컬 변수는 LabVIEW에서 변수를 선언하는 방법 중의 하나입니다. 와이어를 이용한 연결이 아니라 변수를 선언해주고 이 변수를 통해서 데이터를 넘겨주는 방법입니다.

LOCAL **로컬 변수**는 함수 > 프로그래밍 > 구조 팔레트에서 찾을 수 있고, 또는 로컬 변수를 만들고 싶은 객체의 단축메뉴에서 생성시킬 수 있습니다. 단축메뉴의 생성 > 로컬 변수를 이용합니다.

연습 2-9. 로컬 변수를 이용한 케이스 구조

로컬 변수를 이용하여 특정 케이스에서만 데이터를 빼내는 예제입니다. 이 연습에서 다음을 배웁니다.

- 로컬 변수의 사용법을 배웁니다.
- 로컬 변수를 이용하여 케이스 구조 밖으로 데이터를 뺍니다.
- 피드백 노드의 사용법을 배웁니다.

⌘ 블록다이어그램

1. 새 VI를 만들고, 로컬 변수 케이스.vi라는 이름으로 저장합니다.
2. 프런트패널에 불리언 컨트롤 한 개와 숫자형 인디케이터 한 개를 위치시키고, 블록다이어그램에 케이스를 위치시킵니다. 아래와 같이 블록다이어그램을 구성합니다. [거짓] 케이스는 비워둡니다.

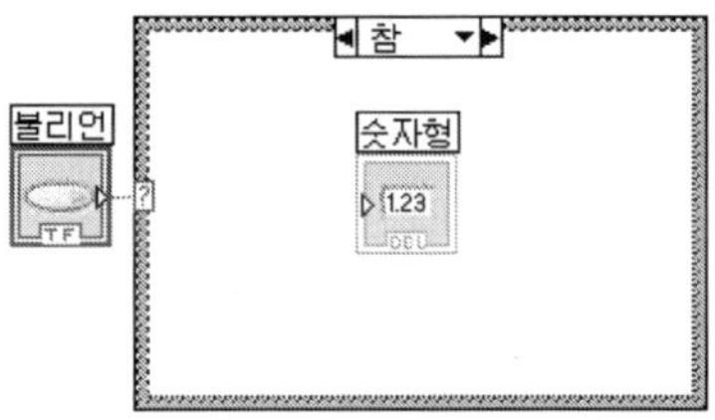

3. 숫자형의 단축메뉴에서 생성 > 로컬 변수를 선택합니다.
4. 생성된 숫자형의 로컬 변수를 케이스 밖으로 뺍니다. 그리고 단축메뉴에서 **읽기로 변경**을 선택하여 컨트롤로 바꿉니다.

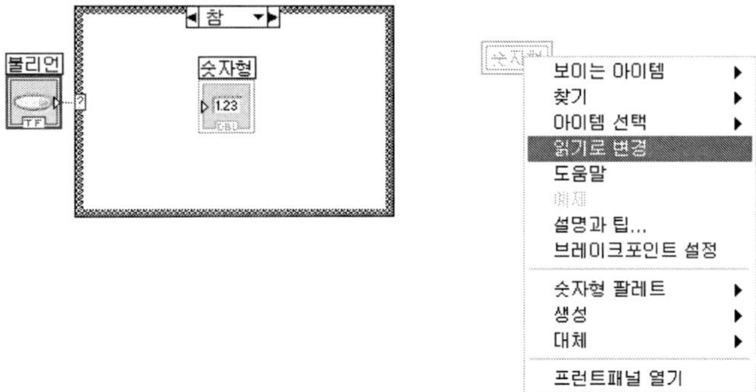

5. 아래와 같이 블록다이어그램을 구성합니다.

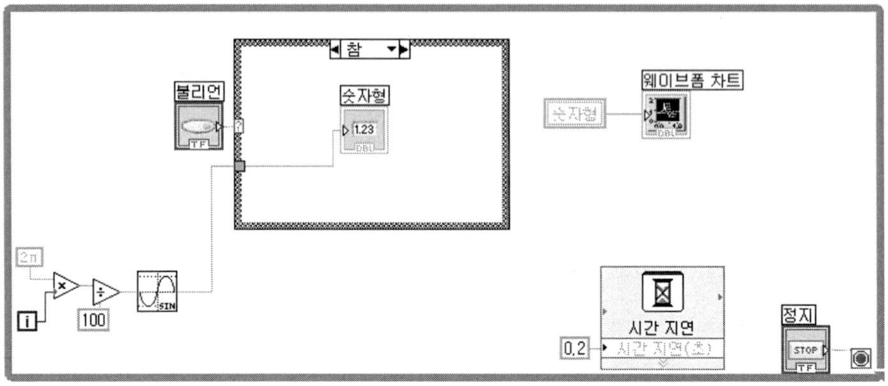

사인은 함수 > 수학 > 기본&특수 함수 > 삼각함수 팔레트에서 찾을 수 있습니다.

⌘ 프런트패널

6. 실행하면 다음과 같이 불리언 컨트롤이 참인 경우에만 사인 그래프를 그리게 됩니다.

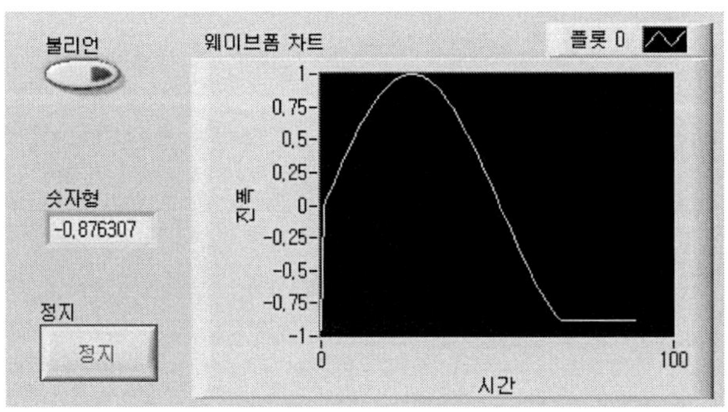

7. **피드백 노드**와 **선택**을 이용하여 다음과 같이 블록다이어그램을 구성할 수 있습니다. 결과는 위와 동일합니다. 함수 > 프로그래밍 > 구조 팔레트에서 피드백 노드를 찾을 수 있습니다. 그리고 함수 > 프로그래밍 > 비교 팔레트에서 선택을 찾을 수 있습니다.

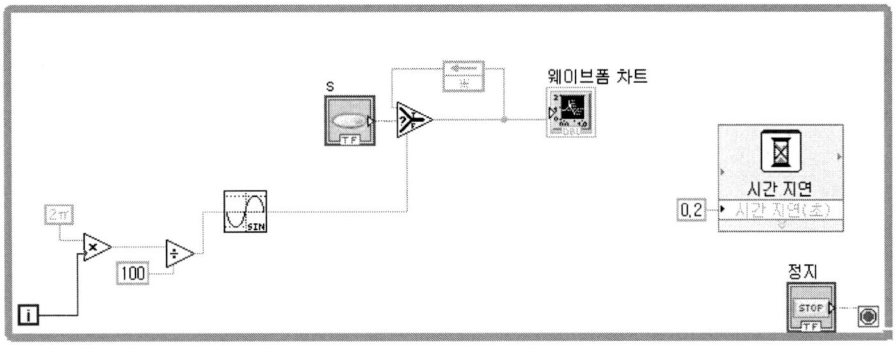

참고 로컬변수와 글로벌변수는 와이어에 의한 데이터 흐름 프로그래밍 패러다임에 적용되지 않습니다. 그래서 기존 Text 기반 프로그래밍 기술에 익숙한 엔지니어에게는 훨씬 익숙한 방식입니다. 그러나 그래픽 기반의 LabVIEW에서는 Race condition과 같은 논리적 오류를 만들 수 있기 때문에 사용을 최대한 자제해야 됩니다. 로컬변수나 글로벌변수를 사용하지 않은 VI가 잘 짜여진 VI입니다. Race Condition은 장치나 시스템이 두 개 이상의 동작을 동시에 수행하려고 시도했을 때 발생하는 바람직하지 않은 상태를 가리킵니다. 실행 순서가 명확하지 않기 때문에, 실행할 때마다 결과 값이 다르게 됩니다.

연습 2-9 끝

바. 복잡한 수식 연산

그래픽 프로그래밍의 단점은 아이콘이나 와이어가 많아지면 구성이 복잡해지고, 독해가 힘들어진다는 것입니다. 예를 들어, $y=(\sin x)^2 + x^7 + \log x - \tan x$를 숫자형 함수와 삼각함수 등으로 계산하려면 아이콘의 수가 너무 많아져서 구현하기 힘듭니다. 이런 어려움을 해결하기 위하여 LabVIEW에서는 여러 가지 수식 노드들을 이용하여 복잡한 수식 연산을 수행할 수 있도록 도와줍니다.

수식 노드, 식 노드, 수식 익스프레스 VI, MathScript 노드 등이 있습니다.

⌘ 수식 노드

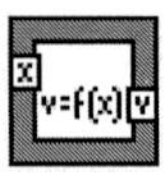
수식 노드는 함수 > 프로그래밍 > 구조 팔레트에서 찾을 수 있습니다. 수식 노드는 스크립트 형식으로 수식을 입력할 수 있는 구조입니다.

C언어와 유사하게 수식은 세미콜론(;)으로 문장을 구분합니다.
그리고 스크립트를 사용하므로 사용하는 변수들은 변수 선언이 꼭 필요합니다. 변수는 두 가지 방법으로 선언이 가능합니다.

입출력 변수 선언

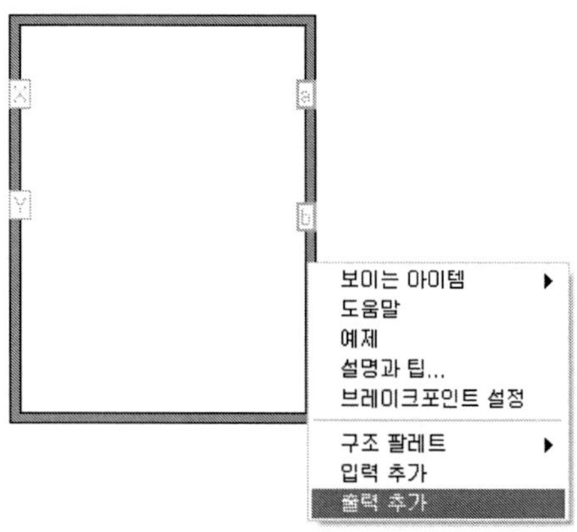

수식 노드의 테두리에서 단축메뉴의 **입력 추가**나 **출력 추가**로 선언합니다. 왼쪽에서 오른쪽으로 흐르는 데이터의 흐름을 생각하여 입력은 왼쪽 테두리에서, 그리고 출력은 오른쪽에서 선언해주는 것이 바람직합니다. 그리고 변수들에는 이름이 꼭 필요합니다.

X와 Y는 입력 변수로 a와 b는 출력 변수로 선언한 것입니다. 이때 입력 변수인 X와 Y에는 데이터를 반드시 연결해줘야 됩니다. 그러나 출력 변수는 연결하지 않아도 상관없습니다.

수식 노드 내부 변수 선언

수식 노드 내부에서만 사용할 변수를 선언할 수 있습니다. 이때 C언어와 유사한 방법으로 변수를 선언하지만, 정확한 문법은 LabVIEW 도움말에서 자세히 확인하기 바랍니다.

수식 노드 내부 함수 사용

C언어와 유사하게, If...else문이나, 연속 증가(++), 연속 감소(--), 그리고 다양한 수식 등을 수식 노드에서 사용할 수 있습니다. 그러나 print나 Input와 같은 콘솔 명령어는 사용할 수 없습니다.

수식 노드에서 사용할 수 있는 함수들은 다음과 같이 LabVIEW 도움말에서 수식노드를 검색하여 확인하시기 바랍니다. LabVIEW 도움말은 윈도우 시작 > 프로그램(P) > National Instruments > LabVIEW에서 LabVIEW 도움말을 선택하거나, LabVIEW의 메뉴에서 도움말(H) > LabVIEW 도움말 검색(S)...에서 선택할 수 있습니다.

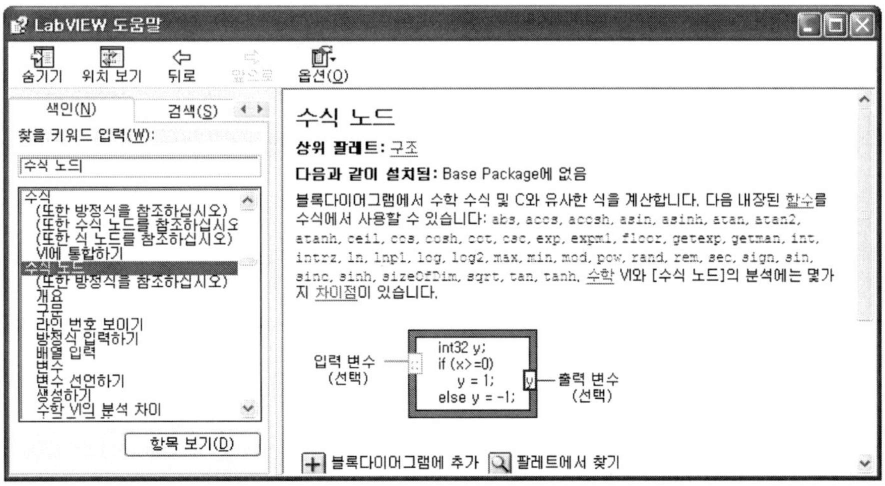

연습 2-10. 수식 노드

수식 노드로 데이터를 만들어 그래프에 뿌려봅니다. 이 연습에서 다음을 배웁니다.

- 수식 노드의 사용법을 배웁니다.
- 수식을 구현하여 결과를 웨이브폼 그래프에 플롯합니다.

    A = tanh(X) + cos(X);
    Y = A**3 + A;

⌘ 블록다이어그램

1. 새 VI를 만들고, 수식노드.vi로 저장합니다.
2. 프런트패널에 웨이브폼 그래프를 위치시킵니다.
3. 다음과 같이 블록다이어그램을 구성합니다.

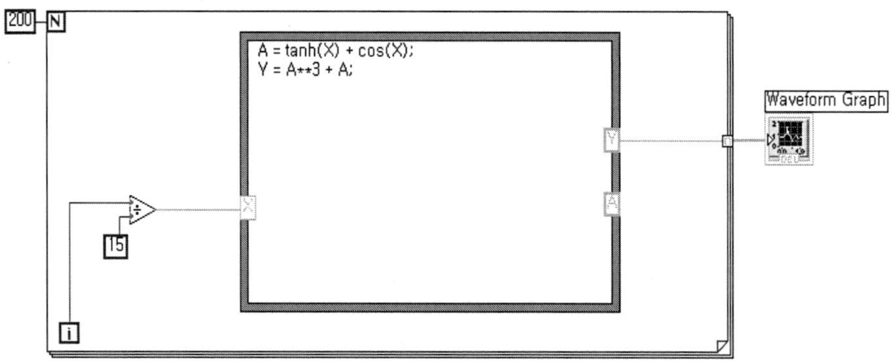

X는 입력 변수로 선언하고, Y와 A는 출력 변수로 선언합니다.
수식은 다음과 같습니다.

    A = tanh(X) + cos(X);
    Y = A**3 + A;

각 Line의 끝에는 세미콜론 ;을 꼭 붙여주어야 되며 소문자와 대문자를 구별해서 사용해야 됩니다.

4. VI를 실행합니다.

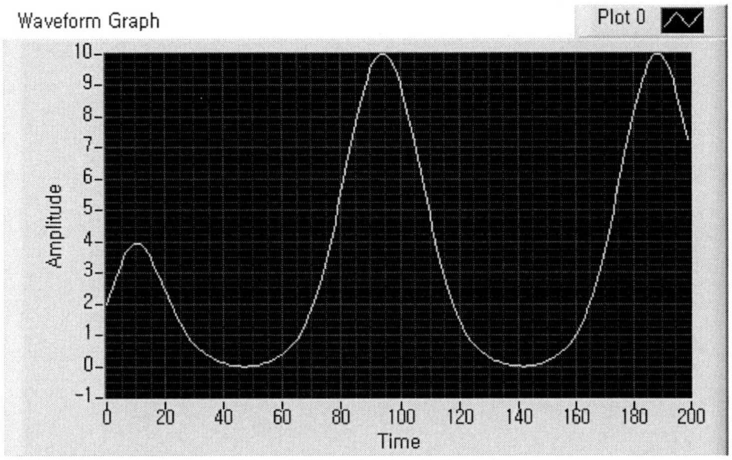

연습 2-10 끝

⌘ 식 노드

입력 변수가 하나인 경우에는 **식 노드**를 이용하여 **수식 노드**를 대체할 수 있습니다. 식 노드는 함수 > 프로그래밍 > 숫자형 팔레트에서 찾을 수 있습니다.

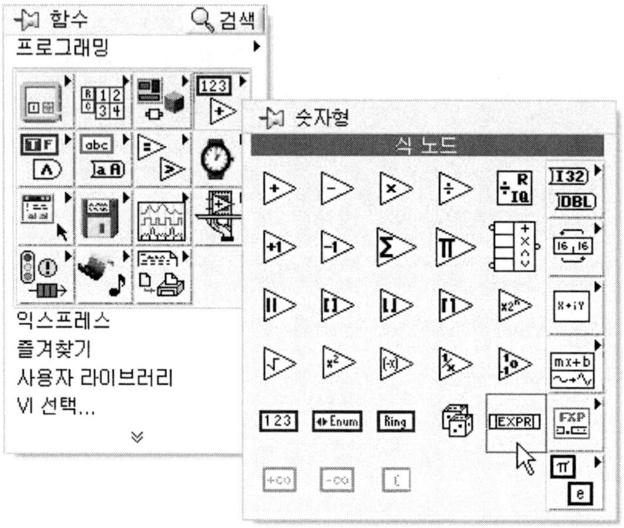

예를 들어, x*1000 + x**3 + 50을 계산하는 식 노드는 다음과 같습니다.

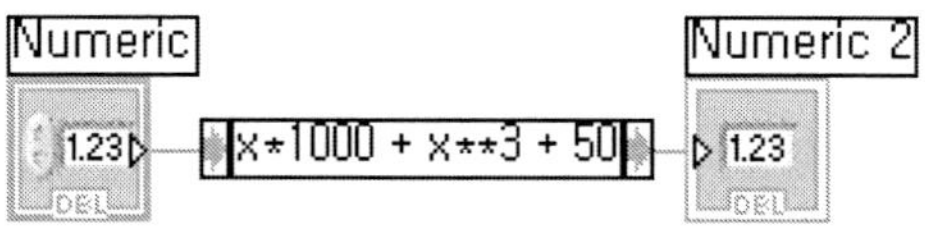

같은 방법으로 연습 2-10을 식 노드로 바꾸면 다음과 같습니다.
수식은 (tanh(x) + cos(x))**3 + tanh(x) + cos(x)입니다.

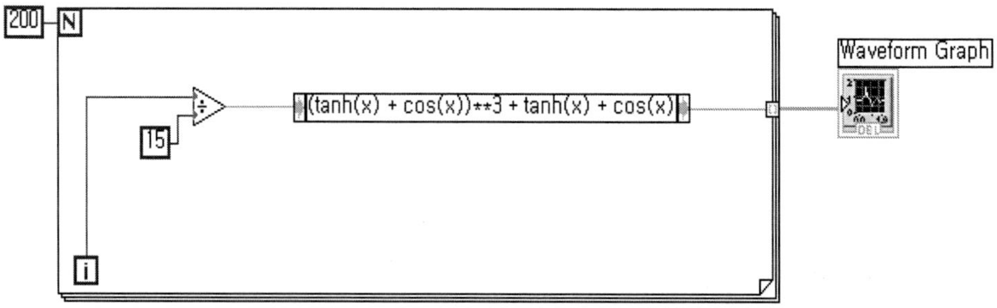

⌘ 수식 익스프레스 VI

수식 익스프레스 VI는 함수 > 수학 > 스크립트 & 수식 팔레트, 혹은 함수 > 익스프레스 > 연산 & 비교 팔레트에서 찾을 수 있습니다.

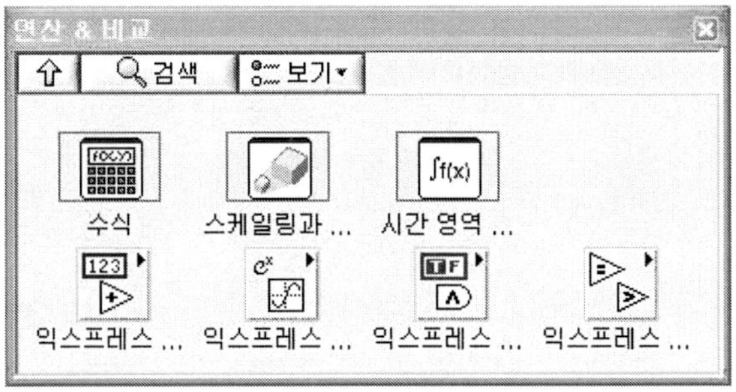

 **수식**을 블록다이어그램이 놓으면, **수식 설정** 창이 실행됩니다. 이 창에서 버튼들을 이용하여 필요한 수식을 만들 수 있습니다. 아래는 X1 + log(X1/X2) - X3을 수행하는 수식을 만든 것입니다.

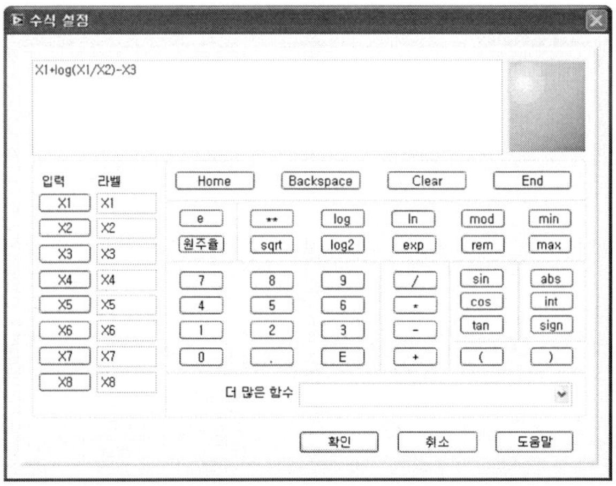

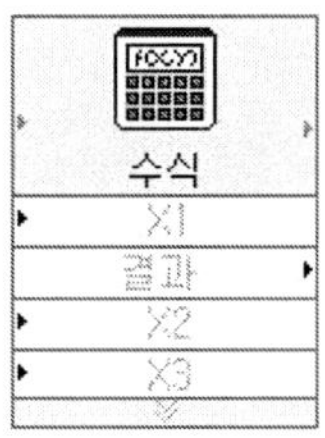

⌘ MathScript 노드

MathScript노드는 MathScript 연산을 수행할 수 있는 노드입니다. 함수 > 프로그래밍 > 구조 팔레트에서 찾을 수 있습니다. 그러나 LabVIEW 2009 버전부터는 MathScript RT 모듈을 설치해야만 설치되는 기능입니다.

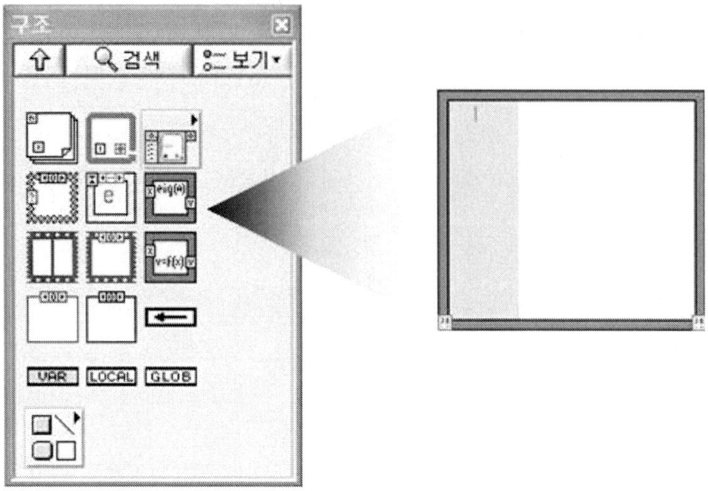

기본적으로 수식 노드와 사용법이 비슷합니다. 그러나 fft와 같은 고급 MathScript 연산을 수행할 수 있습니다. MathScript 구문은 Matlab□ 언어 구문과 비슷합니다.

연습 2-11. MathScript 노드 (옵션)

MathScript 노드를 이용하여 주파수를 분석하는 VI를 작성합니다. 이 연습에서 다음을 배웁니다.

- MathScript 노드의 사용법을 배웁니다.
- FFT 연산을 구현하고 결과를 웨이브폼 그래프에 플롯합니다.

⌘ 블록다이어그램

1. 새 VI를 만들고, fft연산.vi로 저장합니다.
2. 블록다이어그램에 While 루프와 MathScript 노드를 위치시킵니다. While 루프 조건에서 불리언 컨트롤인 정지 버튼을 생성해줍니다.

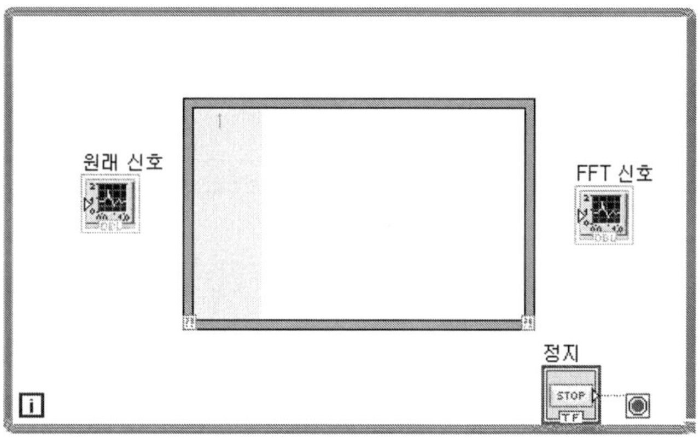

3. 프런트패널에 웨이브폼 그래프 두 개를 위치시킵니다. 컨트롤 > 일반 > 그래프 팔레트에서 웨이브폼 그래프를 찾을 수 있습니다.
4. 웨이브폼 그래프의 라벨을 '원래 신호'와 'FFT 신호'로 바꿔줍니다. 블록다이어그램에서 웨이브폼 그래프의 터미널들을 다음과 같이 While 루프 속에 위치시킵니다.

6.  **신호 시뮬레이션**을 While 루프 속에 위치시킵니다. 함수 > 익스프레스 > 입력 팔레트에서 찾을 수 있습니다.
7. 신호 시뮬레이션 익스프레스 VI를 블록다이어그램에 위치시키면 다음과

같이 **신호 시뮬레이션 설정** 창이 팝업됩니다.

- 신호 타입 : 사각파
- 주파수 : 50Hz
- 진폭 : 1
- 노이즈 추가 : 선택함
- 노이즈 타입 : 균일한 화이트 노이즈
- 노이즈 진폭 : 0.6
- 타이밍 :

  초당 샘플(Hz) = 10000

  샘플 개수 : **자동**으로 선택함

8. 확인 버튼을 클릭하여 설정을 적용합니다.
9. 다음과 같이 신호 시뮬레이션의 출력을 원래 신호에 연결합니다.

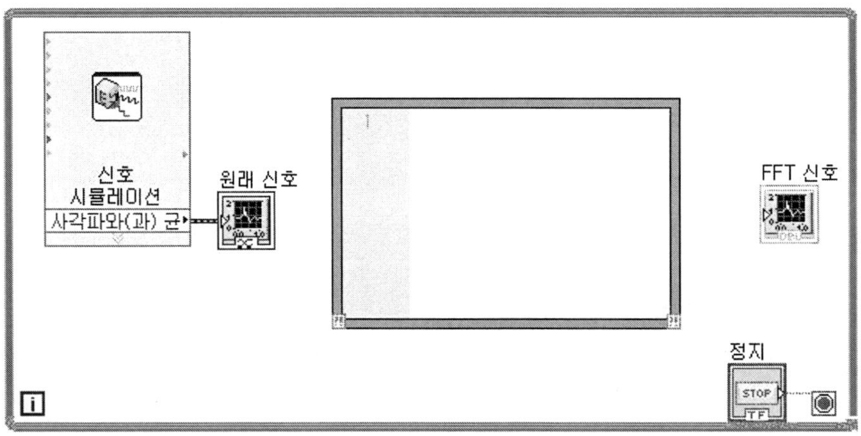

10. MathScript 노드의 왼쪽 경계에서 단축메뉴를 열고, **입력 추가**를 선택합니다. “Input” 을 입력합니다.
11. 같은 방법으로 오른쪽 경계에서 단축메뉴를 열고, **출력 추가**를 선택합니다. “Output” 을 입력합니다. 블록다이어그램은 다음과 같습니다.

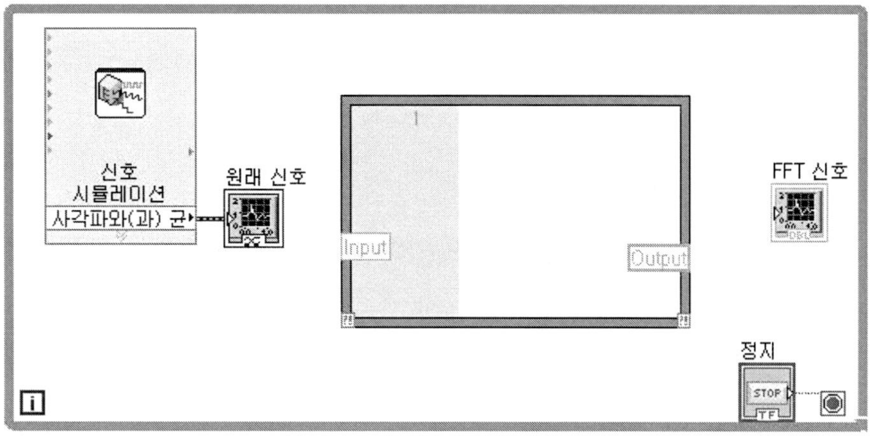

12. Output에서 단축메뉴를 열고, 데이터 타입 선택 > 1D 배열 > DBL 1D 를 선택합니다.

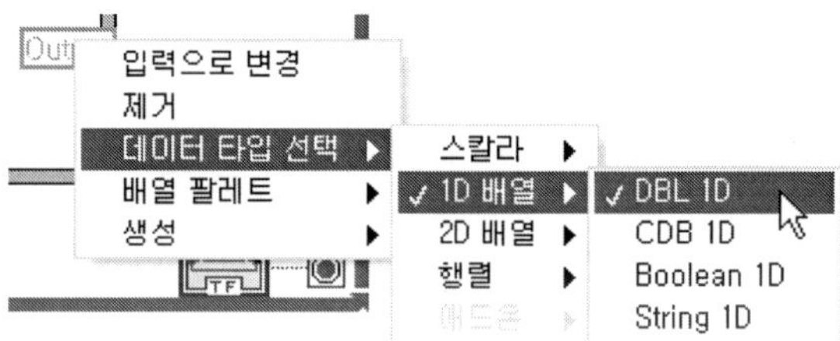

13. MathScript 노드 속에 다음과 같은 스크립트를 입력합니다. 각 라인의 끝에는 항상 세미콜론 ;을 넣어줍니다.

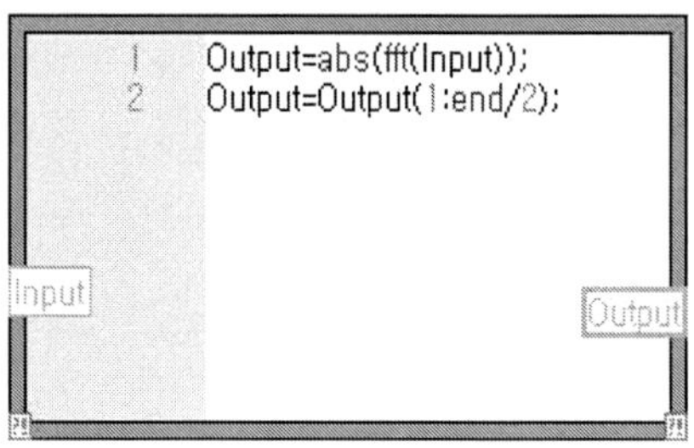


```
Output=abs(fft(Input));
Output=Output(1:end/2);
```

14. While 루프 속에 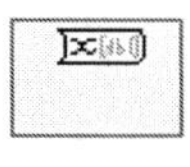 **다이나믹 데이터로부터 변환**을 위치시킵니다. 함수 > 익스프레스 > 신호 조작 팔레트에서 찾을 수 있습니다.

15. **다이나믹 데이터로부터 변환** 팝업창에서 결과로 나오는 데이터 타입으로 [스칼라의 1D배열 – 자동]을 선택합니다.

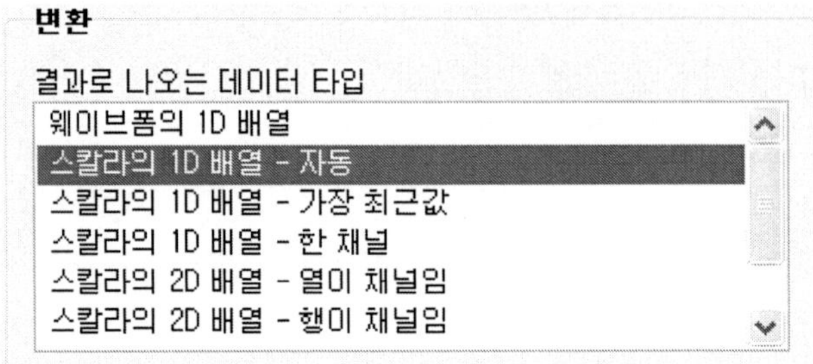

16. **신호 시뮬레이션**의 출력을 **다이나믹 데이터로부터 변환**에 연결하고, 다이나믹 데이터로부터 변환의 출력을 Input에 입력합니다. 또한 Output을 [FFT 신호]에 연결합니다.

17. 단축키 Ctrl + U를 이용하거나 **다이어그램 정리** 버튼을 이용하여 다음과 같이 블록다이어그램을 최적으로 정리합니다.

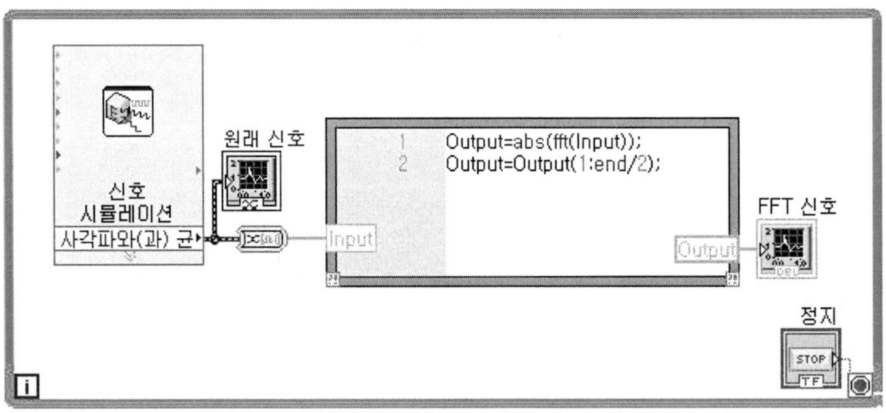

⌘ 프런트패널

18. 다음과 같이 프런트패널을 정리하고 VI를 실행합니다.

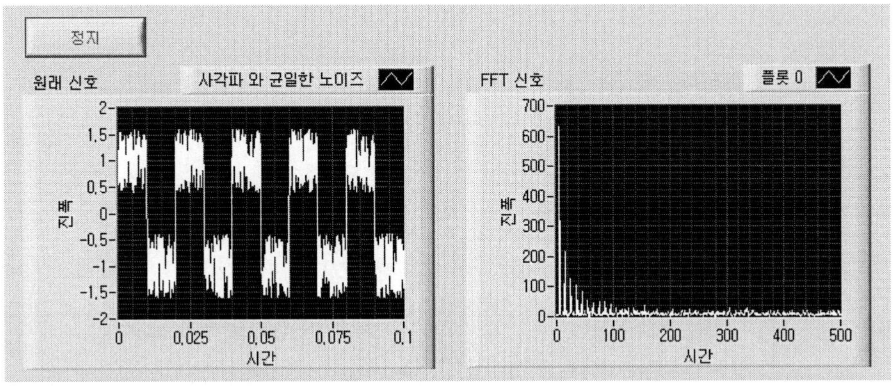

신호시뮬레이션 익스프레스 VI로 생성한 신호를 [원래 신호] 그래프에 출력하고, 이 신호를 FFT한 결과를 [FFT 신호] 그래프에 디스플레이합니다.

연습 2-11 끝

사. 이벤트 구조

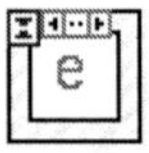

이벤트 구조는 사용자와 프런트패널의 직접적인 상호작용으로 블록다이어그램 실행을 제어하는 구조입니다. 함수 > 프로그래밍 > 구조 팔레트에서 이벤트 구조를 찾을 수 있습니다. 프런트패널에서 마우스 클릭, 키보드 입력, 메뉴 선택, 그리고 위도우 닫기 등의 사용자 조작에 의해서 이벤트가 발생할 수 있습니다. 이와 같은 사용자 인터페이스 이벤트가 발생하면 해당되는 이벤트 케이스가 실행됩니다.

이벤트 구조는 항상 While 루프와 함께 사용되며, While 루프 기능을 보조합니다. While 루프는 루프 조건에 따라 프로그램을 반복적으로 실행하게 하는 LabVIEW의 구조입니다. 기본적으로 While 루프는 일정한 타이밍에 맞추어 반복 실행하는 폴링(Polling) 방식을 사용합니다. 그러나 폴링 방식은 정작 필요한 사용자 이벤트가 발생했을 때, 바로 반응할 수 없거나 이벤트를 인식하지 못하는 경우가 있습니다. LabVIEW에서는 **이벤트 구조**를 이용하여 이벤트 프로그램을 구현합니다.

아래와 같은 프런트패널을 가진 VI에서 이벤트 구조를 블록다이어그램에 놓은 다음, 단축메뉴에서 **이벤트 케이스 추가...**를 선택하면 [이벤트 편집] 창이 나타납니다.

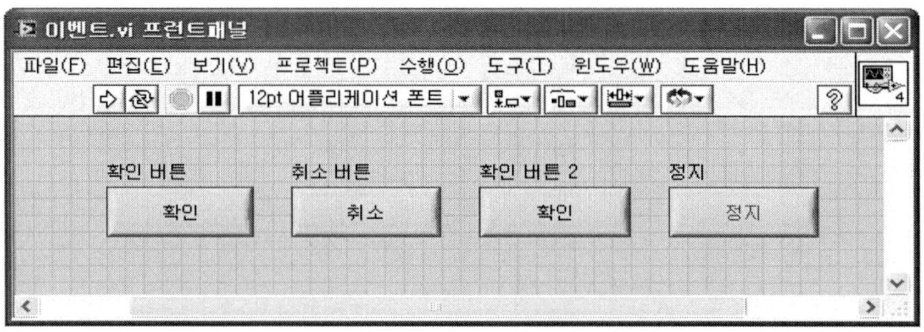

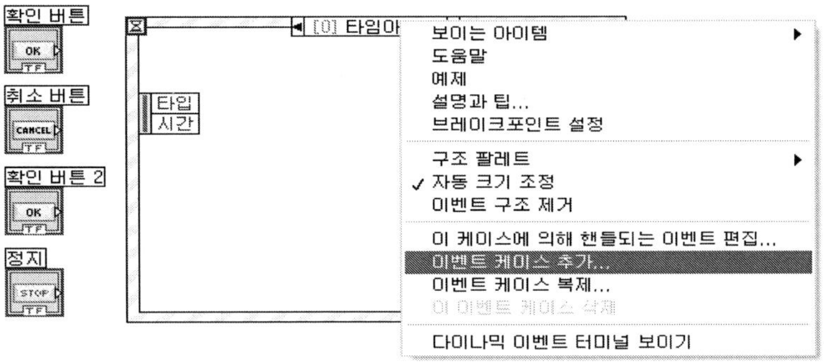

네 개의 불리언 버튼들에 '확인 버튼', '취소 버튼', '확인 버튼 2', 그리고 '정지' 라는 라벨을 붙여주었습니다. **이벤트 편집** 창에서는 프런트패널에 있는 객체의 라벨을 이용하여 이벤트 구조를 만들어줍니다. 이때 프런트패널에 있는 모든 객체들이 **이벤트 소스**가 될 수 있습니다.

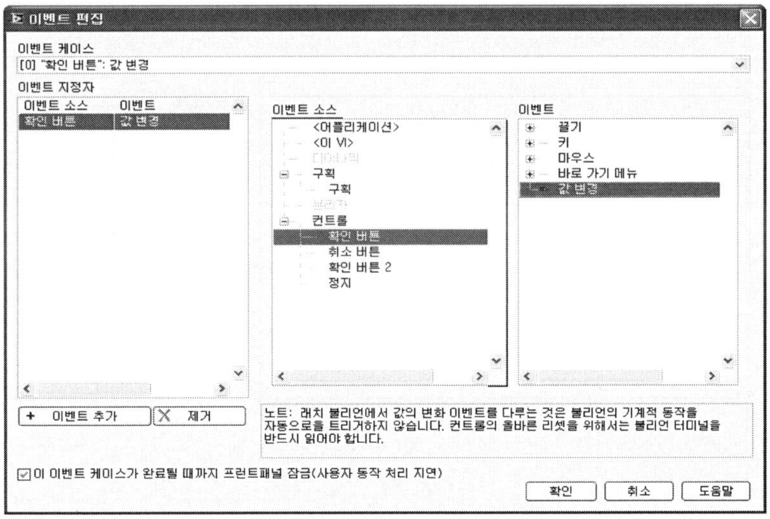

이벤트 편집은 [이벤트 지정자], [이벤트 소스], 그리고 [이벤트]로 구성됩니다. 가운데에 있는 이벤트 소스에서 객체를 선택하고, 그 객체에 대응되는 이벤트를 오른쪽에서 선택해줍니다. 위 예제에서는 이벤트 소스로 '확인 버튼' 이라는 라벨을 가진 불리언을 선택하였고, 대응되는 이벤트로 '값 변경' 을 선택해주었습니다. 즉 확인 버튼의 값이 바뀌면 이벤트가 발생하도록 지정하였습니다.

다음 연습을 통하여 이벤트 구조를 만들고 사용하는 방법을 배워봅니다.

연습 2-12. 사용자 인터페이스 이벤트

사용자의 마우스나 키보드 조작에 의해 발생하는 이벤트를 받아서 처리하는 VI를 만들어봅니다.

⌘ 프런트패널

1. 새 VI를 열고, 다음과 같이 프런트패널을 구성합니다. 컨트롤 > 일반 > 불리언 팔레트에서 확인 버튼 두 개, 취소 버튼 한 개, 그리고 정지 버튼 한 개를 찾아서 프런트패널에 위치시킵니다.

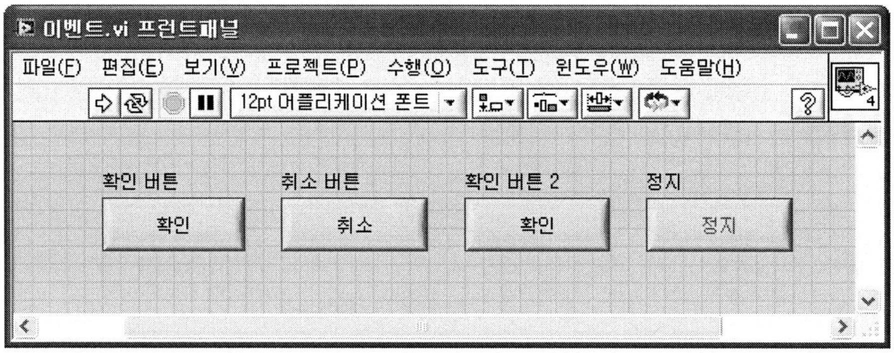

2. 단축메뉴에서 버튼들의 기계적 동작을 모두 '놓을 때 래치'로 선택해줍니다.

참고 불리언 버튼의 기계적 동작에는 스위치와 래치가 있습니다. 스위치는 클릭하면 상태가 변하고, 변한 상태가 유지됩니다. 그러나 래치는 클릭하면 상태가 변했다가 다시 원래 상태로 돌아옵니다. 세부적인 동작 방식에 따라서 다시 여섯 가지로 나뉩니다. 차례로, 누를 때 스위치, 놓을 때 스위치, 놓을 때까지 스위치, 누를 때 래치, 놓을 때 래치, 놓을 때까지 래치입니다. 그러나 첫 번째에 있는 [누를 때 스위치]와 다섯 번째에 있는 [놓을 때 래치]를 주로 사용합니다.

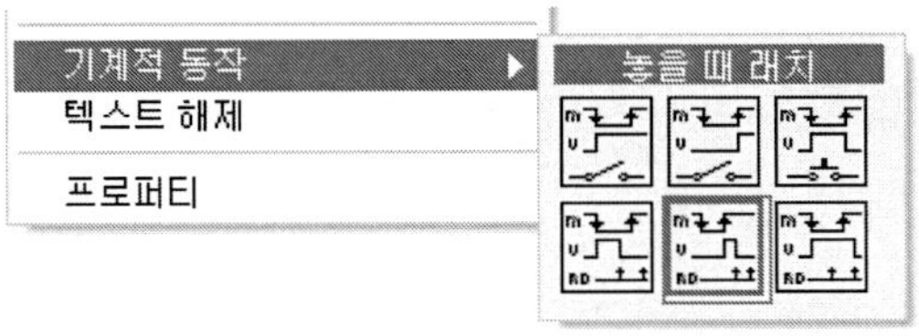

⌘ 블록다이어그램

3. 블록다이어그램에 While 루프와 이벤트 구조를 위치시킵니다. 함수 > 프로그래밍 > 구조 팔레트에서 이벤트 구조를 찾을 수 있습니다.

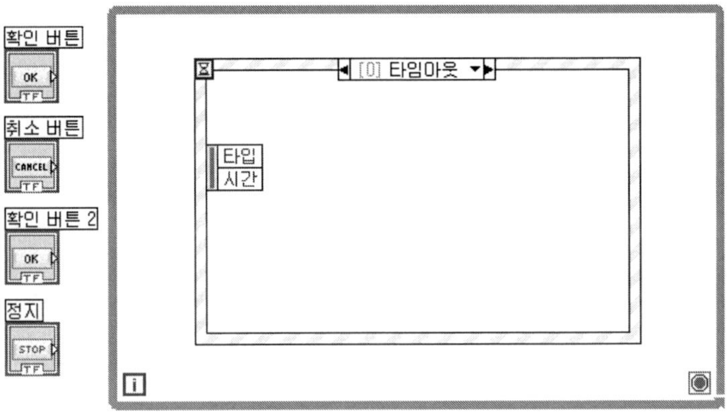

기본으로 지정되어 있는 이벤트는 **타임아웃**입니다. **이벤트 타임아웃**에 밀리 초 단위의 시간을 입력합니다. 그 시간 안에 이벤트가 발생하지 않으면 타임아웃 이벤트를 한번 발생시킵니다.

참고 이벤트 구조는 항상 While 루프와 함께 사용합니다.

4. 다음같이 블록다이어그램을 구성합니다.
   a. 이벤트 구조의 단축메뉴에서 **이벤트 케이스 추가**를 선택합니다.
   b. **이벤트 편집** 창에서 이벤트 소스로 "확인 버튼" 을 선택하고 이벤트로 "키 다운" 을 선택합니다.
   c. 이벤트 편집 창을 닫습니다.

d. [확인 버튼]의 터미널을 이 이벤트 속에 넣습니다. 버튼을 이벤트 속에 넣어줘야만 기계적 동작인 ***놓을 때 래치***를 수행할 수 있습니다.

e. **단일 버튼 대화 상자**를 놓고, [메시지]에 "작업 1을 수행합니다."를 입력하고, [버튼 이름]에 "완료"를 입력합니다. 단일 버튼 대화 상자는 함수 > 프로그래밍 > 대화상자 & 사용자인터페이스 팔레트에서 찾을 수 있습니다.

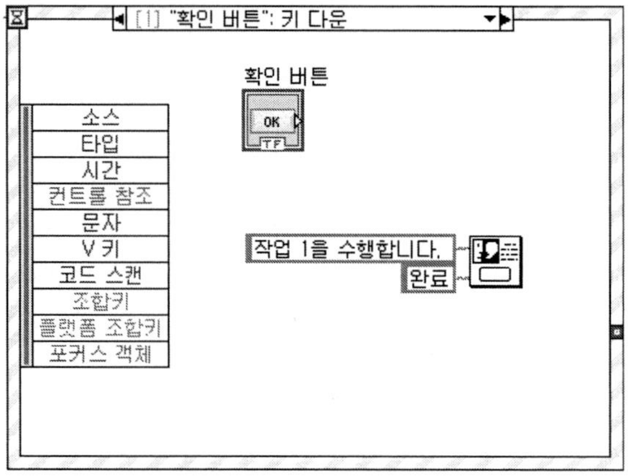

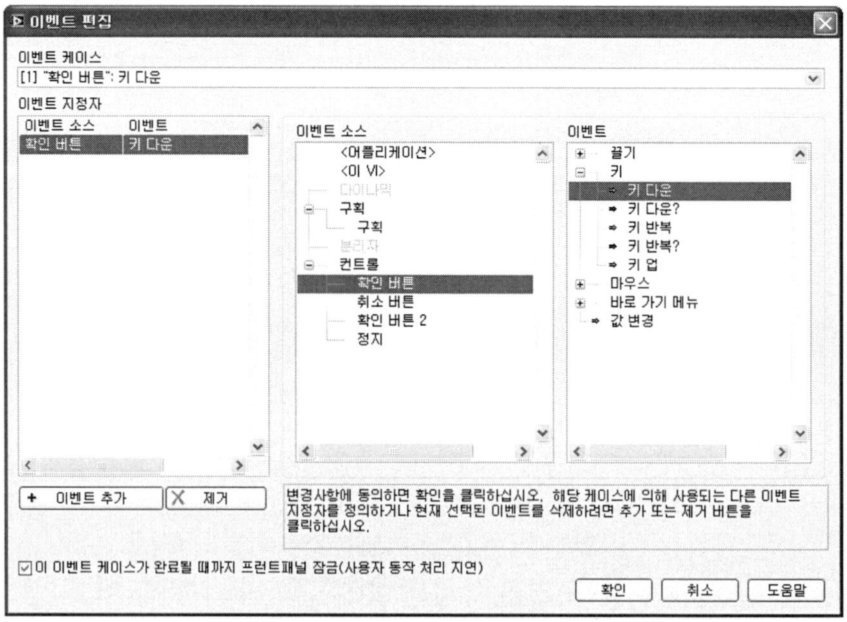

[1] **"확인 버튼" : 키 다운**은 [1]번 이벤트의 이름은 "확인 버튼"이며

이벤트의 형태는 ***키 다운***이라는 의미입니다. 키보드의 <Tab> 키를 누를 때, 키 다운 이벤트가 발생합니다.

참고 이벤트 편집 창에서 이벤트 소스의 컨트롤 아래에는 프런트패널에 있는 모든 컨트롤과 인디케이터들이 나열됩니다. 만약 프런트패널에 새로운 컨트롤이나 인디케이터를 위치시키면 그 객체의 컨트롤이 추가될 것입니다.

참고 오른쪽의 이벤트 옵션들은 키 다운에 대하여 사용자가 사용할 수 있는 이벤트 요소들입니다. 예를 들어, 시간은 이 이벤트가 발생한 순간의 시간을 반환합니다. 이것을 이용하면 이벤트와 다음 이벤트 발생까지의 시간을 측정할 수 있습니다.

f. 같은 방법으로 **[2] "취소 버튼" : 마우스 다운** 이벤트와 **[3] "확인 버튼2" : 마우스 커서 들어옴** 이벤트를 만들어줍니다.

[2] "취소 버튼" : 마우스 다운 이벤트는 버튼을 누를 때 이벤트가 발생합니다.

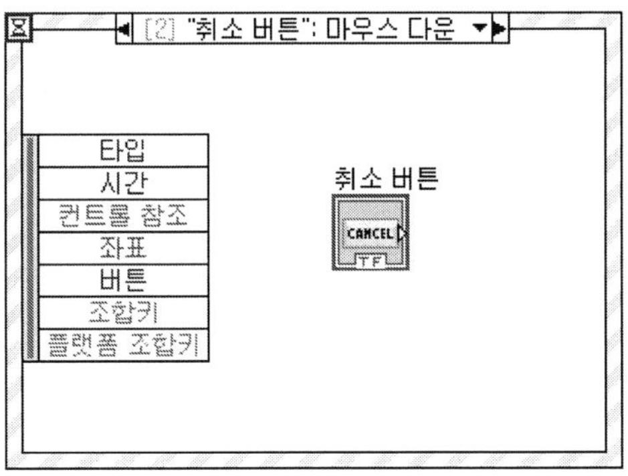

[3] "확인 버튼2" : 마우스 커서 들어옴 이벤트는 버튼 위로 마우스 커서가 들어갈 때 이벤트가 발생합니다. 즉, 마우스 커서의 움직임에 의

해서 이벤트가 발생합니다.

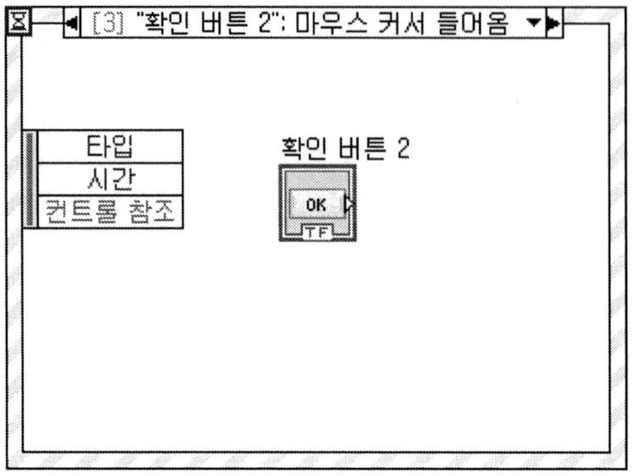

e. 정지 버튼에 대한 이벤트를 만들어줍니다. **[4] "정지" : 값 변경**을 지정해주고, 정지 버튼의 터미널을 이벤트 속에 넣습니다. [4] "정지" : 값 변경 이벤트는 정지 버튼의 값이 바뀌었을 때 이벤트가 발생합니다. 그리고 정지 버튼이 거짓에서 참으로 바뀌면 그 값은 와이어를 따라서 While 루프의 **루프 조건** ◉에 입력되어 루프가 종료됩니다.

f. 아래와 같이 블록다이어그램을 구성합니다. 루프 반복횟수 터미널에서 인디케이터를 생성하고 라벨을 '반복횟수' 라고 입력합니다.

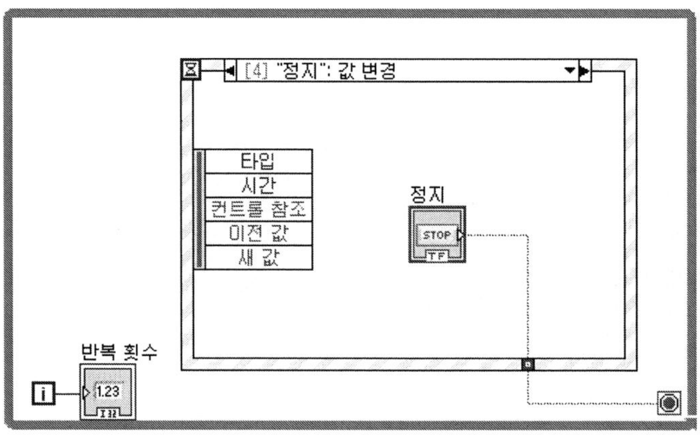

⌘ VI 실행

5. 프런트패널을 띄우고 VI를 실행합니다.
   a. Tab 키를 눌러서 버튼들을 옮겨 다닐 수 있습니다. '확인 버튼' 이 선택되면 반복횟수가 1 증가하고, "작업 1을 수행합니다." 라는 대화상자가 팝업됨을 확인할 수 있습니다. 완료 버튼을 클릭하여 대화상자를 닫습니다.

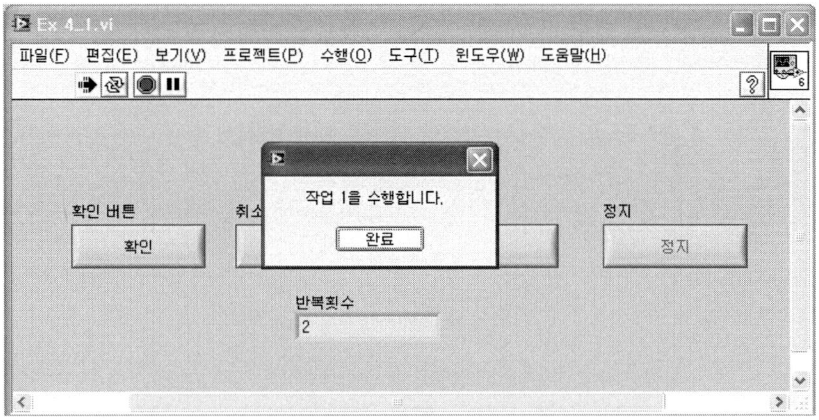

   b. 마우스를 '확인 버튼 2' 위로 옮겨 놓습니다. 마우스가 이 버튼의 위로 들어갈 때 반복횟수가 1 증가함을 확인할 수 있을 것입니다.
   c. 취소 버튼을 눌렀다가 놓아봅니다. 마우스를 누르는 순간 반복횟수가 1 증가함을 확인할 수 있습니다.
   d. 정지 버튼을 클릭합니다. 반복횟수가 1 증가하고 VI가 종료합니다.

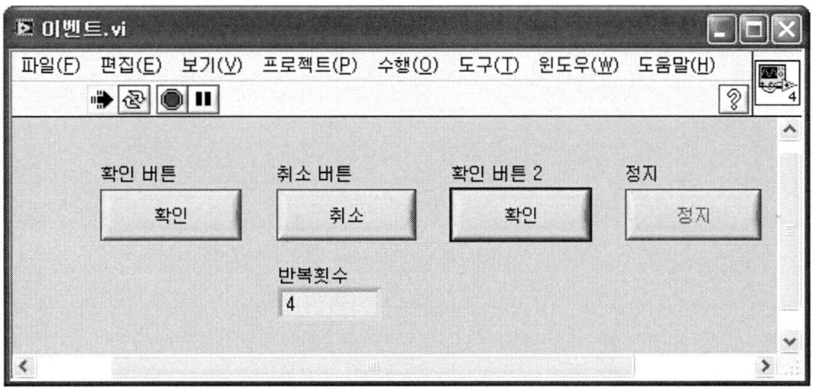

이벤트로 설정된 While 루프는 이벤트가 생길 때까지 대기하고 있습니다. 그래서 반복횟수가 변하지 않습니다. 즉, While 루프가 실행되지 않는다는 의미입니다. 그러나 이벤트가 발생하면 While 루프가 1회 실행되고, 반복횟수가 1 증가합니다. 같은 방법으로 반복횟수의 변화를 확인하여 이벤트가 발생했는지, 아닌지를 확인할 수 있습니다.

다음과 같이 시프트 레지스터를 이용하여 다음 이벤트가 발생할 때까지의 시간을 측정할 수 있습니다. 각 이벤트에서 [시간]을 출력 받아서 이전 시간을 빼주는 방식입니다.

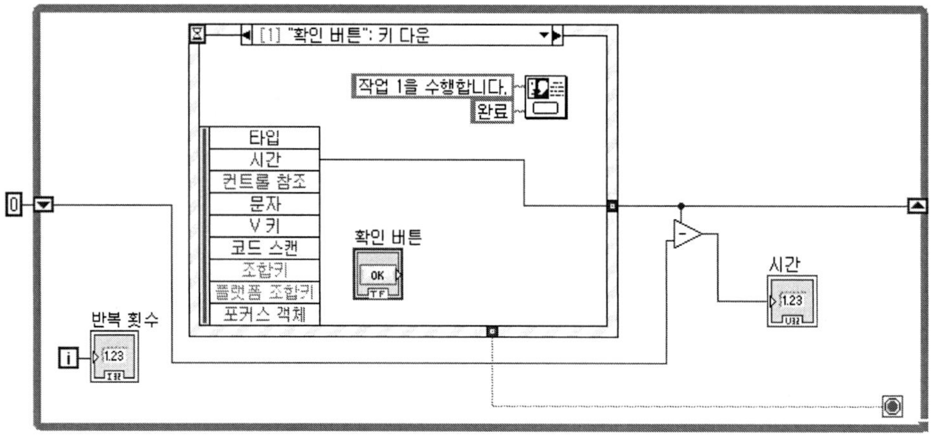

연습 2-12 끝

아. 시퀀스 구조

시퀀스 구조는 LabVIEW의 실행 순서를 명확히 정해줍니다. 함수 > 프로그래밍 > 구조 팔레트에서 찾을 수 있습니다.

LabVIEW는 근본적으로 와이어를 통한 데이터 흐름으로 프로그램의 실행 순서가 결정됩니다. 그러나 와이어를 연결하지 않고, 독립적인 작업을 여러 개 병렬 수행할 경우가 있습니다. 이때 작업들의 실행 순서를 명확히 지정해 주고자 한다면 시퀀스 구조를 이용합니다.

다음은 파일 쓰기와 파일 읽기의 두 가지 작업이 단일 VI 속에 구현된 사례입니다. 각각 독립적으로 실행되고 멀티스레드 기능이 구현되어 각 작업은 동시에 병렬로 실행됩니다. 그러나 실행 순서를 강제로 지정하고자 할 경우에는 시퀀스 구조를 이용할 수 있습니다.

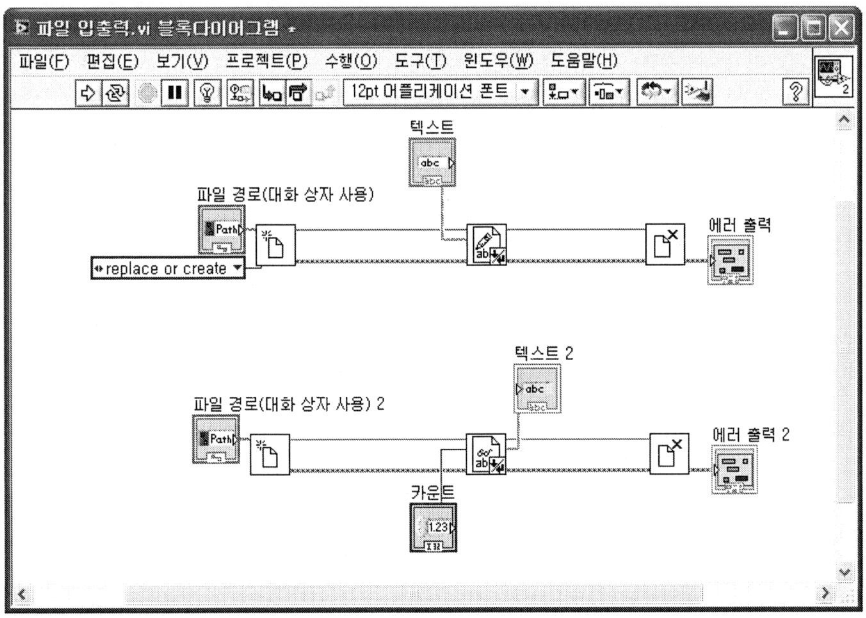

참고 **LabVIEW에서 멀티스레드 구현** : LabVIEW는 개별적인 작업을 모두 멀티스레드로 수행하기 때문에, 사용자가 별도로 멀티스레드 구현 프로그래밍을 할 필요는 없습니다. 두 개의 작업을 병렬 멀티스레드로 구현하고자 한다면, 위와 같이 독립적으로 작성해주면 됩니다.

시퀀스 구조에는 두 가지 형태가 있습니다. **다층 시퀀스 구조**와 **플랫 시퀀스 구조**입니다. 동일한 기능을 수행하지만, 형태와 사용법이 다르므로 각각에 대하여 배워봅니다.

⌘ 다층 시퀀스 구조

블록다이어그램에 다층 시퀀스 구조를 놓으면 영화 필름과 같은 아이콘이 생깁니다. 단축메뉴에서 **다음 프레임 추가**를 선택하여 프레임을 더 추가할 수 있습니다.

◀ 4 [0..4] ▾▶는 0에서 4까지의 프레임 중에서 4번 프레임임을 의미합니다.

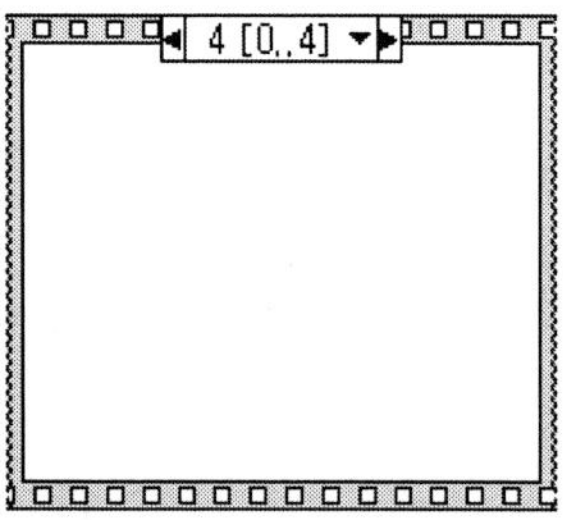

다층 시퀀스 구조는 여러 층으로 쌓을 수 있기 때문에 작은 블록다이어그램 화면에 순차적으로 실행하는 프로그램을 다층으로 쌓을 수 있습니다. 많은 프로그램을 층층으로 쌓아서 코드의 크기를 최적화할 수 있는 장점이 있지만 프로그램을 해독하기 힘들게 하는 단점이 있습니다.

다음 연습은 다층 시퀀스 구조를 이용하여 난수 발생 및 일치에 대한 작업과 수행되는 데 걸린 시간을 측정하는 작업을 순차적으로 실행하는 VI를 만드는 것입니다.

연습 2-13. VI 실행 시간 측정

연습 2-2는 입력한 실수 값과 일치되는 난수가 생성될 때까지의 While 루프의 반복 횟수를 나타내주는 예제입니다. 이 예제에서 일치될 때까지 걸린 시간을 측정해봅니다.

⌘ 블록다이어그램

1. 연습 2-2. 난수 자동 일치.vi를 다층 시퀀스 구조로 두릅니다. 함수 > 프로그래밍 > 구조 팔레트에서 다층 시퀀스 구조를 찾을 수 있습니다.
2. 실행 시간 측정.vi라는 이름으로 저장합니다.

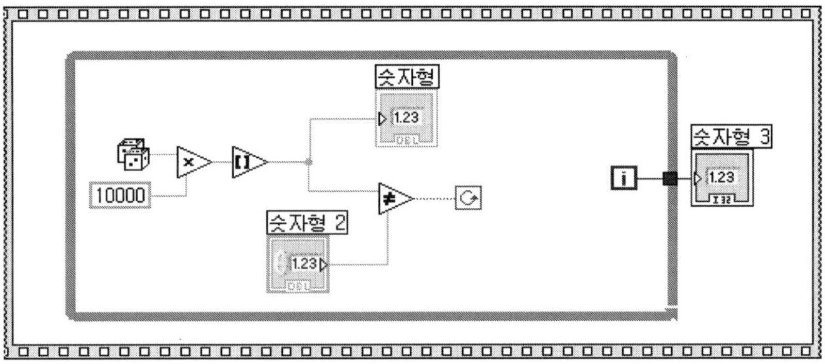

3. 단축메뉴의 다음 **프레임 추가**를 이용하여 다음 시퀀스를 만들어줍니다. 1번 시퀀스를 다음과 같이 구성합니다.

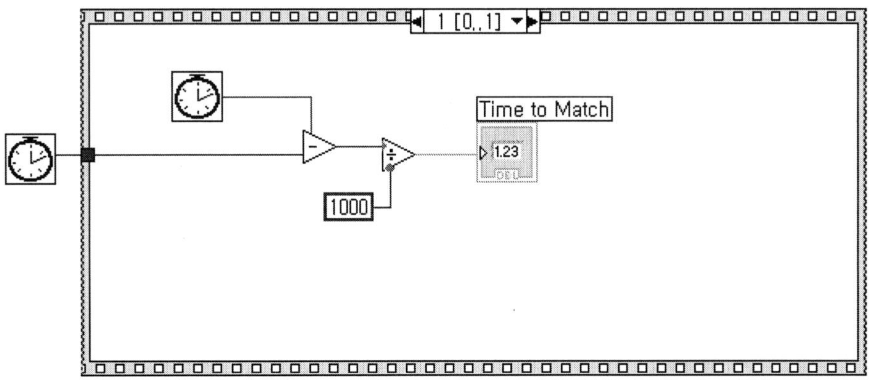

틱 카운터(ms)는 함수 > 프로그래밍 > 타이밍 팔레트에서 찾을 수 있습니다. 현재 시각을 보여주는 함수인데 밀리 초 단위입니다. 그래서 현재 시각에서 처음 시각을 뺀 다음, 1000으로 나누어주면 소요된 시간을 초 단위로 구할 수 있습니다.

4. 0번 시퀀스를 확인해봅니다. 케이스 구조처럼 1 [0..1] **선택자 라벨**을 이용하여 다른 시퀀스로 옮길 수 있습니다.

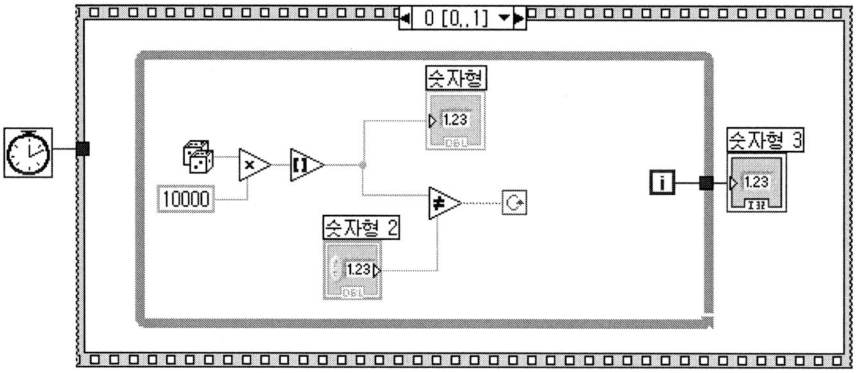

⌘ 프런트패널

5. 프런트패널의 아이콘들을 아래와 같이 정리하고 실행합니다.

우선 시퀀스 구조 밖에 있는 틱 카운터가 실행되어 [시작 시각]이 출력되고, 다음은 시퀀스 0번의 **난수 자동 일치**.vi가 실행됩니다. 시퀀스 0번이 종료하면 시퀀스 1번의 틱 카운터가 실행되고 [끝나는 시각]을 측정하게 됩니다. 시작 시각에서 끝나는 시각을 뺀 것이 Time to Match에 표시됩니다.

연습 2-13 끝

⌘ 플랫 시퀀스 구조

플랫 시퀀스는 다층 시퀀스와 기능은 동일하고 형태만 다릅니다. 단축메뉴에서 **다음에 프레임 추가** 혹은 **이전에 프레임 추가** 등을 선택하여 아래와 같이 순차적인 시퀀스를 만들 수 있습니다. 왼쪽에서 오른쪽 프레임으로 순서가 정해집니다.

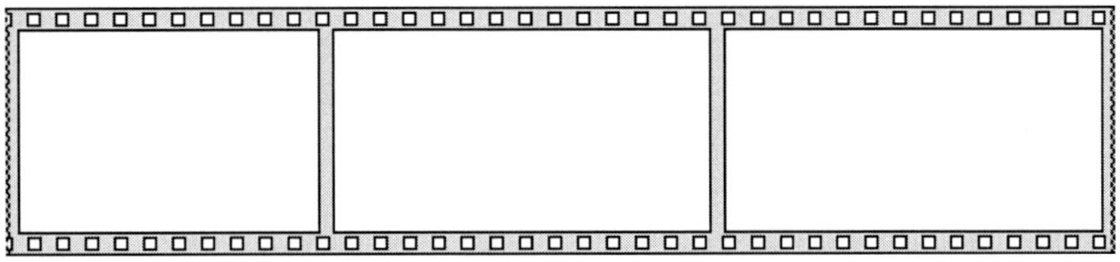

플랫 시퀀스는 다층 시퀀스를 이용하는 것보다 블록다이어그램을 이해하기 쉽습니다. 그러나 프레임을 옆으로 나열하기 때문에, 공간을 많이 차지하는 단점이 있습니다. 다음과 같이 플랫 시퀀스를 이용해서 연습 2-14와 동일한 기능을 수행하는 VI를 만들 수 있습니다.

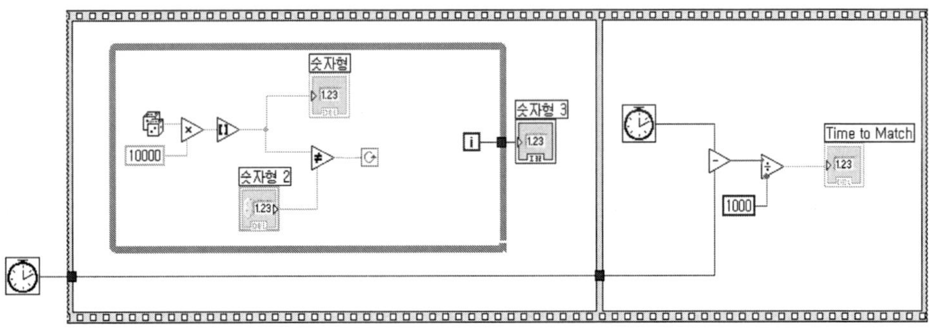

⌘ 시퀀스 로컬

플랫 시퀀스에서는 다른 프레임으로 와이어를 직접 연결하는 방법으로 데이터를 전달할 수 있습니다. 다음과 같이 [숫자형]은 와이어를 통하여 [숫자형 2]로 데이터를 전달하고 있습니다.

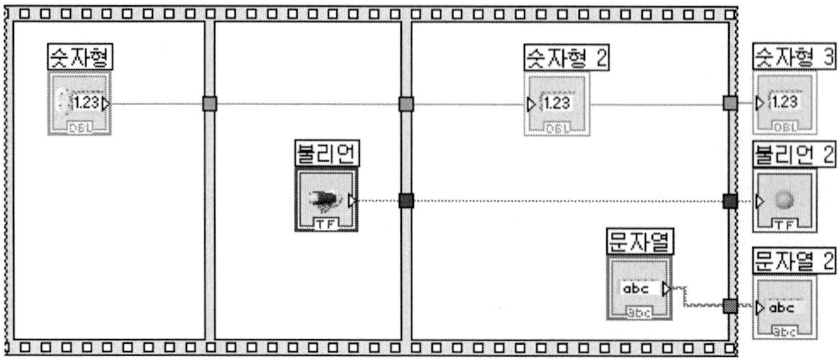

그러나 다층 시퀀스를 이용하여 위와 동일한 블록다이어그램을 만들기 위해서는 **시퀀스 로컬**을 이용해야 됩니다. 시퀀스 로컬은 프레임의 테두리에서 단축메뉴로 만들 수 있습니다. 아래와 같이 단축메뉴의 **시퀀스 로컬 추가**를 사용합니다.

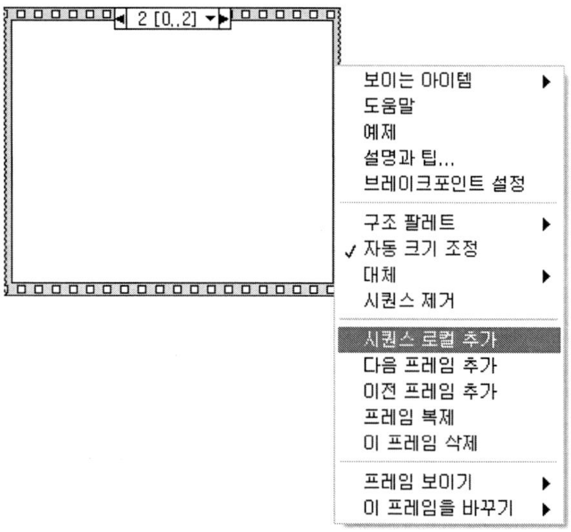

시퀀스 로컬은 와이어가 연결되지 않으면 노란색의 사각형만 있습니다. 여기에 출력을 연결하면 색깔이 바뀌고, 나가는 화살표가 생깁니다.

0번 프레임에서 시퀀스 로컬을 만들면, 1번 프레임과 2번 프레임에서 이 데이터를 받아볼 수 있고, 들어오는 화살표 모양의 시퀀스 로컬이 1번 프레임과 2번 프레임에 생깁니다.

다음은 다층 시퀀스에서 시퀀스 로컬을 이용하여 0번 프레임의 [숫자형]에서 1번 프레임의 [숫자형 3]으로 데이터를 전달하는 예입니다.

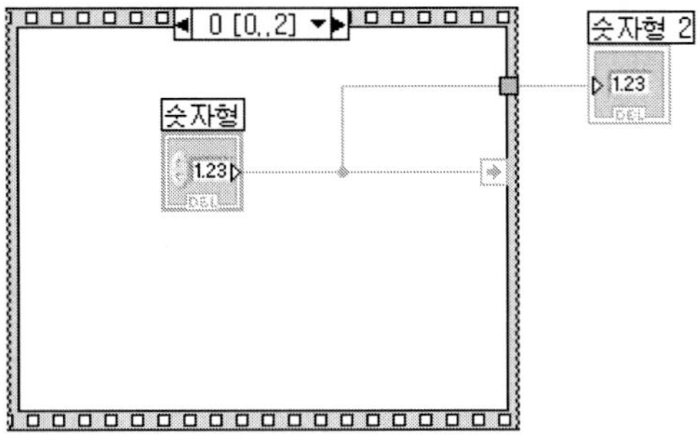

0번 프레임

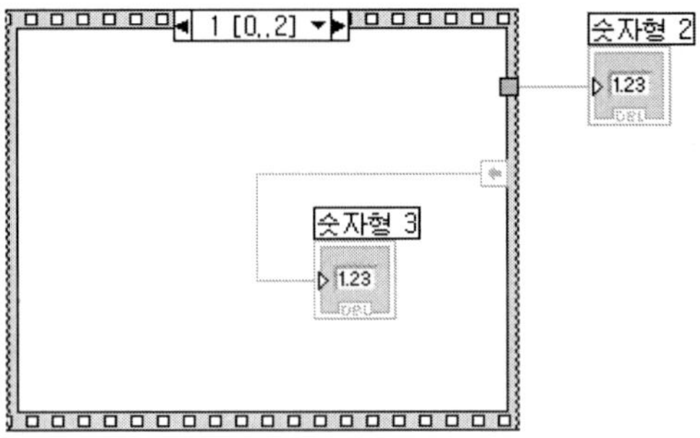

1번 프레임

시퀀스 구조에서 데이터는 앞쪽 프레임에서 뒤쪽 프레임으로만 전달 가능합니다. 반대로 뒤쪽 프레임에서 앞쪽 프레임으로는 데이터를 전달할 수 없습니다.

⌘ Timed 시퀀스

Timed 시퀀스 구조는 각 프레임을 정확한 타이밍으로 실행하게 해주는 시퀀스 구조입니다. 함수 > 프로그래밍 > 구조 > Timed 구조 팔레트에서 Timed 시퀀스를 찾을 수 있습니다.

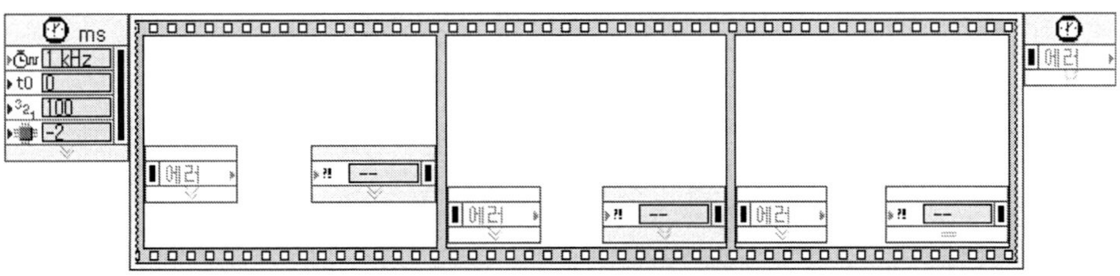

요약정리

가. While 루프를 이용하여 연속적인 실행 구조를 만들 수 있습니다.

나. While 루프는 시스템이 제공하는 가장 빠른 속도로 실행되기 때문에, 시간 지연 함수를 이용하여 필요한 만큼의 속도로 제어해줍니다.

다. 시프트 레지스터를 이용하여 이전 루프의 데이터를 다음 루프로 전달할 수 있습니다.

라. Timed 루프는 While 루프와 비슷하지만 루프 타이밍을 더 정확히 수행할 수 있는 구조입니다.

마. For 루프를 이용하여 N번 실행하는 구조를 만들 수 있습니다.

바. For 루프에서 반복 병렬 처리를 활성화할 수 있습니다.

사. 케이스 구조를 이용하여 조건에 따라서 실행이 바뀌도록 프로그래밍할 수 있습니다.

아. 케이스 조건으로 불리언이나 숫자형 컨트롤, 링, 문자열 등을 이용할 수 있습니다.

자. 수식 노드들을 이용하여 복잡한 수식 연산을 수행할 수 있습니다.

차. 이벤트 구조와 While 루프를 이용하여 이벤트가 발생할 때만 VI가 실행하도록 프로그래밍 할 수 있습니다.

카. 시퀀스 구조를 이용하여 VI의 실행 순서를 명확히 정해줍니다.

Note

제 3 장

LabVIEW 프로젝트

LabVIEW 프로젝트 및 변수, 파일 입출력, 데이터 통신, 프로퍼티에 대하여 배워봅니다. 또한 완성된 VI의 배포 버전을 만드는 방법과 웹을 통한 모니터링 및 제어 방법을 배웁니다.

가. LabVIEW 프로젝트

개발하는 어플리케이션의 규모가 커지게 되면, 한 개의 VI로 프로젝트를 완성하기는 힘들어집니다. 여러 개의 VI와 변수들, 관련 파일과 문서들이 구성되어야만 어플리케이션을 완성할 수 있습니다. LabVIEW 프로젝트는 큰 규모의 어플리케이션을 구현할 수 있도록, 프로젝트 기반의 프로그래밍 환경을 제공해줍니다. 특히 LabVIEW 프로젝트는 단일 프로세스에서 구현되는 프로젝트뿐만 아니라 여러 프로세스(여러 컴퓨터)에서 구현되는 프로젝트를 만들 수 있도록 도와줍니다. 그러므로 LabVIEW 프로젝트를 이용하여 컴퓨터들 간의 데이터 통신을 쉽게 구현할 수 있고, LabVIEW Real Time이나 LabVIEW FPGA 등의 프로그래밍을 구현할 수 있게 합니다. 그리고 PXI나 cFP, cRIO 등의 다양한 Target에서 LabVIEW를 임베디드시킬 수 있도록 도와줍니다.

LabVIEW 프로젝트는 **시작하기**에서 **새 프로젝트**를 선택하여 만들 수 있습니다.

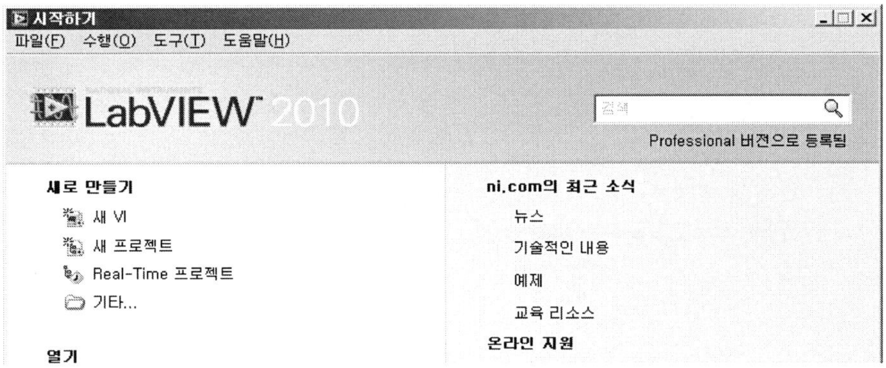

다음과 같이 프로젝트 탐색기가 실행됩니다. 저장 버튼을 클릭하여 저장합니다. 확장자는 *.lvproj입니다.

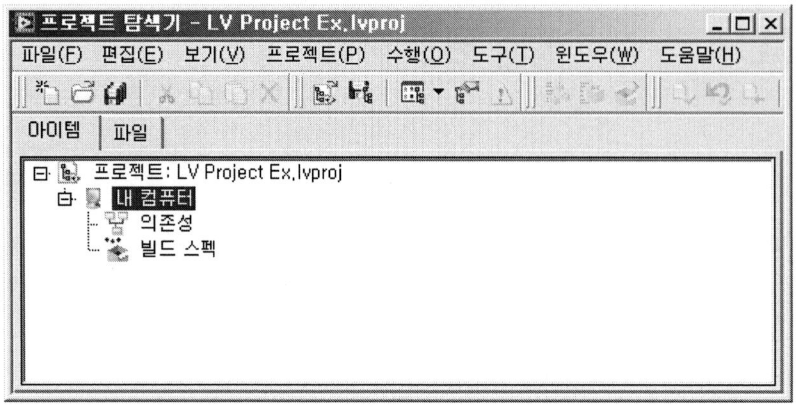

- 프로젝트 루트 : 프로젝트의 파일 이름을 가지고 있고, 모든 파일들이 프로젝트 루트 아래에 포함됩니다.
- 내 컴퓨터 : Target이 되는 컴퓨터를 지칭합니다. [내 컴퓨터]는 프로젝트를 프로그래밍하는 로컬 컴퓨터를 의미합니다.
- 의존성 : Target에 필요한 VI 관련 파일들이 포함됩니다.
- 빌드 스펙: 실행파일이나 배포용 프로그램 등을 만드는 기능입니다.

프로젝트에 VI 추가하기

내 컴퓨터의 단축메뉴에서 **새로 만들기**를 선택하여 VI나 폴더, 컨트롤, 라이브러리, 변수 등을 추가할 수 있습니다. 새로 만들기 > VI를 선택하면 새 VI가 생성됩니다. 저장하면 다음과 같이 내 컴퓨터 아래에 VI가 추가됩니다.

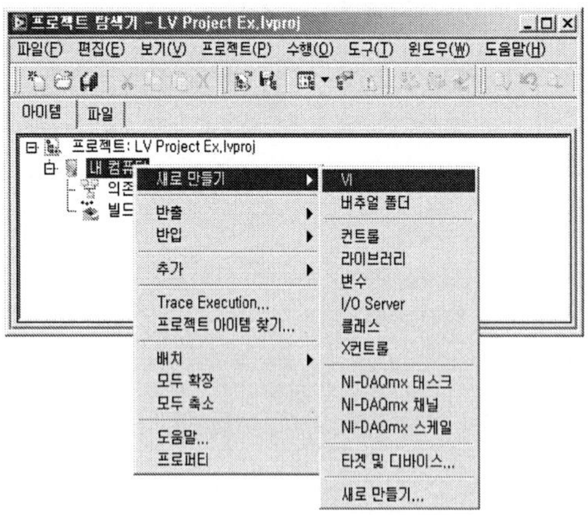

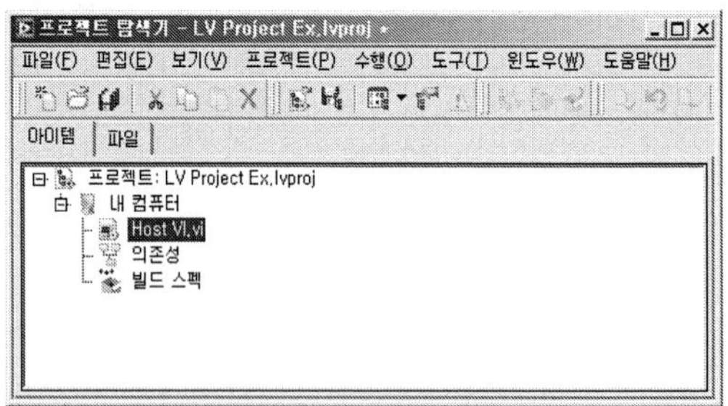

⌘ 공유 변수 추가하기

VI뿐만 아니라 사용자 정의 컨트롤이나 라이브러리, 변수, 클래스, X컨트롤 등을 프로젝트에 추가할 수 있습니다. 클래스는 객체지향 프로그래밍을 구현할 수 있게 제공하는 기능입니다. 그리고 X컨트롤은 SubVI나 클래스 기능을 가진 컨트롤을 만들어 사용할 수 있는 기능입니다. 이들은 프로젝트를 구현할 때, 개발 효율을 극대화할 수 있는 기능들입니다. 변수는 프로젝트 내에서 데이터를 서로 공유할 수 있게 하는 기능입니다. 내 컴퓨터의 단축메뉴에서 새로 만들기 > 변수를 선택하여 공유변수를 만들 수 있습니다. [공유 변수 프로퍼티] 창에서 변수의 기본 설정, 설명, 네트워크, 스케일링 등을 설정할 수 있습니다.

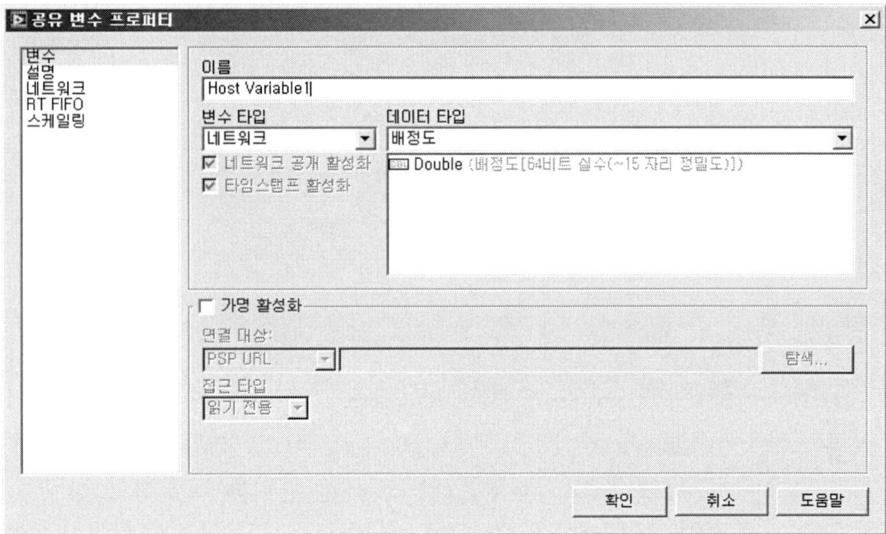

변수 설정

이름, 변수 타입, 데이터 타입 등을 설정합니다.

- 이름 : 변수의 이름을 설정합니다.
- 변수 타입 : 네트워크 공개, 단일 프로세스 등을 선택할 수 있습니다. 단일 프로세스 내에서만 사용할 변수라면 [단일 프로세스]를 선택하고, 네트워크를 통하여 다른 PC나 프로세스로 공유할 변수라면 [네트워크 공개]를 선택합니다.

- 데이터 타입 : 배정도, 단정도, 문자열 등의 데이터 타입을 선택합니다.

설명, 네트워크 설정

변수 타입으로 네트워크 공개를 선택했을 때, 설정할 수 있는 항목입니다. 타 프로세스에서 이 변수를 검색하여 사용할 때 필요한 변수의 설명과 버퍼 설정 같은 네트워크 설정입니다. 여기에서 타 프로세스는 Windows 기반의 컴퓨터나 VxWorks와 같은 Realtime OS 기반의 컴퓨터 등을 의미합니다.

설정을 적용하면 다음과 같이 임의의 라이브러리 아래에 변수가 추가됩니다. 상단 도구바의 저장 버튼을 클릭하여 라이브러리를 저장합니다.

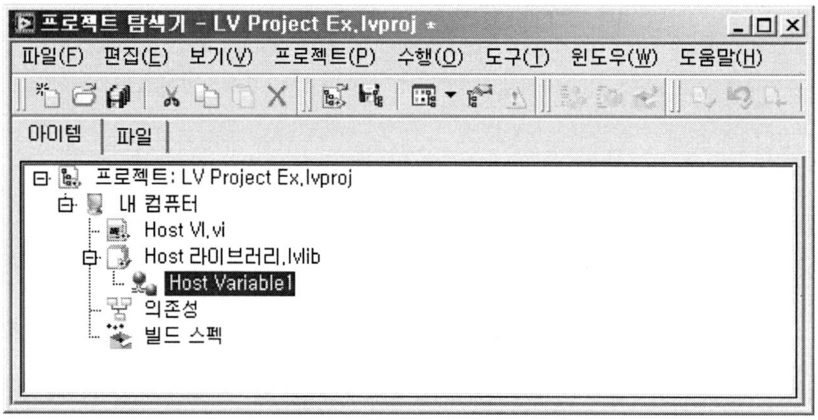

공유 변수는 프로젝트 상의 여러 VI들 사이로 데이터를 전달하기 위하여 사용합니다. 프로젝트는 여러 프로세스로 구성될 수 있습니다. 이때 공유 변수를 이용하여 단일 프로세스 상의 여러 VI들 사이에서 데이터를 전달할 수도 있고, 여러 프로세스 상에서 데이터를 전달할 수도 있습니다. 또한 한 개의 VI 속에서 서로 다른 루프들 사이로 데이터를 전달할 수도 있습니다. 다음 연습을 통하여 공유 변수를 만들고, VI들 사이로 데이터를 전달하는 방법을 익힙니다.

연습 3-1. 공유 변수

공유 변수를 이용하여 두 개의 VI들 사이에서 데이터를 주고받는 프로그램을 작성합니다. 다음을 배웁니다.

- 공유변수를 선언하는 방법을 배웁니다.
- 공유변수를 VI에서 사용하는 방법을 배웁니다.
- 프로젝트 내에 두 개 이상의 공유변수가 있을 때, 공유변수를 바꿔서 지정하는 방법을 배웁니다.

⌘ 프로젝트

1. **새 프로젝트**를 만들고, 연습.lvproj로 저장합니다.
2. 내 컴퓨터의 단축메뉴에서 새로 만들기 > 라이브러리를 선택하여, **새 라이브러리**를 만듭니다. **저장** 버튼을 클릭하여 라이브러리를 저장합니다. 공유변수 라이브러리.lvlib로 저장합니다.
3. 라이브러리의 단축메뉴에서 새로 만들기 > 변수를 선택하여, 공유 변수를 만듭니다. 이름 = '난수 전달' , 데이터 타입 = 배정도, 변수 타입 = 단일 프로세스로 선택합니다.
4. 내 컴퓨터의 단축메뉴에서 새로 만들기 > VI를 선택하여 **새 VI**를 만듭니다. 난수발생.vi로 저장합니다.

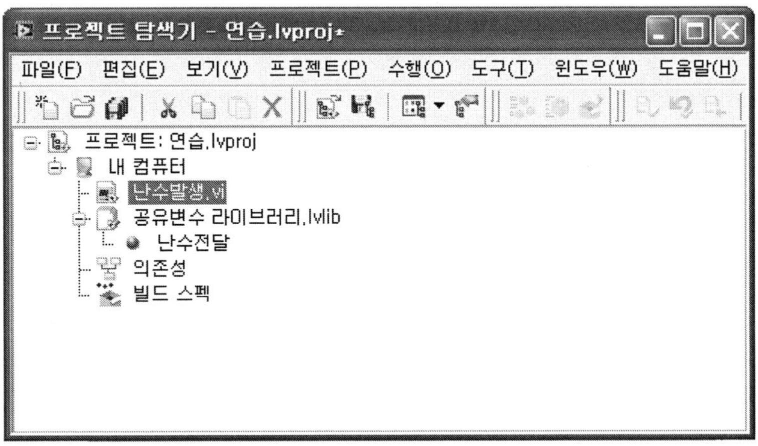

⌘ 블록다이어그램 1

5. 난수발생.vi의 블록다이어그램에 While 루프를 놓고, 루프 속에 VAR **공유 변수**를 놓습니다. 함수 > 프로그래밍 > 구조 팔레트에서 공유 변수를 찾을 수 있습니다.

6. 공유 변수 터미널을 클릭하면, 다음과 같이 변수 선택 > 내 컴퓨터 > 공유변수 라이브러리.lvlib > 난수전달을 찾을 수 있습니다. [프로젝트 탐색기]에서 공유변수를 선택하고 마우스로 끌어서 블록다이어그램에 붙일 수 있습니다.

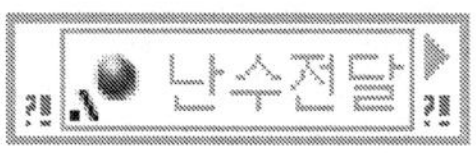

7. 다음과 같이 블록다이어그램을 완성합니다. 난수전달 공유변수의 단축메뉴에서 **쓰기로 변경**을 선택하여 인디케이터로 바꾸어주고, **난수(0-1)**를 연결해줍니다. 난수(0-1)는 함수 > 프로그래밍 > 숫자형 팔레트에서 찾을 수 있습니다.

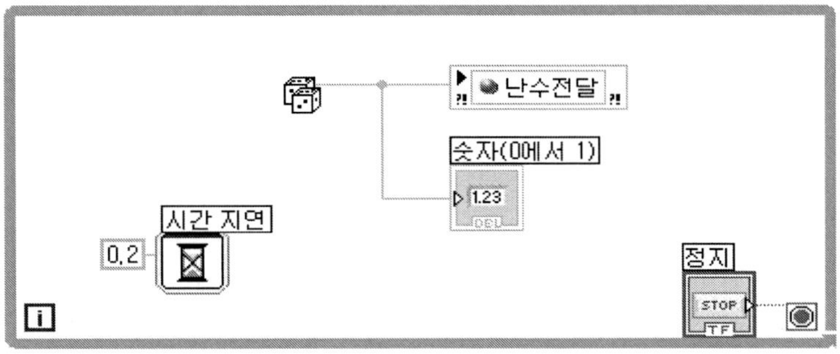

⌘ 블록다이어그램 2

8. 내 컴퓨터의 단축메뉴에서 새로 만들기 > VI를 선택하여, 새 VI를 추가합니다. 디스플레이.vi로 저장합니다.

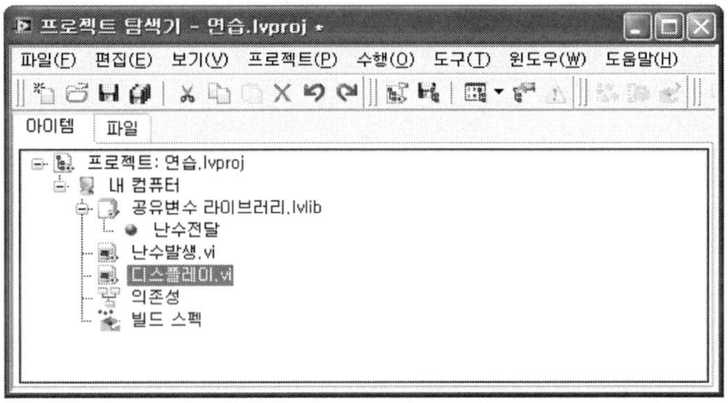

9. 프로젝트 탐색기에서 공유변수인 **난수전달**을 마우스로 선택한 다음, 디스플레이.vi의 블록다이어그램에 끌어놓습니다. 다음과 같이 블록다이어그램을 완성합니다.

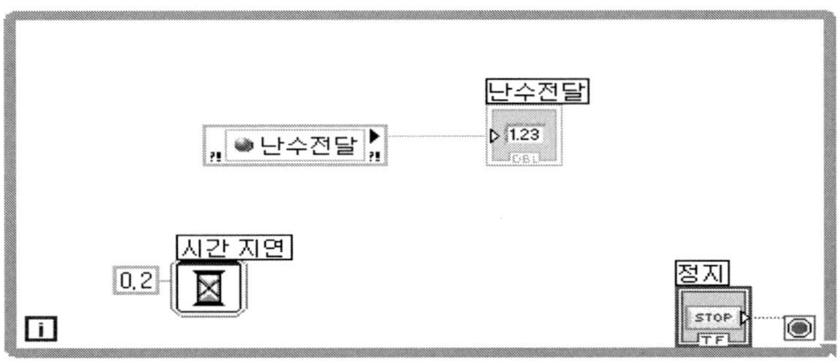

10. 난수발생.vi와 디스플레이.vi의 프런트패널을 정리하고 실행합니다. 난수발생.vi에서 생성된 난수가 디스플레이.vi로 전달되어 디스플레이됨을 확인할 수 있습니다.

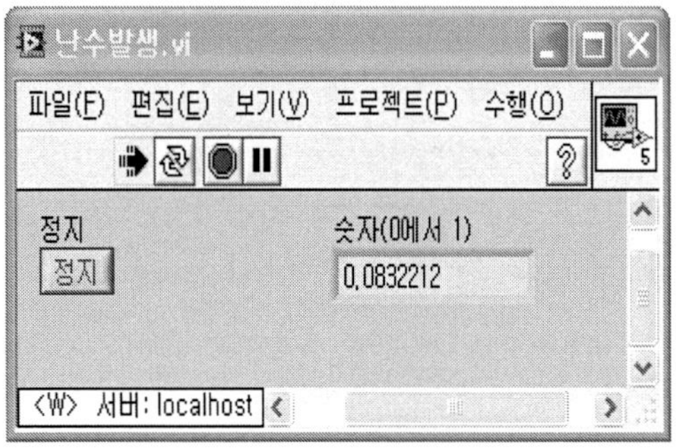

연습 3-1 끝

나. 로컬 변수와 글로벌 변수

앞에서 배운 공유 변수와 유사한 기능의 변수에는 **로컬(Local) 변수**와 **글로벌(Global) 변수**가 있습니다. 함수 > 프로그래밍 > 구조 팔레트에서 찾을 수 있습니다. LabVIEW는 데이터 흐름에 따라 프로그램이 수행됩니다. 그러나 로컬 변수와 글로벌 변수는 이 패러다임을 따르지 않습니다. 와이어에 의한 데이터 흐름이 아니라 변수 선언과 변수를 이용한 데이터 입출력으로 데이터를 전달할 수 있습니다.

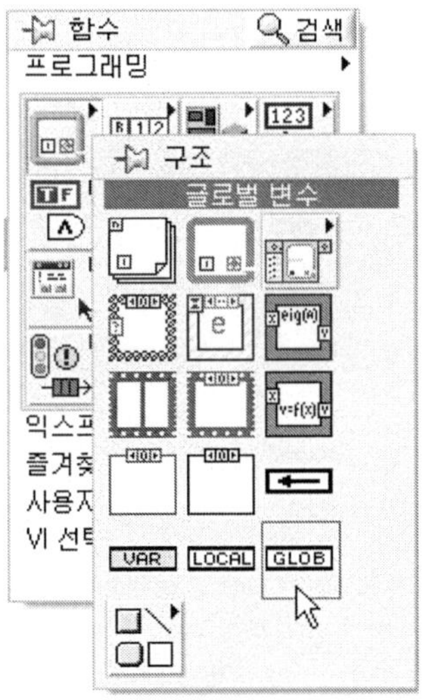

- **로컬 변수**는 단일 VI 내에서 서로 다른 루프들 사이로 데이터를 전송할 때 사용합니다.
- **글로벌 변수**는 여러 VI들이나 SubVI, 루프들 사이로 데이터를 전송할 때 사용합니다.
- **공유 변수**는 로컬 변수와 글로벌 변수를 대체하여 사용할 수 있을 뿐 아니라, LabVIEW Real Time 임베디드 프로그램과 LabVIEW DSC 멀티 Target 프로그램에서 VI들이나 Target들 사이로 데이터를 전송할 때 사용할 수 있습니다. 그리고 프로젝트 기반으로 사용합니다.

⌘ 로컬 변수

로컬 변수를 선언하는 방법에는 두 가지가 있습니다. 함수 > 프로그래밍 > 구조 팔레트에서 LOCAL **로컬 변수**를 가져와서 사용하는 방법과 블록다이어그램에 있는 임의의 컨트롤 터미널이나 인디케이터 터미널의 단축메뉴에서 생성 > 로컬 변수를 선택하여 생성하는 방법이 있습니다.

로컬 변수에는 항상 원래 객체가 있어야 됩니다. 아래 예에서는 '숫자형'

이 원래 객체입니다. 그리고 대상 객체에는 라벨이 꼭 필요합니다. 로컬 변수는 이 라벨을 이용하여 변수를 생성하고 지정합니다.

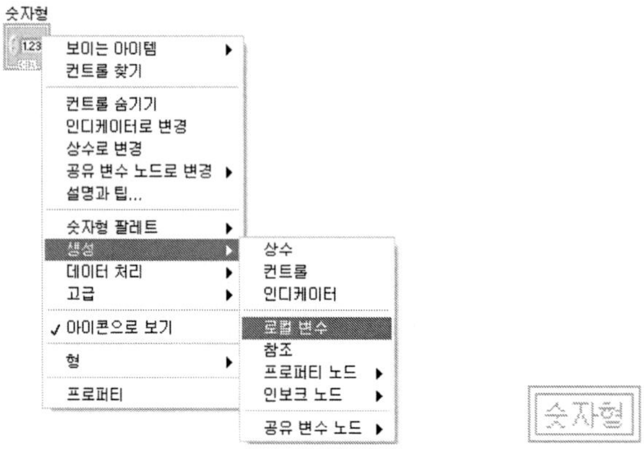

그리고 로컬 변수를 마우스로 클릭하여 대응되는 객체를 새로 선택할 수 있습니다.

블록다이어그램에 네 개의 객체가 있다면, 로컬 변수에서는 네 개 객체의 리스트를 확인하고 선택할 수 있습니다. 즉, 블록다이어그램에 있는 모든 객체를 로컬 변수가 지정할 수 있습니다. 그리고 객체의 라벨을 바꾸면 이 리스트도 자동으로 업데이트됩니다.

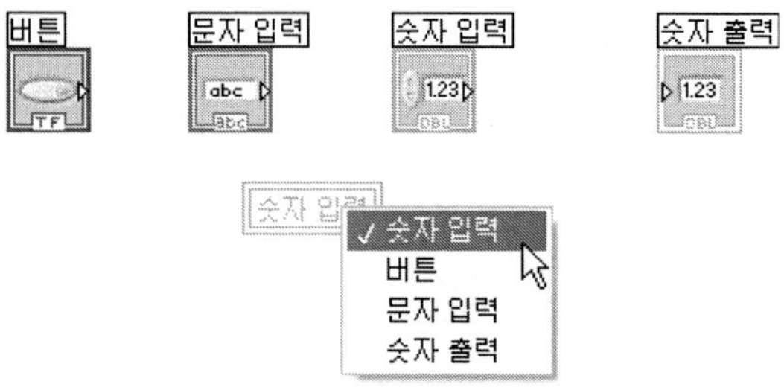

로컬 변수에도 **컨트롤**과 **인디케이터**가 있습니다. 초기 상태는 항상 인디케이터입니다. 단축메뉴에서 **읽기로 변경**이나 **쓰기로 변경**을 선택하여 컨트롤이나 인디케이터로 바꿀 수 있습니다.
다음 연습을 통하여 로컬 변수를 생성하고 사용하는 방법을 익혀봅니다.

연습 3-2. 로컬 변수

로컬 변수를 이용하여 두 개의 While 루프 사이로 데이터를 전달하는 VI를 만들어봅니다. 다음을 배웁니다.

- 로컬 변수를 만들고 사용하는 방법을 배웁니다.
- 래치 스위치는 로컬 변수로 만들 수 없음을 배웁니다.

⌘ 블록다이어그램

1. 새 VI를 만들고, 로컬변수.vi로 저장합니다.
2. 난수(0-1)를 이용하여 다음과 같이 블록다이어그램을 구성합니다. 함수 > 프로그래밍 > 숫자형 팔레트에서 찾을 수 있습니다. While 루프와 시간 지연을 이용하여 다음을 완성합니다.

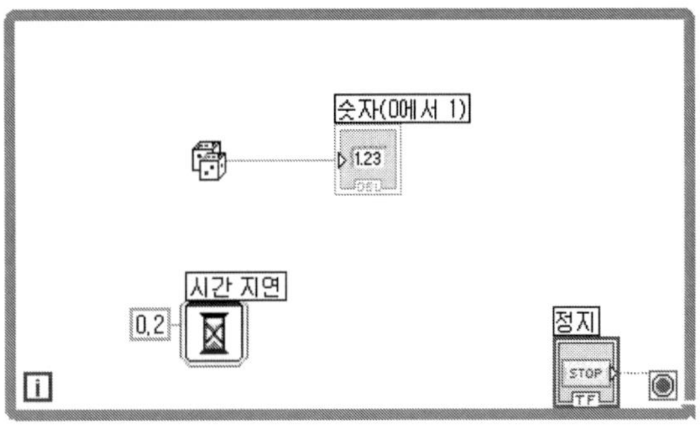

3. 숫자(0에서 1) 터미널과 정지 터미널의 단축메뉴에서 생성 > 로컬 변수를 선택하여 **로컬 변수**들을 생성합니다. 그리고 불리언 변수 중에서 기계적 동작이 래치인 경우에는 로컬 변수를 만들 수 없으므로 기계적 동작을 [놓을 때까지 스위치]로 바꿔줍니다.

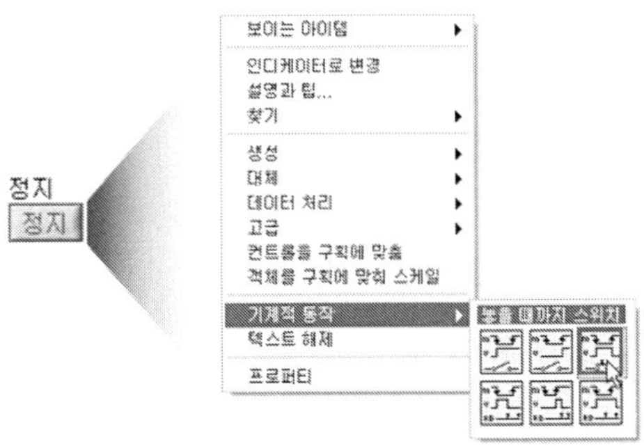

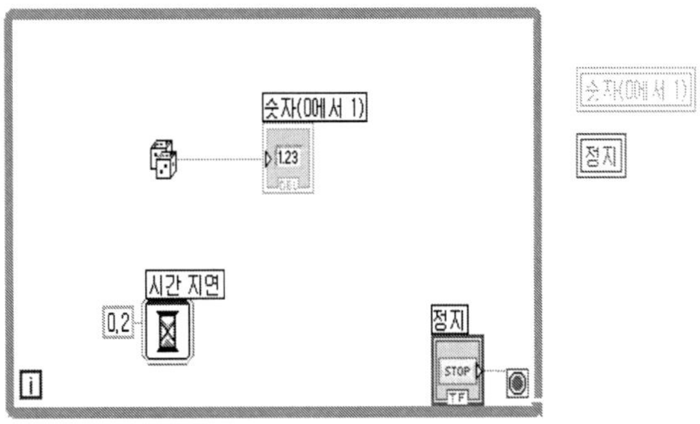

4. 로컬 변수들을 단축메뉴에서 **읽기로 변경**을 선택하여 컨트롤로 바꿔줍니다.
5. 블록다이어그램에 While 루프를 하나 더 추가하고, 로컬변수들을 이용하여 다음을 완성합니다.

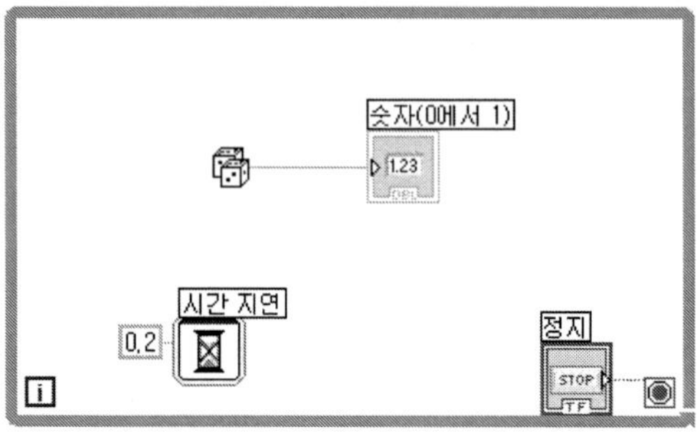

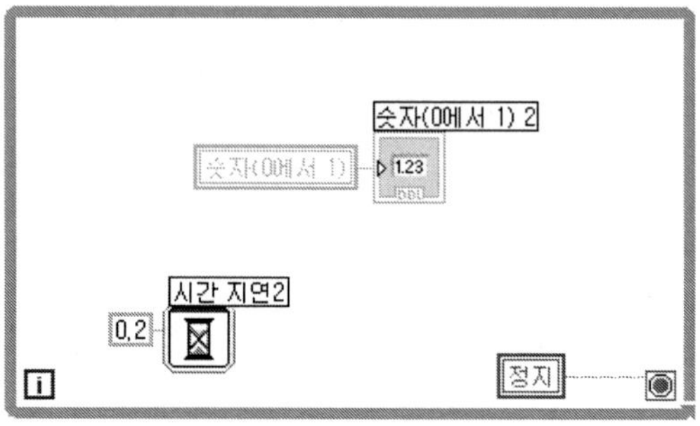

⌘ 프런트패널

6. 프런트패널을 정리하고 실행합니다. 첫 번째 While 루프에서 생성된 난수값이 로컬 변수를 통하여 두 번째 While 루프로 전달됨을 확인할 수 있습니다.

연습 3-2 끝

⌘ 글로벌 변수

글로벌 변수는 단일 VI에서 데이터를 공유하는 로컬변수와 달리, 여러 다른 VI들 사이에서 데이터를 공유하는 목적으로 사용됩니다. 참고로 글로벌 변수는 SubVI의 일종입니다. 그러나 글로벌 변수에는 프런트패널만 있고 블록다이어그램은 없습니다. 함수 > 프로그래밍 > 구조 팔레트에서 GLOB **글로벌 변수**를 찾아서 블록다이어그램에 위치시키면 왼쪽과 같은 아이콘이 생깁니다.

이것은 아무것도 없는 글로벌 변수라는 SubVI입니다. 글로벌 변수로 사용하기 위해서는 이 SubVI에 아이템을 넣어줘야 됩니다. 더블클릭하면 글로벌 변수의 프런트패널을 열 수 있습니다. 저장하여 이름을 지정합니다.

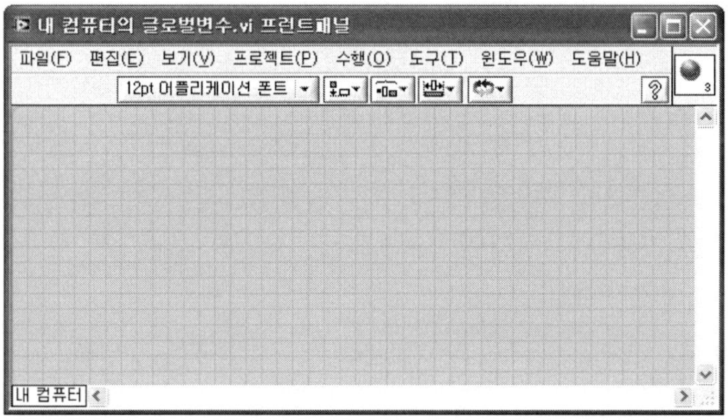

글로벌 변수를 사용하기 위해서는 미리 사용할 모든 변수들은 글로벌 변수 프런트패널에 넣어줘야 됩니다. 이때 라벨을 꼭 입력해야 됩니다. 글로벌 변수 패널에서는 컨트롤과 인디케이터의 구분은 없고, 변수의 데이터 타입에 대한 구분만 있습니다.

한 개의 글로벌 변수에 넣을 수 있는 변수의 개수에는 제한이 없습니다. 그러나 이 글로벌 변수를 호출할 때마다 포함된 모든 변수들이 함께 호출되기 때문에 변수들의 크기가 너무 클 경우에는 전체 VI의 메모리 사용량이 증가하게 됩니다. 그러므로 변수의 크기를 고려하여 여러 개의 글로벌 변수로 나눠서 사용하는 것이 더 효율적입니다. 다음과 같이 글로벌 변수 패널을 구성했을 경우, 블록다이어그램에서 글로벌 변수를 선택하여 변수들의 리스트를 확인할 수 있습니다.

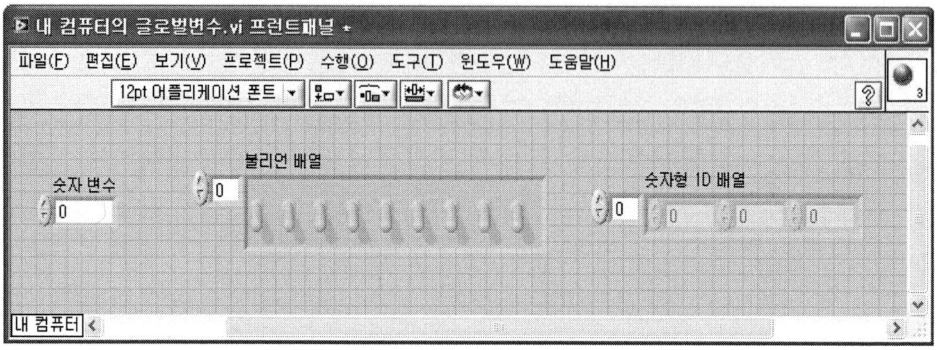

함수 > 프로그래밍 > 구조 팔레트의 GLOB **글로벌 변수**는 글로벌 변수를 생성하는 용도입니다. 만들어져 있는 글로벌 변수를 사용하기 위해서는 함수 팔레트의 **VI 선택**을 이용하여 SubVI를 가져오는 것과 동일한 방법으로 글로벌 변수를 가져옵니다.

참고 VI 프로퍼티 〉 실행 항목에서 [재호출 실행]을 선택해주면, 일반 SubVI도 글로벌변수처럼 사용할 수 있습니다.

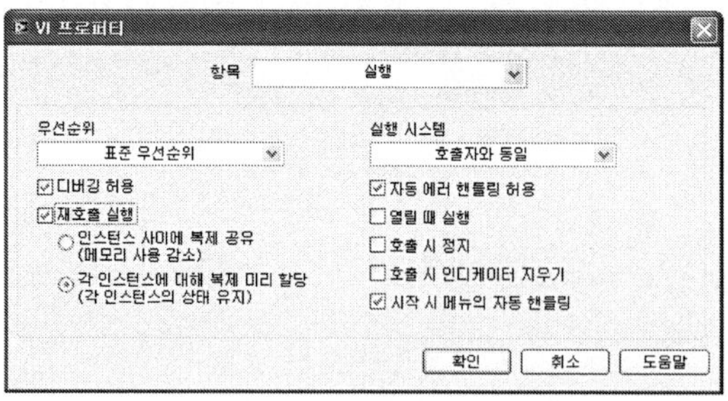

다음 연습을 통하여 글로벌 변수를 생성하고, 사용하는 방법을 익힙니다.

연습 3-3. 글로벌 변수

글로벌 변수를 이용하여 두 개의 VI들 사이로 데이터를 전달하는 방법을 배웁니다. 다음을 배웁니다.

- 글로벌 변수를 만들고 사용하는 방법을 배웁니다.

⌘ 글로벌 변수 만들기

1. 새 VI를 만들고, 난수발생.vi로 저장합니다.
2. 함수 > 프로그래밍 > 구조 팔레트에서 GLOB **글로벌 변수**를 찾아서 블록다이어그램에 위치시킵니다.
3. 글로벌 변수를 더블클릭하여 프런트패널을 엽니다. 글로벌 변수를 난수글로벌.vi로 저장합니다.
4. 글로벌 변수의 프런트패널에 숫자형 컨트롤을 한 개 놓습니다. 라벨을 '난수' 로 바꿔줍니다.

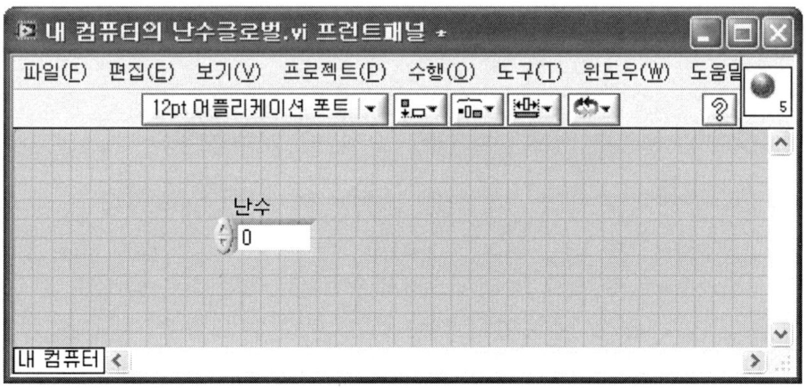

5. 난수발생.vi의 블록다이어그램을 다음과 같이 구성합니다. 글로벌 변수를 '난수' 로 선택해줬습니다. 글로벌 변수를 불러올 때는 함수 팔레트의 **VI 선택**을 이용합니다.

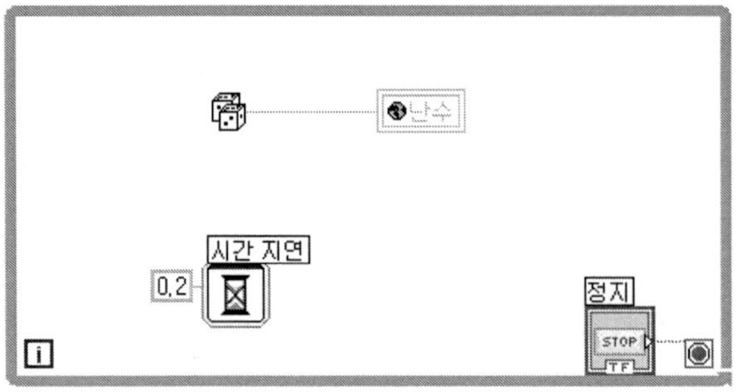

⌘ 두 번째 VI 만들기

6. 새 VI를 만들고, 난수디스플레이.vi로 저장합니다.
7. 블록다이어그램에서 함수 > VI 선택을 이용하여 난수글로벌.vi를 불러옵니다. 단축메뉴에서 **읽기로 변경**을 선택하여 컨트롤로 바꿔줍니다. 다음과 같이 블록다이어그램을 구성합니다.

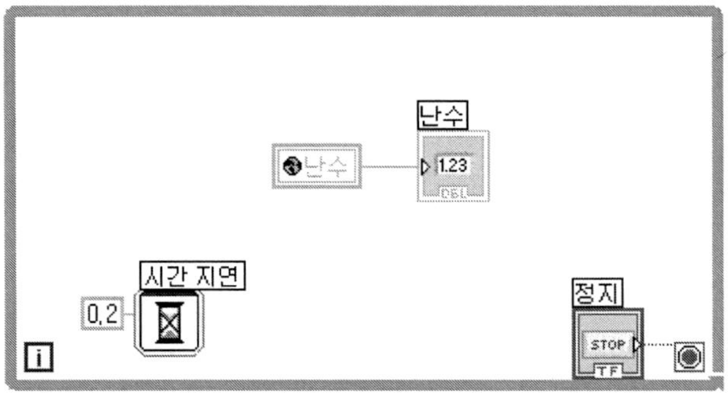

8. 난수발생.vi와 난수디스플레이.vi를 실행하여 글로벌 변수를 이용한 데이터 전송을 확인합니다.

연습 3-3 끝

LabVIEW는 와이어를 이용한 **데이터 흐름 방식**으로 프로그래밍 합니다. 그리고 VI나 루프들 사이로 데이터를 와이어 없이 전송하기 위하여 글로벌 변수나 로컬 변수, 공유 변수를 사용합니다.

Text 기반의 프로그래밍에 익숙한 사용자들은 이러한 변수 사용이 더 익숙하겠지만 이들 변수의 사용을 최대한 자제할 필요가 있습니다. 왜냐하면 LabVIEW는 상대적으로 변수의 정의와 사용이 쉽고 그래픽 기반이기 때문에, 이런 변수들을 남용할 수 있고, 조금만 실수하여도 디버깅이 힘들어지며, 메모리 사용량을 관리하는 것이 힘들기 때문입니다. 또한 Race Condition과 같은 논리적인 오류를 발생시킬 수 있습니다.

여러분들께서 작성한 VI나 LabVIEW 프로젝트가 메모리를 많이 차지하거나, 실행 속도가 너무 느리거나, 논리적으로 틀린 값을 출력할 경우에는 가장 먼저 의심해볼 것이 글로벌 변수나 로컬 변수, 공유 변수 등을 지나치게 사용했거나 잘못 사용하지 않았는가? 입니다. 그래서 디버깅 시에 가장 먼저 고려할 사항이 변수의 남용이나 오용입니다.

다. 파일 입출력

획득한 데이터를 파일로 저장하고 저장된 데이터를 다시 읽어서 사용하는 방법을 설명합니다. 파일 입출력의 기본 형식은 파일을 열고, 새로운 데이터를 이 파일에 쓰거나 저장된 파일을 읽고, 파일을 닫는 과정으로 이루어집니다.

파일 열기 ➜ 파일 쓰기/파일 읽기 ➜ 파일 닫기

파일 I/O 함수는 함수 > 프로그래밍 > 파일 I/O 팔레트에서 찾을 수 있습니다.

⌘ 파일 쓰기

파일을 저장하기 위해서는 먼저 파일을 열고, 데이터를 쓰고, 그리고 파일을 닫아야 합니다.

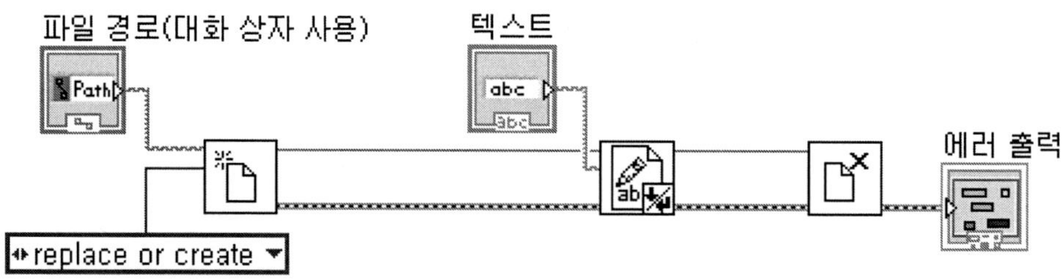

 **파일 열기/생성/대체**는 파일에 데이터를 쓰거나 읽기위하여 열어줍니다. 이때 파일 경로를 지정해줘야 됩니다. 그리고 파일을 쓰기 위해서 여는지, 읽기 위해서 여는지, 또는 고치기 위해서 여는지를 명확히 정해줍니다. 읽기위하여 열 경우에는 open으로 선택해줍니다. 그러나 파일 쓰기에서는 replace or create를 주로 선택합니다.

 **텍스트 파일에 쓰기**는 문자열 데이터를 저장할 때 사용합니다. 텍스트 파일로 저장되면 LabVIEW 이외의 방법, 예를 들어, Word나 흔글, 메모장, Excel 등에서 저장된 파일을 읽을 수 있습니다. ASCII 형식으로 파일을 저장하는 것이므로 다양한 프로그램에서 사용할 수 있다는 장점이 있지만, Binary 파일 형식보다 파일 크기가 커진다는 단점이 있습니다.

 **2진 파일에 쓰기**는 Binary 파일로 데이터를 저장할 때 사용합니다. 파일 크기를 최적화할 수 있기 때문에 고속으로 많은 데이터를 저장할 때 사용합니다. 그러나 이렇게 저장된 파일은 LabVIEW로만 읽을 수 있습니다.

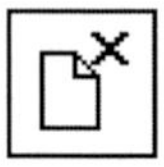 **파일 닫기**는 열었던 파일을 닫아주는 함수입니다.

참고 **연속적인 함수 사용 방법** : LabVIEW의 많은 부분은 C언어에서 시작합니다. C언어에서 간단한 함수는 단일 함수로 구현되지만, 대부분의 경우 연속적인 함수의 연결로 프로그래밍을 수행합니다. 예를 들어, 파일 입출력의 경우, Open, Write, Close의 함수를 차례로 설정해야만 프로그램을 완성할 수 있습니다. LabVIEW에서도 대부분의 함수가 연속적인 함수의 연결로 완성됩니다. 이때 함수들 간의 연결은 참조번호나 태스크(Task)를 공유하고 에러(error)를 공유합니다. 이러한 태스크의 공유나 에러의 공유는 함수의 실행 순서를 결정해주고, 설정 값들을 공유하는 역할을 합니다.

연습 3-4. 텍스트 파일에 저장하기

숫자형 데이터를 텍스트 파일에 저장해봅니다. 먼저 숫자형을 텍스트인 문자열로 타입 변환해야 될 것입니다. 다음을 배웁니다.

- 문자열 타입으로 타입 변환하여 파일에 저장하는 방법을 배웁니다.
- 파일 열기, 쓰기, 닫기의 기본 과정을 그대로 구현해봅니다.

⌘ 프런트패널

1. 새 VI를 만들고, 파일저장.vi로 저장합니다.
2. 다음과 같이 프런트패널을 구성합니다. 한 개의 파일 경로 컨트롤과 두 개의 문자열 컨트롤, 한 개의 숫자형 컨트롤을 놓습니다. 파일 경로 컨트롤은 컨트롤 > 일반 > 문자열&경로 팔레트에서 찾을 수 있습니다. 각각 라벨을 '머릿글', '전압', '꼬릿글' 로 바꿔줍니다.

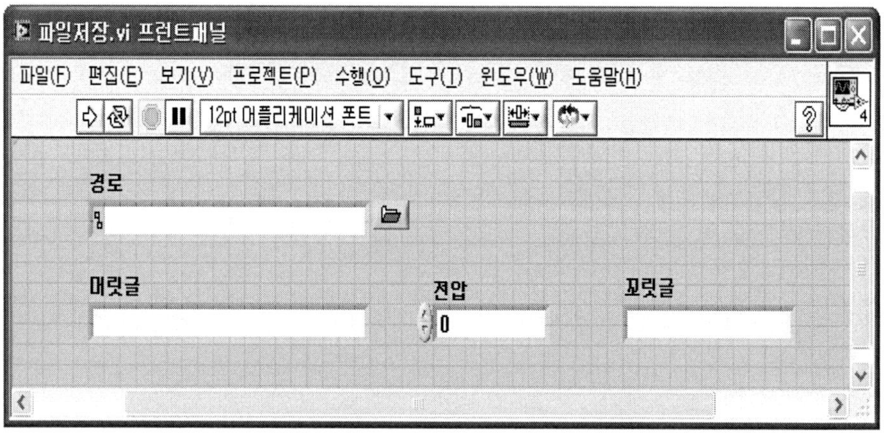

⌘ 블록다이어그램

3. 다음과 같이 블록다이어그램을 구성합니다.

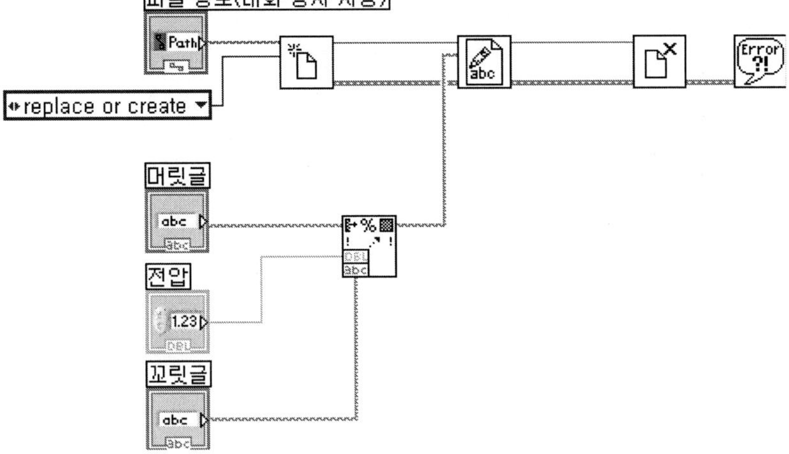

 **단순 에러 핸들러**는 함수 > 프로그래밍 > 대화 상자&사용자 인터페이스 팔레트에서 찾을 수 있습니다. 에러가 발생할 경우, 그 에러를 팝업창으로 보여주는 VI입니다.

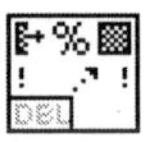 **문자열로 포맷**은 함수 > 프로그래밍 > 문자열 팔레트에서 찾을 수 있습니다. 숫자형 입력을 문자열로 타입 변환하는 함수입니다.

참고 파일 저장에는 문자열 데이터 타입을 사용하는 것이 유리합니다. 문자열 데이터 타입으로 저장할 경우, 메모장, Word, Excel, 그리고 훈글 등에서 저장된 파일을 읽을 수 있습니다. 즉, 데이터 공유가 쉽고, Open이 쉽습니다. 반면 다른 저장방식보다 파일의 용량이 커진다는 단점과 문자열로 변환하는 과정이 꼭 필요하다는 부담이 있습니다.

4. 파일 경로를 C:\test.txt로 지정하고, 다음과 같이 값을 입력한 다음 실행합니다. 저장된 데이터는 메모장으로 확인합니다.

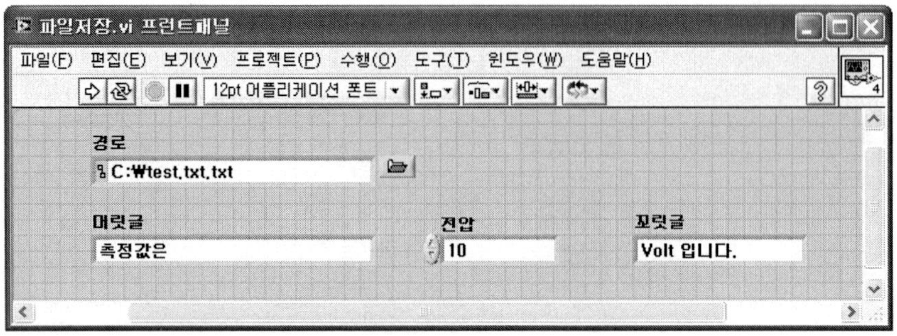

5. **파일로 포맷**을 사용하여 다음과 같이 단순화시킬 수 있습니다. 파일로 포맷은 문자열로 포맷과 텍스트 파일로 쓰기를 합쳐놓은 함수입니다. 함수 > 프로그래밍 > 파일 I/O 팔레트에서 찾을 수 있습니다.

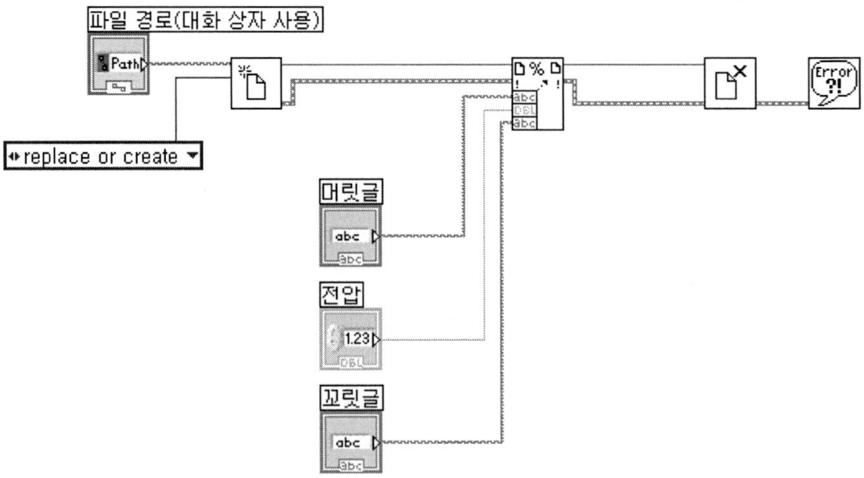

연습 3-4 끝

⌘ 파일 읽기

저장된 파일을 읽기 위해서는 먼저 파일을 열고, 데이터를 읽고, 파일을 닫아야합니다. 특히 데이터를 읽을 때, 읽은 데이터의 크기를 Byte 단위로 입력할 수 있습니다. 참고로 문자는 한 개가 1 Byte입니다. 파일 읽기 VI는 다음과 같이 구성할 수 있습니다.

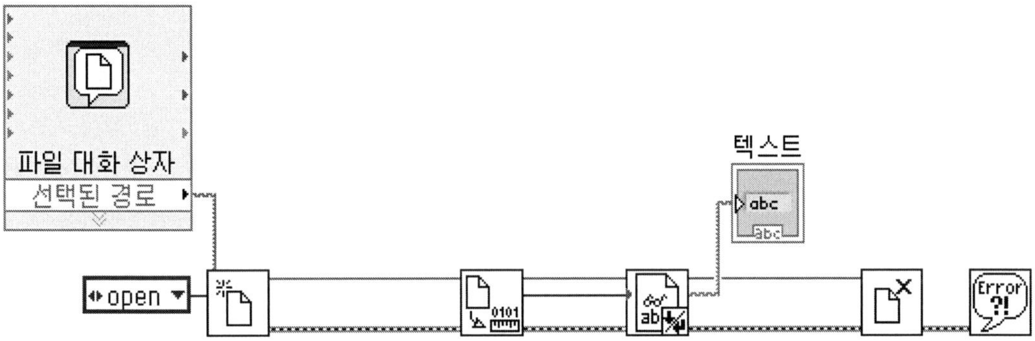

 **파일 대화 상자**는 함수 > 프로그래밍 > 파일 I/O > 고급 파일 기능 팔레트에서 찾을 수 있습니다. 파일 경로를 지정하는 대화 상자입니다. [파일 대화 상자 설정]에서 파일 경로를 찾는 옵션을 정해줄 수 있습니다.

 **파일 크기 얻기**는 고급 파일 기능 팔레트에서 찾을 수 있습니다. 파일 크기를 Byte 단위로 출력합니다. 파일 크기를 텍스트 파일로부터 읽기의 [카운트] 입력에 넣어줍니다.

 텍스트 파일로부터 읽기는 함수 > 프로그래밍 > 파일 I/O 팔레트에서 찾을 수 있습니다. 텍스트 형식의 파일로부터 데이터를 읽어오는 함수입니다. 이때, 읽어올 데이터 크기를 [카운트]에 꼭 입력해줘야 됩니다.

연습 3-5. 문자열 타입으로 저장된 파일을 읽기

연습 3-4에서 저장한 파일을 읽어봅니다. 다음을 배웁니다.

- 문자열 타입으로 저장된 데이터를 읽어오는 방법을 배웁니다.
- 문자열 데이터를 분리하여 원하는 정보를 출력합니다.

⌘ 블록다이어그램

1. 새 VI를 만들고 파일 읽기.vi로 저장합니다.
2. 다음과 같이 블록다이어그램을 구성합니다.

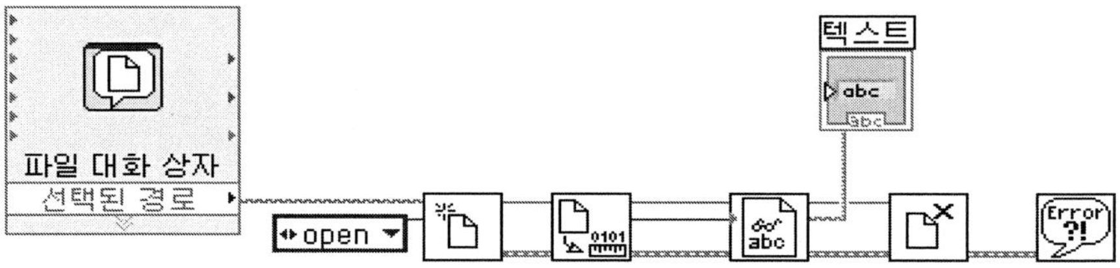

3. VI를 실행합니다. 연습 3-4에서 저장한 데이터를 읽어옵니다.

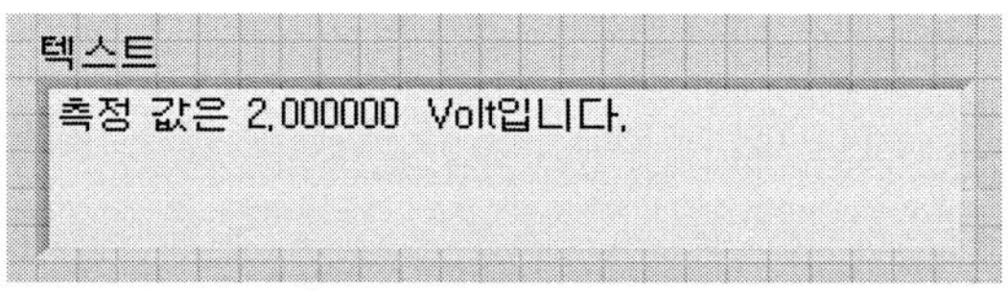

4. 위의 데이터에서 숫자형 값만 분리해봅니다.

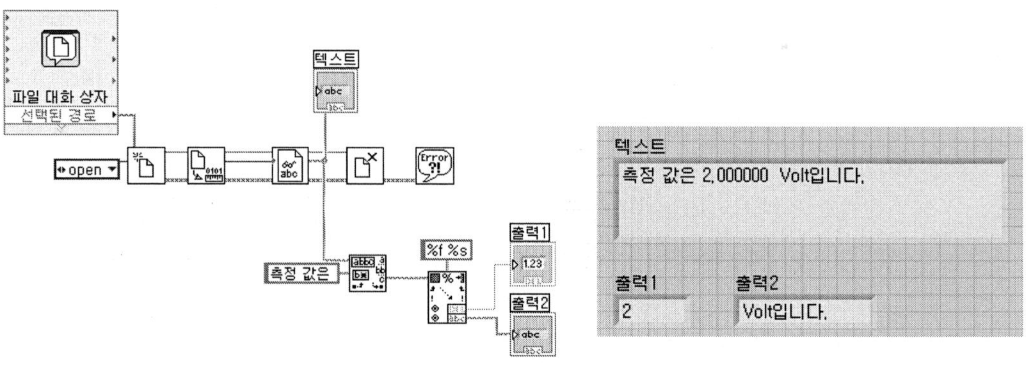

패턴 일치와 **문자열로부터 스캔**은 함수 > 프로그래밍 > 문자열 팔레트에서 찾을 수 있습니다.

연습 3-5 끝

2진 파일에 쓰기

숫자형 데이터를 파일로 바로 저장할 때, **2진 파일에 쓰기**를 사용할 수 있습니다. 이 방법은 파일크기를 최적화할 수 있습니다. 그러나 Binary 파일이므로 메모장 등으로 읽을 수 없으며 LabVIEW로만 이렇게 저장한 파일을 읽을 수 있습니다. 2진 파일에 쓰기 VI는 다음과 같이 구성할 수 있습니다.

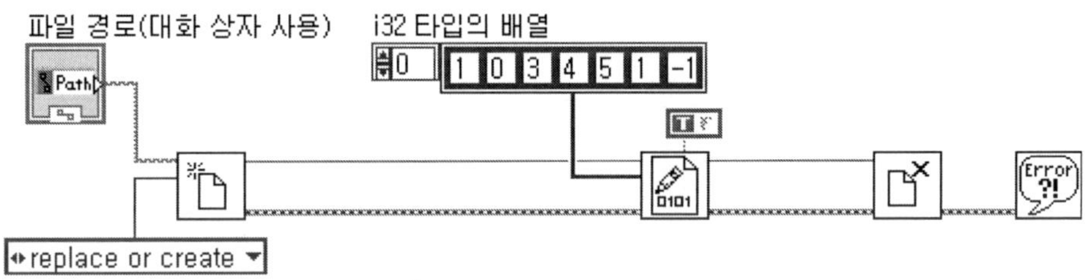

2진 파일에 쓰기의 **배열 또는 문자 크기를 앞에 추가? (참)**에 [참]을 입력하였습니다. Header를 추가한다는 의미입니다. 일반적으로 숫자형 배열 데이터를 저장할 경우에는 Header로 파일 크기가 저장됩니다. 2진 파일에 쓰기 VI에서 사용된 Header정보와 저장한 데이터의 형을 기록해두었다가 **2진 파일로부터 읽기 VI**에서 적용해야 됩니다. 위의 경우에는 I32 숫자형 배열을 저장하고 있습니다.

참고로 I32 롱은 4byte의 데이터입니다. 그리고 DBL 배정도는 8byte 데이터입니다.

⌘ 2진 파일로부터 읽기

2진 파일로 저장된 데이터를 읽어오는 VI를 다음과 같이 작성합니다.

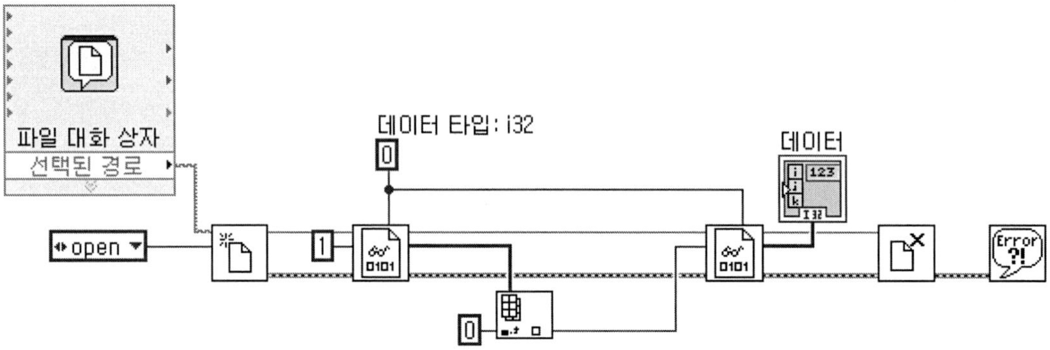

 **2진 파일로부터 읽기**를 두 개 사용하였습니다. 먼저 Header의 정보를 읽고, 다음으로 Header에서 읽은 데이터의 크기를 뒤에 오는 2진 파일로부터 읽기의 카운터 입력에 연결하였습니다. 그리고 [데이터 타입]에 I32형 상수인 을 동일하게 입력해주었습니다. 이때 2진 파일로부터 읽기에서 출력되는 값은 항상 1D 배열이므로, **배열 인덱스**를 이용하여 Header 정보를 단일 스칼라 값으로 바꿨습니다.

Binary 파일을 이용한 파일 입출력은 파일 사이즈를 최적화할 수 있다는 장점을 가집니다. 그리고 Random Access Reading을 구현할 수 있습니다. Random Access Reading은 파일 전체에서 일부 부분을 Random으로 Access할 수 있다는 의미이고, 효율적인 파일 읽기의 방법입니다. Random Access Reading이 되지 않을 경우에는 전체 파일을 Open한 뒤에 필요한 정보를 발취해야 되므로 파일 사이즈가 클 경우에는 좋은 방법이 아닙니다.

⌘ 스프레드시트 파일 입출력

스프레드시트 파일은 Excel이나 메모장에서 숫자형 배열을 다룰 때 사용합니다. 스프레드시트 파일 입출력 함수에는 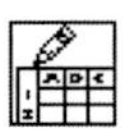 **스프레드시트 파일에 쓰기**와

스프레드시트 파일로부터 읽기가 있습니다. 다음은 2D 배열의 숫자형 데이터를 소수점 다섯 자리의 배정도 형**(%.5f)**으로 저장하고 있습니다. 메모장으로 읽으면 아래와 같이 저장됨을 확인할 수 있습니다. 구분 문자는 기본적으로 **텝(tab)**입니다. 구분 문자를 다른 것으로 바꿀 수도 있습니다.

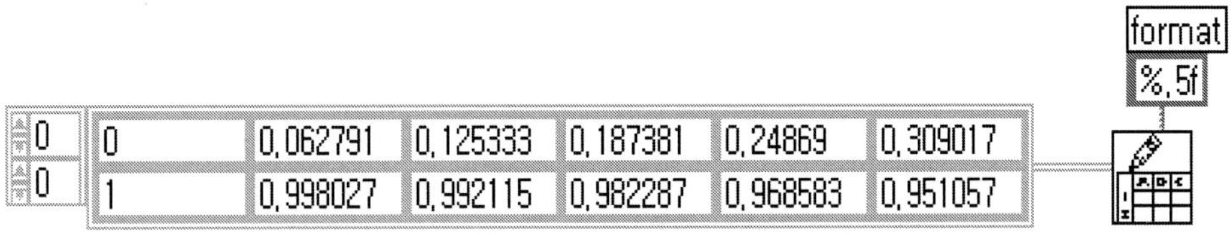

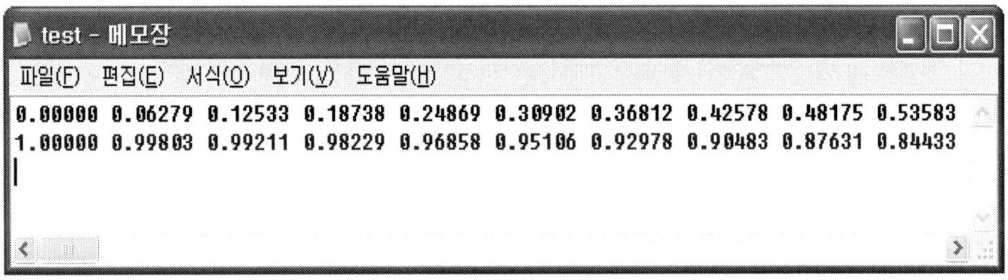

스프레드시트 파일로부터 읽기를 사용하여 읽을 수 있습니다. 다음은 포맷에 **%.3f**를 입력했으므로 소수점 세 자리의 배정도 형으로 출력합니다.

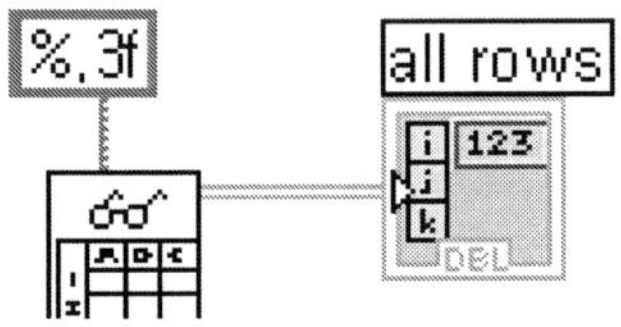

⌘ While 루프를 이용한 연속적인 파일 입출력

While 루프 속에 **파일 열기/생성/대체**와 **파일 닫기**를 넣으면, 루프가 한번 실행될 때마다, 파일을 열고 닫을 것입니다. 이것은 시스템에 많은 부담을 주게 됩니다. 그래서 While 루프를 사용할 경우에는 다음과 같이 파일 열기와 파일 닫기를 루프 밖으로 빼줍니다.

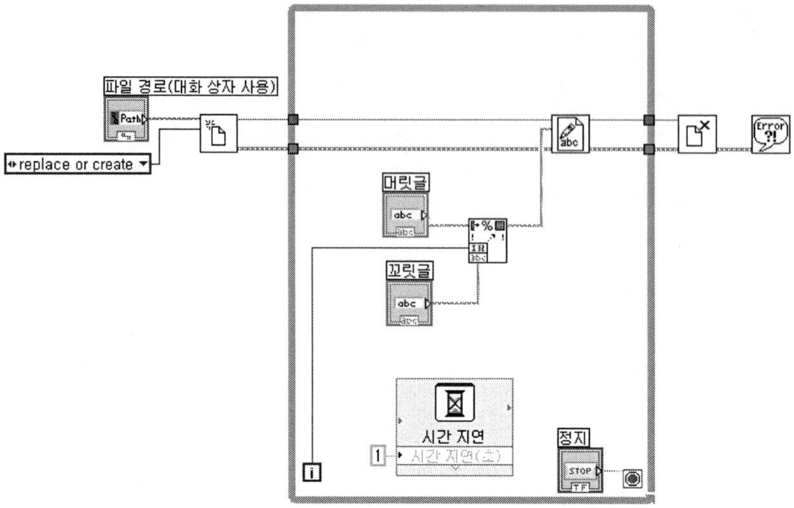

While 루프에서의 연속 함수 사용 방법

연속되는 함수 들은 설정, 수행, 설정 해제의 구조로 되어 있습니다. 그래서 작업 수행 부분만 루프 속에 넣어주고, 설정이나 설정 해제는 루프 밖에 위치시킵니다.

연습 3-6. While 루프와 파일 입출력

난수와 시간을 저장하는 VI를 만들어봅니다. 다음을 배웁니다.

- While 루프를 이용하여 연속적으로 데이터를 파일에 저장하는 방법을 배웁니다.
- 에러가 발생하면 While 루프를 멈추는 방법을 배웁니다.

⌘ 블록다이어그램

1. 새 VI를 만들고, While 루프 & 파일 입력.vi로 저장합니다.
2. 다음과 같이 블록다이어그램을 구성합니다.

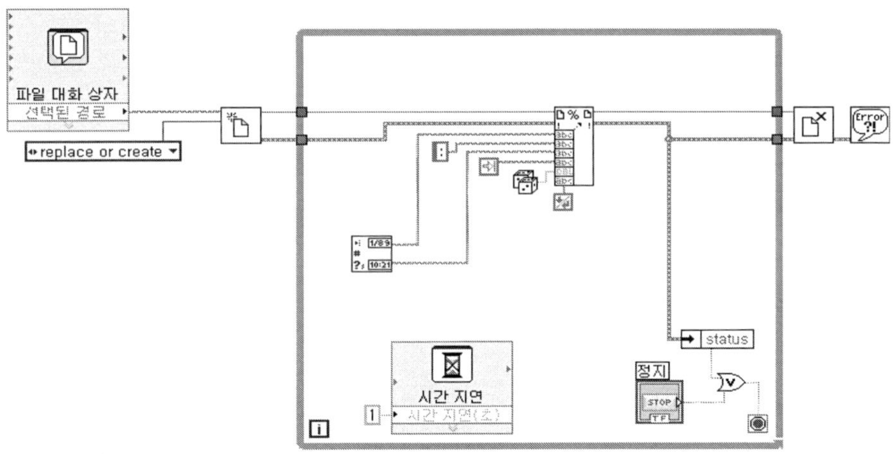

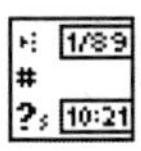 **날짜/시간을 문자열로 얻기**는 함수 > 프로그래밍 > 타이밍 팔레트에서 찾을 수 있습니다. **탭 상수**와 **라인 끝 상수**, **문자열 상수**는 함수 > 프로그래밍 > 문자열 팔레트에서 찾을 수 있습니다.

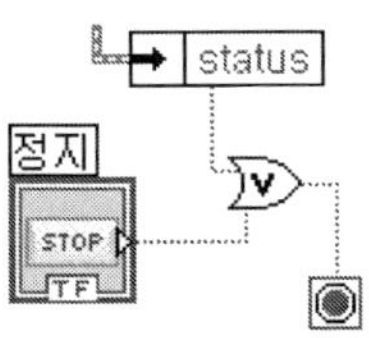

은 **이름으로 풀기**를 이용하여 Error status만 뽑아서 에러

가 발생하면 루프를 멈추게 한 것입니다. 즉 에러가 생기거나 정지 버튼을 누르면 멈추는 것입니다.

이름으로 풀기는 함수 > 프로그래밍 > 클러스터, 클래스 & 배리언트 팔레트에서 찾을 수 있습니다.

3. 실행하고 a.txt로 데이터를 저장해봅니다. 날짜, 시간, 그리고 난수가 저장되었음을 확인할 수 있습니다.

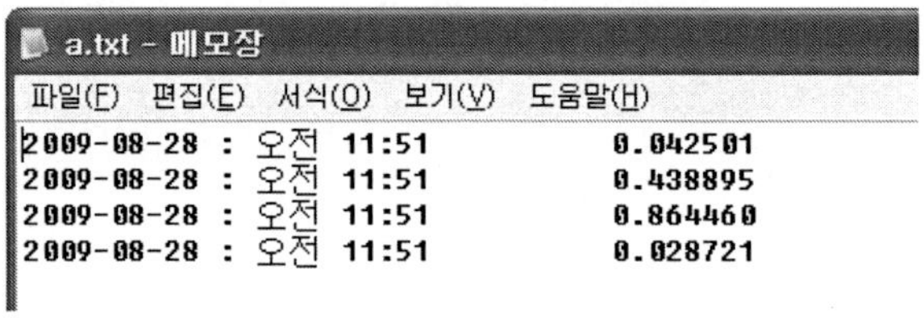

a.txt - 메모장

파일(F) 편집(E) 서식(O) 보기(V) 도움말(H)

```
2009-08-28 : 오전 11:51          0.042501
2009-08-28 : 오전 11:51          0.438895
2009-08-28 : 오전 11:51          0.864460
2009-08-28 : 오전 11:51          0.028721
```

연습 3-6 끝

⌘ 측정 파일에 쓰기와 측정 파일로부터 읽기

데이터 수집 보드로 획득한 데이터를 저장할 때에는 **측정 파일에 쓰기**로 저장하는 것이 간편합니다. 그리고 파일에서 데이터를 읽어 와서 아날로그 신호로 출력하고자 할 때에는 **측정 파일로부터 읽기**를 사용할 수 있습니다. 익스프레스 VI이므로 팝업창에서 여러 가지 설정을 쉽게 할 수 있습니다.

 **측정 파일에 쓰기**,  **측정 파일로부터 읽기**는 파일 I/O 팔레트에서 찾을 수 있습니다.

측정 파일에 쓰기를 블록다이어그램에 놓으면 다음과 같은 설정창이 나타납니다. 한 개의 익스프레스 VI로 측정 데이터를 저장할 수 있으며, While 루프 속에서도 사용할 수 있습니다.

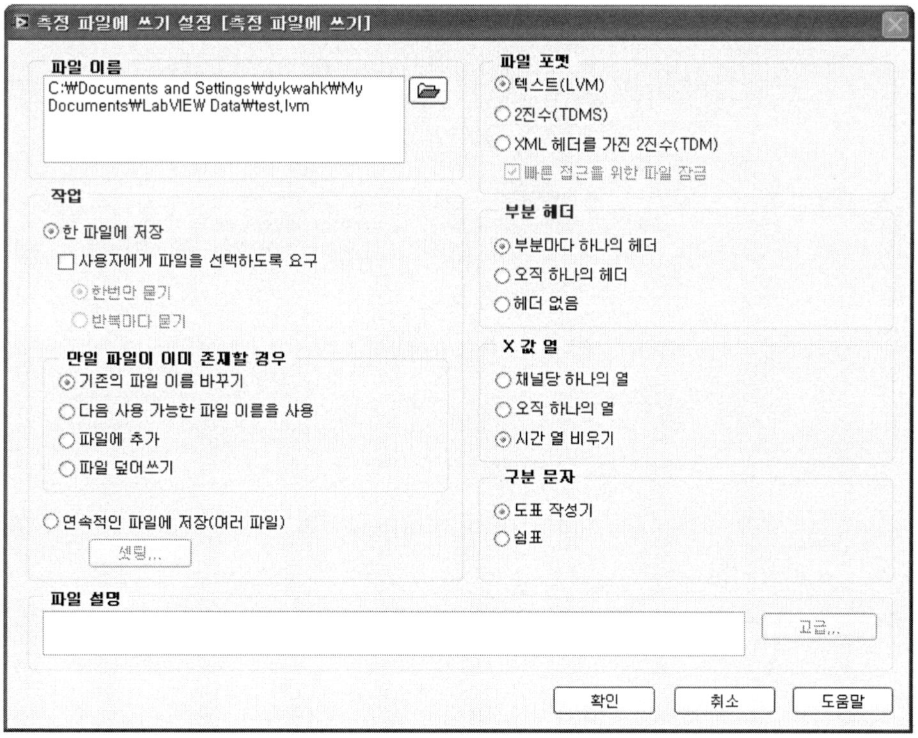

라. 데이터 통신

LabVIEW 프로젝트와 공유변수를 이용하여 네트워크 상의 다른 프로세스들 사이로 데이터를 주고받을 수 있습니다. 그러나 네트워크 상에서 데이터를 공유하기 위해서는 다음과 같은 네트워크 환경 설정이 필요합니다. LabVIEW 시작하기 상단 메뉴의 도구(T)에서 **옵션**을 선택하여 [옵션] 창을 띄울 수 있습니다.

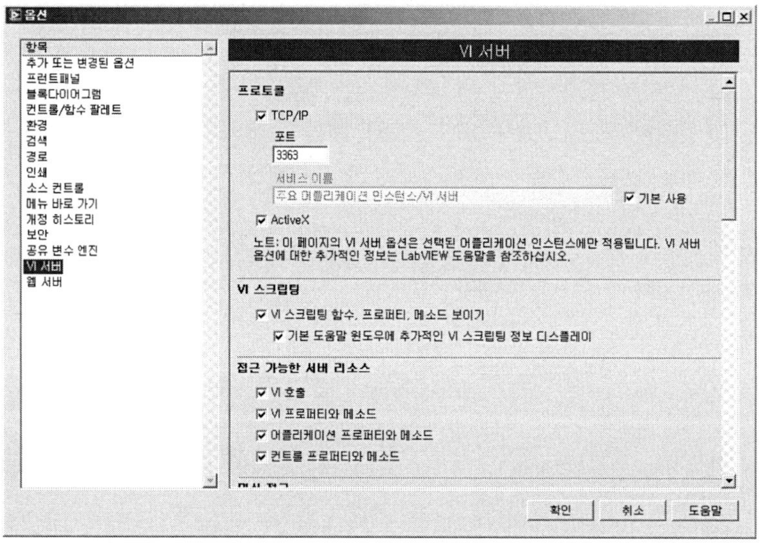

VI서버에서 TCP/IP를 체크해줍니다. **웹 서버**에서 웹 서버 활성화를 체크해줍니다.

나머지 네트워크 환경 설정은 Default로 두면 됩니다. 특별한 IP만 접근할 수 있게 한다거나, 좀더 복잡한 네트워크 보안 설정을 원할 경우에는 VI 서버: 머신 접근, VI 반출 리스트, 사용자 접근, 웹 서버 : VI 보이기, 브라우저 접근 등에서 특정 IP를 설정해주는 방법으로 지정할 수 있습니다.

네트워크 데이터 통신을 위하여 앞에서 배운 공유변수를 사용할 수 있습니다. 이때 공유변수의 변수 타입을 [네트워크 공개]로 선정해줍니다. 그리고 전통적인 네트워크 데이터 통신 방법인 TCP/IP 통신을 이용하여 LabVIEW에서 통신 VI를 작성할 수 있습니다. 더불어 DataSocket 통신 방식이 LabVIEW에서 제공됩니다.

1. DataSocket 통신

DataSocket 통신은 TCP/IP를 기반으로 만들어진 내쇼날인스트루먼트(사)의 통신프로토콜입니다. 일반적으로 컴퓨터 간의 통신을 구현하기 위해서는 서버(Server)와 클라이언트(Client)가 필요합니다. 서버에는 클라이언트들의 접속과 데이터 전송, 접속 종료 및 리소스 배분, 보안 설정 등의 기본 기능이 필요합니다. 그리고 클라이언트는 서버에 접속하여 클라이언트들 사이의 통신을 수행하는 개별 단위입니다. 클라이언트에는 데이터를 서버에 올리는 Publish 클라이언트가 있고, 서버에 올라온 데이터를 받아가는 Subscribe 클라이언트가 있습니다.

네트워크 통신을 프로그래밍하기 위해서는 서버와 클라이언트를 모두 만들어줘야 됩니다. LabVIEW에서도 서버 VI와 클라이언트 VI를 각각 만들어줘서 네트워크 통신을 구현해야 됩니다. DataSocket 통신은 이미 제공되는 **DataSocket Server**를 이용하여 데이터 통신을 구현하는 방법입니다. 서버가 제공되기 때문에, 클라이언트만 만들어주면 통신 VI를 완성할 수 있습니다.

⌘ DataSocket Server

DataSocket Server는 시작 > 모든 프로그램(P) > National Instruments > DataSocket에서 찾아서 실행할 수 있습니다.

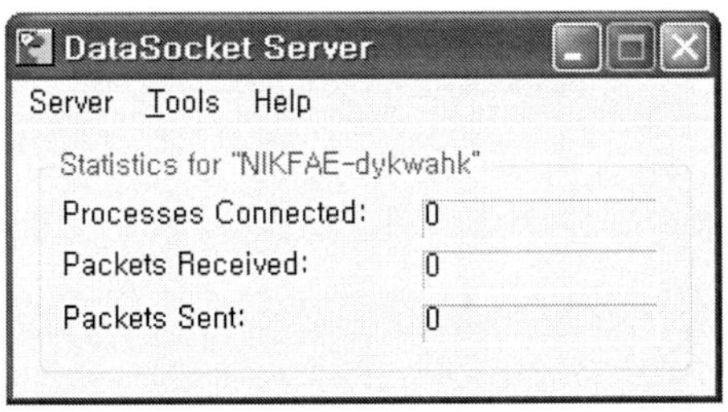

그리고 DataSocket Server를 종료하기 위해서는 메뉴에서 **Server > Shutdown DataSocket Server**를

선택하여 종료해야 됩니다. 여기에서 윈도우 종료 버튼 은 DataSocket Server를 숨기는 기능입니다. 숨긴 경우에는 윈도우 배후에서 계속 서버가 작동합니다. 다음과 같이 작업 표시 줄에서 DataSocket Server가 작동 중임을 확인할 수 있습니다.

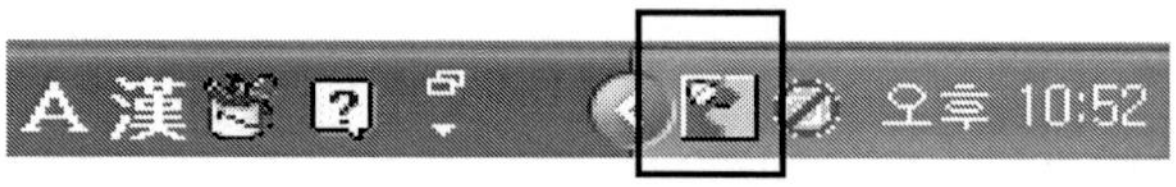

⌘ DataSocket 클라이언트 만들기

DataSocket Server에 데이터를 올려주는 VI와 서버에 올라온 데이터를 받아가는 VI를 만들어줘야 됩니다. 이들은 Publish 클라이언트와 Subscribe 클라이언트로 부릅니다. DataSocket 관련 함수는 함수 > 데이터 통신 > DataSocket 팔레트에서 찾을 수 있습니다. DataSocket 읽기, 쓰기, 열기, 닫기 등의 함수들이 있습니다.

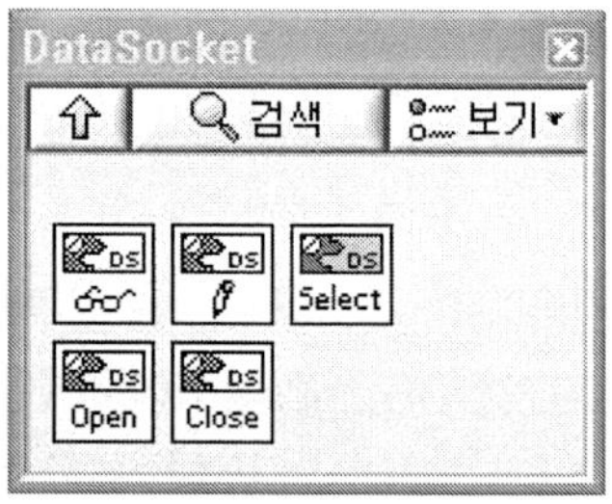

데이터 통신이 보내는 쪽과 받는 쪽으로 구성되어 정보를 주고받는 것이므로, 데이터 타입에 대한 명확한 정의가 필요합니다. 어떤 데이터 타입으로 전송할 것인지 상호간에 명확히 하지 않는다면 통신에 실패할 것입니다. 그러므로 다이나믹 데이터 타입과 같은 불명확한 데이터 타입을 사용하지 않고, 웨이브폼이나 웨이브폼 1D 배열, 문자열, 숫자형, 불리언, 문자열 배열, 숫자형 배열, 불리언 배열 등의 데이터 타입을 사용합니다.

DataSocket의 연결 입력(URL)은 다음과 같은 형식입니다.

dstp://[DataSocket Server의 주소]/[데이터 이름]

항상 dstp://로 시작하며, 연결할 서버의 주소를 다음에 입력합니다. 그리고 이 서버를 통하여 전달되는 데이터가 여러 개 있을 수 있으므로 데이터 이름을 정하여 입력해줍니다.

DataSocket Server Manager

DataSocket의 여러 가지 통신 설정은 DataSocket Server Manager를 이용합니다. 시작 > 모든 프로그램(P) > National Instruments > DataSocket에서 찾을 수 있습니다.

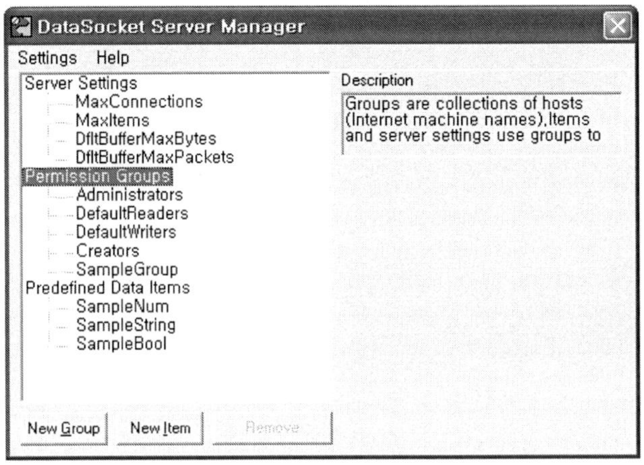

- **Server Settings**의 MaxConnections에서 최대 연결 가능한 클라이언트 수를 설정할 수 있습니다.
- **Permission Groups**에서 특정 IP를 Reader나 Writer로 설정할 수 있습니다.

다음 연습을 통하여 DataSocket을 이용한 데이터 통신에 대하여 익혀봅니다.

연습 3-7. DataSocket을 이용한 데이터 통신

DataSocket을 이용하여 데이터를 전송하는 VI를 만들어봅니다. 다음을 배웁니다.

- DataSocket Server를 실행하는 방법을 배웁니다.
- DataSocket 쓰기 함수를 이용하여 데이터를 서버로 전송하는 방법을 배웁니다.
- DataSocket 읽기 함수를 이용하여 서버에서 데이터를 읽어오는 방법을 배웁니다.

⌘ Publish 클라이언트 만들기

1. 시작 > 모든 프로그램(P) > National Instruments > DataSocket에서 DataSocket Server를 선택하여 실행합니다.
2. 새 VI를 만들고, DataSocket Publish.vi로 저장합니다. 프런트패널에 웨이브폼 그래프를 하나 위치시킵니다. 블록다이어그램에 While 루프를 놓고, 신호 시뮬레이션을 While 루프 속에 위치시킵니다. 신호 시뮬레이션은 사인파를 시뮬레이션 하도록 설정합니다.
3. DataSocket 쓰기에 입력되는 데이터의 타입을 명확히 하기 위하여  **다이나믹 데이터로부터 변환**을 이용하여 **단일 웨이브폼**으로 변환시켰습니다. 함수 > 익스프레스 > 신호 조작 팔레트에서 찾을 수 있습니다.
4.  **DataSocket 쓰기**를 While 루프 속에 위치시키고, 다이나믹 데이터로부터 변환의 출력을 데이터 입력에 연결합니다. 함수 > 데이터 통신 > DataSocket 팔레트에서 찾을 수 있습니다.
5. [연결] 입력에 문자열 상수를 만들고, dstp://서버 주소/sine을 입력합니다. 여기에서 [서버 주소]는 DataSocket Server가 있는 컴퓨터의 IP입니다. sine는 전달할 데이터의 이름입니다.

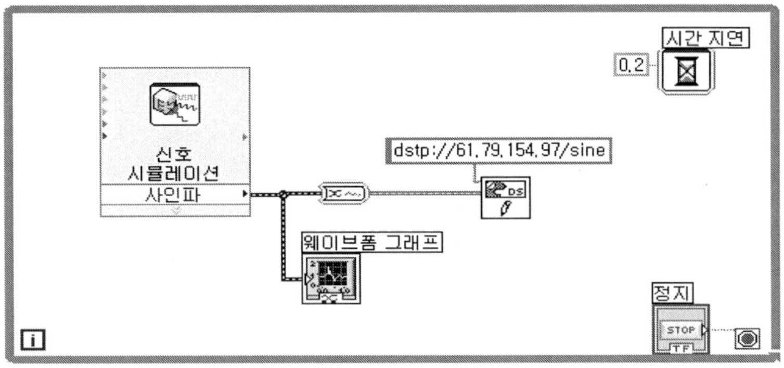

6. 다음과 같이 프런트패널을 정리합니다.

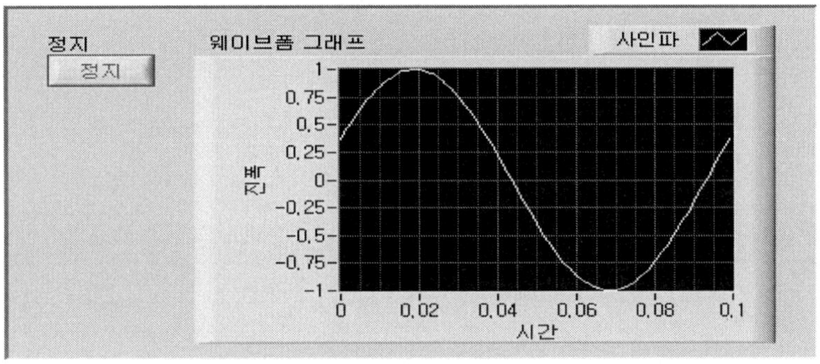

Subscribe 클라이언트 만들기

7. 새 VI를 만들고, DataSocket Subscribe.vi로 저장합니다.
8. 다음과 같이 프런트패널을 구성합니다. 컨트롤 > I/O 팔레트에서 웨이브폼을 찾을 수 있습니다.

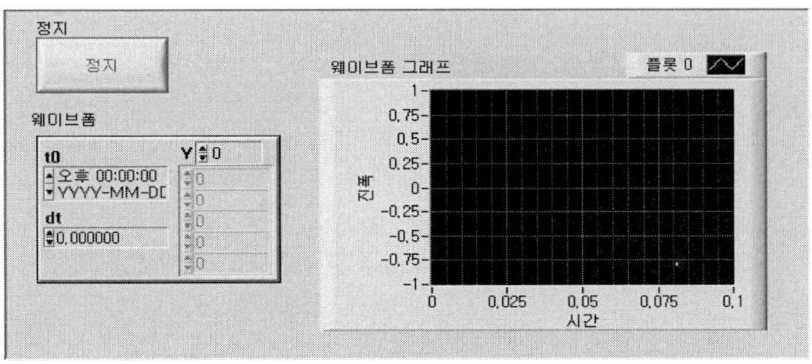

9. 다음과 같이 블록다이어그램을 구성합니다. 웨이브폼의 터미널을 DataSocket 읽기의 **타입(배리언트)** 입력에 연결합니다. **DataSocket 읽기**는 함수 > 데이터 통신 > DataSocket 팔레트에서 찾을 수 있습니다. **업데이트된 값 기다림(참)**에 **참**을 입력하였습니다. 이것은 DataSocket Server에 올라온 값이 새롭게 바뀔 때만 DataSocket 읽기를 실행하라는 의미입니다. 일종의 이벤트 문입니다.

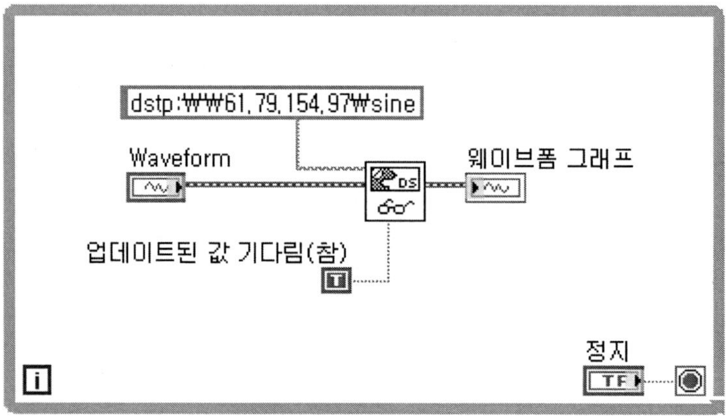

10. VI를 저장하고 실행합니다. Publish VI를 먼저 실행하고, Subscribe VI를 뒤이어 실행합니다. 그리고 멈출 때는 Subscribe VI를 먼저 멈추어줍니다. 만약 Publish VI를 먼저 멈추면 업데이트된 값 이벤트가 더 이상 발생하지 않으므로 Subscribe VI를 멈출 수 없습니다.

연습 3-7 끝

2. TCP 통신

TCP는 가장 일반적인 네트워크 방법입니다. DataSocket도 근본적으로 TCP를 이용한 통신 방법입니다. 특히 TCP는 통신의 에러나 데이터 Loss, 반복 전송 같은 문제점을 방지할 수 있는 안정적인 통신 프로토콜입니다. TCP 통신도 서버와 클라이언트로 구성되고, 클라이언트는 다시 Publish와 Subscribe로 나눌 수 있습니다. DataSocket에서는 DataSocket Server라는 응용 프로그램이 있으므로 이것을 서버로 사용합니다. 그러나 TCP에는 DataSocket Server같은 응용 프로그램이 없으므로 서버용 VI도 만들어줘야 됩니다. 그러므로 TCP로 통신을 구현하기 위해서는 다음과 같이 세 가지가 필요합니다.

1. 서버
2. Publish 클라이언트
3. Subscribe 클라이언트

그러나 일반적으로 1번과 2번을 묶거나, 1번과 3번을 묶어서 한 개의 VI로 만듭니다. 그러므로 Publish 서버나 Subscribe 서버를 만들 수 있습니다. 그래서 다음과 같은 조합이 가능합니다.

a. Publish 서버 VI + Subscribe 클라이언트 VI
b. Subscribe 서버 VI + Publish 클라이언트 VI

통신에서 서버는 한 개이고, 클라이언트는 여러 개가 될 수 있습니다. 그리고 서버 VI를 만들 때에는 클라이언트들의 접속과 접속 종료, 데이터 전송, 리소스 배분 등을 관리할 수 있도록 프로그래밍 해야 됩니다.

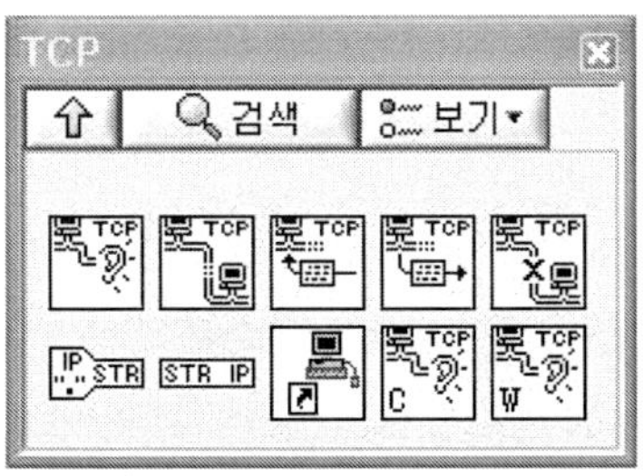

함수 > 데이터 통신 > 프로토콜 > TCP 팔레트에서 TCP 통신 함수들을 찾을 수 있습니다.

연습 3-8. TCP를 이용한 통신

TCP를 이용하여 시간 정보를 전달하는 VI를 만들어봅니다. 다음을 배웁니다.

- TCP 통신 서버를 만드는 방법을 배웁니다. 여기에서는 한 개의 서버와 한 개의 클라이언트만 있는 경우입니다.
- TCP 통신 클라이언트를 만들어 봅니다.
- TCP 통신은 항상 문자열 타입의 데이터만 전송할 수 있으므로, 타입 변환 함수와 사용법을 배웁니다.

⌘ Publish 서버 만들기

1. 새 VI를 만들고, TCP 서버.vi로 저장합니다.
2. 다음과 같이 블록다이어그램을 구성합니다.

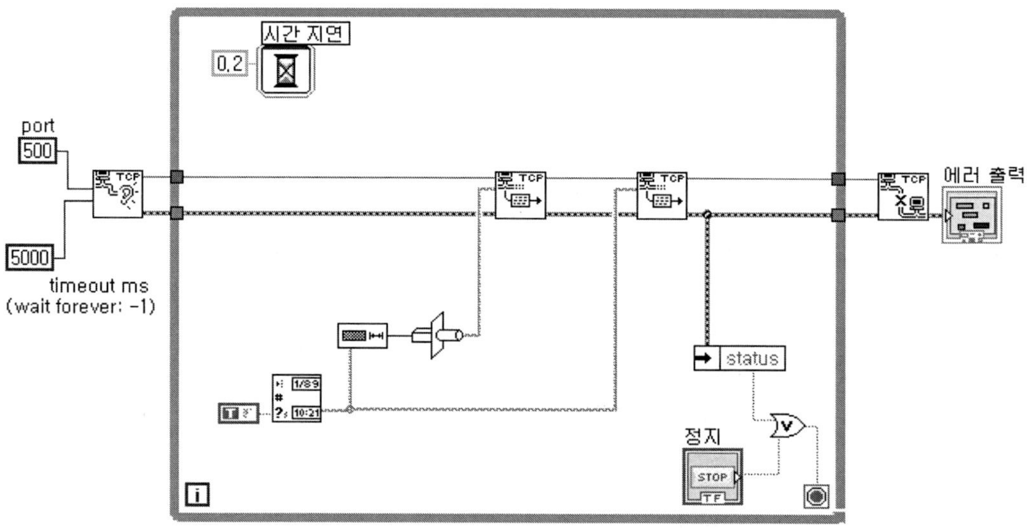

TCP 리슨은 함수 > 데이터 통신 > 프로토콜 > TCP 팔레트에서 찾을 수 있습니다. TCP 서버를 만들고, 클라이언트가 접속하기를 기다리는 함수입니다. 클라이언트는 여기에서 지정한 [port] 번호로 접속해야 됩니다.

TCP 쓰기는 문자열 타입의 데이터를 서버에 올려주는 함수입니다. 두 개의 TCP 쓰기를 사용하였는데, 첫 번째는 Header를 만들어주고, 두 번째는 데이터를 올려주는 것입니다. 여기에서 Header는 데이터의 크기입니다.

문자열 길이는 함수 > 프로그래밍 > 문자열 팔레트에서 찾을 수 있습니다. 문자열의 길이를 I32 숫자형으로 출력합니다.

타입 캐스트는 함수 > 프로그래밍 > 숫자형 > 데이터 다루기 팔레트에서 찾을 수 있습니다. 데이터의 타입을 바꾸는 함수입니다. 아래와 같이 **타입** 부분에 임의의 타입을 입력해주면, 그 타입으로 바꾸어줍니다. Default는 문자열 타입입니다. 타입에는 문자열 상수나, 숫자형 상수, 불리언 상수, 또는 배열 상수 등을 연결해주면 될 것입니다.

TCP 연결 닫기는 통신 연결을 끊는 함수입니다.

날짜/시간을 문자열로 얻기는 함수 > 프로그래밍 > 타이밍 팔레트에서 찾을 수 있습니다. 현재 날짜와 시간을 문자열 타입으로 출력하는 함수입니다.

⌘ Subscribe 클라이언트 만들기

3. 새 VI를 만들고, TCP 클라이언트.vi로 저장합니다.
4. 다음과 같이 블록다이어그램을 구성합니다.

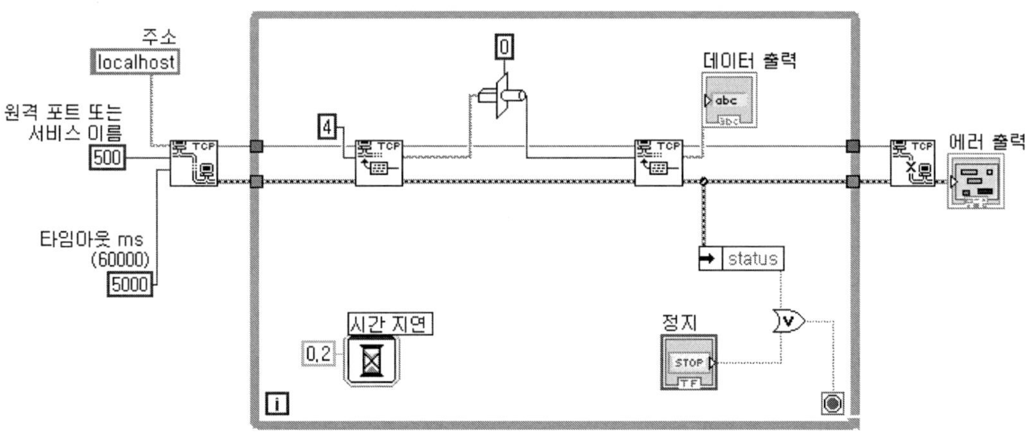

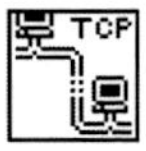
TCP 연결 열기는 클라이언트를 서버에 연결하는 함수입니다. 입력한 주소(Address)와 포트(Port)로 연결할 서버를 찾습니다. 이때 서버의 IP 주소를 입력합니다. 여기에서는 "localhost"를 입력하였습니다.

TCP 읽기는 데이터를 읽어오는 함수입니다. 두 개의 TCP 읽기를 사용했는데, 첫 번째는 Header를 읽어오고, 두 번째는 데이터를 읽어오는 것입니다. 읽은 Header를 숫자형으로 바꾼 다음, 두 번째 TCP 읽기의 읽을 바이트에 입력해줍니다.

5. 프런트패널을 다음과 같이 정리합니다.

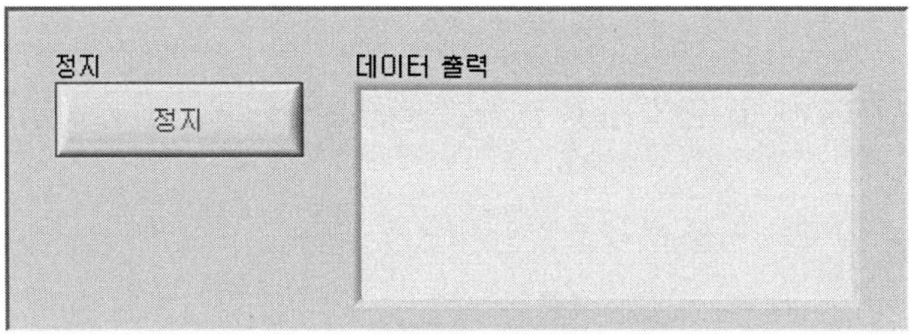

6. TCP 서버.vi와 TCP 클라이언트.vi를 실행합니다. 서버를 먼저 실행하고, 클라이언트를 뒤이어 실행해야 됩니다.

연습 3-8 끝

앞 연습에서 한 개의 서버와 한 개의 클라이언트가 통신하는 VI를 작성하였습니다. 그러나 일반적으로 한 개의 서버에 여러 개의 클라이언트가 접속하여 통신을 수행합니다.

서버에 여러 개의 클라이언트가 접속하는 VI는 클라이언트의 접속과 접속 종료, 리소스 배분 등을 수행할 수 있어야 됩니다. 관련 예제는 **NI 예제 탐색기**의 네트워킹 > TCP & UDP 폴더에서 **Multiple Connections - Server.vi**를 찾을 수 있습니다.

마. VI프로퍼티, VI재귀, 프로퍼티 노드, 인보크 노드, 컨트롤 참조

VI는 LabVIEW 프로그래밍의 최소 단위입니다. VI의 프로퍼티를 설정하거나 변경하여 다양한 어플리케이션의 변화를 줄 수 있습니다. 이 절에서는 VI 프로퍼티에는 어떤 것이 있으며, 어떻게 설정하고, 변경 혹은 제어할 수 있는지에 대하여 배워봅니다.

1. VI 프로퍼티

개별 VI의 전반적인 특성을 조정하고 설정하기 위하여 VI 프로퍼티를 사용합니다. 메모리 사용량을 확인하거나 VI에 대한 설명을 작성하거나 VI의 블록다이어그램을 보고 수정할 수 없게 암호를 설정하는 등의 VI 속성을 VI 프로퍼티에서 설정할 수 있습니다. VI 프로퍼티는 상단 메뉴에서 파일(F) > VI 프로퍼티(I)로 선택할 수 있습니다. 혹은 오른쪽 상단에 있는 아이콘에서 단축메뉴로 VI 프로퍼티를 선택할 수 있습니다.

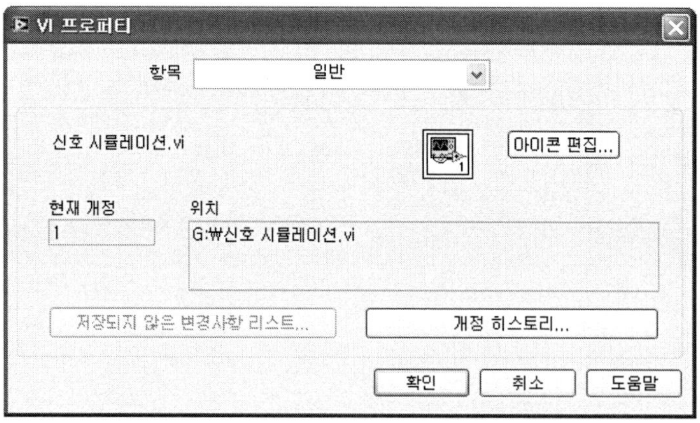

일반

VI의 위치를 확인하고 아이콘 편집이 가능합니다. 또한 개정 히스토리를 바꿀 수 있습니다.

메모리 사용

VI의 메모리 사용량을 상세하게 나타내줍니다. VI의 실행 속도가 현저히 늦거나 컴퓨터의 리소스를 많이 차지할 경우, 가장 먼저 VI의 메모리 사용량을 확인해봐야 됩니다. VI의 프로그램 량보다 메모리 사용량이 지나치게 많다면, 글로벌 변수 사용이나 배열 사용이나 클러스터 사용에서 오류나 남용이 있다는 의미입니다.

문서

VI에 대한 설명을 입력할 수 있습니다. VI 설명은 개발자나 사용자가 VI를 이용할 때의 사용법이나 주의 사항들을 입력합니다. 문서 항목에 입력된 사항은 [LabVIEW 도움말]로 확인할 수 있습니다. 다음은 연습 1-1에서 VI 프로퍼티의 문서를 편집한 사례입니다. [기본 도움말]에서 VI 설명을 확인할 수 있습니다.

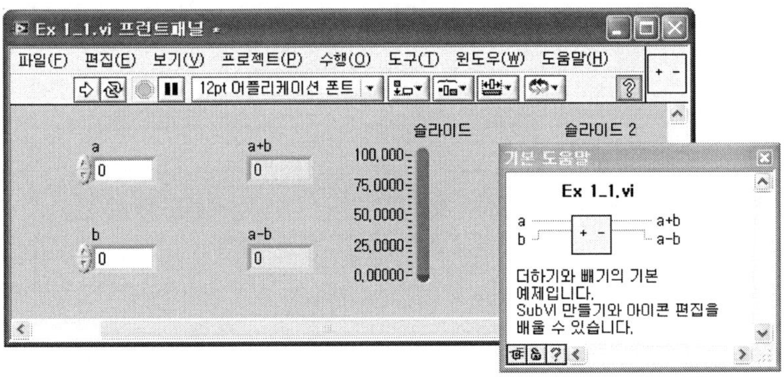

보호

암호를 설정하고 변경할 수 있습니다. [암호로 보호됨]을 선택하면 블록다이어그램을 암호로 잠글 수 있습니다. 암호 설정을 적용하기 위해서는 LabVIEW를 한번 종료하고 재실행해야 됩니다.

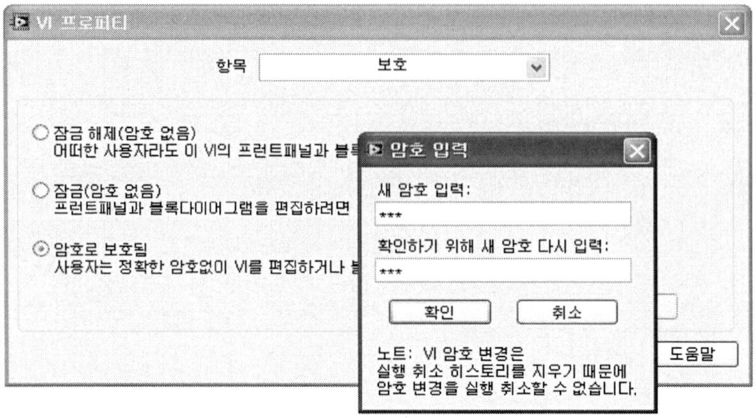

윈도우 모양

VI를 실행했을 때의 윈도우 제목이나 모양을 설정할 수 있습니다. 윈도우 제목을 바꿔주거나 보이는 항목을 선택해줄 수 있습니다. 다음은 연습 1-1의 윈도우 모양을 [대화 상자]로 선택하고 실행한 사례입니다. 반복 실행을 위하여 While 루프를 추가해줬습니다.

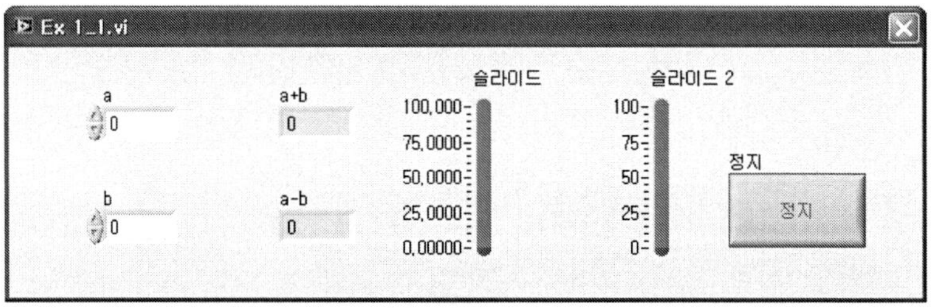

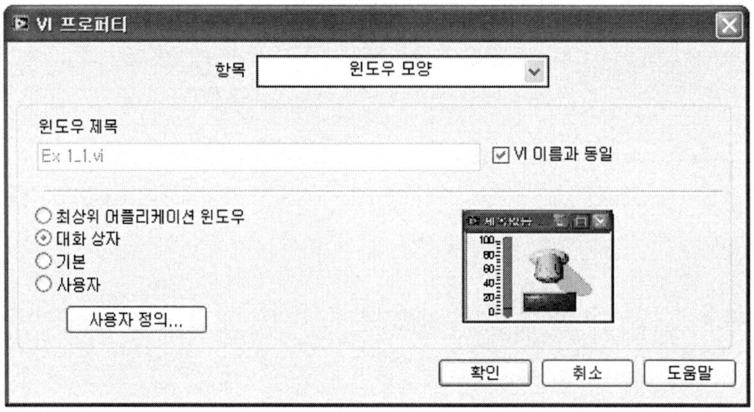

윈도우 크기

VI를 실행할 때 어떤 윈도우 크기로 실행할 지를 설정할 수 있습니다. 예를 들어, 실행파일을 다른 컴퓨터로 배포할 때, 모니터의 해상도가 서로 다르다면 해상도에 따라서 VI의 윈도우 크기가 바뀌게 됩니다. [다른 모니터 해상도에서 윈도우의 비율 유지]를 선택해준다면 모니터의 해상도에 관계없이 윈도우의 비율을 유지할 수 있습니다.

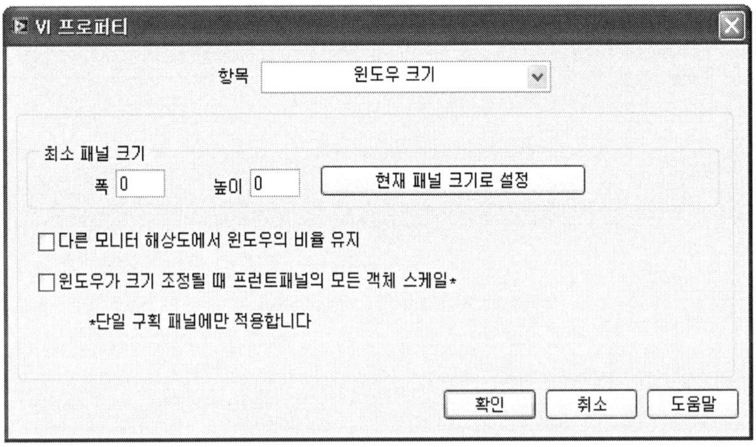

윈도우 런타임 위치

실행될 때의 윈도우 위치를 설정할 수 있습니다. [중심]을 선택한 경우에는 항상 모니터 화면의 중심에 VI가 위치하여 실행됩니다.

실행

고급 실행 옵션을 설정할 수 있습니다. [우선순위] 항목에서 상위로 설정하면, 다른 프로그램들보다 우선순위로 VI가 실행하게 만들 수 있습니다. 서버루틴은 OS 수준이고, 일반적으로 최상위순위로 실행할 필요가 있을 경우에는 [시간에 결정적인 우선순위(최고)]로 설정해줍니다. 그리고 다른 고급 실행 옵션들을 설정할 수 있습니다.

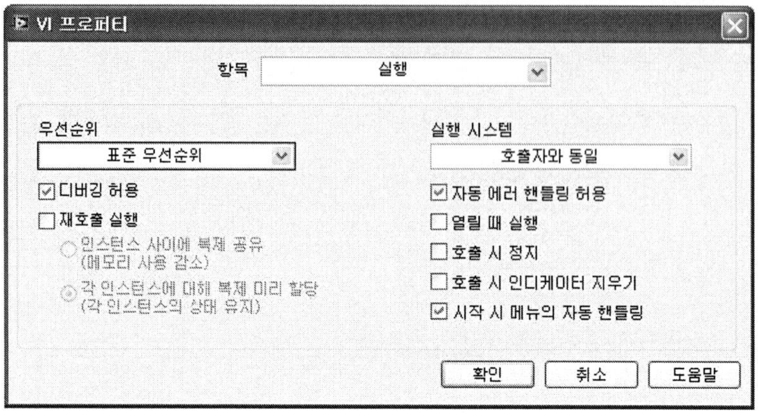

인쇄 옵션

VI의 블록다이어그램이나 프런트패널을 인쇄할 때의 옵션을 선택해줄 수 있습니다. 사용자가 여백을 주거나 용지에 맞도록 자동으로 스케일되도록 설정할 수 있습니다.

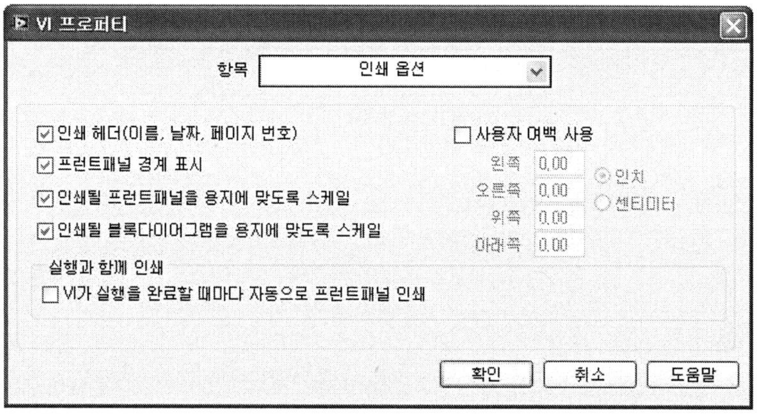

2. VI재귀

자기 블록다이어그램이나 SubVI의 블록다이어그램에서 스스로를 호출하는 것을 VI재귀(Recursion)이라 부릅니다. VI의 출력을 재사용하여 여러 번 실행해야하는 경우에 유용하게 사용할 수 있는 방법입니다. 어떤 VI든 재귀 VI로 만들 수 있으며, 한 VI 계층구조에서 여러 재귀 VI를 사용할 수 있습니다.

32비트 플랫폼에서 LabVIEW는 최대 15,000개의 재귀 호출을 지원합니다. 그리고 64비트 플랫폼에서 LabVIEW는 최대 35,000개의 재귀 호출을 지원합니다. VI재귀를 사용하기 위해서는 VI 프로퍼티의 실행에서 [재호출 실행]을 활성화시켜줘야만 됩니다. 그리고 [인스턴스 사이에 복제 공유]를 선택해 줍니다.

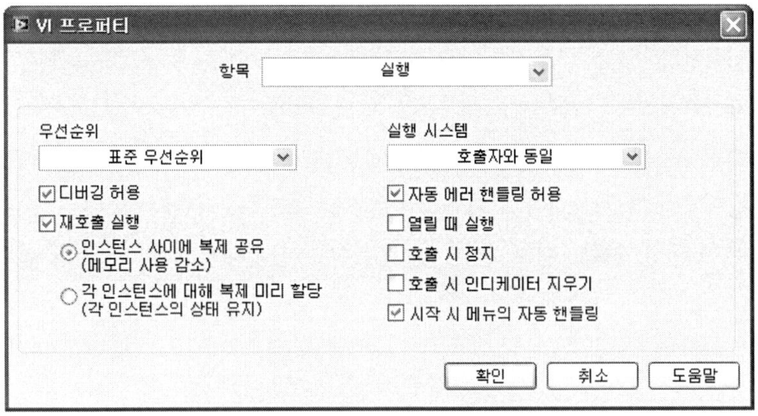

다음 연습을 통하여 VI재귀에 대하여 익혀봅니다.

연습 3-9. VI재귀(Recursion)

VI재귀 기능을 이용하여 N!를 구하는 VI를 만들어 봅니다. N!는 1*2*3*...*N 입니다.

⌘ 프런트패널

1. 새 VI를 만들고, VI재귀.vi로 저장합니다.
2. 다음과 같이 숫자형 컨트롤과 숫자형 인디케이터를 프런트패널에 위치시킵니다. 라벨을 'n' 과 'n!' 으로 바꿔줍니다.
3. 아이콘 모양을 편집하고, 컨트롤과 인디케이터를 커넥터에 각각 연결합니다.

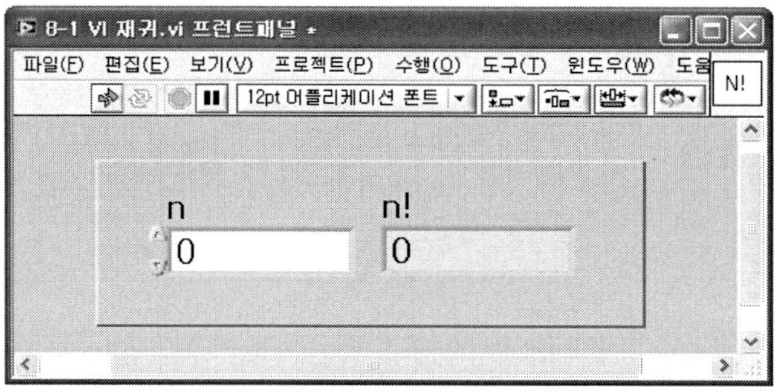

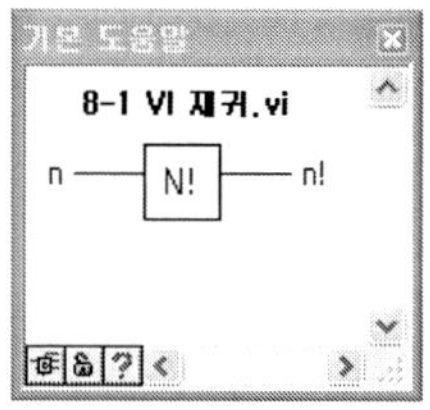

4. VI 프로퍼티 > 실행에서 [재호출 실행]을 활성화시켜줍니다. 그리고 [인스턴스 사이에 복제 공유]를 선택합니다.

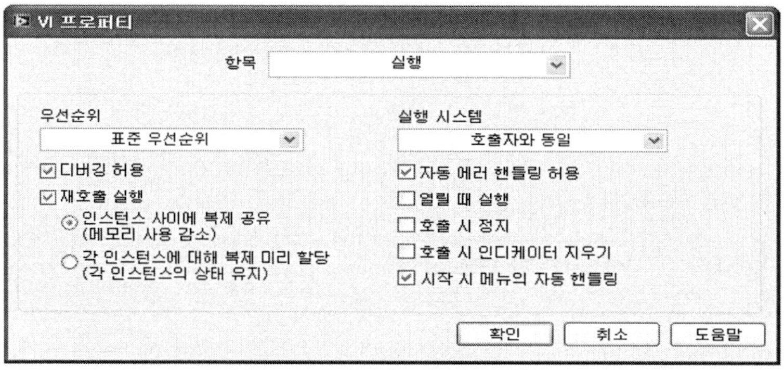

⌘ 블록다이어그램

5. 다음과 같이 Case 구조를 이용하여 블록다이어그램을 구성합니다.

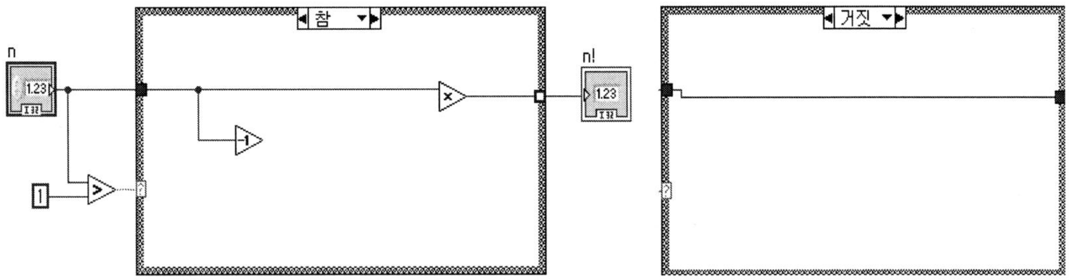

6. 마우스로 VI의 아이콘을 선택하여 블록다이어그램에 끌어서 놓습니다. 그리고  **감소**의 출력을 n에 입력하고 n!출력을 곱하기 연산에 연결합니다.

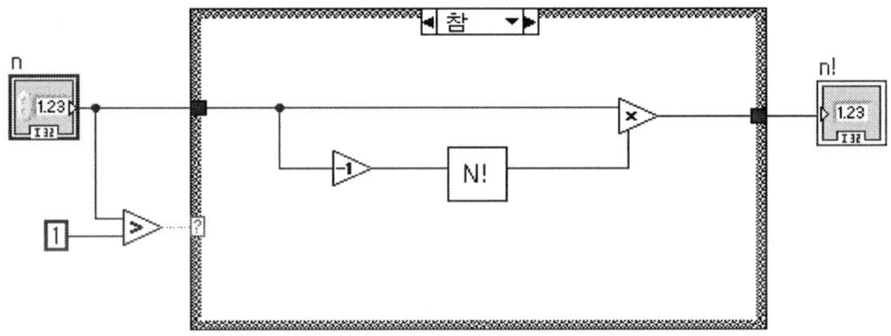

7. 프런트패널을 정리하고 n에 값을 입력하고 실행합니다. 10! = 3628800 임을 확인할 수 있습니다.

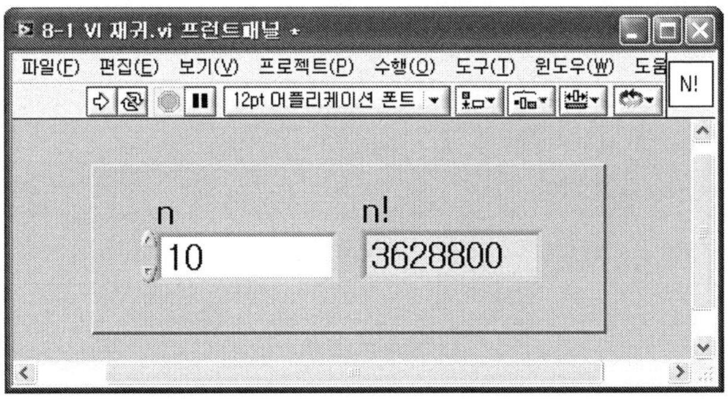

연습 3-9 끝

3. 프로퍼티 노드

프런트패널 객체는 두 가지 속성을 가집니다. 프로퍼티(property)와 메소드(methods)가 그들입니다.

- **프로퍼티**는 크기, 색, Visibility(보이기), 라벨 관련 속성, 점멸, 값, 활성화 유무, 포맷 정보 등의 객체의 모든 속성들을 의미합니다. 모든 객체들은 수십 가지의 프로퍼티를 가집니다.
- **메소드**는 기본값으로 다시 초기화, 네트워크로 데이터 연결, DataSocket에 연결과 같은 객체의 실행에 대한 것들입니다.

객체의 프로퍼티를 프로그램적으로 수정하기 위하여 프로퍼티 노드를 사용합니다. 프로퍼티 노드는 각 객체의 단축메뉴에서 생성 > 프로퍼티 노드로 만들 수 있습니다. 그리고 프로퍼티 노드는 객체의 이름과 동일한 라벨을 가집니다. 원래 객체의 이름을 바꾸면, 자동으로 라벨이 바뀝니다.
또한 한 개의 객체에 대하여 여러 개의 프로퍼티 노드를 만들 수 있고, 다음과 같이 프로퍼티 노드의 원소를 아래로 추가할 수 있습니다. 단축 메뉴에서 [원소 추가]를 선택하거나 마우스로 크기를 키워줘서 원소를 더 추가할 수 있습니다. 이때 실행 순서는 위에서부터 아래로입니다.

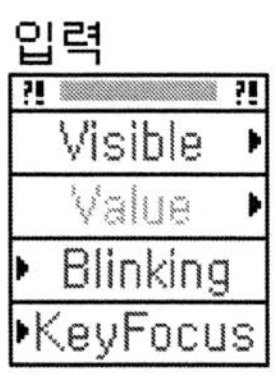

프로퍼티 속성을 변경시키는 경우에는 쓰기로 설정하고, 속성을 읽어오는 경우에는 읽기로 설정합니다. 각 원소에서 [쓰기로 변경] 혹은 [읽기로 변경]을 선택하여 쓰기 또는 읽기로 선택할 수 있습니다.

원소들의 입출력은 숫자형, 불리언, 클러스터 등입니다. 클러스터의 경우에는 풀기나 묶기 함수를 이용하여 정보를 분리하거나 묶을 수 있습니다. 예를 들어, 위치 > 모든 원소를 선택한 경우에 클러스터로 왼쪽(Left)과 위쪽(Top)이 묶여서 출력됩니다.

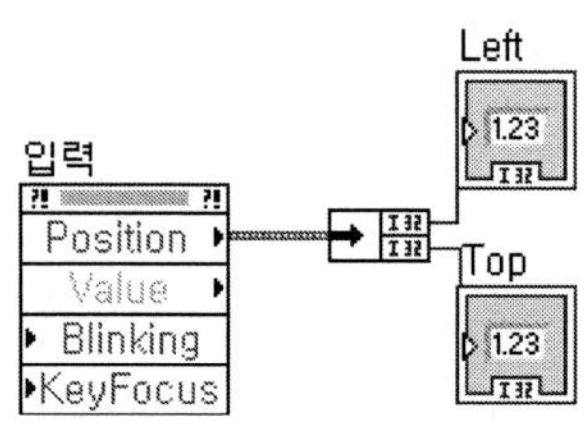

4. 컨트롤 참조

프로퍼티 노드는 블록다이어그램에 위치하고 프런트패널의 객체에 대응됩니다. 만약 SubVI에서 Main VI의 프런트패널 객체 속성을 변경하고자할 경우에는 컨트롤 참조를 이용해야 됩니다. 터미널의 단축메뉴에서 생성 > 참조로 생성하거나 프로퍼티 노드를 포함한 영역을 선택하여 SubVI를 생성하면 컨트롤 참조가 생성됩니다.

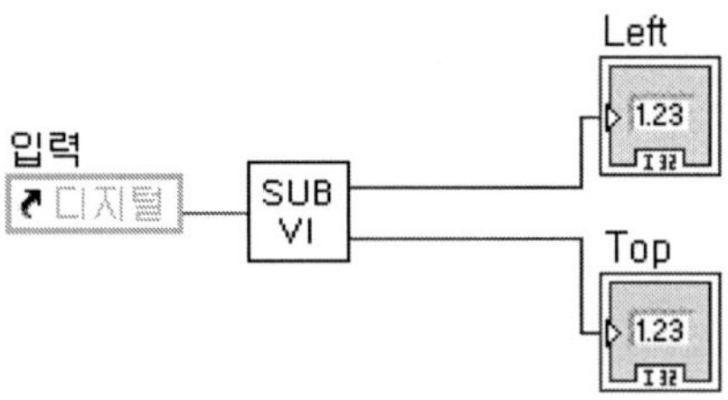

SubVI에는 컨트롤 참조 번호가 생성됩니다. 컨트롤 참조 번호를 직접 만들고자 할 경우에는 컨트롤 > 일반 > 참조 번호 팔레트에서 컨트롤 참조 번호를 찾아서 프런트패널에 위치시키고, 원하는 타입의 컨트롤을 참조 번호 속에 넣어줘서 만들 수 있습니다. 다음은 숫자형 컨트롤을 넣어준 경우입니다. 빨간색 별표는 엄격한 타입의 컨트롤 참조 번호라는 의미입니다.

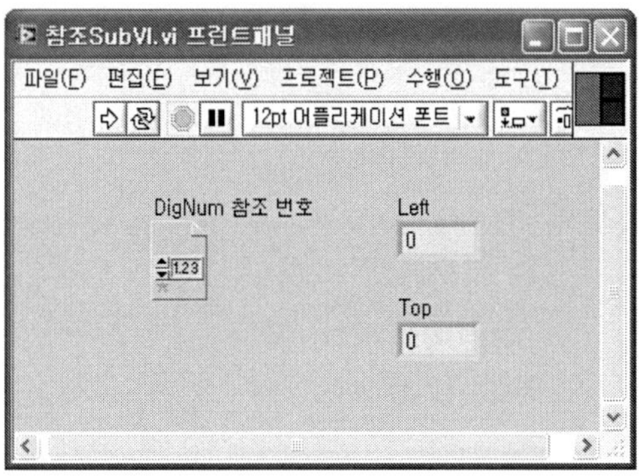

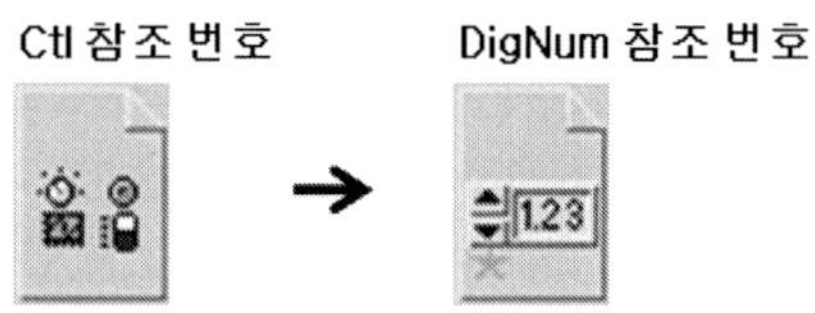

참고 **엄격한 타입과 엄격하지 않은 타입의 컨트롤 참조 번호** : 엄격한 타입의 컨트롤 참조 번호는 완전히 동일한 데이터 타입의 컨트롤 참조 번호만을 받습니다. 예를 들어, 엄격한 타입의 컨트롤 참조 번호의 타입이 32비트 정수 슬라이드인 경우, 32비트 정수 슬라

이드만 컨트롤 참조 번호 터미널에 연결할 수 있습니다. 컨트롤 참조 번호 터미널에 8비트 정수 슬라이드, 배정도 스칼라 슬라이드, 또는 32비트 정수 슬라이드의 클러스터를 연결할 수 없습니다. 엄격하지 않은 타입의 컨트롤 참조 번호는 더 다양한 데이터 타입을 받습니다. 예를 들어, 엄격하지 않은 타입의 컨트롤 참조가 슬라이드인 경우, 32비트 정수 슬라이드, 단정도 슬라이드, 또는 32비트 정수 클러스터의 슬라이드를 컨트롤 참조 터미널에 연결할 수 있습니다.

참고 차트의 히스토리 데이터 프로퍼티는 차트 참조가 엄격한 타입일 경우에만 사용 가능합니다. 그리고 기계적인 래치 동작은 엄격한 타입의 컨트롤 참조와 호환되지 않기 때문에 기계적인 래치 동작을 가진 불리언 컨트롤은 엄격하지 않은 타입의 컨트롤 참조를 생성합니다.

컨트롤 참조 번호로 사용할 수 있는 일반 프로퍼티 노드 는 함수 > 프로그래밍 > 어플리케이션 컨트롤 팔레트에서 찾을 수 있습니다. 참조 번호를 프로퍼티 노드의 참조 입력에 연결해주면, 해당 컨트롤의 프로퍼티를 설정할 수 있습니다.

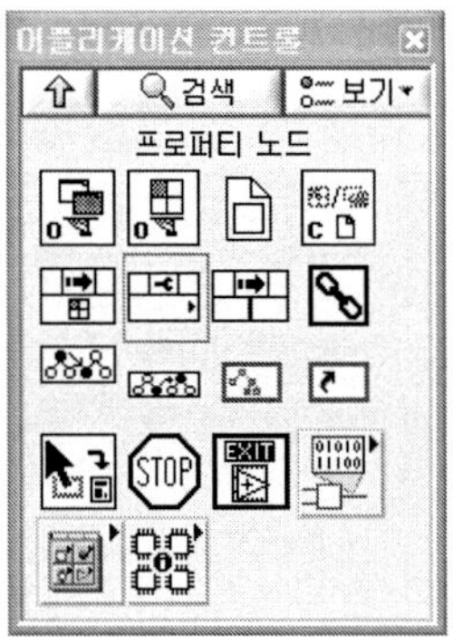

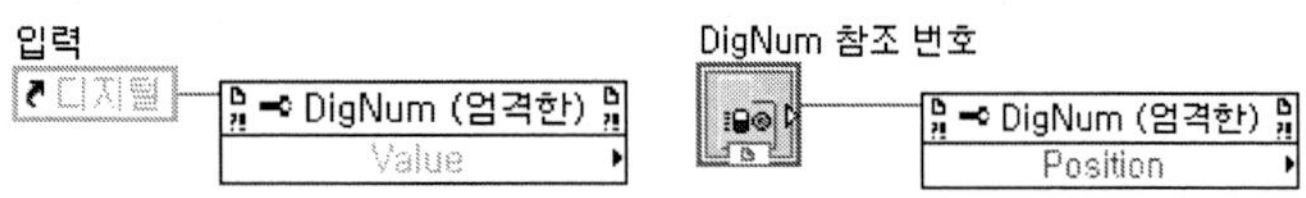

5. 인보크 노드

인보크 노드는 객체의 메소드를 설정할 때 사용됩니다. 터미널의 단축메뉴에서 생성 > 인보크 노드를 선택하여 생성하거나 참조 번호를 이용하여 일반 인보크 노드로 설정할 수 있습니다. 일반 인보크 노드 는 함수 > 프로그래밍 > 어플리케이션 컨트롤 팔레트에서 찾을 수 있습니다. 아래와 같이 일반 프로퍼티 노드와 인보크 노드는 비슷한 모양입니다.

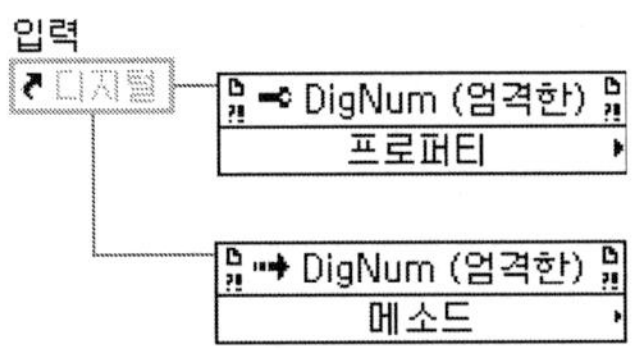

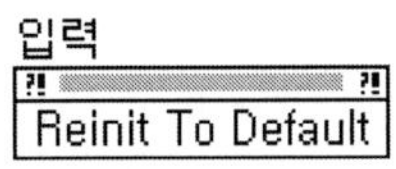

연습 3-10. 프로퍼티 노드를 이용한 슬라이드 색 변경

프로퍼티 노드를 이용하여 값에 따라 슬라이드 색이 변경되는 VI를 만들어 봅니다. 다음을 배웁니다.

- 슬라이드의 색 프로퍼티를 프로그램 적으로 변경하는 방법을 배웁니다.
- 프로퍼티 노드의 사용 방법을 배웁니다.

프런트패널

1. 새 VI를 만들고, 슬라이드색변경.vi로 저장합니다.
2. 수평 포인터 슬라이드와 정지 버튼을 프런트패널에 놓고, 다음과 같이 구성합니다.

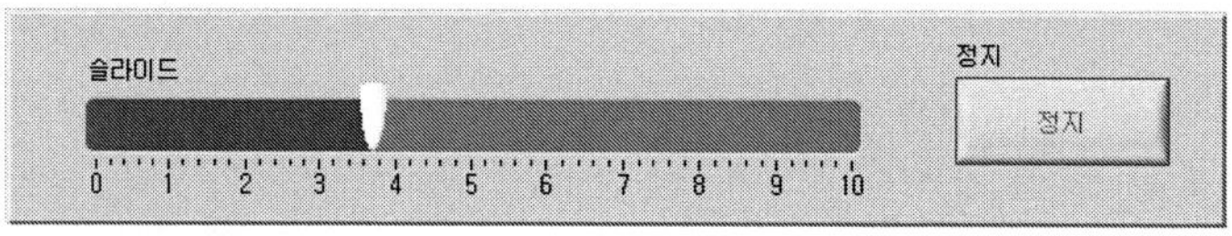

블록다이어그램

3. 이벤트 구조를 구성하고, 정지 버튼에 대한 **값 변경** 이벤트를 설정합니다.
   [0] "정지" : 값 변경 이벤트가 생성됩니다.
4. 정지 버튼을 이벤트 속에 넣고, While 루프 조건 터미널에 연결합니다.

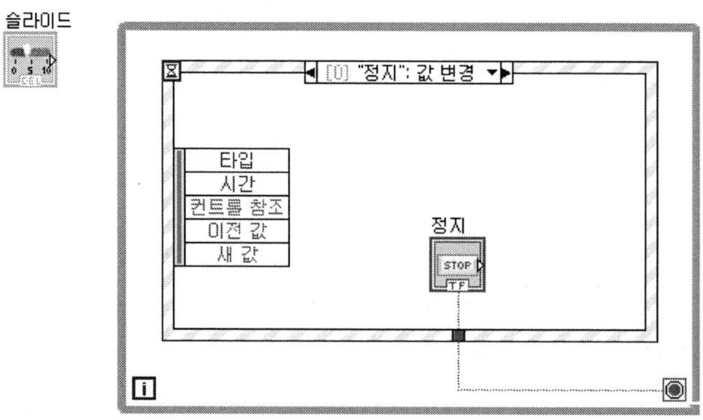

5. 이벤트 케이스 추가를 선택하고, [1] "슬라이드" : 값 변경 이벤트를 추가합니다.

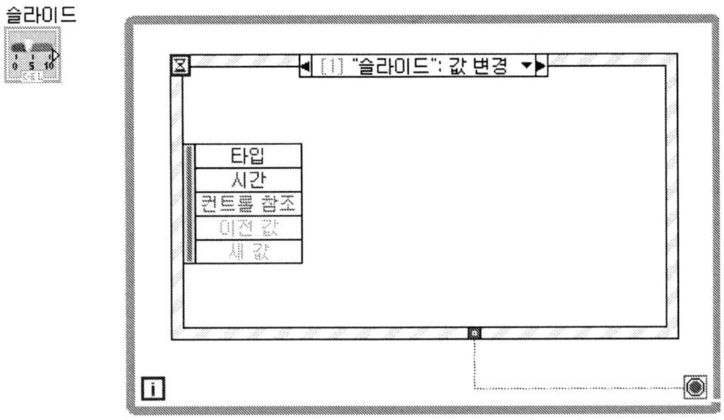

6. 배열 상수를 두 개 위치시키고, 색 상수와 DBL 숫자형 상수를 넣어서 다음을 구성합니다. 함수 > 프로그래밍 > 그래픽 & 사운드 > 그림 함수 팔레트에서 색 상자 상수를 찾을 수 있습니다. {파란색, 녹색, 빨간색}의 색 배열을 만들어주고, DBL 숫자형 배열 상수에는 {0, 4.99, 5.01}을 입력합니다. 0에서 4.99일 때는 파란색, 4.99에서 5.01일 때는 녹색, 5.01 이상이면 빨간색이 되도록 VI를 구성할 예정입니다.
7. 슬라이드 터미널에서 생성 > 프로퍼티 노드 > 채우기 색을 선택하여 **프로퍼티 : 채우기 색**을 만듭니다.

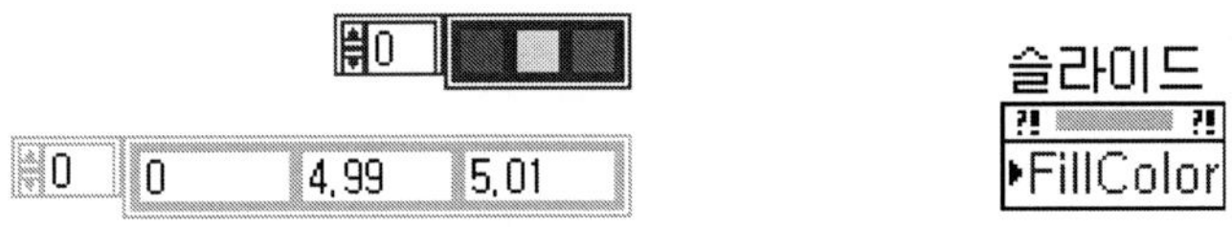

8. 다음과 같이 블록다이어그램을 완성합니다. **1D 배열 임계점**은 함수 > 프로그래밍 > 배열 팔레트에서 찾을 수 있습니다. **버림**은 함수 > 프로그래밍 > 숫자형 팔레트에서 찾을 수 있습니다. 슬라이드의 값이 변경되면 [새 값]과 {0, 4.99, 5.01}을 비교하여 0, 1, 2의 세 가지 값을 출력하도록 구성한 것입니다.

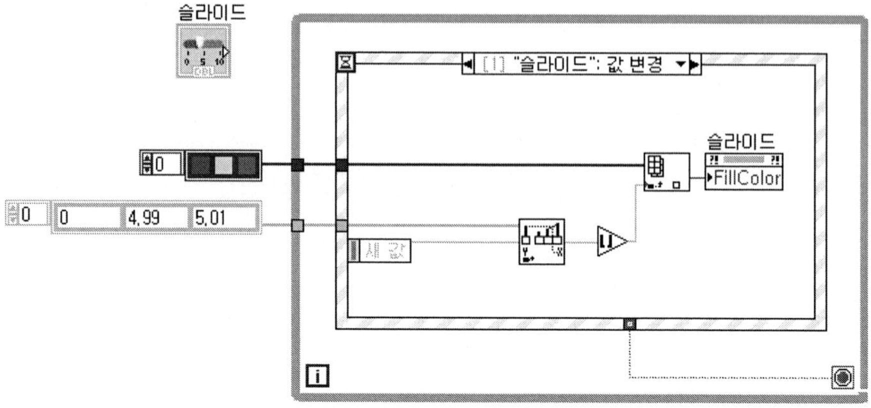

9. VI를 실행하고, 슬라이드의 값을 변경해봅니다. 프로브를 이용하여 각 지점의 실시간 데이터를 확인해봅니다.

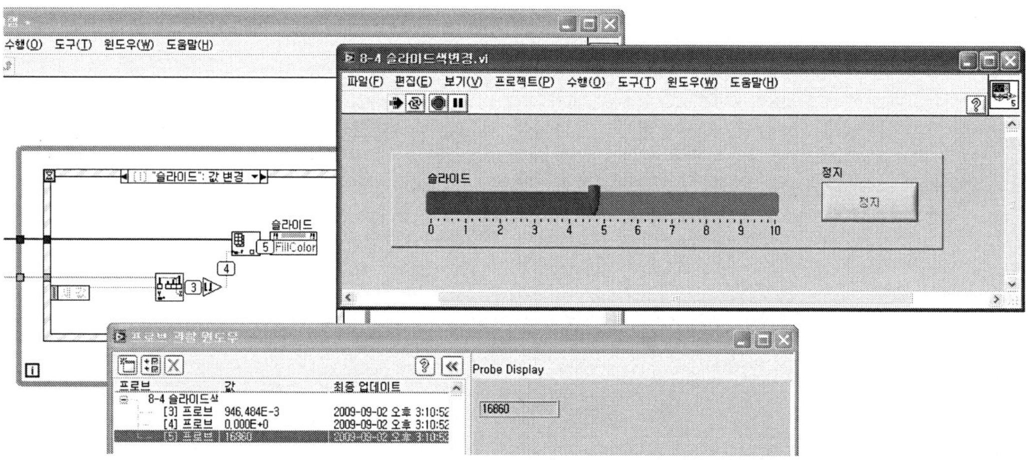

연습 3-10 끝

연습 3-11. 컨트롤 참조를 이용하여 차트 플롯 및 속성 설정

컨트롤 참조를 이용하여 SubVI의 결과 값을 Main VI로 전달하고, Main VI의 차트 속성을 변경해봅니다. 다음을 배웁니다.

- 웨이브폼 차트와 정지 버튼의 컨트롤 참조 번호를 만들어 봅니다.
- 참조 번호를 이용하여 프로퍼티를 변경하는 방법을 배웁니다.
- 참조 번호를 이용하여 인보크 노드의 메소드를 설정하는 방법을 배웁니다.

⌘ Sub VI 구성

1. 새 VI를 만들고, 참조Sub.vi로 저장합니다.
2. 프런트패널에 컨트롤 참조 번호 두 개와 웨이브폼 차트와 정지 버튼을 위치시킵니다. 컨트롤 참조 번호는 컨트롤 > 일반 > 참조 번호 팔레트에서 찾을 수 있습니다.
3. 정지 버튼의 기계적 동작을 [누를 때 스위치]로 바꿔줍니다. 래치는 엄격한 타입으로 정의할 수 없기 때문입니다. 단축메뉴에서 기계적 동작 > 누를 때 스위치를 선택해주면 됩니다.

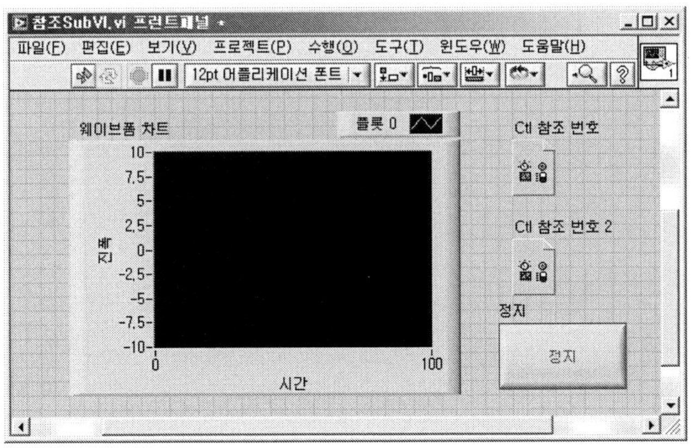

4. 정지 버튼과 웨이브폼 차트를 마우스로 선택한 다음, 끌어서 컨트롤 참조 번호 속에 넣어줍니다. 다음과 같이 프런트패널이 바뀝니다. 라벨도 각각

'Bool 참조 번호'와 'WFChart 참조 번호'로 바뀝니다. 그리고 엄격한 타입으로 정의되므로, 빨간색 별표가 왼쪽 아래에 생깁니다. VI의 아이콘을 수정해주고, 커넥터에 참조 번호를 연결해줍니다.

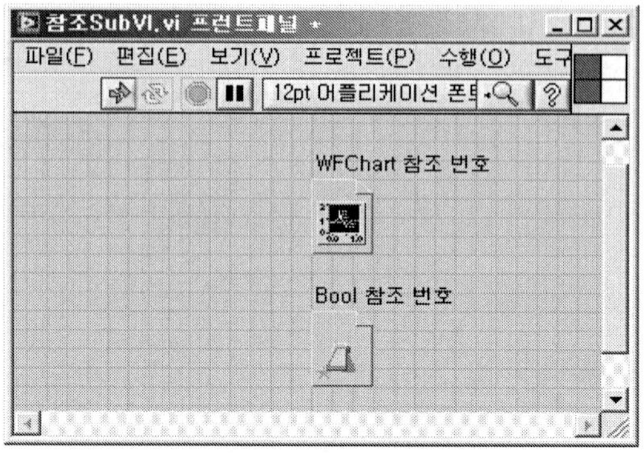

5. 다음과 같이 블록다이어그램을 구성합니다. 일반 프로퍼티 노드 세 개를 While 루프 속에 위치시키고, 참조 입력에 WFChart 참조 번호와 Bool 참조 번호를 입력합니다. 첫 번째와 두 번째 프로퍼티 노드는 [쓰기로 변경]을 선택하여 쓰기로 설정합니다. 프로퍼티는 [점멸]과 [값]으로 선택해줍니다. 함수 > 프로그래밍 > 어플리케이션 컨트롤 팔레트에서 **프로퍼티 노드**를 찾을 수 있습니다. 첫 번째 프로퍼티 노드는 웨이브폼 차트의 점멸을 설정하고, 두 번째 프로퍼티 노드는 웨이브폼 차트에 값을 입력하고, 세 번째 프로퍼티 노드는 정지 버튼의 값을 읽어오는 역할입니다.

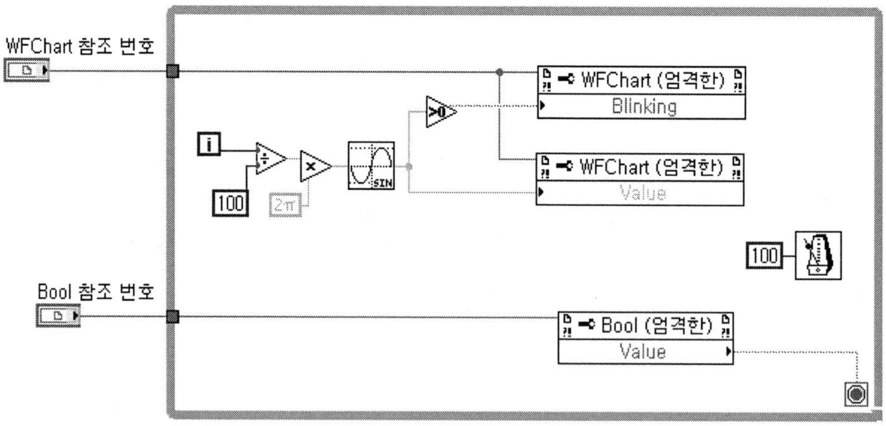

⌘ Main VI 구성

6. 새 VI를 만들고, 참조Main.vi로 저장합니다.
7. 프런트패널에 웨이브폼 차트와 정지 버튼을 위치시키고, 정지 버튼의 기계적 동작을 [누를 때 스위치]로 바꿔줍니다.

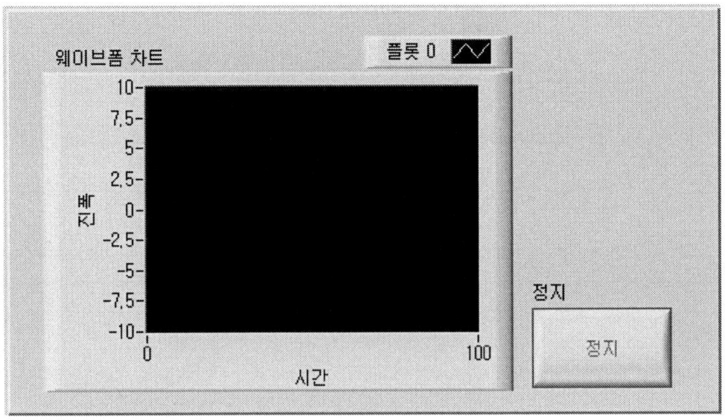

8. 블록다이어그램의 터미널에서 단축메뉴로 생성 > 참조를 선택하여 웨이브폼 차트와 정지의 참조를 생성합니다.
9. 참조Sub.vi를 위치시키고, [WFChart 참조 번호]와 [Bool 참조 번호]에 각각 웨이브폼 차트 참조와 정지 참조를 연결합니다. 이때 정지 버튼의 기계적 동작이 [누를 때 스위치]로 설정되지 않으면 에러가 발생합니다.

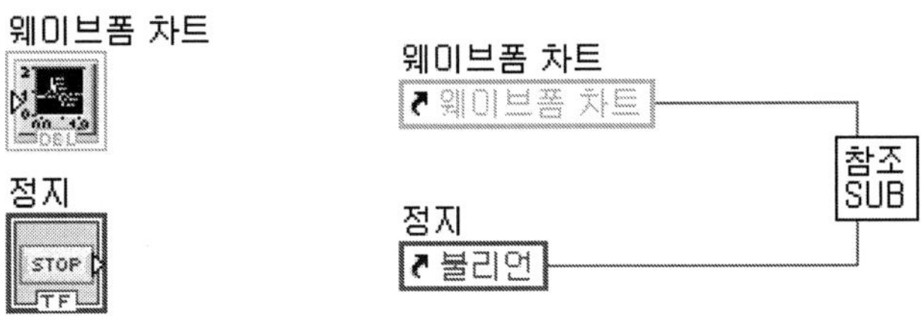

10. 참조Main.vi를 저장하고, 실행합니다. 사인파형이 출력되고, 0이상이면 점멸함을 확인할 수 있습니다. 그리고 Main VI에는 While 루프가 없지만 반복 실행함을 확인할 수 있습니다.

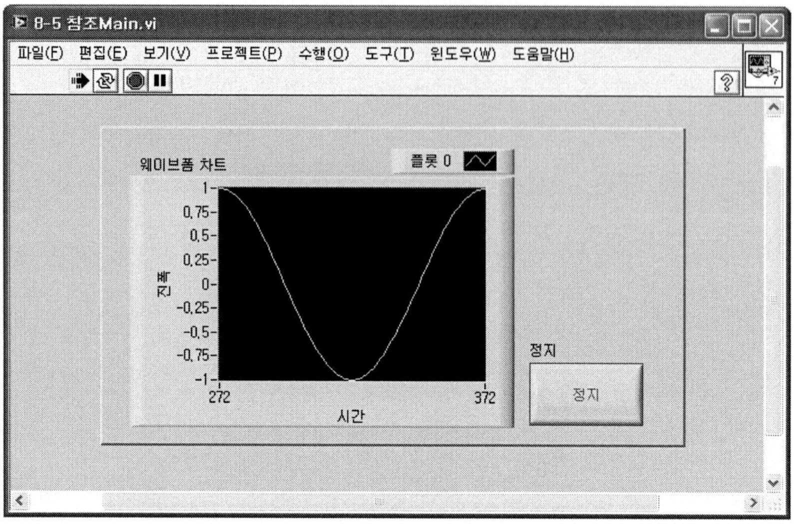

11. 참조Sub.vi를 다음과 같이 수정합니다. 인보크 노드를 위치시키고, Bool 참조 번호를 참조에 연결합니다. 메소드로 [기본값으로 다시 초기화]를 선택해줍니다. 함수 > 프로그래밍 > 어플리케이션 컨트롤 팔레트에서 **인보크 노드**를 찾을 수 있습니다.

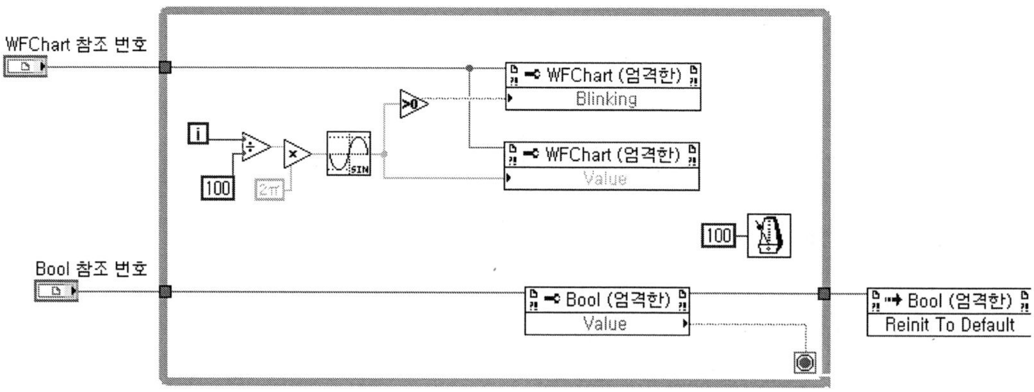

12. 참조Main.vi를 다시 실행합니다. 정지 버튼을 클릭하여 VI를 종료한 뒤에 정지 버튼이 기본값으로 돌아옴을 확인할 수 있습니다.

연습 3-11 끝

바. LabVIEW 배포하기

LabVIEW를 이용하여 VI를 생성한 다음, 실행 파일로 만들어 사용하거나 다른 컴퓨터로 배포할 수 있습니다. 실행 파일은 독립적인 프로그램으로 LabVIEW 프로그래밍의 최종 단계입니다. VI를 실행 파일로 만들어서 배포하기 위해서는 Application Builder가 있어야 됩니다. LabVIEW의 Professional 버전 이상을 사용하거나 Application Builder를 따로 구매하여 설치해야 됩니다.

1. 실행 파일 만들기

실행 파일은 **LabVIEW 프로젝트**의 **빌드 스펙**에서만 만들 수 있습니다. 프로젝트가 없는 경우에는 새로 만들어 줘야 될 것입니다. LabVIEW 프로젝트와 VI가 완성되면, 빌드 스펙의 단축메뉴에서 새로 만들기 > 어플리케이션(EXE)을 선택합니다.

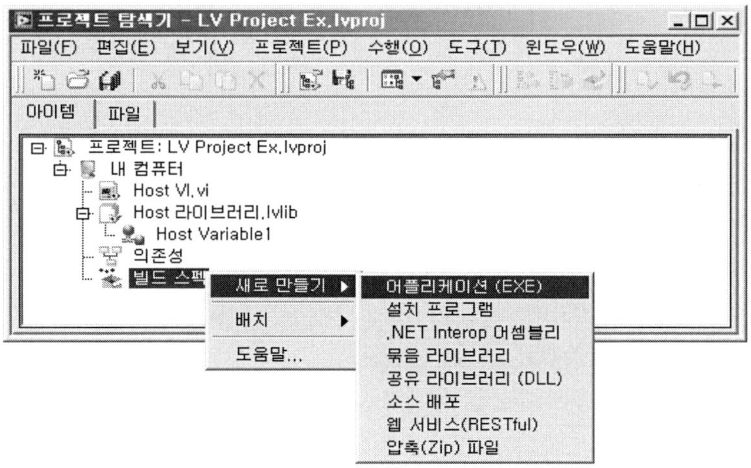

다음과 같이 [나의 어플리케이션 프로퍼티] 창이 나타납니다. 기본적으로

[정보]와 [소스 파일] 부분을 설정해줘야 됩니다. [정보]에서 빌드 스펙 이름, 타깃 파일 이름, 그리고 대상 디렉터리 등을 설정할 수 있습니다.

[소스 파일]에서 실행파일로 만들 소스 VI를 추가해줍니다. VI를 선택하고  버튼을 클릭하여 시작 VI창에 추가합니다.

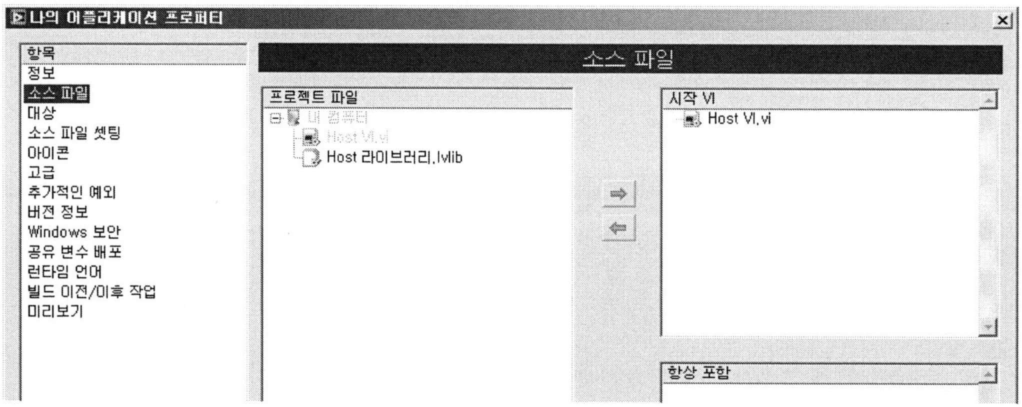

빌드 버튼을 클릭하면 지정한 디렉터리에 실행 파일과 관련 파일들이 생성됩니다. 실행 파일 생성이 완료되면, 다음과 같이 빌드 스펙 아래에 [나의 어플리케이션]이 생깁니다. 이것을 이용하여 LabVIEW 프로젝트를 수정하거나 추가적인 작업을 진행할 때, 실행 파일 생성에 대한 정보를 확인하고 수정할 수 있습니다.

[실행 파일을 만들기 위한 준비 단계]

VI를 실행하는 것과 실행 파일을 이용하는 것에는 차이가 있습니다. 그러므로 실행 파일을 만들 경우에는 VI를 일부 수정해줄 필요가 있습니다.

A. 현재 값을 기본값으로

프런트패널 컨트롤들의 초기값을 저장해줍니다. 메뉴의 편집(E)에서 **현재 값을 기본값으로(M)**를 찾을 수 있습니다.

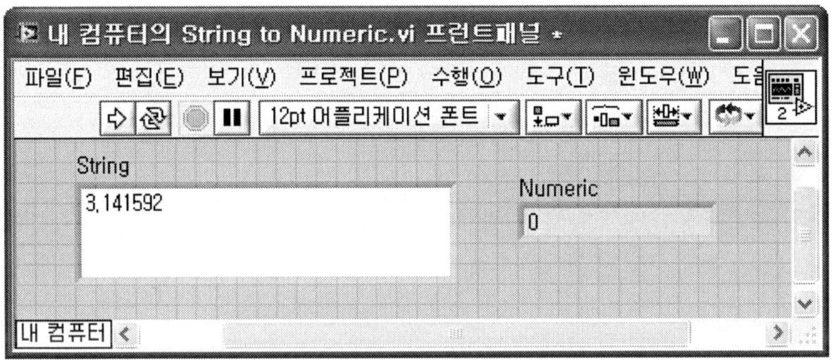

B. LabVIEW 종료 사용하기

실행을 종료할 경우, 윈도우 창이 자동으로 닫히지 않습니다.

실행 종료 후에 윈도우 창을 닫도록 만들기 위해서는  **LabVIEW 종료**를 블록다이어그램에 추가해줘야 됩니다. 함수 > 프로그래밍 > 어플리케이션 컨트롤 팔레트에서 찾을 수 있습니다.

일반적으로 블록다이어그램의 마지막 부분은 에러 핸들러이므로 다음과 같이 에러 핸들러 다음에 LabVIEW 종료를 추가해줍니다. 시퀀스 구조를 이용하여 단순 에러 핸들러 다음에 LabVIEW 종료가 실행되도록 구성하였습니다.

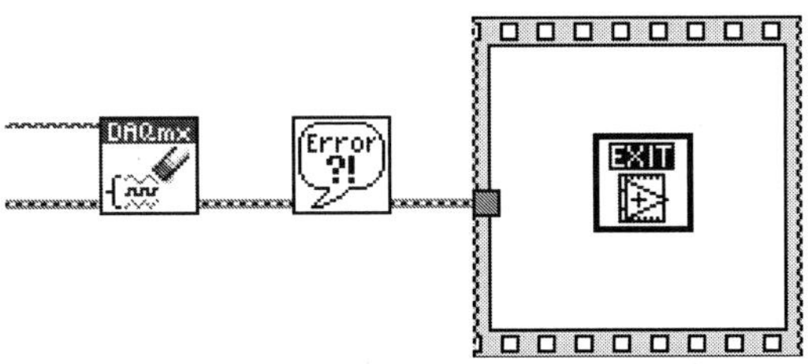

C. 파일 경로 자동 지정

파일 경로를 자동으로 지정할 수 있도록 VI를 수정해줄 필요가 있습니다.

현재 VI의 경로, **경로 분리**, 그리고 **경로 만들기** 함수들을 사용합니다. 함수 > 프로그래밍 > 파일 I/O 팔레트에서 찾을 수 있습니다.

현재 VI의 경로는 VI나 실행 파일이 위치한 파일 경로를 출력합니다.

경로 분리는 경로에서 한 단계를 분리해냅니다. 현재 VI의 경로를 확인했다면, 경로 분리를 이용하여 VI가 위치한 폴더를 얻을 수 있습니다.

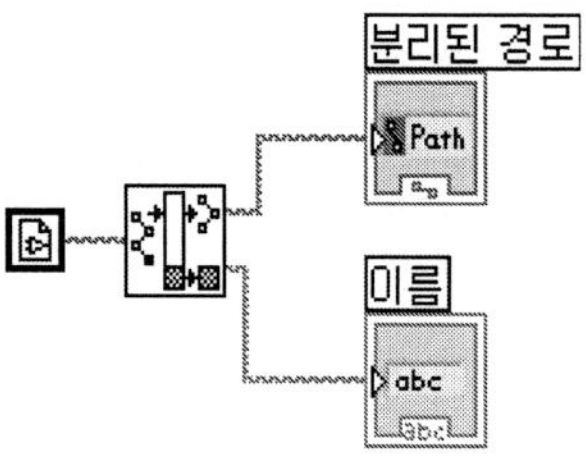

경로 만들기를 이용하여 경로를 한 단계 더 추가할 수 있습니다.

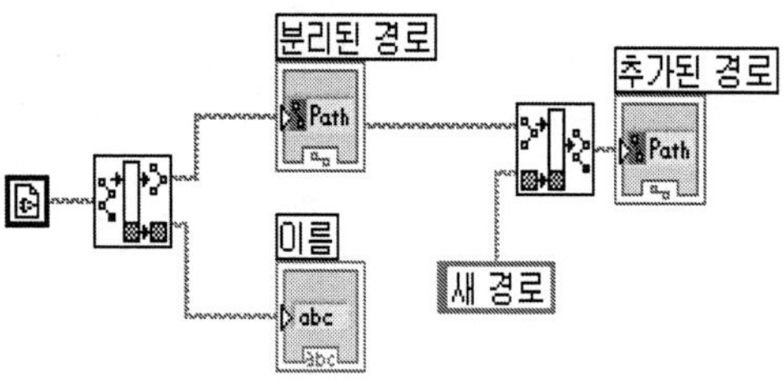

2. 설치 프로그램 만들기

LabVIEW로 만든 실행 파일을 실행하기 위해서는 LabVIEW 런타임 엔진과 여러 하드웨어 드라이버가 필요합니다. 사용된 함수에 따라서, NI-DAQmx 드라이버나 NI-488.2 드라이브, NI-VISA 드라이브 등이 필요합니다. 그래서 LabVIEW가 설치되지 않는 컴퓨터에서 LabVIEW 실행 파일을 사용하기 위해서는 관련 엔진과 드라이버들도 함께 설치해줘야 됩니다. 그러나 어떤 엔진과 드라이버를 설치해야 될 지를 일일이 확인하고 찾아서 설치하는 것은 쉬운 일이 아닙니다.

LabVIEW로 만든 VI를 실행파일로 만들어 원활하게 배포하기 위해서 **설치 프로그램**을 만들어줍니다. 다음과 같이 프로젝트의 빌드 스펙에서 새로 만들기 > 설치 프로그램을 선택하여 설치 프로그램을 만들 수 있습니다.

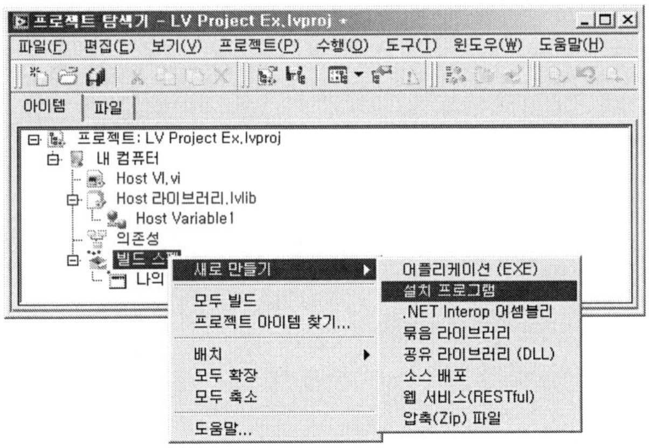

[나의 설치 프로그램 프로퍼티] 창에서 [제품 정보], [소스 파일], 그리고 [추가 설치 프로그램] 항목을 필수적으로 설정해줘야 됩니다.

제품 정보

빌드 스펙 이름, 제품 이름, 설치 프로그램 대상을 설정해줍니다. 빌드 스펙 이름은 LabVIEW 프로젝트 상의 이름입니다. 그리고 제품 이름과 설치 프로그램 대상은 생성된 설치 프로그램의 이름과 만들어질 위치를 지정하는 것입니다.

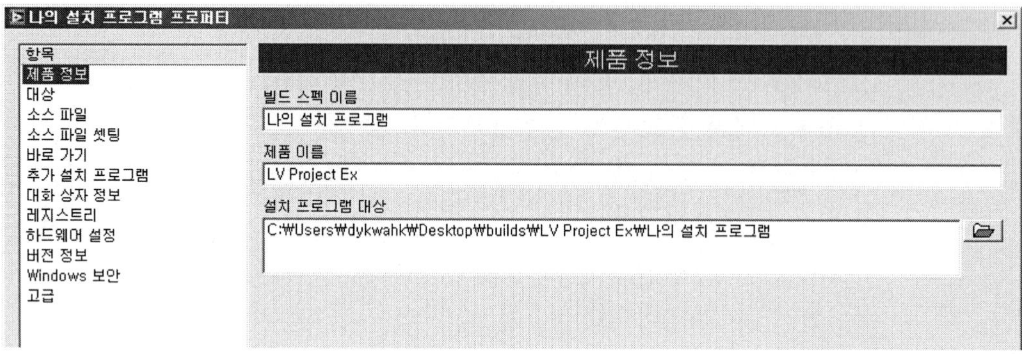

소스 파일

Main이 되는 VI를 프로젝트에서 선택하고, ➡ 버튼을 클릭하여 대상보기 창에 추가해줍니다. 이때 SubVI는 자동으로 링크됩니다.

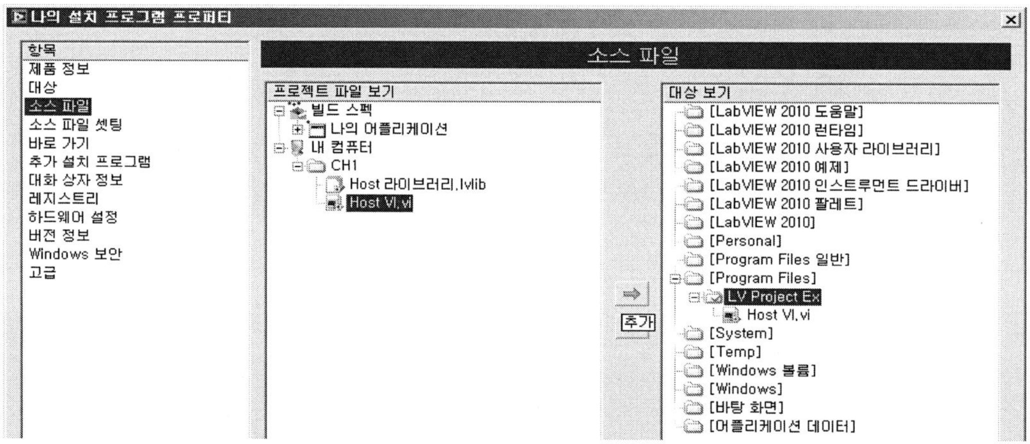

추가 설치 프로그램

LabVIEW 런타임 엔진과 VI의 실행에 필요한 하드웨어 드라이브 들을 선택해줍니다. 이때 LabVIEW를 내 컴퓨터에 설치할 당시에 사용했던 드라이브나 엔진의 파일 경로에 따라서 관련 드라이브가 선택됩니다. 그 경로에 해당 드라이브가 없을 경우에는 수동으로 선택해줘야 될 것입니다. 일부 하드웨어 드라이브의 원본은 용량이 너무 크기 때문에 [설치 타입]으로 Full을 선택하면, 최종적으로 만들어지는 설치 프로그램의 용량이 너무 크질 수 있습니다. 가장 적합한 설치 타입을 선택해줘서 용량을 최적화시킬 수 있습니다.

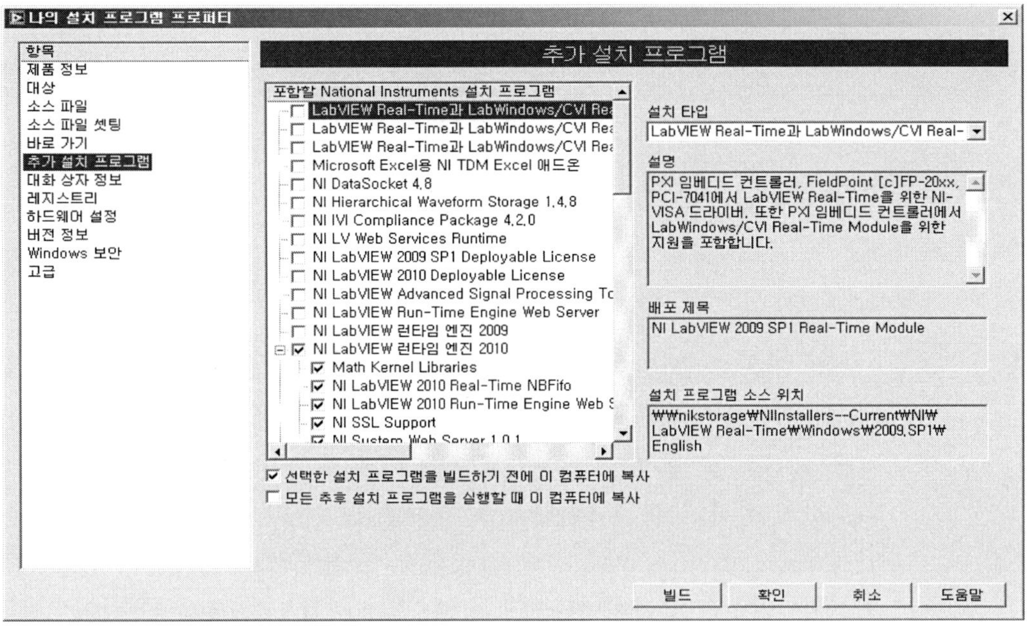

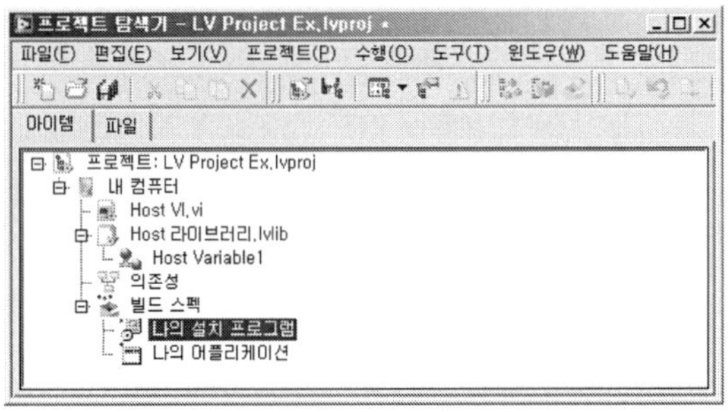

추가적인 세부 설정이 완료되면 **빌드** 버튼을 클릭하여 설치 프로그램을 생성합니다. 다음과 같이 프로젝트의 빌드 스펙에 [나의 설치 프로그램] 항목이 생기고, 지정한 폴더에 설치 프로그램이 생성됩니다.

CD로 구울 경우를 가정하여 Volume 폴더에 설치 프로그램이 생성됩니다. 이때 supportfiles 폴더에 선택해준 추가 설치 프로그램들이 들어갑니다. 그리고 setup.exe를 실행하면 인스톨 과정이 진행됩니다.

사. 웹 어플리케이션

작성한 VI를 웹 브라우저에서 모니터링하고 컨트롤할 수 있도록 설정할 수 있습니다. 웹 브라우저는 세계 어느 곳에서나 쉽게 접속이 가능하므로, 웹을 이용한 자동제어와 계측 시스템을 만들면 응용의 폭이 넓어지고 편리해집니다. LabVIEW에서는 웹 서버 방식과 웹 서비스 방식으로 웹 어플리케이션을 제공합니다. 웹 서버는 서버에 위치한 VI를 클라이언트에서 사용자가 웹 브라우저를 통하여 모니터링하거나 컨트롤하는 솔루션입니다. 그러나 클라이언트에도 LabVIEW run time engine이 있어야만 가능한 솔루션입니다. 반면 웹 서비스는 클라이언트에 LabVIEW run time engine이 없어도 구현이 가능한 솔루션입니다. 그리고 웹 서버는 간단한 설정으로 바로 사용할 수 있는 솔루션이지만, 웹 서비스는 HTML과 같은 웹 개발 포맷을 알아야만 개발이 가능한 솔루션입니다.

1. 웹 서버

웹을 이용하여 VI를 제어하기 위해서는 LabVIEW 옵션에서 네트워크 환경 설정을 해줘야 됩니다. **웹 서버 : 일반, VI 보기, 브라우저 접근** 등을 설정해줘야 됩니다. 특히 **웹 서버 활성화**를 꼭 선택해줘야 됩니다.

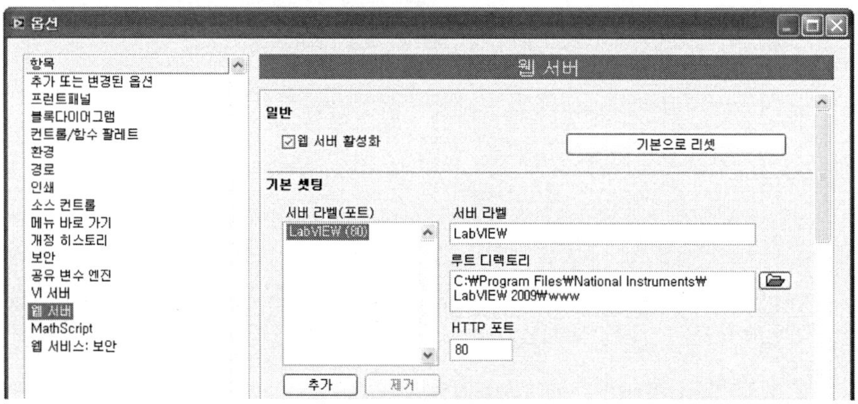

그리고 웹 서버에 접속하기 위해서는 클라이언트 컴퓨터에 **LabVIEW 런타임 엔진(run time engine)**이 설치되어 있어야 됩니다. 다음 연습을 통하여 웹 서버를 이용한 VI 모니터링과 컨트롤을 배워봅니다.

연습 3-12. 웹 서버를 이용한 VI 모니터링과 컨트롤

이 연습을 통하여 웹 서버를 이용하여 VI를 모니터링하고 컨트롤하는 방법을 배워봅니다. 이 연습을 실행하기 위해서는 쌍방향 통신이 지원되는 네트워크 환경이 필요합니다.

⌘ VI 만들기

1. 새 VI를 만들고, 신호 시뮬레이션.vi로 저장합니다.
2. 다음과 같이 블록다이어그램과 프런트패널을 구성합니다. 함수 > 익스프레스 > 입력 팔레트에서 **신호 시뮬레이션**을 찾을 수 있습니다.
3. 신호 시뮬레이션에서 단축 메뉴를 이용하여 **주파수, 진폭** 입력에서 컨트롤을 생성해주고, **사인파** 출력에서 그래프 인디케이터를 생성해줍니다.

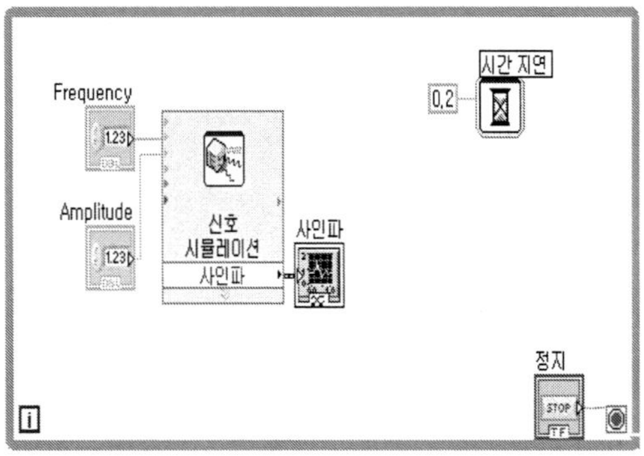

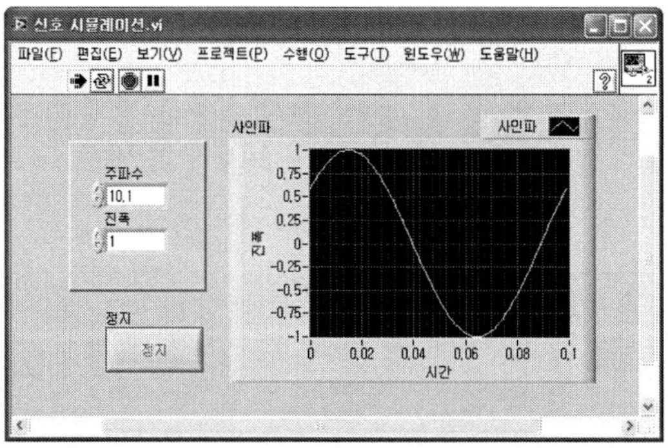

⌘ 웹 서버

4. 상단 메뉴에서 도구(T) > 웹 출판 도구...를 선택합니다. [웹 출판 도구]가 실행됩니다.
5. **웹 서버 시작** 버튼을 클릭하여 웹 서버를 시작합니다.
6. [VI와 보기 옵션 선택]의 VI 이름에서 신호 시뮬레이션.vi를 선택해줍니다. 해당 VI가 윈도우 상에 열려있어야만 VI 이름 리스트에 나타납니다. 만약 신호 시뮬레이션.vi가 닫혀 있다면, 먼저 VI를 열고 웹 출판 도구를

실행해야 될 것입니다.

7. 보기 모드에서 [임베디드]를 선택합니다.
   - 임베디드 : 웹에서 모니터링과 컨트롤이 모두 가능합니다.
   - 스냅샷 : 프런트패널의 정적 이미지를 디스플레이합니다.
   - 모니터 : 프런트패널의 업데이트되는 이미지를 디스플레이합니다.

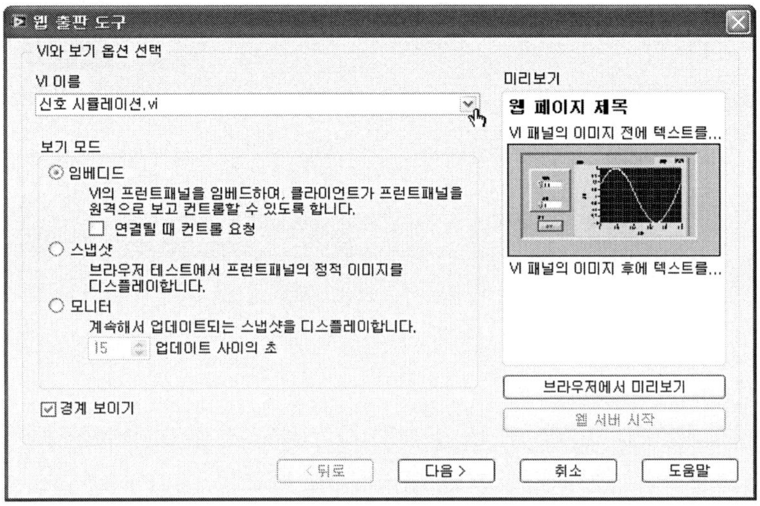

8. 다음 버튼을 클릭합니다. [HTML 출력 선택]에서 문서 제목과 머리글, 바닥글을 입력해줍니다.

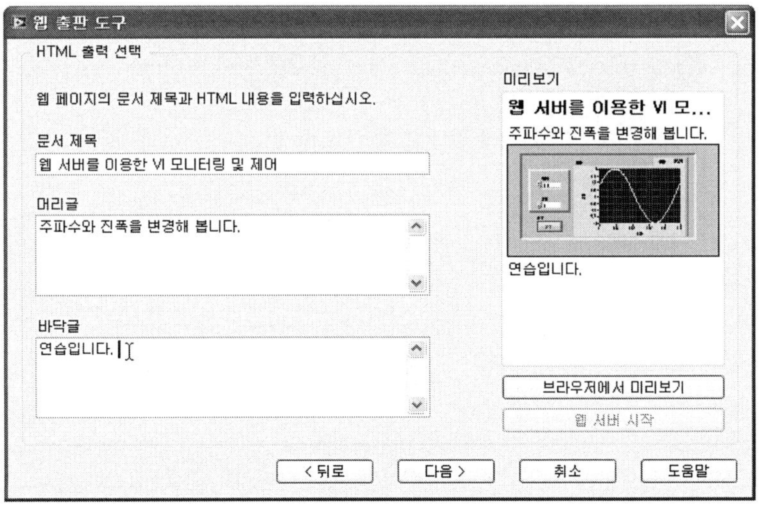

9. 다음 버튼을 클릭합니다. [새 웹 페이지 저장]에서 웹 페이지를 저장할 디렉터리를 지정해줍니다. 이때 파일 이름은 영문으로 입력합니다.

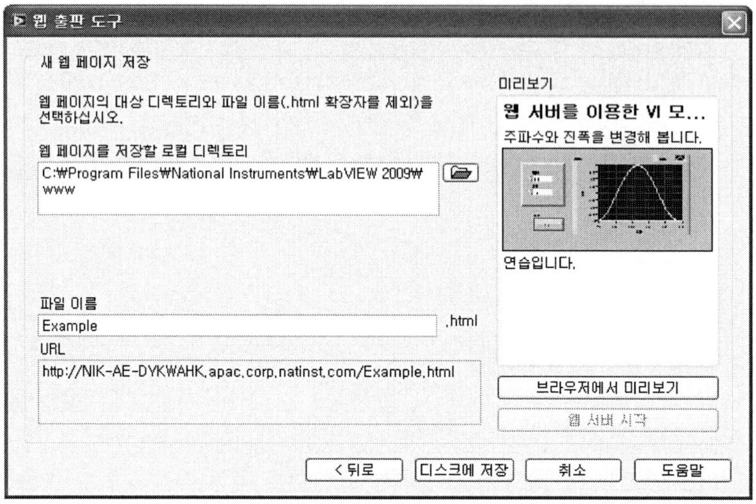

URL을 확인할 수 있습니다. http://웹 서버의 컴퓨터 이름/파일이름.html입니다. 또는 http://웹 서버의 컴퓨터 IP/파일 이름.html입니다.

10. **디스크에 저장** 버튼을 클릭합니다. 다음과 같이 [문서 URL] 대화 상자가 나타납니다. 연결 버튼을 클릭하여 인터넷 브라우저에 바로 접속하거나, 확인 버튼을 클릭하여 웹 출판 도구를 종료합니다.

11. 다른 컴퓨터의 웹 브라우저에서 **http://[웹 서버 컴퓨터 IP 혹은 컴퓨터 이름]/파일이름.html**을 입력합니다. 이때 신호 시뮬레이션.vi가 웹 서버의 윈도우 상에 열려있어야 됩니다.
12. 신호 시뮬레이션.vi를 실행합니다. 다음과 같이 웹 브라우저에서 시뮬레

이션.vi를 모니터링할 수 있습니다.

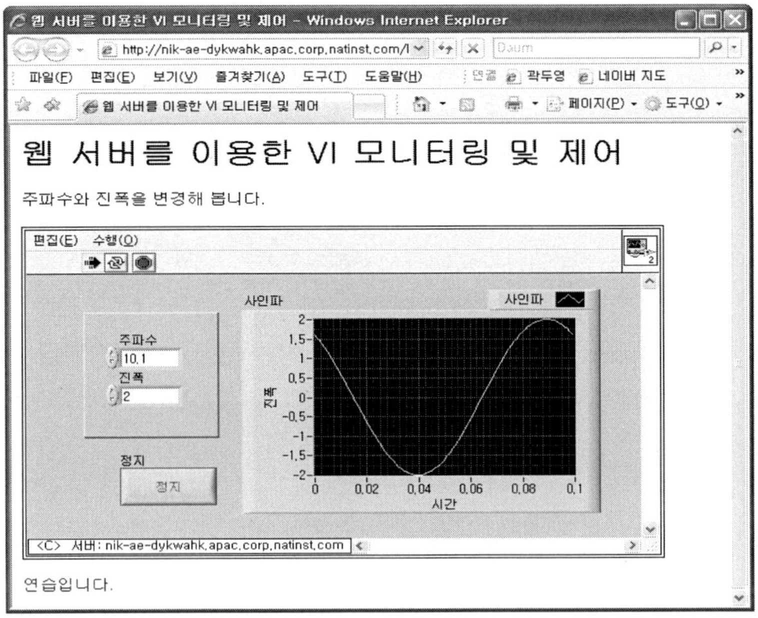

13. 왼쪽 아래 탭에서 [VI의 컨트롤 요청]을 선택합니다. 웹 브라우저에서 모니터링뿐만 아니라 컨트롤까지 가능하도록 설정하는 것입니다.

14. 주파수와 진폭을 바꿔줍니다. 정지 버튼을 클릭하여 VI의 실행을 종료할 수 있습니다.
15. 웹 브라우저 상에서 [VI의 컨트롤 해제]를 선택하여 컨트롤을 해체할 수 있습니다. 혹은 다음과 같이 VI에서 [컨트롤 전환]을 선택하여 컨트롤을 받아올 수 있습니다. VI의 아래 탭에서 선택할 수 있습니다. 이때, [컨트롤 획득]을 선택하면 동시에 [컨트롤 잠금]도 설정되므로 잠금 해제를 해줘야만 다른 컴퓨터에서 컨트롤을 요청할 수 있습니다.

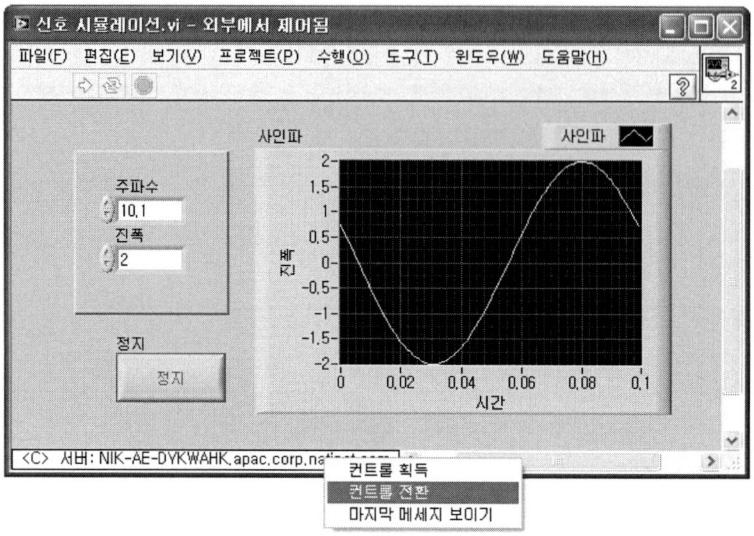

16. 신호 시뮬레이션.vi의 실행을 종료합니다.

참고 웹 서버를 이용한 VI의 컨트롤은 네트워크 제공 업체에서 쌍방향 통신이 지원될 경우에만 사용할 수 있습니다. 만약 네트워크 관리자가 쌍방향 통신을 막아버렸을 경우에는 컨트롤 모드를 사용할 수 없습니다.

연습 3-12 끝

2. 웹 서비스

웹 서버를 이용하여 LabVIEW VI를 모니터링하고 컨트롤하기 위해서는 클라이언트 컴퓨터에 LabVIEW 런타임 엔진이 설치되어야 됩니다. 그리고 웹 서버에서 제공하는 HTML 포맷이 단순하여 고객이 원하는 웹 화면을 구성하기 힘듭니다. 플래시를 넣거나 다양한 컨텐츠를 추가하고자 하는 경우에는 **웹 서비스**를 이용하여 구현할 수 있습니다. 특히 LabVIEW 런타임 엔진을 설치하지 않아도 되고 모든 웹 기반에서 구현이 가능하므로 최근 발전하고 있는 모바일 인터넷 폰이나 PDA에서도 웹 서비스를 이용할 수 있습니다. LabVIEW 웹 서비스는 8.6버전부터 지원하며 Full 및 Professional 버전 이상에서 지원됩니다. 그리고 근본적으로 웹 디자인이 필요하므로 웹 디자인 툴을 사용해서 다양한 웹 화면을 구현해야 됩니다. 나모 웹에디터 등의 다양한 툴들을 시중에서 구할 수 있습니다.

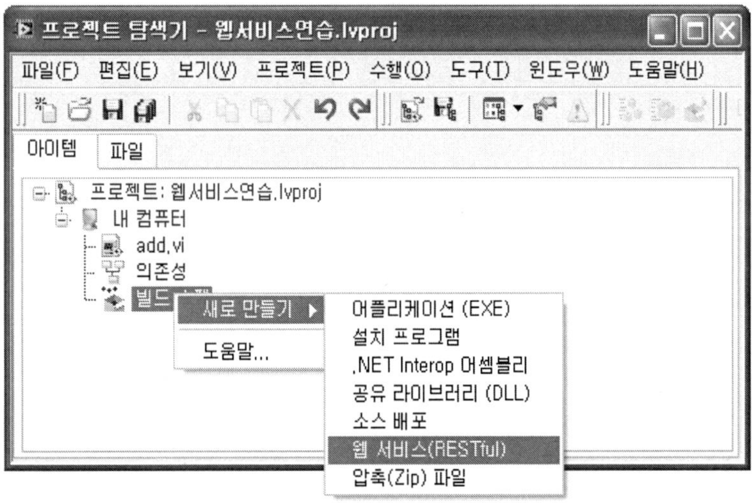

웹 서비스는 프로젝트의 빌드 스펙에서 생성하여 배포할 수 있습니다. 빌드 스펙 > 새로 만들기 > 웹 서비스(RESTful)로 만들 수 있습니다.

그리고 웹 서비스를 사용하기 위해서는 LabVIEW 옵션에서 **웹 서비스**를 활성화시켜줘야 됩니다. 상단 메뉴의 도구(T) > 옵션을 선택하여 옵션 대화 상자를 띄울 수 있습니다. 그리고 웹 서버 > 고급 셋팅 > 접근 허용에서 웹 서비스를 활성화시킵니다.

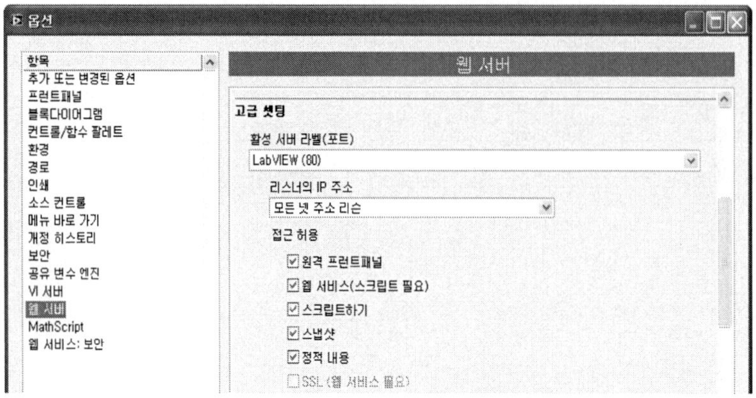

다음 연습을 통하여 웹 서비스를 만들고 사용하는 법을 익혀봅니다.

연습 3-13. 웹 서비스를 이용한 VI 모니터링과 컨트롤

웹 서비스를 이용하여 VI를 모니터링하고 컨트롤하는 방법을 익혀봅니다. 웹 서버보다 자유로운 웹 어플리케이션을 구현할 수 있는 방법입니다.

⌘ 프로젝트 탐색기

1. 새 프로젝트를 만들고 웹서비스연습.lvproj로 저장합니다.
2. 내 컴퓨터 > 새로 만들기 > VI를 선택하여 새 VI를 만들고 add.vi로 저장합니다.
3. 다음과 같이 add.vi의 블록다이어그램을 구성합니다. 이때 라벨은 영문으로 작성해야 됩니다.

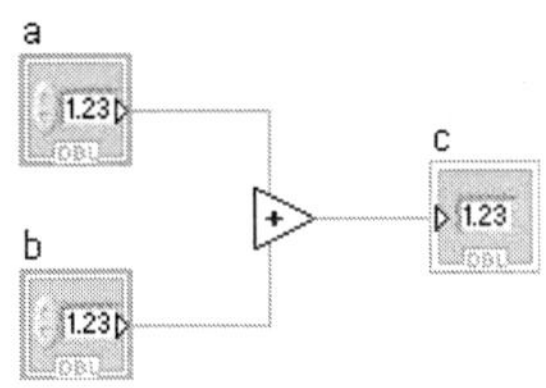

4. 프런트패널을 정리하고 컨트롤과 인디케이터를 커넥터에 연결해줍니다. 커넥터 연결은 SubVI를 만들 때와 동일합니다. 오른쪽 상단의 아이콘을 **커넥터 보이기**로 바꾸고 프런트패널의 컨트롤과 인디케이터를 각각 커넥터에 연결해줍니다.

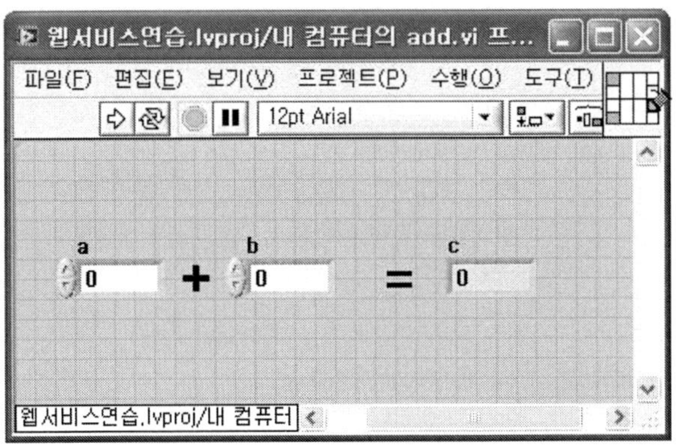

⌘ 웹 서비스 만들기

5. 프로젝트 탐색기에서 빌드 스펙 > 새로 만들기 > 웹 서비스(RESTful)를 선택하여 [웹 서비스 프로퍼티] 대화 창을 띄웁니다. 이때 정보 > 빌드 스펙 이름을 변경하면 대화 창의 이름과 대상 디렉터리의 이름이 함께 변경

됩니다.

6. 정보 > 서비스 이름을 "add"로 바꿔줍니다. [서비스 이름]은 웹 서비스에 접근할 때 URL로 사용됩니다.

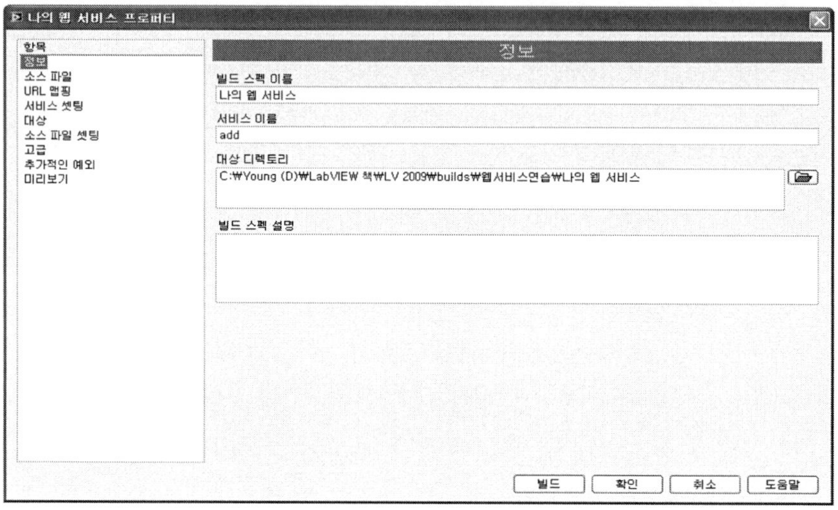

7. [소스 파일]에서 내 컴퓨터의 add.vi를 선택하여 ➡로 서비스 VI(복수)로 추가해줍니다.
8. [RESTful VI 설정] 창에서 VI의 기본설정을 할 수 있습니다. [출력 포맷]으로 HTML을 선택해주고 확인 버튼을 클릭하여 적용합니다.

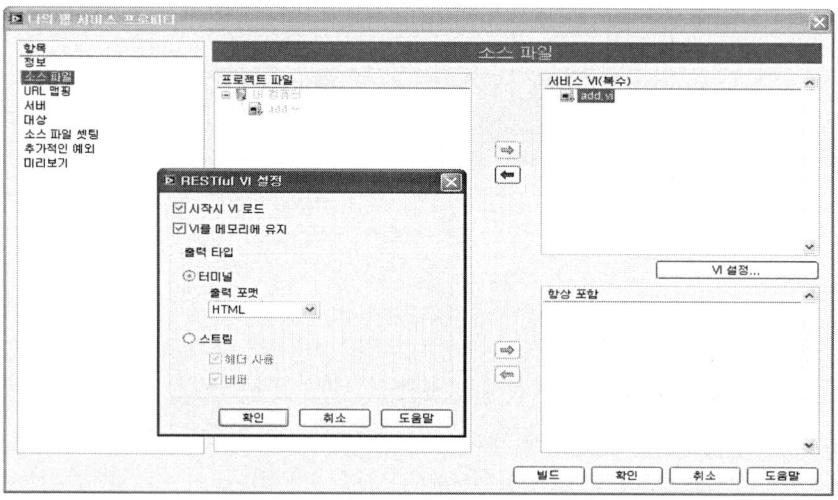

9. [URL 맵핑]에서 [+]을 클릭하여 URL을 맵핑합니다. 실제 URL 및 웹 디자인과 연동되는 부분이므로 LabVIEW 도움말을 참고하여 맵핑해줘야 될 것입니다. 여기에서는 /c/:a/:b를 입력합니다. 소문자와 대문자를 구분하고 VI에서 사용한 컨트롤과 인디케이터의 라벨과 일치해야 됩니다.

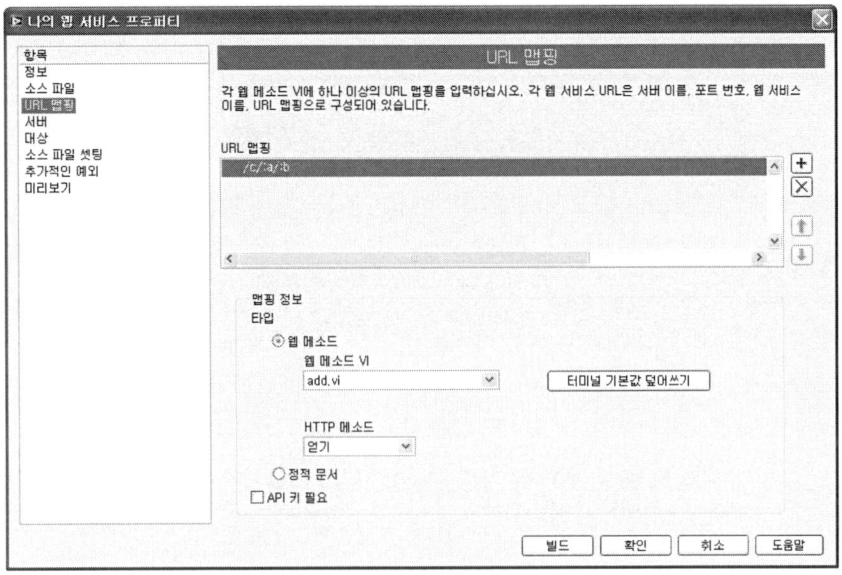

/c/:a/:b는 c값을 출력하고, a와 b값은 URL로 입력받는다는 의미입니다.

10. URL 맵핑이 끝나면 하단에 있는 빌드 버튼을 클릭하여 웹 서비스를 생성합니다. 다른 항목들은 목적에 맞추어 편집해주면 될 것입니다. 프로젝트의 빌드 스펙에 나의 웹 서비스가 생성됨을 확인할 수 있습니다.

⌘ 웹 서비스 실행하기

11. [나의 웹 서비스]의 단축 메뉴에서 **배포**를 선택합니다. 이때 [웹 서비스]가 활성화되어있어야 되고, 활성화되지 않았을 경우에는 옵션 > 웹 서버 > 고급 셋팅 > 접근 허용에서 웹 서비스를 활성화시켜줍니다.

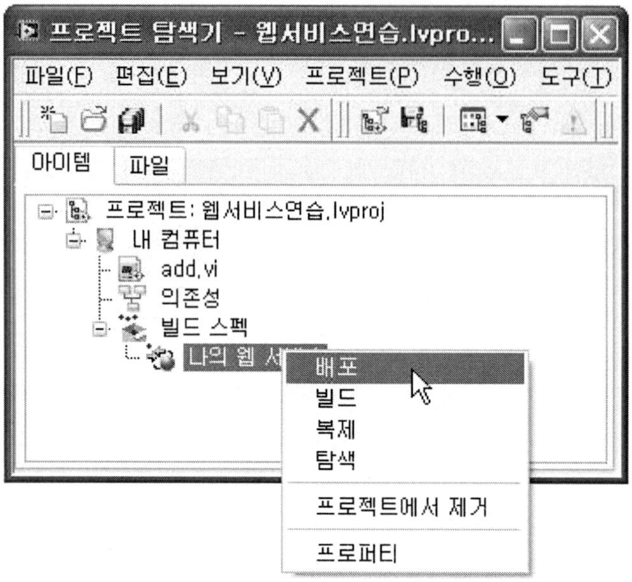

12. 웹 브라우저에 **http://localhost/add/c/2/3**을 입력합니다. 다음과 같이 출력 값 c가 5임을 디스플레이해줍니다. localhost는 내 컴퓨터를 의미합니다. 다른 컴퓨터에서는 http://[웹 서버의 IP]/add/c/2/3을 입력해줍니다.

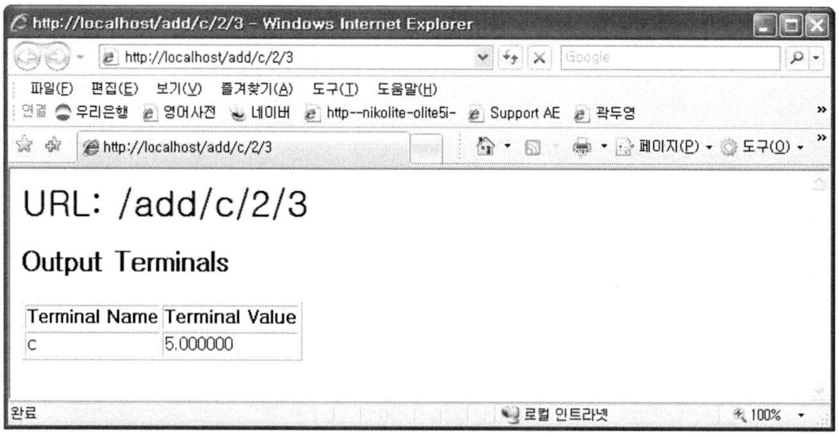

기본 URL은 다음과 같습니다. http://[웹 서버의 IP]/[웹 서비스 이름]/[추가 포맷]

연습 3-13 끝

07. 인쇄하기와 탐색 윈도우

LabVIEW는 CAD와 비슷한 모양이지만, 프로그래밍 언어이므로 CAD처럼 프런트패널이나 블록다이어그램을 축소/확대하여 확인할 수는 없습니다. 그러나 블록다이어그램을 크게 작성한 경우에 블록다이어그램 전체를 한눈에 보고 확인할 필요가 종종 있습니다. 이때 유용하게 사용할 수 있는 방법이 인쇄하기입니다. 메뉴의 파일(F) > 인쇄... 선택합니다. 인쇄 내용으로 아이콘, 설명, 패널 및 다이어그램을 선택하고, **블록다이어그램을 스케일하여 맞춤**으로 선택해주면 프린트 용지 크기에 맞추어 인쇄가 됩니다.

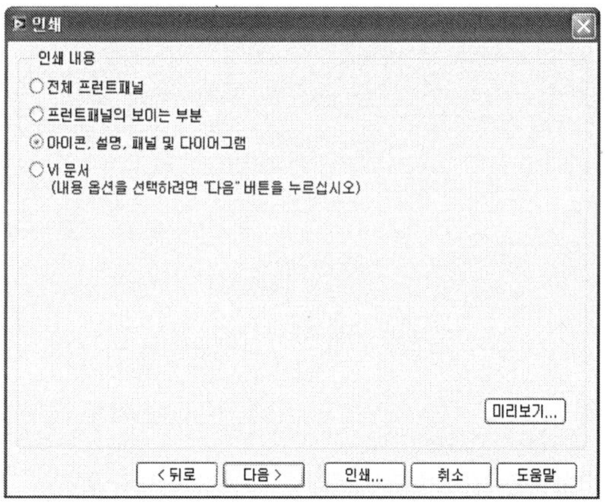

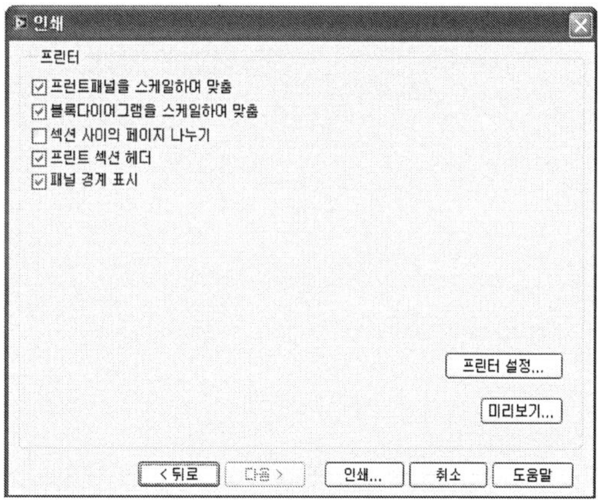

탐색 윈도우는 보기(V) > 탐색 윈도우(N)에서 선택하여 띄울 수 있습니다. 큰 블록다이어그램이나 프런트패널을 탐색하기 위하여 탐색 윈도우를 띄우고, 원하는 부분을 탐색하여 확인할 수 있습니다.

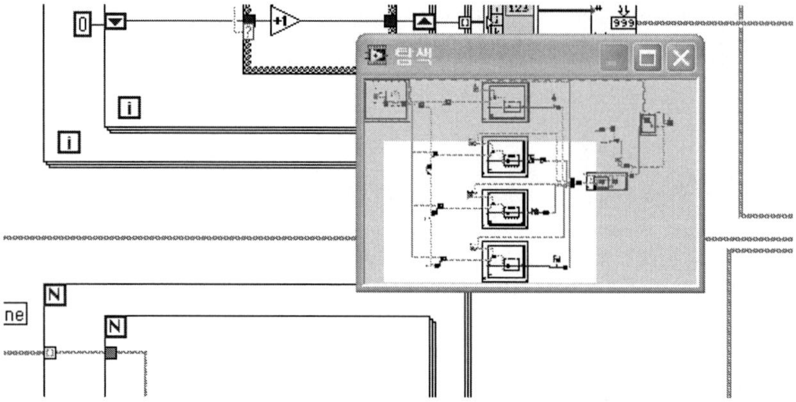
탐색

요약정리

가. LabVIEW 프로젝트를 이용하여 프로젝트 기반의 프로그램을 작성할 수 있습니다.
나. 프로젝트에서 공유변수를 선언하고 사용할 수 있습니다.
다. 로컬 변수와 글로벌 변수를 이용하여 VI 내에서 혹은 다른 VI로 데이터를 전달할 수 있습니다.
라. 파일 열기, 파일 쓰기, 파일 닫기의 세 단계로 파일을 저장할 수 있습니다. 그리고 파일 열기, 파일 읽기, 파일 닫기의 세 단계로 파일을 읽어올 수 있습니다.
마. 주로 문자열 ASCII 형식으로 저장하지만, 2진 파일로 저장하면 데이터의 크기를 최적화할 수 있습니다.
바. DataSocket Server를 이용하여 손쉽게 데이터 통신을 수행할 수 있습니다.
사. 가장 전통적이고 안정적인 통신 방법인 TPC 통신을 구현할 수 있습니다.
아. VI프로퍼티에서 VI의 여러 옵션을 설정할 수 있습니다.
자. VI재귀로 설정하여 자기 블록다이어그램에서 VI를 재호출하여 사용할 수 있습니다.
차. 프로퍼티 노드와 인보크 노드를 이용하여 프런트패널의 객체 속성을 프로그램적으로 제어할 수 있습니다.
카. 한 개 객체에 대하여 여러 개의 프로퍼티를 변경할 경우나 SubVI를 이용할 경우에는 컨트롤 참조를 이용할 수 있습니다.
타. LabVIEW 프로젝트의 빌드 스펙에서 새로 만들기 〉 어플리케이션(EXE)을 선택하여 실행 파일을 생성합니다.
파. LabVIEW 프로젝트의 빌드 스펙에서 새로 만들기 〉 설치 프로그램을 선택하여 설치 프로그램을 만듭니다.
하. 웹 서버를 이용하여 웹 브라우저에서 VI의 프런트패널을 모니터링하거나 컨트롤할 수 있습니다.
거. 블록다이어그램을 스케일하여 맞춤으로 설정하여 인쇄하거나 탐색 윈도우를 이용하여 블록다이어그램을 탐색 및 리뷰할 수 있습니다.

Note

제 4 장

데이터 수집 이론

아날로그 및 디지털 신호의 특성과 측정원리 및 방법에 대하여 설명합니다.

가. 아날로그와 디지털 신호

물리적인 신호를 컴퓨터에서는 디지털로 변경하여 인식합니다. 그리고 물리적인 신호는 크게 디지털 신호와 아날로그 신호로 구분됩니다. 아날로그 신호에서는 신호의 크기와 모양이 중요하며, 이것을 측정하거나 생성합니다. 디지털 신호에서는 신호의 크기나 모양보다는 신호의 로직(logic) 상태 및 Pulse의 개수를 인지합니다.

1. 디지털 신호

디지털 신호는 High와 Low 등의 디지털 로직을 전압 값의 차이로 표현하는 것입니다. 아래와 같이 디지털 신호를 오실로스코프로 확인했을 때, Low 상태와 High 상태를 확인할 수 있습니다.

디지털 신호는 High와 Low의 상태 변화를 이용할 수 있고, 또한 Pulse 개수, Pulse 속도, Pulse 폭 등을 이용할 수 있습니다.

디지털 로직 상태를 이용하는 것에는 LED 인디케이터 ON/OFF, 밸브 ON/OFF, 스위치 ON/OFF 등이 좋은 예가 될 수 있습니다. 그리고 펄스를 이용하는 것에는 타코미터(Tachometer)를 이용한 회전수 측정, 엔코더(Encoder)를 이용한 회전각 측정, 변위 측정, 펄스를 이용한 모터제어 등이 있습니다. 아래 그림에서 왼쪽은 디지털 신호의 상태 변화를 나타낸 것입니다. 그리고 오른쪽은 Pulse를 나타낸 것입니다.

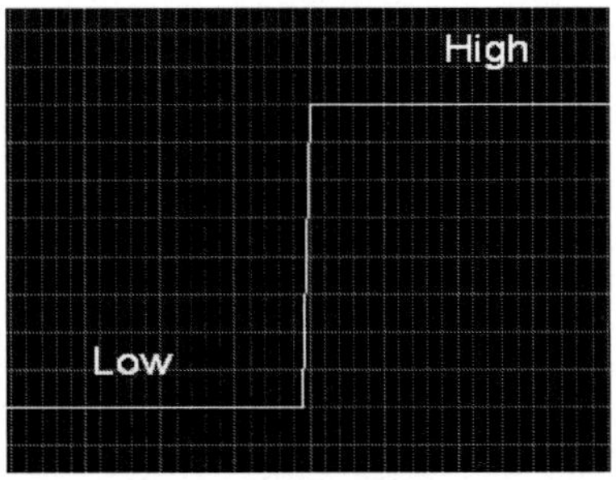

[디지털 로직]

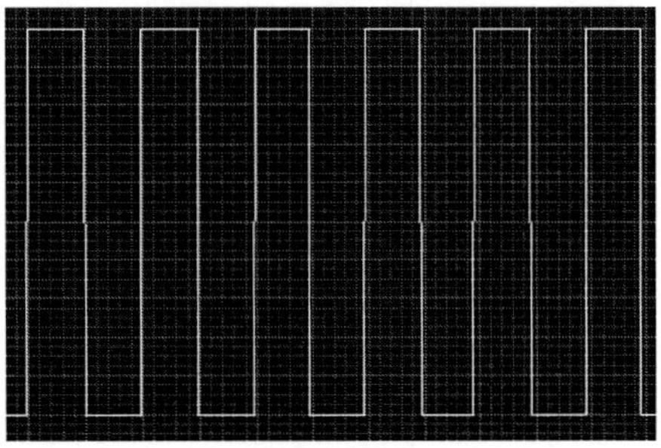

[디지털 Pulse]

2. 아날로그 신호

아날로그 신호는 신호 모양을 다루는 것입니다. 즉, 신호의 크기와 모양이 아날로그 신호입니다. 위에서 언급한 디지털 신호에서도 전압 값과 모양은 아날로그적인 신호입니다. 디지털 신호는 로직적인 의미인 High, Low, 펄스의 개수, 속도 등입니다. 아날로그 신호는 온도 측정이나 노이즈 측정, 진동 측정, 파형 발생 및 측정 등에서 사용됩니다.

3. 아날로그 및 디지털 신호 측정

컴퓨터는 직접적으로 전기적 물리량을 입력 받을 수 없으므로, 아래와 같은 데이터 수집 시스템을 구성해서 물리량을 컴퓨터가 인식할 수 있는 **디지털 정보**로 변환시켜야 됩니다.

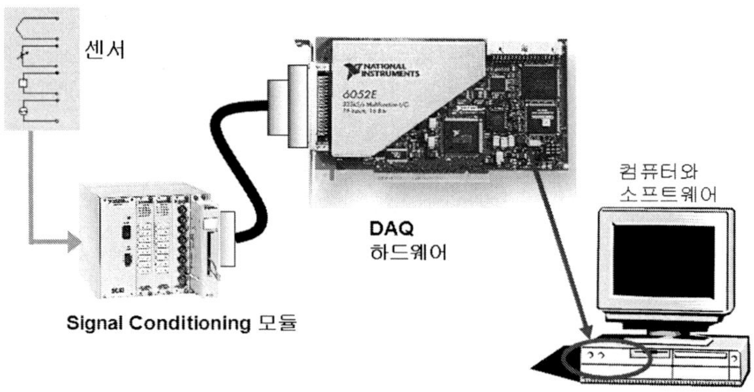

[데이터 수집 시스템]

컴퓨터를 이용한 신호 측정은 다음과 같은 순서로 진행됩니다.

a. 센서를 이용하여 물리적인 신호를 측정 가능한 전기적 신호로 바꿔줍니다.
b. 시그널컨디셔닝 모듈을 이용하여 전기적 신호를 측정하기에 적합한 신호로 컨디셔닝해 줍니다.
c. DAQ 하드웨어를 이용하여 컨디셔닝된 아날로그 신호를 컴퓨터가 인식할 수 있는 디지털 정보로 바꿔줍니다.

여기에서 DAQ는 Data Acquisition의 약자입니다. DAQ 하드웨어는 컴퓨터에 장착하여 아날로그 신호를 측정하거나 출력하고, 디지털 입출력 등을 수행할 수 있는 하드웨어를 통칭합니다.

컴퓨터를 이용한 아날로그 파형 발생은 반대의 과정으로 진행됩니다.

a. 프로그램적으로 파형을 시뮬레이션해줍니다. Discrete한 데이터 정보로 구성된 파형일 것입니다.
b. DAQ 하드웨어의 아날로그 출력을 이용하여 Discrete한 데이터 정보를 아날로그 파형으로 변환하여 출력합니다.
c. 양자화 노이즈가 포함되어 있으므로 Low pass 필터를 이용하여 고주파 성분을 제거해줍니다.

디지털 신호의 입력과 출력은 훨씬 쉬운 방식으로 수행됩니다. 디지털 입출력 포트를 이용하여 디지털 상태를 바로 인식하고 출력할 수 있기 때문입니다. 그러나 용도에 따라서 다양한 디지털 포맷이 정의되어 있으므로 그에 맞추어 신호를 출력하고 입력 받아야 됩니다. 예를 들어, 5V TTL 신호의 경우에는 그라운드를 기준으로 0에서 0.8V를 로직 Low로 인식하고, 2에서 5V를 로직 High로 인식합니다. 그러므로 5V TTL 신호를 다룰 경우에는 이 범위에 맞추어 입력과 출력을 수행해야 될 것입니다.

로직 Low = 0V에서 0.8V 사이
로직 High = 2V에서 5V 사이

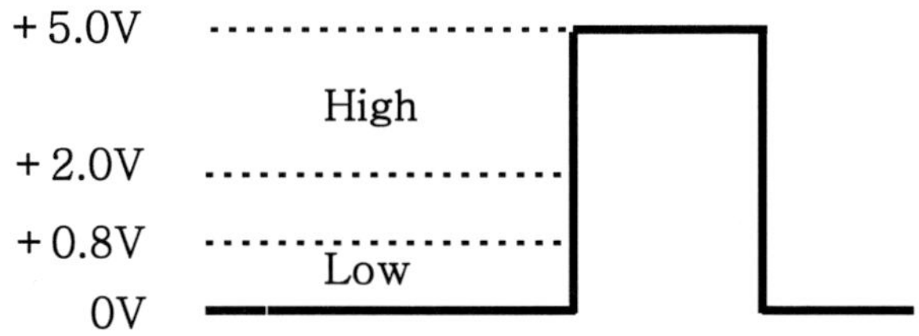

[TTL 신호의 범위]

또 다른 예는 산업용 디지털 입출력입니다. 상대적으로 5V TTL 신호는 노이즈에 취약하므로 산업 현장에서는 더 높은 전압 범위를 로직 Level로 정의하여 사용하고 있습니다.

로직 Level	최 소	최 대
Low	0 V	±4V
High	±11V	±30V

그리고 디지털 소자들은 그라운드 신호가 아니라 Differential 신호를 이용하여 정보를 주고 받는 방식을 사용합니다. LVDS(Low voltage differential signalling) 신호가 대표적인 예입니다.

[기술 백서] LVDS 신호

LVDS(Low-Voltage Differential Signaling)는 ANSI/TIA/EIA-644로 표준화되어있습니다. LVDS는 Differential 신호를 이용하여 고속으로 데이터를 전송합니다. 그라운드를 기준으로 하는 Single Ended 신호와 대조적으로 Differential 신호는 두 개의 와이어가 상호 보완적인 방식으로 신호를 전송합니다. 그러므로 Common 모드 전압 제거 및 노이즈에 강한 특성을 가집니다. 다음 그림은 일반적인 LVDS 신호의 전송기와 수신기를 나타낸 것입니다. 전송기는 Differential의 전송선을 통해 약 3.5mA의 전류를 제공하는 전류 모드 드라이버로 구성되어 있습니다. 수신기는 100Ω 터미널 저항을 이용하여 전송선의 임피던스 매칭 및 전류/전압 변환에 사용됩니다. 수신단의 임피던스를 전송선의 임피던스와 일치시키면 신호의 품질을 저하시키는 신호 반사를 줄일 수 있습니다. 그리고 수신기(Receiver)는 High 임피던스이므로 3.5mA 전류는 100Ω 터미널 저항으로 흘러서 350mV의 전압 차를 발생시킵니다. 이때 전류의 방향이 전압 차의 +/- 여부를 결정합니다. +전압은 로직 High를 나타내며, -전압은 로직 Low를 나타냅니다.

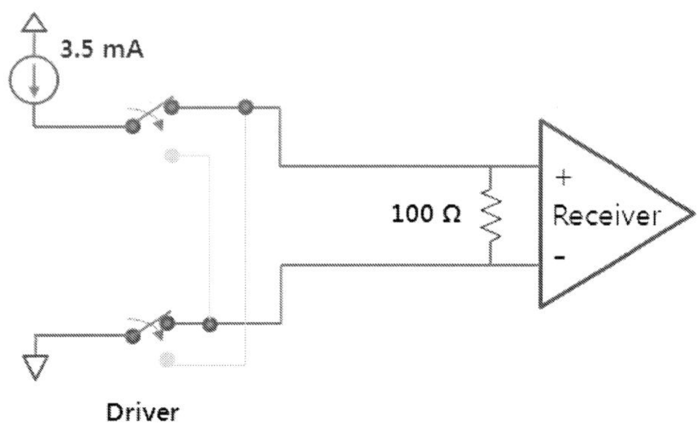

[LVDS 신호 전송기와 수신기]

LVDS 신호의 전기적의 의미는 다음과 같습니다. V_{OD}는 Differential 출력 전압입니다. V_{OH}와 V_{OL}의 차이며 로직은 전류의 방향으로 결정됩니다. 여기에서 V_{OS}는 출력 상쇄 전압 범위라 부릅니다. 수신단의 V_{IN}은 Receiver가 입력받을 수 있는 최대 전압을 의미하고, V_{TH}은 수신기의 문턱 전압(Threshold Voltage)을 의미합니다. LVDS 표준에서 V_{IN}은 2.4V이고, V_{OS}는 1.2V, 그리고 V_{OD}는 350mV입니다.

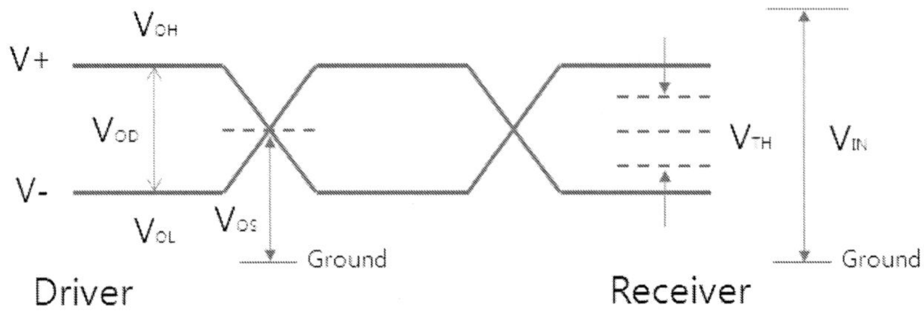

[LVDS 신호의 전기적 특성]

Fail Safe 기능

LVDS 신호에서 Fail-Safe 기능은 수신기가 다음과 같은 상황일 때 로직 하이로 정의합니다. Fail-Safe 모드는 예상치 않은 상황으로 인해 수신기가 잘못된 데이터를 인식하지 않도록 방지하는 기능입니다.

- 수신기(Receiver)가 Power-On일 때, 발신기(Driver)가 연결되지 않았거나 Power Off인 경우
- 차동 쌍의 두 선이 단락인 경우
- 수신기의 입력이 Open인 경우

LVDS 신호의 장점

- Common-mode 노이즈 제거 효과 : Differential의 두 개 라인이 서로 근접해 있을 경우, EMI와 같은 환경 노이즈는 각 라인에서 거의 같은 양으로 유도됩니다. 신호가 두 전압간의 차이를 읽기 때문에 노이즈가 수신기에 영향을 주지 않습니다. 이렇게 Common-mode 전압을 제거하므로 LVDS는 환경 노이즈에 덜 민감하게 되며, 근접하는 라인으로부터의 Cross-talk와 같은 노이즈 문제가 해결합니다. 결과적으로 LVDS는 노이즈를 피하기 위하여 높은 전압에 의존했던 기존의 Single-Ended 구조와 비교하여 낮은 전압 범위를 사용합니다.

- 노이즈 방출량도 줄입니다. Differential의 인접한 두 개 라인이 데이터를 전송하면 전류는 같은 방향 및 반대 방향으로 흐르고 양 방향에 전자기 필

드가 형성되어 서로를 상쇄합니다. 이 때 전자기장의 세기는 전류의 양에 비례합니다. LVDS는 적은 전류를 이용하므로 상대적으로 더욱 약한 전자기장을 생성합니다.

- Single-Ended 데이터 전송과 비교해 볼 때, LVDS 방식은 같은 수의 채널을 전송할 때 와이어 수가 두 배가 되는 단점이 있는 것으로 보입니다. 하지만 LVDS는 Single-Ended에 비해 월등히 높은 전송 속도로 대용량 데이터를 단일 채널로 직렬 전송할 수 있어, 동일한 데이터 전송 속도를 위하여 병렬 비트를 이용하지 않아도 되기 때문에 더 적은 회로와 와이어로 고속 데이터 전송이 가능합니다. 즉, 느린 속도의 다채널 병렬 데이터는 고속의 단일 LVDS 채널로 직렬화할 수 있게 되었습니다.

- 낮은 전력 소모 : LVDS의 전류 모드 드라이버는 차동 쌍을 통해 일정한 3.5 ㎃의 전류를 공급합니다. 부하에서 전력 소모량은 다음과 같은 공식으로 계산됩니다. 즉, $P = I^2R$이므로, R = 100Ω 터미널 저항이고 I=3.5㎃로 계산하면 $(3.5\ mA)^2 \times 100\Omega = 1.2mW$입니다. 다른 Differential 통신 방식인 RS422는 90㎽를 소비하고, RS485나 ECL, PECL 등도 상대적으로 더 많은 전력을 소모합니다.

LVDS 신호의 사용례

LVDS의 높은 데이터 전송 속도와 낮은 EMI 방출 특성 및 저 전력 소비는 평판 디스플레이, 프린터, 디지털 복사기, 핸드폰, 그래픽 카드 등에서 내부회로의 디지털 통신 방식으로 많이 사용되고 있습니다. 또한 빠른 샘플링 속도를 요구하는 아날로그-디지털 컨버터(ADC) 등에서도 LVDS 출력을 이용하여 고속 디지털 데이터 전송을 수행합니다. 높은 데이터 속도를 유지하면서도 노이즈 방출을 줄일 수 있으므로 ADC의 전체 정확도를 향상시킬 수 있습니다. 그리고 직렬(Serial) 방식으로 데이터를 한 지점에서 다른 지점으로 전송하여, 데이터 전송에 필요한 와이어의 수를 줄입니다. 또한 LVDS는 이런 특징으로 국방 및 우주항공의 극한 어플리케이션에서도 신뢰성 있게 사용되고 있습니다.

나. 데이터 수집 보드

전기적 입력 신호를 디지털 정보로 변환시키거나 디지털 정보를 전기적 신호로 출력하는 목적의 하드웨어를 데이터 수집 보드라고 부릅니다. 영어 약자로 DAQ (Data Acquisition) 보드라고 부릅니다.

아날로그 입력의 경우에는 ADC칩이 아날로그-디지털 변환을 수행합니다. ADC는 Analog-Digital Converter의 약자입니다. 다음은 NI M시리즈 보드의 아날로그 입력 개념도입니다. 멀티플렉스(Multiplex) 타입의 데이터 수집 보드의 대표적인 예입니다. ADC 앞단에 Multiplexer와 터미널 설정 부분, 증폭기(Amplifier), Lowpass 필터 등이 추가되는 구조입니다. 참고로 PGIA는 Programmable Gain Instrumentation Amplifier의 약자이고, Lowpass 필터는 Nyquist 주파수 이상의 고주파를 차단하기 위한 용도입니다.

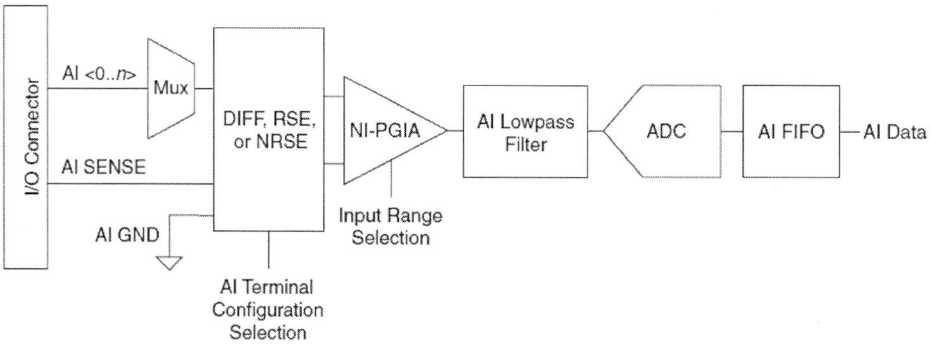

[아날로그 입력 개념도]

1. 멀티플렉스 방식과 동시 샘플링 방식

한 개의 ADC로 여러 채널의 아날로그 입력을 측정하기 위하여 앞단에 Multiplexer 스위치를 설치하여 채널을 스위칭하는 방식을 멀티플렉스 방식이라고 부릅니다. 그리고 스위칭하지 않고 채널 별로 각각 ADC가 있을 방식을 동시 샘플링 방식이라고 부릅니다.

멀티플렉스 방식은 저속의 다 채널 아날로그 측정에서 많이 사용되는 방식입니다. 온도, 압력, Strain Gauge, 변위, 로드셀 등을 측정할 때 사용됩니다. 동시 샘플링 방식은 Nanosecond 단위의 정밀도로 정확한 동시 샘플링이 필요한 경우에 사용됩니다. 그리고 다 채널 마이크로폰 측정, 가속도계 측정 등이나 채널 간의 위상차를 측정하는 경우에 동시 샘플링 보드를 사용합니다. 그러나 채널당 가격이 비싸므로 일반적인 경우에는 멀티플렉스 방식이 적합합니다.

2. Ghost 현상

멀티플렉스 방식은 스위치를 이용하여 채널별로 한 샘플씩 스위칭하여 측정합니다. 0에서 3번 채널까지 측정한다면, 채널 0, 1, 2, 3, 0, 1, 2, 3, 0, 1, 2, 3, ...으로 한 샘플씩 스위칭하면서 측정하는 것입니다.

만약 0번 채널에 진폭이 10V인 사인파형을 입력하고, 1번 채널에는 수 mV의 온도를 측정한다면 1번 채널에서 0번 채널의 잔상(Ghost 이미지)이 측정될 수 있습니다.

Ghost 현상을 방지하기 위해서는 샘플링 속도를 낮게 조정하여 Amplifier가 충분히 Settling 되게 해주거나, 0번 채널에 10V 사인파형, 1번 채널에는 Ground 연결, 2번 채널에는 온도 측정으로 순서를 조정해주면 됩니다. 1번 채널의 Ground 연결은 허수 연결이지만 2번 채널의 온도 측정에서 Ghost 현상이 발생하는 것을 차단해주는 효과가 있습니다.

추가적인 Ghost 현상 방지책으로는 1kΩ 이하의 Low 임피던스 신호 소스를 사용하여 Amplifier의 Settling 속도를 높이거나, 고급 케이블을 사용하여 케이블에서의 인접 채널 간섭을 방지하는 방법이 있습니다.

3. 입력 전압 범위

DAQ 보드에서 증폭기의 Gain에 따라서 몇 가지 전압 범위를 선택할 수 있습니다. 예를 들어, −10 V에서 +10 V 범위, −5 V에서 +5 V 범위, −1 V에서 +1V 범위 등을 선택할 수 있습니다. 그리고 입력 전압 범위와 ADC의 Resolution, 그리고 Gain으로 측정 가능한 최소 전압을 계산할 수 있습니다. 예를 들어, 16 bit DAQ 보드에서 입력 전압 범위를 −5V에서 5V로 설정하고, Gain을 100으로 하면 측정 가능한 최소 전압은 1.526 μV가 됩니다.

$$\frac{10}{2^{16} \times 100} = \frac{10}{6553600} = 0.00000152588$$

DAQ 보드의 측정 전압의 정밀도는 다음 수식으로 표현될 수 있습니다.

$$\text{측정 가능한 최소 전압} = \frac{[\text{측정 전압 범위}]}{2^{Resolution} \times Gain}$$

아날로그 입력에서 증폭기의 Gain 설정은 측정 전압의 정밀도를 결정하는 중요한 요소입니다. 그러나 LabVIEW에서는 Gain을 직접 설정할 수 없습니다. 그 대신 입력 신호의 최소값과 최대값을 입력하면, 가장 적합한 Gain이 자동 설정됩니다. DAQ 보드마다 설정 가능한 Gain 값이 다르더라도 사용자는 이것을 고려하지 않아도 되는 것입니다.
입력 신호의 최소값과 최대값은 다음과 같이, [DAQmx 채널 설정] 함수에서 설정할 수 있습니다. DAQ 어시스턴트를 이용할 경우에는 신호 입력 범위 [최대/최소]에 입력할 수 있습니다. 함수 > 측정 I/O > DAQmx-데이터 수집 팔레트에서 [DAQmx 채널 설정] 함수를 찾을 수 있습니다.

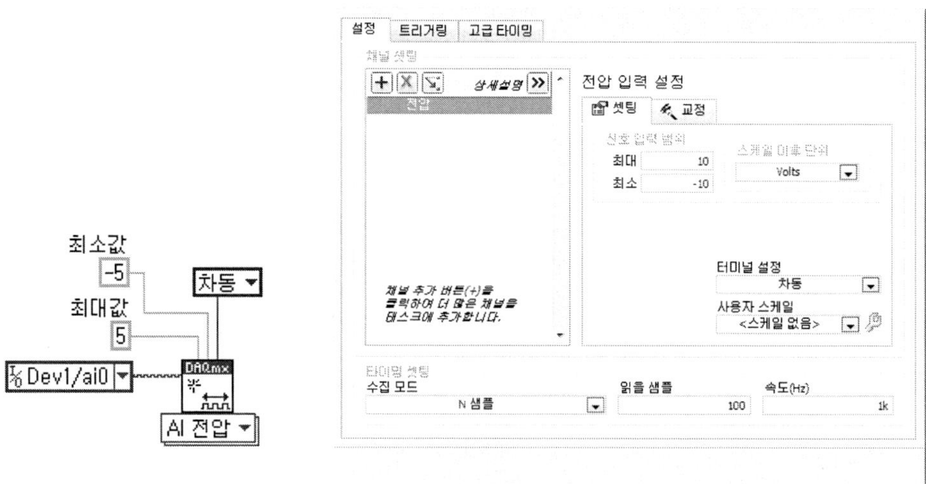

4. 샘플링 속도

샘플링 속도(Sampling Rate) fs는 초당 몇 개의 샘플을 측정하느냐를 나타냅니다. 단위는 Samples/sec입니다. 또는 S/s입니다. 샘플링 속도의 단위로 Hz를 사용하기도 합니다. 샘플링 속도는 프로그램적으로 설정할 수 있고, 최대 샘플링 속도는 제품의 스펙으로 제시됩니다.
샘플링 속도는 다음과 같이 **DAQmx 타이밍** 함수로 설정할 수 있습니다. DAQmx 타이밍 함수는 함수 > 측정 I/O > DAQmx - 데이터 수집 팔레트에서 찾을 수 있습니다.

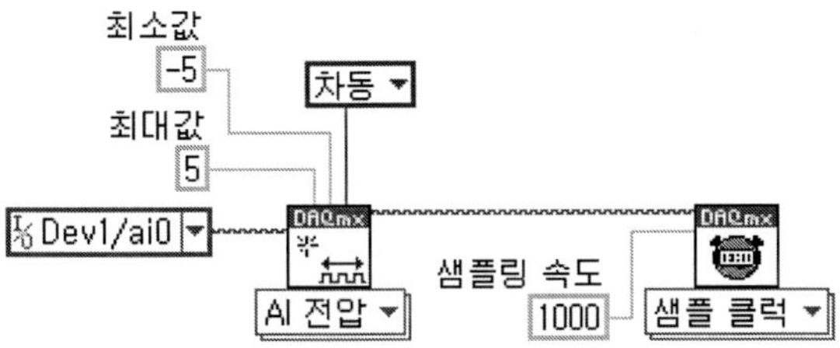

ADC의 샘플링은 DAQ 보드에 내장된 Clock에 맞추어 진행됩니다. Clock은 속도보다는 정확도가 더 중요하며, Timing Accuracy가 Clock의 정확도를 나타내는 스펙입니다. 단위는 ppm또는 ppb입니다. 비율의 단위이고 ppm은 parts per million의 약자이고 1/1000,000을 의미합니다. 또한 ppb는 parts per billion의 약자이고 1/1000,000,000을 의미합니다. 예를 들어, 50ppm of sample rate는 샘플링 속도가 0.005%까지 정확하다는 의미가 됩니다.
아날로그 입력에서 전압 축의 정밀도는 ADC의 Resolution과 증폭기의 Gain으로 결정되지만, 시간 축의 정밀도는 Clock의 Accuracy에 의하여 결정됩니다.

샘플링 속도는 DAQ 보드 Clock의 1/n만 설정이 가능합니다. 여기에서 n은 자연수입니다. 예를 들어, 20MHz의 Clock을 가지고 있다면 1 MS/s는 설정할 수 있지만, 999kS/s는 설정할 수 없습니다. 그러나 틀리게 설정하더라도 소프트웨어적으로 가장 가까운 값으로 변경하여 적용되기 때문에 에러가 발생하지는 않습니다.

Nyquist 이론에 의하면 샘플링 속도의 1/2인 신호까지만 측정이 가능하고, 그 이상의 주파수 성분은 Aliasing 현상을 일으킵니다. 그리고 입력 신호보다 최소한 10배 이상의 샘플링 속도를 사용해야만 입력 신호의 파형을 구분할 수 있습니다. 그러므로 샘플링 속도는 측정하고자 하는 신호보다 10배에서 50배는 빠른 값으로 설정해줍니다.

다음은 Aliasing의 예입니다. 100Hz의 사인파형을 20Samples/sec로 측정했을 때, 검은 점으로 표시된 부분만 샘플링하게 됩니다. 검은 점을 연결하여 신호를 디지털로 복원하면 사인파형이지만 주파수가 훨씬 낮은 신호로 인식됩니다.

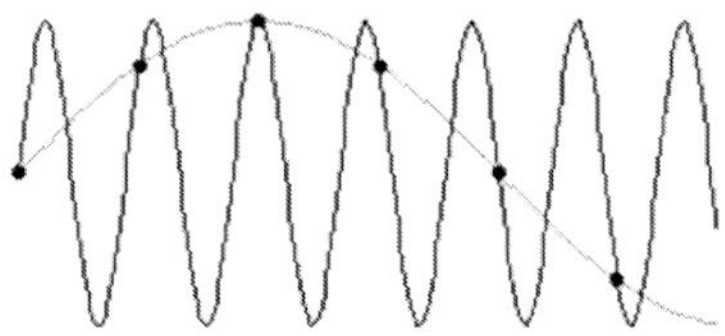

[Aliasing의 사례]

사인파형은 주파수 영역에서 한 개의 주파수 성분만 있으므로 Aliasing되지 않도록 그 주파수보다 2배 이상 샘플링 속도를 키워주면 됩니다. 그러나 일반적인 파형의 경우에는 사인파형과 다르게 주파수 영역에서 다양한 주파수 성분을 가집니다. 그리고 고주파 성분의 노이즈가 측정 단에 유입될 수도 있습니다. 이 경우에는 Aliasing 현상으로 원하지 않는 고주파 성분의 허상이 측정 영역에서 나타나게 됩니다. 이를 방지하기 위해서는 물리적으로 ADC 앞단에 Nyquist 주파수에서 Cutoff되는 Lowpass 필터를 설치해줍니다. 이론적으로 가장 좋은 Anti-Aliasing 필터는 샘플링 속도 f_s가 가변되는 것에 맞추어 함께 가변되는 것입니다. 즉 $1/2f_s$로 샘플링 속도 f_s에 따라 다이내믹하게 가변되는 것입니다. 델타시그마 ADC를 사용하는 DAQ 보드의 경우에는 샘플링 속도에 따라서 가변되는 Anti-Aliasing 필터가 제공됩니다. 일반적인 DAQ보드는 최대 샘플링 속도 f_{s-max}의 1/2로 고정된 Lowpass 필터를 가지고 있습니다.

5. 샘플 모드

유한한 개수만 샘플링하는 유한 샘플 모드와 연속적으로 계속 샘플링하는 연속 샘플 모드가 있습니다. 측정을 시작하면 지정한 개수의 데이터를 측정하고 종료하는 모드가 **유한 샘플** 모드이고, While 루프를 이용하여 데이터의 끊임없이, 연속적으로 측정하는 모드를 **연속 샘플** 모드라고 부릅니다. 다음은 유한 샘플 모드의 예입니다. **DAQmx 타이밍**에서 유한 샘플/연속 샘플을 선택할 수 있습니다.

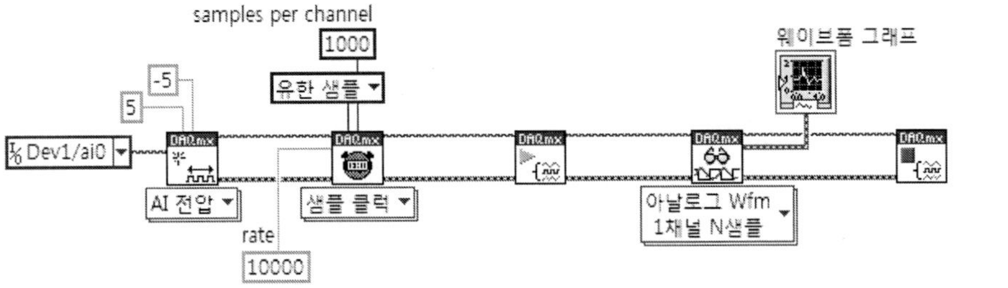

DAQmx Create Virtual Channel.vi DAQmx Timing.vi DAQmx Start Task.vi DAQmx Read.vi DAQmx Stop Task.vi

연속 샘플 모드는 데이터 Loss 없이 연속적으로 측정하는 모드입니다. 이때 LabVIEW 및 NI-DAQmx 드라이버는 Double Buffer 방식을 이용하여 데이터 Loss가 없도록 처리합니다. Loss가 생길 경우, Error를 발생시킵니다. 다음은 연속 샘플 모드의 예입니다. **DAQmx 읽기**만 While 루프 속으로 들어가는 구조입니다.

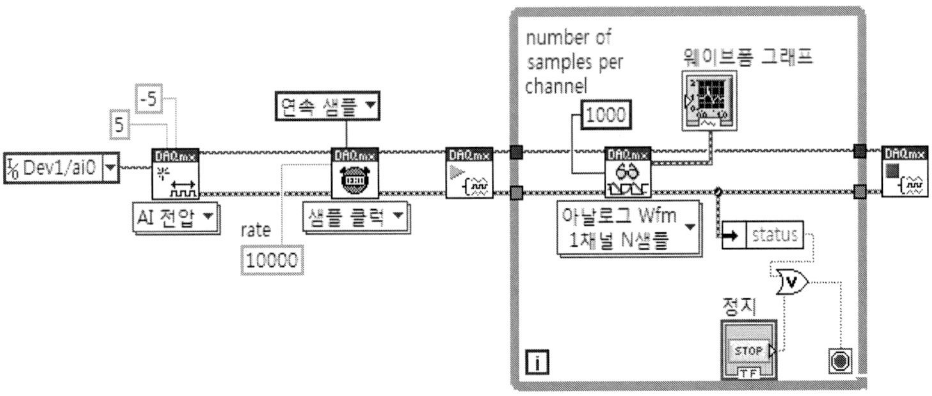

연속 샘플링은 스트리밍(Streaming)이라고 표현되기도 합니다. 이때 Bus의 Bandwidth가 데이터 수집 보드에서 컴퓨터 메모리로 데이터 전달에 Loss가 없을 정도로 충분한지를 고려해야 됩니다. 일반적으로 PCI 버스는 100Mbyte/sec정도이고, PCI Express는 1X, 2X, 4X 등에 따라서 200Mbyte/sec이상이 가능합니다. 고속 USB 2.0은 480Mbps(60Mbyte/sec)까지 전송이 가능합니

다. 또한 고속 샘플링을 위해서는 DMA를 이용해야 됩니다. Direct Memory Access는 데이터 수집 보드마다 최대 DMA 개수가 스펙으로 정해져있습니다.

6. DAQ 보드 선정 기준

DAQ 보드를 이용하여 아날로그 신호를 측정할 때 어떤 점이 고려되어야 되는지 설명합니다.

a. **얼마나 빠른 신호를 측정할 것인가?** 측정하고자 하는 신호보다 최소 10배에서 50배 이상을 샘플링할 수 있어야 됩니다. 예를 들어 1000Hz의 신호를 측정하고자 한다면 10,000~50,000S/s 이상은 측정해야 됩니다. 얼마나 빠른 신호까지 측정할 수 있느냐는 DAQ 하드웨어의 최대 샘플링 속도로 확인할 수 있습니다. 예를 들어, NI-6259는 최대 샘플링 속도는 1.25MS/s입니다.

b. **얼마나 작은 신호까지 측정할 수 있는가?** 측정 정밀도를 말하며 Code Width라고 부릅니다. Code Width는 Max Input Range와 Resolution, 그리고 Input Gain에 의하여 결정됩니다. 그러므로 DAQ 하드웨어의 세 가지 스펙을 확인해야만 측정 정밀도를 계산할 수 있습니다.

$$Code\ Width = \frac{Max\ Input\ Range}{(2^{resolution} \times Input\ Gain)}$$

예를 들면, Max Input Range = ±10V이고, Resolution = 16bits, 그리고 최대 Input Gain = 100 인 보드의 Code Width는 $\frac{20}{(2^{16} \times 100)}$ = 3μV입니다.

c. **시그널컨디셔닝 기능을 내장하고 있는가?** 노이즈 필터, Anti-aliasing 필터, Attenuation, Isolation, 센서 전원 공급, 브릿지 회로 구성 등의 시그널컨디셔닝이 DAQ 보드에 내장되었는지 확인합니다. 시그널컨디셔닝이 내장되지 않았을 경우에는 외부에 시그널컨디셔닝 장비를 추가해야 됩니다.

다. 아날로그 입력 연결 방식

아날로그 신호를 측정할 때, 신호 소스의 특성과 목적에 따라서 네 가지 방식의 연결 모드를 선택할 수 있습니다.

먼저 신호 소스가 Grounded 신호인지, 혹은 Floating 신호인지를 구분해야 됩니다. 다음과 같이 섀시가 Grounded되어 있을 때, -신호선이 섀시와 함께 Grounded된 경우를 Grounded 신호라고 하고, 섀시 Ground로 연결되지 않은 경우를 Floating 신호라고 정의합니다. 제품의 매뉴얼을 확인하여 Grounded 여부를 파악해야 될 것입니다.

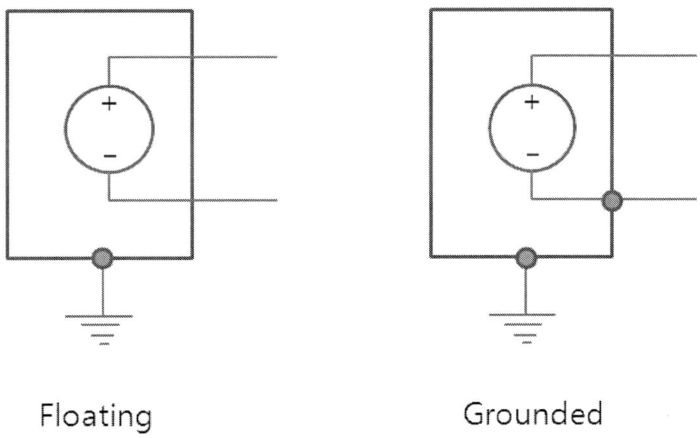

[Floating 및 Grounded 신호원]

DAQ 보드는 네 가지 연결모드를 제공합니다. 차동(Differential), RSE, NRSE, 유사차동(Pseudo-differential) 모드가 있습니다. 여기에서 RSE는 Reference Single Ended의 약자이고, NRSE는 Non-Reference Single Ended의 약자입니다.

일반적으로 차동 모드는 +신호선과 -신호선의 차를 입력받는 방식으로 널리 이해되고 있고, RSE는 -신호선이 Ground를 Reference로 하는 방식으로 잘 알려져 있습니다. NRSE는 RSE 모드의 단점을 보완하기 위하여 만들어진 방식이고, 유사차동 모드는 델타시그마 ADC에서 제공되는 특징입니다.

1. RSE 모드 (Reference Single Ended)

RSE 모드는 +신호선은 아날로그 입력에 연결하고, −신호선을 AI GND (아날로그 입력 그라운드)에 연결하는 방식입니다. −신호선이 그라운드에 직접 연결되는 방식이므로 추가적인 그라운드 처리가 필요 없으며, 오실로스코프 등에서 일반적으로 사용되는 방식입니다.

그러나 RSE 모드는 Floating 신호 소스에서만 사용할 수 있다는 제약이 있습니다. 만약 Grounded 신호 소스를 RSE 모드에 연결하면 다음과 같이 Ground Loop가 발생하여, 시스템을 고장 내거나 노이즈를 발생시킬 수 있습니다. Ground Loop란 시스템 안에 두 개의 Ground가 있을 경우, 두 개의 Ground 사이의 미세한 전위차에 의하여 전류 흐름의 Loop가 생성되는 것을 의미합니다. 평소에는 노이즈 발생 정도의 문제이지만, 외부에서 서지(Surge)가 유입될 경우에는 Ground Loop로 흐를 수 있기 때문에 시스템 파손의 직접적인 원인이 될 수 있습니다.

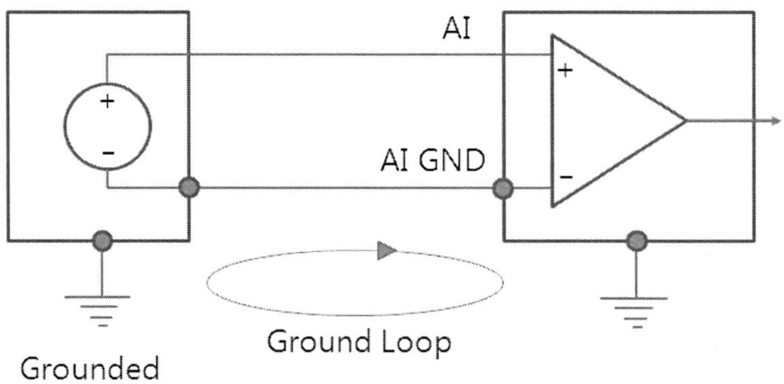

[Ground Loop의 발생 사례]

RSE 모드에는 Floating 신호 소스만 다음과 같이 연결하여 사용해야 될 것입니다. 측정단의 AI GND에서만 Ground가 연결되므로 안정적인 시스템이 구성됩니다.

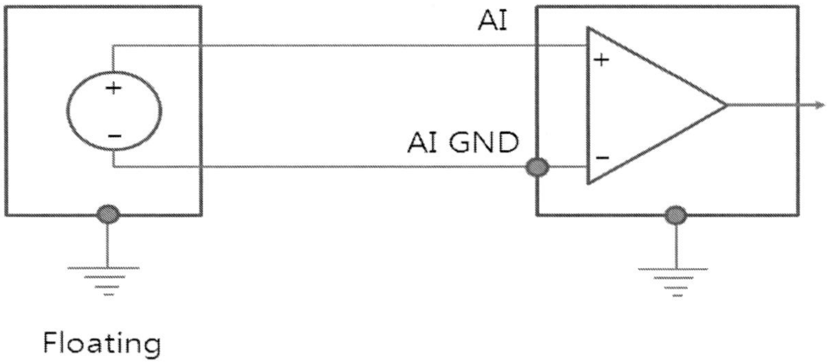

[RSE 모드로 Floating 신호 측정]

2. NRSE 모드 (Non-Referenced Single Ended)

NRSE 모드는 RSE 모드가 Grounded 신호를 측정할 수 없다는 단점을 보완하기 위한 측정 모드입니다. 이때 −신호선은 AI SENSE에 연결합니다. 다음은 Grounded 신호 소스를 NRSE 모드로 측정하는 경우입니다. 신호 소스에서 Ground Referenced가 되어 있으므로 DAQ 시스템에서는 별도의 Ground 처리를 해주지 않습니다.

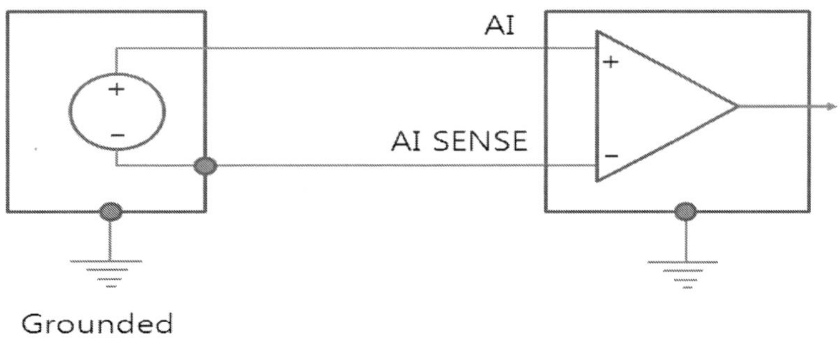

[NRSE 모드로 Grounded 신호 측정]

NRSE 모드는 RSE 모드가 측정하지 못하는 Grounded 신호 소스를 측정하기 위한 목적으로 만들어진 것입니다. 그러므로 Grounded 신호 소스의 경우에는 NRSE 모드를 사용하고, Floating 신호 소스의 경우에는 RSE 모드를 사용하면 될 것입니다.

참고로 AI SENSE는 Ground Referenced가 아닙니다. 그래서 Floating 신호 소스인 경우에는 Ground Referenced를 만들어줘야 됩니다. 다음은

Floating 신호 소스를 NRSE 모드로 측정하는 경우입니다. +신호선은 아날로그 입력 채널에 연결하고, −신호선은 AI SENSE에 연결합니다. 그리고 50kΩ 저항으로 Ground Reference를 잡아줬습니다. 일반적으로 10kΩ에서 100kΩ 사이의 저항을 이용합니다.

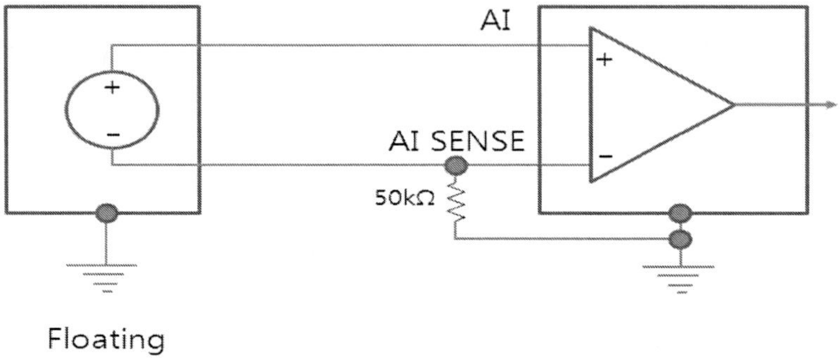

[NRSE 모드로 Floating 신호 측정]

3. 차동 모드(Differential)

차동 모드는 +신호선과 −신호선의 차를 입력받는 방식이므로, Common-mode 전압과 노이즈를 제거할 수 있다는 장점을 가집니다. 그러나 DAQ 보드의 경우에는 두 개의 입력 채널을 각각 +신호선과 −신호선으로 이용해야 되므로, 사용할 수 있는 유효 채널의 수가 반을 줄게 된다는 단점을 가집니다. 그리고 차동 모드는 Ground Referenced 방식이 아니므로 신호 소스가 Floating인 경우에는 Ground 처리를 해줘야 됩니다.

차동 모드에서 신호 소스가 Floating일 경우에는 다음과 같이 10kΩ에서 100kΩ 사이의 저항으로 Ground Referenced를 만들어줘야만 측정이 가능합니다.

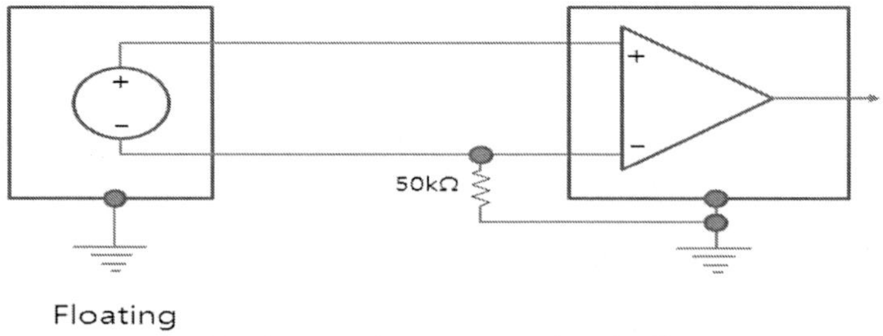

[차동 모드로 Floating 신호 측정]

다음과 같이 신호 소스가 Grounded인 경우에는 추가적인 저항연결 없이 + 신호선은 + 입력에, 그리고 -신호선은 - 입력에 바로 연결하면 됩니다.

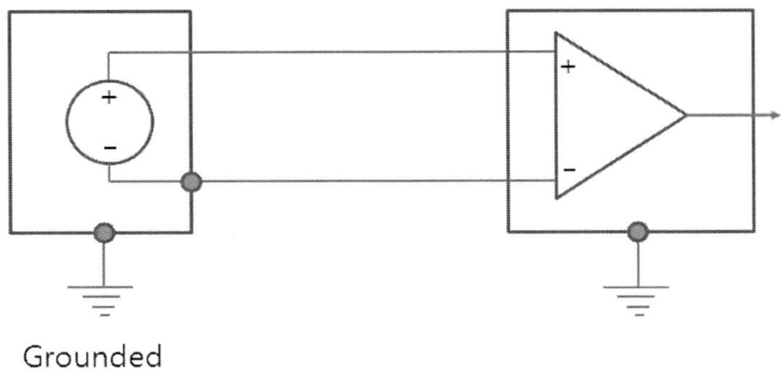

[차동 모드로 Grounded 신호 측정]

차동 모드인 경우에는 두 개의 아날로그 입력 채널을 사용하기 때문에, 차동 모드 입력 채널 쌍을 맞춰야 됩니다. DAQ 보드의 경우에는 N번 채널과 N+8번 채널이 한 쌍이 됩니다. 즉, 0번과 8번 채널, 1번과 9번 채널이 한 쌍이고, 16번과 24번 채널이 한 쌍입니다.

다음은 32채널 Single-Ended 아날로그 입력이 가능한 DAQ 보드에서 16채널 Differential 입력을 받는 경우에 대한, DAQmx 채널 설정의 예입니다. 이 경우에도 N번과 N+8번 채널이 한 쌍이 됩니다. Dev1/ai0:7은 0에서 7번 채널까지 모두 측정하겠다는 설정이고, Dev1/ai16:23은 16번에서 23번 채널까지도 모두 측정하겠다는 설정입니다. 차동 모드에서는 8번에서 15번 채널까지, 그리고 24번에서 31번 채널까지는 입력으로 설정할 수 없기 때문에 Dev1/ai0:15로 설정할 수 없습니다.

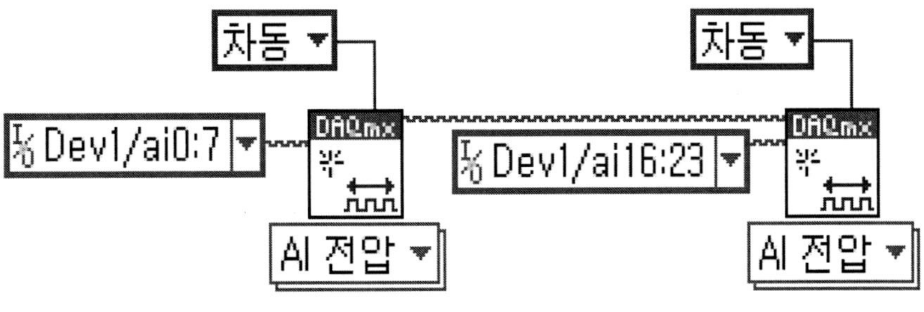

차동 모드는 노이즈에 강하므로, 채널의 여유가 있으면 차동 모드를 우선적으로 사용하는 것이 합당합니다. 그리고 채널 수가 많이 필요하거나 SCXI나 SCC, 5B시리즈처럼 RSE 모드만 지원하는 시그널컨디셔닝 제품을 이용하는 경우에는 RSE 모드를 사용합니다. 또한 Grounded 신호 소스인데, 채널 수가 많이 필요한 경우에는 NRSE 모드를 사용하면 될 것입니다.

4. 유사 차동 모드 (Pseudo-Differential)

유사 차동 모드는 차동 모드에서 더 발전한 기술입니다. 차동 모드는 ADC 전단에 위치한 Differential Amplifier에서 Common-mode 노이즈와 전압을 제거하는 원리입니다. 그러나 낮은 주파수 영역에서는 Differential Amplifier의 Common-mode 노이즈 제거가 효과를 발휘하지만, 높은 주파수 영역에서는 효과가 줄어듭니다. 이를 보완하기 위하여 유사 차동 모드에서는 Common-mode Choke가 Differential Amplifier 전단에 추가되어 고주파 영역에서의 Common-mode 노이즈를 제거해줍니다. Common-mode Choke는 Transformer의 일종이지만 연결 방향은 반대입니다. +신호 쪽과 −신호 쪽이 서로 Transform되게 하여 고주파에서 Common mode를 제거해줍니다.

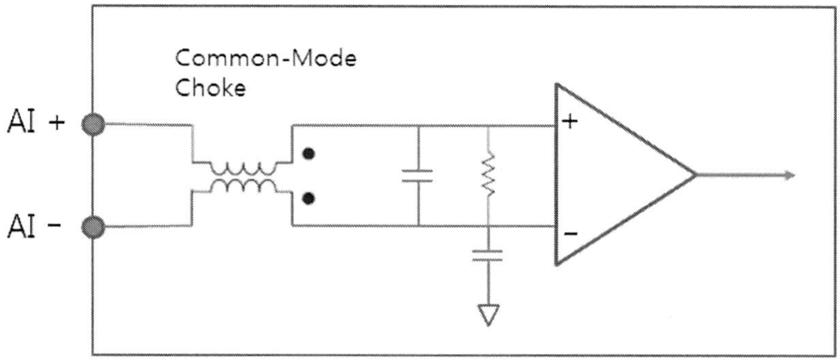

[유사 차동 모드]

유사 차동 모드는 Common Mode Choke가 앞단에 붙기 때문에 RSE 모드와 함께 사용될 수 없습니다.

라. DAQmx 드라이버와 MAX

NI-DAQ 하드웨어에 대하여 DAQmx 드라이버와 MAX가 제공됩니다. MAX는 Measurement and Automation Explorer의 약자입니다. DAQmx 드라이버를 설치하면, 다음과 같이 함수 > 측정 I/O 팔레트에 **DAQmx-데이터 수집** 팔레트가 추가됩니다.

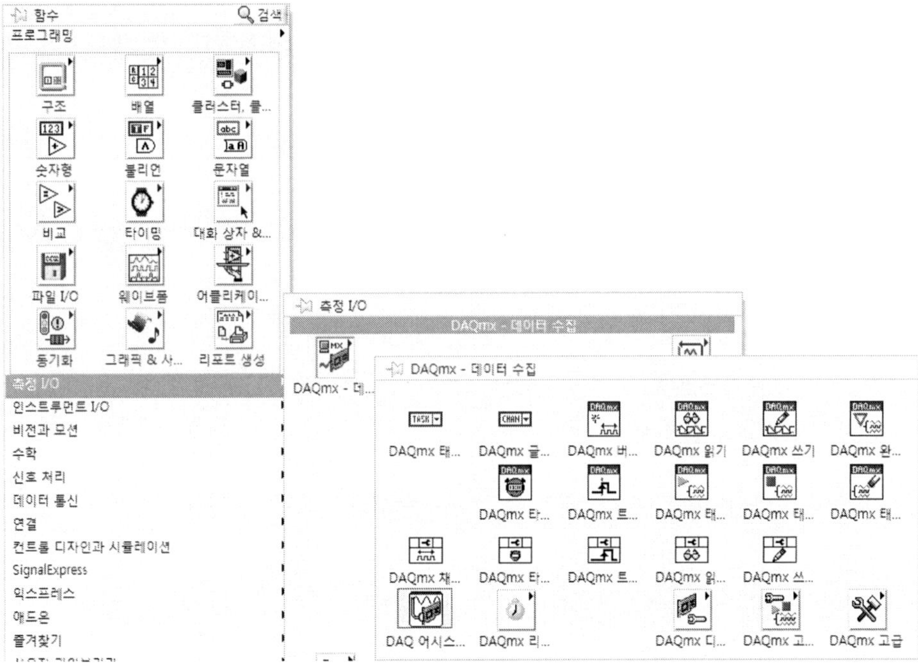

1. MAX

MAX는 DAQ 하드웨어를 설정하고, Test할 수 있는 Utility입니다. 다음과 같이 내 시스템 > 디바이스와 인터페이스 아래에서 현재 컴퓨터에 설치된 DAQ 하드웨어를 모두 확인할 수 있습니다.

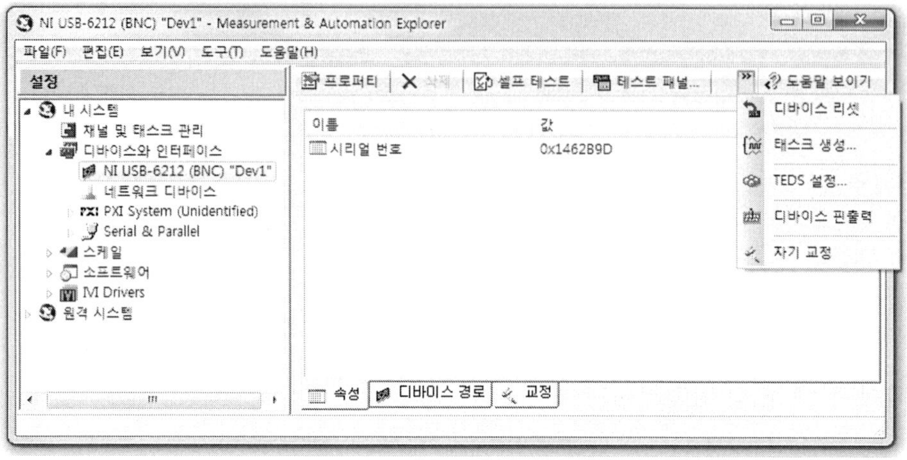

만약 이 위치에서 DAQ 디바이스가 확인되지 않으면 하드웨어나 소프트웨어 문제가 발생한 것입니다. 단축키 [F5]를 클릭하거나 보기(V) > 새로 고침(R)을 선택하여 새로 고침을 실행해봅니다. 새로 고침 실행 후에도 DAQ 디바이스가 나타나지 않으면 하드웨어를 물리적으로 재설치 해보고, 그래도 나타나지 않으면 수리를 맡겨야 됩니다. 이와 같이 MAX는 DAQ 디바이스가 문제가 생겼을 때, 디버깅할 수 있는 좋은 툴로 사용될 수 있습니다. 또한 MAX에서 DAQ 디바이스를 선택하면, 셀프 테스트, 테스트 패널, 디바이스 리셋, 태스크 생성, 자기 교정 등을 수행할 수 있습니다.

셀프 테스트는 DAQ 디바이스의 이상 유무를 자체 진단하는 유틸리티입니다.
이상이 없을 경우, 다음과 같이 "디바이스 셀프 테스트를 통과하였습니다." 메시지가 팝업됩니다.

테스트 패널은 DAQ 디바이스의 기본 기능을 실행하여 Test할 수 있는 유틸리티입니다. 실제 측정한 값이 정확한지를 확인해볼 수 있습니다.
다음과 같이 아날로그 입력 탭을 선택하고, 채널 이름에서 신호가 입력되고 있는 채널을 선택합니다. 샘플링 속도(Hz)와 측정 모드를 설정하고 시작 버

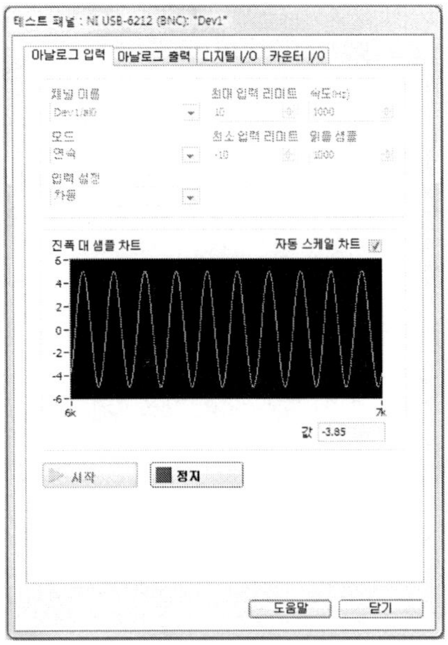

튼을 클릭하면 입력되는 신호를 측정할 수 있습니다.
아날로그 출력이나 디지털 I/O, 카운터 I/O 탭을 선택하여 각 기능을 실제로 Test해볼 수 있습니다.

태스크 생성은 태스크를 만들어 프로그래밍을 시작할 수 있도록 돕는 유틸리티입니다. 다음과 같이 NI-DAQmx 태스크 새로 생성... 창이 팝업됩니다. 태스크는 내 시스템 > 채널 및 태스크 관리 > NI DAQmx 태스크에 새로운 태스크가 생성됩니다.

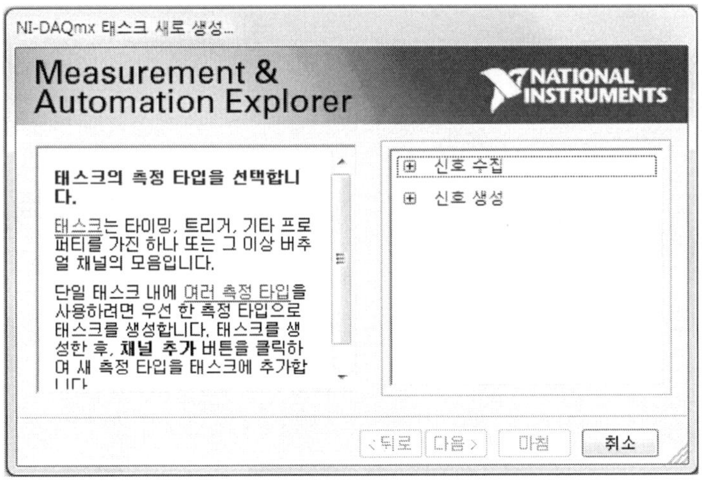

자기 교정은 DAQ 하드웨어 내부에 내장된 자기 교정 기능을 실행시키는 유틸리티입니다. 모든 DAQ 하드웨어는 시간이 경과하면 측정값의 정확도(Accuracy)가 변하게 됩니다. 또한 온도의 변화에 따라서도 측정값이 틀리게 됩니다. 자기 교정을 실행하면, 내장된 자기 교정 기능이 실행되고 결과가 EEPROM에 기록됩니다. 그러므로 측정의 정확도를 향상시키고자 할 경우에는 MAX에서 자기 교정 유틸리티를 실행시켜줍니다.

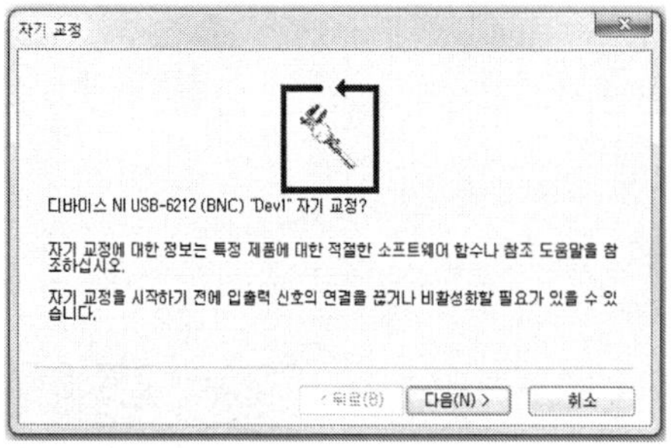

2. 태스크 생성 및 사용

아날로그 신호 측정이나 출력 등을 수행하는 개별 작업을 태스크(Task)라고 부릅니다. LabVIEW 프로그래밍 역시 태스크를 만드는 작업입니다. DAQ의 경우에는 편리하고 직관적인 대화창 방식으로 태스크를 생성하고 사용할 수 있는 기능이 제공됩니다.

채널 및 태스크 관리에서 마우스 오른쪽 클릭하고 새로 생성을 선택하면 [새로 생성...] 창이 팝업됩니다.

[새로 생성...] 창에서 NI-DAQmx 태스크를 선택하고 다음 버튼을 클릭합니다.

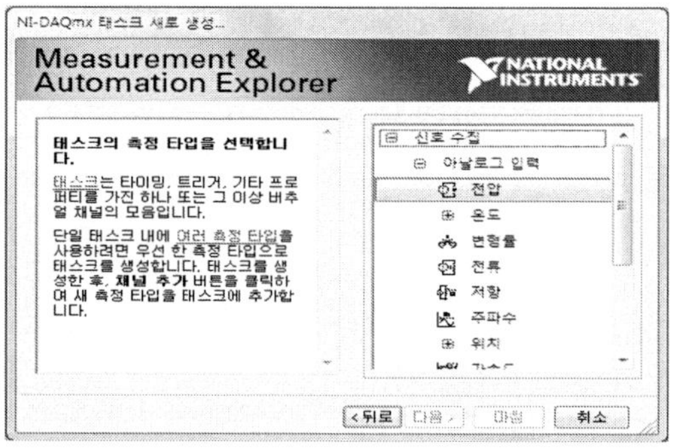

[NI-DAQmx 태스크 새로 생성...] 창에서 신호 수집 혹은 신호 생성을 선택할 수 있습니다.

이때 아날로그 전압 신호 측정 태스크를 생성하고자 할 경우에는 신호 수집 > 아날로그 입력 > 전압을 선택합니다.

[지원되는 물리적인 채널]에서 사용할 채널을 선택합니다. 한번에 여러 개

의 채널을 선택하고자 할 경우에는 Shift 키나 Ctrl 키를 이용합니다. [다음] 버튼을 클릭하고 태스크의 이름을 입력합니다.

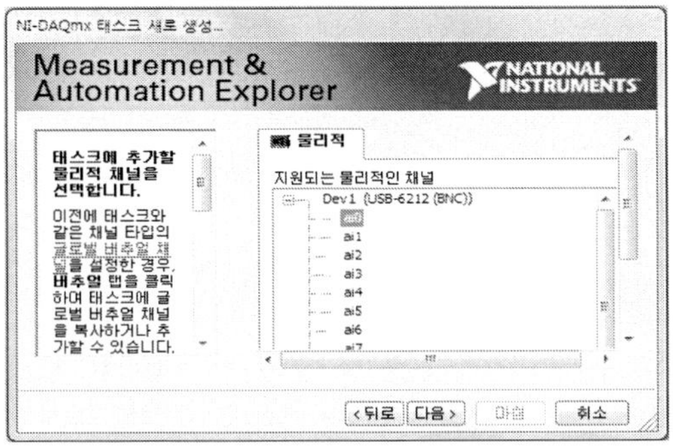

[마침] 버튼을 클릭하면 기본 태스크 설정이 완료되고 팝업창이 닫힙니다. 그리고 MAX의 오른쪽 창에 설정내용이 디스플레이됩니다. 추가적인 입력 설정과 타이밍 셋팅이 완료되면 상단에 위치한 실행(R)을 클릭하여 태스크를 실행합니다. 실행 결과는 디스플레이 칸에서 바로 확인할 수 있습니다.

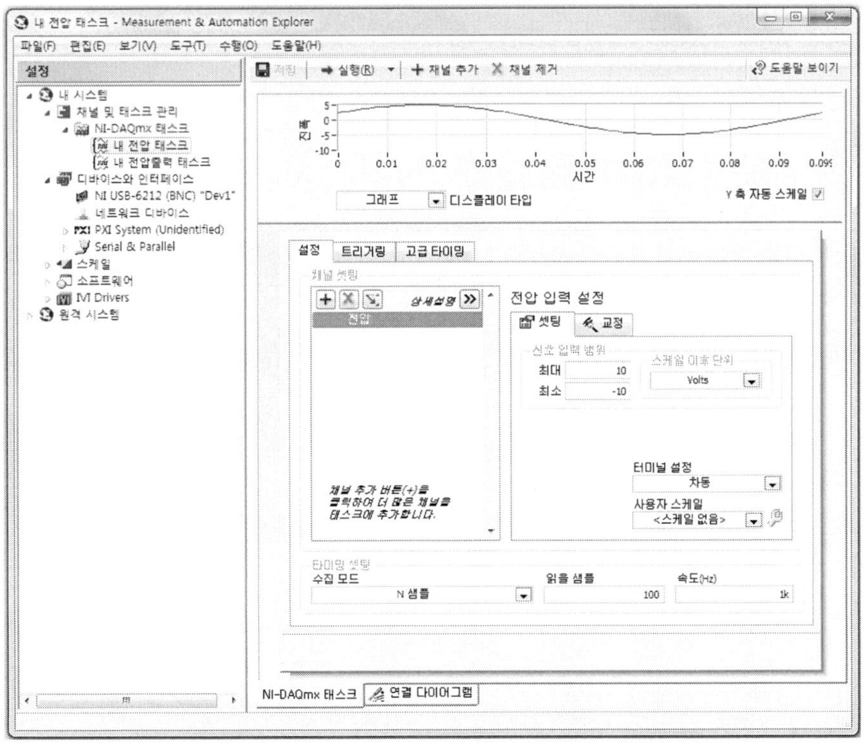

연습 4-1. 아날로그 전압 출력 태스크 생성

MAX에서 아날로그 전압 출력 태스크를 만들어보고 실행해봅니다. 또한 LabVIEW로 이 태스크를 드래그하여 사용해봅니다.

⌘ MAX

1. 채널 및 태스크 관리에서 오른쪽 마우스 버튼을 클릭하고 새로 생성...을 선택합니다. 그리고 DAQmx 태스크를 선택하고 [다음] 버튼을 클릭합니다.
2. 신호 생성 > 아날로그 출력 > 전압을 선택합니다.

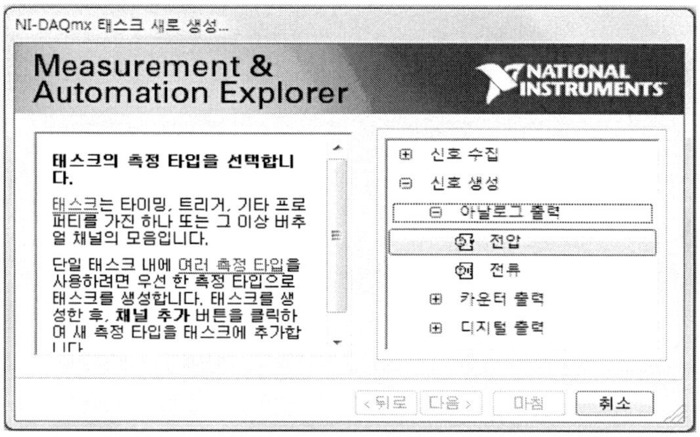

3. 지원되는 물리적인 채널에서 ao0를 선택합니다. [다음] 버튼을 클릭합니다.

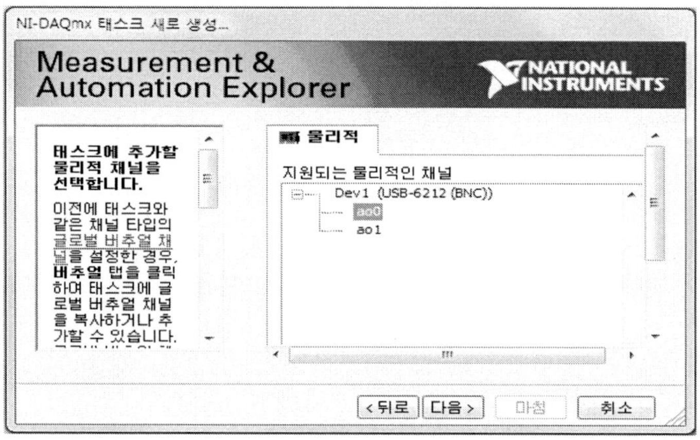

4. 태스크 이름 입력에 기본 값인 [내 전압출력 태스크]로 두고 [마침] 버튼을 클릭하여 설정을 적용합니다.
5. 신호 타입 테스트로 [사인파]를 선택하고, 생성 모드로 [연속 샘플]을 선택합니다.
6. 상단에 있는 실행을 선택하여 사인파형을 출력할 수 있습니다. 출력 신호는 오실로스코프나 DAQ 아날로그 입력을 이용하여 확인할 수 있습니다.

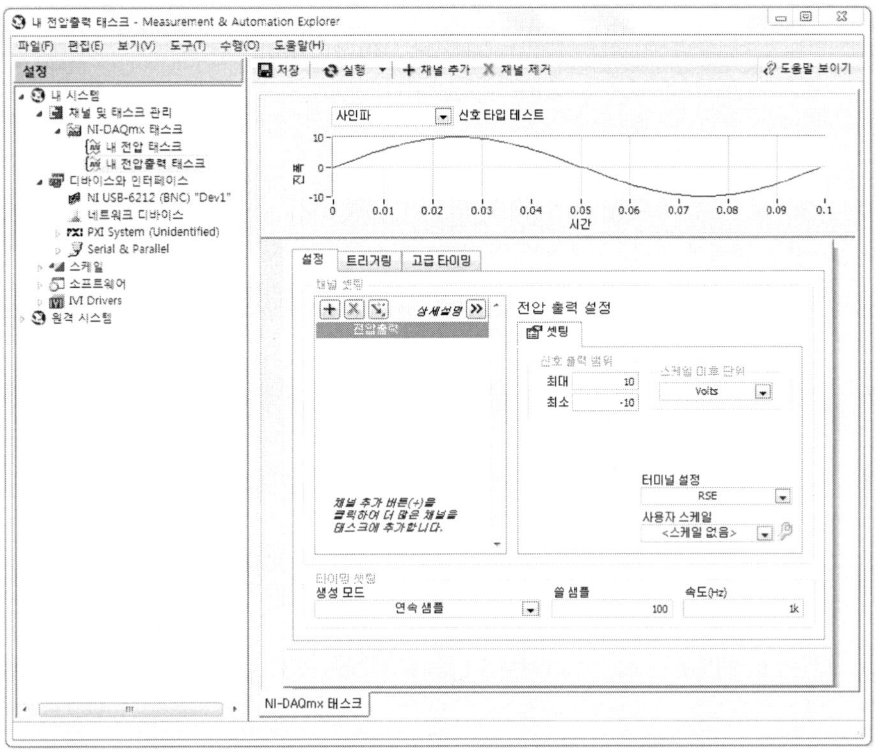

7. 내 시스템 > 채널 및 태스크 관리 > NI-DAQmx 태스크에서 마우스 왼쪽 버튼으로 [내 전압출력 태스크]를 클릭하고 LabVIEW의 블록다이어그램으로 드래그&드롭 합니다.

⌘ 블록다이어그램

8. [내 전압출력 태스크]의 단축메뉴에서 코드 생성 > **설정 및 예제**를 선택합니다. 태스크의 설정은 SubVI로 생성되고 나머지는 DAQmx 함수를 이용

한 예제로 생성됩니다.

9. [코드 생성하기]가 종료되면, 설정 및 예제가 자동으로 생성됨을 확인할 수 있습니다. 이 예제에서는 톱니파를 아날로그 출력으로 생성해줍니다. 다른 파형을 출력하고자 할 경우에는 sub Generate WDT data.vi를 대체하면 됩니다.

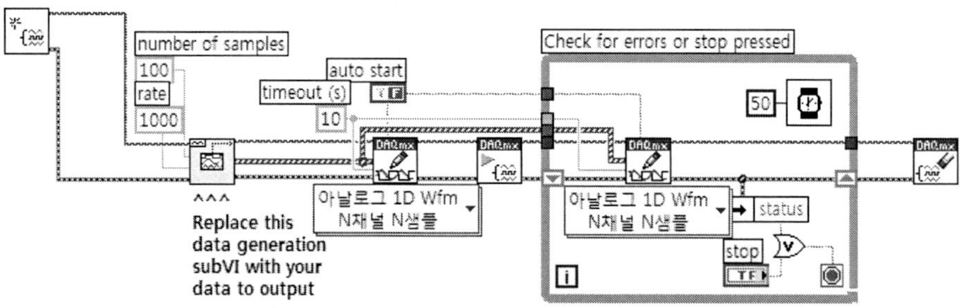

10. 톱니파 아날로그 출력.vi로 저장하고 실행합니다. 출력 파형을 확인하기 위하여 MAX의 NI-DAQmx 태스크에서 아날로그 입력 채널로 확인합니다. ao0에서 출력한 신호를 ai0로 측정합니다.

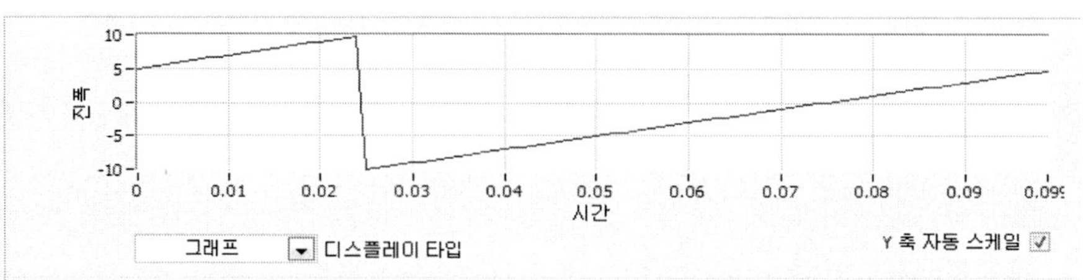

11. 다음은 사인파형을 출력할 수 있게 sub Generate WDT data.vi를 수정한 예입니다. [다른 이름으로 저장]을 선택하여 복사를 만듭니다.

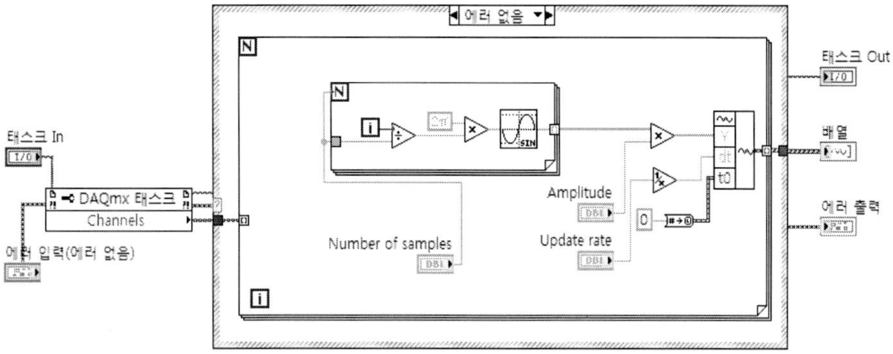

12. 새로 만든 파형 시뮬레이션 SubVI로 sub Generate WDT data.vi를 대체한 결과는 다음과 같습니다.
13. VI를 실행하고, MAX의 DAQmx 태스크에서 신호를 확인합니다.

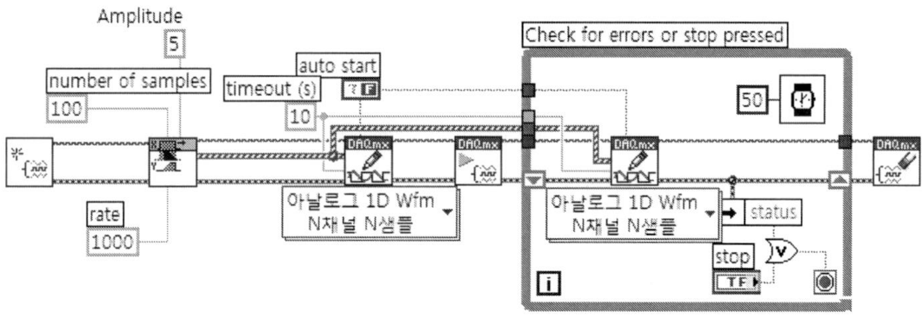

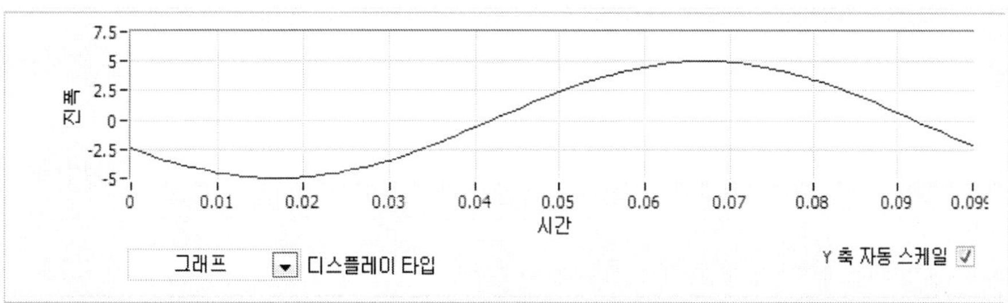

연습 4-1 끝

마. DAC 및 ADC의 원리

센서로부터의 출력을 시그널컨디셔닝한 뒤에 컴퓨터로 입력받기 위해서는 데이터 수집 보드가 필요합니다. 아날로그 신호를 컴퓨터가 입력받기 위해서는 아날로그 디지털 변환 단계가 필요하고, 아날로그 신호를 출력해주기 위해서는 디지털 정보를 아날로그 신호로 바꿔주는 단계가 필요합니다. 그리고 디지털 정보를 입출력하기 위해서는 디지털 상태 입출력, 혹은 카운터 등의 하드웨어가 필요합니다. 각각, ADC(Analog to Digital Converter), DAC (Digital to Analog Converter), 카운터/타이머라고 부릅니다.

1. DAC의 원리

DAC는 Digital to Analog Converter의 약자입니다. 컴퓨터에서 만든 디지털 정보를 아날로그 신호로 변환하여 출력하는 소자입니다. 다양한 형태의 DAC 방식이 있지만, R-2R Ladder 방식의 DAC를 소개합니다. 다음은 4 bits DAC의 개념도입니다.

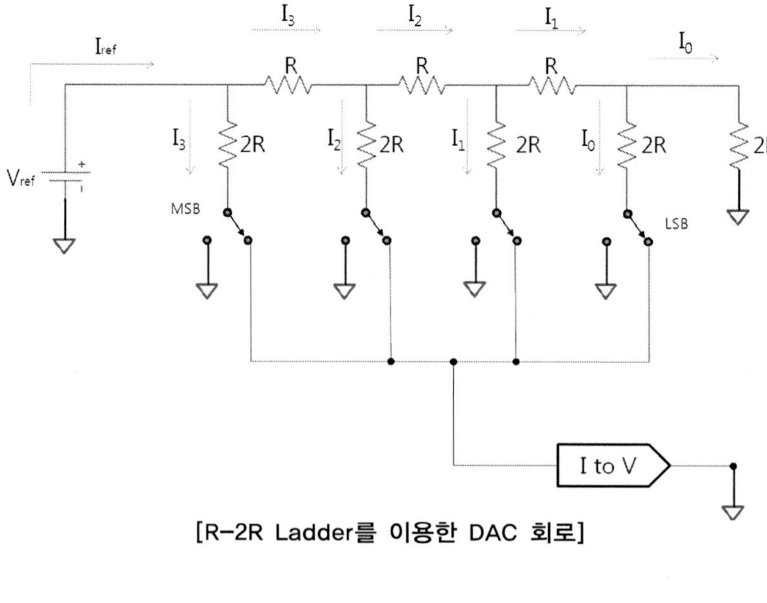

[R-2R Ladder를 이용한 DAC 회로]

이때 R−2R Ladder를 이용한 전류분배회로가 사용됩니다. R−2R Ladder 방식이란, 크기가 2R인 저항 두 개를 병렬로 연결하면 크기가 R인 저항과 동일하다는 원리를 이용합니다.

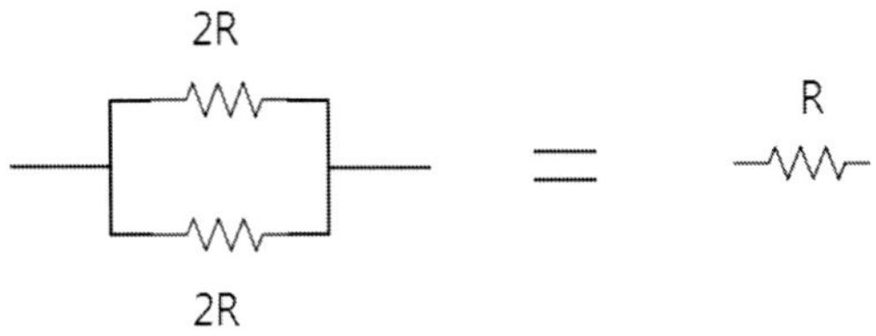

[저항의 병렬연결]

R−2R Ladder 방식의 DAC 회로에서 오른쪽을 확인하면, 두 개의 2R 저항이 병렬로 연결되어 있음을 확인할 수 있습니다. 동일한 크기의 저항이 병렬로 연결되어 있으므로 저항에 흐르는 전류도 I_0로 동일합니다.
또한 2R 저항 두 개가 병렬연결이면 저항 R과 동일합니다. 그래서 다시 2R이 구성됩니다. R−2R의 구성이 왼쪽으로 Shift하면 계속 반복되는 구조가 됩니다.

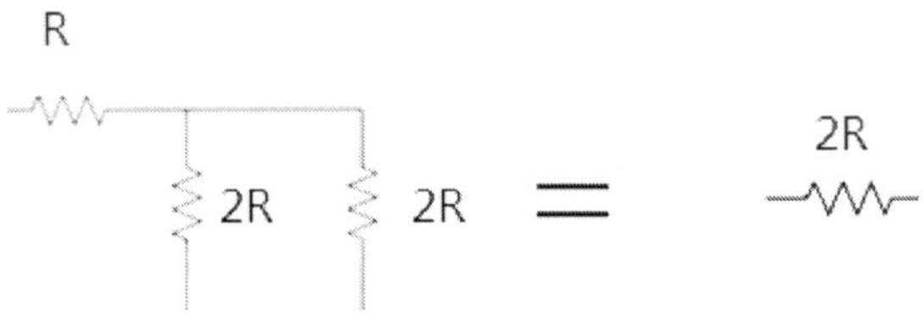

[R−2R 저항 변환]

이때 전류는 각 분기점에서 1/2로 동일하게 나누어져서 흐르게 됩니다.
즉, $I_{ref} = 2I_3 = 4I_2 = 8I_1 = 16I_0$ 입니다.

$I_0 = \frac{I_{ref}}{2^4}$, $I_1 = \frac{I_{ref}}{2^3}$, $I_2 = \frac{I_{ref}}{2^2}$, $I_3 = \frac{I_{ref}}{2}$

정리하면, 4 Bits DAC 회로에서 네 개의 Switch가 스위칭해주는 전류는 다음 수식과 동일합니다. 이때 스위치가 I to V로 연결되는 경우를 1이라하고, GND로 연결되는 경우를 0이라고 표현합니다.
1111인 경우, I to V로 출력되는 전류는 $I = I_3 + I_2 + I_1 + I_0 = I_{ref}$ 입니다.

0111인 경우, I to V로 출력되는 전류는 $I = I_2 + I_1 + I_0 = \frac{1}{2} I_{ref}$ 입니다.

같은 방법으로 0000에서 1111까지 디지털 신호에 맞추어 전류가 0에서 I_{ref}까지 출력됩니다. 여기에서 MSB는 Most Significant Bit (최상위 비트)의 약자이고, LSB는 Least Significant Bit(최하위 비트)의 약자입니다. 위에서 소개한 4Bits DAC는 디지털 정보에 따라서 MSB에서 LSB까지의 4개의 스위치를 가지고 있고, 출력된 전류는 I to V 회로에 의하여 전압으로 변환됩니다.

R-2R 방식 DAC 회로는 1 Clock으로 N개의 스위치를 제어하여 N-bit의 아날로그 출력을 구현할 수 있다는 장점을 가집니다. 즉, 디지털-아날로그 변환에 시간 지연(Time Delay) 없이 고속 처리가 가능합니다. 또한 DAC 회로에서 출력되는 전압 값은 양자화(Discrete) 되어있으므로 고주파의 노이즈 성분이 발생합니다. 그래서 Low Pass 필터를 이용하여 고주파 성분을 제거해주는 회로가 추가로 필요합니다.

2. ADC의 원리

ADC는 Analog to Digital Converter의 약자입니다. 아날로그 전압 값을 컴퓨터로 획득하기 위하여 디지털화 시키는 회로입니다. 다양한 형태의 ADC 방식이 있지만, 네 가지 대표적인 ADC의 개념을 설명하도록 하겠습니다. 이중 기울기 적분 ADC, 연속 근접 ADC, 병렬 ADC, 그리고 델타-시그마 ADC입니다.

A. 이중 기울기 적분 ADC

이중 기울기 적분(dual slop integrating) ADC는 다음과 같이 적분기와 비교기 회로를 이용하여 아날로그-디지털 변환을 수행합니다. 근본 원리는 입력된 아날로그 전압의 크기가 증가하면, 동일 시간 동안 콘덴서 Cint에 충전되는 전하량은 입력 전압에 비례하여 증가한다는 원리를 이용한 회로입니다. 즉, 시간-충전전압 그래프에서 기울기가 입력 전압과 비례합니다.

이중 기울기 적분 ADC는 아날로그 스위치의 스위칭에 따라서 3단계로 진행되며, 아날로그-디지털 변환이 끝날 때까지 입력 전압이 유지되어야 됩니다.

즉, Sample and Hold 회로가 앞단에 추가되어야 됩니다. 콘덴서 Cint에 충전되는 시간은 클럭(clock)을 카운트하여 측정할 수 있습니다.

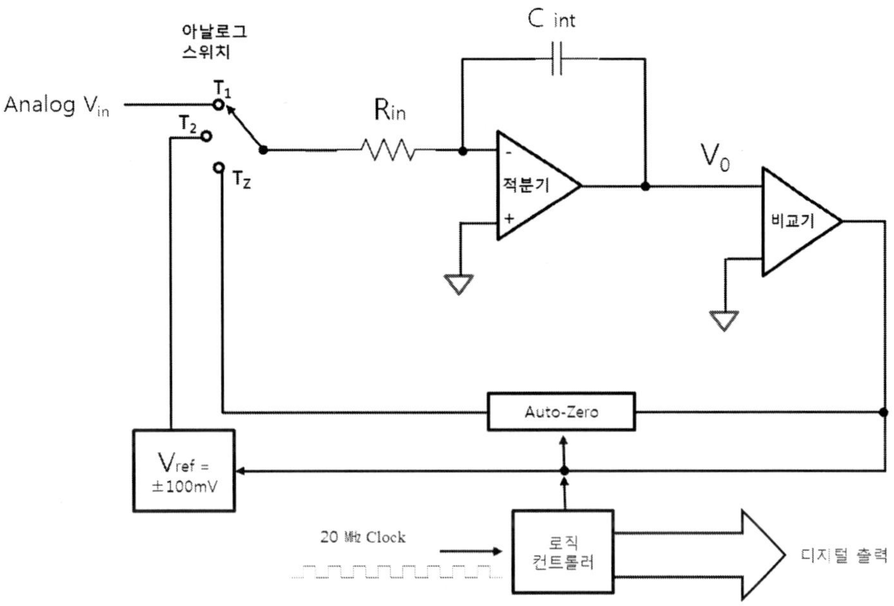

[이중 기울기 적분 ADC]

아날로그 스위치가 T_1일 때, 입력 전압의 크기에 비례하여 콘덴서 C_{int}에 전하가 충전되고, 아날로그 스위치가 T_2일 때, V_{ref}에 의하여 콘덴서의 전하가 방전됩니다. 콘덴서가 방전되어, V_0이 0V가 되면, 아날로그 스위치는 T_z로 이동하고 0V를 유지합니다. 이때 비교기가 V_0이 0V인지를 확인하는 역할을 수행합니다.

T_2일 때, V_0이 0V로 방전되는 데까지 걸리는 시간은 입력전압에 비례합니다. 그러므로 0V로 방전되는 시간을 카운터(Counter)로 측정하면, 입력전압을 디지털로 측정할 수 있습니다. 좀 더 상세한 개념은 다음 그림에서 확인할 수 있습니다. 1ADC를 수행하는 데 10,000카운트의 시간이 소용된다고 하였을 때, 처음 1000카운트 동안 T_1위치에서 콘덴서 C_{int}에 전하가 충전되고, 스위치가 T_2로 옮기면서 방전이 시작되어 V_0이 0V가 될 때까지 방전됩니다. 그리고 스위치는 T_z로 이동하여 0V를 유지합니다.

아래에서 V_{in}이 100㎷이고 V_{ref}가 −100㎷이면, T_2는 1000카운트가 됩니다.

그리고 V_{in}이 200㎷인 경우에 T_2는 2000카운트가 됩니다. 이때, Auto-zero로 유지되는 T_z는 입력 전압 V_{in}에 비례합니다. V_{in}이 100㎷이면 8000카운트이고, V_{in}이 200㎷이면 7000카운트입니다. 만약 T_z가 7999카운터이면 V_{in} = 100.1㎷라는 의미입니다.

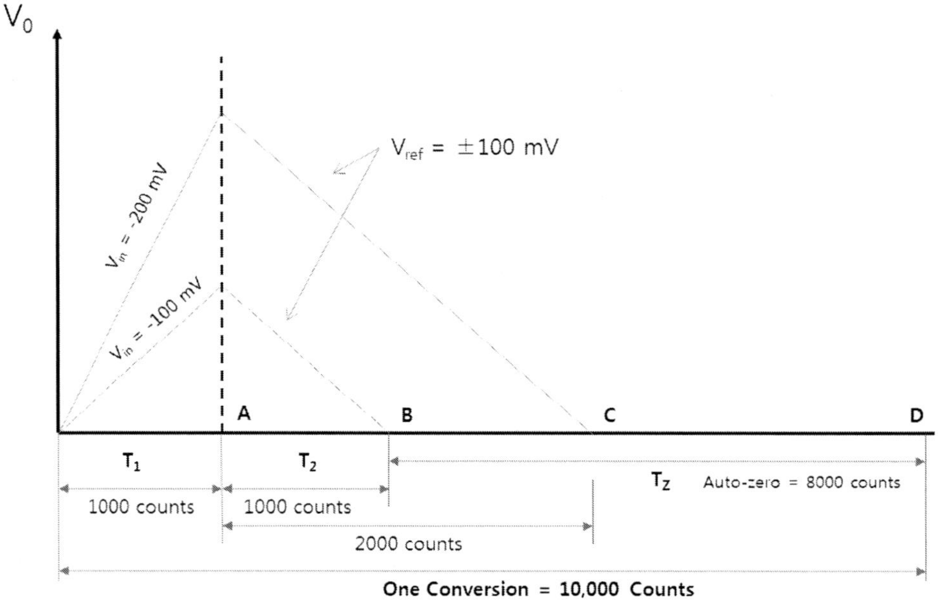

[이중 기울기 적분 ADC의 원리]

이중 기울기 적분 ADC는 적분기, 비교기, 그리고 스위치를 이용하여 간단하게 구현할 수 있고 높은 해상도를 구현할 수 있다는 장점이 있습니다. 그러나 위의 예처럼, 1ADC를 구현하기 위하여 10,000 클럭까지 필요하므로 고속 ADC를 구현하기는 힘듭니다.

B. 연속 근접 ADC

연속 근접(Successive Approximation) ADC는 비교기와 비교 전압을 생성하는 DAC로 구현할 수 있습니다. 아래는 3-bit DAC로 3-bit 비교 전압을 만들고, 3-bit ADC를 구현한 예입니다. 이때 3-bit DAC로는 8단계의 전압을 만들 수 있습니다. 예를 들어, 0V, 1V, 2V, 3V, 4V, 5V, 6V, 7V를 만들 수 있습니다.

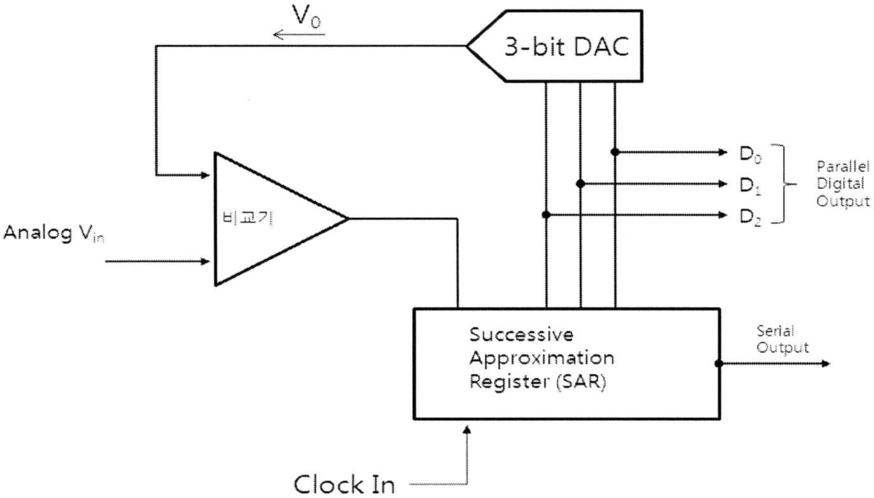

[연속 근접 ADC의 개념도]

3-bit ADC를 구현할 때, 비교기는 3번만 작동하면 됩니다. 입력 전압이 V_{in}일 때, 첫 번째로 3-bit DAC에서 4V를 만들어 비교합니다. 입력 전압이 4V보다 큰 지, 혹은 작은 지를 비교하는 것입니다. 4V보다 클 경우, 6V와 비교합니다. 6V보다 작은 경우, 5V와 비교합니다. 5V보다 작은 경우, 입력 전압 V_{in}은 4~ 5V 사이의 값임으로 알 수 있고, 디지털로는 100(4V)으로 표현됩니다. 다음은 100인 4V부터 3회의 비교를 통하여 ADC를 완료하는 순서도입니다.

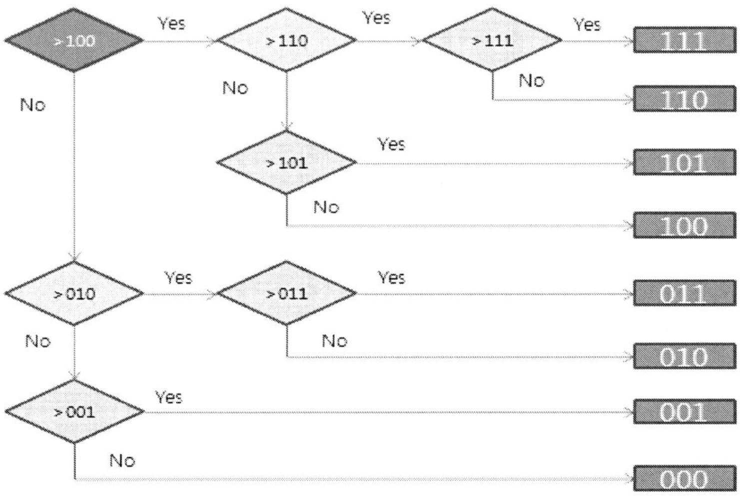

연속 근접 ADC는 N번의 비교 회로 구현을 통하여 N-bit의 ADC를 구현할 수 있는 방법입니다. 이때, N클럭으로 가능하기 때문에, 이중 기울기 적분(dual slop integrating) ADC보다 고속의 ADC를 구현할 수 있는 장점이 있습니다. 그러나 디지털-아날로그 변환기(DAC)의 해상도를 높이는 데 한계가 있기 때문에 16-bits 이상의 ADC를 구현하는 데에는 적합하지 않습니다.

C. 병렬 ADC

병렬(Parallel) ADC는 2^N-1개의 비교기를 이용하여 아날로그 입력 전압을 디지털로 변환하는 ADC입니다. 기준 전압은 전압분배기(Voltage Divider)를 이용하여 생성합니다. 예를 들어, 8-bit 병렬 ADC를 구현하기 위해서는 255개의 비교기가 필요하고, 전압분배기는 256레벨로 전압을 분기시켜야 됩니다. 아래는 3-bit 병렬 ADC의 예입니다. V_{ref}가 8V일 때, 전압분배기는 8단계로 전압을 분기합니다. 그리고 7개의 비교기를 이용하여 ADC를 완료합니다.

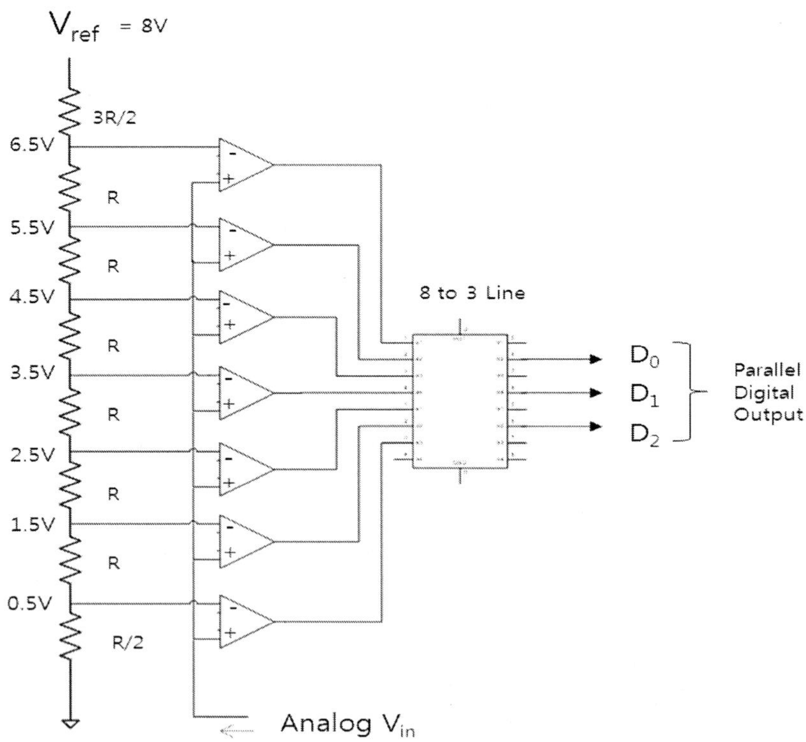

[3-bit 병렬 ADC의 개념도]

병렬 ADC는 1클럭에 아날로그-디지털 변환이 완료되기 때문에 고속 ADC가 가능한 방법입니다. 그래서 고속 Digitizer에서 많이 사용되는 ADC 방법입니다. 그러나 N-bit의 해상도를 구현하기 위해서 2^N-1개의 비교기가 필요하기 때문에 ADC 칩의 가격이 비싸고 발열과 집적 기술의 한계로 고해상도의 ADC를 구현하기가 힘듭니다.

D. 델타 시그마 ADC

델타 시그마(Delta Sigma) ADC는 비교 회로인 델타 Δ회로와 적분 회로인 시그마 Σ회로로 구성됩니다. 델타 시그마($\Delta\Sigma$) ADC는 간단한 집적 회로에서 Over-sampling과 Feedback 연산으로 고해상도의 아날로그-디지털 변환기(ADC)를 구현할 수 있습니다. 수십 KS/s의 영역에서 24-bit의 해상도를 구현할 수 있으므로, 음향, 소음, 진동 측정 및 출력 분야에서 사용됩니다.

델타 시그마 ADC는 Over-Sampling과 Quantization Noise Shaping, 그리고 Digital 필터링으로 구성됩니다.
양자화 노이즈 (Quantization Noise)는 ADC의 해상도와 반비례하는 값입니다. 즉, 양자화 노이즈가 작다는 것은 해상도가 높다는 것을 의미합니다. 이론적으로 양자화 노이즈는 다음과 같이 정의됩니다.

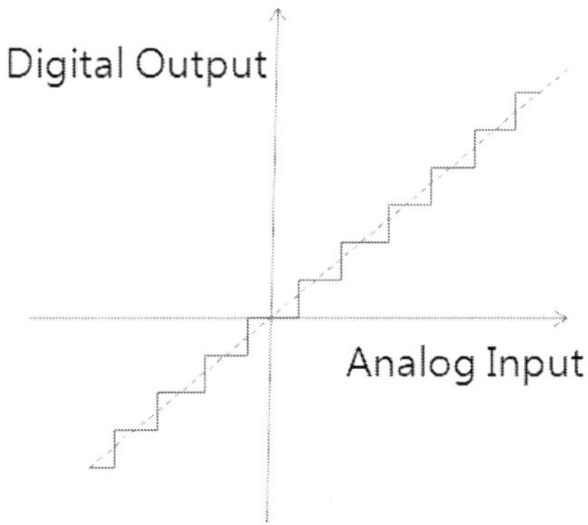

[아날로그-디지털 변환]

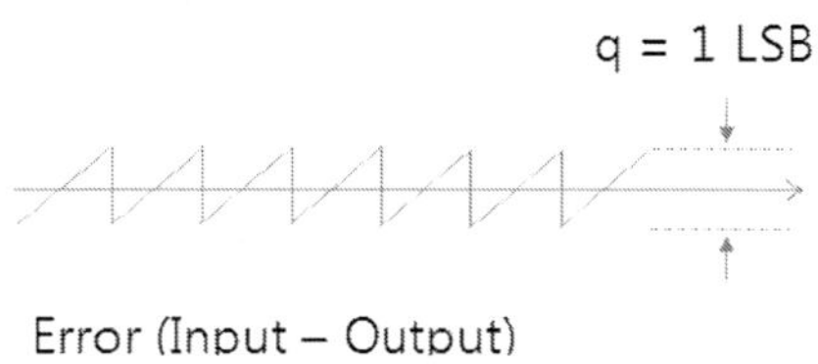

[양자화 노이즈]

아날로그-디지털 변환기에서 입력된 아날로그 전압 값은 Discrete한 디지털 값으로 출력됩니다. 이때 발생하는 이론적인 양자화 노이즈의 최대값 q = 1

LSB입니다. 그리고 양자화 노이즈의 RMS값은 간단한 계산으로 통하여 $\sqrt{r^2(t)} = \frac{q}{\sqrt{12}}$ 임을 알 수 있습니다.

예를 들어, 12-bit ADC에서 1 LSB는 $\frac{V_{ref}}{2^{12}}$ 입니다. V_{ref}가 10V인 경우, 12-bit ADC의 1 LSB는 2.44㎷이고, 양자화 노이즈 RMS는 0.7㎷가 됩니다. 또한 Bennett의 이론에 의하면, 이러한 양자화 노이즈는 Nyquist Bandwidth(DC에서 $\frac{f_s}{2}$ 까지)에 고루 퍼져있다고 합니다.

(Bell System Technical Journal, Vol. 27, July, 1948, pp. 446-471 참조)

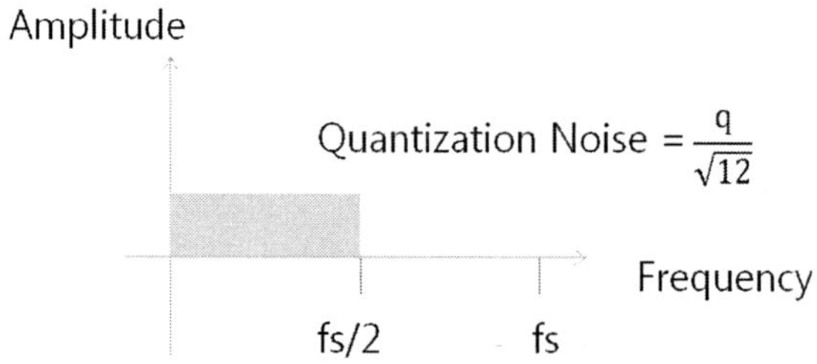

[주파수 영역에서의 양자화 노이즈]

이때 Sampling Rate를 Kf_s로 높이면, 양자와 노이즈는 $\frac{q}{\sqrt{12}}$ 로 유지되고, 그 대신 더 넓은 주파수 영역으로 고루 퍼지게 됩니다. 여기에 Low Pass 필터를 적용하여 필요한 f_s 영역을 잘라오면, 실질적으로 해상도가 증가하는 효과가 나타납니다. 즉, Over-Sampling과 Digital 필터가 실질 해상도 증가를 구현한 것입니다.

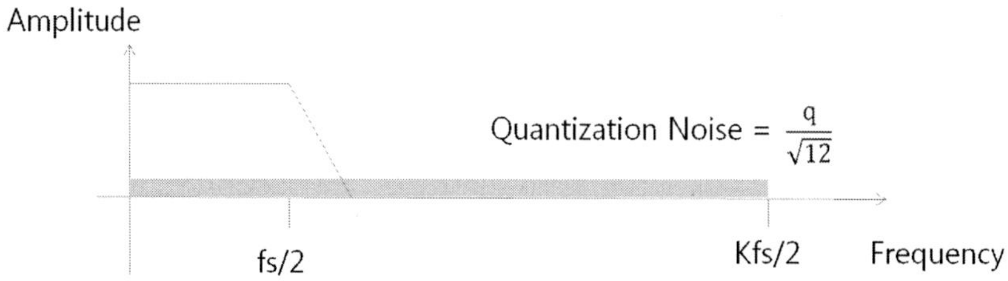

[Over Sampling과 디지털 필터 적용]

델타시그마 ADC는 델타-시그마 집적회로를 이용하여 Noise Shaping을 구현하여 고해상도를 구현할 수 있습니다. Noise Shaping은 아래 그림과 같이 양자화 노이즈를 고주파 영역으로 모으는 것을 의미합니다. 즉, 양자화 노이즈가 Nyquist Bandwidth에 고루 퍼지는 것이 아니라 고주파 영역에 집중되게 만드는 것입니다.

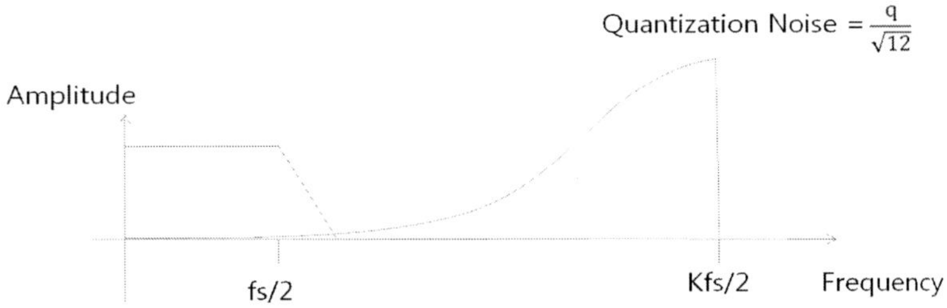

[Over Sampling, Noise Shaping, 그리고 디지털 필터 적용]

이와 같이 Over-Sampling과 델타-시그마 회로에 의한 Noise Shaping, 그리고 디지털 필터링을 통하여 고해상도의 아날로그-디지털 변환을 구현하는 방식을 델타시그마 ADC라고 부릅니다.

다음은 1-bit ADC를 이용하여 델타시그마 ADC를 구현한 개념도입니다. 이중 기울기 적분 ADC와 유사한 회로임을 확인할 수 있습니다. 입력된 전압 Vin에 Vref를 더해주거나 빼준 다음, 적분기를 이용하여 적분하고, 비교기(1-bit ADC)를 이용하여 0V와 비교합니다. 0V이상이면 디지털 값 1이고, 0V이하이면 디지털 값 0입니다. 이 디지털 값은 다시 Feedback하여 1-bit DAC를 통하여 ±Vref를 입력 전압 Vin에 빼줍니다. 이와 같은 델타시그마 Feedback 회로는 Over-sampling과 Noise Shaping을 구현하게 됩니다.

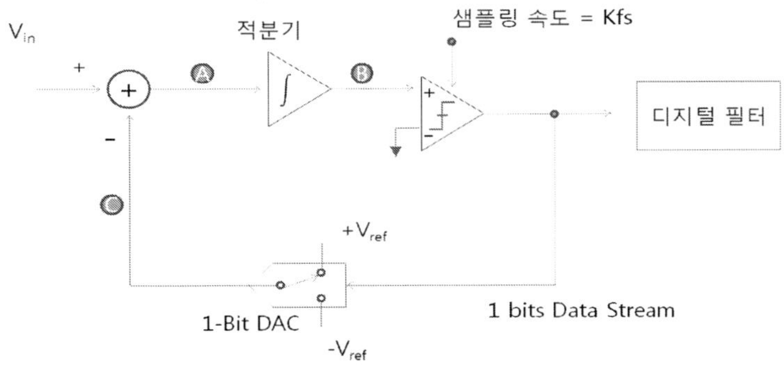

[델타시그마 ADC의 개념도]

이때 입력 전압 V_{in}이 0V이면, C위치에서의 전압 값은 다음과 같습니다. 그리고 $-V_{ref}$를 빼주어 A위치는 V_{ref}이고, 적분기의 콘덴서에 충전이 됩니다. 그리고 1-bit 비교기는 디지털 1을 출력합니다. 이번에는 디지털 1에 의하여 Feedback으로 V_{ref}이 C위치의 전압 값이 되고, 입력 전압 0V에 빼주면, A위치는 $-V_{ref}$가 됩니다. 음의 전압에 의하여 적분기의 콘덴서는 방전을 하게 됩니다. 결과적으로 아래와 같이 디지털 값은 01010101...을 반복하게 되고, B위치의 전압 값은 콘덴서의 충방전에 의하여 삼각파형이 됩니다.

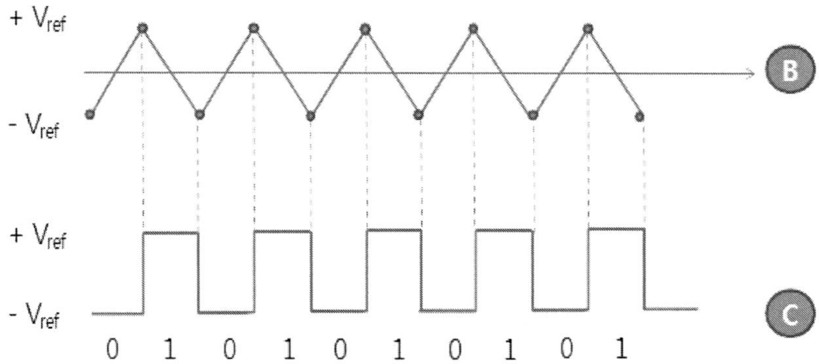

이때 디지털 01010101...에서 8개씩 평균을 취하면 4/8=1/2가됩니다. 즉, 해상도는 8-bit입니다. 만약 디지털 값을 24개씩 평균을 취하면 12/24=1/2이지만 24-bit 해상도를 구현할 수 있습니다.

이때 입력 전압 V_{in}이 ½V_{ref}이면 C위치와 B위치의 전압 값은 다음과 같습니다. C가 $-V_{ref}$일 때, A는 3/2V_{ref}이고, 빠른 속도로 적분기에서 충전이 됩니다. 디지털 값이 1이고 C가 V_{ref}로 바뀌면 A는 1/2V_{ref}이지만 방전되는 속도는 충전 속도보다 느리게 됩니다. 그래서 B위치의 전압 값이 3클럭 동안 양의 값을 가지게 됩니다. 즉, 입력 전압이 ½V_{ref}이면 충전은 1클럭 동안 이루어지고 방전은 3클럭 동안 이루어집니다. 디지털 값은 011101110111...가 됩니다. 또한 해상도 8-bit를 구현하기 위하여 8개의 디지털 값에서 평균값을 구하면 6/8 = 3/4가 결과 값이 됩니다.

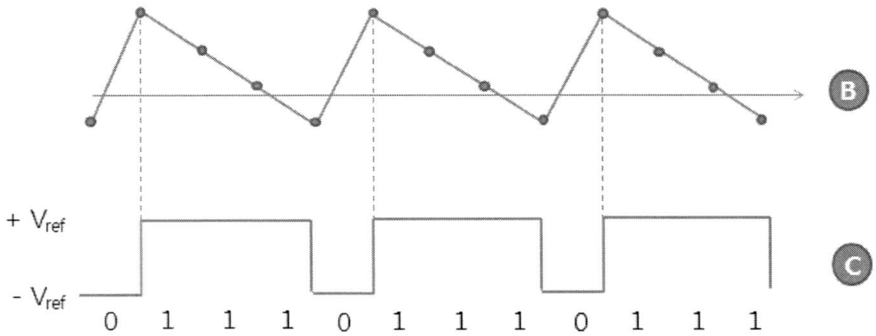

델타시그마 ADC는 간단한 IC 회로를 이용하여 24bits의 고해상도를 구현할 수 있다는 장점을 가집니다. 그리고 IC 회로로 ADC를 구현하기 때문에 디지털 프로세싱 회로를 추가하여 Anti-aliasing 필터 등을 쉽게 구현할 수 있습니다. 수백 KS/s까지 구현이 가능하므로, 10Hz~20㎑ 범위인 가청주파수를 측정하는 영역에서 많이 사용됩니다. 예를 들어, 소음진동 측정에서 마이크로폰이나 가속도계의 입력을 받거나, 핸드폰이나 사운드카드 등에서 소리를 입력 받을 때 사용됩니다. 또한 고해상도의 장점을 이용하여 디지털멀티미터 등에서 사용됩니다.

연습 4-2. 델타시그마 ADC 시뮬레이션 (옵션)

델타시그마 ADC의 원리를 설명하기 위하여 시뮬레이션 VI를 작성해봅니다.

⌘ 프로젝트 및 VI 생성

1. DeltaSigma ADC.lvproj를 만들고, DeltaSigma ADC.vi를 생성합니다.

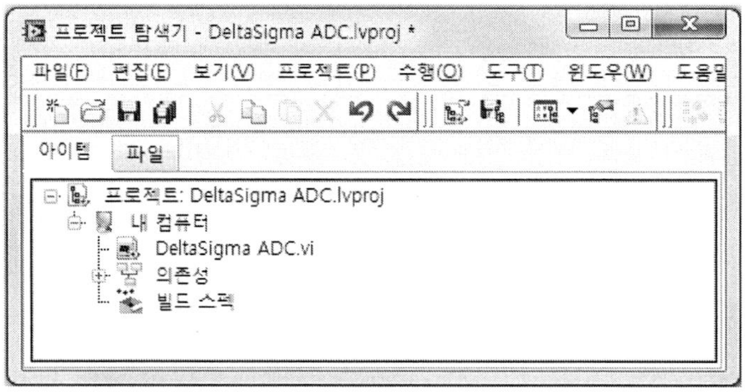

⌘ 블록다이어그램

2. 다음과 같이 DeltaSigma ADC.vi의 블록다이어그램을 작성합니다. 블록다이어그램은 다섯 부분으로 구성되어 있습니다.

   a. 2주기의 Sine Signal 생성 : 300 Points로 2주기의 Sine 신호를 생성합니다.

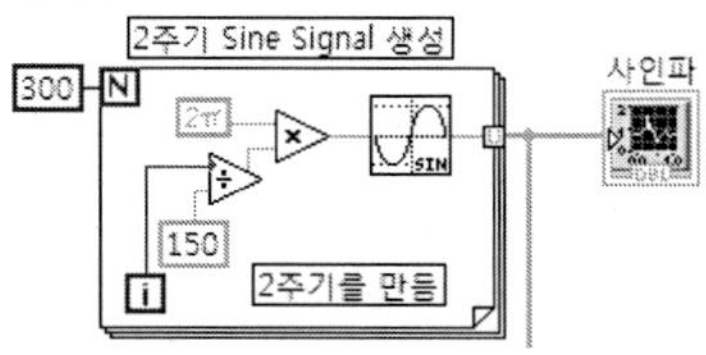

   b. 빼기 연산 수행 : Latch 연산의 결과가 0이면 −1을 빼주고, 1이면 +1을 빼줍니다. 그리고 Feedback 처리를 위하여 피드백 노드를 사용하였습니다.

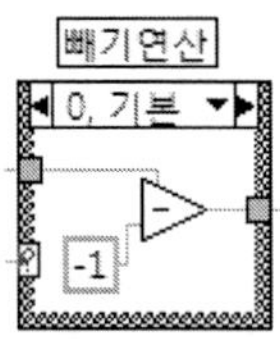

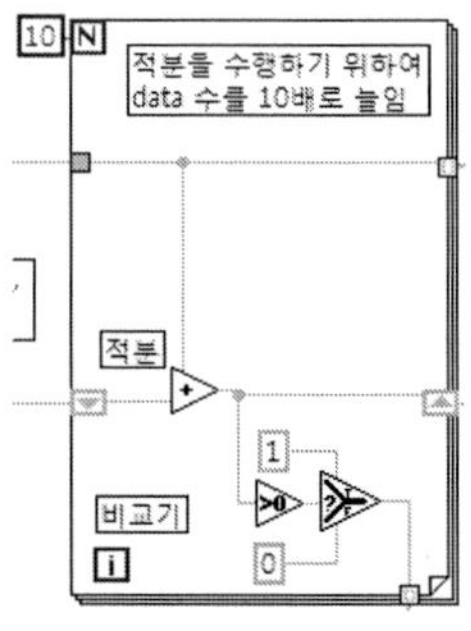

   c. 적분 연산 및 비교기 연산 수행 : 적분을 수행하기 위하여 Data의 수를 10배로 늘여주고, 더하기 연산으로 적분을 구현하였습니다. 또한 적분 연

산의 결과와 0을 비교하여 비교기 연산을 수행합니다.

d. Latch 연산 수행

e. 디지털 필터링 : 16bits ADC를 구현하기 위하여 FIR 계수로 1/16의 배열을 사용하였습니다.

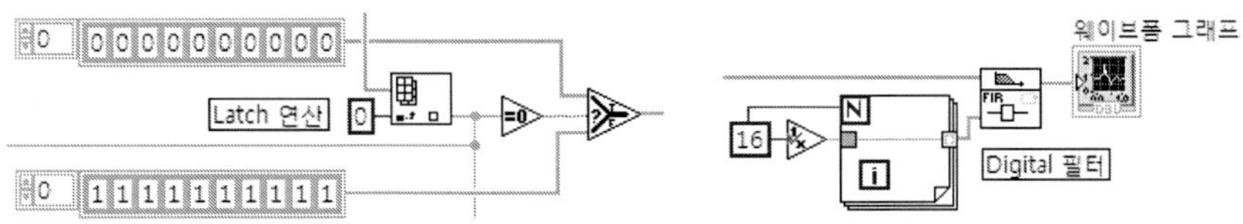

3. 완성된 블록다이어그램은 다음과 같습니다.

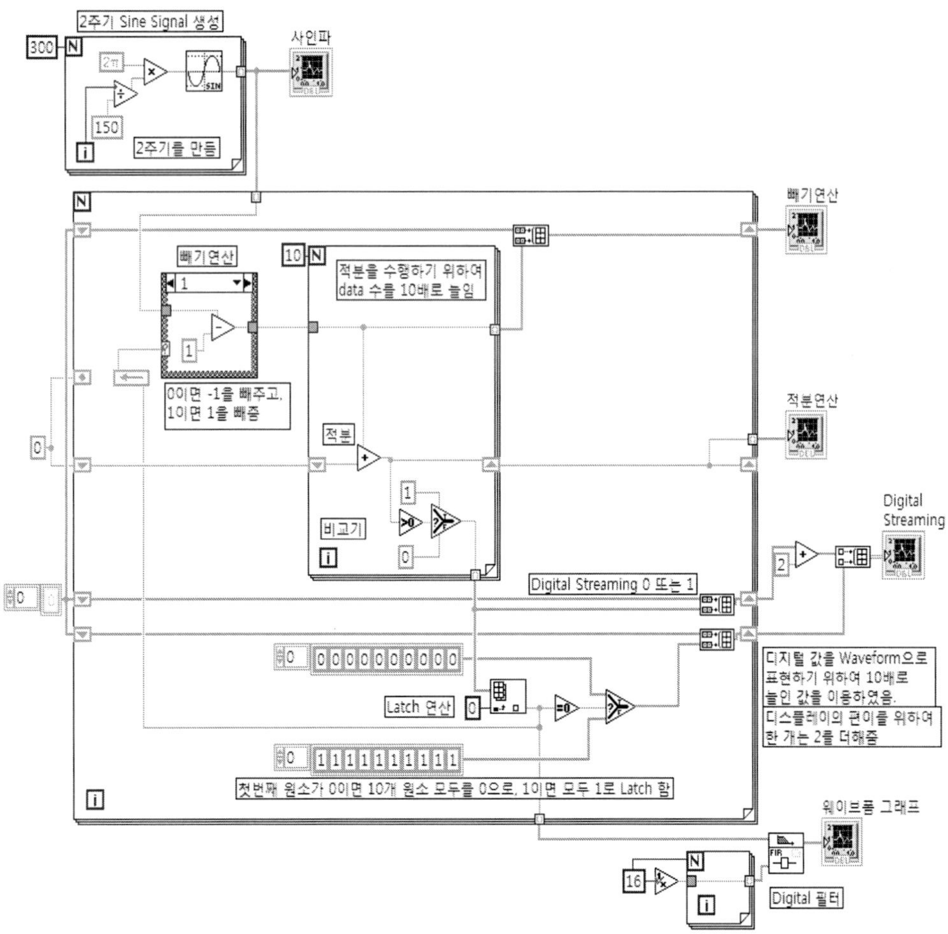

4. 프런트패널은 정리하고 실행합니다. 웨이브폼 그래프 5개를 위치시키고, 델타시그마 ADC의 원리가 잘 설명될 수 있도록 디스플레이 형식을 조정해줍니다. 위에서부터 차례로, 최초 입력 신호인 Sine 파형, 빼기 연산 수행 결과, 적분 수행, 1bit ADC 비교기에 의한 디지털 스트리밍 출력 및 Latch 연산 수행 결과, 그리고 디지털 필터링 결과를 나타낸 것입니다. 최초 입력된 Sine 파형이 여러 연산 이후에 디지털로 비슷하게 복원됨을 확인할 수 있습니다.

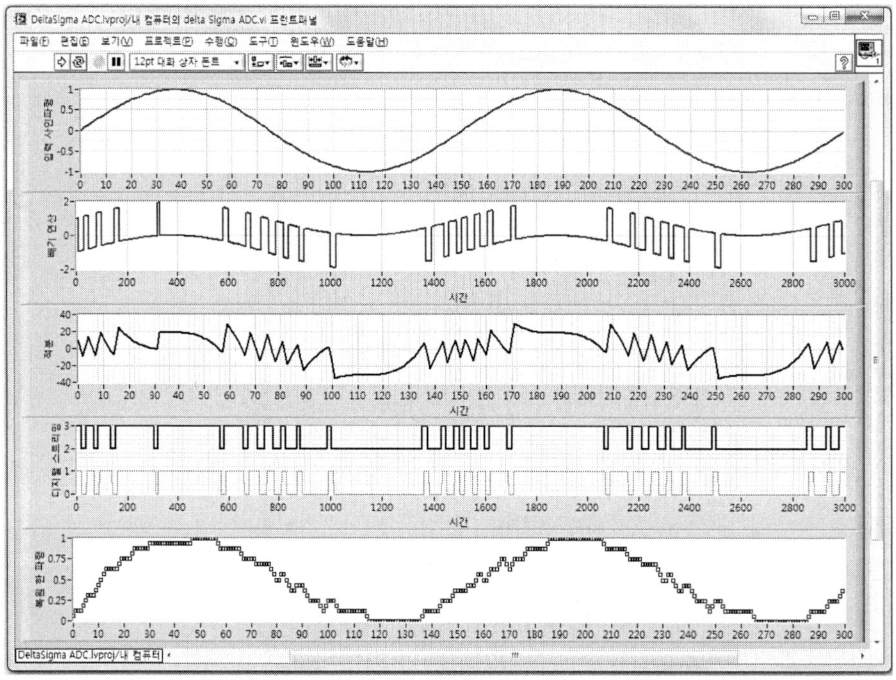

연습 4-2 끝

요약정리

가. 디지털 신호는 신호의 로직 정보를 이용합니다. 그리고 아날로그 신호는 신호의 크기와 모양을 다룹니다.

나. 전기적 입력 신호를 디지털 정보로 변환하거나 디지털 정보를 전기적 신호로 출력하는 목적의 하드웨어를 데이터 수집 보드라고 부릅니다.

다. 데이터 수집 보드를 선정할 때에는 얼마나 빠른 신호를 측정할 것인지, 얼마나 작은 신호를 측정할 것인지, 시그널컨디셔닝 기능을 내장하고 있는 지 등을 고려해야 됩니다.

라. 아날로그 입력 신호의 연결 방법에는 RSE 모드, NRSR 모드, 차동 모드, 유사 차동 모드가 있습니다.

마. DAQmx 드라이버를 설치하면, LabVIEW 함수 팔레트에 DAQmx 함수가 추가되고, MAX가 설치됩니다.

바. MAX는 Measurement and Automation Explorer의 약자이며, 하드웨어의 설정, 디버깅, 태스크 만들기 등의 기능을 수행할 수 있는 유틸리티입니다.

사. MAX에서 생성한 NI-DAQmx 태스크를 LabVIEW로 드래그 앤 드롭할 수 있습니다.

아. R-2R Ladder의 원리를 이용하여 DAC를 구현할 수 있습니다.

자. 이중 기울기 적분 ADC, 연속 근접 ADC, 병렬 ADC, 그리고 델타 시그마 ADC 방법으로 아날로그 디지털 변환이 가능합니다.

Note

제 5 장

DAQmx-아날로그 입력

아날로그 신호 입력 어플리케이션을 구현하는 방법에 대하여 배워봅니다.

가. DAQ 어시스턴트를 이용한 아날로그 입력
나. DAQmx 함수를 이용한 아날로그 입력
다. 아날로그 및 디지털 트리거
라. 소프트웨어 타임
마. 센서의 종류와 원리 및 사용법
바. 신호 분석 및 처리
사. Low Impedance 측정

가. DAQ 어시스턴트를 이용한 아날로그 입력

DAQ 어시스턴트는 대화창을 이용하여 직관적으로 DAQ 태스크를 생성하고, 프로그래밍을 수행할 수 있는 방법입니다. 함수 > 측정 I/O > DAQmx – 데이터수집 팔레트에서 찾을 수 있으며, 함수 > 익스프레스 > 입력 팔레트에서도 찾을 수 있습니다.

DAQ 어시스턴트를 블록다이어그램에 위치시키면, [익스프레스 태스크 새로 생성...] 창이 팝업됩니다. 아날로그 입력 태스크를 작성하고자 할 경우에는 신호 수집 > 아날로그 입력 > 전압을 선택하고 [다음] 버튼을 클릭합니다.

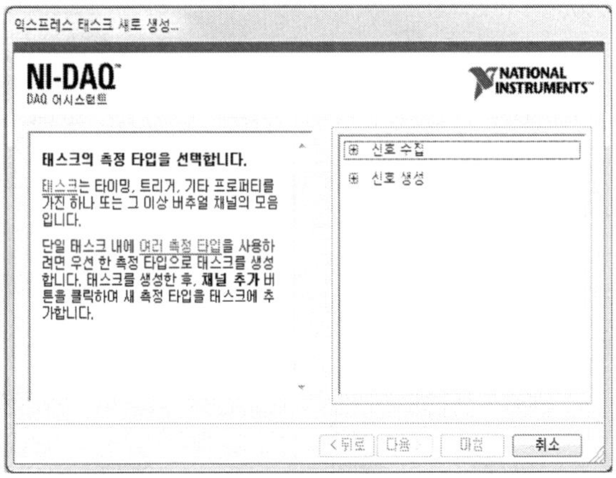

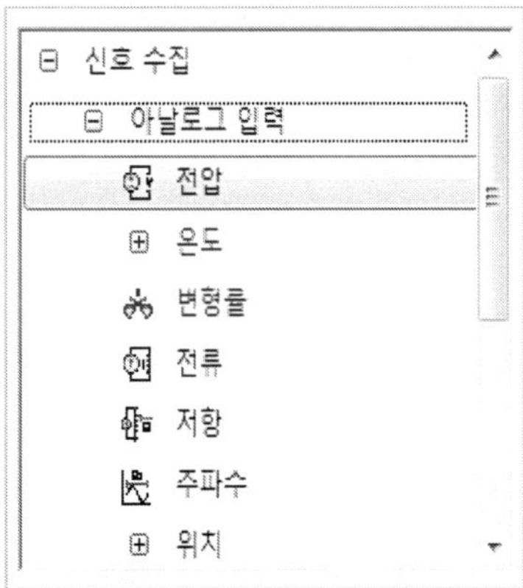

다음 단계로, 물리적 채널을 선택하고 [마침] 버튼을 클릭하여 태스크를 적용합니다. 이때 Ctrl이나 Shift 키를 이용하여 동시에 여러 채널을 선택할 수 있습니다.

설정한 태스크에 맞추어 다음과 같이 DAQ 어시스턴트 창이 나타납니다. 이

창에서 측정에 필요한 여러 가지 설정을 지정합니다. 이때 신호 입력 범위(최대, 최소)는 DAQ 보드의 Gain을 설정하는 것이고, 터미널 설정은 차동, RSE, NRSE, 유사차동 모드 등의 입력 모드를 설정하는 것입니다.

아래쪽에 위치한 타이밍 셋팅에서 샘플링 속도(Hz), 수집 모드, 샘플링 개수 등을 설정합니다.

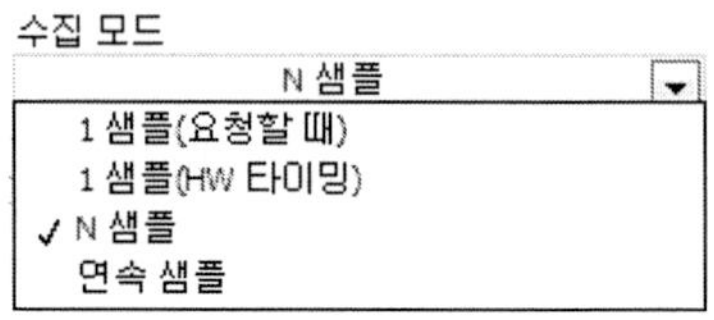

수집 모드로는 1샘플(요청할 때), 1샘플(HW 타이밍), N샘플, 연속 샘플을 선택할 수 있습니다. N샘플은 DAQ 어시스턴트를 한번 실행할 때마다 N개의 샘플을 측정하는 모드입니다. 그리고 연속 샘플은 While 루프를 이용하여 연속적으로 계속 측정하는 모드입니다.

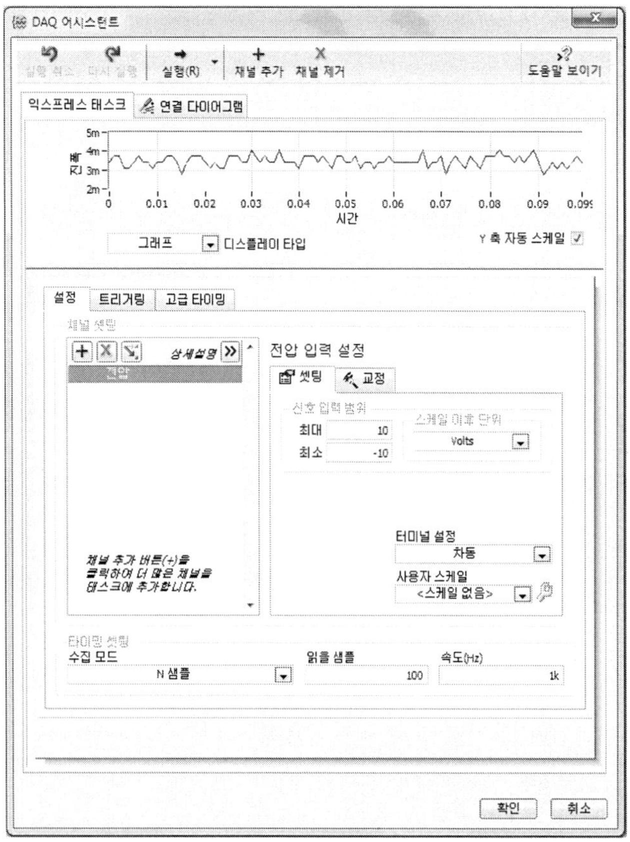

1샘플(요철할 때)과 1샘플(HW 타이밍)은 DAQ 어시스턴트가 한 번 실행할 때, 1샘플씩 측정하는 모드입니다. 이 중에서 1샘플(HW 타이밍)은 While 루프와 함께 사용되면 실행 속도는 DAQ 보드의 HW 타이밍에 의하여 Determinism이 구현됩니다. 주로 제어 로직에서 사용되는 수집 모드입니다. 그러나 Determinism이 보장되는 DAQ 보드에서만 사용이 가능하고, 그렇지 못한 경우에는 에러가 발생합니다. ni.com의 KnowledgeBase 4TRGNVH7에서 지원되거나 지원되지 않는 DAQ 보드를 확인할 수 있습니다.

[확인] 버튼을 클릭하여 설정을 적용하면, 다음과 같이 블록다이어그램이 완성됩니다. 프런트패널에 웨이브폼 그래프를 위치시키고, 데이터 출력을 연결하여 디스플레이합니다.

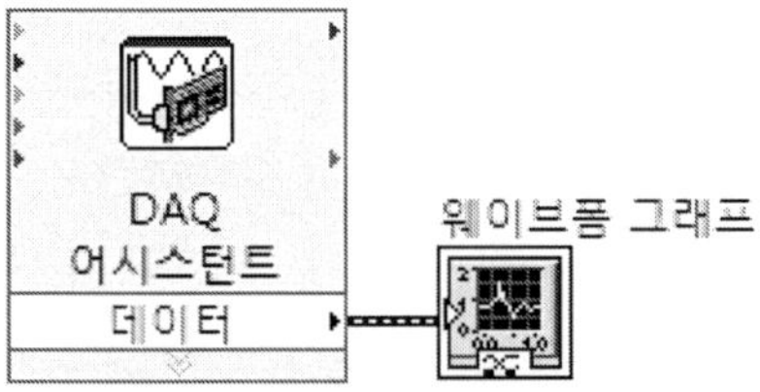

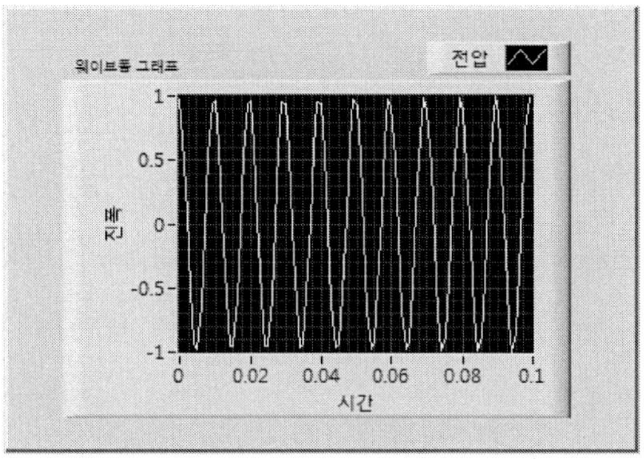

DAQ 어시스턴트의 단축메뉴에서 NI-DAQmx 코드 생성을 선택하면, DAQ 어시스턴트로 설정한 태스크가 자동으로 NI-DAQmx 코드로 생성됩니다.

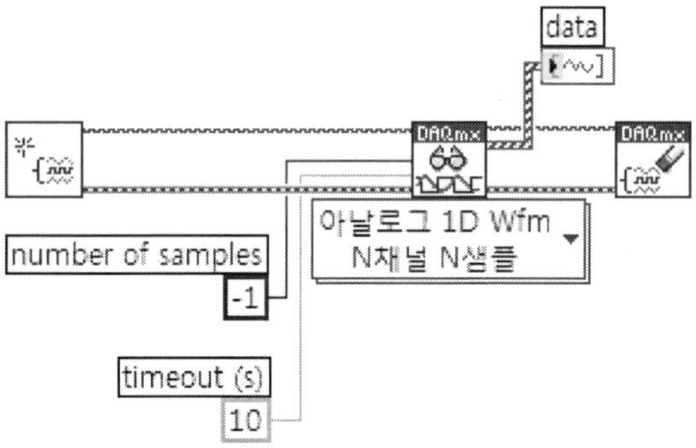

나. DAQmx 함수를 이용한 아날로그 입력

DAQmx 함수를 이용하여 아날로그 입력 VI를 작성하는 방법에 대하여 배워봅니다. 간단한 한 두 개의 태스크를 작성할 경우에는 DAQ 어시스턴트나 MAX의 DAQmx 태스크를 이용하는 방법이 효율적입니다. 그러나 아날로그 입력과 출력, 디지털 입출력 등의 여러 태스크를 함께 진행해야 되는 경우에는 DAQmx 함수를 이용하여 개발자가 세부적으로 설정 및 작성하는 것이 유리합니다. DAQmx 함수는 함수 > 측정 I/O > DAQmx – 데이터 수집 팔레트에서 찾을 수 있습니다.

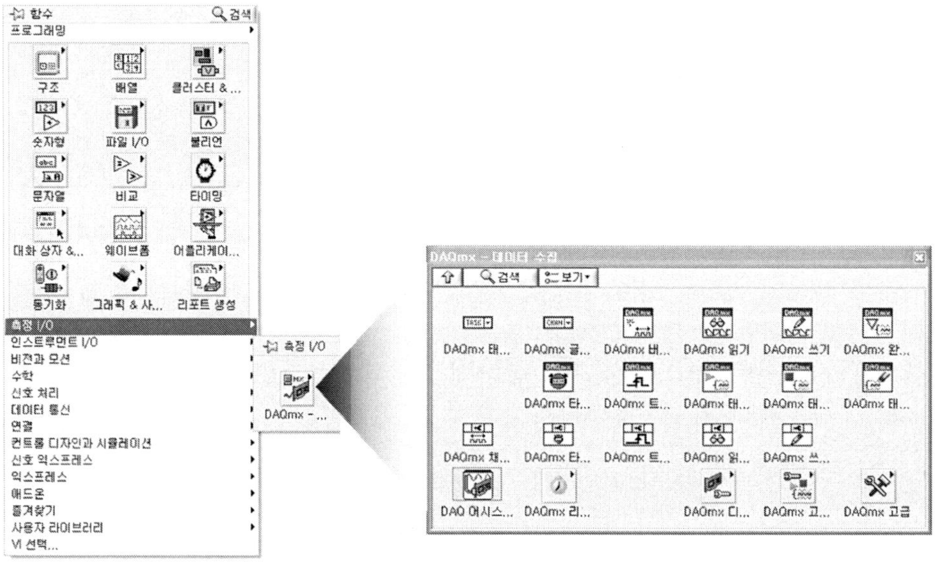

DAQmx 함수는 기본 9개 함수로 구성됩니다. 또한 모든 함수는 선택자를 가지고 있는 **다형성 VI**이므로 함수의 선택자를 바꿈으로써 아날로그 입력용으로 사용할 수도 있고, 아날로그 출력용으로 사용할 수도 있으며, 디지털 입출력이나 카운터 VI도 같은 함수들로 프로그래밍이 가능합니다.

Ⅰ. DAQmx **버추얼 채널 생성**은 어떤 태스크를 수행할지 설정하는 함수입니다. 또한 태스크를 수행할 DAQ 하드웨어와 채널, 그리고 측정 타입을 설정합니다. 다음과 같이 아래쪽의 선택자를 이용하여 어떤 태스크를 수행할지 선택할 수 있습니다.

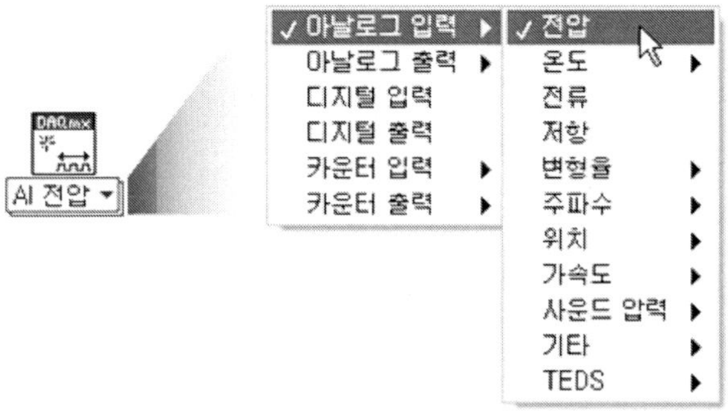

Ⅱ. DAQmx **타이밍**은 하드웨어의 타이밍 관련 매개변수를 지정하는 함수입니다. 샘플링 클럭이나 핸드쉐이킹 관련 설정을 수행합니다. 즉, DAQ 어시스턴트에서 태스크 타이밍의 클럭 설정 부분과 같은 역할을 수행합니다.

Ⅲ. DAQmx **트리거**는 트리거 관련 모든 설정을 위한 함수입니다.

Ⅳ. DAQmx **태스크 시작**은 설정된 일(Task)을 시작하는 VI입니다.

Ⅴ.. DAQmx **읽기**는 아날로그 입력이나 디지털 입력, 카운터 입력 VI를 만들 때, 측정된 데이터를 읽어오는 함수입니다.

Ⅵ. DAQmx **쓰기**는 아날로그 출력이나 디지털 출력, 카운터 출력 VI를 만들 때, 시뮬레이션된 데이터를 DAQ 보드로 쓸 때 사용하는 함수입니다.

Ⅶ. DAQmx **태스크 정지**는 실행중인 태스크를 정지하는 함수입니다.

Ⅷ  **DAQmx 태스크 지우기**는 태스크의 모든 설정을 지우는 함수입니다.

Ⅸ.  **DAQmx 완료될 때까지 기다림**은 쓰기를 수행할 때, 쓰기가 완료될 때까지 기다리는 함수입니다.

위에서 설명한 9개의 DAQmx 함수로 설정할 수 없거나 수행할 수 없는 태스크가 있을 경우에는 아래와 같은 DAQmx 프로퍼티 노드와 고급 태스크 옵션이나 고급 함수 등을 이용합니다.

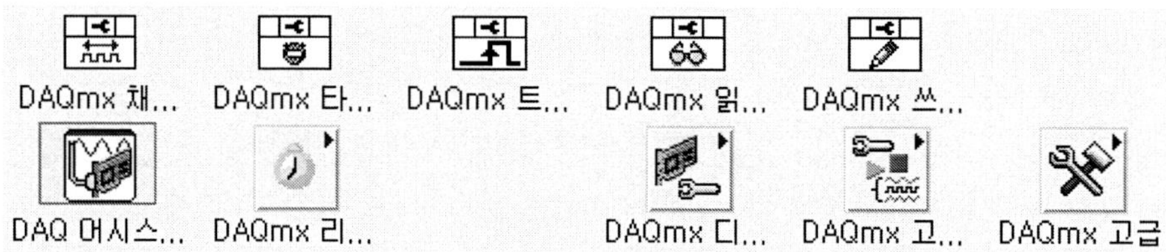

연습문제를 따라해 보면서, DAQmx 함수들의 사용법과 용도에 대하여 배워봅니다. 첫 번째 연습문제는 DAQ 보드를 이용한 웨이브폼 측정 예제입니다. 일반적으로 웨이브폼을 측정하는 하드웨어로는 오실로스코프를 많이 사용합니다. DAQ 보드를 이용해서 오실로스코와 비슷하게 웨이브폼을 측정하는 VI를 작성할 수 있습니다. 이때 샘플링 속도 설정에 따라서 얼마나 세밀한 파형까지 측정 및 디스플레이가 가능한 지 결정됩니다. 일반적으로 측정하고자하는 신호의 주파수보다 10배에서 50배로 높게 설정합니다.
연습 5-1은 NI 예제 탐색기 > 하드웨어 입력과 출력 > DAQmx > 아날로그 측정 > 전압 폴더의 Acq&Graph Voltage-Int Clk.vi와 동일한 예제입니다.

연습 5-1. 웨이브폼 측정

한 개 채널에서 10,000 S/s의 속도로 1000개의 데이터를 측정하는 VI를 작성해봅니다. 이 예제를 이용하면 100Hz 정도의 웨이브폼을 측정할 수 있습니다.

⌘ 블록다이어그램

1. **DAQmx – 데이터 수집** 팔레트에서 다음과 같이 함수들을 찾아서 차례로 위치시킵니다.

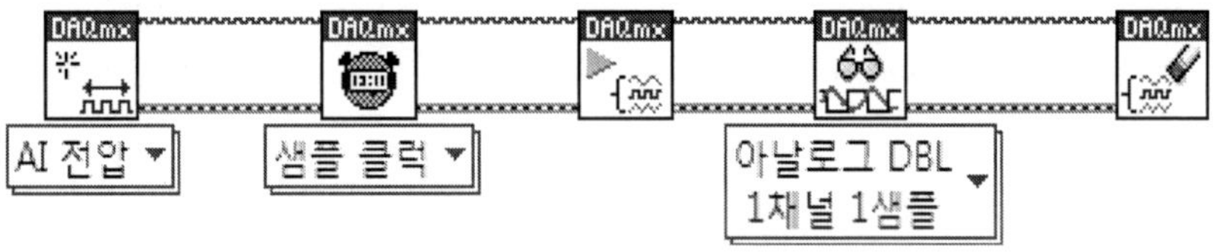

   a.  **DAQmx 버추얼 채널 생성**의 선택자를 기본값인 [AI전압]으로 선택합니다. DAQ 디바이스의 물리적 채널, 최대/최소 전압범위, 입력 모드 등을 설정할 수 있습니다. 이중에서 [물리적 채널]만 필수 입력입니다. 나머지는 입력하지 않을 경우, 기본값으로 설정됩니다. 참고로 최소값과 최대값의 기본값은 –5V와 +5V입니다.

   b.  **DAQmx 타이밍**의 선택자를 기본 값인 [샘플 클럭(아날로그/카운터/디지털)]으로 설정합니다. 샘플 모드, 샘플 속도, 채널당 샘플을 입력해줘야 됩니다.

   c.  **DAQmx 읽기**는 DAQ 하드웨어가 측정하여 메모리에 써놓은 데이터를 읽어오는 VI입니다. 아날로그 > 단일 채널 > 여러 샘플 > 웨이브폼을 선택해줍니다.

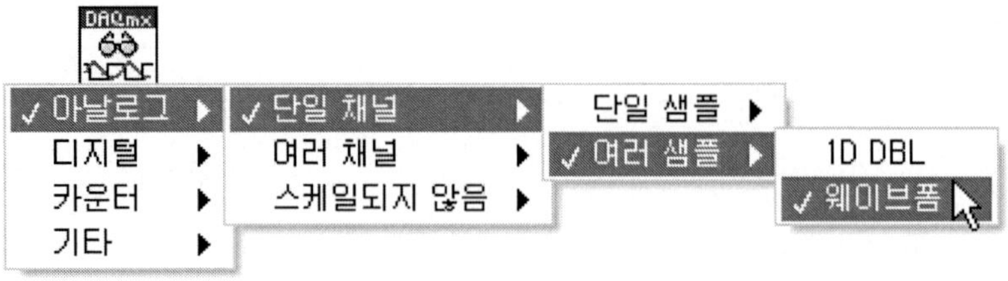

2. DAQmx 함수들의 태스크와 에러를 연결해주고, **단순 에러 핸들러**를 연결해줍니다. 함수 > 프로그래밍 > 대화 상자 & 사용자 인터페이스 팔레트에서 찾을 수 있습니다. 실행 중, 에러가 발생할 경우 에러에 대한 정보를 팝업창으로 보여줍니다.

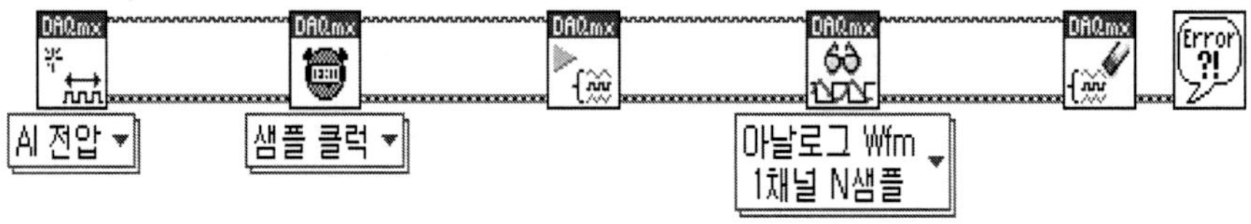

3. DAQmx 버추얼 채널 생성의 [물리적채널]에서 단축메뉴의 생성 > 컨트롤로 컨트롤을 생성합니다.
4. DAQmx 타이밍의 [샘플 모드]에서 상수를 생성하고 [유한 샘플]로 선택합니다. 그리고 [채널당 샘플]에서 컨트롤을 생성하고 [속도]에서 컨트롤을 생성합니다.
5. 프런트 패널에 웨이브폼 그래프 위치시키고, 터미널을 DAQmx 읽기의 데이터 출력에 연결하여 블록다이어그램을 완성합니다.

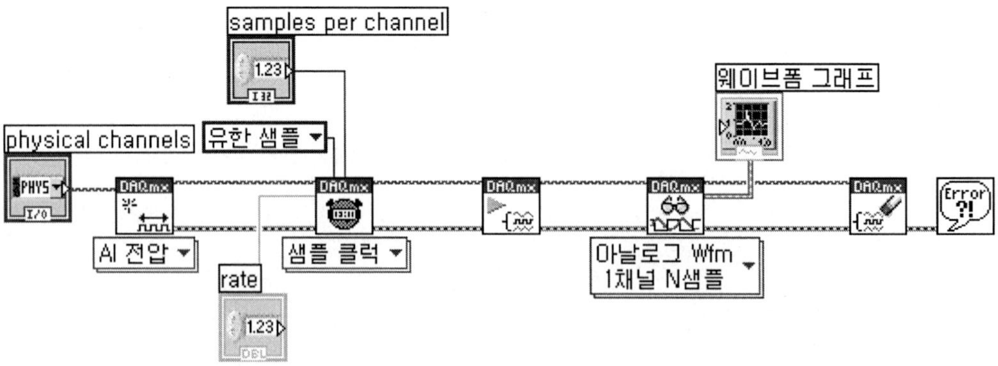

⌘ 프런트패널

6. 프런트패널을 다음과 같이 정리하고, 물리적 채널을 설정합니다. 속도에 10,000을 입력하고 채널당 샘플은 1000을 입력합니다.
7. 웨이브폼측정.vi로 저장하고 실행합니다.

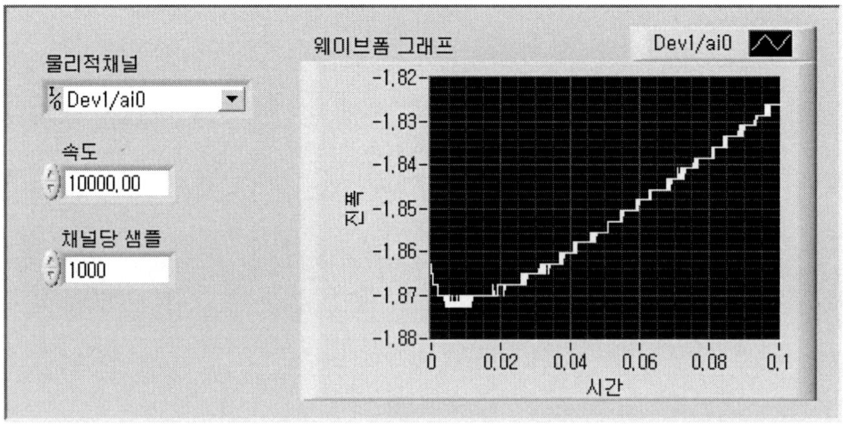

연습 5-1 끝

연습 5-1은 한번 실행하면 N개 샘플을 측정하고 종료하는 VI입니다. 그리고 연속으로 계속 샘플링을 진행하고자 할 경우에는 연습 5-2의 방법으로 가능합니다. NI 예제 탐색기 > 하드웨어 입력과 출력 > DAQmx > 아날로그 측정 > 전압 폴더의 Cont Acq&Graph Voltage-Int Clk.vi와 동일한 예제입니다.

그러나 While 루프를 이용한 연속 실행을 구현하기 위하여 다음과 같이 연습 5-1 전체를 While 루프 속에 넣었을 경우에는 몇 가지 문제점이 발생합니다. 첫째로 DAQmx 태스크 설정과 태스크 지우기가 매 루프마다 반복되므로 리소스의 낭비를 초래합니다. 또한 태스크 설정에는 수msec의 시간이 소요되므로 설정하는 동안에는 측정을 하지 못합니다. 둘째로 메모리 Buffer를 한 개만 사용하므로 근본적으로 Data의 Loss가 발생하게 됩니다. 셋째로 단순 에러 핸들러를 While 루프 속에 있을 경우, 무한 루프가 발생하여 시스템을 정상 종료할 수 없는 상황이 발생합니다.

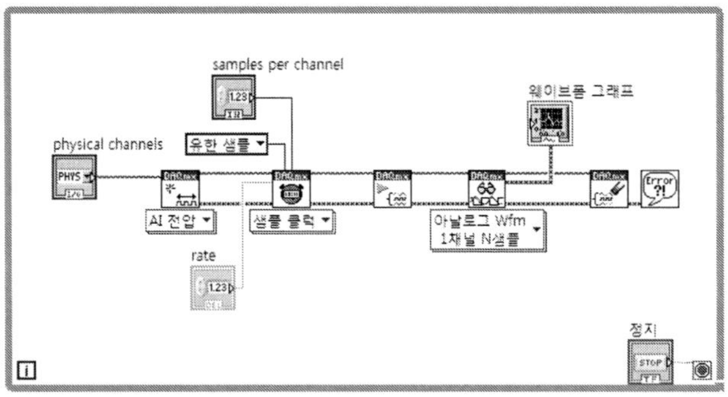

연습 5-2. 연속적인 웨이브폼 측정

한 개 채널에서 10,000S/s의 속도로 연속적으로 웨이브폼을 측정하는 VI를 작성해봅니다.

⌘ 블록다이어그램

1. 연습 5-1에서 작성한 VI를 다음과 같이 수정합니다. DAQmx 타이밍에서 샘플 모드를 [연속 샘플]로 바꿔줍니다. 그리고 [채널당 샘플]에 입력되었던 컨트롤은 삭제합니다. 또한 DAQmx 읽기의 [채널당 샘플 개수]에서 상수를 생성하고 1000을 입력합니다. [채널당 샘플 개수]에는 주로 샘플 속도의 1/10인 값을 입력합니다.

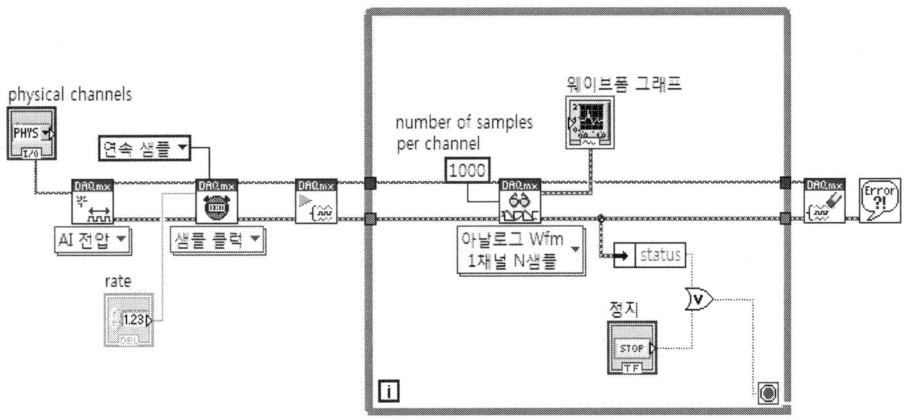

status는 함수 > 프로그래밍 > 클러스터, 클래스, & 배리언트 팔레트에 있는 **이름으로 풀기**를 이용한 것입니다.

⌘ 프런트패널

2. 프런트패널을 다음과 같이 정리하고 VI를 실행합니다. 정지 버튼을 누르기 전까지 계속 측정합니다. 10,000 S/s로 샘플링하고, 1000개씩의 데이터를 읽어 와서 웨이브폼 그래프에 플롯합니다.

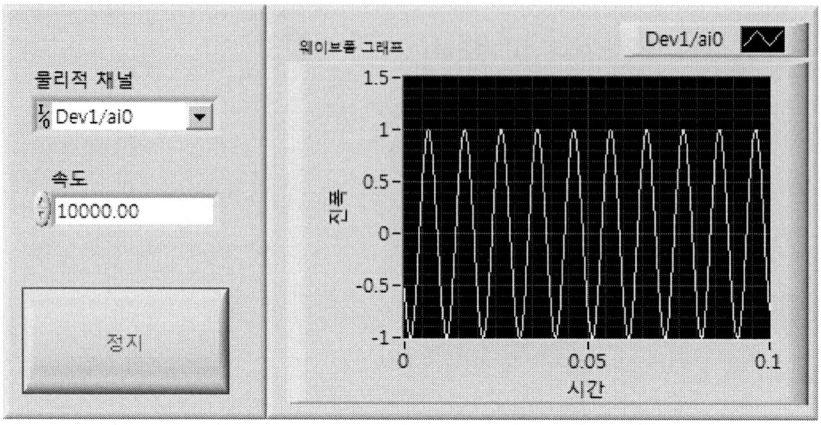

3. 블록다이어그램에 **측정 파일에 쓰기**를 위치시키고 데이터를 [신호]에 입력합니다. 활성화 버튼을 클릭할 때만 파일을 저장하도록 [활성화] 버튼을 만들어주었습니다.

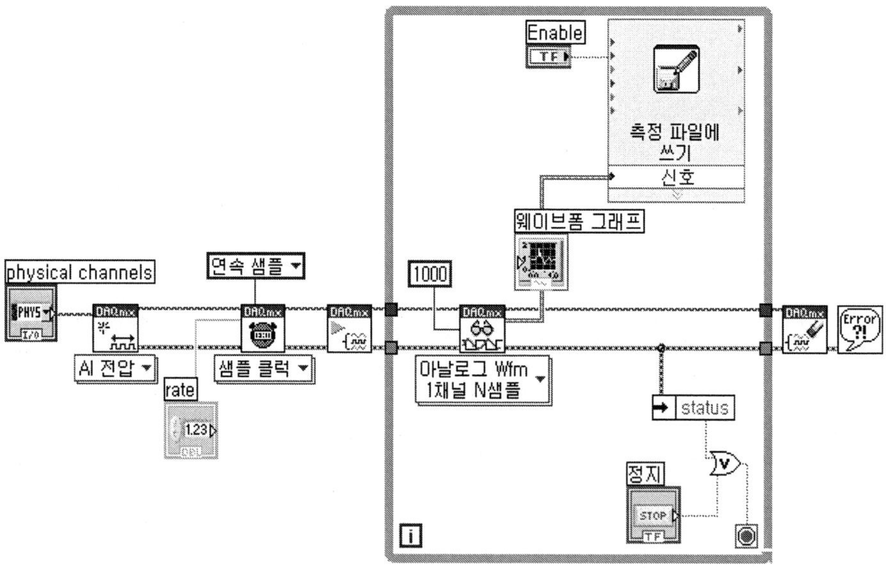

 **측정 파일에 쓰기**는 함수 > 프로그래밍 > 파일 I/O 팔레트에서 찾을 수 있습니다. 먼저 파일 이름을 지정해주고, 다음과 같이 **헤더 없음**과 **오직 하나의 열**을 선택해주었습니다. 일반적으로 txt 파일이나 Excel 파일로 저장합니다. 기본형식은 *.lvm 파일로 저장입니다.

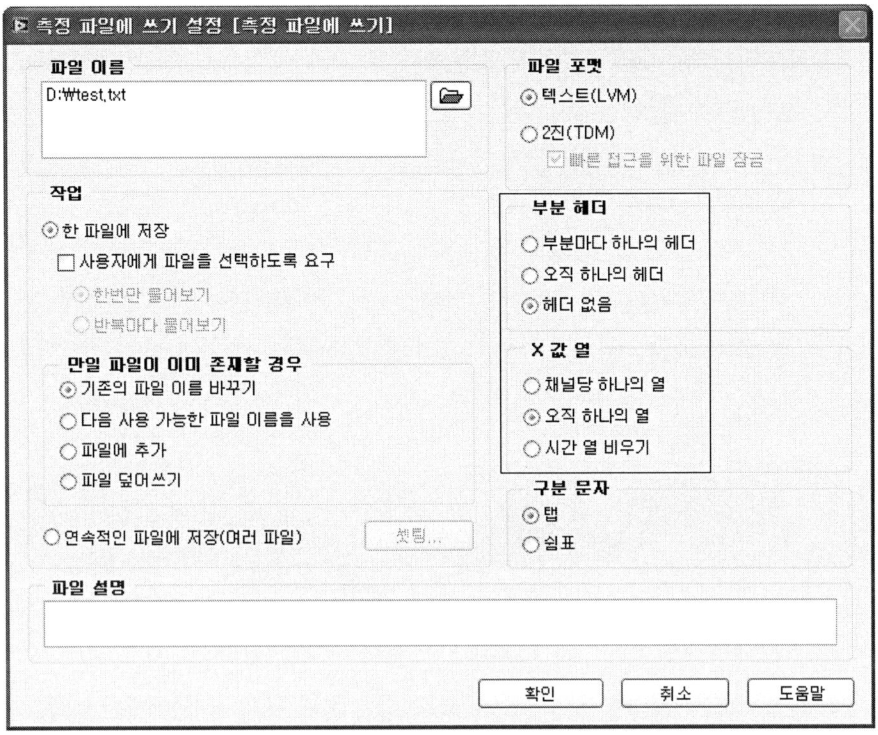
측정 파일에 쓰기 설정 [측정 파일에 쓰기]
파일 이름
D:₩test.txt
파일 포맷
텍스트(LVM)
2진(TDM)
빠른 접근을 위한 파일 잠금
작업
한 파일에 저장
사용자에게 파일을 선택하도록 요구
한번만 물어보기
반복마다 물어보기
만일 파일이 이미 존재할 경우
기존의 파일 이름 바꾸기
다음 사용 가능한 파일 이름을 사용
파일에 추가
파일 덮어쓰기
연속적인 파일에 저장(여러 파일)
셋팅...
부분 헤더
부분마다 하나의 헤더
오직 하나의 헤더
헤더 없음
X 값 열
채널당 하나의 열
오직 하나의 열
시간 열 비우기
구분 문자
탭
쉼표
파일 설명
확인
취소
도움말

연습 5-2 끝

연습 5-1과 연습 5-2는 1개 채널에서 웨이브폼을 측정하는 VI를 작성한 예입니다. 그러나 여러 채널에서 동시에 웨이브폼을 측정하는 VI와 근본적으로 크게 다르지 않습니다. 유일하게 다른 점은 **DAQmx 읽기**에서 아날로그 > 여러 채널 > 여러 샘플 > 1D 웨이브폼으로 선택해주는 것입니다. 이 경우, 데이터 출력은 1차원 웨이브폼 배열로 바뀝니다.

그러나 이렇게 멀티채널 보드를 이용한 다채널 아날로그 측정을 구현할 때, 채널 별로 Gain을 다르게 설정하거나 샘플링 속도를 다르게 설정할 수는 없습니다. 여러 채널을 동일한 설정을 동시에 측정한다고 생각하면 될 것입니다.

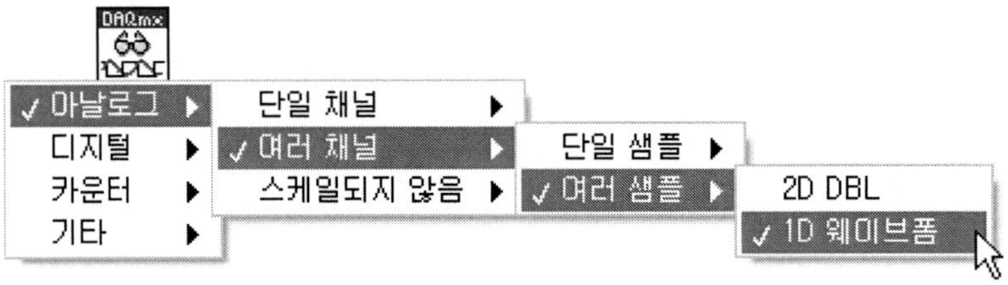

연습 5-3. 다 채널 웨이브폼 측정

여러 채널에서 10,000 S/s의 속도로 연속적으로 측정하는 VI를 작성해봅니다. 연습 5-2에서 DAQmx 읽기 부분을 수정하여 구현할 수 있습니다.

⌘ 블록다이어그램

1. 연습 5-2에서 작성한 VI를 수정합니다. **DAQmx 읽기**의 설정을 다음과 같이 바꾸어줍니다. **아날로그 > 여러 채널 > 여러 샘플 > 1D 웨이브폼.**

2. 블록다이어그램은 다음과 같습니다. DAQmx 읽기의 설정이 [아날로그 1D Wfm N채널 N샘플]로 바뀌었습니다. N채널에서 N샘플의 1D 웨이브폼을 측정하겠다는 의미입니다.

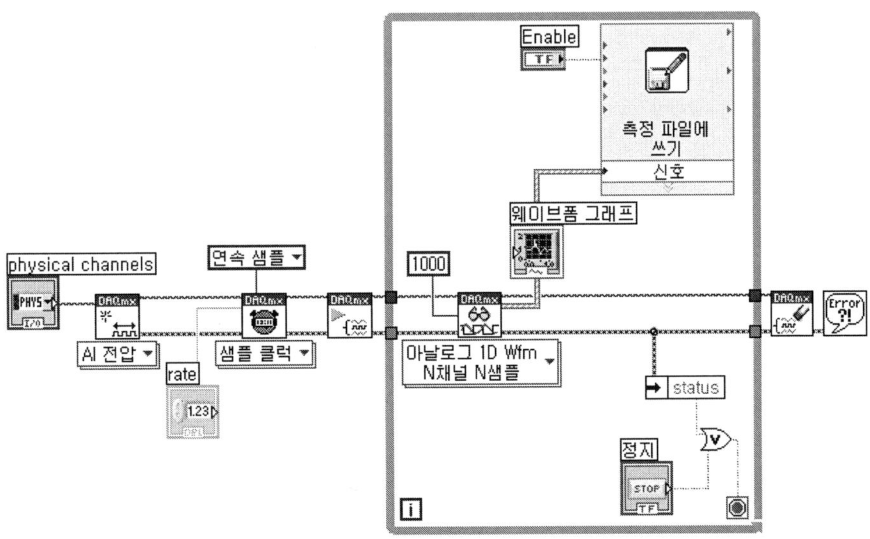

⌘ 프런트패널

3. 프런트패널을 다음과 같이 정리하고 VI를 실행합니다. 연속적인 두 개의 채널을 측정할 경우에는 **콜론** :을 이용하여 채널을 입력합니다. ai0:1은 채널 0과 채널 1을 측정하겠다는 의미입니다.

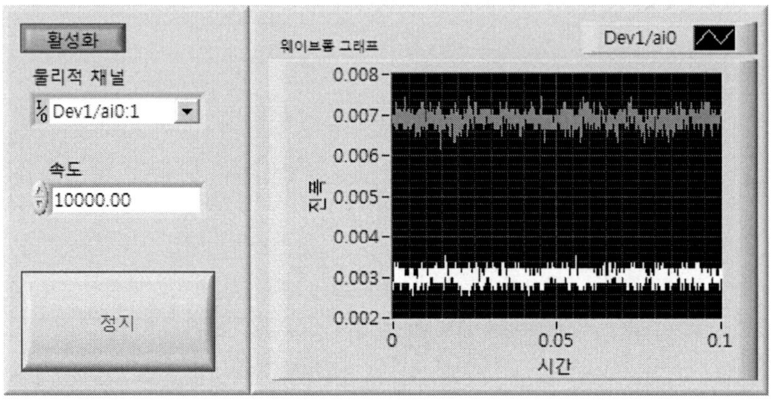

4. 다음과 같이 [탐색...]을 선택하고, Shift 키나 Ctrl 키를 이용하여 여러 채널을 선택할 수 있습니다. 아래는 연속하지 않은 ai0, ai2, ai5 채널을 선택한 사례입니다.

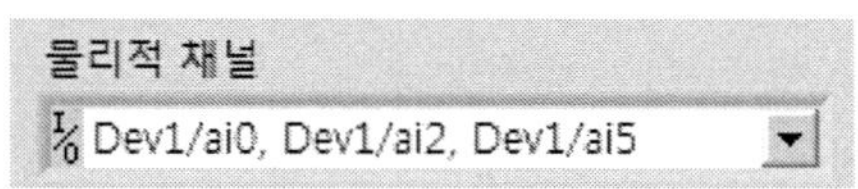

연습 5-3 끝

연습 5-1, 5-2, 5-3은 DAQ 보드에 내장된 Clock을 이용한 예제입니다. 그러나 외부 기기와 동기화를 위하여 외부 Clock을 이용한 아날로그 입력이 요구되는 경우가 있습니다. 다음 연습 5-4는 외부 Clock을 사용한 다채널 연속 샘플링의 예제입니다. NI 예제 탐색기 > 하드웨어 입력과 출력 > DAQmx > 아날로그 측정 > 전압 폴더의 Cont Acq&Graph Voltage-Ext Clk.vi와 동일한 예제입니다.

그러나 실제로 내부 Clock을 사용하는 예제인 연습 5-3과 큰 차이는 없고,

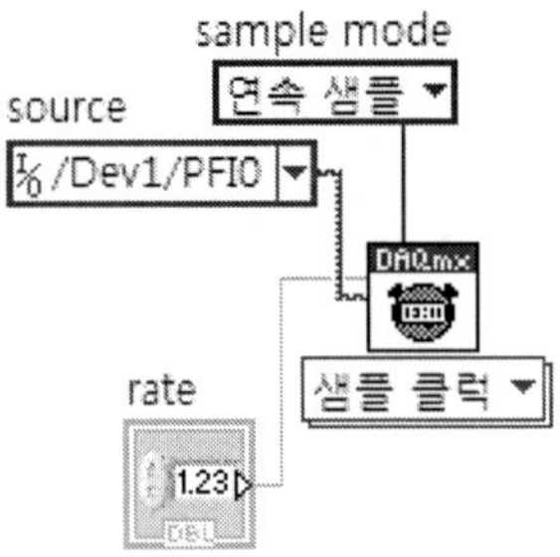

DAQmx 타이밍에서 [소스] 입력에 외부 Clock의 입력 line을 선택해주면 됩니다. [소스]의 기본설정은 Internal Clock입니다. 즉, [소스] 입력을 하지 않으면 내부 Clock으로 자동 설정되고, 외부 Clock을 이용할 경우에는 해당 입력 Line을 지정해주면 됩니다. 주로 외부 Clock은 PFI핀을 이용합니다.

연습 5-4. 외부 Clock을 이용한 웨이브폼 측정

외부 Clock을 이용하여 연속적으로 다채널 웨이브폼을 측정하는 VI를 작성해봅니다. DAQmx 타이밍에서 Clock 소스를 설정할 수 있습니다. Default는 DAQ 하드웨어의 내부 Clock을 사용하는 것이지만 외부의 Clock을 받아서 사용할 수도 있습니다.

⌘ 블록다이어그램

1. 연습 5-3을 수정합니다. DAQmx 타이밍에서 [소스] 입력에 상수를 생성해주고, 외부 Clock 입력 핀을 선택해줍니다. 여기에서는 PFI0번 핀을 선택했습니다.

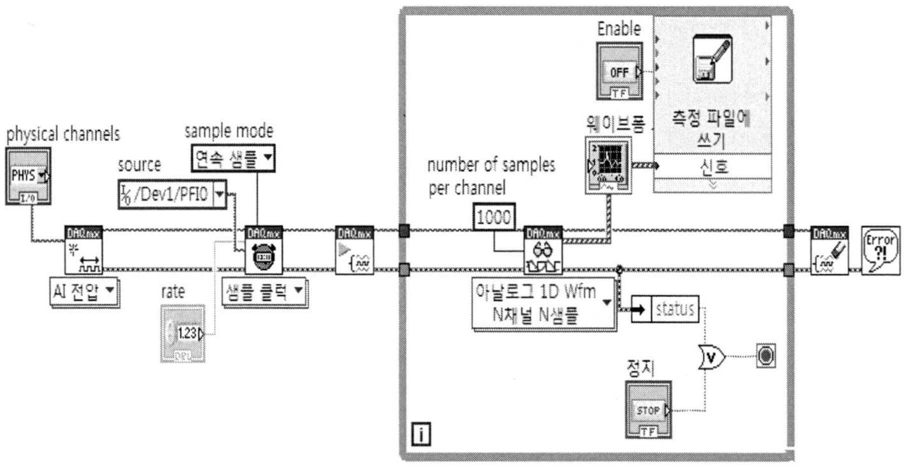

⌘ 프런트패널

2. 외부 Clock Source를 DAQ 보드의 PFI0번 핀에 입력하고, VI를 실행합니다.

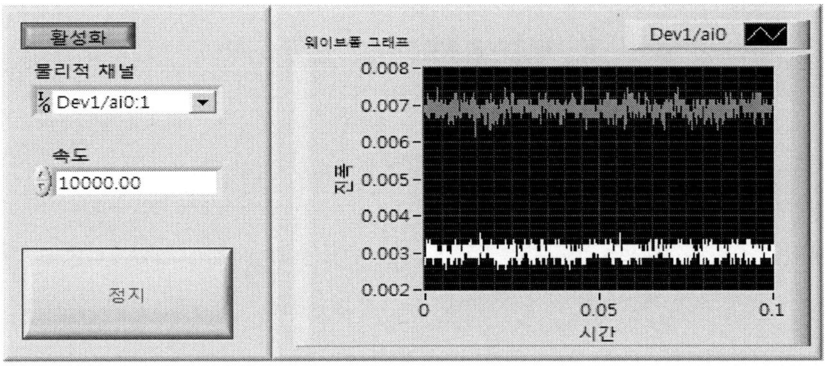

연습 5-4 끝

연습 5-1, 5-2, 5-3, 5-4를 통하여 1채널 웨이브폼 유한 샘플링, 1채널 웨이브폼 연속 샘플링, 다채널 웨이브폼 연속 샘플링, 그리고 외부 Clock을 이용한 다채널 웨이브폼 연속 샘플링의 예제에 대하여 배웠습니다. 다음으로 Triggered 샘플링에 대하여 배워봅니다. 외부의 트리거 조건에 따라 샘플링을 진행하거나 종료하는 예제입니다.

다. 아날로그 및 디지털 트리거

실행 버튼을 클릭한 다음에 트리거가 들어오기를 기다리다 트리거가 들어오면 측정을 시작하는 VI를 만들 수 있습니다. 트리거에는 아날로그 트리거와 디지털 트리거가 있습니다. **아날로그 트리거**는 임의의 신호를 트리거로 받는 것입니다. 트리거 신호가 지정한 Level을 넘을 때, 트리거가 발생하고 측정이 시작됩니다. **디지털 트리거**는 디지털 신호를 트리거로 받는 것입니다. 모든 DAQ 하드웨어들이 디지털 트리거 기능을 지원합니다. 그러나 아날로그 트리거는 특정 DAQ 하드웨어들에서만 지원하는 기능입니다.

1. 디지털 트리거

디지털 트리거는 TTL 혹은 CMOS 레벨의 신호를 받습니다.

Logic Low = 0V ~ 0.8V
Logic High = 2V ~ 5V

Low에서 High로 바뀌는 신호를 트리거로 받는 Rising Edge 방식과 High에서 Low로 바뀌는 신호를 트리거로 받는 Falling Edge 방식이 있습니다. 그리고 주로 PFI핀을 디지털 트리거 입력 핀으로 사용합니다.

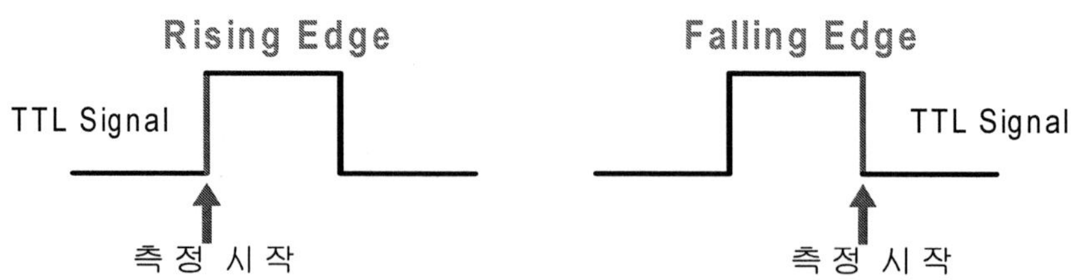

연습 5-5. 디지털 트리거를 이용한 웨이브폼 측정-시작 트리거

디지털 트리거를 받으면 측정을 시작하는 VI를 작성해봅니다.

⌘ 블록다이어그램

1. 연습 5-1을 다음과 같이 수정합니다. DAQmx 트리거를 추가하고, DAQmx 읽기에 Timeout으로 10초를 설정합니다.

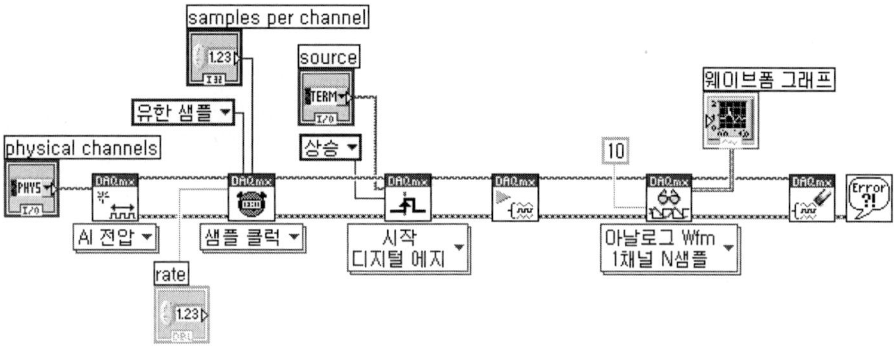

DAQmx **트리거**에서 시작 > 디지털 에지를 선택해주었습니다. 디지털 Start 트리거를 사용하겠다는 의미입니다. 에지와 소스에 각각 상수와 컨트롤을 만들어줍니다.

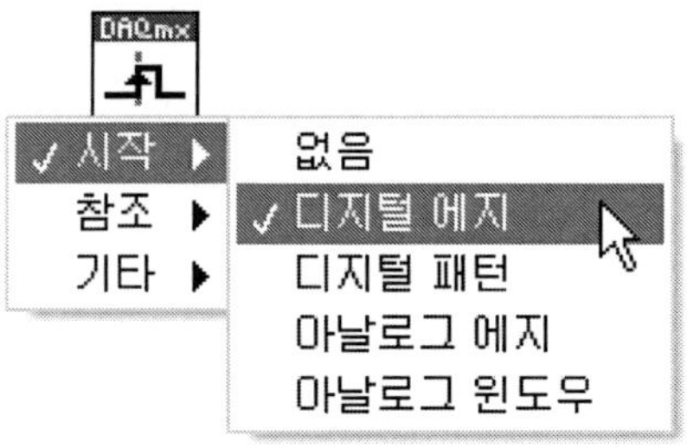

DAQmx **읽기**의 타임아웃에 상수를 생성해줍니다. 트리거가 들어올 때까지 기다리는 시간을 설정할 수 있습니다. 초단위로 값을 입력할 수 있으며, −1을 입력하면 무한대로 기다리게 됩니다. 그리고 다형성을 아날로그 > 단일 채널 > 여러 샘플 > 웨이브폼으로 선택하였습니다.

⌘ 프런트패널

2. 다음과 같이 프런트패널을 구성하고, VI를 실행합니다. 타임아웃 10초 이내에 PFI0번으로 디지털 트리거를 입력합니다.

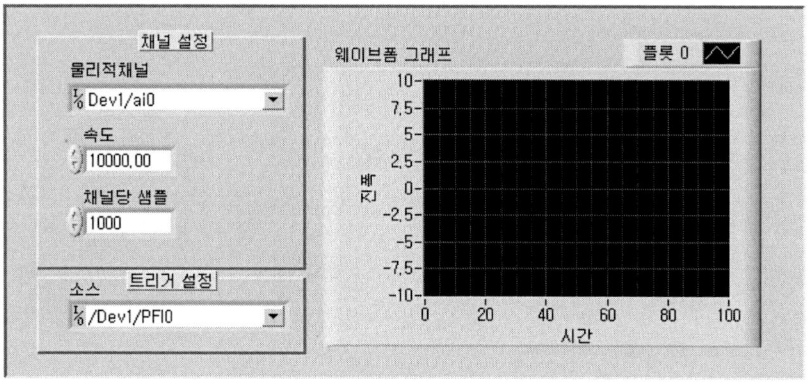

연습 5-5 끝

2. 아날로그 트리거

아날로그 트리거는 신호의 **레벨**과 **기울기**로 트리거를 받습니다. 레벨(Level)은 임의값으로 지정할 수 있습니다. 다음과 같이 두 가지 경우가 가능합니다.

기울기= Rising
레벨 = 2.7 V 인 경우,

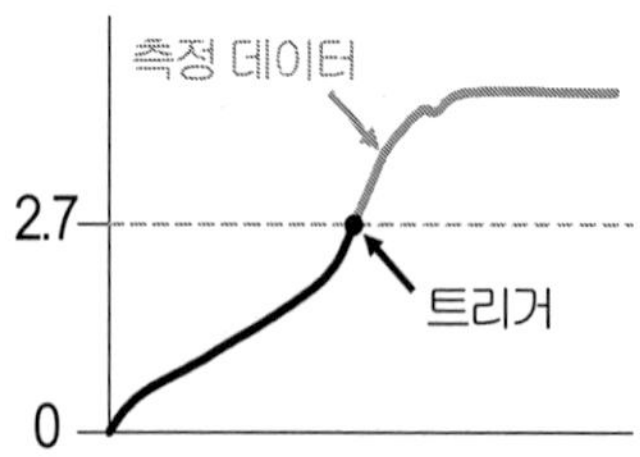

기울기 = Falling
레벨= 2.7 V 인 경우,

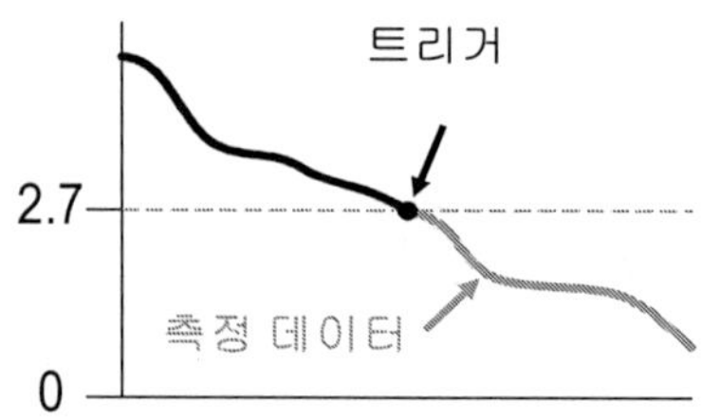

모든 아날로그 입력 채널들이 아날로그 트리거 라인으로 사용될 수 있습니다. M시리즈 DAQ 하드웨어의 경우에는 아날로그 트리거 전용 라인인 **APFI 핀**을 사용할 수도 있습니다.

아날로그 트리거는 연습 5-5에서  DAQmx 트리거의 다형성을 시작 > **아날로그 에지**로 바꾸어주고, Level 컨트롤을 생성시켜주면 됩니다. 이때 아날로그 트리거를 지원하는 DAQ 하드웨어를 사용해야 됩니다. 트리거 소스는 APFI 또는 아날로그 입력 채널(Dev1/ai0)을 사용합니다.

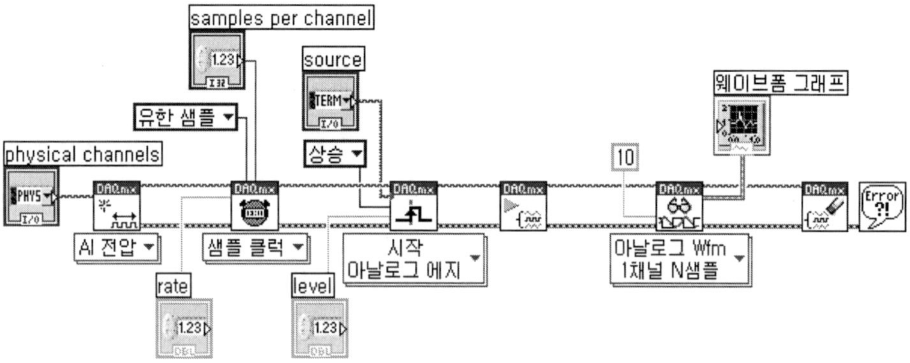

아날로그 트리거에서 **히스테리시스(Hysteresis)**를 설정하고자 할 경우에는 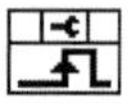 **DAQmx 트리거 프로퍼티 노드**를 이용합니다. 함수 > 측정 I/O > DAQmx – 데이터 수집 팔레트에서 찾을 수 있습니다. 다음과 같이 시작 > 아날로그 에지 > 히스테리시스로 설정해주고 컨트롤을 만들어줍니다. 히스테리시스는 노이즈에 의하여 아날로그 트리거가 작동하는 것을 막기 위한 기능입니다. 예를 들어, 히스테리시스 = 1V로 설정하면 트리거 Level에서 1V 이상 변화가 생길 때 트리거가 작동하게 됩니다.
NI 예제 탐색기 > 하드웨어 입력과 출력 > DAQmx > 아날로그 측정 > 전압 폴더의 Acq&Graph Voltage-Int Clk-Analog Start w Hyst.vi와 동일한 예제입니다.

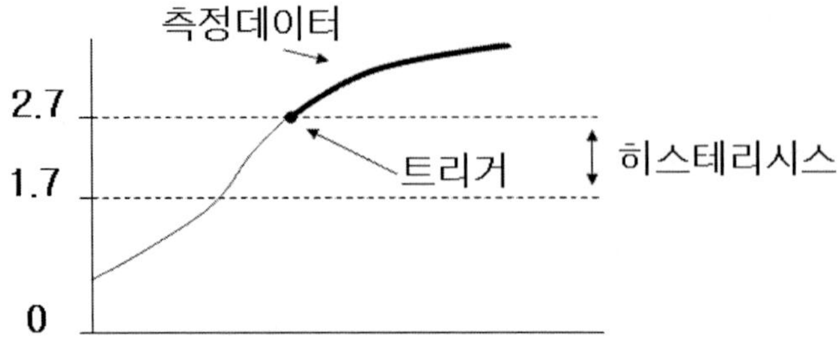

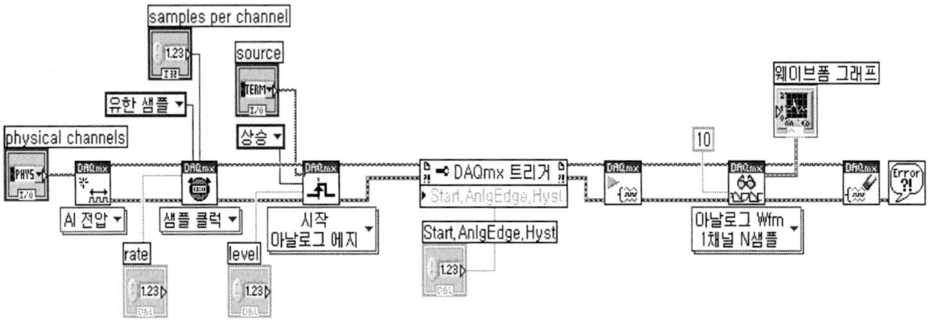

다음과 같이 히스테리시스 영역 안에서 트리거 Level로 움직일 경우에는 트리거가 작동하지 않습니다.

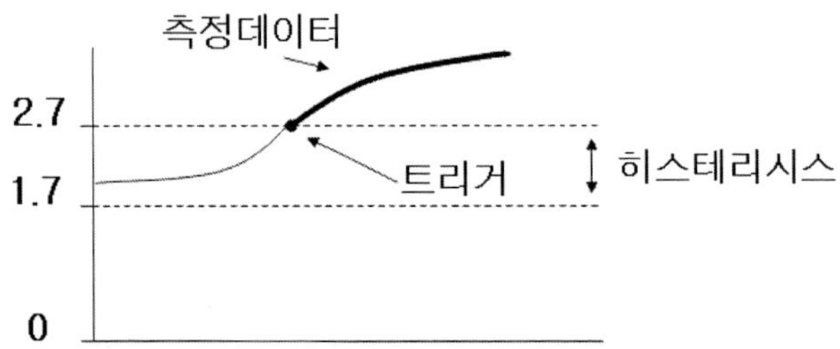

3. 시작 트리거와 참조 트리거

시작(Start) 트리거는 트리거가 들어온 시점부터 샘플링을 시작합니다. 그리고 참조(Reference) 트리거는 트리거가 들어온 시점에서부터 지정한 Pre-trigger 샘플만큼 앞에서부터 측정하기 시작합니다.

참조 트리거는 DAQ 하드웨어에 있는 온보드 메모리를 사용하는 것입니다. 예를 들어, 기계장비의 고장이 발생할 경우, 고장 발생 시점을 기준으로 앞으로 5분, 뒤로 10분의 데이터를 측정하고 저장하고자 할 때, 참조 트리거 방식을 사용하면 될 것입니다.

연습 5-5에서 **DAQmx트리거를 참조 > 디지털 에지**로 선택해주고 컨트롤인 [채널당 트리거 이전 샘플(pretrigger samples per channel)]을 만들어줍니다. 트리거가 들어오면 pretrigger samples만큼 앞에서부터 지정한 채널당 샘플(samples per channel)만큼 샘플링 합니다. 아날로그 Reference 트리거 역시 같은 방식으로 프로그래밍 합니다.

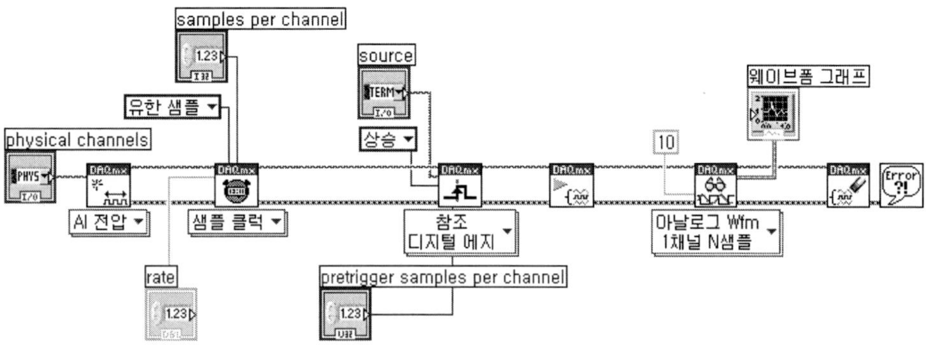

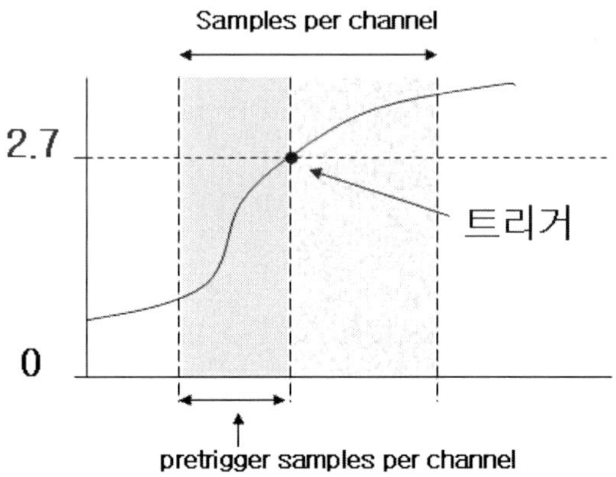

[아날로그 Reference 트리거]

주의 참조 트리거(reference trigger)는 **유한 샘플**에서만 사용할 수 있으므로, While 루프를 이용한 **연속 샘플**에서는 Reference 트리거를 사용할 수 없습니다.

참조 트리거는 유한 샘플에서만 사용할 수 있지만, 시작 트리거는 While 루프 등을 이용한 연속 샘플에서도 사용할 수 있습니다. 그러나 시작 트리거(start trigger)를 이용한 연속 아날로그 측정은 **재 트리거(Re-trigger)**와는 다른 개념이므로 혼동하지 말아야 할 것입니다. 시작 트리거를 이용한 연속 아날로그 측정에서 트리거는 한번만 사용합니다. 트리거를 여러 번 받는 재 트리거는 다른 방법을 프로그래밍해야 됩니다. 연습 5-6은 시작 트리거를 이용한 연속 아날로그 측정 예제입니다.

연습 5-6. 디지털 시작 트리거를 이용한 연속 아날로그 입력

디지털 트리거를 받아서 웨이브폼을 연속적으로 측정하는 VI를 작성해봅니다.

⌘ 블록다이어그램

1. 다음과 같이 블록다이어그램을 구성합니다. 연습 5-2에서  DAQmx 트리거를 추가한 것입니다. 또한 Timeout 컨트롤도 생성해주었습니다. 샘플 모드로 **연속 샘플**을 선택해주고, While 루프를 이용하여 연속 측정 VI를 구성하였습니다.

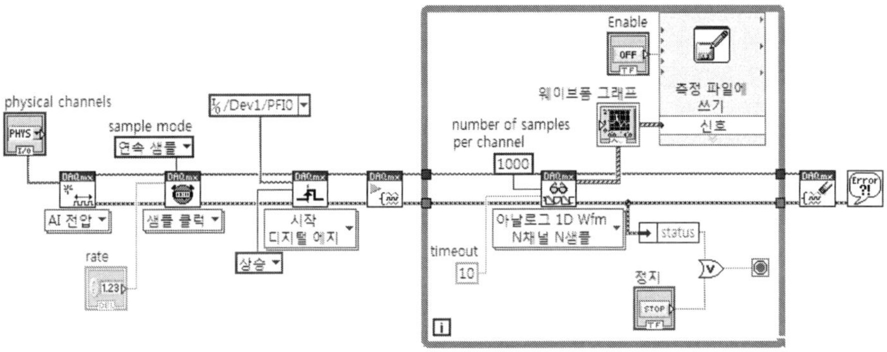

⌘ 프런트패널

2. 다음과 같이 프런트패널을 구성하고 실행합니다.

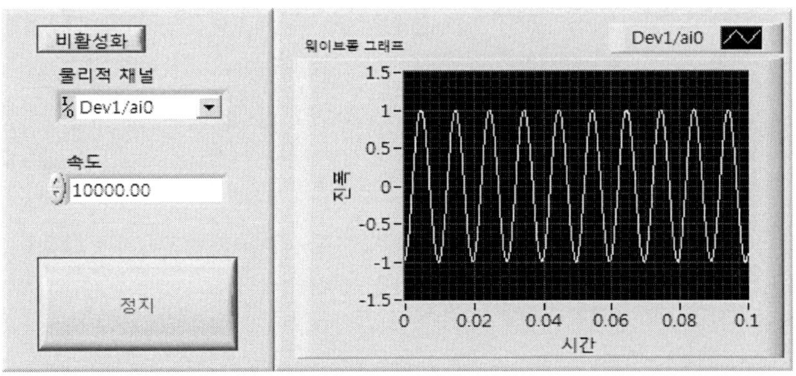

이 연습은 트리거가 들어오면 연속적인 웨이브폼 측정을 시작하는 VI입니다. 그러나 시작 트리거는 1회만 받을 수 있습니다. 또한 연속적인 측정에서는 참조 트리거는 사용하지 않습니다.

연습 5-6 끝

4. 하드웨어 트리거 재시작

시작 트리거를 받아서 아날로그 입력 프로그램이 한번 실행되면 다시 트리거를 받을 수 없습니다. 연습 5-6처럼 시작 트리거를 받아서 연속적인 웨이브폼 측정을 시작하는 경우에도 다시 트리거가 들어와도 측정을 다시 시작할 수 없습니다. 측정 시작 후, 정지 버튼을 클릭할 때까지 측정을 계속하고 정지 버튼을 클릭하면 멈춥니다.

연속 샘플 모드에서는 재시작(Restart)이 불가능하지만 **유한 샘플 모드**에서는 다음과 같은 방법으로 재시작이 가능합니다. 그러나 궁극적으로는 유한 샘플(Finite Samples)의 반복입니다.

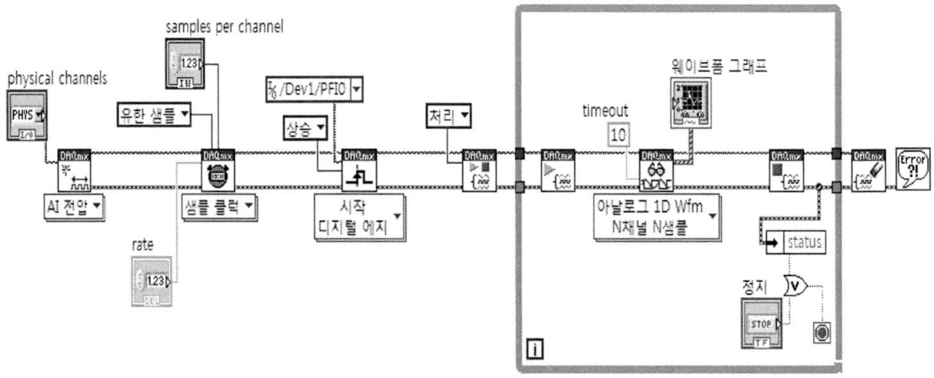

 **DAQmx 타이밍**의 샘플 모드를 **유한 샘플**로 지정합니다. 채널당 샘플에 컨트롤을 생성해줍니다.

 **DAQmx 트리거**의 다형성을 **시작 > 디지털 에지**로 선택해줍니다.

 **DAQmx 태스크 컨트롤**은 측정 I/O > DAQmx–데이터 수집 > DAQmx 고급 태스크 옵션 팔레트에서 찾을 수 있습니다. 동작 설정에 **처리(Commit)**를 지정하였습니다. DAQmx 태스크 시작과 DAQmx 태스크 정지를 반복할 수 있도록 설정해주는 것입니다.

While 루프 속의 DAQmx 태스크 시작이 실행되면 트리거가 들어오기를 기다리고, 트리거가 들어오면 앞에서 설정한 채널당 샘플(samples per channel)만큼 샘플링해서 웨이브폼 그래프에 플롯합니다. 다음은 DAQmx 태스크 정지가 실행됩니다.
다음 루프에서 다시 DAQmx 태스크 시작이 실행되고, 트리거가 들어오기를 기다립니다. 하드웨어 트리거 재시작(Trigger Restart)이 되는 것입니다. 결과적으로 연속적으로 디지털 트리거를 받고, 트리거 때마다 지정한 샘플개수만큼을 유한 샘플링합니다.

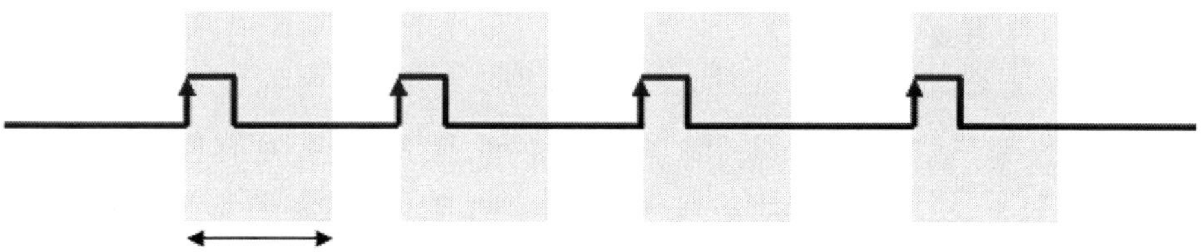

채널당 샘플

이 VI는 정지 버튼을 클릭하여 While 루프를 멈추고,  DAQmx 태스크 지우기가 실행될 때까지 반복해서 트리거를 받을 수 있습니다.
NI 예제 탐색기 > 하드웨어 입력과 출력 > DAQmx > 아날로그 측정 > 전압에서 아날로그 트리거에 의한 Trigger Restarts 예제인 Acq&Graph Voltage–Int Clk–HW Trig Restarts VI를 찾을 수 있습니다. DAQmx 트리거를 수정하면 디지털 트리거에 대한 Restarts 예제를 만들 수 있습니다.

참조 트리거(Reference Trigger)로 같은 방법으로 트리거 재시작을 할 수 있습니다.

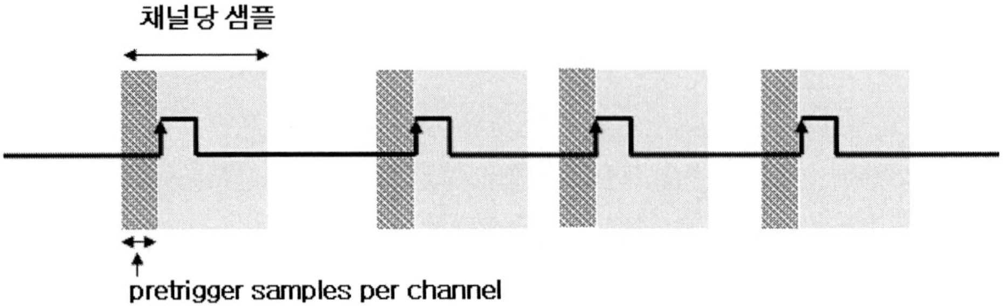

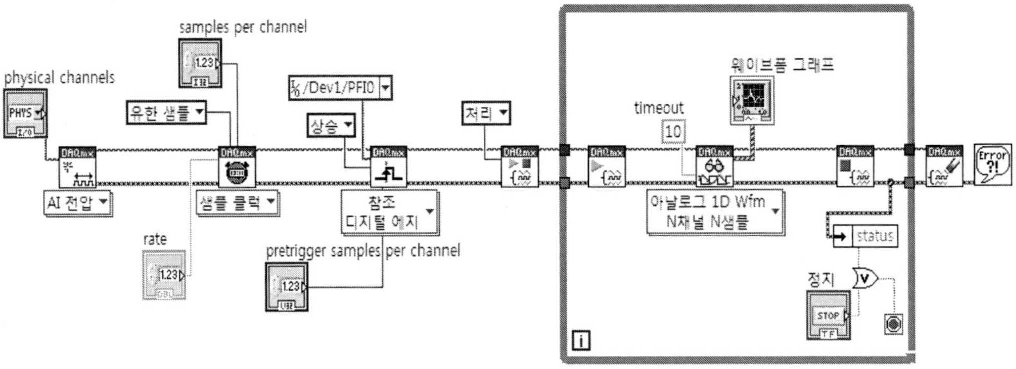

 DAQmx 트리거에서 참조 > 디지털 에지로 바꿔줍니다. 위의 그림처럼 연속적으로 디지털 트리거를 받고, 트리거 때마다 지정한 샘플개수만큼을 유한 샘플을 측정합니다. 참조 트리거이므로 트리거가 들어오면 지정한 Pretrigger 샘플개수만큼 앞에서부터 샘플링을 수행합니다.
예를 들어, 기계장비의 고장이 불규칙적으로 계속 발생할 경우, 언제 고장이 발생할지 예측할 수 없으므로 트리거가 들어오기를 기다리다가 문제(트리거)가 발생하면 발생 시점을 기준으로 앞으로 5분, 뒤로 10분의 데이터를 측정하고 저장합니다. 다시 다음 트리거가 들어올 때까지 기다리는 측정 시스템을 구현할 수 있습니다.

X시리즈 DAQ 보드의 새로운 기능으로 Start Retriggerable 프로퍼티 노드가 제공됩니다. DAQmx 트리거 프로퍼티 노드에서 시작 > 추가 옵션 > 재트리거 가능을 선택할 수 있습니다.

X시리즈 보드의 [재트리거 가능] 프로퍼티를 사용할 경우, 트리거 재시작을 다음과 같이 구현할 수 있습니다.

유한 샘플 모드로 설정했고, While 루프 속의 에러 라인에 시프트레지스터를 두었습니다. 에러가 발생했을 때, 다음 루프로 그 정보를 전달하기 위한 방안입니다.

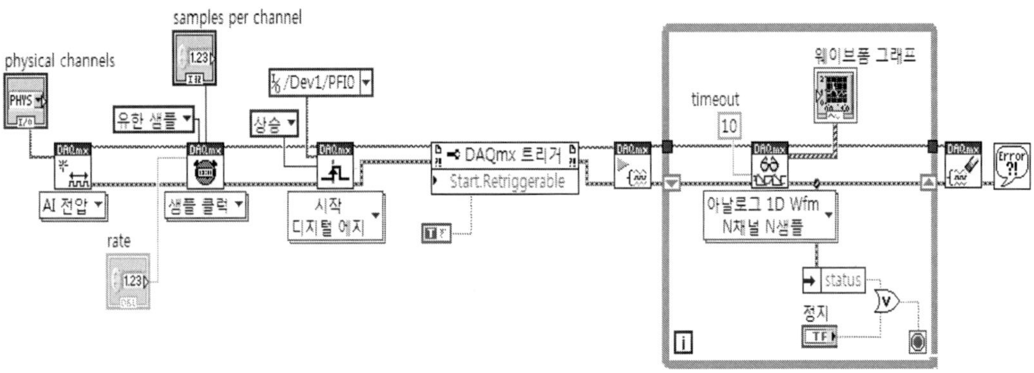

Retriggerable 기능은 X 시리즈 보드에서 사용되는 DAQ-STC3 칩에서 제공하는 하드웨어적인 기능이므로, 다른 DAQ 보드에서 사용할 수 없는 기능입니다.

NI 예제 탐색기 > 하드웨어 입력과 출력 > DAQmx > 아날로그 측정 > 전압에서 Acq&Graph Voltage-Int Clk-Retriggerable VI를 찾을 수 있습니다. 예제 탐색기의 오른쪽 아래에 있는 [필요 사항] 란에서 지원되는 하드웨어들을 확인할 수 있습니다.

라. 소프트웨어 타임

지금까지 하드웨어 Clock을 사용한 고속 웨이브폼 측정에 대하여 배웠습니다. 그러나 10Hz 이하의 저속 측정에서는 소프트웨어 타임을 이용하여 측정해도 됩니다. 참고로 Windows OS는 1kHz의 Clock을 가지고 있으므로 이론적으로 최대 1kHz까지의 측정이 가능합니다. 다음 연습은 소프트웨어 타임을 이용하여 초당 1회 측정하는 예입니다.

소프트웨어 타임을 이용한 측정의 장점은 Windows OS에서 제공하는 절대시간, 즉 날짜와 시간 값을 이용할 수 있다는 것입니다. DAQ 하드웨어는 정밀한 고속 Clock을 제공하지만 절대시간은 제공하지 않습니다. 그래서 데이터와 날짜 및 시간을 일대일로 대응시켜서 측정하고자 하는 경우에는 소프트웨어 타임을 이용한 아날로그 입력 VI를 이용해야 됩니다.

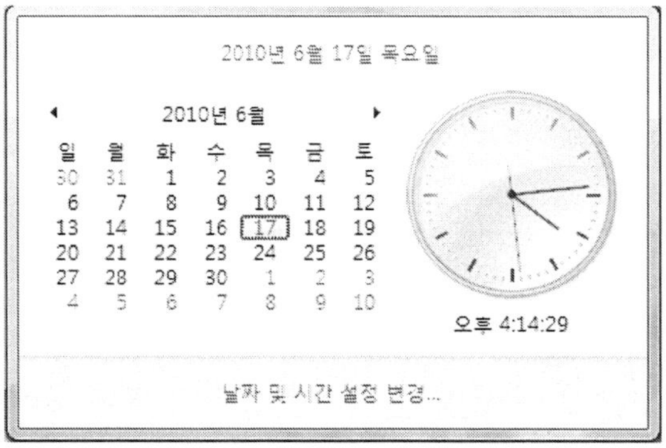

연습 5-7. 소프트웨어 타임을 이용한 아날로그 입력

소프트웨어 타임을 기준으로 아날로그 값을 측정하는 VI를 작성해봅니다. 이 방법으로 수백Hz 정도의 샘플링 속도까지 측정이 가능합니다.

⌘ 블록다이어그램

1. 다음과 같이 블록다이어그램을 구성합니다. 연습 5-2에서 DAQmx **타이밍**이 빠졌음을 확인할 수 있습니다. 또한 웨이브폼 그래프 대신으로 웨이브폼 차트를 사용하였습니다.

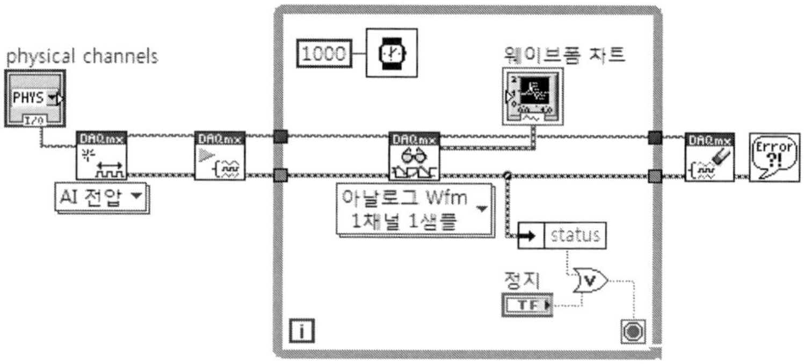

DAQmx **읽기**에서 아날로그 > 단일 채널 > 단일 샘플 > 웨이브폼을 선택해주었습니다. 단일 샘플이므로 웨이브폼 차트를 사용하여 측정값을 디스플레이합니다.

기다림(ms)은 미리 초 단위로 Wait하는 함수입니다. 1000을 입력하였으므로 1초를 기다립니다. 함수 > 프로그래밍 > 타이밍 팔레트에서 찾을 수 있습니다.

⌘ 프런트패널

2. 다음과 같이 프런트패널을 구성하고 실행합니다.

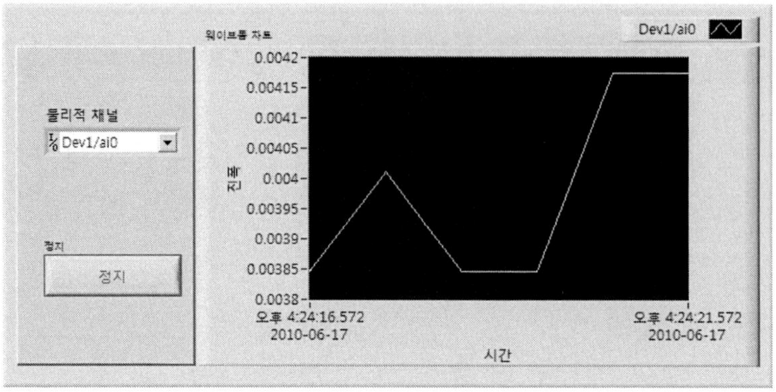

⌘ 파일 I/O 추가

3. 다음과 같이 블록다이어그램을 수정하여, 측정한 데이터를 시간정보와 함께 저장합니다.

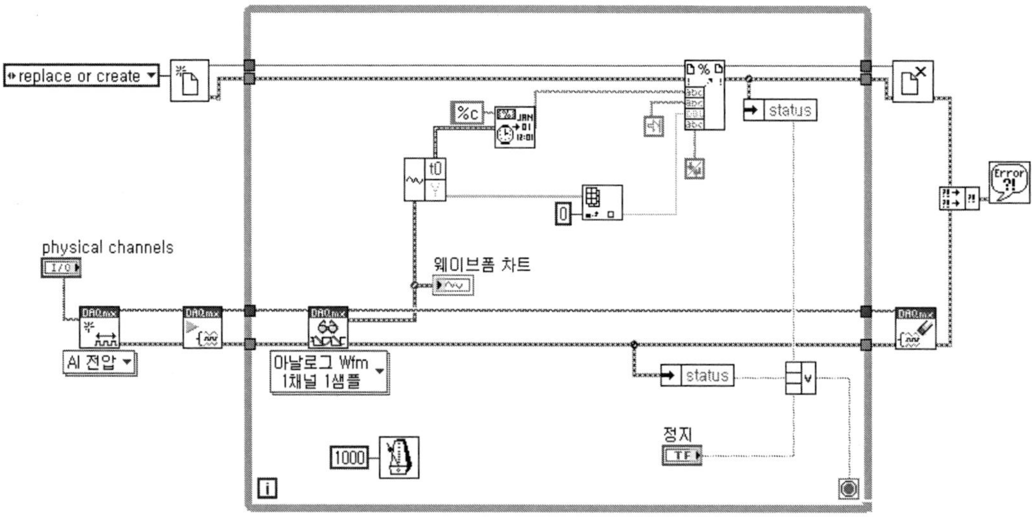

a. 웨이브폼 구성요소 얻기 아이콘: **웨이브폼 구성요소 얻기**는 함수 > 프로그래밍 > 웨이브폼 팔레트에서 웨이브폼 팔레트 아이콘을 찾을 수 있습니다. 크기를 키우거나 항목을 바꾸어 선택할 수 있습니다. 여기에서는 t0과 Y항목을 선택해주었습니다. t0은 타임스탬프이고, Y는 측정값입니다. 비록 단일 샘플(Single Sample)씩 측정하는 경우이지만 웨이브폼에서 측정값 Y는 항상 1D 배열입니다.

b. **배열 인덱스**를 이용하여 측정값 Y를 **숫자형**으로 바꾸어줍니다. 함수 > 프로그래밍 > 배열 팔레트에서 찾을 수 있습니다.

c. **날짜/시간 문자열로 포맷**은 타임스탬프를 문자열로 바꾸어주는 함수입니다. 포맷으로 **%c**를 입력하면, Windows OS시간 형태로 포맷을 해줍니다. 초 단위를 더 세부적으로 표현하고 싶은 경우에는 **%c%.3u**로 포맷을 입력합니다.

[포맷으로 %c를 입력한 경우]

[포맷으로 %c%.3u를 입력한 경우]

참고로 **%m월 %d일 %H시 %M분 %S%.3u초**를 입력한 경우에는 다음과 같이 포맷됩니다.

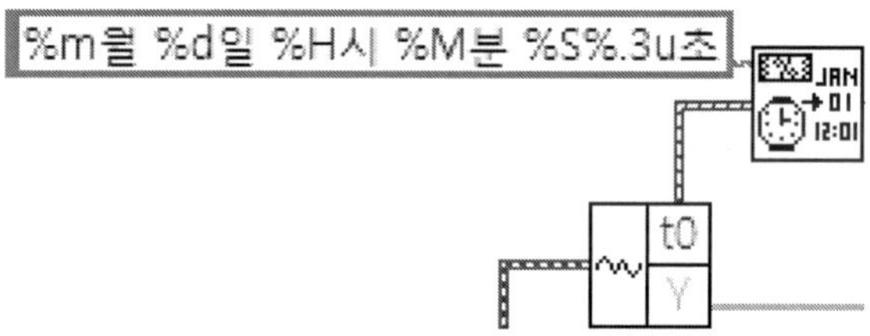

d. **파일로 포맷**을 이용하여 날짜, 시간, 데이터를 저장하였습니다. 다음은 txt파일로 저장한 데이터를 메모장으로 읽은 것입니다. 함수 > 프로그래밍 > 파일 I/O에서 찾을 수 있습니다.

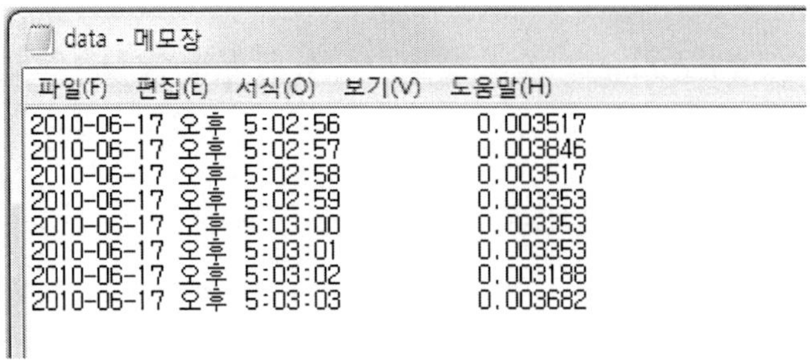

라인 끝 상수와 **탭 상수**는 함수 > 프로그래밍 > 문자열 팔레트에서 찾을 수 있습니다.

e. 파일 저장 중에 에러가 발생하거나, DAQ 측정 중에 에러가 발생하거나, 정지 버튼을 클릭했을 때, While 루프를 멈추도록 구성하기 위하여 **복합 연산**을 이용하였습니다. 함수 > 프로그래밍 > 불리언 팔레트에서 찾을 수 있습니다. 복합연산을 크기를 키워주거나 단축메뉴에서 모드를 변경할 수 있습니다.

f. **에러 병합**은 함수 > 프로그래밍 > 대화 상자 & 사용자 인터페이스 팔레트에서 찾을 수 있습니다. 에러를 통합하여 단순 에러 핸들러로 보내줍니다.

4. 소프트웨어 타입 측정 및 저장.vi로 저장합니다.

연습 5-7 끝

연습 5-8. (옵션). 소프트웨어 타임을 이용한 여러 채널 측정

여러 채널에서 한 개씩의 데이터를 획득하고 저장할 수 있도록 연습 5-7의 블록다이어그램을 수정합니다.

⌘ 블록다이어그램

1.  DAQmx 읽기에서 아날로그 > 여러 채널 > 단일 샘플 > 1D 웨이브폼을 선택해줍니다.
2. 몇 개의 채널을 사용할 것인지가 정해지지 않았으므로, 채널 개수에 따라서 가변되는 VI를 다음과 같이 작성합니다. N에 값을 입력하지 않은 For 루프를 이용하여 자동 인덱싱합니다.

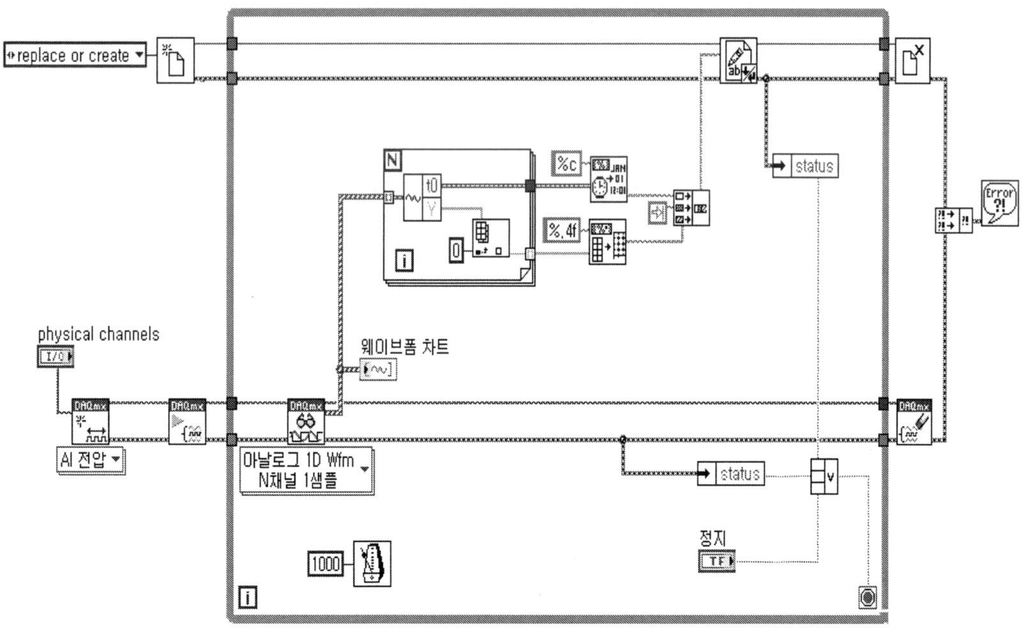

a.  **덱스트 파일에 쓰기**를 이용하여 문자열을 저장합니다. 함수 > 프로그래밍 > 파일 I/O 팔레트에서 찾을 수 있습니다.

b. **문자열 연결**을 이용하여 타임스템프 문자열, 탭 상수, 스프레드시트 문자열을 연결하여 저장할 데이터의 포맷을 완성합니다.

c. **배열을 스프레드시트 문자열로**를 이용하여 배열을 스프레드시트 문자열로 바꿔줍니다. 함수 > 프로그래밍 > 문자열 팔레트에서 찾을 수 있습니다.

⌘ 프런트패널

3. 프런트패널에서 Dev1/ai0:3을 입력해주고, 다음과 같이 실행합니다. 채널 0, 1, 2, 3을 측정하여 저장합니다.

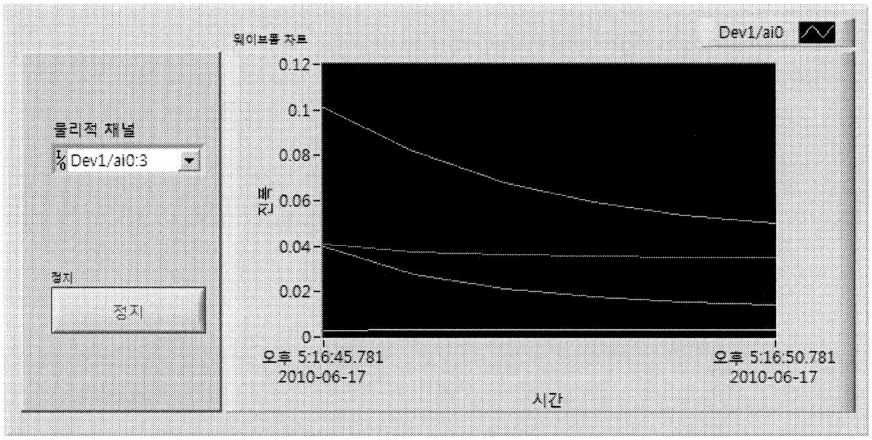

4. 저장된 데이터를 메모장을 이용하여 확인합니다.

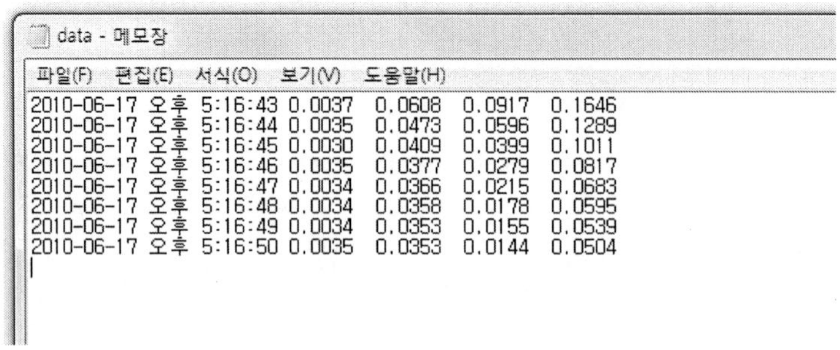
data - 메모장
파일(F) 편집(E) 서식(O) 보기(V) 도움말(H)
2010-06-17 오후 5:16:43 0.0037 0.0608 0.0917 0.1646
2010-06-17 오후 5:16:44 0.0035 0.0473 0.0596 0.1289
2010-06-17 오후 5:16:45 0.0030 0.0409 0.0399 0.1011
2010-06-17 오후 5:16:46 0.0035 0.0377 0.0279 0.0817
2010-06-17 오후 5:16:47 0.0034 0.0366 0.0215 0.0683
2010-06-17 오후 5:16:48 0.0034 0.0358 0.0178 0.0595
2010-06-17 오후 5:16:49 0.0034 0.0353 0.0155 0.0539
2010-06-17 오후 5:16:50 0.0035 0.0353 0.0144 0.0504

연습 5-8 끝

마. 센서의 종류와 원리 및 사용법

센서는 온도, 습도, 스트레인, PH, 영상, 소리, 진동, 압력, 속도 등의 물리량을 전압이나 전류 신호로 바꿔줍니다. 실질적으로 DAQ 보드는 전압 신호만 측정할 수 있기 때문에 전류 신호는 전압으로 시그널컨디셔닝해줘야 됩니다. 또한 각종 센서들은 구동전원의 공급이 필요하고, 노이즈 제거나 신호 증폭 등의 시그널컨디셔닝이 요구됩니다.

1. 온도 측정 센서

온도 측정용 센서로는 열전쌍(Thermocouple), RTD, 그리고 Thermistor가 있습니다. 측정하고자하는 온도의 범위, 정밀도에 맞는 센서를 선택하여 사용합니다. 일반적으로 RTD가 가장 고가이고, TC 센서가 중저가이며, Thermistor가 저가 센서입니다. 그리고 일반 가정용 디지털 온도계에는 Thermistor가 주로 사용됩니다.

A. 열전쌍 (Thermocouple)

열전쌍은 두 개의 서로 다른 금속이 Junction을 이룰 때, 접촉부에서 온도에 따라 변하는 전압이 발생하는 원리를 이용한 것입니다. 아래 그림에서 A금속과 B금속이 접하는 부분을 촛불에 가져가면 촛불의 온도를 측정할 수 있습니다.

사용한 금속에 따라 측정할 수 있는 범위나 특성이 다릅니다. 종류에 따라서 J타입, K타입, T타입 등으로 명명됩니다. 일반적으로 열전쌍은 -200~1700℃까지 넓은 범위의 온도범위를 0.2~1%의 오차로 측정이 가능합니다. 하지만 측정하려는 곳에 따라 사용할 수 있는 열전쌍의 종류에 제한이 있고, 측정온도의 0.2% 이상의 정밀도를 얻는 것은 힘듭니다.

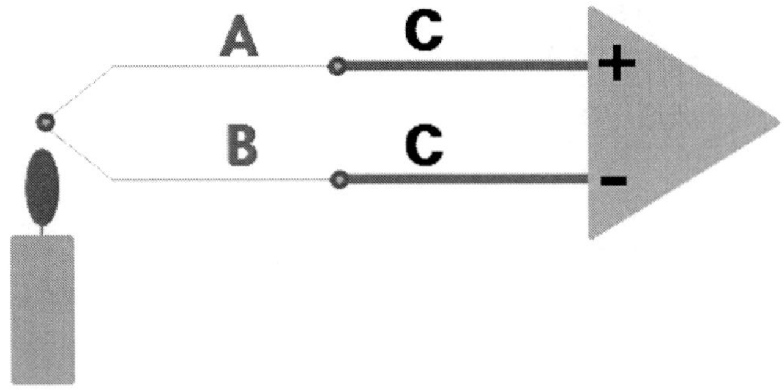

a. 열전쌍 설치

열전쌍은 다양한 가격대로 구매가 가능합니다. 그러나 저렴한 열전쌍의 경우에는 잘못 사용하여 측정오차를 수 십 도 이상 발생시킬 수 있으므로 중요한 측정인 경우에는 고급 열전쌍을 사용할 필요가 있습니다. 고급 열전쌍은 열전도성이 좋은 메탈 Shield와 세라믹 파우더로 열전쌍이 Shield 되어있습니다. 접지형, 비접지형, 노출형으로 구분되는데, 접지형은 메탈 Shield와 열전쌍이 접촉되어 있어서 빠른 열전도가 가능한 구조입니다. 그러나 전기가 흐르고 있는 물체의 온도를 측정할 경우에는 오차나 회로 손상을 유발할 수 있습니다. 비접지형은 세라믹 파우더 등으로 메탈 Shield와 열전쌍이 절연되어 있는 구조입니다. 접지형보다 열전도가 느리지만 안정적인 측정이 가능하고 노이즈에 강합니다. 노출형은 열전쌍이 외부로 노출된 형태인데, 저가의 열전쌍을 직접 제작할 경우, 노출형을 많이 사용합니다. 그리고 세라믹 튜브나 세라믹 파우더로 절연시켜줄 수 있습니다.

b. 열전쌍에 필요한 시그널컨디셔닝

온도에 따라서 발생하는 전압이 수 mV 단위이므로 노이즈 범위에 속하는 미세한 Level입니다. 그래서 신호의 증폭과 노이즈 필터링, 절연이 필수적입니다. 또한 커넥터인 금속 C와의 접촉부인 AC, BC에서도 전압이 발생하게 되는데, 이것을 Cold Junction이라고 합니다. 정확한 온도측정을 위해서는 이 Cold Junction에 의한 오차를 보정해줘야 됩니다. 이것을 CJC(Cold Junction Compensation)라고 부릅니다. 그리고 열전쌍을 금속 물질에 접촉시켜서 측정할 경우에는 또 다른 Junction이 생겨서 측정에 오차가 발생합니다. 그래서 금속 물질과의 직접적인 접촉을 피해야 됩니다.

c. 열전쌍의 스케일링

온도와 발생하는 전압과의 관계가 선형적이지 않습니다. 그래서 열전쌍의 타입에 따라 제공되는 스케일링 데이터 표(Lookup table)에 따라서 측정 데이터를 온도로 변환해줘야 됩니다. DAQmx 함수에서 열전쌍의 스케일링 정보를 제공하기 때문에 DAQmx 버추얼 채널 생성에서 **아날로그 입력 > 온도 > 열전쌍**을 지정하여 스케일링을 적용할 수 있습니다.

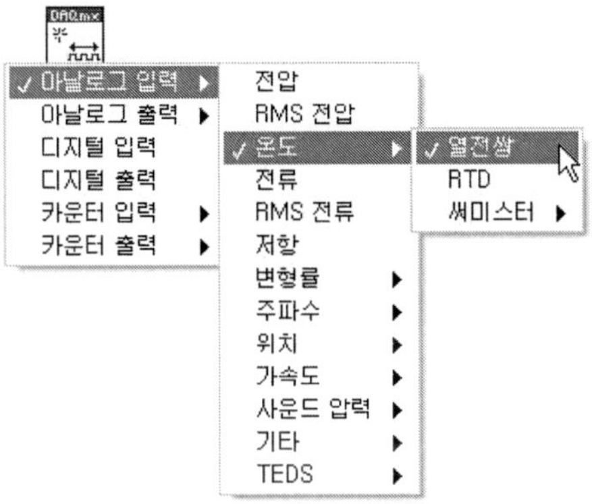

[NI-9211]

다음 연습을 통하여 열전쌍을 이용한 온도 측정 방법에 대하여 배워봅니다. 이 연습에서는 C시리즈 모듈은 이용하여 열전쌍 측정에 필요한 시그널컨디셔닝을 해주고 있습니다. 열전쌍 측정 전용 C시리즈 모듈로는 NI-9211이 있습니다. 24bits Resolution을 가지고 있으며, ±80㎷까지 측정이 가능합니다. TC의 전압출력이 50㎷ 미만이기 때문입니다. 최대 샘플링 속도는 14Hz로 저속 샘플링만 가능합니다.

연습 5-9. 열전쌍을 이용한 온도 측정 (DAQ 어시스턴트)

NI 9211 열전쌍 모듈을 이용하여 온도 측정 VI를 작성합니다. NI 9211은 60Hz 노이즈 필터링 기능과 채널 대 그라운드 절연(Bank Isolation), 내장된 CJC, 그리고 24 Bit 분해능을 가진 온도 측정 전용 모듈입니다. 다음과 같이 cDAQ 샤시에 NI 9211을 설치하여 온도를 측정합니다.

⌘ 블록다이어그램

1. DAQ 어시스턴트를 위치시킵니다. 함수 > 익스프레스 > 입력 팔레트에서 찾을 수 있습니다.

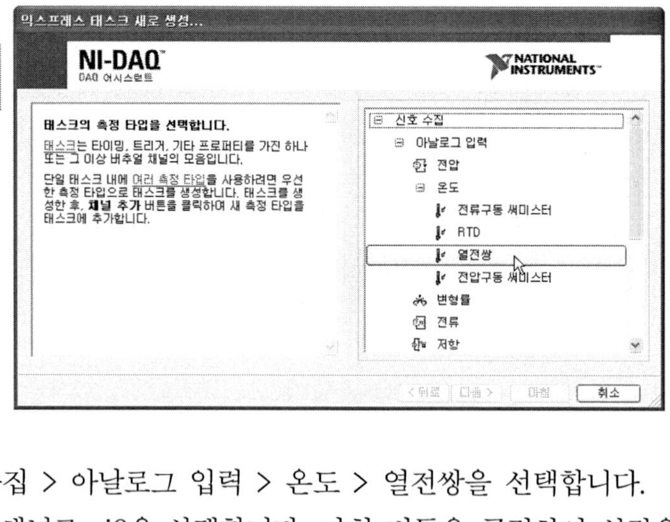

2. 신호 수집 > 아날로그 입력 > 온도 > 열전쌍을 선택합니다.
3. 물리적 채널로 ai0을 선택합니다. 마침 버튼을 클릭하여 설정을 적용합니다.

4. DAQ 어시스턴트에서 다음과 같이 설정합니다.
   - 신호 입력 범위 : 최대 100, 최소 0
   - 스케일 이후 단위 : deg C (섭씨온도)
   - 열전쌍 타입 : J
   - CJC 소스 : 내장됨
   - 타이밍 셋팅 > 수집 모드 : 1샘플(요청할 때)

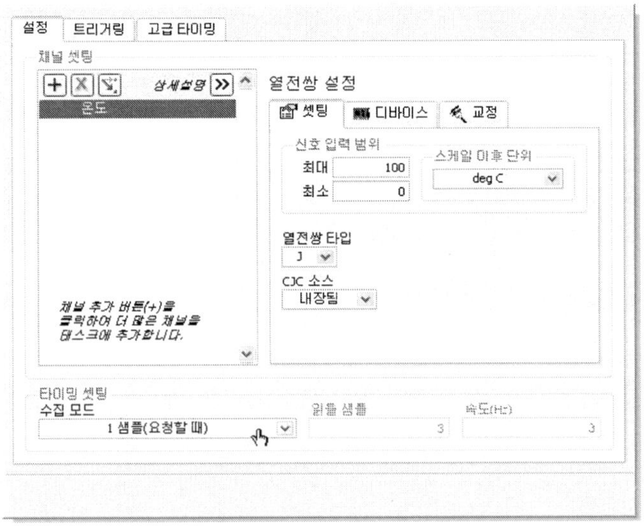

NI-9211은 내장된 센서를 이용하여 CJC (Cold Junction Compensation)을 수행합니다. 그래서 CJC 소스는 내장됨을 선택해줍니다. 그리고 스케일 이후 단위는 deg C, deg F, kelvin, deg R을 선택할 수 있습니다. 여기에서 deg C는 섭씨온도를, deg F는 화씨온도를, 그리고 Kelvin는 절대온도 켈빈을, deg R는 랭킨온도를 의미합니다. 참고로 랭킨온도는 화씨의 절대온도 단위입니다. R = F + 459.2입니다.

일반적으로 온도는 빠르게 변하는 물리량이 아니므로, DAQ 어시스턴트에서 1샘플(요청할 때)을 이용하여 온도 측정 VI를 구현할 수 있습니다. 참고로 NI 9211의 최대 샘플링 속도는 14 Samples/sec입니다.

5. 확인 버튼을 클릭하여 DAQ 어시스턴트를 적용합니다. 그리고 다음과 같이 블록다이어그램을 완성합니다.

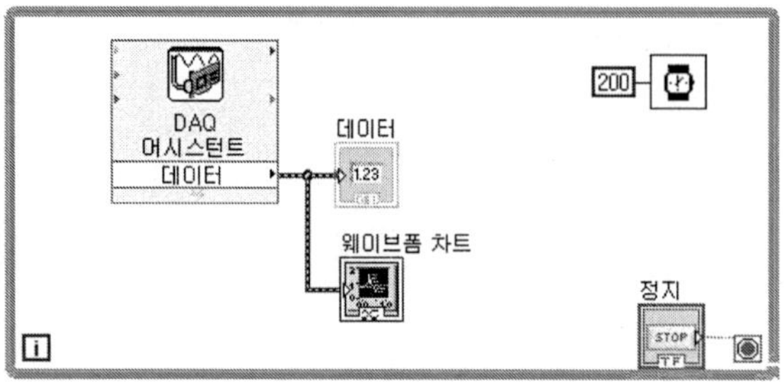

- DAQ 어시스턴트의 데이터 출력에 숫자형 인디케이터와 웨이브폼 차트를 연결합니다.
- While 루프로 반복 실행하고 기다림(ms)에 200msec를 입력하여 Delay를 줍니다. 함수 > 프로그래밍 > 타이밍 팔레트에서 기다림 함수를 찾을 수 있습니다.

6. VI를 저장하고 실행합니다.

연습 5-9 끝

연습 5-10. 열전쌍을 이용한 온도 측정 (DAQmx)

DAQmx 함수를 이용하여 열전쌍 측정 VI를 작성해봅니다.

⌘ 블록다이어그램

1. DAQmx 버추얼 채널 생성을 위치시키고, 아날로그 입력 > 온도 > 열전쌍으로 설정해줍니다. DAQmx 버추얼 채널 생성은 함수 > 측정 I/O > DAQmx – 데이터 수집 팔레트에서 찾을 수 있습니다.
2. 다음과 같이 블록다이어그램을 구성합니다. 함수 > 측정 I/O > DAQmx – 데이터 수집 팔레트에서 DAQmx 태스크 시작, DAQmx 읽기, DAQmx 태스크 지우기를 찾을 수 있습니다. DAQmx 읽기를 아날로그 > 단일채널 > 단일샘플 > 웨이브폼으로 설정합니다.

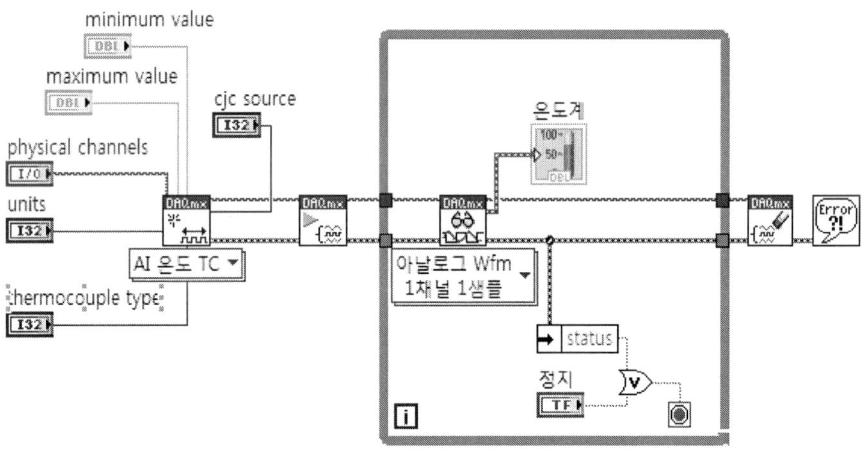

⌘ 프런트패널

3. 온도계 인디케이터를 이용하여 다음과 같이 프런트패널을 구성하고, 실행합니다. 물리적 채널, 온도의 단위, 온도 범위, 열전쌍 타입 등을 설정합니다.

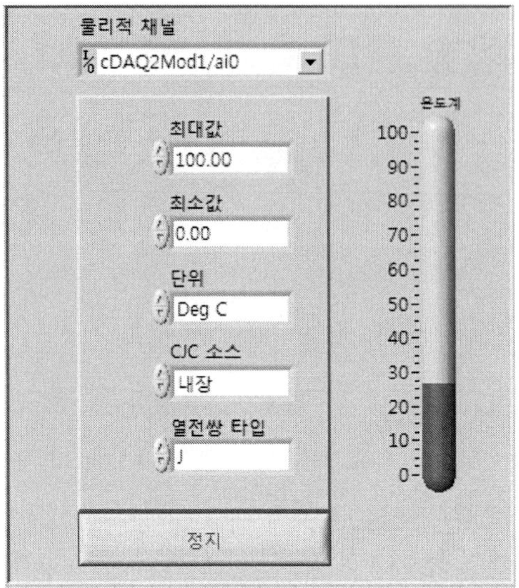

4. 다음과 같이 블록다이어그램에 파일 I/O를 추가하여 측정 시간과 온도를 저장합니다.

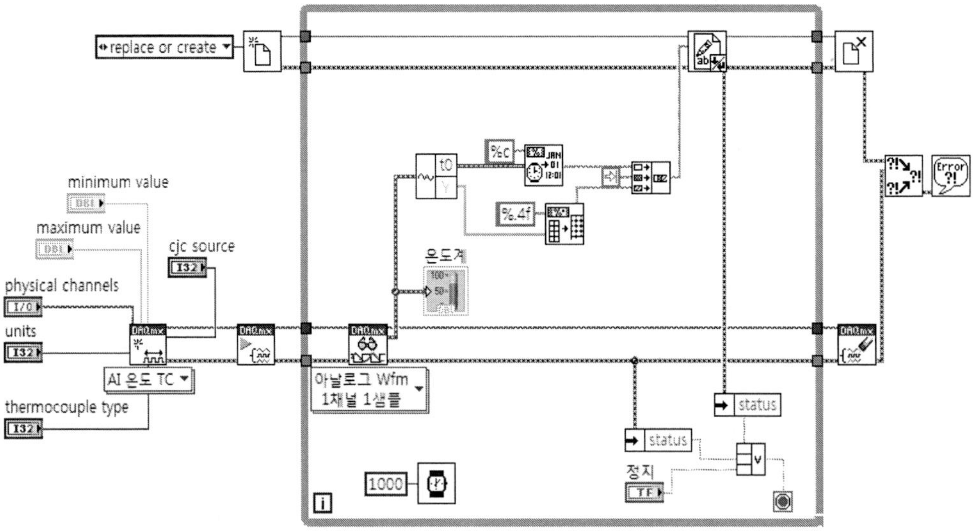

a.  **웨이브폼 구성요소 얻기**는 함수 > 프로그래밍 > 웨이브폼 팔레트에서 찾을 수 있습니다. 크기를 키우거나 항목을 바꾸어 선택할 수 있습니다. 여기에서는 t0과 Y항목을 선택해주었습니다. t0은 타임스탬프이고, Y는 측정값입니다. 비록 단일 샘플(Single Sample)씩 측정하는

경우이지만 웨이브폼에서 측정값 Y는 항상 1D 배열입니다.

b. **날짜/시간 문자열로 포맷**은 타임스탬프를 문자열로 바꾸어주는 함수입니다. 포맷으로 **%c**를 입력하면, Windows OS시간 형태로 포맷을 해줍니다.

c. **배열을 스프레드시트 문자열로**를 이용하여 배열을 스프레드시트 문자열로 바꿔줍니다.

d. 문자열 연결을 이용하여 타임스탬프 문자열, 탭 상수, 스프레드시트 문자열을 연결하여 저장할 데이터의 포맷을 완성합니다.

e. **텍스트 파일에 쓰기**를 이용하여 문자열을 저장합니다.

f. **에러 병합**은 LabVIEW 2010부터 모양이 바뀌었습니다.

5. VI를 저장하고 실행합니다. 온도의 변화를 주기위하여 손으로 TC를 잡아줍니다. 온도가 상온에서 36도 올라감을 확인할 수 있습니다. 다음 같이 메모장으로 저장된 데이터를 확인할 수 있습니다.

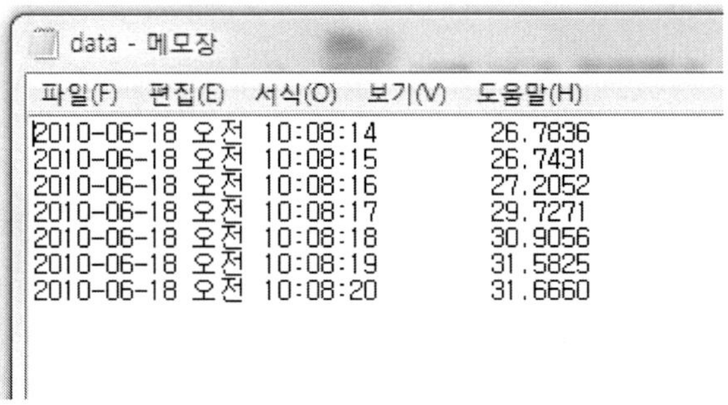

data - 메모장

파일(F) 편집(E) 서식(O) 보기(V) 도움말(H)

```
2010-06-18 오전 10:08:14	26.7836
2010-06-18 오전 10:08:15	26.7431
2010-06-18 오전 10:08:16	27.2052
2010-06-18 오전 10:08:17	29.7271
2010-06-18 오전 10:08:18	30.9056
2010-06-18 오전 10:08:19	31.5825
2010-06-18 오전 10:08:20	31.6660
```

참고로 소수점 4자리까지 저장할 수 있도록 포맷하였지만, TC 센서의 정밀도 0.2에서 1%이므로 소수점 2자리 이하의 값은 신뢰할 수 없는 값입니다.

연습 5-10 끝

C시리즈 모듈이나 TC 측정 전용 모듈이 없는 경우에는 다음과 같이 MAX의 [시뮬레이션 디바이스]를 만들어 사용할 수 있습니다.

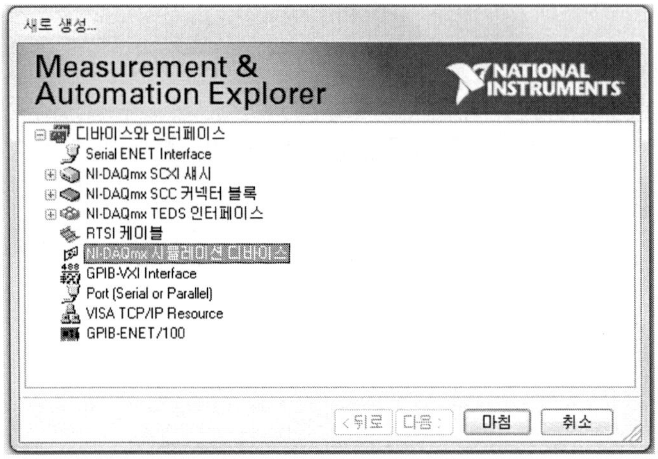

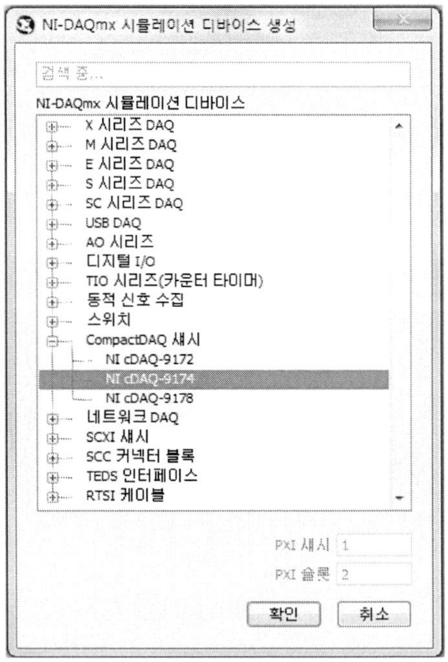

MAX의 디바이스와 인터페이스에서 단축메뉴의 [새로 생성...]을 선택하고, 새로 생성 창에서 [NI-DAQmx 시뮬레이션 디바이스]를 선택하고 마침 버튼을 클릭합니다.
NI cDAQ-9174섀시를 선택합니다. 다음과 같이 디바이스와 인터페이스에 NI cDAQ-9174가 생성됩니다. 시뮬레이션 디바이스이므로 노란색 아이콘으로 표시됩니다.
cDAQ-9174의 빈슬롯에 C시리즈 모듈을 추가하기 위하여 [cDAQ 시뮬레이션 섀시 설정...]을 클릭합니다. 슬롯 1에 NI-9211을 추가해줍니다. 물리적 채널 이름은 “cDAQ1Mod1” 이 됩니다.

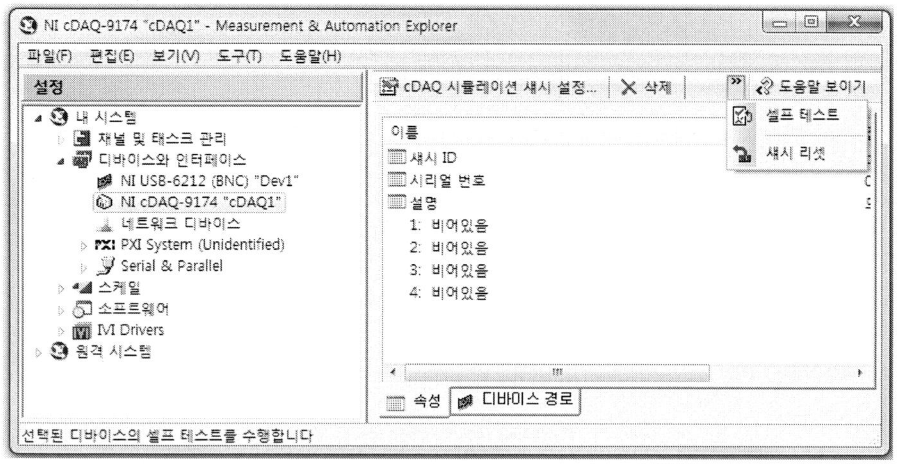

시뮬레이션 디바이스로 VI를 작성하여 실행해볼 수 있습니다. 물론 시뮬레이션된 측정값을 출력하겠지만 VI에 에러나 논리적 오류가 있는지 확인할 수 있습니다. 그리고 차후에 실제 하드웨어를 장착했을 때, VI를 수정하지 않고 바로 실행하여 사용할 수 있습니다.

B. RTD

RTD는 백금과 같이 온도에 따라서 저항이 바뀌는 금속을 사용하여 만듭니다.(Platinum 100Ω at 0℃). 그러므로 온도에 따라 가변하는 RTD의 저항을 측정하면 온도를 알 수 있습니다. 열전쌍(Thermocouple)보다 센서당 가격이 비싸지만 더 정밀한 온도 측정이 가능한 센서입니다.

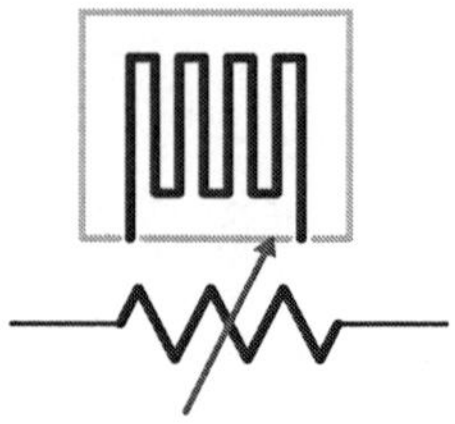

a. RTD의 시그널컨디셔닝

저항을 측정하기 위하여 RTD에 전류를 공급하고 전압을 읽습니다. 이때 미세한 저항의 변화이므로 공급한 전류원에 오차가 없어야 되며, 신호의 증폭과 필터링, 절연이 필요합니다. 그리고 100 Ohm 내외의 작은 저항이므로 4-wires 측정을 사용해야 됩니다.

b. 4-wires 측정

4와이어 측정은 **전압(V) = 전류(I) * 저항(R)**의 공식을 이용하여 저항을 측정할 때, 저항 값이 작아서 Lead 와이어 저항을 무시할 수 없을 경우에 사용되는 정밀한 저항 측정 방법입니다. 두 개의 와이어를 이용하여 저항에 전류를 공급하고, 다른 두 개의 와이어를 이용하여 전압계로 전압을 측정하는 회로입니다. 전압계의 내부 저항이 수십GΩ 이상이므로 측정단으로는 전류가 거의 흐르지 못합니다. 그래서 측정단의 Lead 와이어 저항에 의한 전압 강하가 발생하지 않고, Lead 와이어 저항에 의한 측정 오차가 발생하지 않습니다. 4-wires 측정의 변형된 형태인 3-wires 측정 방법도 사용할 수 있습니다.

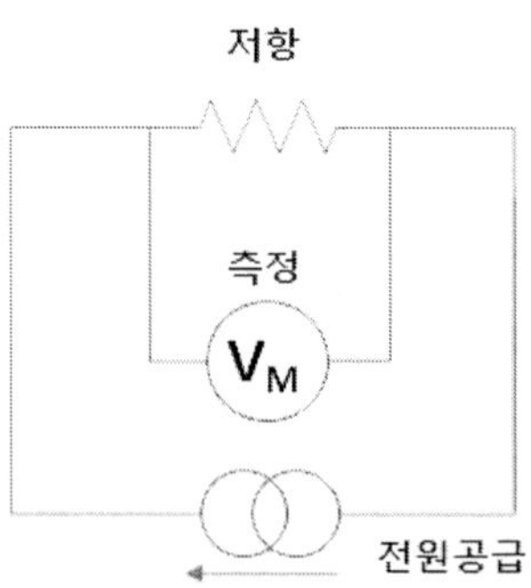

[4-wires 측정]

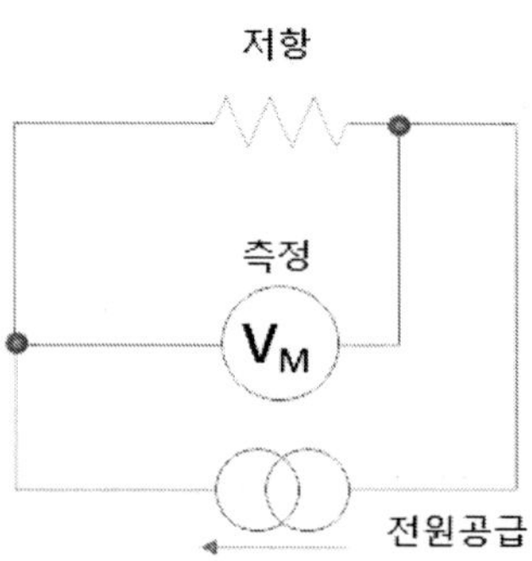

[3-wires 측정]

C. 써미스터 (Thermistor)

Thermistor는 RTD와 같이 온도에 따라 저항이 바뀌는 세라믹 물질(10kΩ at 25℃)을 이용합니다. Thermistor에는 전류 인가 형과, 전압 인가 형이 있습니다. 그리고 10kΩ 범위의 큰 저항이므로 2-wires 측정을 사용합니다. 간편하게 사용할 수 있는 온도 센서이지만 온도 측정의 오차가 비교적 큽니다.

a. 2-wires 측정

두 개의 와이어로 전원도 공급하고 측정도 수행하는 것을 2-wire 측정이라고 합니다. 동일한 와이어로 전원 공급과 측정이 동시에 수행되므로, Thermistor의 저항 값과 함께 와이어의 저항 값도 같이 측정됩니다. 일반적으로 와이어의 저항을 Lead 저항이라고 부릅니다. 그래서 **전압(V) = 전류(I) * 저항(R)** 공식으로 측정되는 저항 값은 Lead 저항을 포함한 값이 됩니다. 직렬연결이므로 $R_{측정값} = R_0 + R_{Lead}$입니다. 와이어의 저항은 길이에 따라 변하지만, 약 0.2~0.5Ω 정도입니다.

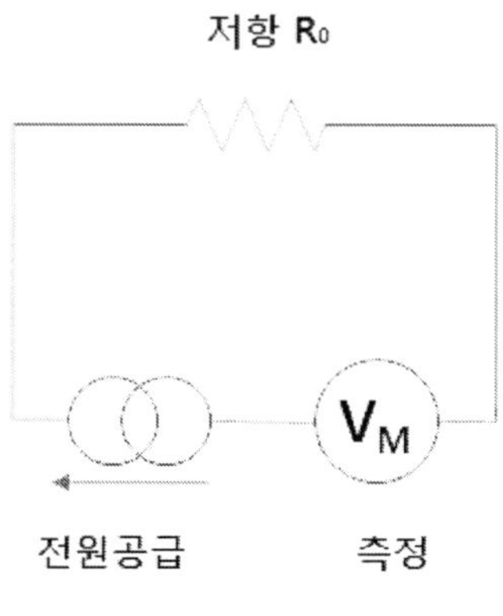

b. 써미스터의 시그널컨디셔닝

전원 노이즈인 60Hz 노이즈를 차단하기 위하여 4Hz Low pass 필터를 주로 사용합니다. 또한 미세한 전류나 전압 변화를 측정하는 것이므로 증폭이 필요합니다.. 경우에 따라서는 Isolation도 필요합니다.

연습 5-11. RTD를 이용한 온도 측정

NI 9219 유니버셜 아날로그 입력 모듈 이용하여 RTD 온도 측정 VI를 작성합니다. NI 9219는 24bits 분해능을 가진 다목적 시그널컨디셔닝 측정 모듈입니다. 열전쌍 및, RTD, 저항, 쿼터 브릿지, Half 브릿지, Full 브릿지 측정을 지원합니다. 이번 연습에서는 3-wires 타입의 RTD를 1번 채널에 연결하여 측정할 것입니다.

⌘ 블록다이어그램

1. DAQ 어시스턴트를 위치시킵니다. **DAQ 어시스턴트**는 함수 > 익스프레스 > 입력 팔레트에서 찾을 수 있습니다.

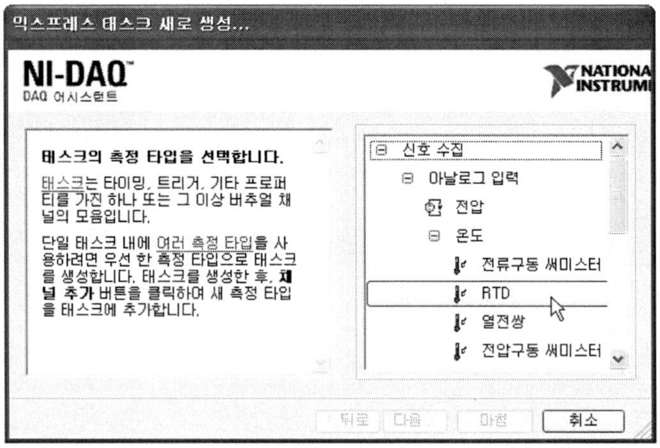

2. 신호 수집 > 아날로그 입력 > 온도 > RTD를 선택합니다.
3. 물리적 채널로 ai1을 선택합니다. 마침 버튼을 클릭하여 설정을 적용합니

다.

4. DAQ 어시스턴트에서 다음과 같이 설정합니다.
   - 신호 입력 범위 : 최대 100, 최소 0
   - 스케일 이후 단위 : degC(섭씨온도)
   - RTD 타입 : Pt 3750, R0 : 100Ω
   - 설정 : 3와이어
   - 전류구동 소스 : 내부, 500uA
   - 타이밍 셋팅 > 수집 모드 : 1샘플(요청할 때)

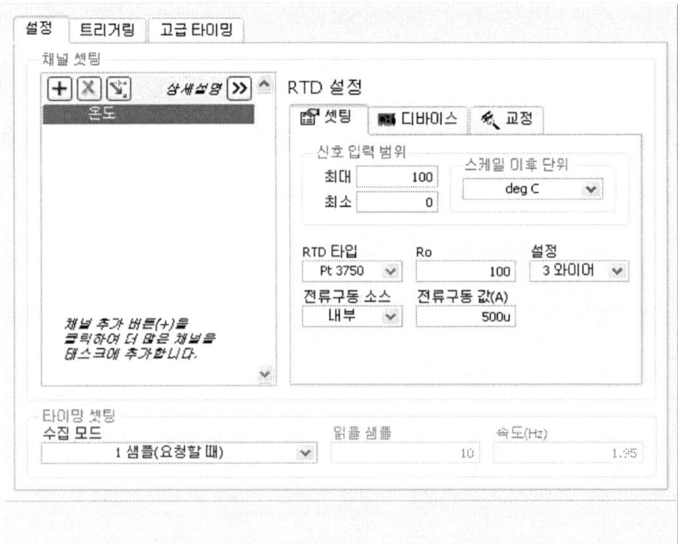

5. 확인 버튼을 클릭하여 DAQ 어시스턴트를 적용합니다. 그리고 다음과 같이 블록다이어그램을 완성합니다.

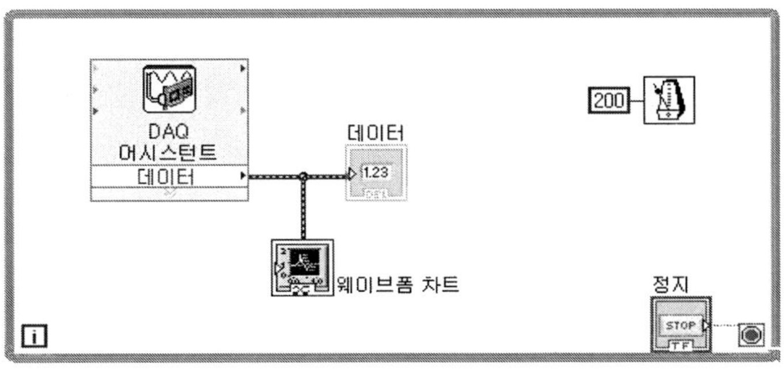

- DAQ 어시스턴트의 데이터 출력에 숫자형 인디케이터와 웨이브폼 차트를 연결합니다.
- While 루프로 반복 실행하고, 다음 ms 배수까지 기다림 함수를 위치시키고, 200msec를 입력하여 Delay를 줍니다. 함수 > 프로그래밍 > 타이밍 팔레트에서 **다음 ms 배수까지 기다림 함수**를 찾을 수 있습니다.

6. VI를 저장하고 실행합니다.

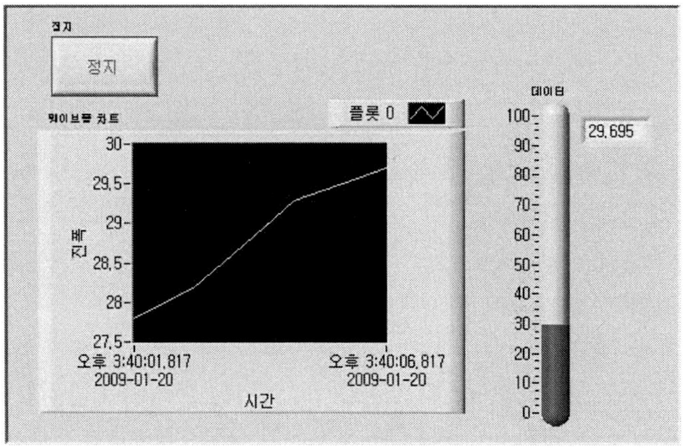

연습 5-11 끝

2. 브릿지 회로

브릿지 회로는 Strain Gauge나 로드셀, 변위센서(LVDT 혹은 RVDT)에서 사용됩니다. 휘스톤 브릿지는 **저항 변화**를 정밀하게 측정하기 위한 목적으로 사용됩니다. 휘스톤 브릿지의 회로 구성과 수식은 다음과 같습니다.

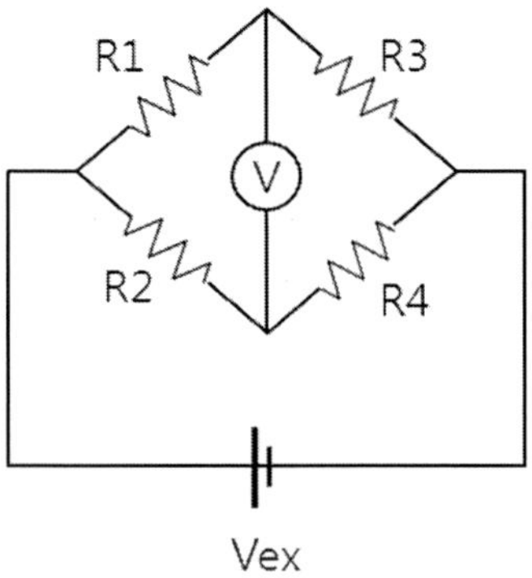

$$V = \left[\frac{R_1}{R_1 + R_3} - \frac{R_2}{R_2 + R_4} \right] \times V_{ex}$$

R1/R3 = R2/R4 이면, V = 0입니다. 그리고 저항 값들이 변하면 V값이 바뀔 것입니다. 이때 R1만 가변하고 나머지 R2, R3, R4 값이 고정된 경우를 Quarter 브릿지라고 부릅니다. R1의 미세한 변화도 감지가 가능합니다.

[Strain Gauge]

Strain Gauge는 브릿지 회로를 이용하여 Strain이나 Load를 측정하는 센서입니다. 원리적으로 120옴, 혹은 350옴의 가변저항이 Strain Gauge입니다. 전자저울, Load 측정, 힘 측정, 변형률 측정, 진동 측정 등에 사용됩니다. 국내에서는 CAS사의 Strain Gauge 센서를 많이 사용합니다. www.cas.co.kr 에서 제품을 검색하고 구매할 수 있습니다.

a. Strain Gauge의 종류

Strain Gauge는 센서의 저항 구성에 따라서, Quarter 브릿지, Half 브릿지, Full 브릿지로 구분됩니다. Quarter 브릿지 Strain Gauge는 저항 한 개만 가변적인 브릿지 구성입니다. 아래 그림이 **Quarter 브릿지** Strain Gauge의 대표적인 모양입니다. 가로 방향으로 변형이 생길 경우, 센서의 저항이 바뀌게 되는 원리입니다. 기본 저항은 120옴 또는 350옴입니다.

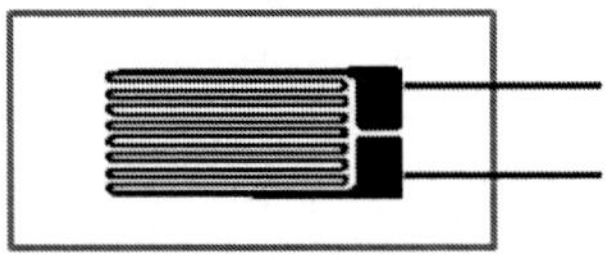

Strain Gauge는 장력에 의하여 금속의 길이가 늘어나면 저항이 바뀌는 원리를 이용하지만, 금속 물질은 온도의 변화에 따라서도 변형이 생길 수 있습니다. 그래서 다음과 같이 Dummy Gauge를 설치하여 온도 변화에 대한 오차를 최소화시킬 수 있습니다.

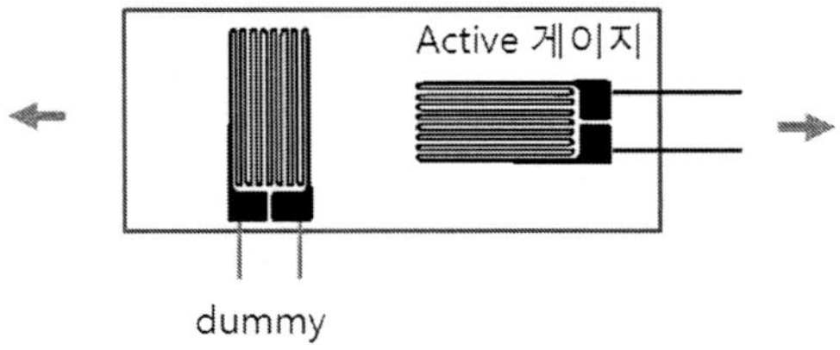

Dummy 게이지는 가로 방향의 변형에는 영향을 받지 않고, 온도 변화에만 영향을 받습니다. 그리고 Active 게이지는 가로 방향의 변형과 온도 변화에 영향을 받습니다. 즉, 온도 변화의 영향은 서로 상쇄되는 구조입니다.

또한 Gauge를 변형체의 아래위로 배치하여 변형률을 두 배로 만드는 방법도 있습니다.

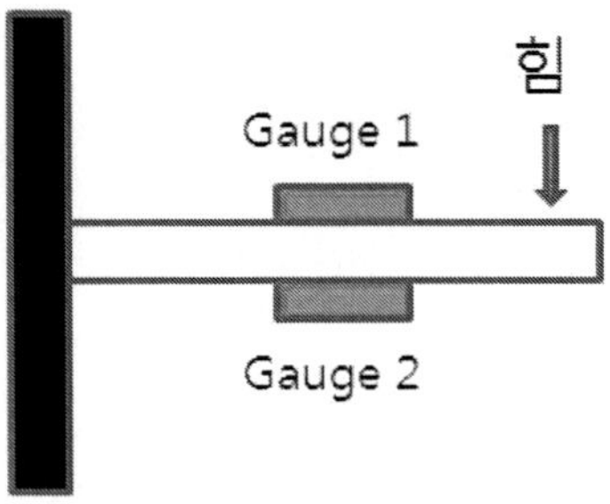

이와 같이 구성한 브릿지를 **Half 브릿지**라고 부릅니다. 이 두 개의 Gauge는 브릿지 회로에서 R1과 R3에 대응됩니다.

그리고 센서의 감도를 최대화하기 위하여 R1, R2, R3, R4 모두를 가변으로 이용하는 구성을 **Full 브릿지**라고 부릅니다. **로드셀과 변위센서(LVDT)**는 주로 Full 브릿지를 이용합니다.

b. Strain Gauge의 시그널컨디셔닝

Strain Gauge를 이용하여 변형률이나 Load를 측정하기 위해서는, 브릿지 완성, 전원공급(Vex), Offset 보정, Shunt 보정, 그리고 필터링 등이 필요합니다.

- 브릿지 완성

  Quarter 브릿지 Strain Gauge를 사용할 경우, 나머지 세 개의 정밀 저항을 제공하여 브릿지 회로를 완성해야 됩니다. 그리고 Half 브릿지 Strain Gauge를 사용할 경우에는 나머지 두 개의 정밀 저항을 제공하여 브릿지 회로를 완성해야 됩니다. 이때, Strain Gauge가 120옴인지, 350옴인지에 따라서 연결되는 정밀 저항도 바뀌야 됩니다.

- 전원 공급(Vex)

  Constant Voltage 소스로 3~10V의 전압을 공급해줍니다. 공급 전압이 높을수록 측정값이 커지므로 측정의 오차가 줄어듭니다. 그러나 공급 전압이 높아지면, 게이지 자체 가열이 생겨서 온도 변화가 생기게 되므로, 온도에 따른 오차가 발생합니다. 그래서 가급적이면 작은 전압을 이용하고, 정밀도가 높은 DAQ(데이터 수집) 하드웨어를 사용하여 측정 오차를 최소화합니다.

- Offset 보정

  브릿지 회로가 처음 구성되면, 이론적으로는 출력 전압이 0V이지만, 실제로는 0이 아닙니다. 그러므로 Strain gauge 측정시에는 영점보정(Offset Nulling)이 필수적입니다. 특히 반복 실험의 경우, Strain gauge에 가해진 힘을 제거하더라도 물리적으로 변형되었던 게이지가 원상태로 복귀되지 않을 수 있기 때문에 매번 측정 때마다 영점보정을 해줄 필요가 있습니다.

- Shunt 보정

Strain Gauge의 기본 원리는 가해진 힘이나 Load에 비례하는 저항변화를 측정하는 것입니다. 그러므로 변하는 비율도 보정해줄 필요가 있습니다. Shunt 보정은 정확히 알고 있는 Shunt 저항을 회로에 추가하여 저항 변화가 발생한 것처럼 시뮬레이션하여 보정하는 방법입니다.

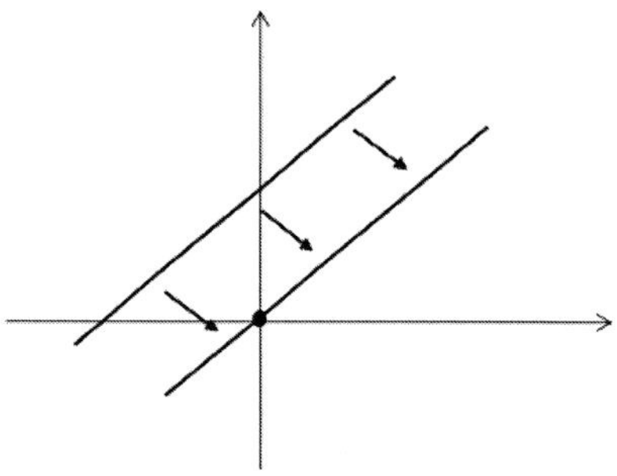

[Offset 보정]

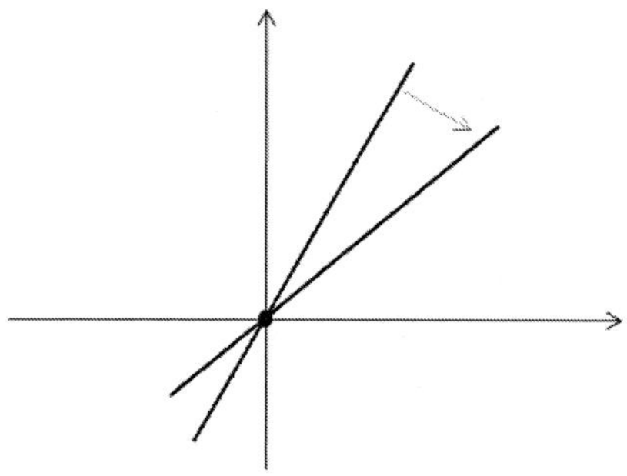

[Shunt 보정]

연습 5-12. 쿼터 브릿지 스트레인 측정 – DAQ 어시스턴트

NI 9235 혹은 9236 Qtr Bridge C시리즈 모듈을 이용하여 스트레인을 측정하는 VI를 만들어 봅니다. 여기에서 9235는 120Ω이고, 9236은 350Ω입니다.

블록다이어그램

1. DAQ 어시스턴트를 위치시키고, 신호 수집 > 아날로그 입력 > **변형률**을 선택합니다.

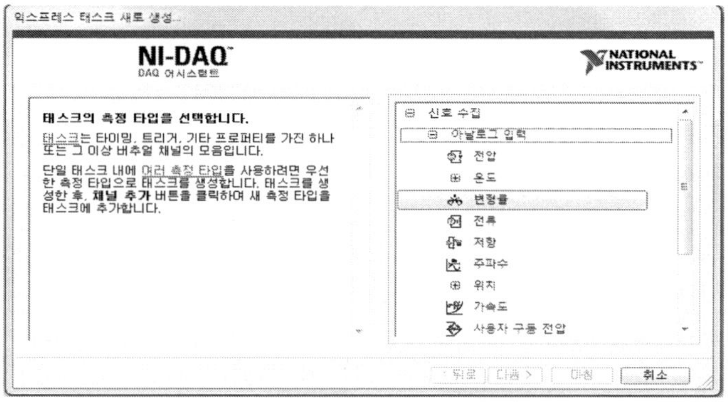

2. 물리적 채널을 선택하고, 마침 버튼을 클릭하여 설정을 적용합니다.
3. DAQ 어시스턴트 설정에서 기본설정으로 유지합니다. NI-9235에 요구되는 설정이 정해져있으므로, 추가적인 변경이 필요없습니다.

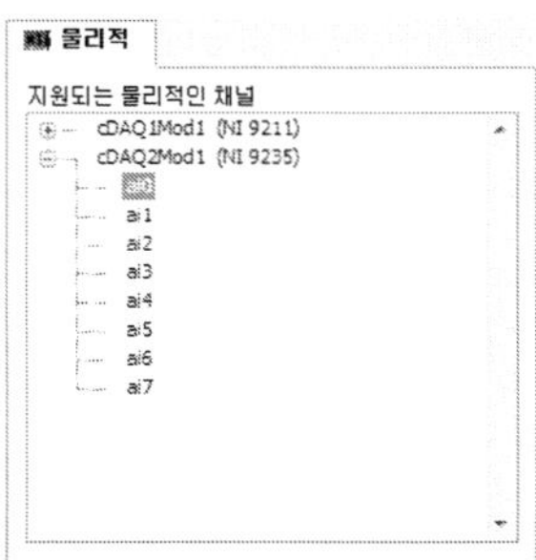

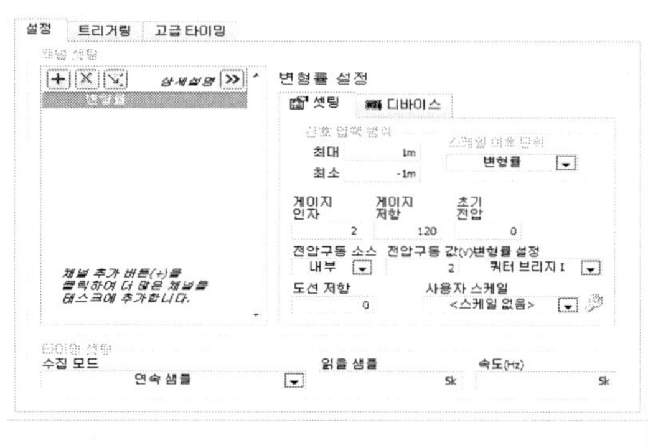

4. 타이밍 셋팅의 수집 모드로 [연속 샘플]을 선택해줍니다. [확인] 버튼을 클릭하고 While 루프를 생성하겠다고 선택하면, 다음과 같은 블록다이어그램이 생성됩니다.
5. 데이터 출력에서 [그래프 인디케이터]를 생성해줍니다.

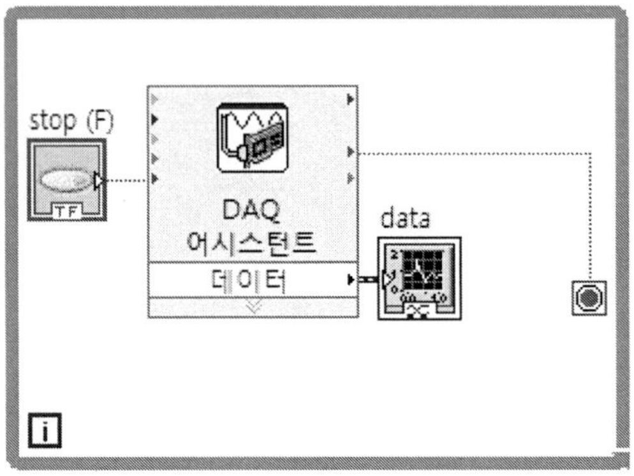

⌘ 프런트패널

6. 프런트패널을 정리하고 VI를 실행합니다. 스트레인 케이지에 힘을 가하여 변형을 주고 변형률을 측정해봅니다.

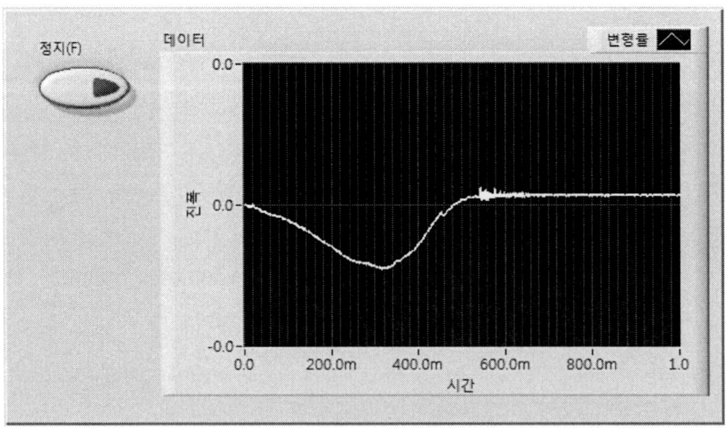

연습 5-12 끝

연습 5-13. 쿼터 브릿지 스트레인 측정 - DAQmx

DAQmx 함수를 이용하여 쿼터 브릿지 스트레인을 측정하는 VI를 작성합니다. 그리고 Calibration 함수를 이용하여 Offset 보정 및 Shunt 보정을 수행합니다. 사용한 하드웨어는 120Ω NI-9235입니다.

⌘ 블록다이어그램

1. 다음과 같이 DAQmx 함수를 이용하여 연속 샘플 VI를 작성합니다. **DAQmx 채널 설정**에서 아날로그 입력 > 변형률 > 스트레인 게이지를 선택합니다. 그리고 **DAQmx 읽기**에서 아날로그 > 단일 채널 > 여러 샘플 > 웨이브폼을 선택합니다.

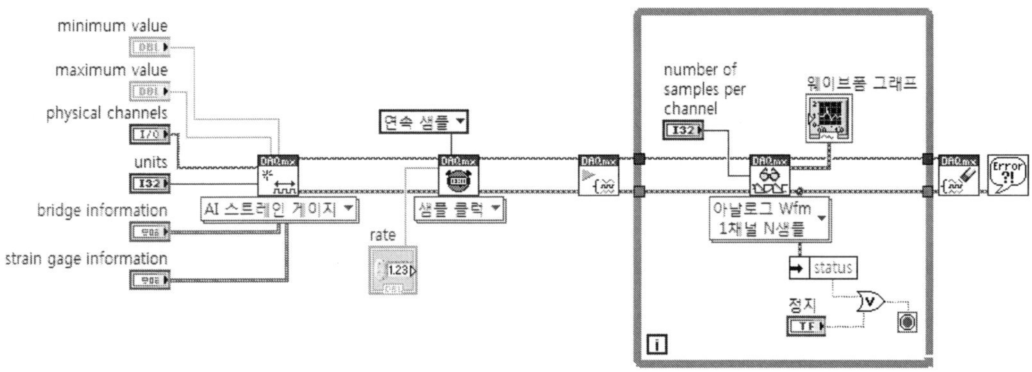

DAQmx 채널 설정을 [스트레인 게이지] 측정으로 선택하면, 관련 옵션들을 설정할 수 있는 컨트롤을 생성할 수 있습니다. 아이콘의 아래쪽에서 [브리지 정보]와 [스트레인 게이지 정보]를 찾을 수 있습니다. 각각 컨트롤을 생성해 줍니다.

⌘ 프런트패널

2. 프런트패널을 정리하고 실행합니다. 브리지 정보와 스트레인 게이지 정보에 필요한 값을 선택하거나 입력합니다. 쿼터 브리지 I, 내부 구동 전압 2V, 게이지 저항 120Ω을 입력하였습니다.

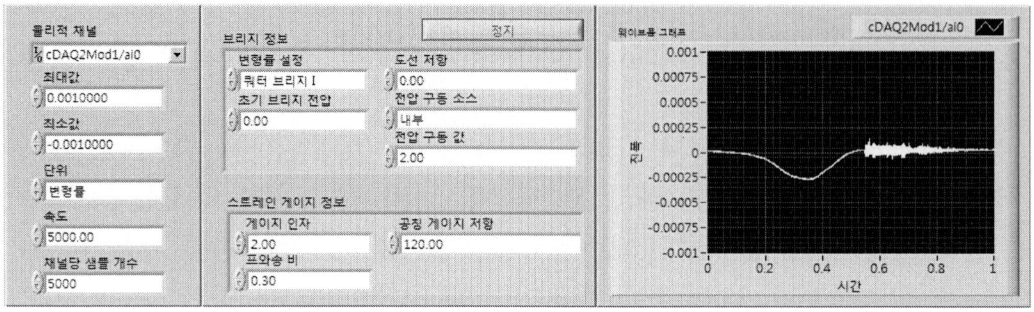

⌘ Calibration 기능 추가

3. 다음과 같이 Calibration 함수를 추가하여, Offset 보정과 Shunt 보정을 할 수 있게 수정합니다. 함수 > 측정 I/O > DAQmx-데이터수집 > DAQmx 고급 > DAQmx 교정 팔레트에서 [DAQmx 브리지 오프셋 널 교정 수행] 함수와 [DAQmx 분기 교정 수행] 함수를 찾을 수 있습니다.

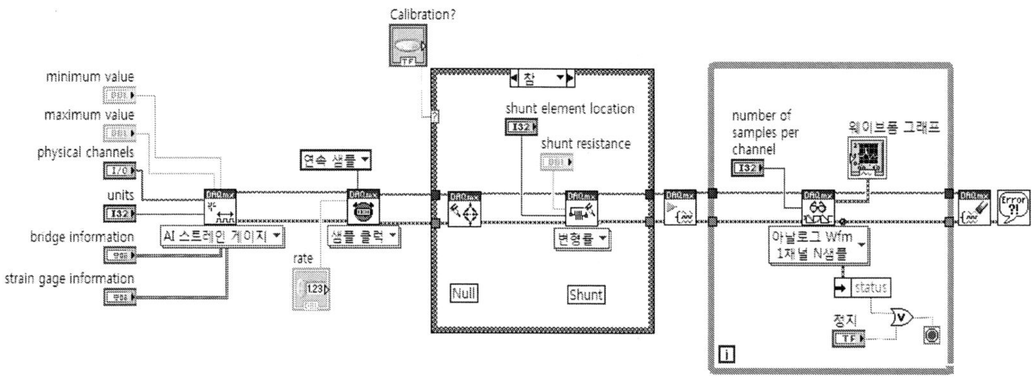

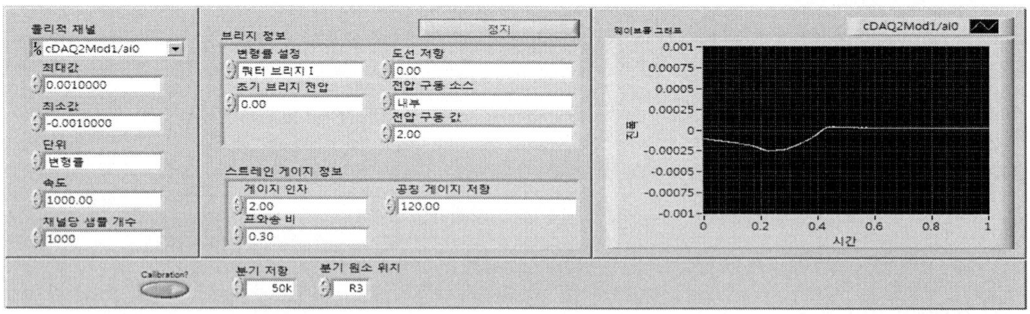

연습 5-13 끝

3. 음향 및 소음 측정

소리는 음원에서 생성된 음파가 공기 등의 매체를 통하여 전파되어 사람의 귀로 감지되는 신호를 말합니다. 사람의 귀에서 감지된 소리 신호는 달팽이관에서 주파수 대 별로 세기를 측정하여 뇌로 정보를 전달합니다.
사람의 귀로 측정되는 소리 신호의 계측은 다양한 분야에서 컴퓨터 기반의 솔루션으로 요구되어 집니다. 공사현장 소음의 Sound Pressure Level을 시간대 별로 측정 및 저장하여 민원을 해결하는 기준으로 사용되고, 도로나 공항, 항만에서 발생하는 소음의 레벨을 측정하여 개선할 수 있습니다. 또한 자동차 내부의 소음 원을 찾아내어, 고객에게 정숙한 운전 환경을 제공할 수 있고, 에어컨이나 TV 등의 가전제품 소음 원을 찾아내어 저소음 제품을 개발할 수 있습니다. 풍력 발전 소나 터빈, 선박의 엔진 등의 거대 설비는 고장이 발생하기 전에 전조 현상으로 소음이나 진동이 발생하는데 이런 신호를 모니터링하여 거대 설비를 유지 및 보수할 수 있습니다. 또한 도시 가스 이송관이나 유조 탱크의 내부 균열을 비파괴 검사하기 위하여, 망치 등으로 충격을 주고 발생하는 진동과 소리를 측정하여 내부 균열이나 불량의 유무를 판별할 수 있습니다.

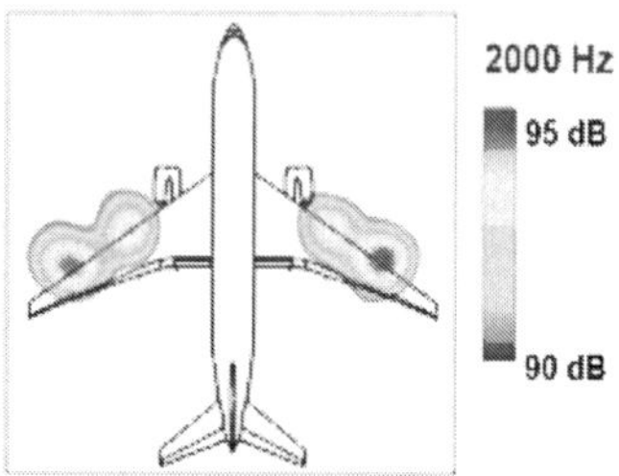

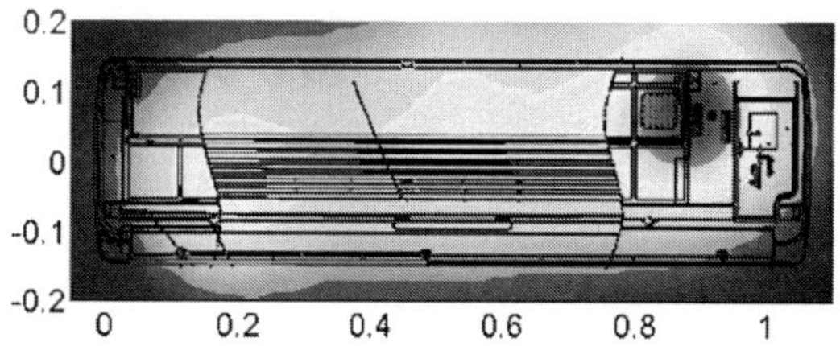

사람을 기준으로 소음이나 음질을 계측하기 위해서는 ISO 국제표준에 부합하는 방법으로 측정, 저장, 분석을 진행해야 되고, 설비의 상태를 모니터링하거나 비파괴 검사를 수행하는 경우에는 Case별로 연구 개발에 필요한 정확한 측정 및 분석이 이루어져야 될 것입니다.

음향 및 소음을 측정하는 센서로는 마이크로폰을 주로 사용합니다. 그리고 마이크로폰으로 측정한 소리 신호를 저장하거나 분석을 수행합니다. 예를 들어, 음압 측정, 음질 분석, 옥타브 분석, 베이스밴드 분석 등을 수행할 수 있습니다.

a. 음압 측정

음압(Sound Pressure Level)의 단위는 **dB(데시벨)**입니다. 사람의 가청 음압 범위가 넓고 Log 스케일이기 때문에 데시벨 단위를 사용하는 것입니다. 음압은 다음 수식으로 계산됩니다. 이때 기준 음압은 20μPa입니다. 사람이 들을 수 있는 가장 낮은 소리가 20μPa입니다. 사람이 들을 수 있는 최소의 음압과 최대의 음압은 100만 배정도 차이가 납니다.

$$SPL = 20\log\left(\frac{p}{p_0}\right), \qquad with\ p_0 = 20\mu Pa$$

여기에서 Pascal(Pa)은 압력의 단위입니다. 사람은 0dB에서 140dB까지의 소리를 들을 수 있습니다.

- 속삭임 소리 : 30dB
- 노트북 소음 : 40dB
- 귀가 아픈 정도 : 120dB

참고로 음압이 3dB 이상은 변해야만 사람이 음압 차이를 인지할 수 있습니다.

마이크로폰의 출력을 전압으로 Pascal 단위나 데시벨(dB) 단위로 스케일링하여 ISO 기준으로 비교 평가할 수 있습니다. 아래 그림에서는 데시벨 단위로 Sound Pressure Level을 측정하고 있고, Leq는 equivalent continuous sound level를 나타냅니다. 음압 값을 시간에 따라서 계속 변하는 값이므로, 일정시간에서의 평균값을 나타냅니다. 수식은 아래와 같습니다.

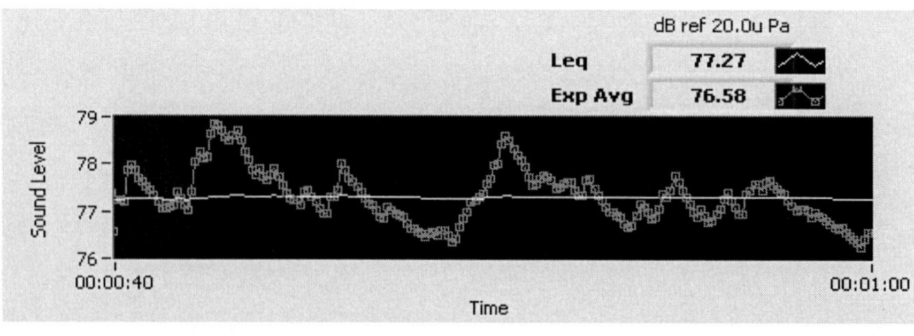

$$L_{eg}= 10\log\left[\frac{1}{t_2-t_1}\int_{t_1}^{t_2}\frac{P^2}{P_0^2}dt\right]$$

Leq = equivalent continuous sound level (dB)
P0 = 20μ Pa
P = 측정한 Sound Pressure (Pa)
t1 = 측정 시작 시간
t2 = 측정 완료 시간

b. 주파수 분석

소리의 주파수 분석도 사람을 기준으로 분석이 진행됩니다. 사람의 귀에 있는 달팽이관은 소리를 주파수 분석하는 기관입니다. 사람의 귀는 외이, 중이, 내이로 구성되는데 중이에서 내이의 달팽이관으로 소리가 전달되면, 달팽이관 내부의 유체가 소리의 주파수와 음압에 따라 진동하는 위치가 달라집니다. 달팽이관을 펼치면 아래 그림과 같습니다. 달팽이관 주위의 세포들은 이 변화를 감지하여 소리의 주파수와 진폭을 인지하게 됩니다. 귀의 구조는 인터넷상에서 구한 그림 자료입니다.

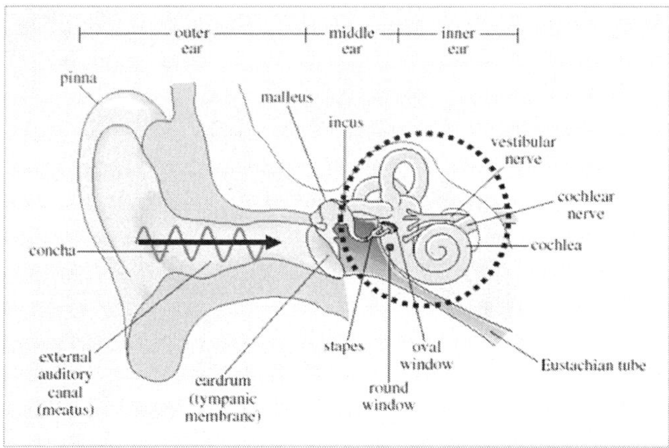

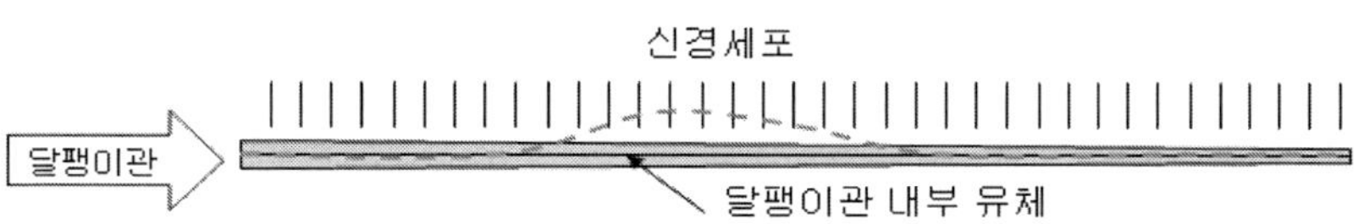

사람의 가청 주파수 (Sound Frequency)는 20Hz ~ 20kHz 사이입니다. 가청 주파수를 벗어나는 음 신호는 사람이 감지할 수 없으므로, 사람을 기준으로

하는 Sound 측정에서는 고려가 되지 않습니다. 그리고 20Hz ~ 20kHz 사이의 음 신호를 사람이 일정하게 인지하는 것이 아니라 특정 주파수 영역을 더 잘 인지할 수 있고, 특정 주파수 영역은 잘 인지하지 못하기 때문에, 측정에서도 이런 특성을 고려하여 사람 귀와 동일하게 주파수 별로 Weighting을 줘서 측정합니다. A-Weighting, B-Weighting, C-Weighting 등이 있습니다. 그중에서 A-Weighting 방식이 사람 귀에 가장 가까우므로 가장 많이 사용합니다. 그리고 A-Weighting을 사용한 경우, **dBA** 단위를 사용합니다. A는 A-Weighting을 의미합니다. Weighting은 일종의 필터이며, Sound and Vibration Toolkit의 SVT A,B,C Weighting Filter.vi로 구현할 수 있습니다.

SVT A,B,C Weighting Filter.vi

또한 사람은 주파수 영역에서도 Linear 스케일이 아니라 Log 스케일인 옥타브로 인식하기 때문에 주파수 분석에서 파워스펙트럼이 아니라 옥타브 분석을 사용합니다. 특히 1/8옥타브 분석을 사용하면 도레미파솔라시도의 음계를 표현할 수 있습니다. 그러나 ISO 기준의 분석에서는 1/3옥타브 분석을 사용합니다. 1/3옥타브 분석은 한 개 옥타브를 세 등분하여 분석한다는 의미입니다. 그리고 가청주파수 20Hz ~ 20kHz는 10개의 옥타브로 표현되므로 1/3옥타브 분석은 아래와 같이 31개의 막대로 표현됩니다.

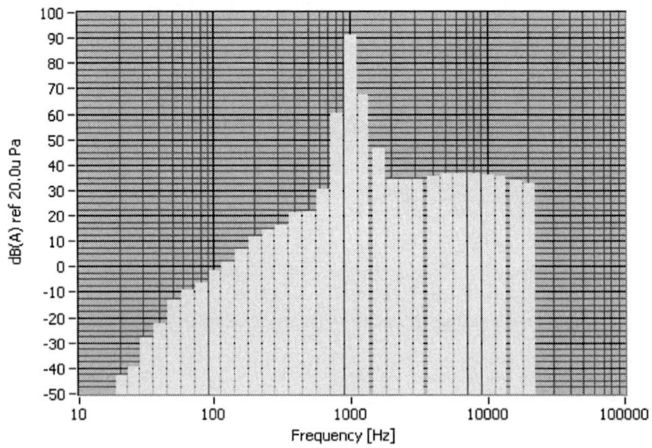

[1/3 옥타브 분석]

c. 소음 측정용 DAQ 하드웨어

소음 및 진동을 측정할 수 있는 측정 하드웨어를 DSA(Dynamic Signal Acquisition) 보드라고 부릅니다. 넓은 다이내믹 영역(Dynamic Range)을 측정할 수 있는 하드웨어라는 의미입니다. 실제로 사람이 듣고 인지할 수 있는 음압의 크기는 0dB에서 140dB까지이므로 다이내믹 영역이 140dB입니다. 그리고 일반적인 소음은 약 10dB에서 110dB로, 약 100dB의 다이내믹 영역이 측정해야 되는 영역입니다. 그래서 측정 장비도 이 정도의 영역을 모두 측정 가능해야 되기 때문에, DSA 하드웨어라고 따로 구분하는 것입니다. 측정 하드웨어에서 다이내믹 영역이란 측정할 수 있는 가장 작은 전압에서 가장 큰 전압의 영역을 Log 스케일로 표시하는 것입니다. 증폭기를 사용하지 않고, 단순 ADC(Analog to Digital Convertor) 성능으로 24bit일 경우에 다이내믹 영역이 약 110dB입니다. 증폭기는 주파수 특성을 가지므로 신호의 왜곡이 가능하고 Gain을 가변해야만 전체 다이내믹 영역을 측정할 수 있으므로 증폭기를 제외하고 ADC 성능이 최소한 24bit 이상은 되어야 됩니다. 예를 들어, NI-447x보드는 내장 증폭기가 없으며 24bits 해상도를 가진 DSA 보드이고, NI-446x보드는 내장 증폭기가 있는 24bits 해상도의 DSA 보드입니다.

Anti Aliasing 필터

Aliasing이란 : 고주파의 신호를 그보다 낮은 속도로 샘플링 했을 때, 저주파의 신호가 있는 것처럼 측정되는 현상입니다. 주파수 분석시에 실제로는 없는 저주파 성분이 관측되게 됩니다. 이와 같은 현상은 아날로그 디지털 변환 과정에서 하드웨어적으로 발생하는 문제입니다.

예를 들어, 그림에서 검은 색 선은 실제 입력된 신호이고, 점은 ADC로 샘플링한 데이터입니다. 실제 입력 신호보다 낮은 주파수로 샘플링 했기 때문에, 낮은 주파수의 Aliasing 신호가 측정되었습니다. 실제 신호가 10Hz의 사인파였다면, 측정된 시호는 2Hz의 사인파로 잘못 인식됩니다.

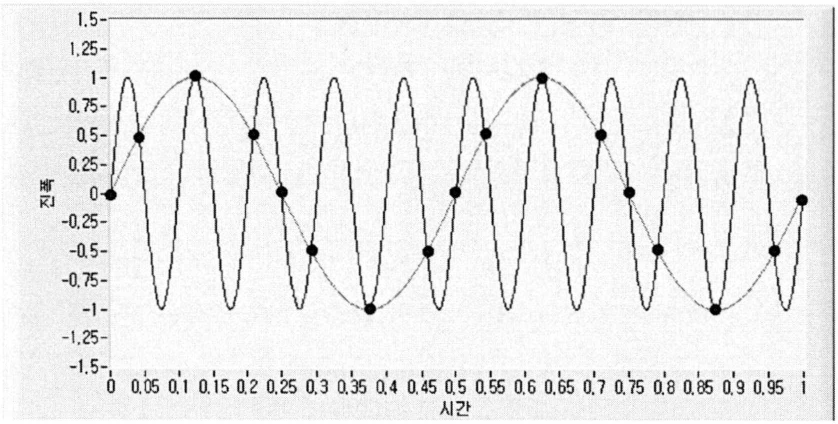

[Aliasing 현상]

Aliasing을 피하기 위해서는 하드웨어적으로 Nyqust 주파수에서 필터링 되는 Low Pass 필터가 필요합니다. DSA 보드는 델타-시그마 ADC를 사용하고 있는데, 델타-시그마 ADC는 Anti-Aliasing 디지털 필터를 내장한 ADC 칩이므로 Sampling rate에 따라 가변적인 Low Pass 필터가 구현되어 Aliasing을 방지할 수 있습니다.

d. 마이크로폰

마이크로폰은 음압을 측정하는 대표적인 센서입니다. 마이크로폰에는 콘덴서 타입, Piezoelectric 타입, 그리고 다이내믹 타입이 있습니다.

- **Piezoelectric 타입**은 특수 용도에 사용
- **다이내믹 타입**은 노래방용 마이크로폰에 많이 사용
- **콘덴서 타입**은 측정용으로 많이 사용

콘덴서 타입 마이크로폰은 진동판의 Capacitor 차이로 음압을 측정하는 마이크로폰 센서입니다. 다이내믹 범위가 크고, 정밀도가 높으며, IEPE 구동방식을 주로 사용합니다.

IEPE 구동방식

IEPE 구동방식이란, 일명 ICP 타입이며, Common 라인으로 2~4mA의 전원을 공급하여 센서를 구동하는 방식입니다. 외부에 별도의 파워 공급기가 필

요 없으므로 시스템이나 센서의 구성이 간단해지지만, 출력 라인에 DC Offset이 생기기 때문에 AC Coupling 회로가 추가되어야 됩니다. 다음은 IEPE 구동방식의 콘덴서 타입 마이크로폰의 개념도입니다. 전원 공급 부분과 AC Coupling 부분, Amplifier 부분이 측정단에 추가됨을 확인할 수 있습니다.

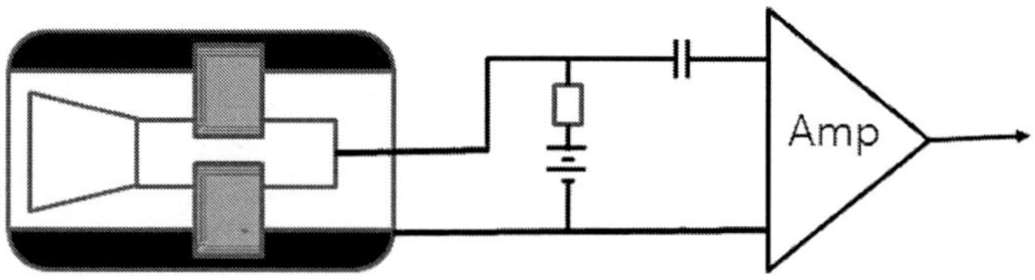

마이크로폰 구매시 고려사항

마이크로폰 구매시에는 민감도(Sensitivity)와 헤더 지름의 크기를 고려해야 됩니다.

민감도는 주로 50~100mV/Pascal 정도인 마이크로폰을 많이 사용합니다. 일반적으로 민감도를 높이기 위하여 센서 내부 증폭기의 Gain을 높이기 때문에 민감도가 높은 센서일수록 주파수 특성이 나빠질 수 있습니다. 그래서 50mV/Pa 민감도 센서가 가장 일반적으로 사용되고 있습니다.

헤더의 지름은 1/4 Inch (6.35mm) ~ 1/2Inch (12.7mm)를 주로 사용합니다. 헤더의 지름은 클수록 민감도가 큽니다. 그러나 헤더의 지름이 작을수록 고주파 특성이 좋습니다. 1/2인치를 가장 많이 사용합니다.

[Quiz] 110dB의 Dynamic Range를 가지는 NI-4472와 50㎷/Pa의 마이크로폰으로 측정 가능한 최소 음압은 얼마인가?

[정답] NI-4472는 110dB Dynamic Range이고 최대 측정 전압이 10V이므로 측정 가능한 최소 전압은 다음 수식으로 계산하여 31.5μ V입니다.

$$Dynamcic\,Range = 20\log\left(\frac{Max\ Voltage}{Min\ Voltage}\right) = 20\log\left(\frac{10}{V_{\min}}\right) = 110\,dB$$

그리고 50㎷ : 1 Pa = 31.5μ V : 630μ Pa입니다.

또한 $20\log\frac{630\mu Pa}{20\mu Pa} = 29.9\,dB$ 입니다. 즉, 측정 가능한 최소 음압은 29.9dB(데시벨)

입니다. 속삭임 소리 정도까지밖에 측정할 수 없습니다. 만약 무향실 같은 곳에서 20dB 이하까지 측정하고자 한다면, DSA 보드를 NI-446x로 바꾸거나 민감도가 더 높은 마이크로폰으로 바꾸어야 될 것입니다.

e. 음향 및 소음 분석 함수

음향 및 소음은 ISO 규정에 맞추어 분석해야 됩니다. 즉, 소음 허용 기준이나 법규에 부합할 수 있도록 측정하고 분석해야 됩니다. 그래서 단순한 전압 측정이 아니라 정확히 스케일링 된 음압을 데시벨 단위 혹은 Pascal 단위로 측정하고, Weighting 및 평균을 취해줘야 됩니다. 다음은 DAQ 어시스턴트를 이용한 사운드 입력 설정입니다.

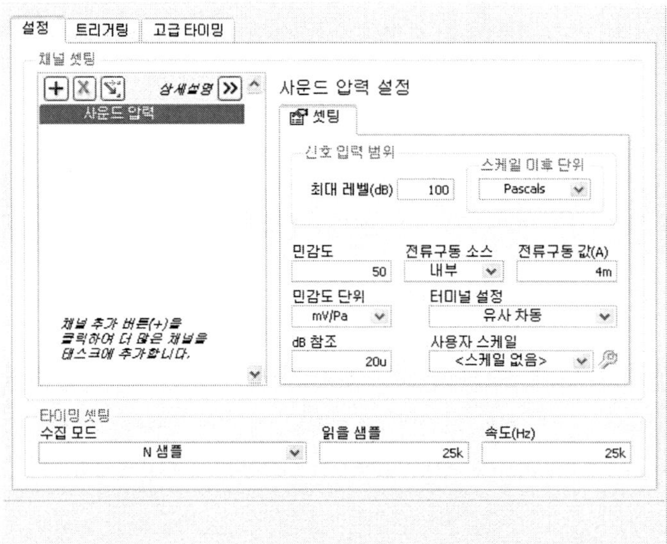

- 신호 입력 범위 : Pascal 단위 혹은 데시벨(dB)로 표시합니다.
- 민감도(Sensitivity) : 마이크로폰의 Sensitivity를 입력합니다. 여기에서는 50mV/Pa을 입력했습니다.
- 전류구동 소스 : IEPE 방식은 내부 소스를 이용하고, 구동 값은 DSA 보드의 IEPE 전류 값을 입력합니다. 2~4mA 정도의 값입니다.
- dB 참조 : 기준 음압인 20μPa을 의미합니다.
- 터미널 설정 : DSA 보드들은 주로 Delta-Sigma ADC를 사용하고, 유

사 차동 모드만 지원합니다.

DAQmx 함수는 스케일링의 일부 기능까지만 지원합니다. 그러나 음향/소음 정보를 획득하기 위해서는 추가적인 데이터처리가 필요합니다. LabVIEW에서는 다음과 같이 Sound and Vibration 툴킷으로 이런 기능을 제공합니다.

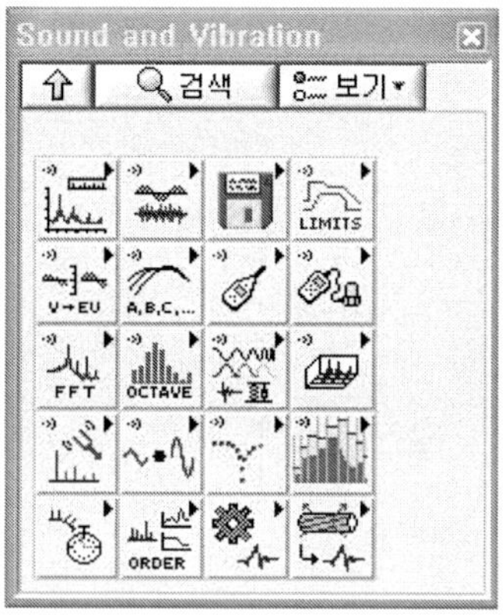

Windowing, Weighting, 필터링
사운드 레벨 분석
가속도 레벨 분석
주파수 분석
옥타브 분석
Waterfall 디스플레이
Distortion
사운드 Quality 분석
Order 분석

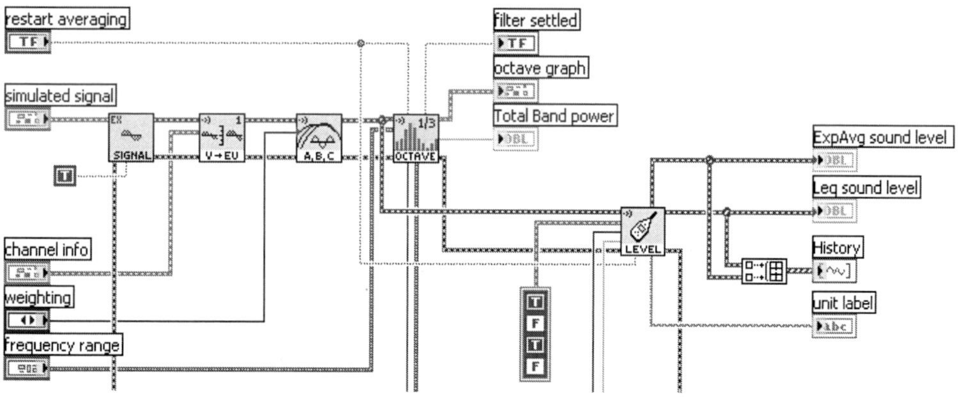

일반적으로 소음 측정 및 분석은 동시에 진행하지 않습니다. 즉, DAQmx 함수와 파일 입출력 함수를 이용하여 소음/음향 신호를 정확히 측정하여 저장하고, 차후에 저장된 원본 데이터를 S&V 툴킷 등을 이용하여 분석하고, 필요한 정보를 구하는 구조로 프로그래밍이 진행됩니다. 이것은 소음 분석 함수들이 ISO 기준의 국제 표준이나 사람 귀를 기준으로 어떤 정도인가를 분석하는 목적이므로, 굳이 컴퓨터상에서 실시간으로 측정 및 분석을 동시에 진행할 필요가 없기 때문입니다. 만약 측정과 동시에 분석하고 분석 결과로 제어 출력을 내줘야 된다면, 굳이 복잡한 S&V 함수로 분석할 것이 아니라, 스케일링되지 않은 전압 정보에서 바로 판단이 진행되면 될 것입니다. Sound and Vibration 툴킷을 이용한 소음 및 음향 분석은 사람에게 의미 있는 정보를 분석해주기 위한 목적입니다.

다음 예제는 휴대용 Sound Level 측정기를 구현해주기 위하여, NI-9233 DSA 보드와 S&V 툴킷의 SVT Sound Level.vi 함수를 이용한 사례입니다.

[휴대용 소음 측정기]

연습 5-14. Sound Level 측정

NI-9233 DSA (Dynamic Signal Acquisition) 보드를 이용하여 마이크로폰의 입력을 받고, 음압을 측정하는 VI를 작성해봅니다. NI-9233은 BNC 커넥터 타입으로 4 채널의 마이크로폰을 연결하여 측정할 수 있습니다. 내장된 2mA IEPE 전원이 항상 공급되기 때문에 IEPE 타입의 마이크로폰만 사용할 수 있고, 24bits이며 50kS/s까지 측정이 가능한 DSA 전용보드입니다. 또한 C시리즈 모듈이므로, cDAQ나 cRIO 플랫폼에서 사용이 가능합니다.

⌘ 블록다이어그램

1. 다음과 같이 블록다이어그램을 완성합니다. 이때 DAQmx **DAQmx 버추얼 채널 생성**을 아날로그 입력 > 사운드 압력 > 마이크로 설정합니다. N채널 연속 아날로그 입력 VI와 동일한 구성입니다.

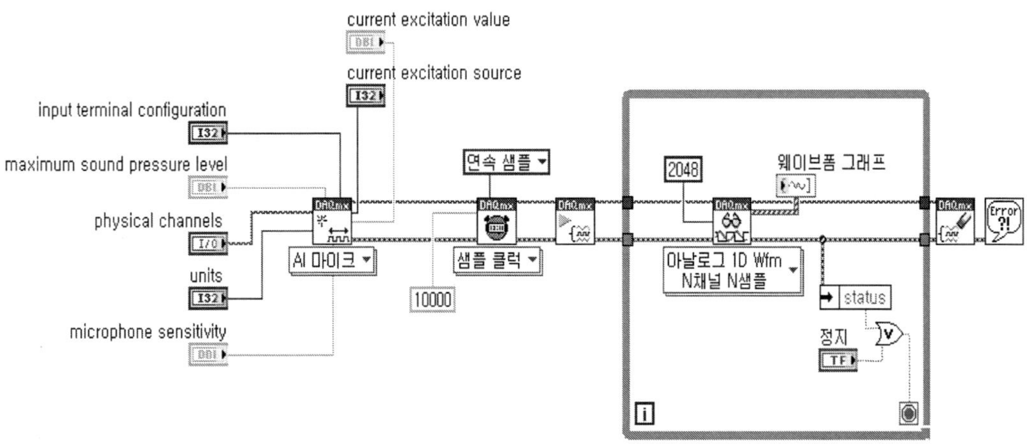

⌘ 프런트패널

2. 프런트패널을 다음과 같이 정리하고 실행합니다. 마이크로폰의 민감도는 50mV/Pa, 전류 구동 소스는 내부, 전류 구동 값은 2mA, 그리고 유사 차동 모드로 선택해줬습니다.

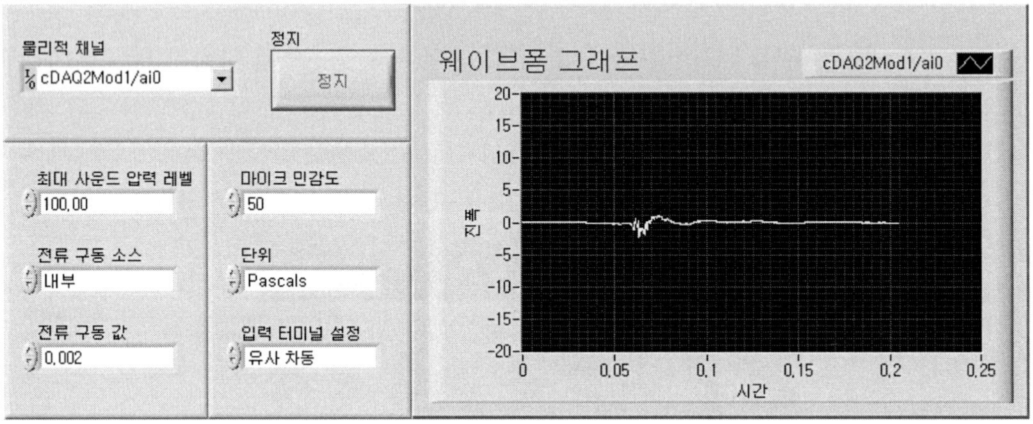

⌘ 음압 측정

3. [Sound Level 측정] 함수 > Sound and Vibration 팔레트에서 Weighting and Filiter 팔레트와 Sound Level 팔레트를 찾을 수 있습니다. 각 팔레트에는 다양한 함수들이 있습니다. SVT A, B, C Weighting Filter(Fixed Raters).vi와 SVT Sound Level.vi를 사용하였습니다. 각각 A-Weighting과 Leq, Running Leq 측정으로 설정하였습니다.

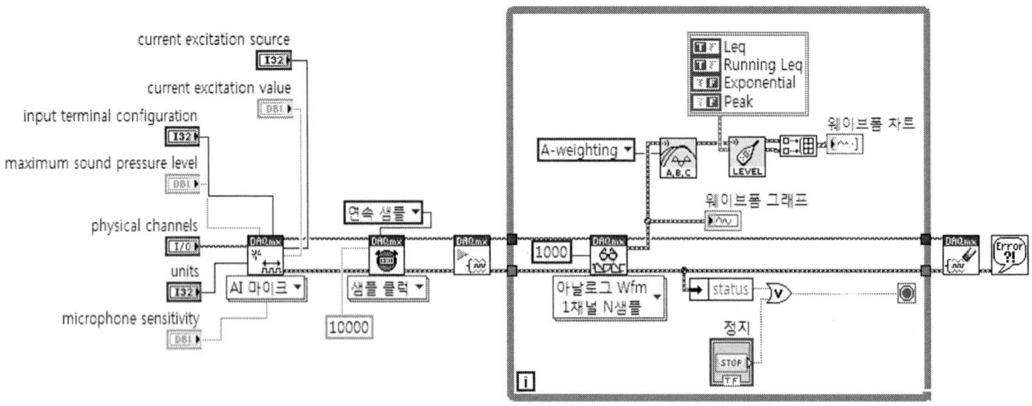

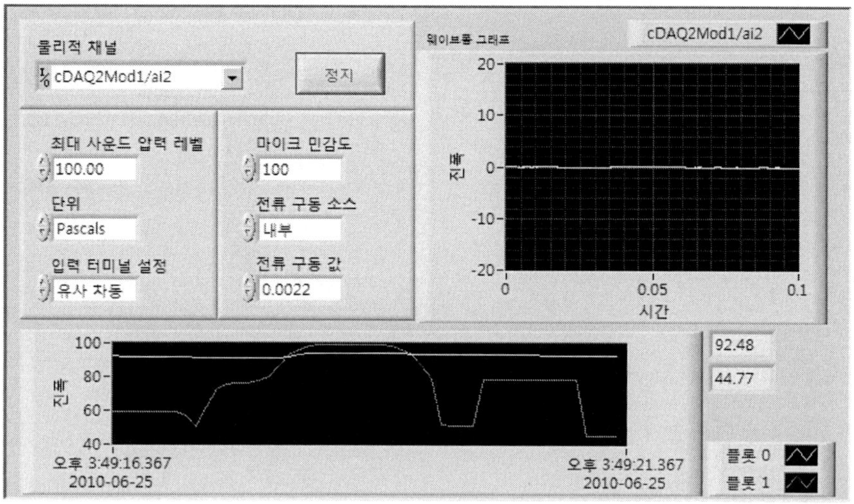

⌘ 옥타브 분석

4. [1/3 옥타브 분석] Octave Analysis 팔레트에서 SVT Third-octave Analysis.vi를 찾아서 다음과 같이 추가합니다. 프런트패널에 XY그래프를 위치시키고, Octave Spectrum 출력을 연결합니다.

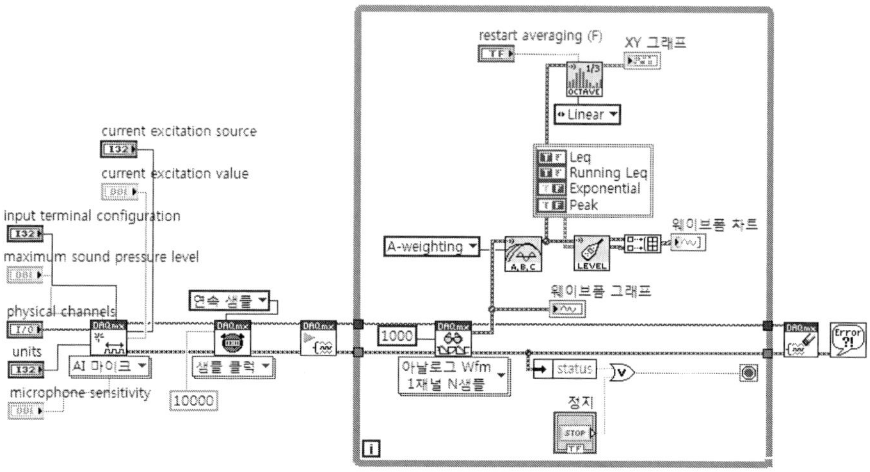

5. XY그래프의 단축메뉴에서 프로퍼티를 선택하고, 그래프 프로퍼티 창에서 X축의 스케일을 [로그] 스케일로 선택해주고 이름을 Frequency로 바꿔 줍니다. 그리고 폴롯 범례에서 [막대 플롯]을 선택해줍니다.

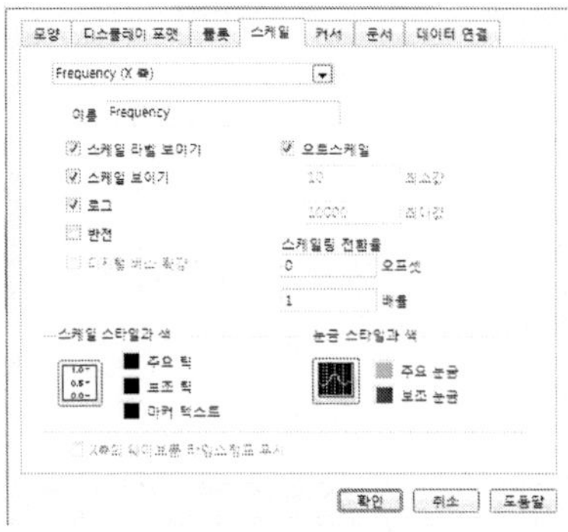

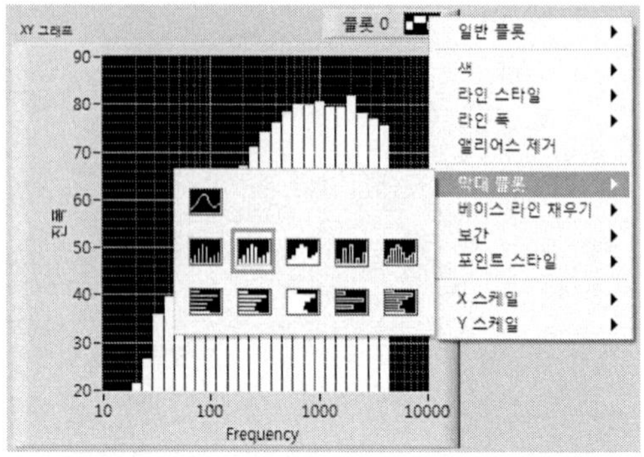

6. 다음과 같이 프런트패널을 정리하고 실행합니다.

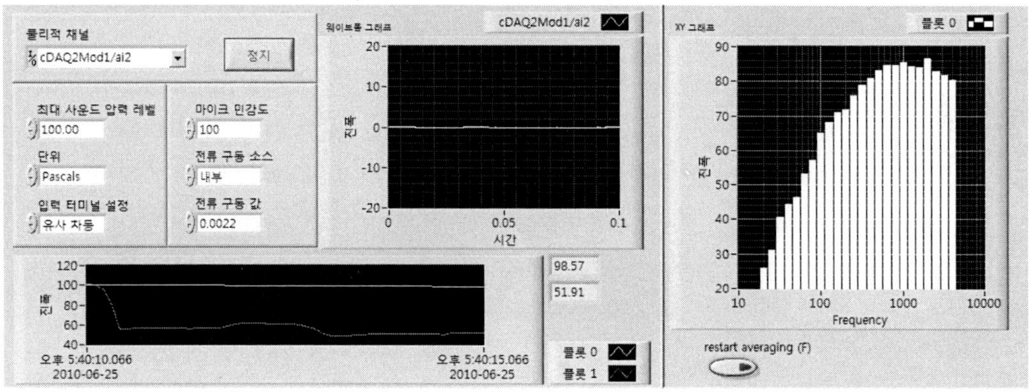

음향/소음 측정은 가청 신호를 측정하는 것이므로, 사람 귀의 인식 방식과 유사한 옥타브 분석으로 주파수 특성을 분석합니다.

연습 5-14 끝

4. 진동 측정

진동은 고체 매질을 통하여 전파되는 파동을 말합니다. 모터의 진동, 자동차 기어박스의 진동, 건물이나 교량의 흔들림, 지진파, 충돌 실험이나 낙하 실험 시의 충격량 등을 측정하여, 모터나 기어 박스 같은 기계 부품의 상태를 모니터링하거나 건물, 교량, 댐, 풍력 발전기 등의 대형 설비의 상태를 모니터링하여 고장이나 사고를 미연에 방지할 수 있습니다. 또한 충돌 실험이나 낙하 실험을 통하여, 제품의 성능을 평가할 수 있습니다.

MCM(Machine Conditioning Monitering)은 머신의 상태를 모니터링하여 고장이나 사고를 미연에 방지하는 기술입니다. 아래 표는 설비나 기계의 상태 변화를 도식화한 것입니다. 머신의 상태에 이상이 발생하기 시작하면, 가장 먼저 진동에서 이상 신호를 감지할 수 있습니다. 시간이 지나면 소음이 발생하고, 열이 발생하고, 불이 나서 연기가 나오는 것을 육안으로 확인할 수 있습니다. MCM의 목적은 초기 단계인 진동 이상을 확인하여, 결함 부품을 교체 혹은 유지보수를 수행하여, 머신이 다시 정상 상태가 되도록 유지 관리하는 것입니다.

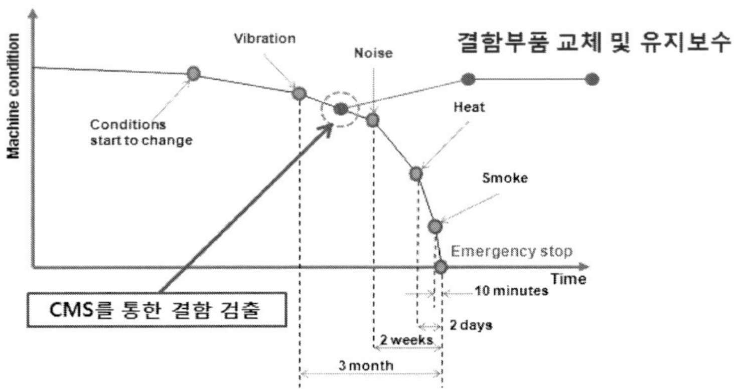

충돌 및 낙하 실험은 자동차 충돌 실험이나 핸드폰 Drop Test 등의 예가 있습니다. 자동차의 충돌 실험의 경우에는 수 백 개의 가속도 센서를 차체와 더미에 장착하여 충돌 시 발생하는 진동 및 충격을 계측합니다.

진동 측정은 비파괴 검사에서도 많이 사용됩니다. 구조 체에 Impulse를 주고, 입력한 충격파와 전파된 진동 신호를 비교 분석하여 구조 체 내부의 균열이나 이물질 등을 분석할 수 있습니다. 이것을 FRF(Frequency Response

Function)이라고 부릅니다.
진동이나 충격량을 측정하는 센서로는 가속도계와 스트레인게이지가 있습니다. 가속도계는 2Hz~10khz 범위의 진동신호를 측정할 때 사용하고, 스트레인게이지는 0~100hz의 저주파 진동을 측정할 때 사용됩니다. 그리고 가속도계 중에서 Full 브릿지 타입의 가속도계는 스트레인게이지의 일종이라고 생각하면 될 것입니다.

가속도의 단위는 ㎨나 g단위를 사용합니다. 그리고 진동 레벨은 0~500g 단위를 측정하고 진동 주파수는 0~10kHz 영역을 측정합니다.

가속도계

압전형(Piezoelectric) 타입의 가속도계를 많이 사용합니다. 압전형 센서는 Force 센서, Pressure 센서(마이크로폰), 가속도계 등에서 사용되는 방식입니다. 특히 가속도계는 다음 그림과 같이 Piezoelectric 위에 질량 M이 올려져 있어서, 질량에 가해지는 힘을 측정하여 가속도 값을 측정하는 원리입니다.

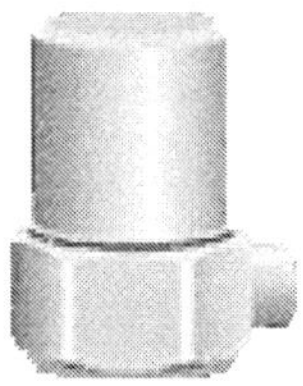

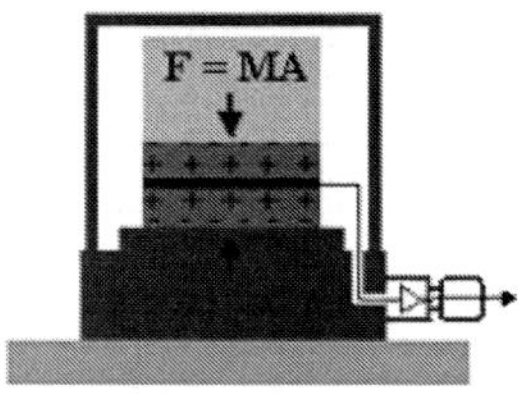

가속도계는 전원 공급 방식에 따라서 Charge 타입과 IEPE 타입으로 구분됩니다. IEPE 타입은 마이크로폰의 경우와 동일하게 COM 라인으로 전원을 공급하고, 센서에 Amplifier가 내장된 방식입니다. DC Offset이 있으므로, AC Coupling이 측정단에 필요합니다. 그래서 DC 신호나 0.2Hz 미만의 진동 신호는 측정할 수 없습니다. 또한 고온에 약한 단점이 있습니다. 그러나 센서를 작게 만들 수 있고, 비교적 저렴하며, 케이블링이 단순해지는 장점이 있습니다. 그래서 일반적인 진동 측정이나 다채널 진동 측정에서는 IEPE 타입을 많이 사용합니다. Charge 타입의 가속도계는 특수한 외부 전원 공급 장치와 Amplifier, 케이블이 필요하여 비용이 많이 들고, 케이블링이나 구성이 힘든 단점이 있습니다. 참고로 DC Level의 저주파 진동 신호를 측정하고자 할 경우에는 Full Bridge Strain Gauge와 유사한 브릿지 타입의 가속도 센서를 주로 이용합니다.

가속도계 구매시 고려사항

가장 먼저 가속도계의 자체 공진 주파수를 확인해야 됩니다. 공진 주파수보다 낮은 범위까지만 측정이 가능합니다. 그리고 민감도(Sensitivity)를 고려해야 됩니다. 또한 측정 가능한 온도 범위도 중요한 요소 중의 하나입니다. 일반적으로 민감도 10mV/g, 최대 측정 범위 500g, 최대 측정 주파수 5~10 ㎑의 가속도계를 주로 사용합니다. 이때 가속도계가 커지면, 민감도는 증가하고 측정 주파수 영역은 좁아지는 특성을 가집니다.

가속도계의 설치시 고려사항

가속도계는 진동체에 직접 설치해야 되기 때문에, 다음 사항들을 고려해야 됩니다.

- 가속도계의 설치가 진동체의 진동 특성에 변화를 많이 줘서는 안 됩니다. 예를 들어, 진동체에 비하여 너무 무거운 가속도계를 설치하거나 진동 축에 설치하여 진동에 영향을 미치는 상황을 피해야 됩니다.
- 진동체의 구조를 분석하여 진동의 실제 값을 측정할 수 있는 위치를 선정하고, 가속도계의 방향을 고려하여 설치합니다. 가속도계는 위아래로 진동하는 값을 측정하므로, 가속도계의 설치 방향을 고려해야 됩니다. 그리고 설치 위치에 따라서 진동체의 진동 값이 다르므로, 대상체의 구조를 잘 분석하여 설치해야 됩니다.
- 가속도계를 잘 부착하여 공진이 발생하지 않도록 처리합니다. 나사를 이용한 고정, 접착제, 왁스 등이 가장 좋은 방법입니다. 자석이나 양면테이프 등은 공진을 발생시키므로 2kHz 이하의 진동 측정에서만 사용하고, Low Pass 필터를 이용하여 공진 주파수를 제거해줘야 됩니다.
- Ground 루프의 발생으로 측정 오차 발생이나 고전압에 의한 회로 파손을 방지해야 됩니다. 특히 금속 물체의 진동을 측정할 경우에는 Isolation 처리가 필요합니다. 절연 나사, 왁스, 접착제 등을 이용하여 가속도계를 고정

하면 추가적인 절연효과가 있습니다.

- 케이블을 잘 처리하여 케이블로 인한 추가 진동 발생을 방지해야 됩니다. 테이프 등으로 케이블을 바닥에 고정시켜줍니다.
- 온도, 습도 등의 변화가 작아야 되고, 고온이나 고습 환경은 피해야 됩니다.

가속도 측정용 DAQ 보드

압전형 가속도계를 연결하여 측정하기 위해서는 마이크로폰과 동일하게 DSA 보드를 사용해야 됩니다. 특히, IEPE 전원 공급이 가능하고, AC Coupling이 가능하고, Low Pass 필터, Anti-Aliasing 필터, 넓은 다이내믹 측정 영역 등의 기능이 필요합니다.

IEPE 전원 공급은 DC offset이 생기므로, DC값을 제거하기 위하여 AC Coupling이 필요합니다. 이때 내장된 Capacitor를 이용하는데, Capacitor의 주파수 특성이 있으므로 측정 가능한 최소 진동수에 영향을 미칩니다. 또한 가속도계는 자체 공진 주파수와 설치시에 발생하는 공진 주파수가 있으므로, 가변적인 Low Pass 필터로 공진 주파수를 제거해줘야 됩니다.

그리고 Full 브릿지 타입의 가속도계를 연결하여 측정하기 위해서는 Full 브릿지 측정 보드를 사용해야 됩니다. Strain gauge 측정과 유사한 구조가 될 것입니다.

DAQ 어시스턴트를 이용한 가속도 측정

다음과 같이 DAQ 어시스턴트에서 가속도 측정을 설정할 수 있습니다.

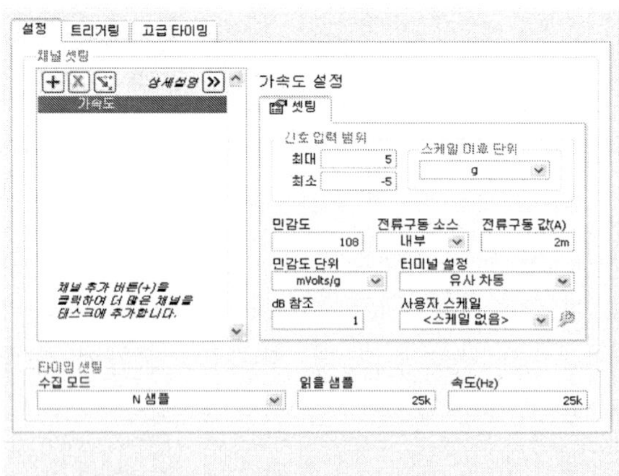

- 신호 입력 범위 : 중력 가속도 g단위나 ㎨단위로 측정 범위를 입력합니다.
- 민감도(Sensitivity) : 가속도계의 민감도를 mV/g단위나 V/g단위로 입력합니다.
- 전류구동소스 : IEPE 센서에 대하여 내부/외부 전류구동소스를 선택하고, 전류구동 값으로 2~4㎃를 입력합니다.

가속도 분석 함수

모터의 진동, 세탁기 모터의 진동, 엔진 진동, 자동차 파워 윈도 진동, 핸드폰 진동, 건물이나 교량의 진동, 가스 배관의 진동, 태양광 셀의 진동, 회전체의 진동, 물성 분석, 비파괴 검사 등의 어플리케이션에서 진동 및 가속도 분석을 수행합니다.

- 진동 레벨 분석 : 가속도의 단위는 g이므로, 측정값을 스케일링하여 크기를 측정합니다. RMS(Root Mean Square) 분석이나 피크 값 찾기 등이 있습니다.
- 주파수 분석 : 파워스펙트럼과 같은 분석을 통하여 주파수별 파워 크기를 분석합니다.
- 회전체의 Order 분석 : 회전체의 회전 속도(RPM)를 함께 측정하여 동기화된 주파수 분석입니다. 특히 회전 속도의 정수배가 되는 진동 주파수를 추적 분석하여 시스템을 분석하는 용도입니다.
- FRF 분석 : 해머 형 가속도계를 이용하여 충격을 주고, 일정 거리에 위치한 가속도계에서 Response를 측정하는 것입니다. 구조체의 비파괴 물성 분석이나 균열 확인 등에 주로 사용됩니다.

이런 분석 툴들은 Sound and Vibration 툴킷을 통하여 제공됩니다.

연습 5-15. 진동 레벨 측정

NI-9233 DSA (Dynamic Signal Acquisition) 보드를 이용하여 가속도계 신호를 입력받아서, 진동 레벨을 측정해봅니다.

⌘ 블록다이어그램

1. 다음과 DAQmx함수로 블록다이어그램을 완성합니다. 이때 DAQmx 버추얼 채널 생성을 아날로그 입력 > 가속도 > **가속도계**로 선택해주고 필요한 컨트롤과 상수를 생성해줍니다.

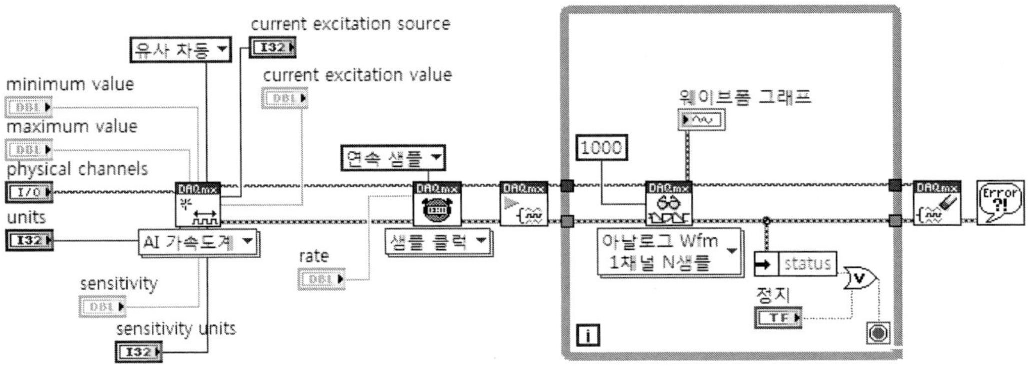

2. 프런트패널을 정리하고 설정값을 입력한 다음, 실행합니다. 여기에서는 민감도 124.7㎷/g의 가속도계를 사용했고, NI-9233으로부터 2.2㎃의 IEPE 전원을 공급해줬습니다.

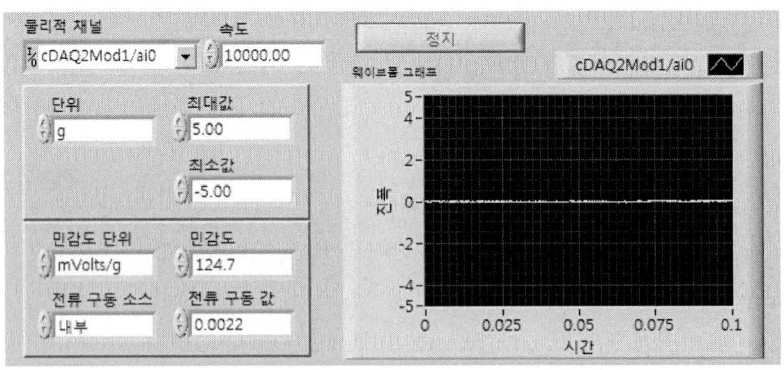

⌘ 진동 레벨 측정

3. Sound and Vibration > Vibration Level 팔레트에서 SVT Vibration Level.vi를 찾아 위치시키고, 다음과 같이 블록다이어그램을 수정합니다. 출력값은 배열 만들기를 이용하여 배열로 만들고 웨이브폼 차트로 플롯합니다.

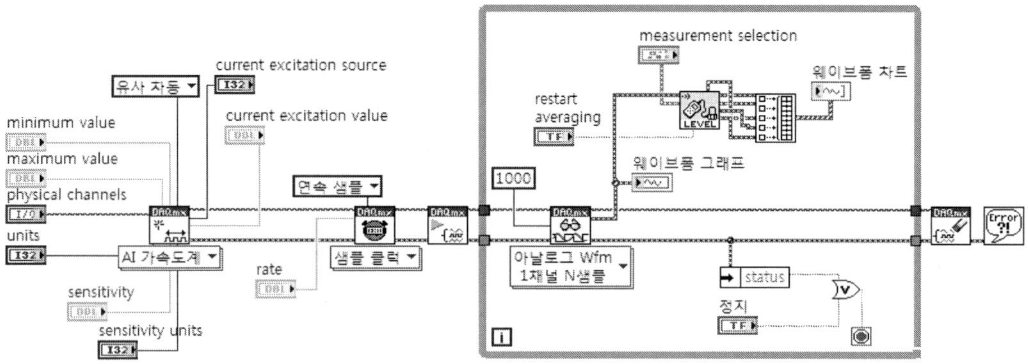

4. 프런트패널을 다음과 같이 정리하고 실행합니다. 웨이브폼 차트에서 디지털 디스플레이를 활성화해줬습니다.

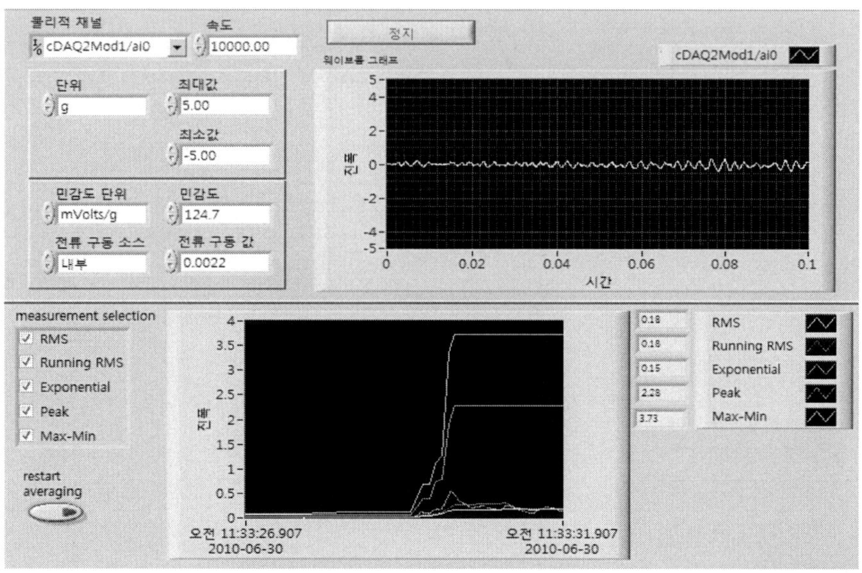

연습 5-15 끝

바. 신호 분석 및 처리

LabVIEW에서는 측정 신호를 분석하거나 처리하는 여러 가지 함수들을 제공합니다. 특히 신호 분석용 익스프레스 VI들을 이용하면 고급 신호 분석 함수들을 직관적으로 적용할 수 있습니다. 함수 > 익스프레스 > 신호 분석 팔레트에서 함수들을 찾을 수 있습니다. 이 VI들은 다이내믹 신호나 웨이브폼을 입력받습니다.

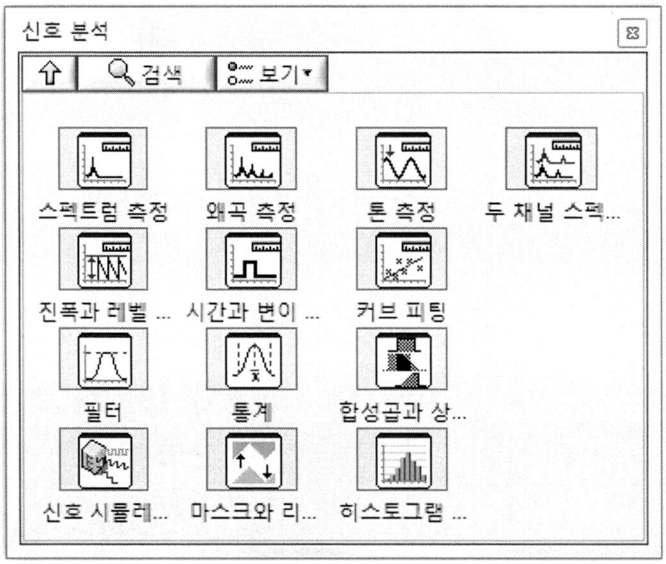

1. 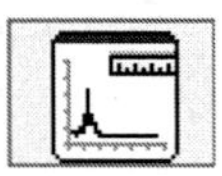 스펙트럼 측정

아날로그 입력에서 주파수 성분을 분석하는 함수입니다. **스펙트럼 측정**을 블록다이어그램이 위치시키면 다음과 같이 스펙트럼 측정 설정 창이 나타납니다.

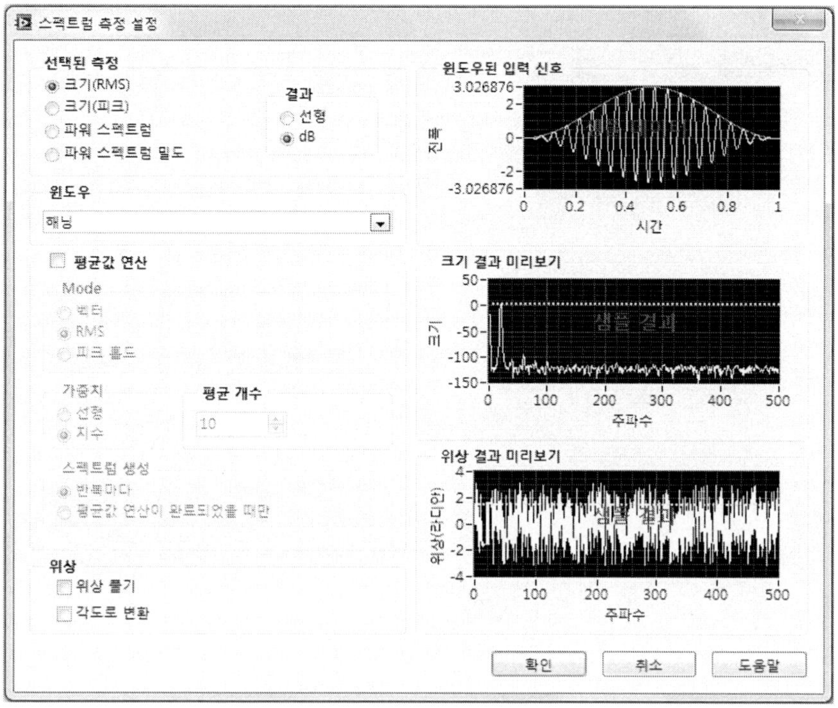

스펙트럼 측정에는 크기(RMS), 크기(피크), 파워 스펙트럼, 그리고 파워 스펙트럼 밀도가 있습니다. **파워 스펙트럼**을 가장 많이 사용합니다. 또한 주파수 분석의 경우에는 주로 **데시벨**(dB) 단위로 결과를 표현합니다. 그리고 아날로그 신호를 디지털화하여 측정하는 과정에서 생기는 샘플링 오류가 주파수 분석에서 노이즈로 나타나는 것을 막기 위하여 **윈도우**를 사용합니다. 해닝 윈도우를 가장 많이 사용합니다.

다음은 익스프레스 VI를 이용하여 측정하고 파워스펙트럼을 이용하여 주파수 분석한 예입니다.

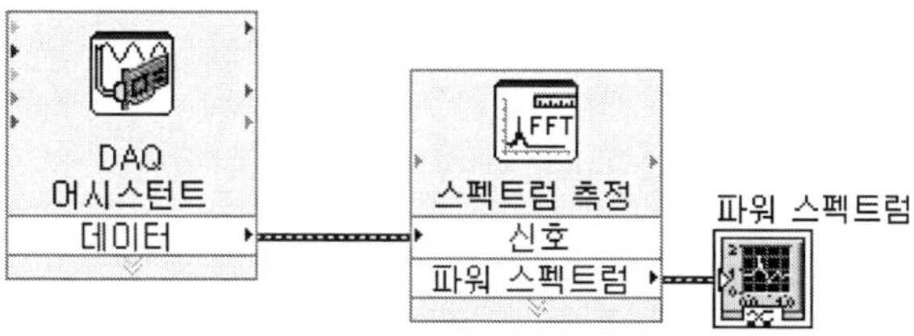

연습 5-16. 측정, 분석, 그리고 저장

익스프레스 VI를 이용하여 측정하고, 분석하고, 저장하는 VI를 만들어봅니다.

⌘ 블록다이어그램

1. DAQ 어시스턴트를 블록다이어그램에 위치시키고, 아날로그 입력 > 전압을 선택합니다. 그리고 측정할 디바이스와 채널을 선택합니다.
2. 타이밍 셋팅에서 수집모드와 속도 등을 설정합니다.
   - 수집 모드 : 연속 샘플
   - 읽을 샘플 = 1000
   - 속도(Hz) = 10k

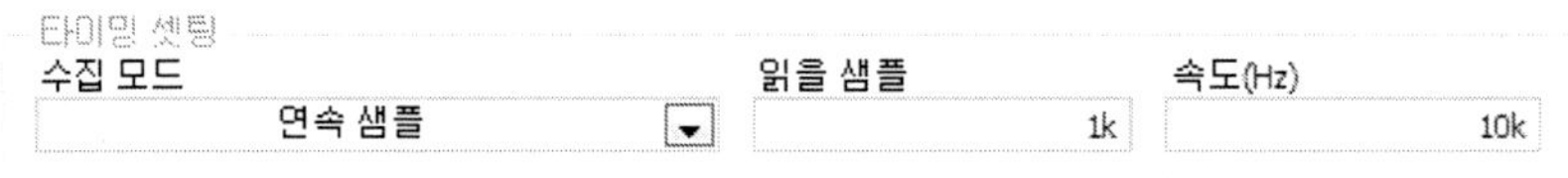

3. 확인 버튼을 클릭하여, 설정을 적용합니다. 수집 모드로 [연속 샘플]을 선택했기 때문에 While 루프와 정지 버튼이 자동으로 생성됩니다.
4. While 루프 속에 [스펙트럼 측정]을 위치시키고, DAQ 어시스턴트의 데이터 출력을 신호 입력에 연결합니다.

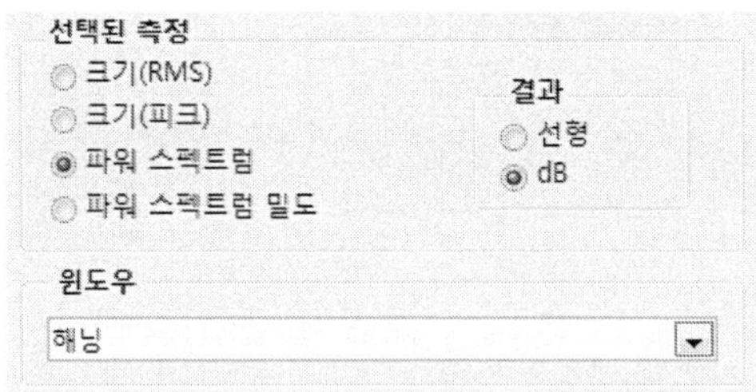

- 파워 스펙트럼
- 결과 : dB
- 윈도우 : 해닝

5. 데이터 출력과 파워 스펙트럼 출력의 단축메뉴에서 생성 > 그래프 인디케이터를 이용하여 웨이브폼 그래프를 각각 생성해줍니다.

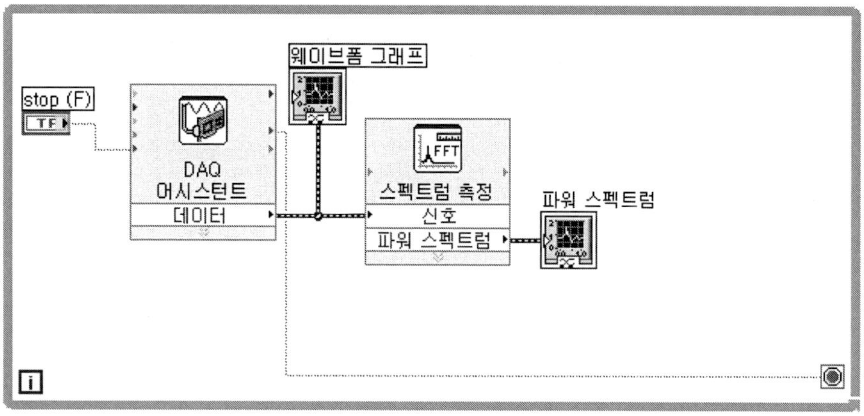

6. [측정 파일에 쓰기]를 위치시키고, 다음과 같이 데이터를 신호에 입력합니다. 활성화에 컨트롤인 Enable을 생성해줍니다.

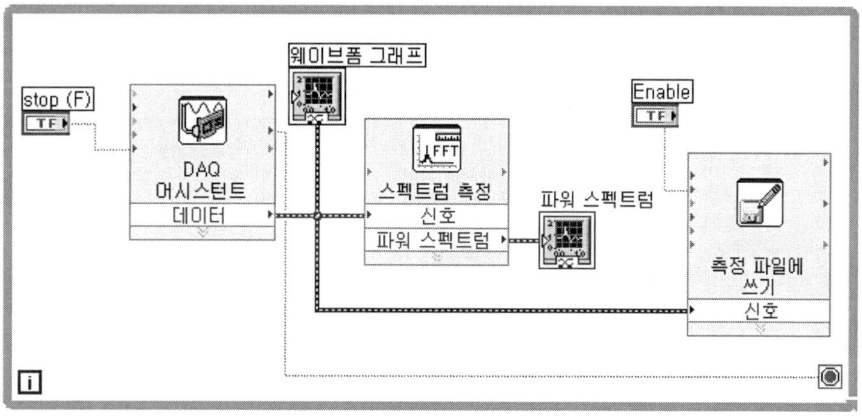

7. 측정분석저장.vi로 저장하고 실행합니다.

연습 5-16 끝

2. 진폭과 레벨 측정

진폭과 레벨 측정을 이용하여 진폭과 크기를 측정할 수 있습니다. 설정 창에서 측정하고자 하는 항목들을 선택합니다. 웨이브폼의 최대값, 최소값, 평균값 등을 측정할 수 있습니다.

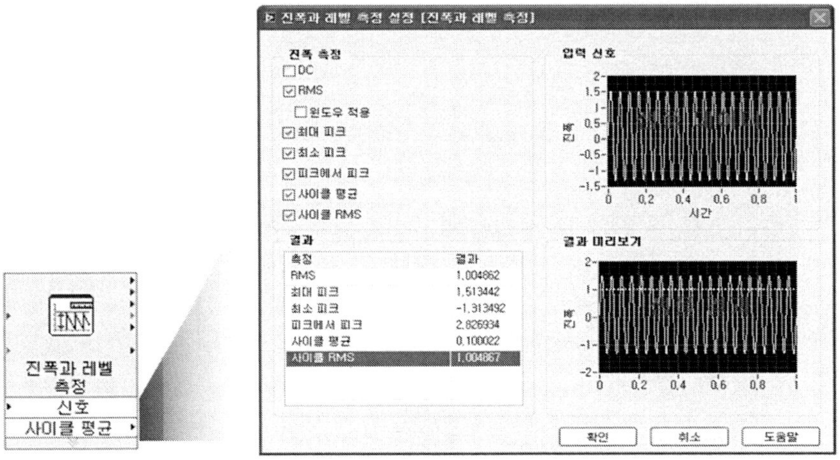

3. 필터

필터를 이용하여 디지털 필터를 설계할 수 있습니다. 노이즈를 제거하거나 신호 분석에서 오차를 발생시키는 성분을 제거하기 위하여 사용합니다.

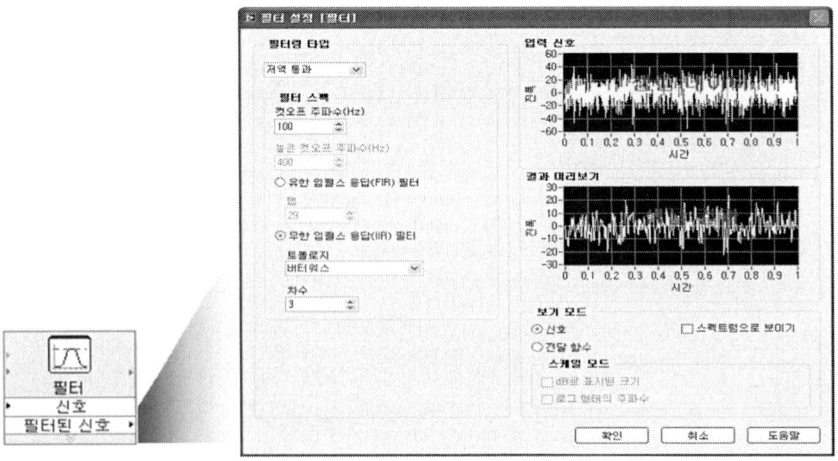

필터 설정 창에서 필터의 종류와 스펙을 선택할 수 있습니다. 저역 통과(Low Pass), 고역 통과(High Pass), 대역 통과(Band Pass), 그리고 대역 정지(Band Stop) 필터를 선택할 수 있으며, FIR과 IIR 필터 타입을 선택할 수 있습니다.
FIR 필터와 IIR 필터는 디지털 필터를 구현하는 계산 방식에 따라서 구분하는 것입니다. 처리 속도 및 응답 특성에서 장단점이 있지만, 어느 것이 절대적으로 좋다고 말할 수 없으므로 경우에 따라서 사용자가 가장 적합한 방식을 선택해주어야 될 것입니다.

FIR 필터는 Linear Phase Shift이므로 위상 보정이 가능하고, 구현이 쉬워서 User가 다양한 Application으로 변경이 가능합니다. 특히 Phase 정보가 중요한 RF 분야나 User의 로직을 추가해야 되는 제어 등에서 FIR 필터를 많이 사용합니다.
IIR 필터는 Ideal한 필터에 가깝게 구현 가능하다는 장점을 가지고 있습니다. 그러나 Magnitude 특성이 좋은 대신, Phase Shift가 Nonlinear하여 보정이 불가능하고, 구현이 어려워서 User가 필터를 변경하기가 힘들고 표준화된 필터를 사용해야 됩니다. 버터워스, 체비셰프, 역 체비셰프, 타원, 베셀 등의 IIR 필터가 있습니다.

함수 > 신호 처리 > 필터 팔레트에서 수학적인 디지털 필터 함수들을 찾을 수 있습니다. 특히 고급 IIR 필터링 팔레트나 고급 FIR 필터링 팔레트에서 각각의 [필터 계수]를 디자인하는 함수들을 찾을 수 있습니다. 디자인된 필터 계수와 디지털 데이터의 합성곱을 취하면, 필터링을 구현할 수 있습니다. 그러나 필터 익스프레스 VI와 결과는 동일합니다.

[FIR 필터의 이해]

FIR 필터를 수학적으로 이해하기 위해서는 먼저 FIR 시스템에 대하여 이해해야 됩니다. 시스템이란, 배열 x[n]을 입력받아서 프로세싱을 진행하고 같은 크기의 배열 y[n]을 출력합니다. 다음과 같이 표현할 수 있습니다.

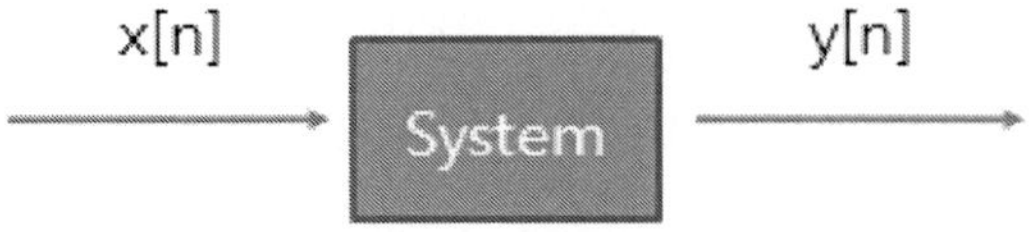

수학적으로 FIR 시스템은 다음과 같이 정의됩니다.

$$y[n] = b_0x[n] + b_1x[n-1] + b_2x[n-2] + \ldots + b_Mx[n-M]$$

$$y[n] = \sum_{k=0}^{M} b_k x[n-k]$$

여기에서 b_k는 매개변수(Parameter) 혹은 계수라고 부릅니다.
또한 b_k는 다음과 같이 Unit Implus Response로 표현될 수 있습니다. Unit Implus Response란, 시스템에 Unit Implus δ[n−k]를 입력했을 때의 Response인 y[n] 값을 의미합니다. 이 Response는 계수와 나머지는 0으로 구성된 n개 원소의 배열입니다. 수식으로 표현하면 다음과 같습니다.

$$h[n] = \sum_{k=0}^{M} b_k\delta[n-k] = \begin{cases} b_n & n = 0,1,2,\ldots,M \\ 0 & otherwise \end{cases}$$

그리고 원소표로 표시하면 다음과 같습니다. n = 0, 1, 2, ..., M인 경우에는 bk이고 다른 경우에는 모두 0임을 나타냅니다. 즉, h[n]은 n개 원소 배열이지만 그중 M+1개만 계수 값을 가지고 나머지는 0입니다.

n	N<0	0	1	2	3	...	M	M+1	N>M+1
h[n]	0	b0	b1	b2	b3	...	bM	0	0

FIR 시스템은 Unit Impulse Response인 h[n]을 이용하여 다음과 같이 수학적으로 표현됩니다.

$$y[n] = \sum_{k=0}^{M} b_k x[n-k] = \sum_{k=0}^{M} h[k]x[n-k] = \sum_{k=-\infty}^{\infty} h[k]x[n-k] = h[n]*x[n] = x[n]*h[n]$$

즉, y[n]은 h[n]과 x[n]의 합성곱(convolution)입니다.

FIR 시스템의 대표적인 예는 Running Average입니다. 일반적으로 Running Average는 고주파 성분을 제거하기 때문에 Low Pass Filter의 한 방법입니다. 다음은 3-points running average를 수행하는 예입니다. 시프트레지스터를 이용하여 연속되는 3개 원소의 평균을 취하였습니다.

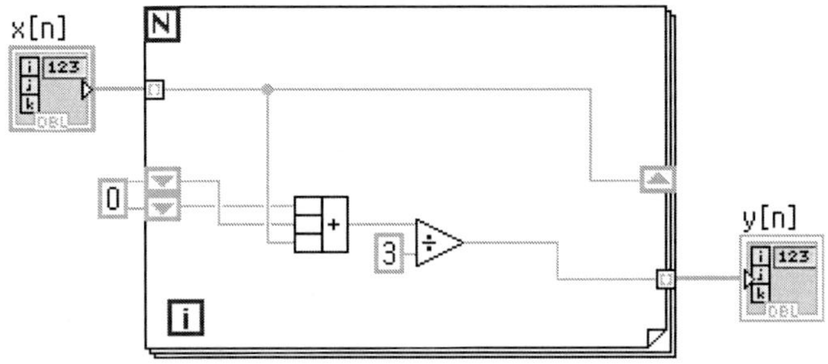

그리고 3-points running average는 3개의 계수를 가진 FIR 시스템으로 표현할 수 있습니다.

$$y[n]= b_0x[n]+b_1x[n-1]+b_2x[n-2]$$

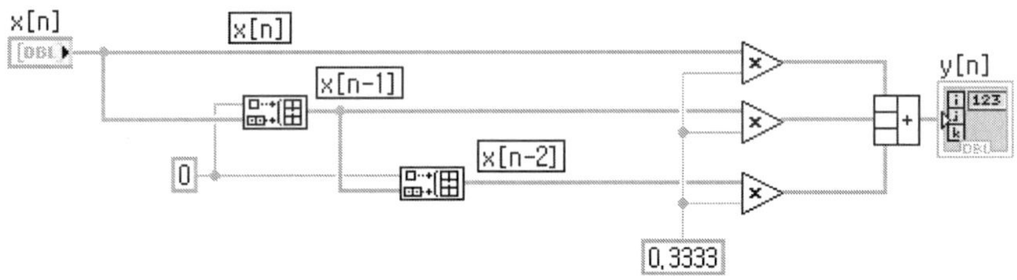

이것을 다시 Unit Impulse Response h[n] = {0.3333, 0.3333, 0.3333}과의 합성곱으로 표현하면 다음과 같습니다. 합성곱은 함수 > 신호 처리 > 필터 > 고급 FIR 필터링 팔레트에서 찾을 수 있습니다.

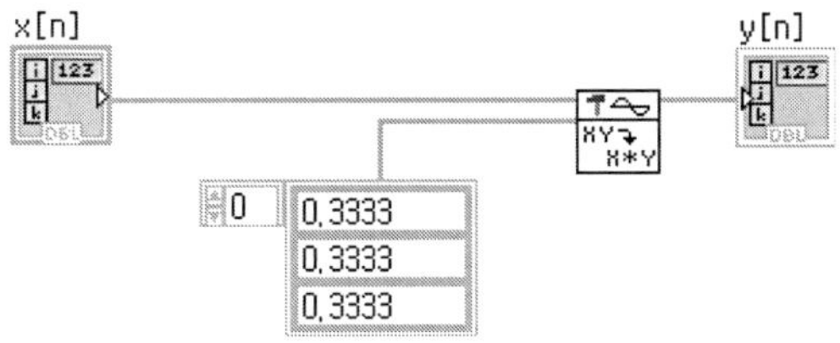

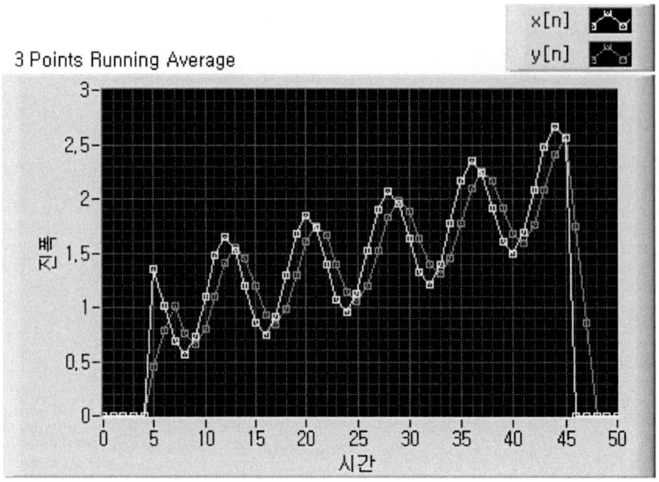

같은 방법으로 7points running average를 구하면 다음과 같이 표현될 수 있습니다.

Running Average가 입력받은 신호의 High Frequency 성분을 제거하고 있음을 확인할 수 있습니다. 또한 이와 같은 FIR 시스템을 통하여 위상(Phase)도 오른쪽으로 Shift됨을 확인할 수 있습니다. Linear한 Shift이므로 간단하게 위상을 복귀시킬 수 있을 것입니다.

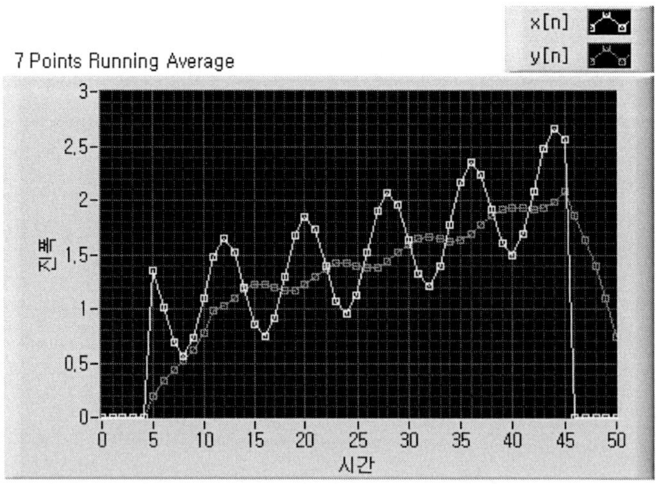

위에서 소개한 Running Average는 대표적인 FIR 시스템의 예입니다. 특히 Running Average FIR시스템은 High Frequency 성분을 제거하는 Low

Pass Filter의 특성을 나타냅니다. 이와 같이 FIR 시스템을 어떻게 디자인하느냐에 따라서 필터링을 구현할 수 있습니다. 그리고 여기에서 디지털 필터 디자인이라는 학문이 파생됩니다. 디지털 필터를 디자인한다는 것은 [필터 계수]를 어떻게 디자인하느냐를 의미합니다. 즉 Impulse Response h[n]을 디자인하는 작업입니다. 이를 위하여 Z transform을 통한 시스템의 안정성과 디자인이 필요합니다. 그러나 그보다 먼저 만들어진 FIR 시스템의 주파수 특성, 즉 Frequency Response에 대하여 알아봅니다.

[FIR 시스템의 Frequency Response]

시스템의 주파수 특성을 알기 위해서는 기본 주파수 파형인 사인 파형들(Sinusoid)을 입력해서, 각 주파수 성분(ω)에 대한 Response를 확인하는 방법을 사용합니다.

$$x[n] = Ae^{j\phi}e^{j\hat{\omega}n}, \quad -\infty < n < \infty$$

여기에서 φ는 위상(Phase) 성분이고, $\hat{\omega} = 2\pi f$는 주파수 성분입니다.

FIR 시스템으로 수식을 전개하면 다음과 같습니다.

$$\begin{aligned} y[n] &= \sum_{k=0}^{M} b_k x[n-k] \\ &= \sum_{k=0}^{M} b_k A e^{j\phi} e^{j\hat{\omega}[n-k]} = \sum_{k=0}^{M} b_k e^{-j\hat{\omega}k} A e^{j\phi} e^{j\hat{\omega}n} = \sum_{k=0}^{M} b_k e^{-j\hat{\omega}k} x[n] \\ &= H(e^{j\hat{\omega}}) x[n] \end{aligned}$$

여기에서, $H(e^{j\hat{\omega}}) = \sum_{k=0}^{M} b_k e^{-j\hat{\omega}k}$ 입니다.

$H(e^{j\hat{\omega}})$을 FIR 시스템의 Frequency Response라고 부르고 ω의 함수입니다. 그리고 $H(e^{j\hat{\omega}})$는 ω의 함수이므로 다음과 같이 진폭과 각도 성분으로 표현할 수 있습니다.

$$H(e^{j\hat{\omega}}) = |H(e^{j\hat{\omega}})| e^{j\angle H(e^{j\hat{\omega}})}$$

이것을 FIR 시스템에 다시 적용하면, 다음과 같이 표현됩니다.

$$y[n] = H(e^{j\hat{\omega}}) x[n] = (|H(e^{j\hat{\omega}})| A) e^{j(\angle H(e^{j\hat{\omega}}) + \phi)} e^{j\hat{\omega}n}$$

이 수식으로 분석하면 sinusoid 신호인 $x[n] = Ae^{j\phi}e^{j\hat{\omega}n}$ 이 FIR 시스템에 의하여 Magnitude Amplitude와 Phase가 변함을 확인할 수 있습니다. 즉, Magnitude는 $|H(e^{j\hat{\omega}})|$ 배가 되고, Phase는 $\angle H(e^{j\hat{\omega}})$만큼 변하게 됩니다. 이를 통하여 FIR 시스템은 Linear한 Phase 변화가 있는 필터의 특성을 가진다는 것을 알 수 있습니다. 다음 세가지 FIR 시스템의 예를 통하여 이를 확인해봅니다.

[예 1] First Difference System

First Difference System이란, y[n] = x[n] - x[n-1]로서 원소들을 한 개씩 Shift하면서 빼주는 FIR 시스템의 한 예입니다. 이 시스템의 Frequency Response $H(e^{j\hat{\omega}})$을 계산하면 다음과 같습니다.

y[n] = x[n]-x[n-1]이면, b0 = 1, b1=-1, 나머지는 0입니다.

그러므로 $H(e^{j\hat{\omega}}) = \sum_{k=0}^{M} b_k e^{-j\hat{\omega}k} = 1 - e^{-j\hat{\omega}} = 1 - \cos\hat{\omega} + j\sin\hat{\omega}$ 입니다.

삼각함수 연산을 통하여 $|H(e^{j\hat{\omega}})| = 2\left|\sin\left(\frac{\hat{\omega}}{2}\right)\right|$ 이고,

$\angle H(e^{j\hat{\omega}}) = \arctan\left(\frac{\sin\hat{\omega}}{1-\cos\hat{\omega}}\right)$ 임을 확인할 수 있습니다. 각각을 그래프로 표현하면 다음과 같습니다.

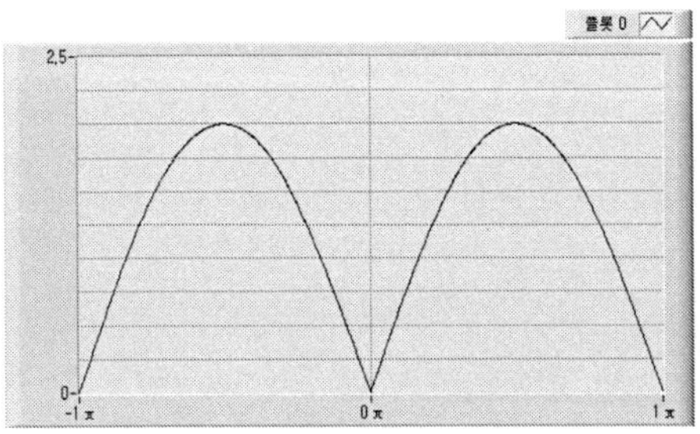

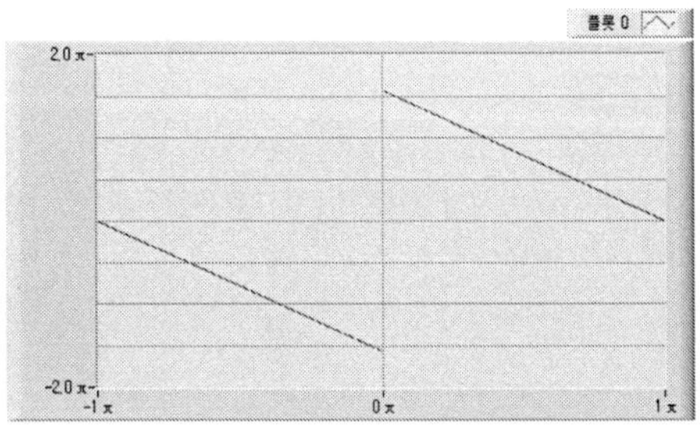

모두 주파수 성분인 ω의 함수이고, $\hat{\omega} = 2\pi f$ 입니다. 그러므로 진폭 $|H(e^{j\hat{\omega}})| = 2\left|\sin\left(\frac{\hat{\omega}}{2}\right)\right|$ 은 0Hz 성분을 제거하는 High Pass의 특성을 나타냅니다. 위상변화 또한 주파수 성분에 따라 다르게 나타남을 확인할 수 있습니다.

[예 2] Low Pass Filter

$\{b_k\} = \{1, 2, 1\}$ 인 FIR 시스템은 Low Pass 필터의 특성을 가지는 가장 간단한 시스템입니다. y[n] = x[n] + 2x[n−1] + x[n−2] 입니다.

$$H(e^{j\hat{\omega}}) = \sum_{k=0}^{M} b_k e^{-j\hat{\omega}k} = 1 + 2e^{-j\hat{\omega}} + e^{-j2\hat{\omega}} = (2 + 2\cos\hat{\omega})e^{-j\hat{\omega}}$$ 이므로,

$|H(e^{j\hat{\omega}})| = (2 + 2\cos\hat{\omega})$ 이고, $\angle H(e^{j\hat{\omega}}) = -\hat{\omega}$ 입니다. 그래프로 표현하면 각각 다음과 같습니다.

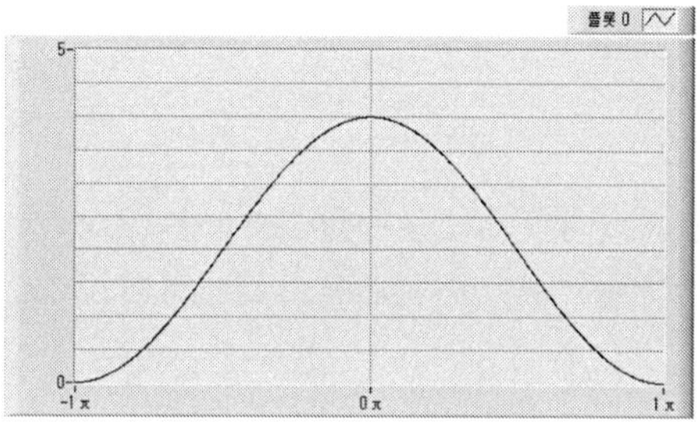

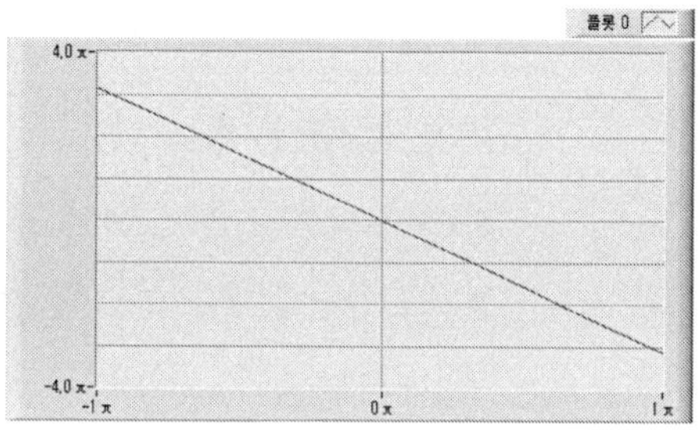

0Hz 부근의 신호는 통과하고, High Frequency 성분은 차단되는 전형적인 Low Pass Filter입니다.

[예 3] Running Average

Running Average는 다음과 같이 FIR 시스템으로 표현할 수 있습니다.

$$y[n] = \frac{1}{L}\sum_{k=0}^{L-1} x[n-k]$$, 여기에서 L은 정수입니다.

그리고 Frequency Response를 구하면 다음과 같습니다.

$$H(e^{j\hat{\omega}}) = \frac{1}{L}\sum_{k=0}^{L-1} e^{-j\hat{\omega}k} = \left(\frac{\sin(\frac{\hat{\omega}L}{2})}{L\sin(\frac{\hat{\omega}}{2})}\right) e^{-j\hat{\omega}(L-1)/2}$$ 입니다.

L=11인 경우에 대하여 그래프로 표현하면 다음과 같습니다. Running Average는 Low Pass 필터의 특성을 나타냄을 확인할 수 있습니다.

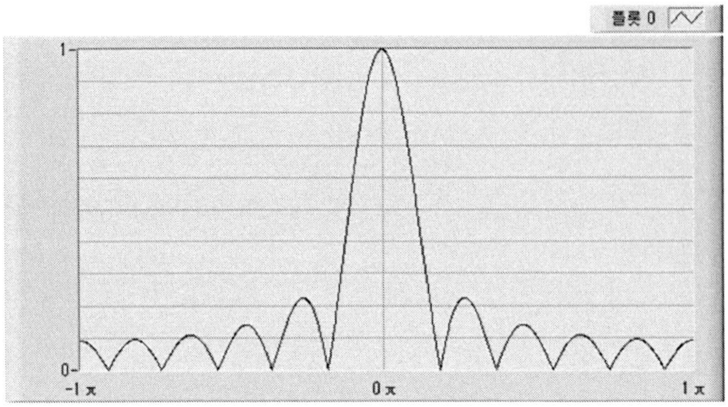

FIR 필터 디자인

정리하면 FIR 시스템은 주파수 성분별로 진폭의 감쇄나 Stop, Pass 등의 특성을 나타냅니다. 즉 필터 기능을 구현할 수 있습니다. 필터 계수를 어떻게 디자인하느냐에 따라서 원하는 특성의 디지털 필터를 디자인할 수 있습니다. FIR 시스템을 디자인하기 위해서는 Z Transform으로 시스템의 Pole과 Zero를 구하여 시스템의 특성과 안정성을 확인해야 됩니다. Z transform은 복잡한 수학적 논의이므로 더 이상 논하지 않습니다.

LabVIEW는 사용자가 쉽게 원하는 특성의 FIR 필터를 디자인할 수 있도록 필터 계수를 만드는 함수들을 제공합니다. 함수 > 신호처리 > 필터 > 고급 FIR 필터링 팔레트에서 이들 함수를 찾을 수 있습니다. FIR 윈도우된 계수, 팍스-맥클레란, 사비츠키 고레이 필터 계수, 그리고 FIR 협대역 계수 등이 있습니다. 각각 Magnitude와 Phase 특성이 다르므로 용도에 맞추어 선택하여 사용하면 될 것입니다.

가장 일반적인 FIR 필터계수 함수는 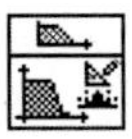 **FIR 윈도우된 계수**입니다.

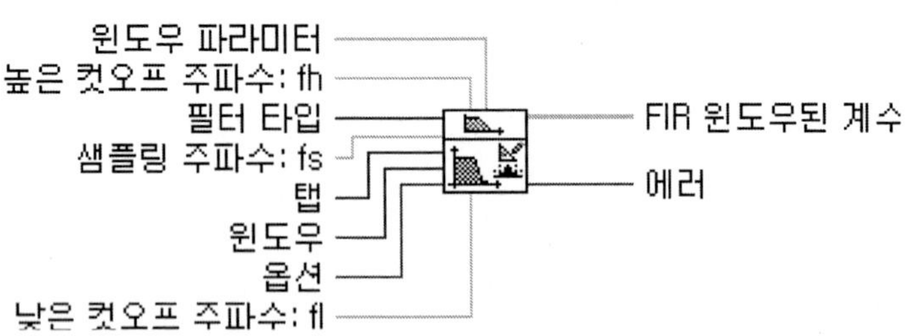

필터타입은 Low Pass(기본설정), High Pass, Band Pass, Band Stop을 선택할 수 있습니다.
높은 컷오프 주파수: fh는 Band Pass와 Band Stop에서만 사용되는 설정입니다. Low Pass와 High Pass 필터타입에서는 낮은 컷오프 주파수: fl만 사용합니다.
탭은 FIR 윈도우된 계수의 원소 개수입니다. 0보다 커야 되고, High Pass나 Band Stop인 경우에는 홀수를 입력해야 됩니다.
윈도우는 평활화 윈도우의 타입을 지정합니다. 평활화 윈도우는 필터 통과 대역에서 리플을 줄이고 필터 정지 대역에서 주파수 성분을 감쇠하여 필터의 성능을 향상합니다. 참고로 사각형(기본) 윈도우는 윈도우 기능을 사용하지 않겠다는 의미와 동일합니다.

다음은 **FIR 윈도우된 필터**의 볼록다이어그램입니다. 함수 > 신호처리 > 필터 팔레트에서 찾을 수 있습니다. FIR 윈도우된 계수와 합성곱으로 구현되었음을 확인할 수 있습니다.

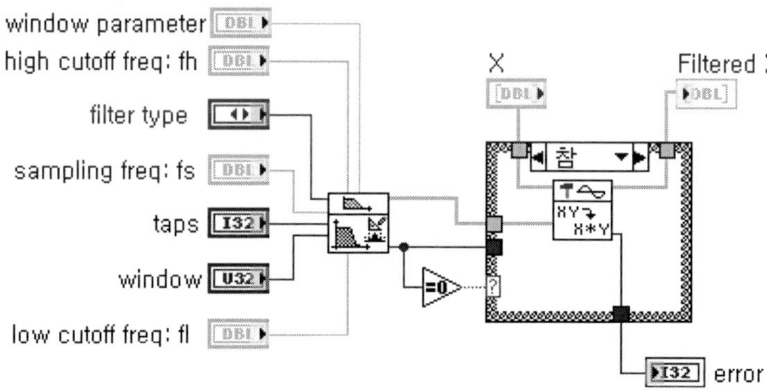

디지털 필터는 1D DBL 배열 타입의 신호를 입력받아서, 같은 크기와 타입의 필터된 배열을 출력합니다. 이때 DAQ 보드의 샘플링 속도가 입력값으로 필요합니다.

익스프레스 함수인 **필터** 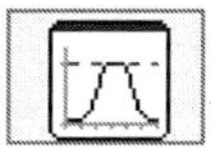 는 웨이브폼 배열 타입이나 다이내믹 타입의 신호를 입력받아서 LabVIEW에서 제공되는 여러 필터를 선택하여 손쉽게 적용할 수 있게 해줍니다. 그러나 내부적으로 FIR이나 IIR 필터를 사용하

기 때문에 동일한 결과입니다.

[IIR 필터의 이해]

IIR 필터는 IIR 시스템을 통하여 이해할 수 있습니다. IIR 시스템은 다음과 같이 정의됩니다. FIR 시스템에 y[n-i] 성분이 추가된 형태입니다. 즉 IIR 시스템에서는 bk와 ak의 두 가지 계수가 필요합니다. bk를 전진 계수(Feed-Forward)라고 부르고, ak를 역 계수(Feed-back)이라 부릅니다.

$$y[n] = \sum_{k=0}^{M} b_k x[n-k] + \sum_{i=1}^{N} a_i y[n-i]$$

여기에서 x[n]은 시스템의 입력값이고, y[n]은 시스템의 출력값입니다. IIR 시스템은 이전 출력값인 y[n-i]를 함께 사용합니다. 참고로 최초 계산시에는 시스템의 이전 결과값이 없기 때문에, y[n-i] = 0으로 정의합니다.

IIR 시스템도 FIR 시스템과 동일하게 Frequency Response를 통하여 주파수 특성을 확인할 수 있고, Z Transform으로 Zero와 Pole을 구하여 시스템을 디자인할 수 있습니다. 그러나 y[n-i] 성분까지 사용하기 때문에 수학적인 연산이 훨씬 복잡합니다.

IIR 시스템은 수식이 복잡하고 계산 및 디자인이 어렵다는 단점이 있지만, Magnitude 특성이 좋은 필터를 디자인할 수 있다는 장점이 있습니다. 그래서 더 Ideal한 필터를 원할 경우에는 IIR 필터를 추천합니다. Ideal한 필터란, 필터 통과 대역에서 리플이 적고 필터 정지 대역에서 주파수 성분을 깨끗이 감쇠시키는 필터를 의미합니다.
IIR 시스템은 Phase Shift가 non-linear하므로 Phase 복원이 불가능합니다. 그러므로 Phase 정보가 중요한 RF 통신 영역에서는 사용하지 않는 필터 타입입니다. RF 통신 영역에서 FIR 필터 타입을 사용합니다. 그리고 IIR 시스템은 계산과 디자인이 어렵다는 단점 때문에 사용자가 새롭게 정의하기가 힘듭니다.
함수 > 신호처리 > 필터 > 고급 IIR 필터링 팔레트에서 여러 종류의 필터 계수를 디자인하는 함수들이 제공됩니다. 각 함수는 클러스터 타입의 필터 계수를 출력합니다.

다음은 **버터워스 계수**의 예입니다.

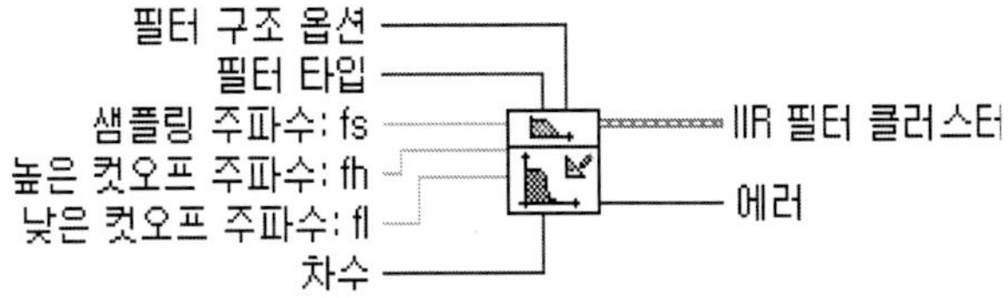

그리고 다음은 버터워스 계수를 적용한 **버터워스 필터**의 블록다이어그램입니다. 함수 > 신호처리 > 필터 팔레트에서 찾을 수 있습니다.

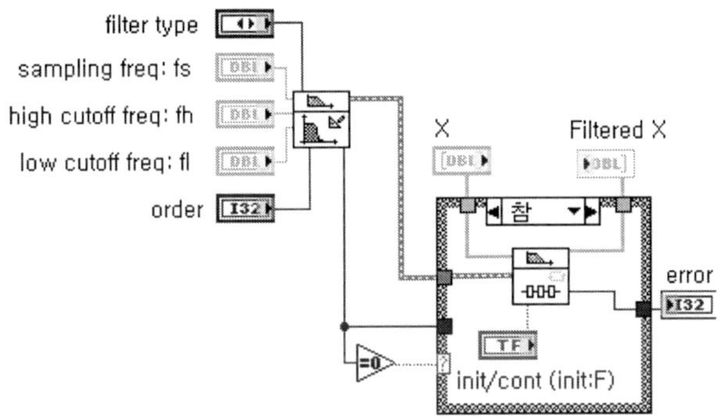

LabVIEW에서 기본적으로 제공되는 디지털 필터들은 상용적으로 사용가능한 필터들입니다. 그러나 좀더 고급 필터를 사용하고자 한다면, Digital Filter Design Toolkit을 설치해야 됩니다. 그리고 Active 필터나 Adaptive 필터를 사용하고자 할 경우에는 Adaptive Filter Tookit을 설치해야 됩니다. Active 필터는 FIR이나 IIR 필터처럼 고정된 필터 계수를 사용하는 것이 아니라 Feedback에 의하여 필터 계수가 변하는 디지털 필터입니다. 이를 이용하여 Active Noise Control이나 System Identification, 예측(Prediction), Noise Canncellation 등이 가능합니다.

사. Low Impedance 측정

일반적으로 측정은 저항 측정을 의미합니다. 반도체 소자의 특성을 조사하기 위해서도 입력 전압이나 전류에 따른 저항의 변화를 측정해야 되고, 스트레인게이지와 같은 센서도 결국은 센서의 저항 변화를 측정하는 것입니다. 저항을 측정하기 위해서는 저항체에 전류를 인가하고, 양단에 걸리는 전압을 측정하여 저항 값을 읽을 수 있습니다.
이런 저항 또는 임피던스 측정에서 가장 큰 어려움은 낮은 임피던스를 측정할 때 발생하는 측정 오류를 어떻게 개선하느냐 입니다. 임피던스 측정 에러의 원인과 대처법에 대하여 설명드립니다.

A. Offset 전압

측정단의 전위가 0V를 기준으로 측정되어야 되지만, 여러 원인으로 Offset 전압이 발생합니다. Offset 전압은 결과적으로 임피던스 측정에 오차로 나타납니다.
Offset 전압의 원인으로는 Thermoelectric EMFs, RF Interference의 정류값, 측정 장비의 내부 Offset 등이 있습니다.

[측정 장비의 내부 Offset]

1. 측정 장비의 내부 Offset은 모든 계측장비에서 발생되는 현상입니다. 측정장비가 Warm Up되기 전까지 Zero Offset이 흔들리는 현상이고 장비 내부 회로들의 다양한 원인에 의하여 발생합니다.
2. 측정 장비의 내부 Offset를 방지하기 위해서는 DUT(측정 대상체)를 연결한 상태에서 전류를 인가하지 않고, 1시간 정도 Warm Up을 시킨 다음, 측정 장비의 Zero Offset 교정 버튼을 클릭해줍니다. Zero Offset 교정이란, DUT에 측정 전류가 인가되지 않은 상태에서 발생하는 Offset 전압을 0V로 교정해주는 것을 의미합니다. 이때, DUT 및 측정용 와이어들이 모

두 연결된 상태로 Warm Up을 해줘야 됩니다. 즉, 전류만 인가하면 바로 측정이 가능한 상태입니다.

3. DUT를 연결한 상태에서 오랫동안 Warm Up을 할 수 없는 경우가 있습니다. 예를 들어, 유기 세포처럼 시간이 지나면 DUT에 변형이 생기는 경우입니다. 이런 경우에는 뒤에서 설명할 정방향-역방향 상쇄법을 활용할 수 있습니다.

[Thermoelectric EMF(전자기장)]

1. 측정 단에 두 개 이상의 Junction이 있을 경우, 두 Junctions 사이의 온도 차이가 있으면, Thermoelectric EMF가 발생합니다. TC 센서와 비슷한 원리입니다.

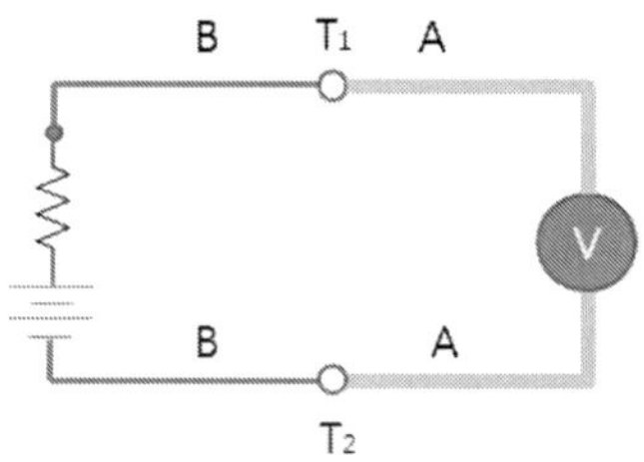

Thermoelectirc EMF: $E_{AB} = Q_{AB}(T_1-T_2)$

서로 다른 금속에 접촉했을 때, 금속의 종류와 온도 차에 따라서 발생하는 전압은 Seebeck 상수 Q_{AB}로 계산할 수 있습니다. 예를 들어, 구리(Cu)와 금(Au)의 접촉, 구리(Cu)와 산화구리(CuO)의 접촉에 대한 Seebeck 상수는 다음과 같습니다.

$$Cu - Au = 0.3\mu V/℃$$

$$Cu - CuO = 1000\mu V/℃$$

2. Thermoelectric EMF에 의한 Offset 전압을 없애기 위해서는 다음과 같은 방법을 사용할 수 있습니다.
   a. 모든 접촉부가 동일한 Metal이 되도록 합니다. 터미널 블록과 와이어, 와이어와 와이어가 같은 금속이 되도록 선정합니다.
   b. Junction 사이의 온도 차이를 없앱니다.
      - Heat Sink 사용(Electrical insulators and high thermal

conductivity) – 다이아몬드, 사파이어, 산화알루미늄, Beryllium oxide 등

- 온도 변화를 만드는 소스를 피한다.(햇빛, 환풍기, heat flow source, moving air 등)
- 보온재로 Shielded한다.(스티로폼 박스, 테플론, 알루미늄 호일 등)

c. 정방향 측정 + 역방향 측정으로 상쇄시킵니다. 혹은 Source Current On/Off 측정을 합니다.

d. 항상 일정할 경우, Offset 보정을 해줍니다.

3. Thermoelectric Offset 상쇄 방법 : 정방향 역방향 측정, 소스 전류 On/Off 측정

정방향-역방향 측정 : 아래 그림과 같이 소스 전류를 정방향으로 공급하여 측정하고, 다시 역방향으로 공급하여 측정한 다음, 두 측정값을 빼주게 되면, V_{EMF}(Thermoelectric EMF)를 상쇄시킬 수 있습니다.

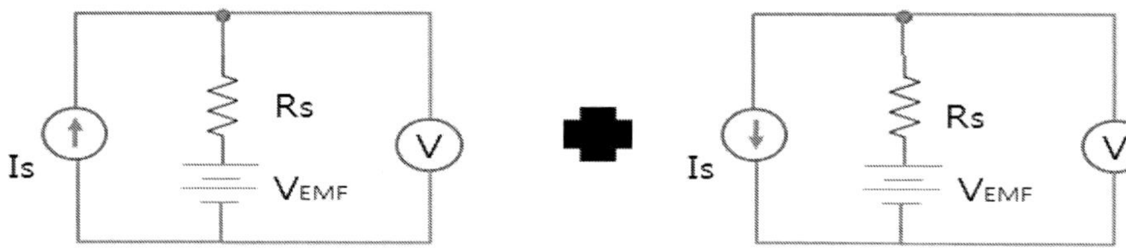

$V_{m+} = V_{EMF} + I_S R_S$　　　　$V_{m-} = V_{EMF} - I_S R_S$

소스 전류 On/Off 측정 : DUT가 방향성을 가질 경우에는 소스 전류를 정방향 –역방향으로 인가하여 V_{EMF}를 상쇄시키는 것은 불가능합니다. 이 경우에는 소스 전류를 인가해서 한번 측정하고, 소스 전류를 인가하지 않고 다시 측정하여 V_{EMF}를 상쇄시킬 수 있습니다.

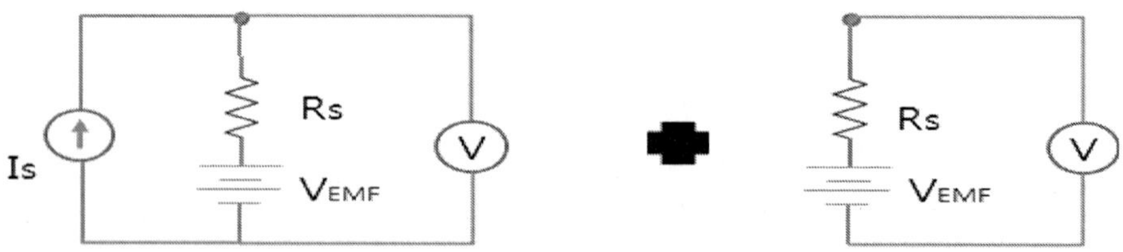

$V_{m+} = V_{EMF} + I_S R_S$　　　　$V_{m-} = V_{EMF}$

[RF Interference의 정류값]

배경에 깔리는 RF Interference나 EMI 노이즈도 정밀 저항 측정에서 전압 Offset으로 작용합니다. 일반적으로 RFI/EMI 노이즈는 다음 그림과 같이 주파수 별로 분포합니다.

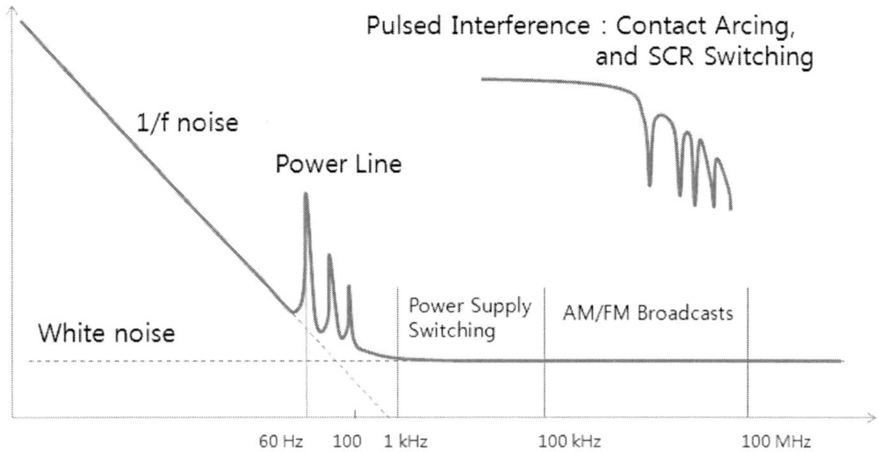

- **White Noise** : 전 주파수 대역으로 고루 존재하는 배경 노이즈입니다.
- **Pink noise (Flicker noise or 1/f noise)** : 0에서 100Hz 범위에서 보이는 큰 노이즈입니다. 발생 원인은 IC 소자 내부에서 전하의 공진으로 발생하는 것으로 말해지고 있지만, 발생 원인은 명확하지 않습니다. 모든 집적회로 소자에서 존재하고, 주파수의 역수배로 감소하는 특성이 있으므로 1/f 노이즈라고 부릅니다.
- **전원 노이즈 (60Hz Hum, Ripple, Saturated Transformers)** : 50~100Hz 범위이고, 한국에서는 60Hz 전원을 사용하므로, 60Hz의 하모닉에서 발생합니다.
- **Power Supply Switching Frequencies** : 스위칭 모드 파워 공급기들에 의하여 발생하는 노이즈입니다. 대부분의 주변 전기/전자 제품이 노이즈 소스가 될 것입니다. 1~100khz 범위입니다.
- **AM/FM 방송** : 100khz~100MHz 범위이고, 라디오 방송 대역의 노이즈입니다.
- **Contact Arcing, SCR Switching 등** : 전동 모터에서 발생하는 브러시 아크

나 SCR(Silicon-controlled rectifier) 같은 스위칭 소자에서 발생하는 고주파 성분의 노이즈입니다. 경우에 따라서는 일반 RFI/EMI 노이즈보다 매우 큰 노이즈 성분으로 나타납니다.

RFI/EMI 노이즈 차단 방법

노이즈 소스를 제거하는 것이 가장 좋은 방법이고, 노이즈 소스를 제거할 수 없을 경우에는 Metal Shield를 이용하여 차단하는 방법이 있습니다. 특히 측정용 케이블이나 와이어가 안테나 역할을 하는 경우가 많은데, 와이어를 트위스트로 꼬아주거나 Shielded 케이블을 사용하여 차단할 수 있습니다. 그리고 노이즈의 주파수를 알면, 해당 필터를 사용하여 제거할 수도 있습니다.

- Metal Shield 사용
  - ✓ Metal Noise Shield : COM 라인에 연결해줌
  - ✓ Metal Safety Shield : Earth Ground에 연결해줌
- Shielded Cable 사용 : Shield를 COM 라인에 연결해줌
- Twisted Cable
- Filtering

참고로 안전용 Metal Shield를 Ground에 연결해줘야 되고, 노이즈 차단용 Metal Shield는 COM 라인에 연결해주면 됩니다.

B. 노이즈

노이즈 성분이 정밀한 저항 혹은 전압 측정에서 Offset 전압을 발생시킨다고 앞에서 설명하였습니다. 그러나 노이즈는 그 자체로서도 측정에 오차를 발생시킵니다.

1. Johnson Noise(Thermal noise)

Johnson Noise는 Metal 내부의 전자가 열운동을 하면서 발생하는 노이즈입니다. 온도(T)에 비례하고, 소스 저항(R)에 비례하고, Noise Bandwidth (B)에 비례합니다.

$$V = \sqrt{4kTBR}$$

여기에서 k는 Boltzmann 상수입니다.

Johnson 노이즈는 넓은 주파수 영역에서 고루 분포하므로, 필터를 이용하여 측정 Bandwidth를 줄이면 노이즈를 줄일 수 있습니다. 또한 측정 온도를 낮추면 Johnson 노이즈도 줄게 됩니다.

2. Magnetic Field 노이즈

회로 사이로 자기장이 지나가면 자기장 노이즈가 발생할 수 있습니다. 원리적으로 자기장의 세기가 시간에 따라 변하거나 Circuit이 움직이면 유도 전기가 발생하고, 측정에서는 노이즈가 됩니다. 약한 지자기(Earth Magnetic Field)도 수 나노 Volt의 노이즈를 유도할 수 있습니다.
자기장 노이즈를 피하기 위해서는 측정 시스템에서 유도 전기를 발생시킬 수 있는 Circuit를 없애줘야 됩니다. Lead 와이어가 대표적인 사례인데, Lead 와이어를 꼬아줌으로써 자기장의 면적을 줄여줄 수 있습니다. 또한 자기장의 변화를 최소화시켜줘서 유도 전기 발생을 최소화 시킬 수 있습니다. 그리고 Shielded 케이블을 사용하고, 자기장으로부터 측정 시스템을 Shield 시켜서 줍니다.

3. Ground Loop

측정 장비와 소스를 같은 Ground에 연결하였을 때, Grood Loop가 발생할 수 있습니다. 측정 장비의 Ground와 신호 소스의 Ground가 미세한 전위차를 나타낼 수 있고, 미세한 전위차가 큰 전류의 흐름을 유도할 수 있는데, 이때 발생하는 전류의 흐름을 Ground Loop라고 부릅니다. Ground Loop는 측정 시스템에 치명적인 파손을 야기할 수 있고, 일반적으로 노이즈 소스가 됩니다.
Ground Loop에 의한 시스템의 파손이나 노이즈 발생을 방지하기 위하여, 측정 장비와 소스를 같은 Ground에 연결하지 않도록 측정 시스템을 구성해야 됩니다. 이러한 시스템 구성을 4장에서 설명하였습니다. 신호 소스가 Grounded인지, Floating인지에 따라서 RSE, NRSE, 그리고 차동 모드의 구성 방법이 있습니다.

C. 4-와이어 측정

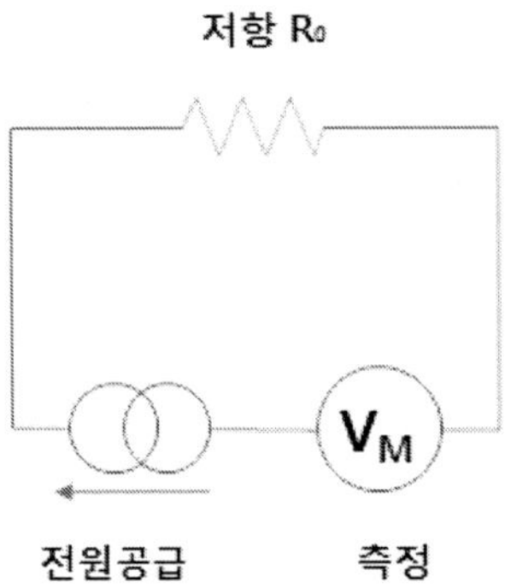

[2와이어 측정]

임피던스를 측정하기 위한 가장 간단한 회로 구성은 그림과 같은 2-와이어 측정입니다. 두 개의 Lead 와이어를 이용하여 DUT(측정 대상체)에 전원을 공급하고, 전압도 측정하는 구성입니다. 이때 Lead 와이어의 저항 값과 접속 저항도 함께 측정되기 때문에 측정에서 오차로 작용하게 됩니다. Lead 와이어의 저항 값을 따로 측정하여 빼주는 방법도 가능하겠지만, 많은 경우 Lead 와이어와 함께 접속 저항 등이 온도나 습도, 접속 방식 등에 의하여 가변되기 때문에 보정이 힘듭니다. 2와이어 측정의 오차를 없애기 위하여 4와이어 측정을 사용할 수 있습니다.

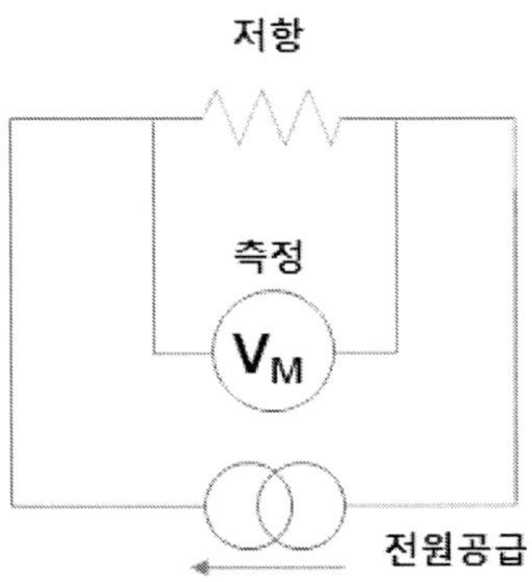

[4와이어 측정]

4와이어 측정은 4개의 Lead 와이어를 이용하여 전원공급과 측정을 분리시켜줍니다. 전원 공급 단의 Lead 와이어로는 전류가 공급되기 때문에, Lead 와이어의 저항만큼 전압강하가 생길 것입니다. 그러나 측정 단의 Lead 와이어로는 전류가 거의 흐르지 않기 때문에 DUT에 의한 전압강하만 측정할 수 있습니다. 4와이어 측정은 Lead 와이어의 저항 값과 접속 저항에 의한 측정 오차를 줄일 수 있다는 장점이 있지만, 네 개의 와이어를 사용해야 되므로 시스템이 더 복잡해지는 단점이 있습니다.

요약정리

가. DAQ 어시스턴트를 이용하여 직관적인 방법으로 아날로그 입력 어플리케이션을 개발할 수 있습니다.

나. DAQmx 함수를 이용하여 고급 어플리케이션을 구현할 수 있습니다.

다. 아날로그 트리거와 디지털 트리거를 이용한 어플리케이션이 가능합니다.

라. X시리즈 DAQ 보드는 STC 3칩을 내장하고 있으며, [재트리거 기능]이 가능합니다.

마. 저속 샘플링 어플리케이션의 경우에는 DAQ 하드웨어 내부 클럭을 이용하지 않고, 윈도우즈 운영체제의 클럭을 이용한 소프트웨어 타임 방식을 사용할 수 있습니다.

바. 센서는 온도, 스트레인, 소리, 진동 등의 물리량은 전기적 신호인 전압과 전류로 바꿔주는 하드웨어입니다.

사. 온도 측정 센서로는 열전쌍(Thermocouple), RTD, 그리고 Thermistor가 있습니다.

아. Strain Gauge는 브릿지 회로를 이용한 정밀 저항 측정 방식을 활용한 스트레인 측정 센서입니다.

자. 마이크로폰을 이용하여 음향 및 소음을 측정합니다.

차. 가속도계를 이용하여 진동 신호를 측정할 수 있습니다.

카. 측정한 신호는 LabVIEW에서 제공하는 신호 분석 함수를 이용하여 분석할 수 있습니다.

타. Low Impedance를 측정하기 위해서는 Offset 저압을 제거하고 노이즈를 최소화하는 방법이 필요합니다.

Note

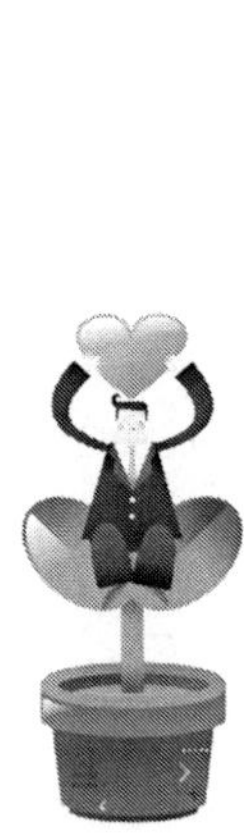

제 6 장

DAQmx-아날로그 출력

아날로그 신호 입력 어플리케이션을 구현하는 방법에 대하여 배워봅니다.

가. 아날로그 출력

나 DAQ 어시스턴트를 이용한
아날로그 출력

다. DAQmx 함수를 이용한 DC전압 출력

라. DAQmx 함수를 이용한 웨이브폼 출력

마. 아날로그 출력 트리거링

바. 연속 웨이브폼 출력 설정 변경

사. 동시 아날로그 입력과 출력

가. 아날로그 출력

DAQ 하드웨어를 이용하여 아날로그 신호를 출력하는 VI에 대하여 설명합니다. DAQ 하드웨어는 간단한 DC값 출력도 가능하지만 수khz의 웨이브폼도 출력할 수 있습니다. 물론 어떤 신호를 출력할 것이냐에 따라 프로그래밍 방식이 달라집니다.

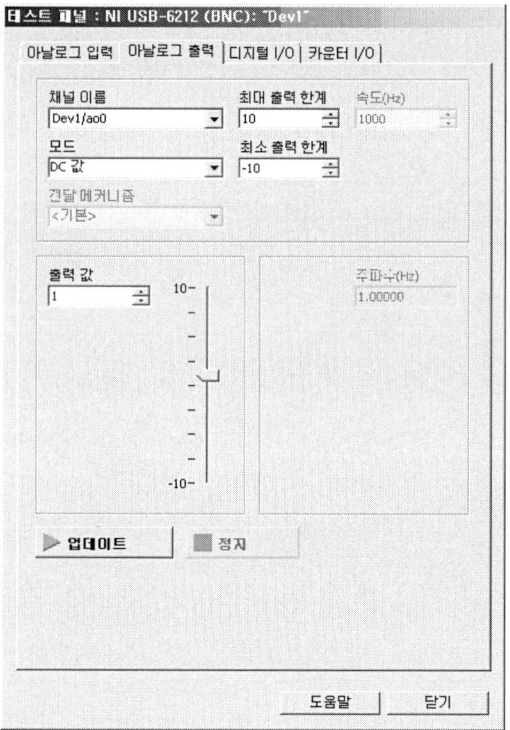

[DC값 출력]이란, 설정한 전압 Level로 DC 신호를 계속 발생시키는 것을 의미합니다. 특별히 타이밍에 대한 이슈는 없습니다. 그리고 DAQ 보드의 아날로그 출력단은 컴퓨터의 전원을 끄지 않는 한 계속 그 값을 유지해서 출력합니다.

USB-6212를 MAX의 태스트 패널 > 아날로그 출력으로 Test하는 사례입니다. 출력 모드로 [DC값]을 선택하고, [출력값]을 입력한 다음, 업데이트 버튼을 클릭하면 그 DC값이 계속 출력됩니다. 디지털 멀티미터 등으로 출력값을 확인할 수 있습니다.

DC값 출력은 센서나 DUT (Device under test)에 일정한 DC전압을 인가할 때, 사용될 수 있는 방법입니다. DAQ 하드웨어는 Power Supplier가 아니므로 출력 전류는 약 2mA 정도로 매우 미세합니다.

[웨이브폼 출력]이란, 1D DBL 타입의 배열이나 웨이브폼 타입으로 만들어진

임의의 데이터를 지정한 Update 속도로 출력하는 것을 의미합니다. Function Generator나 Arbitrary Waveform Generator를 구현할 수 있는 기능입니다.

아래는 MAX의 태스트 패널 > 아날로그 출력으로 사인파를 생성하는 사례입니다. 시작 버튼을 클릭하면 미리 만들어져 있는 사인파형의 데이터를 1000 Hz의 업데이트 속도로 연속 출력합니다.

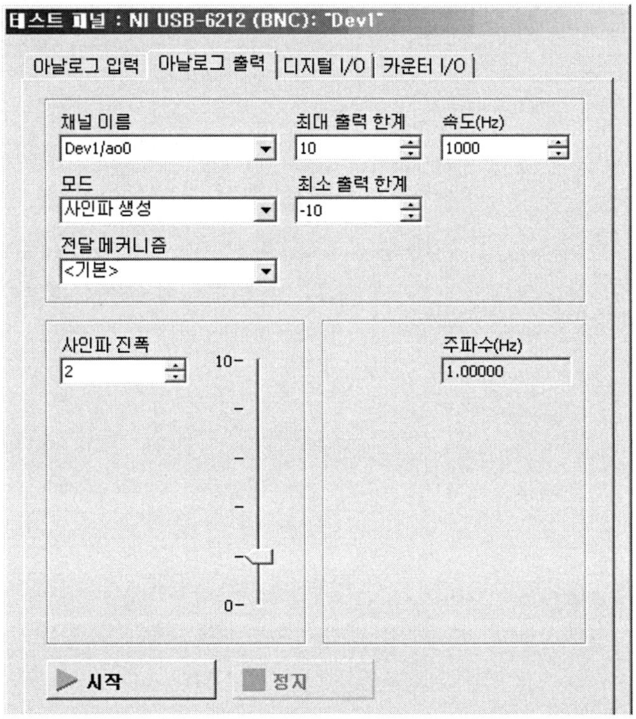

나. DAQ 어시스턴트를 이용한 아날로그 출력

DAQ 어시스턴트를 이용하여 직관적인 방법으로 아날로그 출력 VI를 작성할 수 있습니다. DAQ 어시스턴트를 블록다이어그램에 위치시키면 다음과 같은 설정창이 나타납니다. 신호 생성 > 아날로그 출력 > 전압을 선택합니다. 그리고 물리적 채널을 선택한 후에 마침 버튼을 클릭하여 DAQ 어시스턴트 창을 띄웁니다.

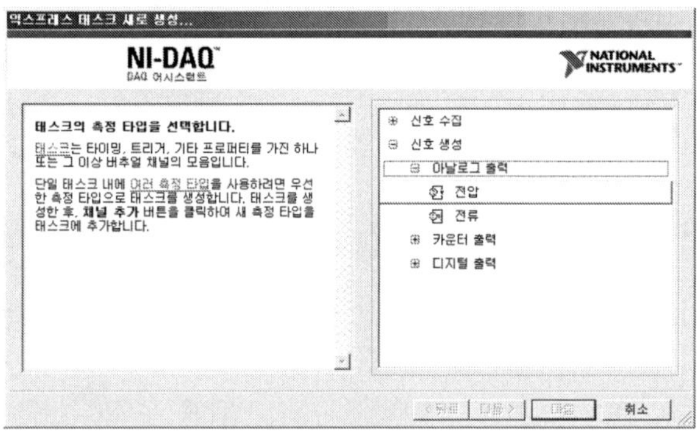

[DC값 출력] 모드의 경우에는 타이밍 셋팅의 생성 모드를 **1샘플(요청할 때)**로 선택해줍니다.

물리적채널로 두 개의 아날로그 출력 채널 ao0와 ao1을 모두 선택하였을 때, 각 채널에 출력 값을 각각 지정하여 출력할 수 있습니다.

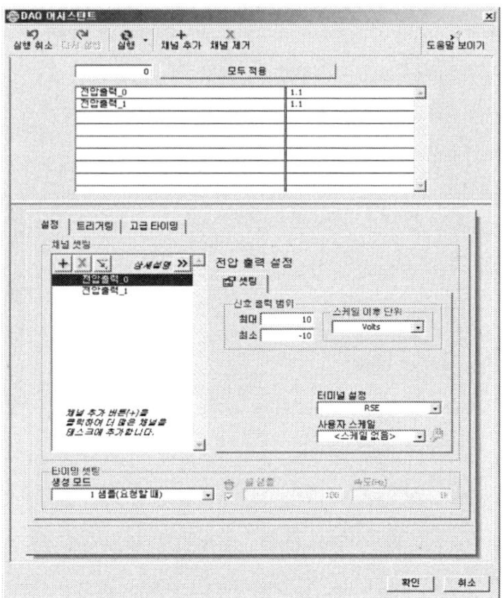

DAQ 보드의 아날로그 출력 채널에는 DAC 칩이 하나씩 따로 할당되기 때문에 각 채널을 별개로 생각하면 될 것입니다.
설정이 끝나면 확인 버튼을 클릭하여 설정을 적용합니다.
다음과 같이 블록다이어그램을 구성할 수 있습니다. 두 개의 아날로그 출력단에 각각 출력값을 지정하기 위하여 1D DBL 배열 상수를 만들어 입력하였습니다. [다이내믹 데이터로 변환] 함수가 자동으로 추가될 것입니다. 함수 > 익스프레스 > 신호 조작 팔레트에서도 [다이내믹 데이터로 변환] 함수를 찾을 수 있습니다.

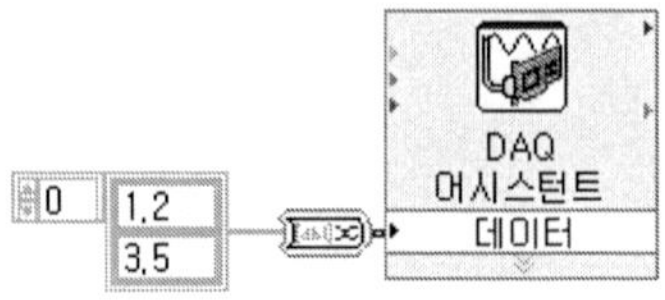

VI를 실행하면 각 아날로그 출력단에서 지정된 DC값이 계속 출력됨을 확인할 수 있습니다. 디지털멀티미터 등으로 확인이 가능합니다. 아날로그 출력단의 상태를 다시 0V로 바꾸고자 할 경우에는 출력 값을 0으로 하여 다시 업데이트 해줘야 됩니다.
DAQ 보드의 아날로그 출력 채널은 마지막 업데이트 값을 계속 유지한다는 점을 명심하시기 바랍니다. 물론 컴퓨터의 전원을 끄면 다시 초기 값이 0V로 돌아갑니다. 또한 MAX에서 [디바이스 리셋]을 실행해도 초기 값으로 돌아갑니다. USB 타입의 DAQ 보드처럼 컴퓨터에서 쉽게 분리가 가능한 경우에는 분리와 동시에 초기화됩니다.

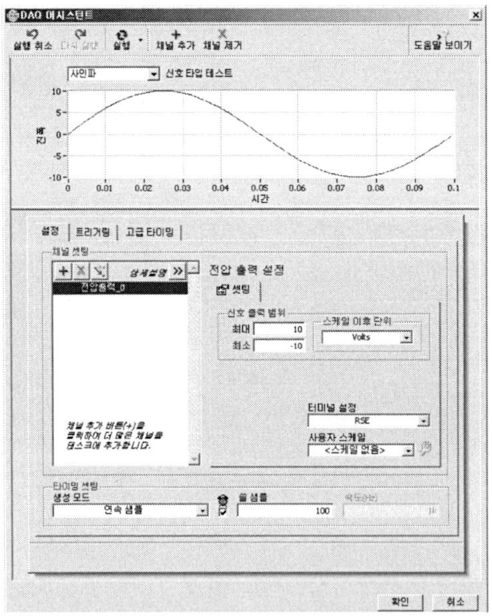

[웨이브폼 출력] 모드의 경우에는 타이밍 셋팅의 생성모드를 **N샘플**이나 **연속샘플**로 선택합니다.
웨이브폼 출력 모드에서는 쓸 샘플과 속도(Hz)를 설정할 수 있습니다.
그러나 웨이브폼 타이밍 선택 을 선택해주면 웨이브폼의 업데이트 속도 등의 정보를 입력받은 데이터에서 받아옵니다.
설정이 완료되면 확인 버튼을 클릭하여 설정을 적용합니다.

다음과 같이 블록다이어그램을 완성합니다. 연속샘플 모드로 선택했기 때문에 While 루프는 자동으로 생성됩니다. 그리고 출력할 웨이브폼을 만들어주기 위하여 [신호 시뮬레이션]을 이용하였습니다. 함수 > 익스프레스 > 입력 팔레트에서 찾을 수 있습니다. 신호 시뮬레이션의 출력은 다이내믹 데이터 타입이므로 DAQ 어시스턴트의 데이터에 바로 입력할 수 있습니다. 이때 신호 시뮬레이션에서 설정한 주파수 정보와 타이밍 정보 등이 모두 전달됩니다.

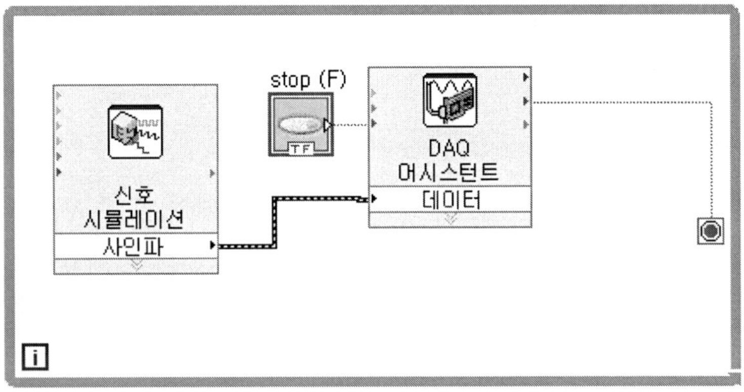

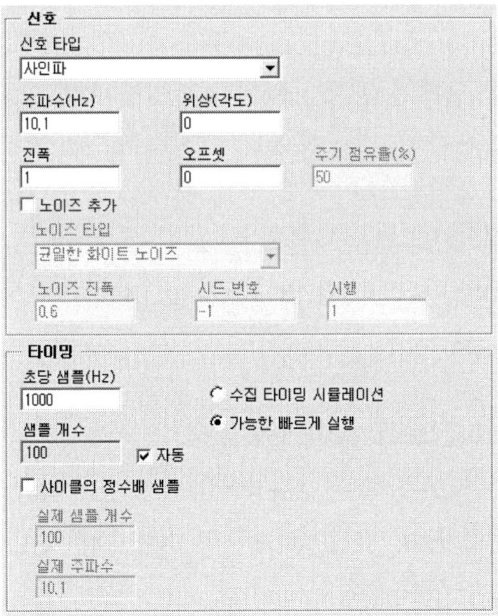

VI를 실행하면 아날로그 출력단에서 사인파형이 출력됨을 확인할 수 있습니다. 오실로스코프 등으로 출력 신호를 확인할 수 있고, 여의치 않을 경우에는 DAQ 보드의 아날로그 입력 채널을 이용하여 확인할 수 있습니다.

다음과 같이 블록다이어그램에 DAQ 어시스턴트를 하나 더 추가하여 아날로그 입력으로 설정해줍니다. 이때 아날로그 입력 채널의 샘플링 속도와 샘플링 개수를 잘 지정해야만 덮어쓰기 에러가 발생하지 않습니다.

여기에서는 USB-6212 보드를 사용하였고, 아날로그 입력 채널 0번을 연속 샘플 모드, 읽을 샘플 수 1k, 샘플 속도(Hz) 20k로 지정하였습니다.

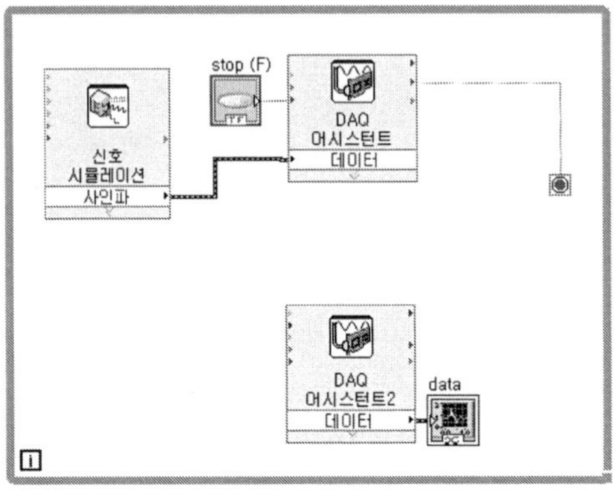

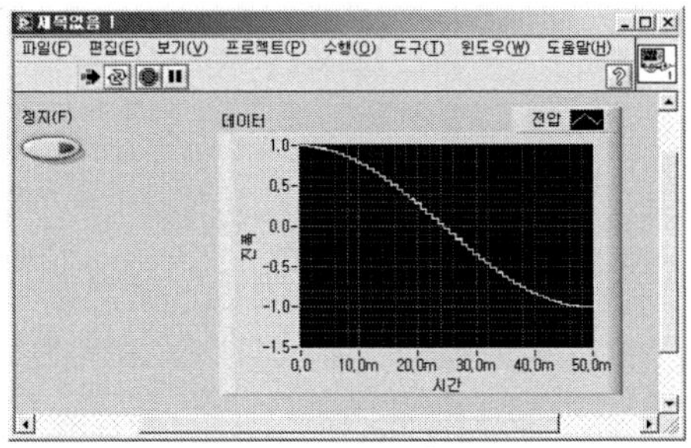

DAQ 어시스턴트를 이용하여 DC값 출력이나 웨이브폼 출력을 모두 구현할 수 있습니다. 그러나 각 설정 옵션들이 경우에 따라 다른 의미를 가지기 때문에, 도움말을 보면서 정확히 이해하고 옵션들을 설정해야 될 것입니다. 도움말은 DAQ 어시스턴트의 오른쪽 상단에 있는 [도움말 보기]를 클릭하여 활성화합니다.

[두 채널에서 각각 다른 아날로그 웨이브폼 출력]

아날로그 출력은 채널별로 DAC 칩을 각각 가지고 있지만 태스크를 따로 만들 수는 없습니다. 태스크를 따로 만들 수 없다는 것은 타이밍 설정을 개별적으로 할 수 없다는 것을 의미합니다.

다음은 DAQ 어시스턴트를 이용하여 두 개의 아날로그 채널에서 사인파형과 삼각파형을 출력하는 예입니다. DAQ 어시스턴트는 한 개를 사용하였고, 신호 시뮬레이션은 두 개를 사용하였습니다. 그리고 신호 병합을 이용하여 두 개의 웨이브폼 데이터를 병합시켰습니다. 신호 병합은 함수 > 익스프레스 > 신호조작 팔레트에서 찾을 수 있습니다.

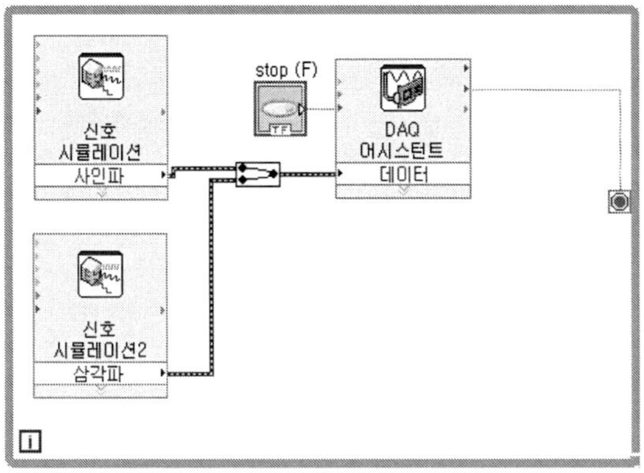

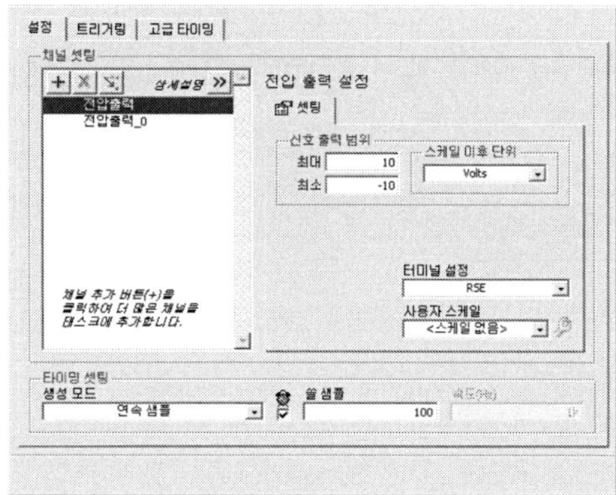

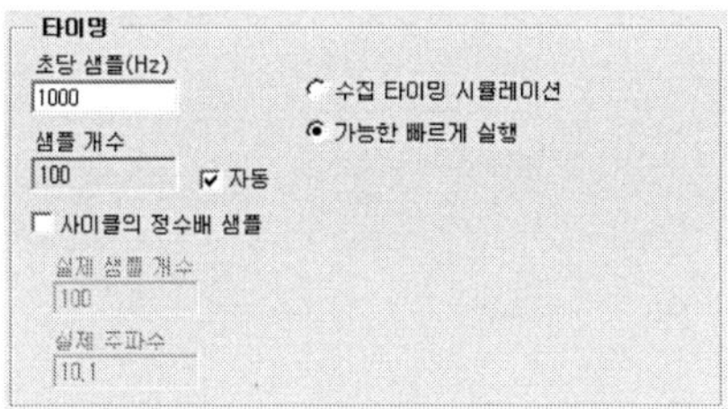

DAQ 어시스턴트의 타이밍 셋팅에서는 **웨이브폼 타이밍 선택** 을 선택해주어 신호 시뮬레이션에서 타이밍 정보를 받아오겠다고 선언하였고, 두 개의 신호 시뮬레이션에서는 동일하게 타이밍을 설정해줬습니다.

VI를 실행하면 두 개의 아날로그 출력단에서 사인파형과 삼각파형이 출력됨을 확인할 수 있습니다. 오실로스코프 등으로 출력 신호를 확인할 수 있고, 여의치 않을 경우에는 DAQ 보드의 아날로그 입력 채널 두개를 이용하여 확인할 수 있습니다. 다음과 같이 블록다이어그램에 DAQ 어시스턴트를 하나 더 추가하여 아날로그 입력으로 설정해줍니다.

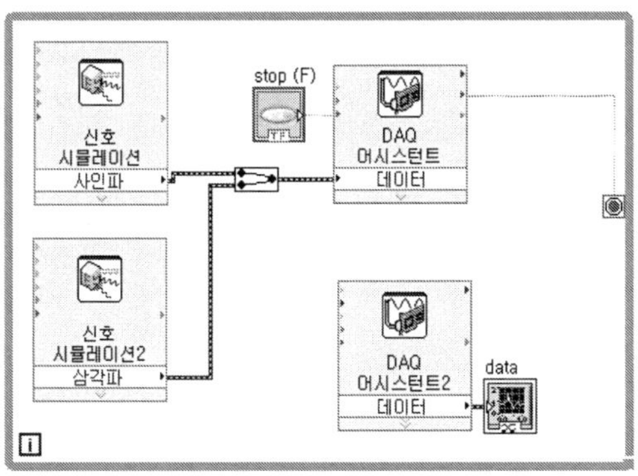

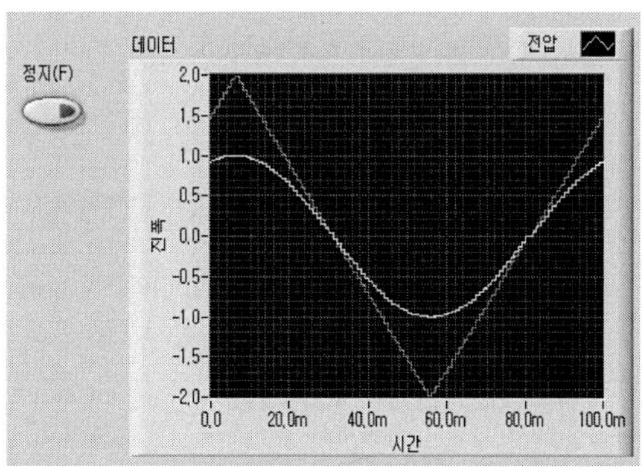

노트 DAQ 어시스턴트는 편리하기는 하지만 설정을 잘못하여 엉뚱한 값이 출력될 가능성이 많으므로 웨이브폼 출력과 같은 경우에는 DAQmx 함수를 이용하는 것을 추천드립니다. 다음 절에서 DAQmx 함수를 이용한 아날로그 출력에 대하여 설명합니다.

다. DAQmx 함수를 이용한 DC전압 출력

DAQmx에서 아날로그 출력과 입력 함수가 따로 있지는 않습니다. 다형성이므로 용도에 따라 입력 혹은 출력으로 선택해서 사용할 수 있습니다. 다음은 DAQmx 버추얼 채널 설정을 아날로그 전압 출력으로 선택한 예입니다.

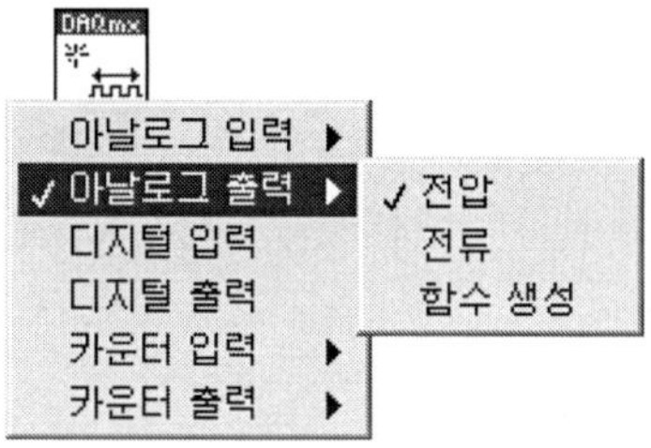

DAQmx 함수들은 함수 > 측정 I/O > DAQmx – 데이터 수집 팔레트에서 찾을 수 있습니다. DAQmx 버추얼 채널 생성이나 DAQmx 타이밍, 태스크 시작, 태스크 정지, 태스크 지우기 등은 아날로그 입력과 동일합니다.

 **DAQmx 쓰기**와  **DAQmx 완료될 때까지 기다림** 정도만 출력 전용 VI입니다.

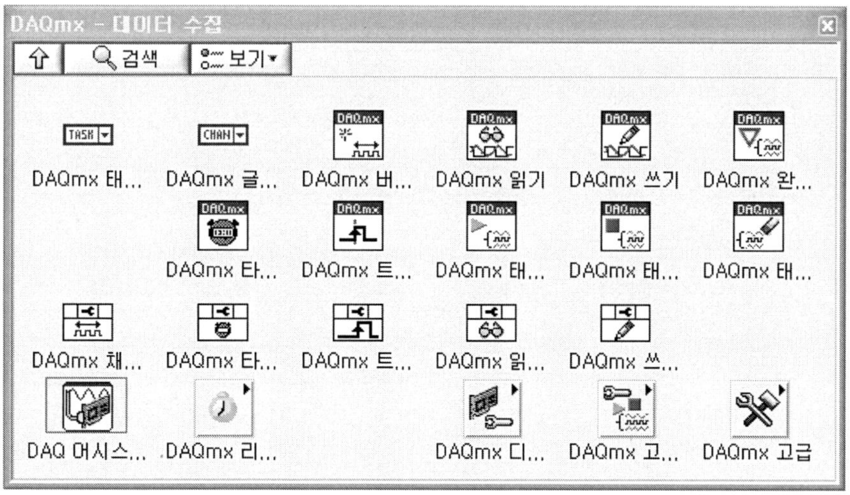

DC값 출력은 DAQmx 버추얼 채널 설정, DAQmx 쓰기, 그리고 태스크 지우기로 구성이 됩니다.

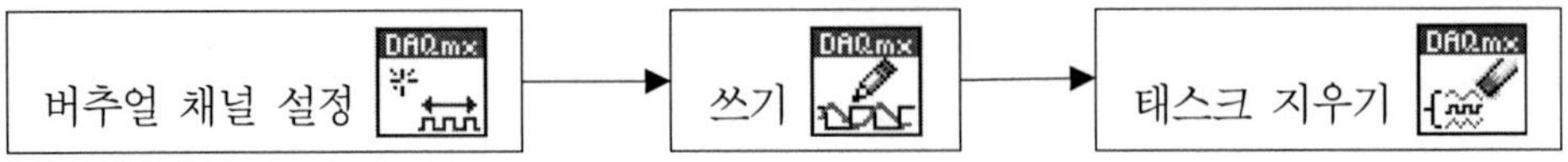

다음과 같이 블록다이어그램을 구현할 수 있습니다. 여기에서는 5V DC를 출력하기 위하여 5를 데이터로 입력하였습니다.

다음 예제를 통하여 DAQmx를 이용한 DC전압 출력 VI를 작성해봅니다.

연습 6-1. DC전압 출력

DAQmx 함수를 이용하여 DC전압 출력 VI를 만들어봅니다.

블록다이어그램

1. 다음과 같이 블록다이어그램을 구성합니다. **DAQmx 버추얼 채널 생성**에서 아날로그 출력 > 전압을 선택해줍니다. 그리고 **DAQmx 쓰기**에서 아날로그 > 단일 채널 > 단일 샘플 > DBL을 선택해줍니다.

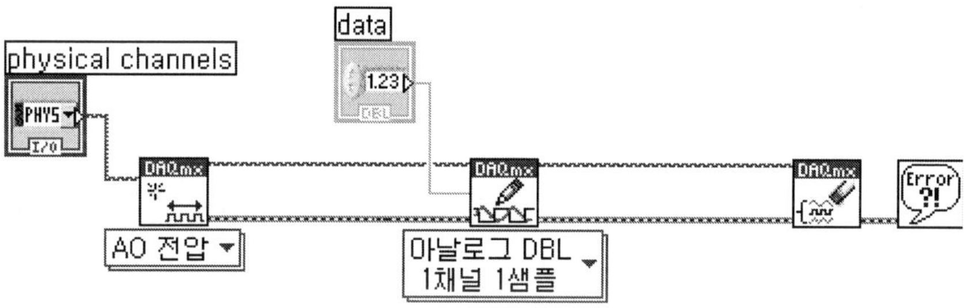

2. VI를 저장하고 실행합니다. data에 입력한 값으로 DC전압이 출력됩니다. DAQ 보드의 아날로그 입력 채널을 이용하여 이 전압을 확인하거나 디지털멀티미터를 이용하여 출력 전압이 정확한지 확인할 수 있습니다.

연습 6-1 끝

연습 6-2. DC전압 출력 (While 루프 이용)

While 루프를 이용하여 연속적으로 DC 출력 값을 바꿀 수 있는 VI를 만들어 봅니다.

⌘ 블록다이어그램

1. 다음과 같이 블록다이어그램을 구성합니다.

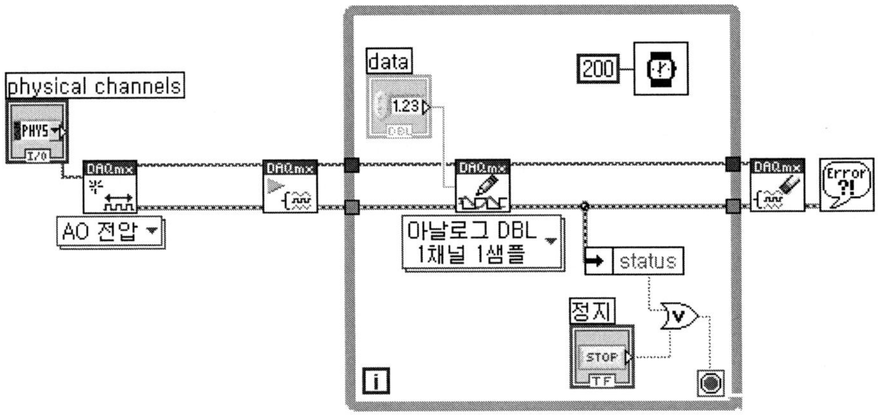

While 루프 속에 있는 DAQmx 쓰기에서 data 값을 바꾸어주면 원하는 출력 DC전압을 바꿀 수 있습니다.
다음과 같이 DAQmx 시작을 생략해도 됩니다.

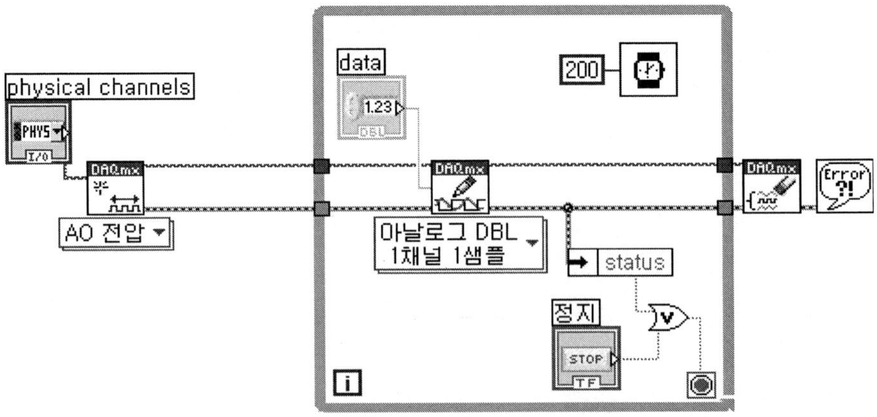

⌘ 프런트패널

3. 다음과 같이 프런트패널을 정리하고 VI를 실행합니다.

데이터에 입력한 값이 그대로 출력됩니다. 출력되는 DC전압의 정밀도는 아날로그 출력의 Resolution에 의하여 결정됩니다.

4. 블록다이어그램을 수정하여 두 채널에서 각각 3V와 5V의 DC전압을 출력하도록 만들 수 있습니다. **DAQmx 쓰기**에서 아날로그 > 여러 채널 > 단일 샘플 > 1D DBL로 선택해줍니다.

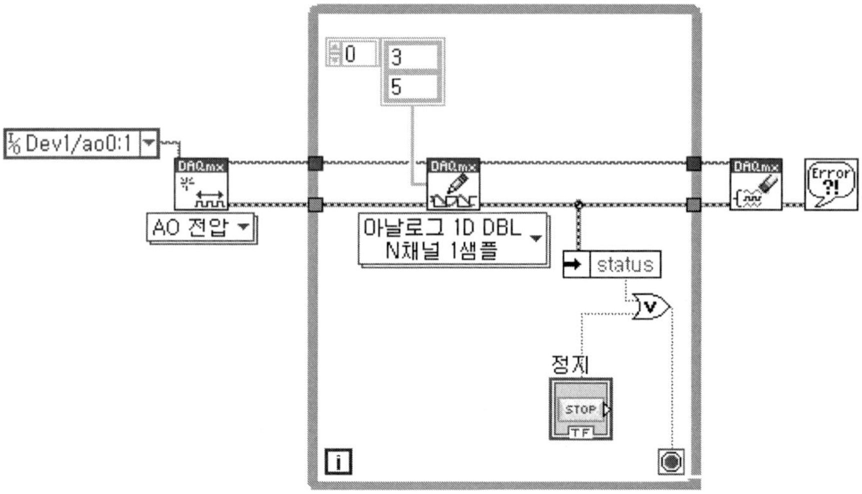

연습 6-2 끝

라. DAQmx 함수를 이용한 웨이브폼 출력

웨이브폼 데이터를 일정한 업데이트 속도로 출력하여 웨이브폼 형태의 신호를 출력하는 것을 의미합니다. 이를 위해서는 먼저 웨이브폼 데이터를 디자인하여야 됩니다. 이때 실제 출력될 신호의 주파수는 초당 업데이트 속도와 웨이브폼을 구성하는 데이터의 크기에 의하여 결정됩니다.

출력 신호의 주파수 = 업데이트 속도 / 웨이브폼을 구성하는 데이터의 크기

웨이브폼을 디자인하는 방법으로는 세 가지 정도를 생각할 수 있습니다.

1. **신호 시뮬레이션을 이용합니다.** 앞 예제들에서 사용했던 신호 시뮬레이션은 원하는 주파수의 신호를 만들기 위하여 필요한 업데이트 속도, 즉 타이밍 설정도 할 수 있기 때문에, DAQmx나 DAQ 어시스턴트에서 타이밍 설정을 별도로 할 필요가 없다는 장점이 있습니다.

   DAQ 어시스턴트의 타이밍 셋팅에서는 **웨이브폼 타이밍 선택** 을 선택해주어 신호 시뮬레이션에서 타이밍 정보를 받아오겠다고 선언하고 DAQmx 타이밍에서 다음과 같이 [웨이브폼 사용(아날로그 출력)]으로 선택해주면 됩니다.

   신호 시뮬레이션은 함수 > 익스프레스 > 입력 팔레트에서 찾을 수 있거나, 함수 > 신호처리 > 웨이브폼 생성 팔레트에서 찾을 수 있습니다.

2. **웨이브폼 생성 팔레트에 있는 웨이브폼 생성 함수들을 사용합니다.** 신호 시뮬레이션 함수와 비슷한 방법으로 사용 가능하고, [샘플링 정보]에 입력

한 정보에 의하여 DAQmx의 타이밍을 설정할 수 있습니다. 샘플링 정보에서 Fs는 타이밍의 초당 샘플(Hz)과 동일하며 #s는 샘플 개수와 동일합니다. 나머지 입력들도 신호 시뮬레이션의 설정들과 매칭됩니다.

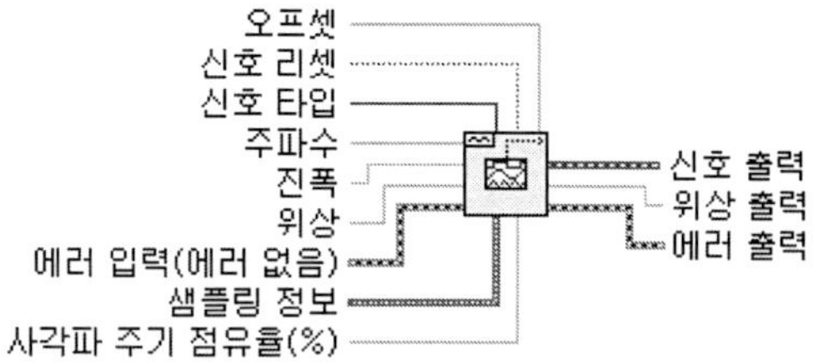

함수 > 신호 처리 > 웨이브폼 생성 팔레트에서 다양한 웨이브폼 디자인 함수들을 찾을 수 있습니다.

3. **1D DBL 배열로 웨이브폼 데이터를 직접 디자인할 수 있습니다.** 이 경우에는 웨이브폼의 주파수 정보가 없으므로, DAQmx 타이밍을 [샘플 클럭]으로 설정하고, 샘플 속도(업데이트 속도)를 이용하여 실제 출력된 웨이브폼의 주파수를 계산할 수 있습니다. 그리고 DAQmx 쓰기는 아날로그 > 단일채널 > 여러 샘플 > 1D DBL로 선택해줍니다.

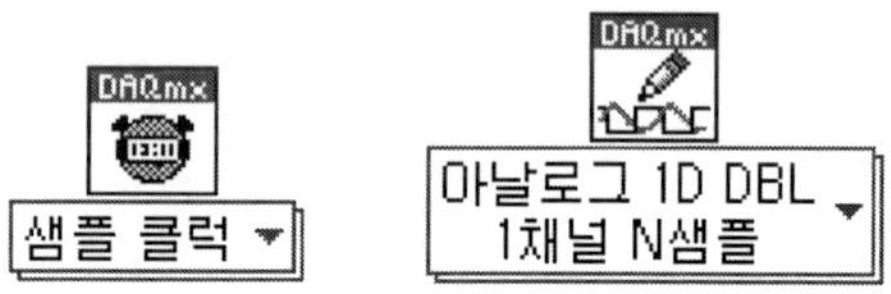

출력 신호의 주파수 = 업데이트 속도 / 웨이브폼을 구성하는 데이터의 크기

[순서도 및 블록다이어그램의 구성]

DAQmx 함수를 이용한 웨이브폼 출력은 다음과 같은 순서로 작성됩니다. 그리고 연속 실행의 경우에는 DAQmx 태스크 완료?를 While 루프 속에 넣으면 됩니다.

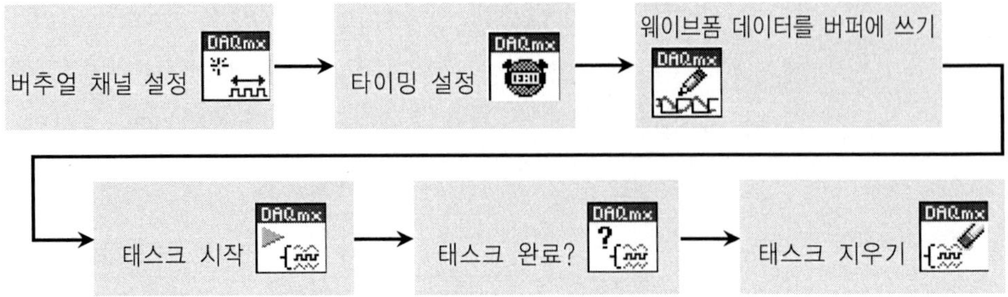

DAQmx 함수들은 함수 > 측정 I/O > DAQmx-데이터 수집 팔레트에서 찾을 수 있으며, DAQmx 태스크 완료?는 DAQmx 고급 태스트 옵션 팔레트에서 찾을 수 있습니다.

다음과 같은 형태로 아날로그 웨이브폼 연속 출력 VI를 작성할 수 있습니다.

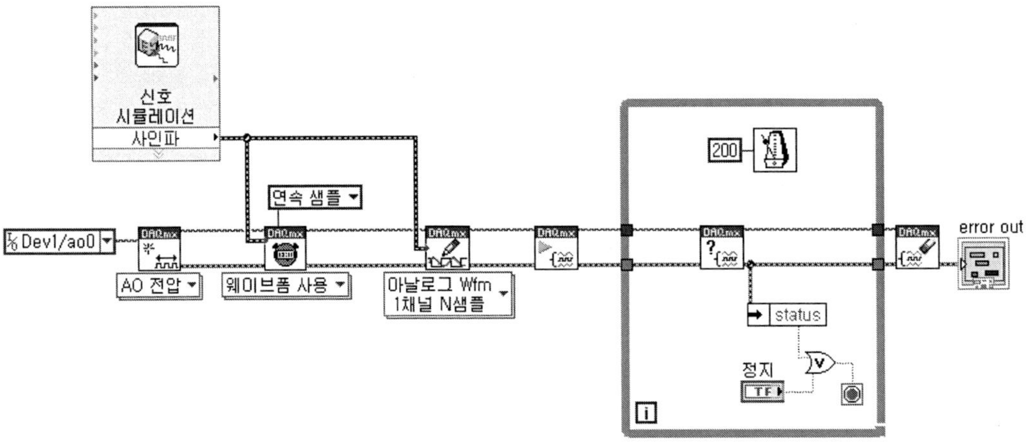

연습 6-3. 연속적인 웨이브폼 출력

시뮬레이션된 웨이브폼을 연속적으로 출력하는 VI를 만들어봅니다.

⌘ 블록다이어그램

1. 다음과 같이 블록다이어그램을 구성합니다.

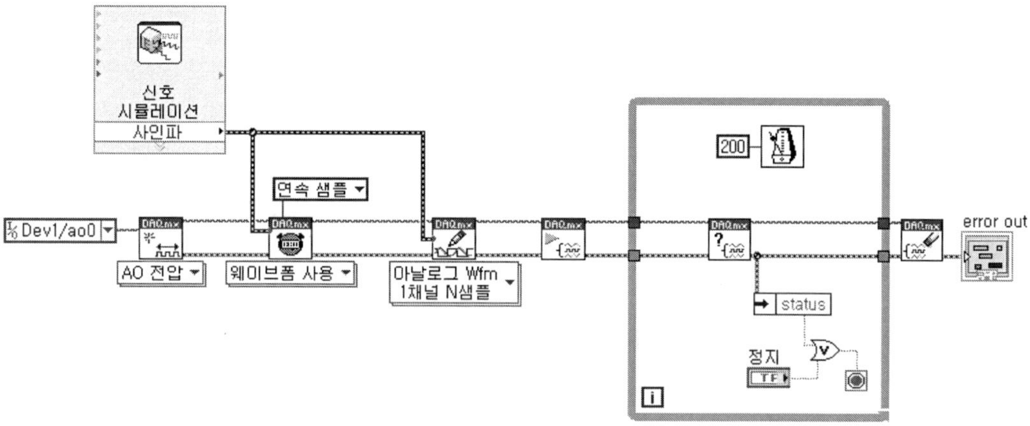

a.  **신호 시뮬레이션**을 이용하여 사인파를 시뮬레이션 합니다.

b.  DAQmx **타이밍**을 [웨이브폼 사용(아날로그 출력)]로 선택하였습니다. 이것은 신호 시뮬레이션에서 설정한 주파수로 웨이브폼이 출력할 수 있도록 DAQmx의 업데이트 속도를 자동 설정합니다.

c.  DAQmx **쓰기**를 이용하여 시뮬레이션된 신호를 아날로그 출력 하드웨어의 FIFO 메모리에 씁니다.

d.  DAQmx 태스크 시작

e.  **DAQmx 태스크 완료?**를 While 루프 속에 위치시킵니다. DAQmx 태스크 완료?는 아날로그 신호를 출력하는 동안 DAQ 하드웨

어의 상태를 모니터링하는 용도입니다. 하드웨어에 이상이 발생하면 에러가 발생합니다. 함수 > 측정 I/O > DAQmx - 데이터 수집 > DAQmx 고급 태스크 옵션 팔레트에서 찾을 수 있습니다.

f.  다음 **ms 배수까지 기다림**은 While 루프의 속도를 조정하기 위한 용도입니다. While 루프 속의 DAQmx 태스크 완료?가 단순히 DAQ 보드의 상태를 모니트링하는 목적이므로 0.2초에 한번 정도만 체크하여도 충분합니다. 물론 2초에 한번으로 바꿔도 무방하지만, 정지 버튼을 클릭했을 때, 2초 후에 정지하기 때문에 너무 늦게 반응하는 감이 있습니다. 그래서 사람이 인지하기에 바로 반응하는 듯한 느낌인 0.2초로 설정하였습니다.

2. 다음과 같이 DAQmx 쓰기의 자동시작(Auto Start)에 True를 입력하고, DAQmx 태스크 시작을 없앨 수 있습니다.

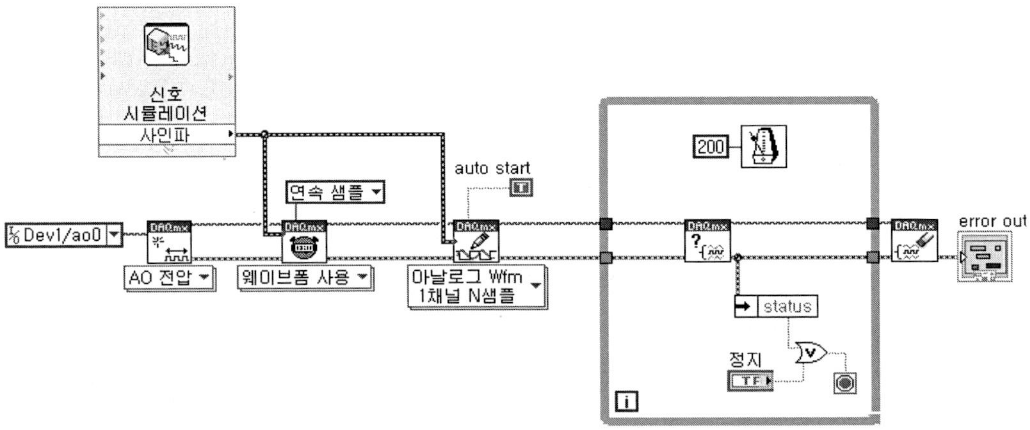

3. VI를 실행하여 웨이브폼을 출력합니다. 오실로스코프를 이용하여 출력 파형을 확인할 수 있을 것입니다. 혹은 다음과 같이 아날로그 입력 DAQ 어시스턴트를 추가하여 웨이브폼 출력을 아날로그 입력 채널로 확인합니다. 아날로그 입력은 연속 샘플 모드와 샘플 속도(Hz) = 10k, 읽을 샘플 = 2k로 설정하였습니다.

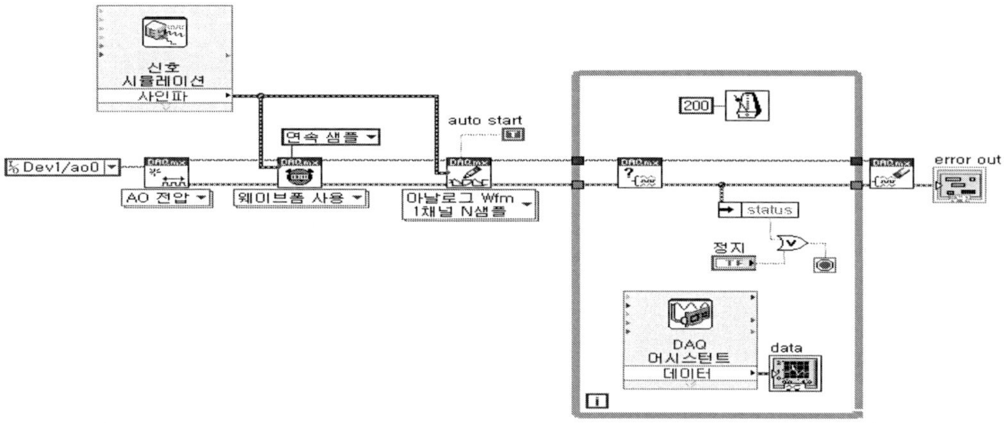

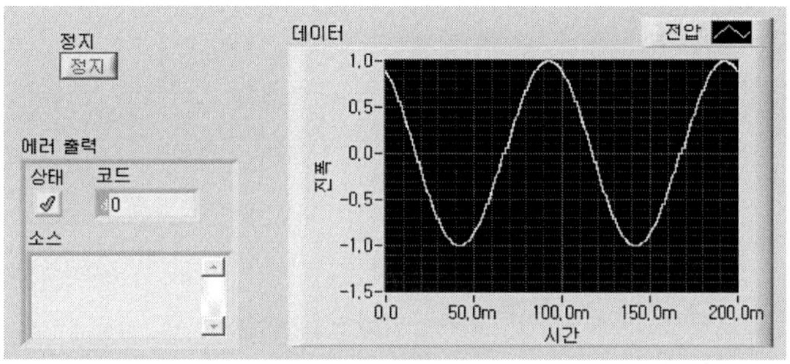

4. 다음과 같이 [신호 시뮬레이션]을 [기본함수 생성기]로 대체해봅니다. 기본함수 생성기는 함수 > 신호 처리 > 웨이브폼 생성 팔레트에서 찾을 수 있습니다.

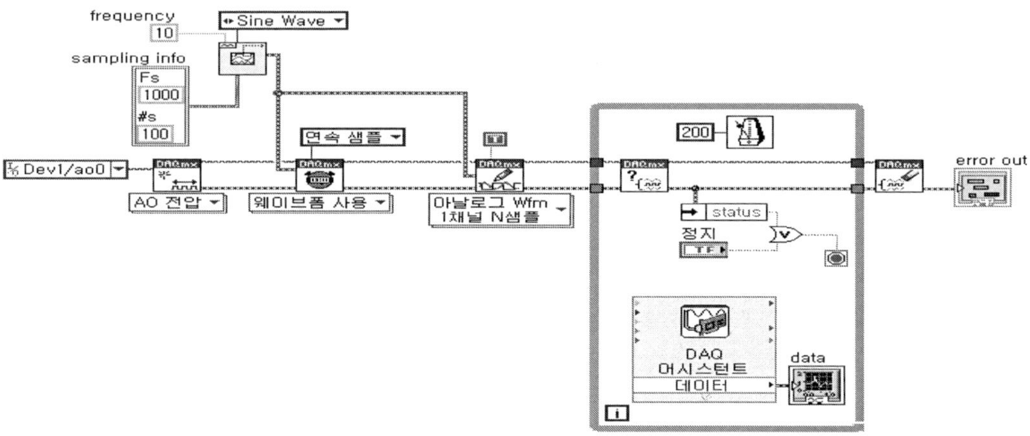

연습 6-3 끝

[신호 시뮬레이션의 설정 방법]

신호 시뮬레이션에서 웨이브폼을 만들 때, 사용되는 주파수(Hz), 초당 샘플(Hz), 그리고 샘플 개수의 관계에 대하여 설명합니다.

신호 시뮬레이션에서 생성하는 웨이브폼의 주파수는 **주파수(Hz)**의 설정으로 결정됩니다. 그러나 이 주파수 값을 실제로 구현하기 위해서는 **초당 샘플(Hz)**의 설정이 중요합니다. 아래의 경우처럼, 10Hz의 사인파를 출력하기 위하여 초당 샘플(Hz)로 1000을 설정한다면, 사인파형 한 주기가 100개 Points의 데이터로 구성되게 됩니다.

$$\text{웨이브폼 한 주기의 데이터 개수} = \frac{\text{초당 샘플}(Hz)}{\text{주파수}(Hz)}$$

일반적으로 사인파의 경우, 한 주기를 100Points 정도로 만들어야만 부드러운 파형을 생성할 수 있으므로 초당 샘플(Hz)은 100*주파수(Hz) 정도로 설정합니다.

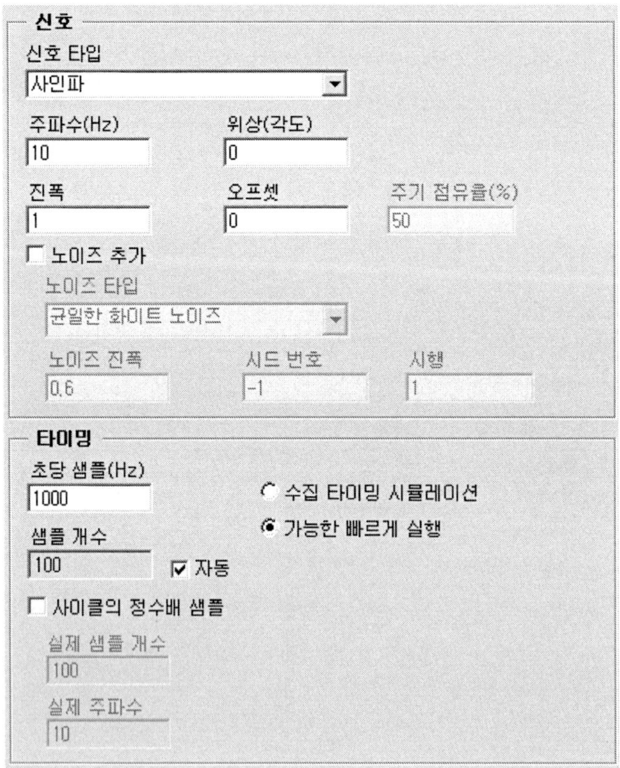

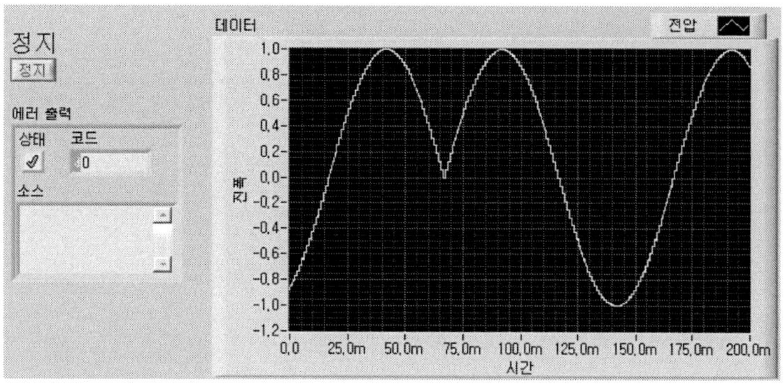

그리고 [샘플 개수] 설정은 실제 생성할 웨이브폼 데이터의 개수입니다. 샘플 개수가 100이고, 위에서 계산한 사인파형 한주기가 100개 Point로 구성되므로, 신호 시뮬레이션에서는 한주기의 사인파형을 생성하게 됩니다. 만약 샘플 개수로 50을 지정하면, 반 주기의 사인파가 생성될 것입니다. DAQmx 쓰기로 입력하는 웨이브폼이 N 주기여야만 연속적으로 이어지는 파형을 출력할 수 있습니다. 예를 들어, 1.5주기의 데이터를 입력한다면 실제 출려되는 파형이 사인파가 아니게 됩니다. 다음은 1.5주기의 사인파를 DAQmx 쓰기에 입력한 경우입니다. 이때 샘플 개수로 150을 입력했습니다.

연습 6-4. 웨이브폼 출력 (유한 샘플)

While 루프를 사용하지 않고, 유한 개의 웨이브폼 데이터를 출력하는 VI를 작성해봅니다.

⌘ 블록다이어그램

1. 다음과 같이 블록다이어그램을 작성합니다.

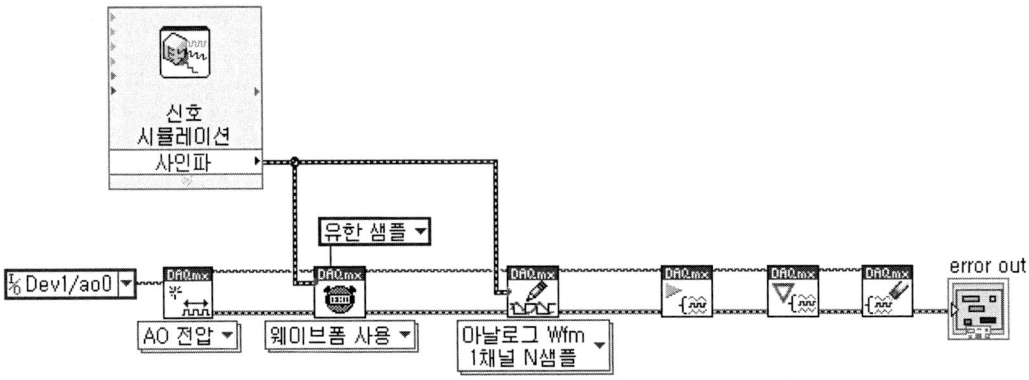

DAQmx 타이밍에서 [유한 샘플]로 선택했고, [웨이브폼 사용(아날로그 출력)]로 선택하였습니다.

 **DAQmx 완료될 때까지 기다림**은 버퍼에 있는 웨이브폼 데이터가 모두 출력될 때까지 기다리는 함수입니다. 웨이브폼 출력이 완료되면, DAQmx 태스크 지우기가 태스크를 지우고 종료하게 될 것입니다.

2. 다음과 같이 DAQ 어시스턴트로 아날로그 입력 부분을 추가하여 아날로그 출력 신호를 아날로그 입력으로 측정하여 확인할 수 있습니다. 이때 Error 라인을 이용하여 실행 순서를 지정하였습니다.

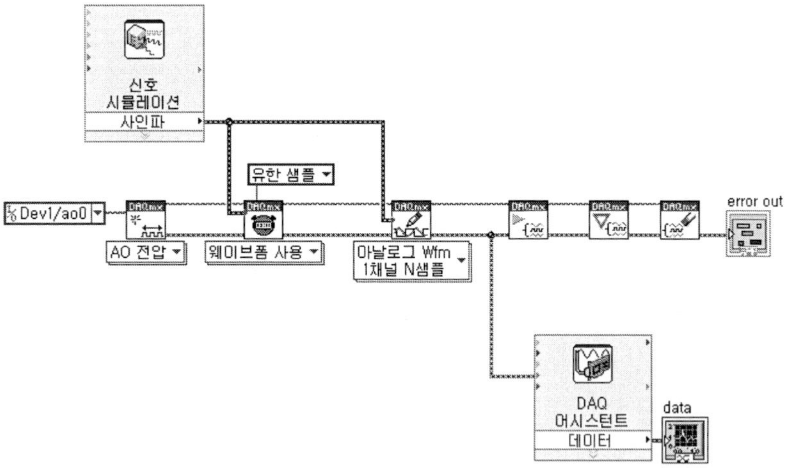
신호
시뮬레이션
사인파
유한 샘플
Dev1/ao0
AO 전압
웨이브폼 사용
아날로그 Wfm
1채널 N샘플
error out
DAQ
어시스턴트
데이터
data

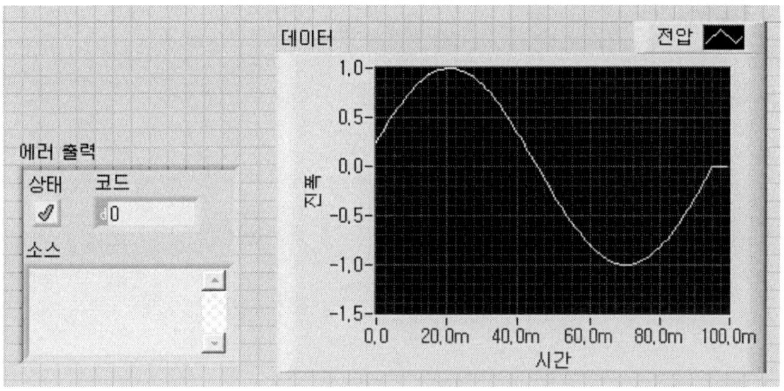
데이터
전압
에러 출력
상태
코드
0
소스
1,0
0,5
0,0
-0,5
-1,0
-1,5
진폭
0,0
20,0m
40,0m
60,0m
80,0m
100,0m
시간

연습 6-4 끝

연습 6-5. 1D DBL 배열을 이용한 웨이브폼 출력

For 루프와 사인 함수를 이용하여 사인파형을 만들고 출력해봅니다.

⌘ 블록다이어그램

1. 다음과 같이 For 루프와 사인 함수를 이용하여 사인파 배열을 생성시키고, 업데이터 속도(Rate)에 1000을 입력하여 10Hz의 사인파를 생성합니다.

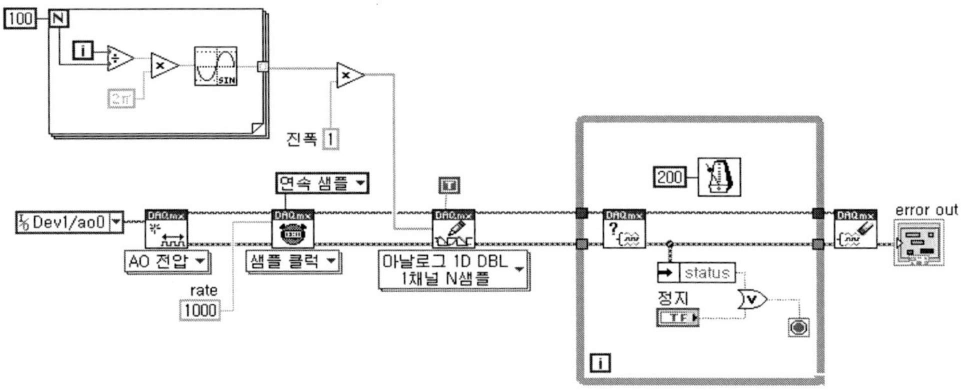

DAQmx 타이밍을 [샘플 클럭]으로 바꾸어주고, 업데이트 속도를 입력하였습니다. 그리고 DAQmx 쓰기를 아날로그 > 단일채널 > 여러샘플 > 1D DBL로 설정하였습니다.

For 루프를 이용하는 경우에는 웨이브폼의 배열 크기와 Update rate를 이용하여 실제로 출력되는 주파수를 계산할 수 있습니다.

출력 주파수 = Update rate / 배열 크기

2. VI를 실행하고, 출력되는 웨이브폼을 오실로스코프나 DAQ 보드의 아날로그 입력 채널로 측정합니다.

연습 6-5 끝

마. 아날로그 출력의 트리거링

아날로그 출력 VI에서도 DAQmx 트리거 함수를 이용하여 트리거링 설정할 수 있습니다. 다음 연습에서 트리거 신호를 받아서 웨이브폼의 출력을 시작하는 방법에 대하여 배워봅니다.

연습 6-6. 연속 웨이브폼 출력(디지털 트리거)

시작 트리거를 받으면 웨이브폼 출력을 시작하는 VI를 만들어봅니다.

⌘ 블록다이어그램

1. 다음과 같이 블록다이어그램을 구성합니다.

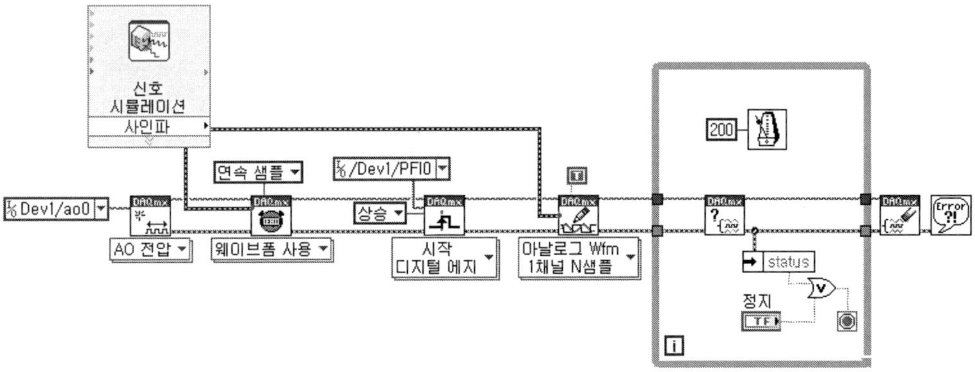

연속 아날로그 웨이브폼 출력 VI를 수정하여 블록다이어그램을 완성하였습니다.

 DAQmx **트리거**를 추가하고 [상승 에지]를 선택하고, 트리거 소스로 PFI0번 핀을 선택하였습니다.

2. 다음과 같이 블록다이어그램을 수정하여 아날로그 출력을 아날로그 입력으로 확인합니다. DAQ 어시스턴트를 추가하고, 연속 아날로그 입력으로 설정합니다.
3. VI를 실행하고, PFI 0번 핀에 상승 에지 트리거를 입력하여 아날로그 출력을 시작하고 아날로그 입력 채널로 받아서 웨이브폼 그래프에 디스플레이합니다.

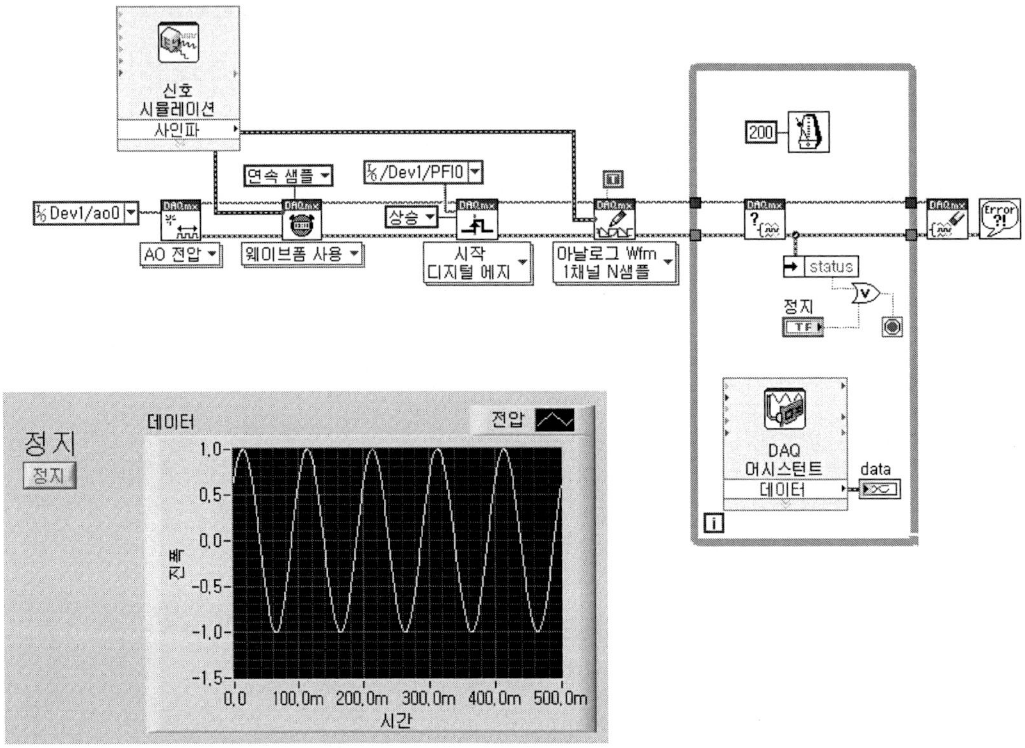

연습 6-6 끝

바. 연속 웨이브폼 출력 설정 변경

연속 웨이브폼 출력 VI에서 업데이트 속도를 변경하여 출력 신호의 주파수를 변경하거나 웨이브폼 데이터의 주파수나 진폭 정보를 수정하여 새로 업데이트하는 방법으로 출력 신호의 주파수나 진폭을 변경할 수 있습니다. 다음 연습들은 통하여 각각의 방법에 대하여 배워봅니다.

연습 6-7. 연속 웨이브폼 출력 (업데이트 속도 변경)

DAQmx의 업데이트 속도를 변경하여 출력 주파수를 바꿀 수 있는 VI를 만들어봅니다.

⌘ 블록다이어그램

1. 다음과 같이 블록다이어그램을 구성합니다.

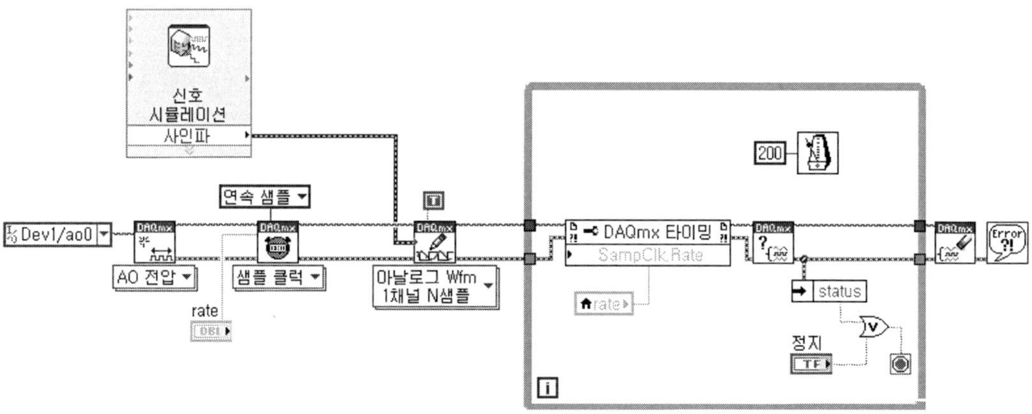

a. DAQmx 타이밍을 [샘플 클럭]으로 설정하고, 업데이트 속도 (rate)에 대한 컨트롤을 생성합니다.

b. **DAQmx 타이밍 프로퍼티 노드**는 측정 I/O > DAQmx-데이터 수집 팔레트에서 찾을 수 있습니다. 타이밍을 추가로 변경시킬 때 사용하는 함수입니다. 샘플 클럭 > 속도를 선택해줍니다. rate 컨트롤의 로컬 변수를 만들어 SampClk.Rate에 입력합니다.

2. DAQ 어시스턴트를 이용하여 아날로그 입력을 추가하고, 아날로그 출력 신호를 측정하여 웨이브폼 그래프에 디스플레이해줍니다. VI를 실행하고, 속도(rate)를 조정해주면 아날로그 출력 신호의 주파수가 변경됨을 확인할 수 있습니다.

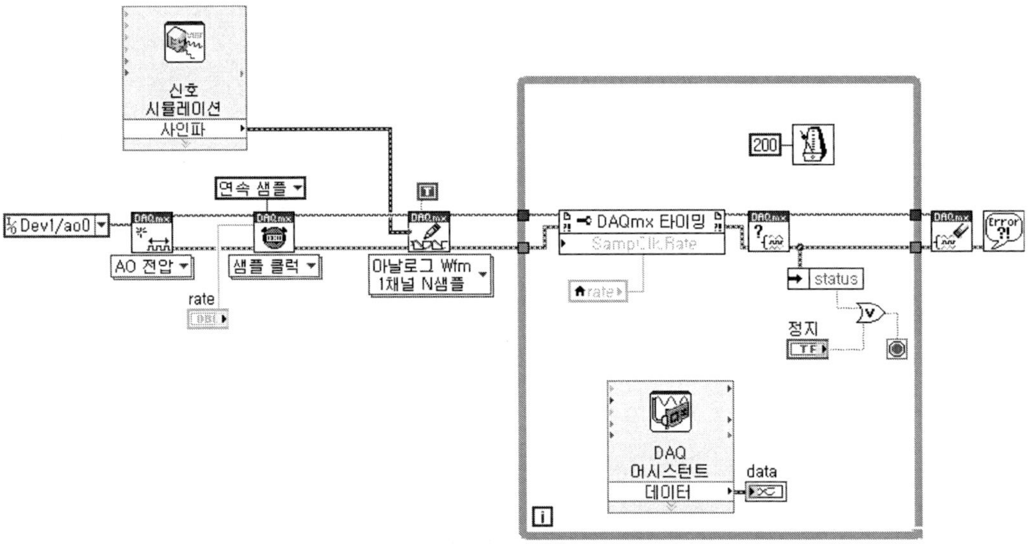

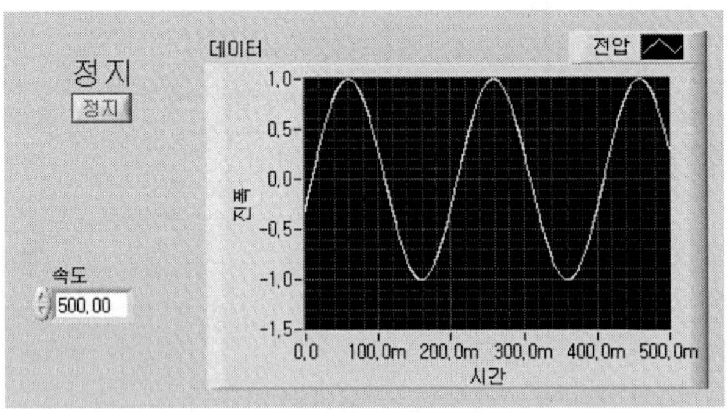

연습 6-7 끝

연습 6-8. 연속 웨이브폼 출력 (진폭과 주파수 변경)

DAQmx에 써주는 웨이브폼 데이터의 진폭이나 주파수를 변경하여 새로 업데이트하는 방법을 배워봅니다.

⌘ 블록다이어그램

1. 다음과 같이 블록다이어그램을 구성합니다.

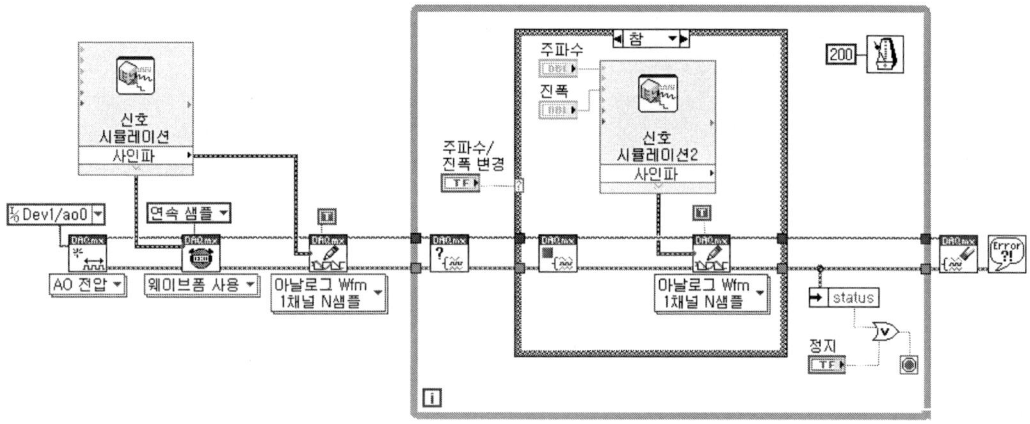

a. While 루프 속에 Case 구조를 위치시키고, 참인 경우에는 DAQmx 태스크 정지와 DAQmx 쓰기를 이용하여 기존 태스크를 중지하고, 새로운 출력 데이터로 업데이트합니다. 거짓인 경우에는 빈 케이스입니다.

b. 주파수나 진폭을 수정한 뒤에 [주파수/진폭 변경] 불리언 버튼을 클릭하여 새로운 데이터를 업데이트합니다. 한번 클릭에 한번만 업데이트해야 되므로 불리언 버튼의 기계적 동작은 [놓을 때 래치]입니다.

2. DAQ 어시스턴트를 이용하여 아날로그 입력을 추가하고, 아날로그 출력 신호를 측정하여 웨이브폼 그래프에 디스플레이해줍니다. VI를 실행하고 주파수나 진폭을 변경해서 새롭게 업데이트해봅니다.

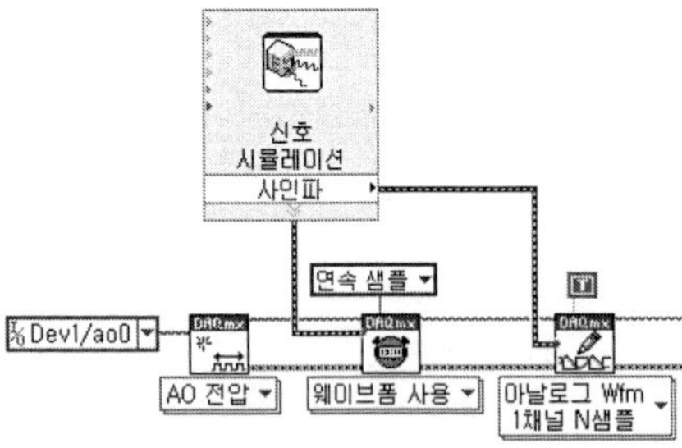
신호
시뮬레이션
사인파
연속 샘플
Dev1/ao0
AO 전압
웨이브폼 사용
아날로그 Wfm
1채널 N샘플

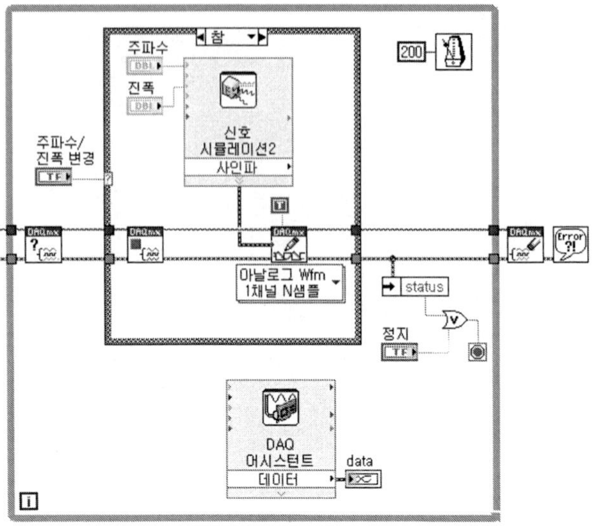
주파수/
진폭 변경
참
주파수
진폭
신호
시뮬레이션2
사인파
아날로그 Wfm
1채널 N샘플
200
status
정지
DAQ
어시스턴트
데이터
data

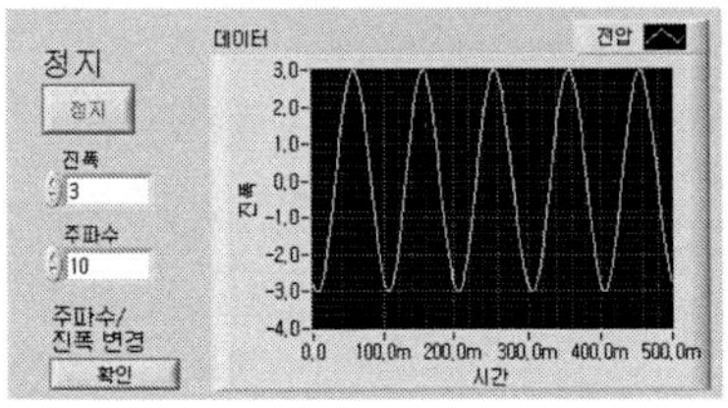
정지
정지
진폭
3
주파수
10
주파수/
진폭 변경
확인
데이터
전압
시간

연습 6-8 끝

사. 동시 아날로그 입력과 출력

아날로그 출력 VI와 아날로그 입력 VI를 각각 만들어 동시에 실행할 수 있습니다. 또한 한 개 VI에서 일력과 출력을 동시에 수행하도록 VI를 구성할 수 있습니다. 다음 연습을 통하여 아날로그 입력과 출력을 동시에 수행하는 VI에 대하여 배워봅니다.

연습 6-9. 동시 아날로그 입력과 아날로그 출력

DAQmx함수를 이용하여 아날로그 입력과 아날로그 출력을 동시에 수행하는 VI를 만들어봅니다.

⌘ 블록다이어그램

1. 다음과 같이 블록다이어그램을 구성합니다.

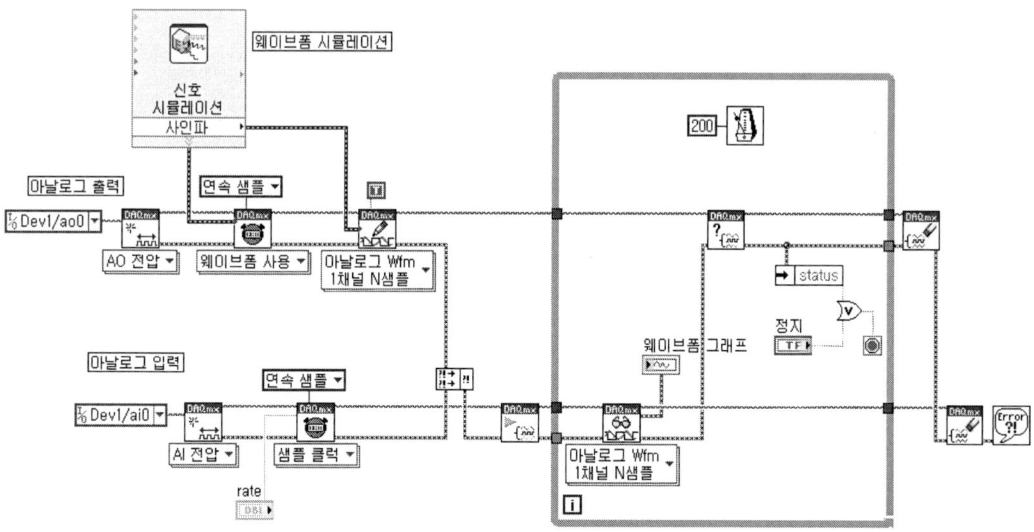

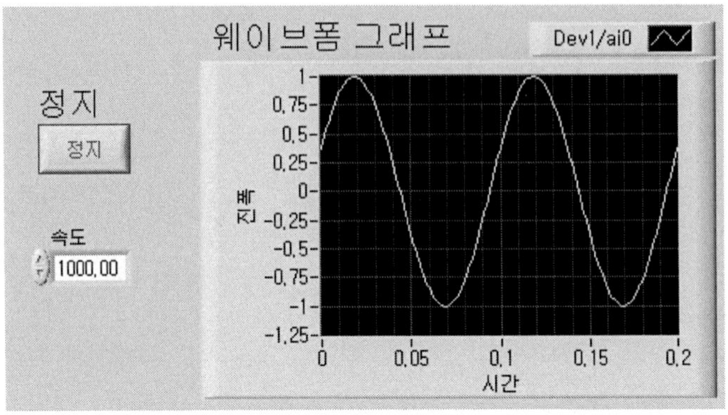

a. Error 라인을 제외하면 윗부분은 아날로그 출력 VI이고, 아랫부분은 아날로그 입력 VI입니다. 아날로그 입력 Task와 아날로그 출력 Task를 각각 작성하고 Error 라인을 이용하여 순서를 정해주었습니다. 특히 Multifunction I/O 보드를 사용할 경우, DMA나 IRQ와 같은 리소스의 제한이 있으므로 각 함수의 실행순서를 잘 정해주어야 됩니다. 일반적으로 아날로그 출력을 먼저 시작합니다.

b. 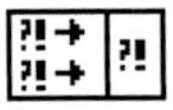 **에러 병합**은 함수 > 프로그래밍 > 대화 상자 & 사용자 인터페이스 팔레트에서 찾을 수 있습니다. LabVIEW 2010 버전부터 모양이 바뀌었습니다.

연습 6-9 끝

요약정리

가. DC 아날로그 신호 출력과 웨이브폼 출력이 가능합니다.

나. DAQ 어시스턴트를 이용하여 직관적인 방법으로 아날로그 출력 어플리케이션을 구현할 수 있습니다.

다. DAQmx 함수를 이용하여 아날로그 출력 어플리케이션을 구현할 수 있습니다. 이때 DAQmx 함수의 다형성을 이용합니다.

라. 시작 트리거를 이용하여 트리거링 방식으로 아날로그 출력 어플리케이션을 구현할 수 있습니다.

마. DAQmx 타이밍 프로퍼티 노드를 이용하여 업데이트 속도를 변경할 수 있습니다.

바. 출력 웨이브폼 데이터를 변경하여 웨이브폼 출력의 진폭과 주파수를 변경할 수 있습니다.

사. 에러 라인을 이용하여 아날로그 출력과 입력의 어플리케이션 실행 순서를 지정하고, 동시에 수행되도록 구성할 수 있습니다.

Note

제 7 장

디지털 신호 측정

이 장에서는 데이터 수집보드를 이용하여 디지털 신호를 측정하고 생성하는 방법을 배워봅니다.

가. 디지털 신호

앞 장에서는 아날로그 신호를 디지털 신호로 변경하여 측정하는 방법을 배웠습니다. 이번 장에서는 디지털 신호를 측정하고 생성하는 방법에 대하여 설명하겠습니다. 디지털 신호는 High와 Low의 두 가지 논리 상태를 가진 신호입니다.

1. 5V TTL/CMOS 신호

TTL 또는 CMOS 칩으로 생성하는 5V 디지털 신호는 주로 통신이나 회로제어 등에 사용됩니다. 5V TTL 신호는 다음과 같이 정의됩니다.

Logic Low = 0V에서 0.8V 사이
Logic High = 2V에서 5V 사이

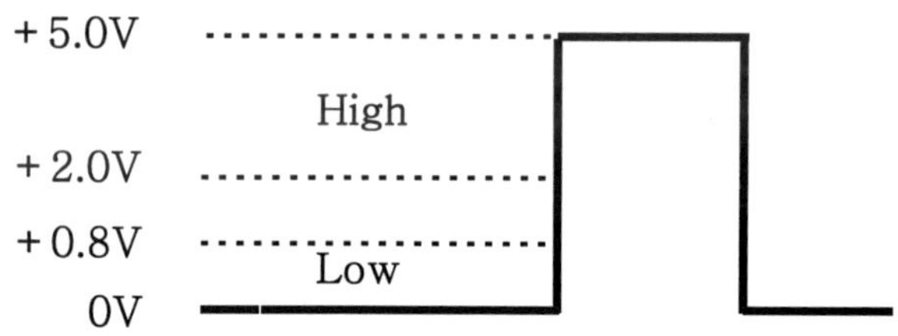

TTL과 CMOS는 디지털 신호를 생성하는 칩의 종류를 나타냅니다. 일반적으로 TTL 신호가 더 깔끔한 사각파를 만들 수 있는 방식이지만 최근에는 기술이 발달하여 CMOS도 TTL과 비슷한 수준의 사각파를 생성할 수 있습니다.

2. 24V 디지털 입출력

산업 현장에는 노이즈가 많지만 5V 디지털 신호는 노이즈에 취약한 단점이 있습니다. 그래서 산업용 접점제어나 모니터링에서는 24V 디지털 신호를 많이 사용합니다. 하드웨어에 따라서 Threshold 전압은 다르지만, NI-6514의 경우, Low Threshold ±4V, High Threshold ±11V입니다.

로직 Level	최 소	최 대
Low	0V	±4V
High	±11V	±30V

3. Sinking과 Sourcing

24V 접점제어에서는 Sinking과 Sourcing을 구분해주어야 됩니다. 5V TTL 신호에서는 디지털 신호의 전력이 중요하지 않았지만 24V 접점제어에서는 디지털 신호의 전력이 중요한 의미를 가집니다. Sinking과 Sourcing은 디지털 접점제어에서 전원을 어떤 방식으로 공급할 것인가를 구분하는 용어입니다. Sinking 디지털 입출력은 그라운드를 제공하고, Sourcing 디지털 입출력은 전압 소스를 제공합니다.

디지털 출력을 디지털 입력으로 연결한 단순한 회로를 생각해 보면, 이 회로에는 전압 소스와 그라운드 그리고 로드가 필요합니다. Sourcing 디지털 입출력은 이 회로에 필요한 전압을 넣어주고, Sinking 디지털 입출력은 이 회로에 필요한 그라운드를 제공합니다. 디지털 입력부에는 이 회로가 작동하는데 필요한 로드가 있습니다.

a. Sourcing 출력과 Sinking 입력

회로에서 Sourcing 디지털 출력은 전압을 제공하고, Sinking 디지털 입력에는 로드와 그라운드를 제공합니다. 디지털 출력은 트랜지스터를 이용해서 라인을 0V로 유지시키거나 +V로 올려줍니다. 대부분의 접점제어가 이런 방식입니다.

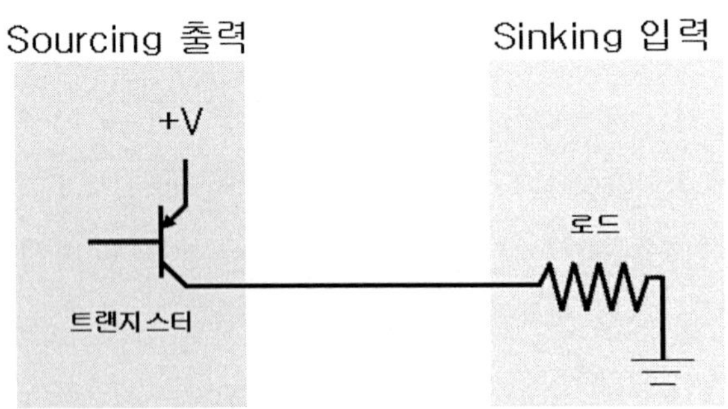

b. Sinking 출력과 Sourcing 입력
회로에서 Sinking 디지털 출력은 트랜지스터를 이용해서 라인을 high(+V)로 유지시키거나 그라운드(0V) 상태로 떨어뜨리고, Sourcing 디지털 입력에는 전압과 로드를 제공합니다.

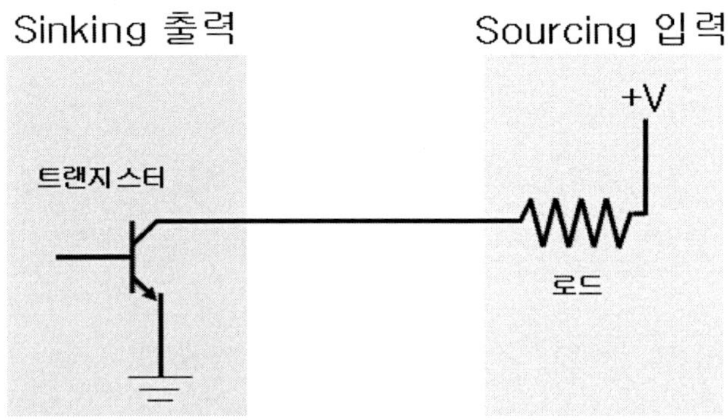

c. Sinking 출력과 Sinking 입력
디지털 접점 회로에는 전압 소스와 그라운드 그리고 로드가 필요하므로 항상 Sinking과 Sourcing이 짝을 이루도록 구성해야 됩니다. 그러나 만약 Sinking을 Sinking에 연결하고자 할 경우에는 다음과 같이 Pull-up 저항과 +V를 이용하여 전압을 제공해주어야 됩니다.

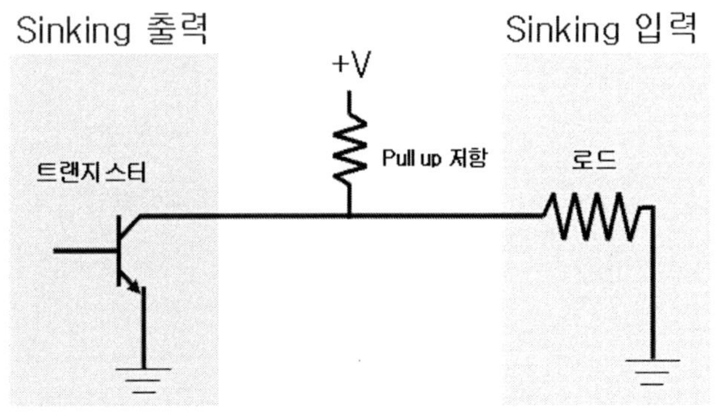

이러한 Sourcing과 Sinking의 개념은 LabVIEW 프로그래밍에서는 고려할 필요가 없지만, 실제 하드웨어가 구동하기 위해서는 꼭 확인하여 회로를 구성해주어야 됩니다.

4. Port와 Line

디지털에서는 입출력 라인(Line)이라고 부릅니다. 아날로그의 채널과 동일합니다. 그리고 Line을 8개 혹은 16개를 묶어서 한 개의 포트로 지정할 수 있습니다. 디지털 입출력은 Line 단위로 제어할 수도 있고, 포트 단위로 제어할 수도 있습니다.

다음은 MAX의 테스트 패널를 이용하여 NI USB-6212의 디지털 Port 0에 있는 Line 0:3을 출력으로 지정하고, Line 4:7을 입력으로 지정하여 테스트하는 예입니다.

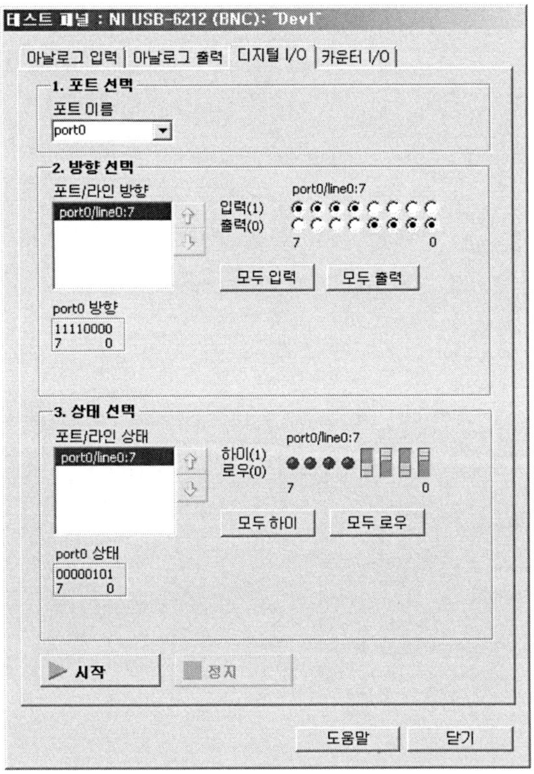

a. Measurement & Automation Explorer에서 내 시스템 > 디바이스와 인터페이스 > NI DAQmx 디바이스에서 USB-6212을 선택하고, 테스트 패널을 실행합니다. 위와 같이 디지털 I/O 탭을 선택합니다.

b. 포트 선택에서 "port0" 을 선택합니다.

c. 방향 선택에서 각 라인을 입력 혹은 출력을 설정해줄 수 있습니다. 0~3번 라인은 출력으로 설정하고, 4~7번 라인은 입력으로 설정해주었습니다.

d. 상태 선택에서 디지털 출력 라인의 출력값을 지정할 수 있습니다.

5. 소프트웨어 타임 디지털 입출력

컴퓨터 시스템 Clock을 이용하여 디지털 입출력을 제어할 수 있습니다. 일반적인 디지털 접점제어가 여기에 속합니다. 저속 제어이며, Unstrobed, 혹은

Static 디지털 입출력이라고도 부릅니다. 저속 접점제어에서는 절연(Isolation)과 24V 이상의 로직 레벨, 노이즈 필터, 디지털 입출력 Watchdog, Power-up 상태 지정과 같은 기능들이 필요합니다. 펌프, 밸브, 모터, 액추에이터 제어나 디지털 센서 모니터링 등에 사용됩니다.

노이즈 필터

노이즈 필터는 접점이 On/Off하는 순간 발생하는 Spike나 Glitch 등을 포함한 고주파 노이즈 성분을 제거하는 기능입니다.

디지털 입출력 Watchdog

디지털 입출력 보드가 컴퓨터의 상태를 일정한 간격으로 모니터링하여 사고에 대응하는 기능입니다. 디지털 접점에는 여러 가지 액추에이터가 연결되어 있으므로 컴퓨터의 고장으로 엉뚱한 값이 액추에이터에 전달되었을 때, 예상할 수 없는 사고가 발생할 수 있습니다. 그러므로 디지털 입출력 하드웨어는 일정한 간격으로 컴퓨터의 OS나 응용 소프트웨어의 상태를 모니터링해야 됩니다. 문제가 발생할 경우, 디지털 라인들을 미리 약속된 상태로 바꾸어줍니다.

Power-up 상태

컴퓨터에 전원을 넣고 켰을 때, 디지털 입출력 하드웨어가 초기에 가지는 상태를 의미합니다. 응용프로그램이 실행되면, 디지털 라인을 사용자가 원하는 상태로 지정할 수 있지만, 응용프로그램이 실행되기 전까지는 디지털 입출력 하드웨어가 가지는 라인 상태를 소프트웨어적으로 제어할 수 없습니다. 그러므로 Power-Up 상태를 하드웨어적으로 제어해야 됩니다. 제어할 수 없다면, 컴퓨터를 켤 때마다 엉뚱한 동작을 하게 될 것입니다.

6. 하드웨어 타임 디지털 입출력

컴퓨터의 소프트웨어 클럭으로는 고속의 디지털 패턴 입출력을 구현할 수 없습니다. 이런 경우에는 전용 DIO 보드를 이용하고, DIO 보드의 온보드 클럭을 이용합니다. 이러한 고속 디지털 패턴 입출력은 메모리 테스트나,

Function 테스트, Logic Analyzer, 디지털 통신 등에서 사용됩니다.

7. LabVIEW에서의 디지털 신호 표현

LabVIEW로 디지털 신호를 표현하는 방법은 크게 두 가지입니다. **불리언 배열**을 이용하는 방법과 **숫자형**을 이용하는 방법이 있습니다.

불리언 배열

다음과 같이 불리언 배열로 디지털 포트를 표현할 수 있습니다. 8bits의 디지털 데이터를 불리언 배열로 표현한 것입니다.

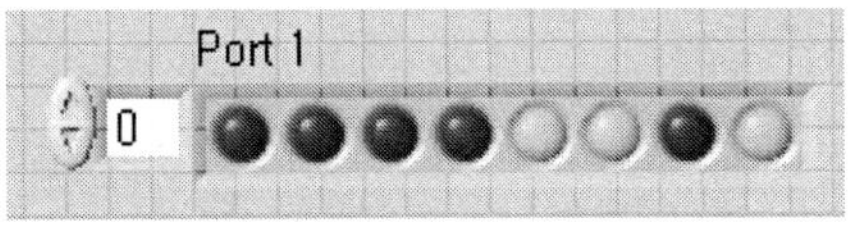

숫자형

U32 타입의 숫자형으로 불리언 배열을 표현할 수 있습니다. 또한 숫자형은 16진수, 10진수, 또는 2진수 등으로 표현할 수 있습니다. 불리언 배열을 숫자형으로 바꾸면 다음과 같습니다.

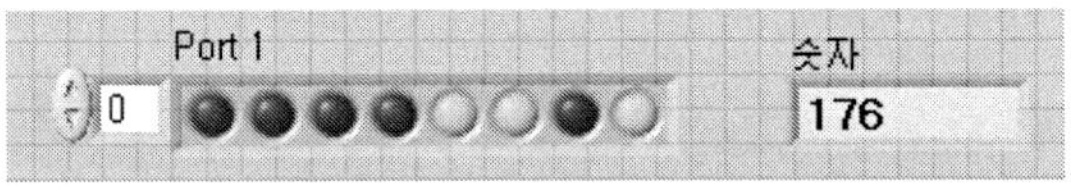

불리언 배열을 숫자로는 불리언 팔레트에서 찾을 수 있습니다. 이름과 같이 불리언 배열을 숫자로 바꾸는 함수입니다.

숫자형은 다음과 같이 16진수, 10진수, 8진수, 2진수, SI 표기법 등으로 표현할 수 있습니다. 숫자형의 단축메뉴에서 **보이는 아이템 > 기수**를 선택해줍니다. 다음과 같이 **d, x, b** 기수가 나타납니다. 숫자 176을 16진수로 표현하면 B0이고, 2진수로 표현하면 10110000입니다. 2진수에서 1은 High를 0은 Low를 의미합니다. 그리고 불리언 배열은 2진수 표기와 반대 순서로 표현됨을 확인할 수 있습니다.

10진수 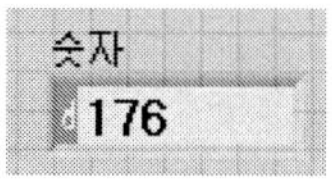

16진수 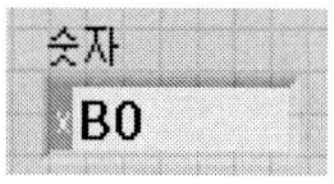

2진수 

다음과 같이 간단한 VI를 작성하여 불리언 배열을 숫자형으로 바꾸는 예제를 만들 수 있습니다.

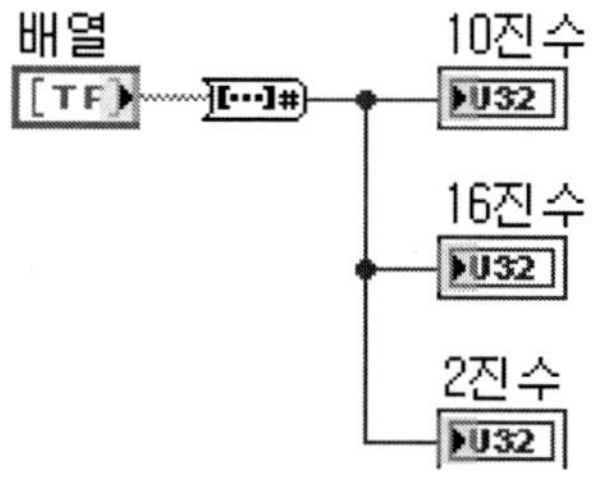

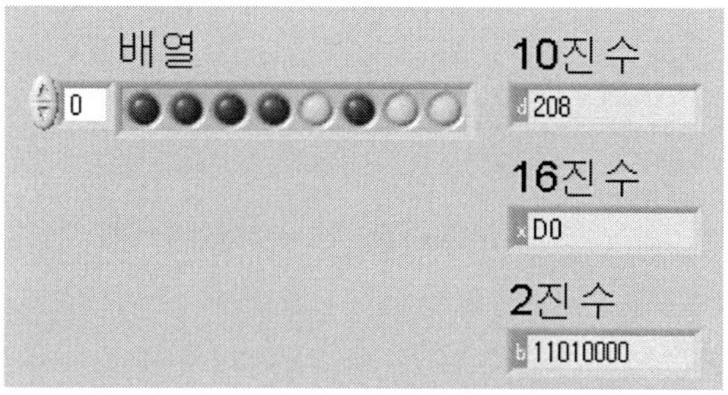

나. DAQ 어시스턴트를 이용한 디지털 입출력

디지털 라인이나 포트의 상태를 모니터링하거나 디지털 라인으로 High나 Low의 로직을 출력할 수 있습니다. 이러한 디지털 입출력은 산업 자동화를 위한 접점 모니터링이나 접점 제어에서 많이 사용됩니다. 그리고 고속 디지털 입출력은 반도체 칩이나 기판을 테스트하거나 제어하는 신호를 생성하고, 카메라 모듈의 출력을 모니터링하고, OLED나 LCD, PDP 디스플레이어 등에 출력할 신호를 생성할 수 있습니다.

 **DAQ 어시스턴트**를 이용하여 아날로그 입출력뿐만 아니라 디지털 입출력 제어도 쉽게 구현할 수 있습니다. DAQ 어시스턴트는 함수 > 측정 I/O > DAQmx – 데이터 수집 팔레트에서 찾을 수 있습니다.

블록다이어그램에 DAQ 어시스턴트를 위치시키면, 다음과 같은 **익스프레스 태스크 새로 생성** 창이 팝업됩니다. 디지털 포트의 출력을 제어하고자 한다면, 신호 생성 > 디지털 출력 > 포트 출력을 선택합니다.

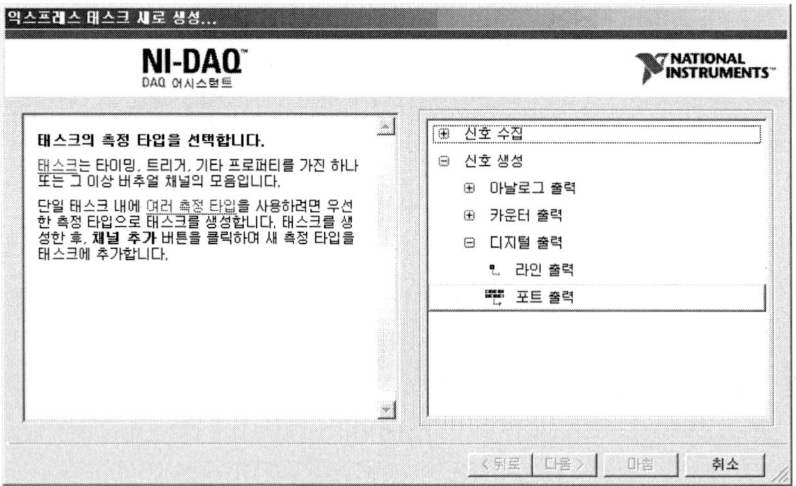

다음 스텝에서 사용할 디지털 포트를 선택해주고, 마침 버튼을 클릭하면, 다음과 같이 DAQ 어시스턴트가 팝업됩니다.

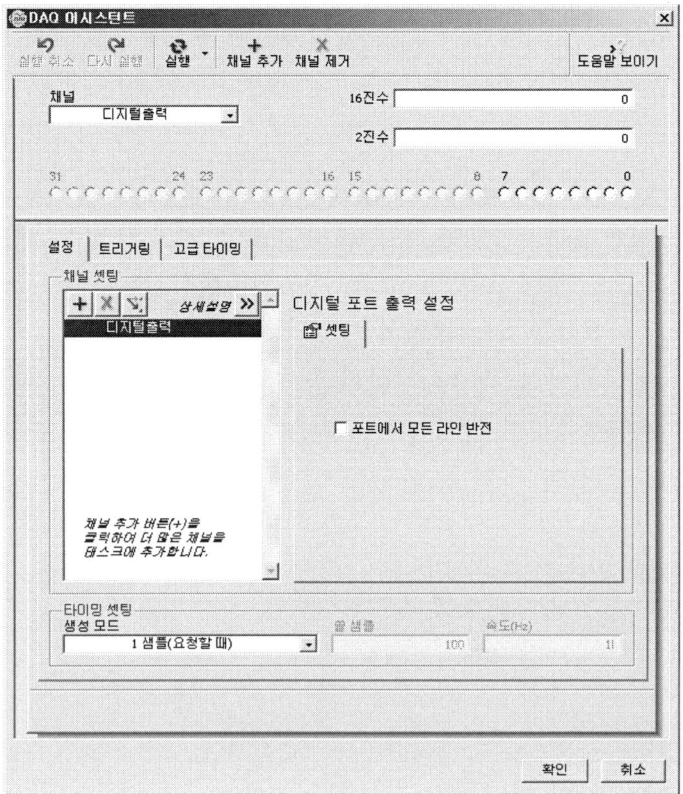

타이밍 셋팅의 생성모드를 1샘플(요청할 때)로 선택하고 확인 버튼을 클릭하여 설정을 적용합니다. 1샘플(요청할 때)은 소프트웨어 타임 디지털 접점 제어 및 모니터링을 구현하기 위한 것입니다.

다음과 같이 DAQ 어시스턴트의 [데이터] 입력에서 단축메뉴로 **생성 > 컨트롤**을 수행하면, U32 숫자형 1차원 배열이 생성됩니다. 1D U32 배열은 동시에 여러 Port를 설정하기 위한 것입니다.

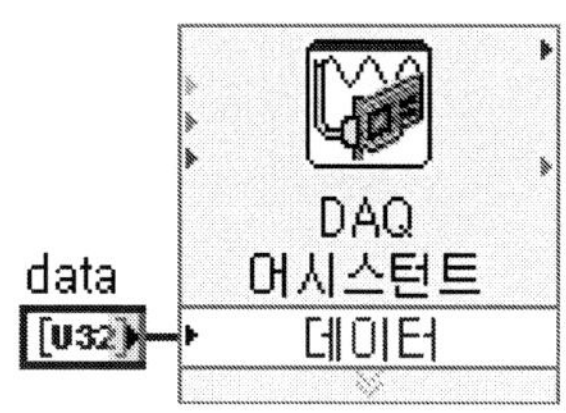

연습 7-1. DAQ 어시스턴트를 이용한 디지털 출력

DAQ 어시스턴트를 이용하여 디지털 라인들의 출력을 제어하는 VI를 작성합니다.

⌘ 프런트패널

1. 다음과 같이 원형 LED를 이용하여 불리언 배열을 만듭니다. 이때 원형 LED의 초기 설정은 인디케이터이므로, 단축메뉴에서 [컨트롤로 변경]을 선택하여 컨트롤로 변경해줍니다.
2. 숫자형 인디케이터 세 개를 위치시키고, 단축메뉴의 보이는 아이템에서 기수를 선택해줍니다. 그리고 각각 10진수, 16진수, 그리고 2진수로 기수를 설정해줍니다.

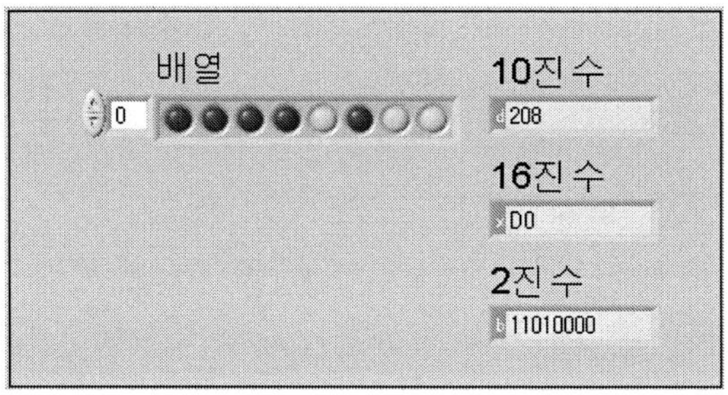

⌘ 블록다이어그램

3. 다음과 같이 블록다이어그램을 구성합니다.

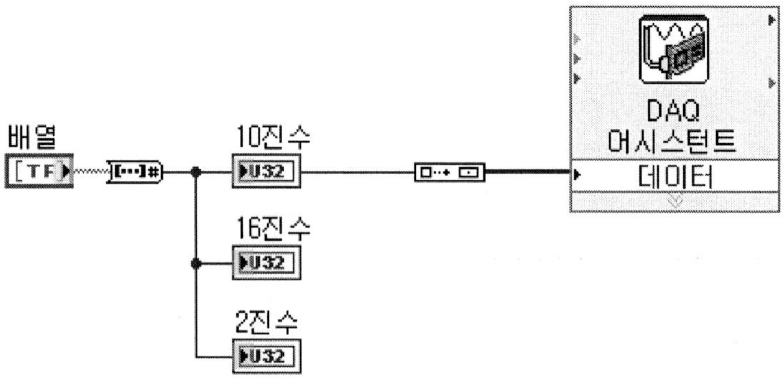

a. DAQ 어시스턴트를 이용하여 신호 생성 > 디지털 출력 > 포트 출력을 선택해줍니다. 지원되는 물리적 채널로 port0를 선택합니다.

b. DAQ 어시스턴트에서 타이밍 셋팅의 생성모드를 1샘플(요청할 때)로 선택합니다.

c. **불리언 배열을 숫자로**를 이용하여 1차원 불리언 배열을 U32 숫자형으로 바꾸어줍니다. 함수 > 프로그래밍 > 불리언 팔레트에서 찾을 수 있습니다.

d. **배열 만들기**를 이용하여 1차원 U32 숫자형 배열을 만들어줍니다. 배열 만들기는 함수 > 프로그래밍 > 배열 팔레트에서 찾을 수 있습니다.

4. 디지털포트제어.vi로 저장하고 실행합니다. port0의 각 라인들을 디지털 멀티미터로 확인하면 High와 Low 상태를 확인할 수 있습니다.
5. 다음과 같이 이벤트 구조를 추가하여 블록다이어그램을 변경해봅니다. 이벤트 케이스로는 ["배열" : 값 변경]과 ["정지" : 값 변경]을 만들었습니다. LED 불리언 배열의 값이 바뀌거나 정지 버튼을 클릭했을 때, 이벤트가 발생하도록 만들었습니다.

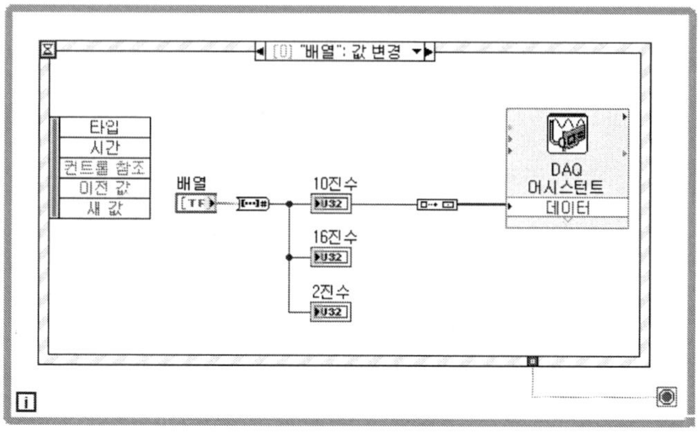

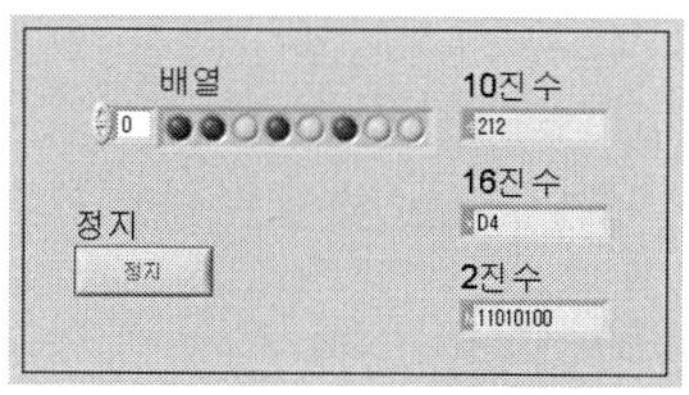

연습 7-1 끝

연습 7-2. DAQ 어시스턴트를 이용한 디지털 입력

DAQ 어시스턴트를 이용하여 디지털 포트 읽기를 구현해봅니다.

⌘ 블록다이어그램

1. 다음과 같이 블록다이어그램을 구성합니다.

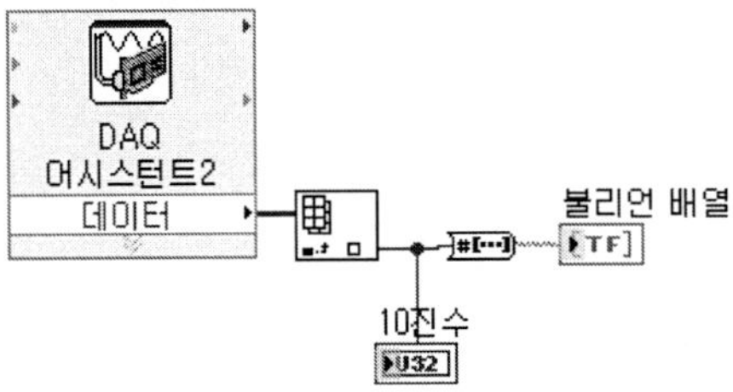

a. DAQ 어시스턴트를 이용하여 **신호 수집 > 디지털 입력 > 포트 입력**으로 설정해줍니다.

b. 물리적채널에서 **Port2**을 선택해주고, 마침 버튼을 클릭합니다.

c. DAQ 어시스턴트에서 타이밍 셋팅의 수집 모드를 **1샘플(요청할 때)**로 선택해주고, 확인 버튼을 클릭하여, 설정을 적용합니다.

d. **배열 인덱스** 함수를 이용하여 I32 숫자형 한 개를 분리해냅니다. 배열 인덱스는 함수 > 프로그래밍 > 배열 팔레트에서 찾을 수 있습니다.

e. **숫자를 불리언 배열로**를 이용하여 I32 숫자형을 불리언배열로 바꾸어 줍니다. 숫자를 불리언 배열로는 함수 > 프로그래밍 > 불리언 팔레트에서 찾을 수 있습니다.

2. 다음과 같이 프런트패널을 정리하고 실행합니다.

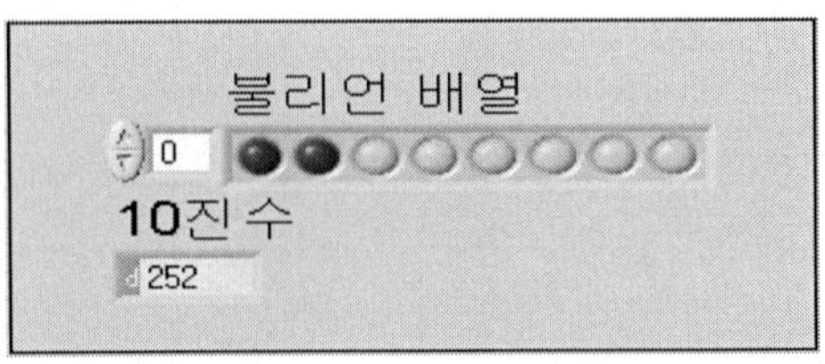

⌘ 디지털 출력과 입력

3. USB-6212를 사용하는 경우, 다음과 같이 Port0과 Port2를 라인 대 라인으로 연결해줍니다.

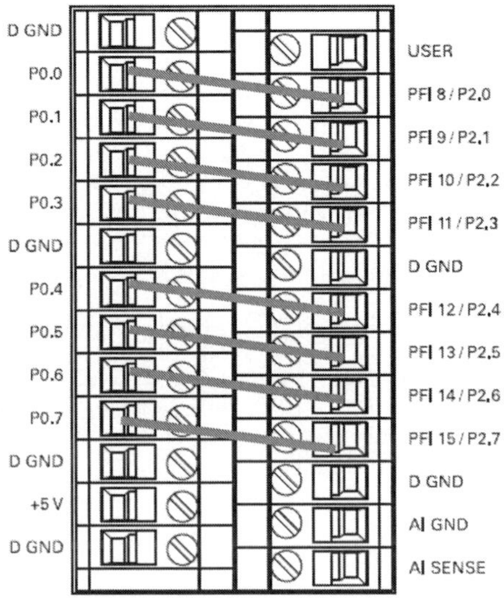

4. 플랫 시퀀스 구조를 위치시키고, 단축메뉴에서 [다음에 프레임 추가]를 선택하여 두 개의 프레임 구조로 만듭니다.
5. 첫 번째 프레임에는 디지털 Port0에 대하여 포트 출력을 구현하고, 두 번째 프레임에는 디지털 Port2에 대하여 포트 입력을 구현합니다.

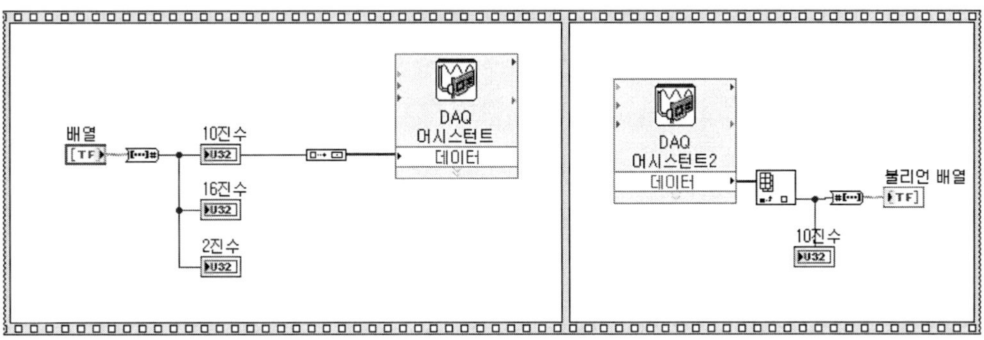

6. 디지털 출력단을 설정한 뒤에 VI를 실행합니다.

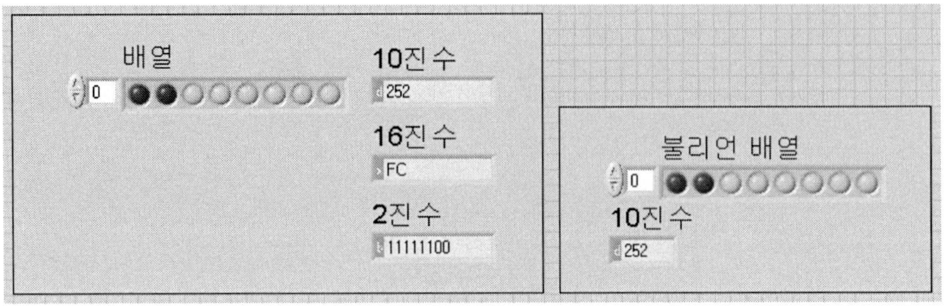

7. While 루프를 추가하여 연속 실행이 가능하도록 변경합니다.

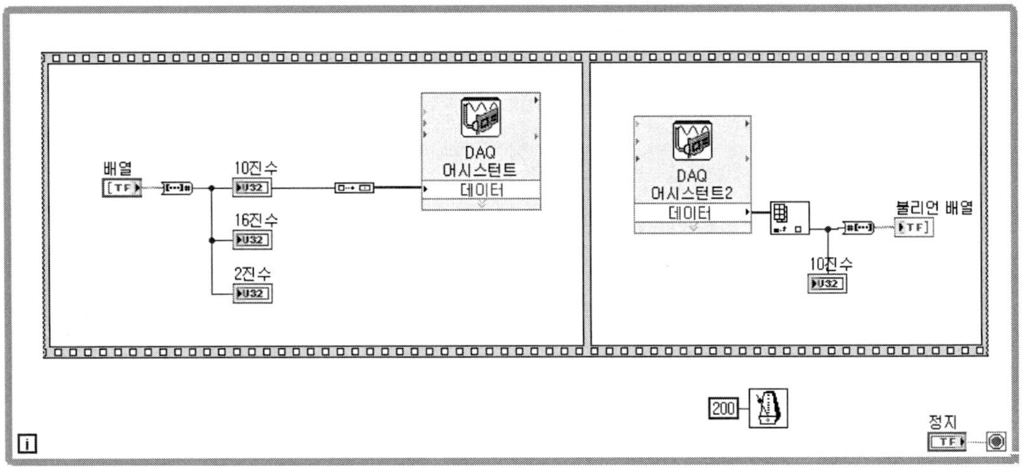

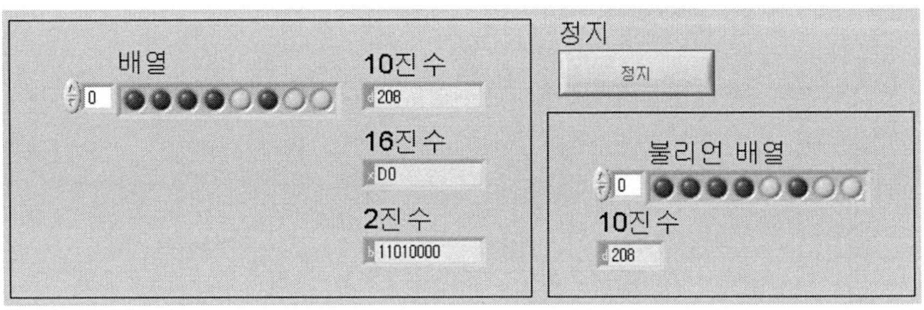

연습 7-2 끝

다. DAQmx 함수를 이용한 디지털 입출력

DAQmx 함수를 이용하여 DAQ 어시스턴트와 동일한 VI를 만들 수 있습니다. 다음은 연습 7-2를 DAQmx로 동일하게 구현한 것입니다. DAQmx 함수는 다형성을 가지기 때문에 함수의 다형성을 디지털 출력이나 디지털 입력으로 선택하여 디지털 입출력 VI를 완성할 수 있습니다.
소프트웨어 타이밍 디지털 입출력이므로 DAQmx 타이밍 함수는 사용하지 않았습니다. 다음 연습으로 통하여 DAQmx를 이용한 디지털 입출력을 배워 봅니다.

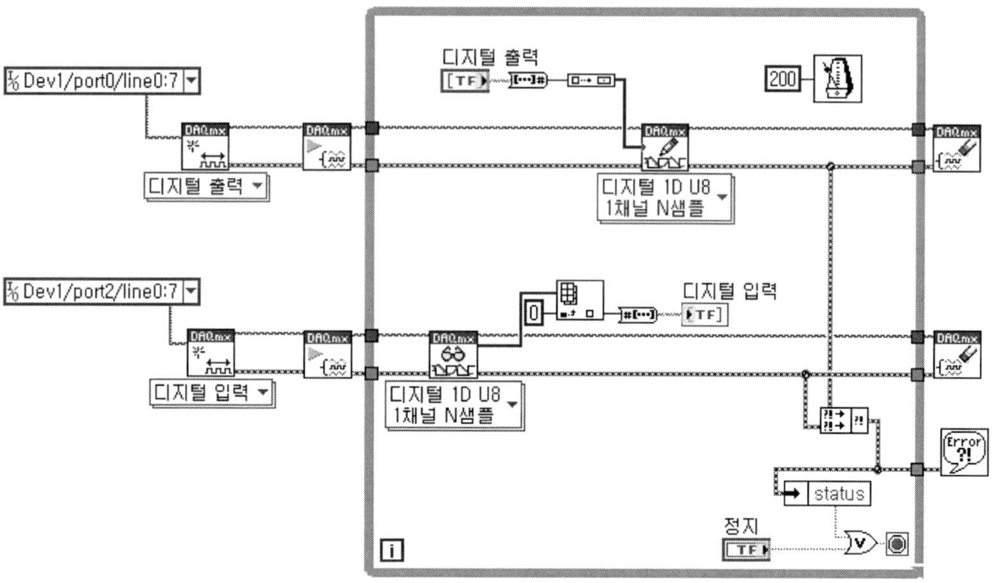

연습 7-3. DAQmx를 이용한 디지털 라인 출력

저속 접점제어나 LED 점등에 사용할 수 있는 VI를 만들어봅니다. E시리즈 보드와 M시리즈 보드, 30V/60V 접점제어 보드를 이용하여 디지털 신호를 생성할 수 있습니다.

⌘ 블록다이어그램

1. DAQmx 버추얼 채널 생성, 태스크 시작, 쓰기, 태스크 지우기를 사용하여 다음과 같이 블록다이어그램을 구성합니다.

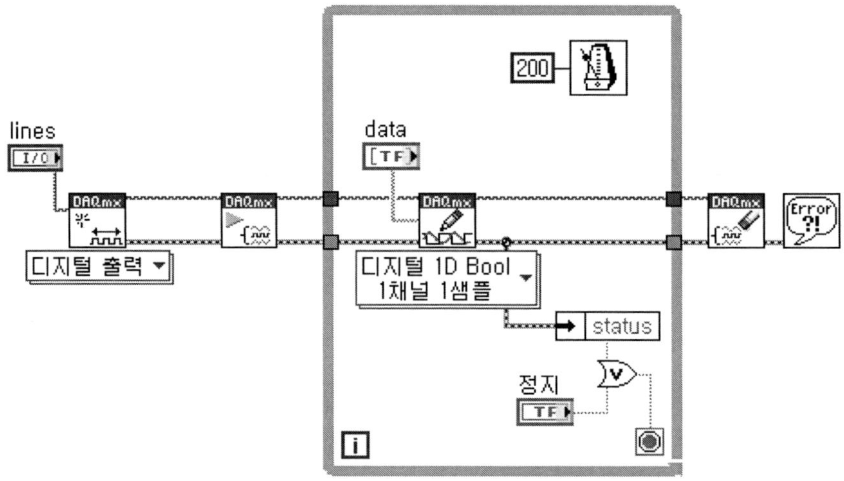

a. DAQmx 버추얼 채널 생성은 함수 > 측정 I/O > DAQmx – 데이터 수집 팔레트에서 찾을 수 있습니다. **디지털 출력**으로 설정해줍니다. 단축메뉴의 생성>컨트롤을 이용하여 라인(Lines)을 만들어줍니다.

b. **DAQmx 태스크 시작**은 측정 I/O > DAQmx –데이터 수집 팔레트에서 찾을 수 있습니다. 설정된 Task를 시작하는 함수입니다.

c. **DAQmx 쓰기**를 측정 I/O > DAQmx –데이터 수집 팔레트에서 찾아서 While 루프 속에 위치시킵니다. 디지털 > 단일 채널 > 단일 샘

플 > 1D 불리언 (N 라인)을 선택해주었습니다. 단축메뉴의 생성>컨트롤을 이용하여 1D 불리언 컨트롤인 data을 만들어줍니다.

d. **DAQmx 태스크 지우기**를 찾아서 블록다이어그램에 위치시킵니다. 진행 중인 Task를 정지하고 삭제하는 역할입니다. 하드웨어 실행을 종료하는 것입니다.

⌘ 프런트패널

2. 다음과 같이 프런트패널을 정리하고, DAQmx 디지털출력.vi로 저장합니다.

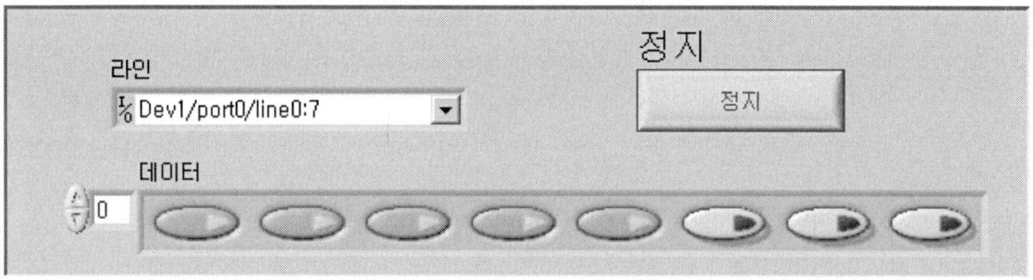

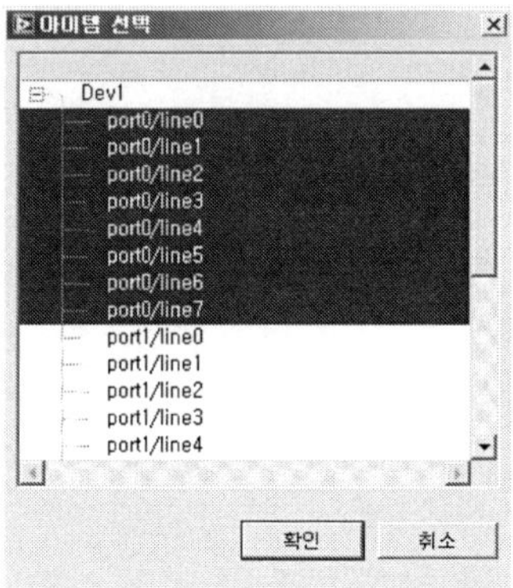

a. Dev1/port0/line0:7은 0번 Port의 0에서 7번 라인을 출력하겠다는 의미입니다. 탐색을 선택한 다음, 디지털 출력 라인들을 선택해줍니다. Line0에서 Line7까지 선택하기위하여 [Shift]키를 누른 상태에서 선택해줍니다. 확인 버튼을 클릭하면, Dev1/port0/line0:7로 설정됩니다.

b. 1D 불리언 배열의 원소를 8개로 늘려줍니다.

c. 초기에는 배열의 원소들이 활성화되어 있지 않습니다. 8개의 불리언 원소들을 한번씩 클릭해줘서 활성화시킵니다. 실수로 8개 이상의 원소를 선택했을 경우에는 단축메뉴의 데이터 처리>원소 삭제를 선택하여 삭제할 수 있습니다.

d. 메뉴 > 편집에서 **현재값을 기본값으로(M)**를 선택해줍니다.

3. VI를 실행하고, 디지털 라인출력을 디지털멀티미터 등으로 확인해봅니다. 여의치 않을 경우에는 Port2를 디지털 라인입력으로 설정하여 Port0의 출력을 연결하여 측정해봅니다.

연습 7-1 끝

다음과 같이 연습 7-3에서  DAQmx **태스크 시작**을 생략할 수 있습니다.

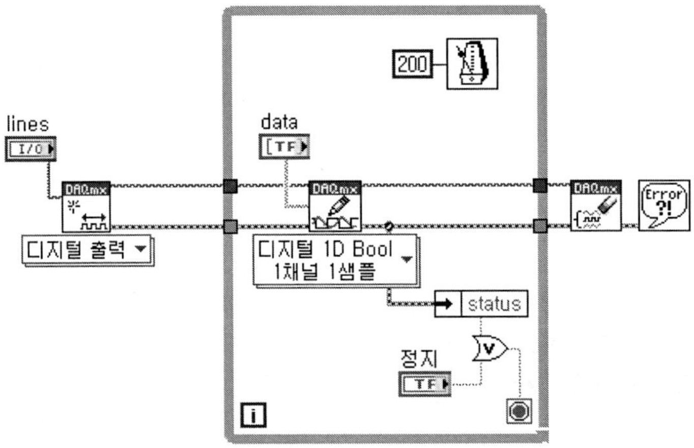

연습 7-4. DAQmx를 이용한 디지털 입력

While 루프와 타이밍 함수를 이용하여 일정한 간격으로 디지털 라인의 상태를 모니터링하는 VI를 만들어봅니다.

⌘ 블록다이어그램

1. DAQmx 버추얼 채널 생성, 태스크 시작, 읽기, 태스크 지우기를 사용하여 다음과 같이 블록다이어그램을 구성합니다.

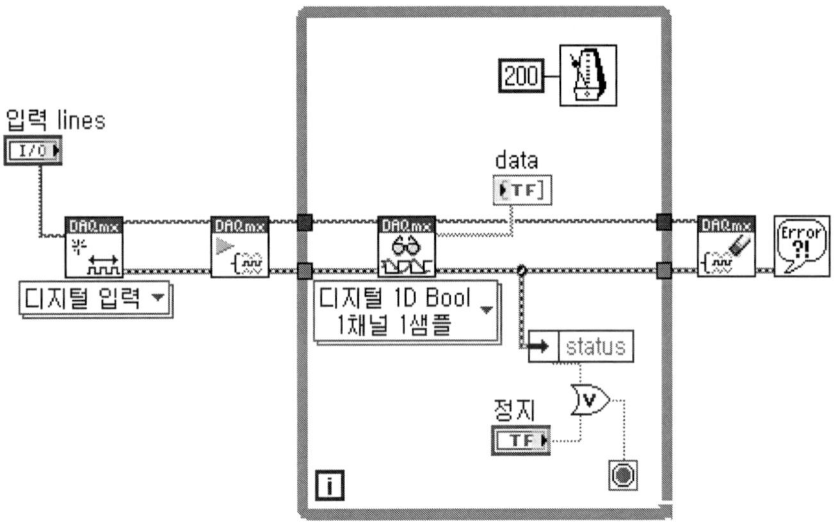

a.  **DAQmx 버추얼 채널 생성**의 다형성을 **디지털 입력**으로 선택합니다.

b.  **DAQmx 읽기**는 측정 I/O > DAQmx – 데이터 수집 팔레트에서 찾을 수 있습니다. 디지털 > 단일 채널 > 단일 샘플 > 1D 불리언 (N 라인)을 선택해줍니다. 1차원 불리언 배열로 출력됩니다.

⌘ 프런트패널

2. 다음과 같이 프런트패널을 정리하고 실행합니다.

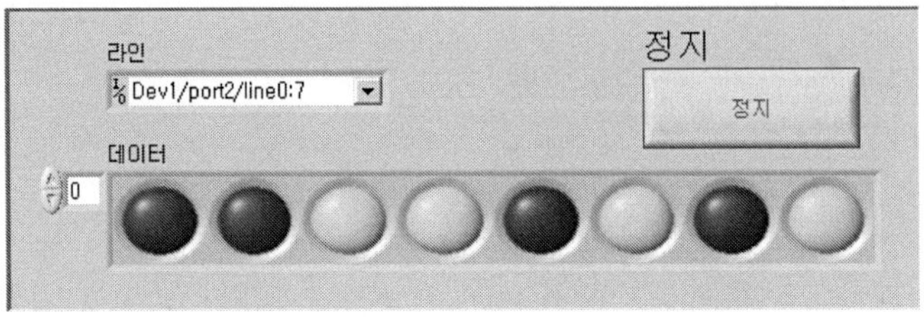

a. Dev1/port2/line0:7은 2번 Port의 0에서 7번 라인으로 입력을 받겠다는 의미입니다.

b. 1D 불리언 배열의 원소를 8개로 늘려줍니다.

3. DAQmx 디지털입력.vi로 저장합니다.
4. 다음과 같이 DAQmx 태스크 시작을 생략해도 됩니다.

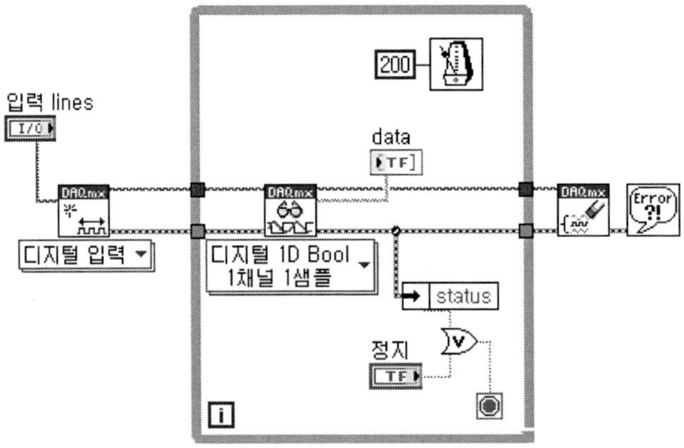

연습 7-4 끝

연습 7-5. DAQmx를 이용한 디지털 입출력

한 개의 While 루프 속에서 디지털 출력과 입력을 동시에 수행하도록 프로그래밍해봅니다.

⌘ 블록다이어그램

1. 다음과 같이 위쪽 태스크는 디지털 출력을 아래쪽 태스크는 디지털 입력을 수행하도록 프로그래밍 합니다. 세부적인 설정은 연습 7-3과 4-4와 동일합니다.

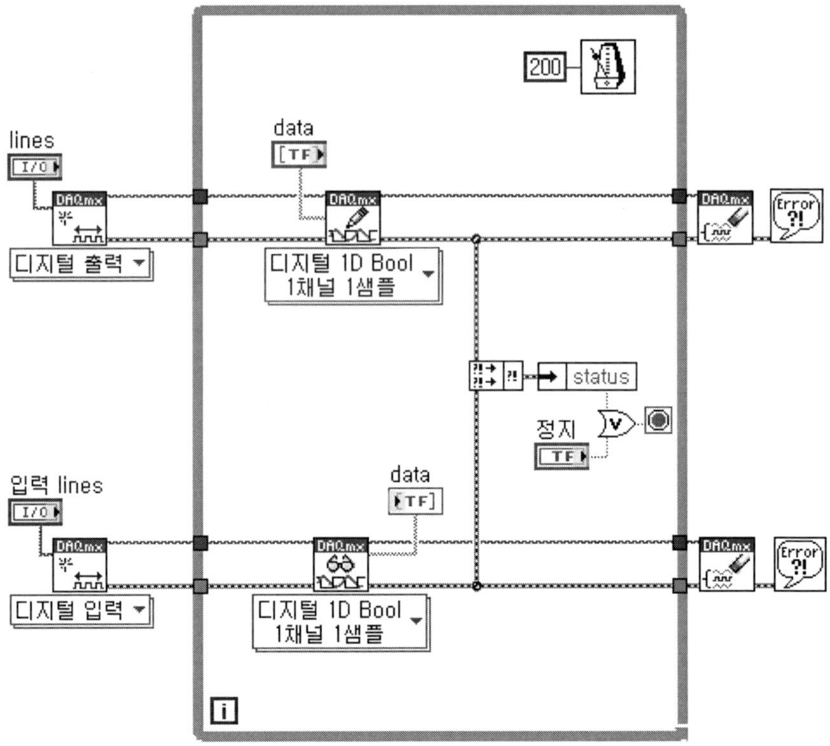

⌘ 프런트패널

2. 프런트패널을 정리하고 실행합니다.

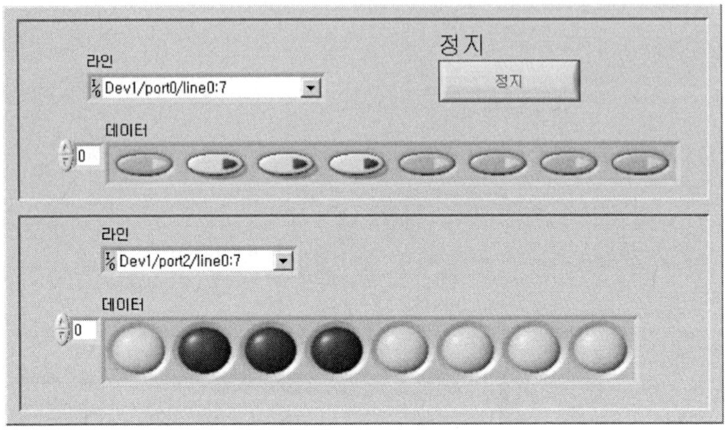

3. USB-6212를 사용하는 경우, 다음과 같이 Port0과 Port2를 라인 대 라인으로 연결해줍니다.

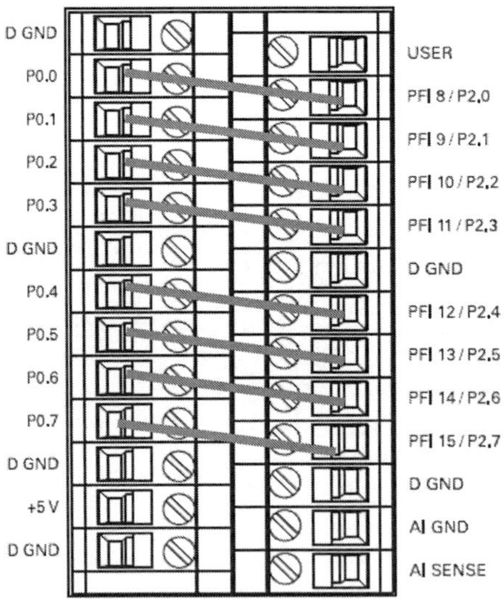

연습 7-5 끝

⌘ 디지털 입출력 설정의 차이

디지털 입출력 설정의 차이점에 대하여 설명합니다. 연습 7-3, 7-4, 7-5는 아래와 같이 디지털>단일 채널>단일 샘플>1D 불리언(N라인)으로 설정하였습니다.

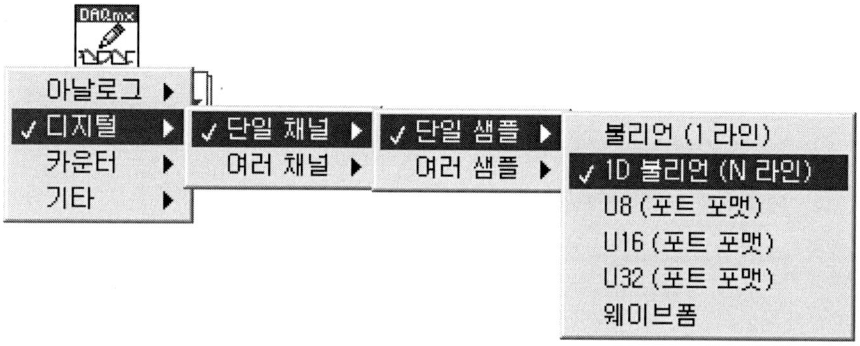

단일 채널>단일 샘플 : DAQmx 버추얼 채널 설정에서 [라인 그룹화하기]를 기본값인 [모든 라인에 하나의 채널]로 둔다면, 이 태스크는 한 개의 채널만 가집니다. 그러므로 [단일 채널]로 설정해야 됩니다.

[여러 샘플]은 DAQmx 타이밍 함수를 사용하여 클럭에 의한 디지털 패턴이나 신호를 출력할 때 사용됩니다.

단일 채널>단일 샘플에서 불리언(1라인)은 단일 블리언 입력을 받아서, 한 개 라인을 출력합니다. 그리고 1D 불리언(N 라인)은 1D 배열로 불리언 값을 받아서, 여러 라인을 출력합니다. 또한 1D 불리언 배열은 숫자형으로 변환이 가능하므로, 불리언 배열을 숫자로 [⋯]함수를 이용하여 다음과 같이 구현할 수 있습니다.

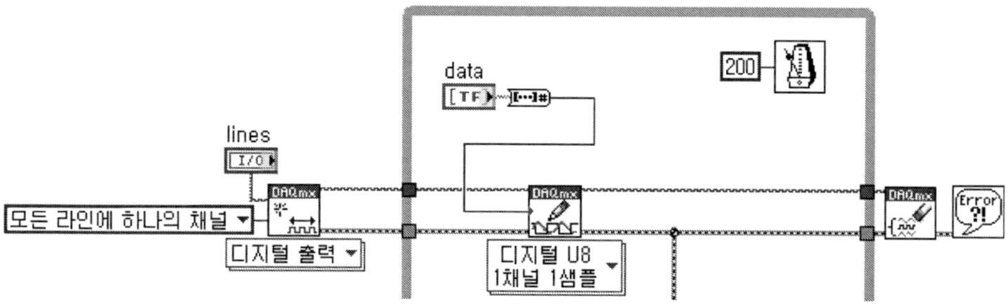

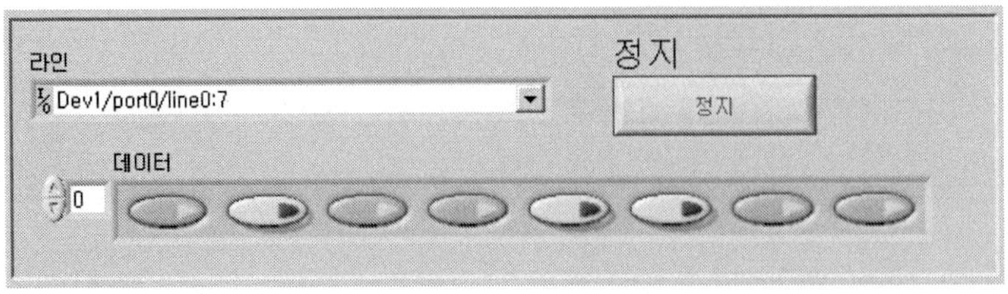

U8(포트 포맷)은 최대 8라인까지 출력이 가능합니다. 그리고 U16(포트 포맷)은 최대 16라인까지 출력이 가능하고, U32(포트 포맷)는 최대 32라인까지 출력이 가능합니다.

다음은 U16(포트 포맷)을 설정하고, 15개 라인을 출력한 사례입니다. port0/line0:7, port1/line0:6으로 지정하였고, 1D 불리언은 15개 원소입니다.

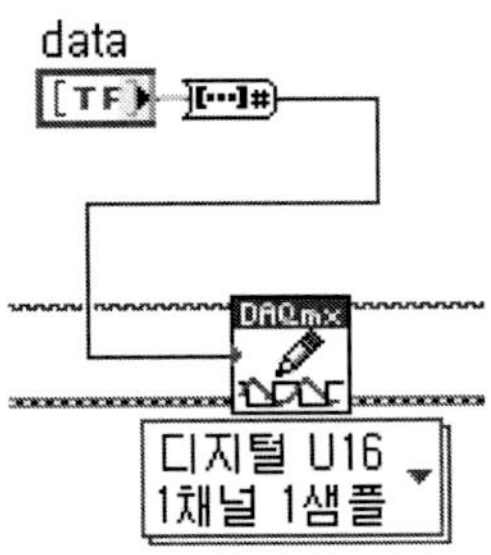

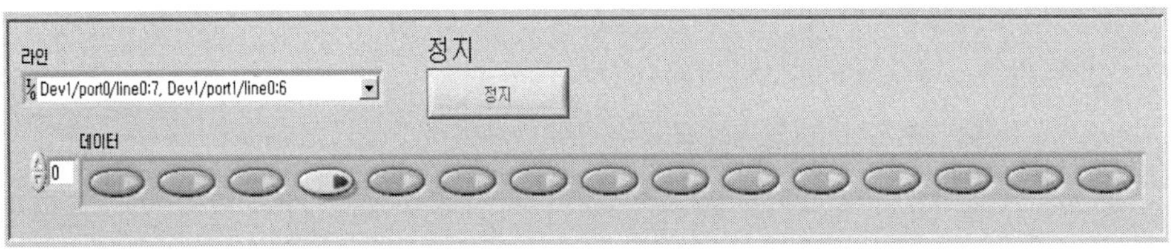

단일 채널>단일 샘플에서 웨이브폼은 디지털 웨이브폼을 데이터를 입력받는다는 설정입니다. 프로그래밍 > 웨이브폼 > 디지털 웨이브폼 팔레트에서 디지털 웨이브폼 생성에 필요한 함수들을 찾을 수 있습니다.

여러 채널 : 다음과 같이 DAQmx 버추얼 채널 설정에서 [라인 그룹화하기]의 기본값은 [모든 라인에 하나의 채널]입니다. 그러나 [각 라인에 하나의 채널]로 설정한다면, DAQmx 쓰기나 DAQmx 읽기에서 디지털>여러 채널로 설정해야될 것입니다.

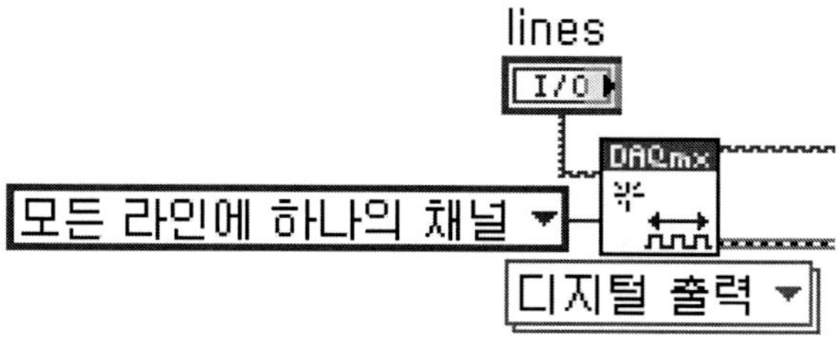

다음과 같이 [각 라인에 하나의 채널]로 설정하고, DAQmx 쓰기를 디지털>여러 채널>단일 샘플>1D 불리언(채널당 1라인)로 설정하여 사용할 수 있습니다.

이 예제에서는 port0의 0번과 1번 라인을 각각 채널로 설정하여 두 채널을 출력하도록 프로그래밍 하였습니다. 데이터로는 두 개 원소의 1D 불리언을 사용합니다.

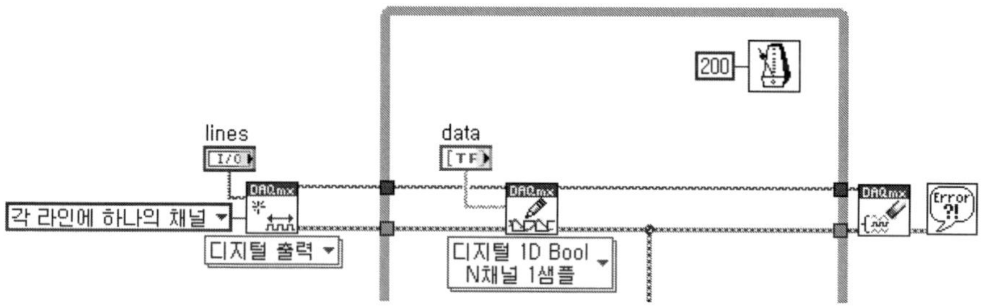

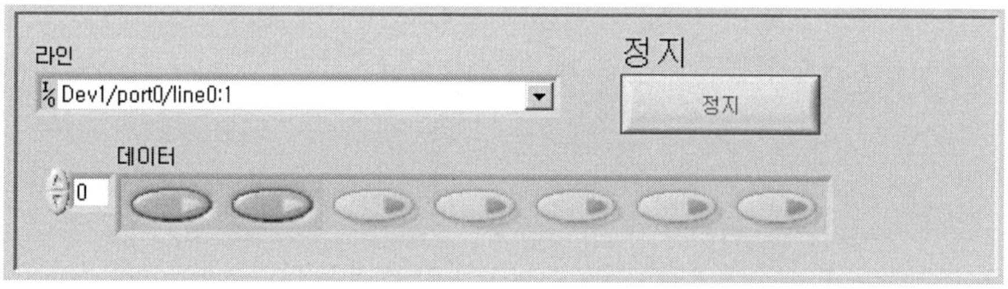

라. 고속 디지털 입출력

하드웨어의 온보드 클럭을 이용하여 일정한 타이밍에 따라서 디지털 신호를 출력하거나 입력받을 수 있습니다. 고속 디지털 통신, 반도체 칩 테스트, 펑션 테스트, 로직 분석기 등에서 사용됩니다. 수십 kHz에서 수GHz까지의 고속 디지털 신호를 다루므로 신호의 Logic Level과 임피던스 매칭, 노이즈 제거, 위상, 타이밍 등을 고려하여 하드웨어와 소프트웨어를 구성해야 됩니다.

⌘ 디지털 패턴 출력

먼저 일정한 패턴의 디지털 신호를 만들어주어야 됩니다. 다음과 같이 각 디지털 라인이 출력할 패턴을 모두 만들어줍니다. 2D 불리언 배열 데이터가 만들어 질 것입니다. 2D 불리언 배열은 1D 숫자형 배열과 동일합니다. 다음은 1차원 U8 숫자형 배열을 2D 불리언 배열로 바꾼 예입니다. 8bits의 디지털 신호를 표현하기 위하여 U8 숫자형을 사용하였습니다.

그리고 For 루프와 [#[...]] **숫자를 불리언 배열로**를 사용하였습니다. 이때 For 루프의 **자동 인덱싱** 기능을 이용합니다.

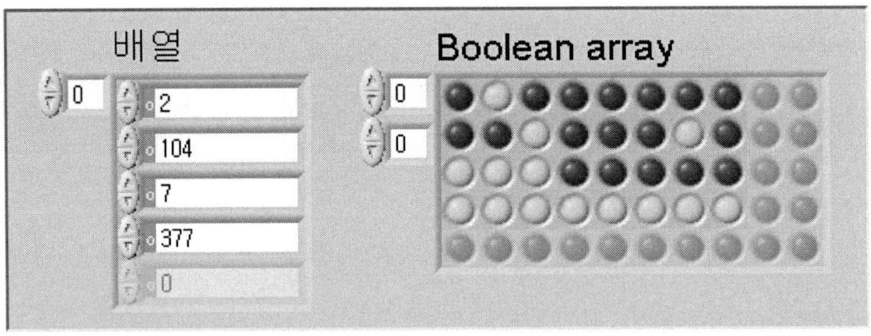

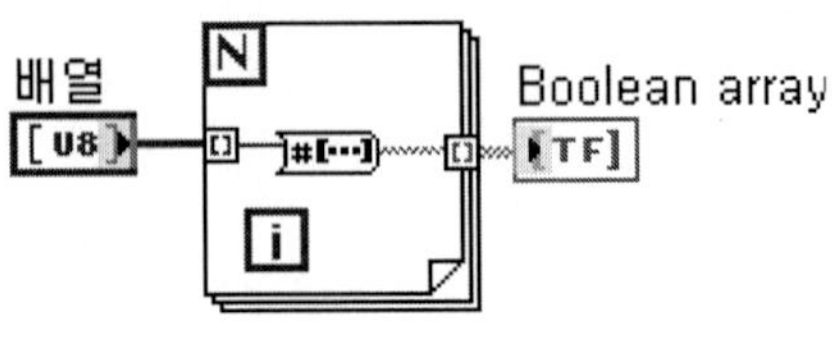

⌘ 디지털 웨이브폼 데이터

아날로그 웨이브폼 데이터와 동일하게 샘플 속도와 디지털 패턴을 결합하여 디지털 웨이브폼을 만들 수 있습니다. 디지털 웨이브폼에는 시간 정보까지 들어있습니다. 프로그래밍 > 웨이브폼 > 디지털 웨이브폼 > 디지털 변환 팔레트에서 필요한 함수들을 찾을 수 있습니다. 또한 디지털 웨이브폼 그래프로 디스플레이할 수 있습니다.

디지털 변환 팔레트에서 불리언 배열을 디지털로 함수를 찾아서 위치시키고, 다음과 같이 U8 숫자형 1D 배열을 2D 불리언 배열로 변환하고, 다시 디지털 웨이브폼으로 변환시킬 수 있습니다. LSB First를 선택하였기 때문에 디지털 웨이브폼 그래프에서 플롯 0,1,2,3,4,5,6,7이 각각 라인 0,1,2,3,4,5,6,7을 의미합니다. LSB는 Least Significant Bit의 약자입니다.

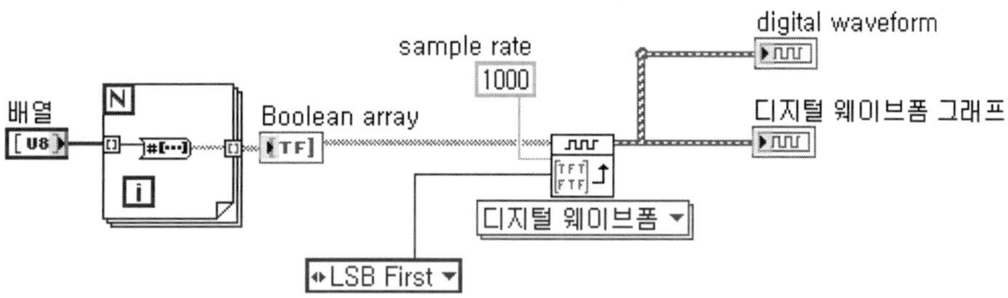

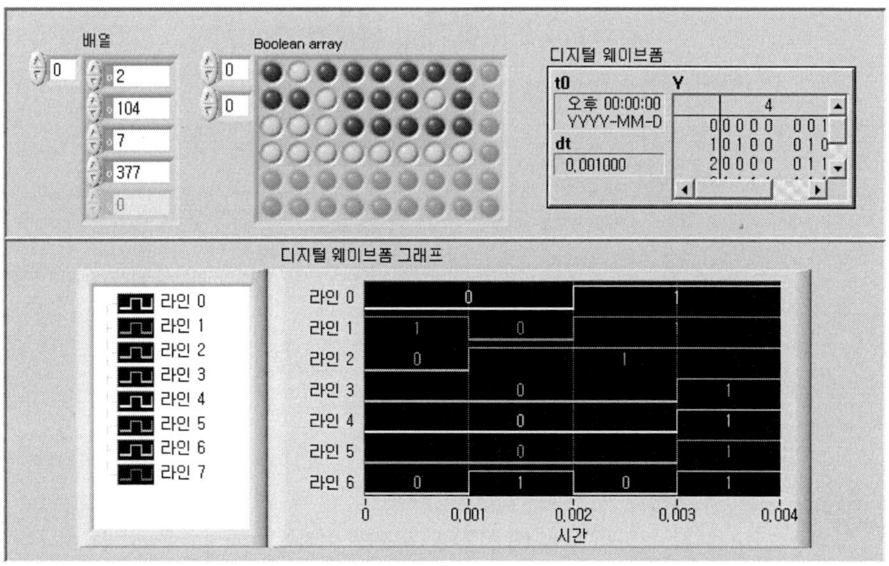

연습 7-6. 고속 디지털 패턴 출력

고속 디지털 패턴 출력 VI를 만들어봅니다. 일부 M시리즈, S시리즈, X시리즈, 고속 디지털 입출력 보드만이 이러한 기능을 제공합니다.

⌘ 블록다이어그램

1. 다음과 같이 블록다이어그램을 구성하고 Pattern출력.vi로 저장합니다.

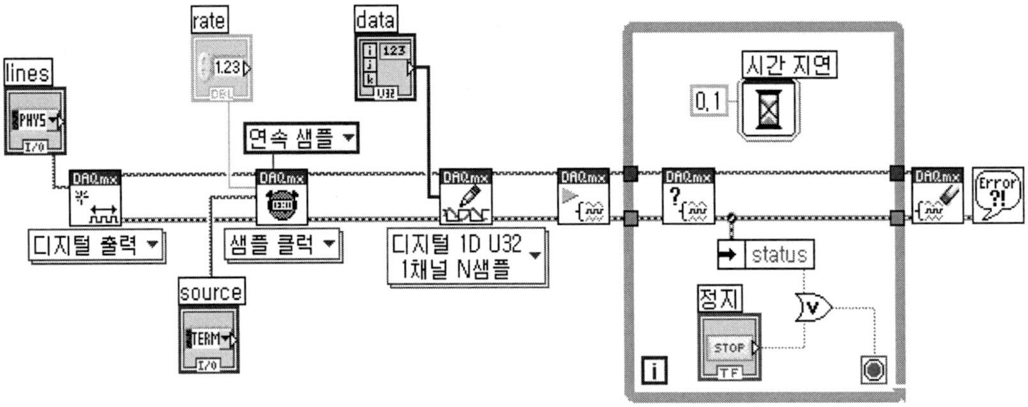

a.  DAQmx **버추얼 채널 생성**의 다형성을 **디지털 출력**으로 선택합니다. 함수 > 측정 I/O > DAQmx – 데이터 수집 팔레트에서 찾을 수 있습니다.

b.  DAQmx **타이밍**의 다형성을 **샘플클럭**으로 선택하고, 샘플모드를 [연속 샘플]로 선택합니다. 속도와 소스 입력단에서 컨트롤을 생성해줍니다.

c.  DAQmx **쓰기**의 다형성을 디지털 > 단일 채널 > 여러 샘플 > 1D U32(포트 포맷)로 설정합니다. 데이터에서 컨트롤을 생성해줍니다.

d.  DAQmx **태스크 완료?**를 While 루프 속에 위치시킵니다. 태스크

실행 중에 DAQ 하드웨어의 상태를 파악하고, 문제가 발생할 경우, While 루프를 종료하여 VI를 종료하기 위한 것입니다. 함수 > 측정 I/O > DAQmx - 데이터 수집 > DAQmx 고급 태스크 옵션 팔레트에서 찾을 수 있습니다.

프런트패널

2. 다음과 같이 프런트패널을 정리하고 실행합니다.

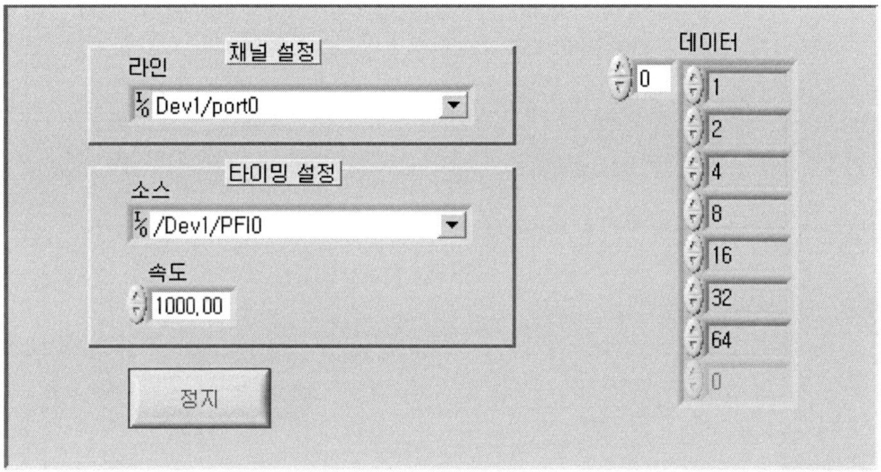

NI 예제 탐색기

3. 메뉴 > 도움말에서 예제 찾기(E)를 선택하여 **NI 예제 탐색기**를 실행합니다.
4. 하드웨어 입력과 출력 > DAQmx > 디지털 생성 폴더에서 Cont Write Dig Port-Ext Clk.vi를 선택합니다. 오른쪽 하단의 **필요사항** 박스에 이 VI가 지원 가능한 하드웨어 모델을 확인할 수 있습니다.

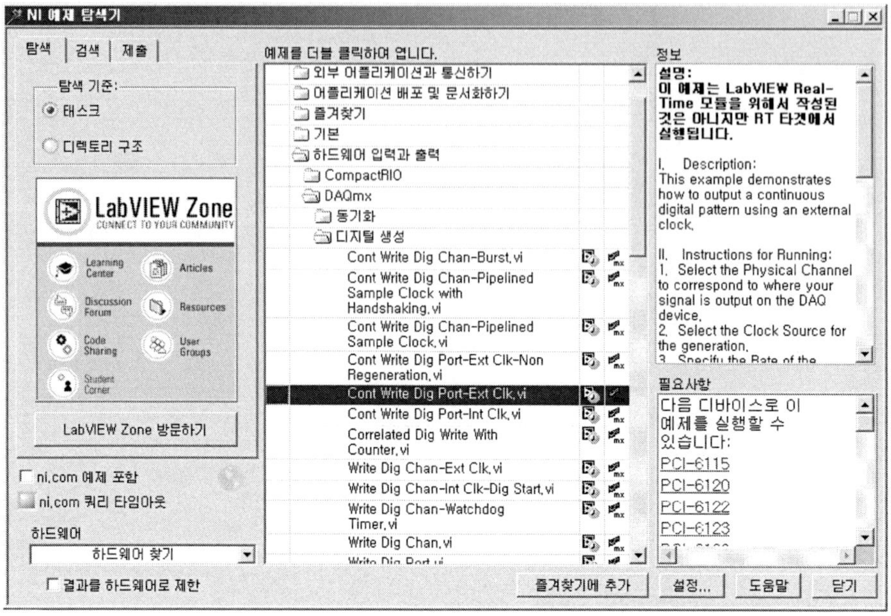

5. VI를 Open하면 블록다이어그램은 다음과 같습니다.

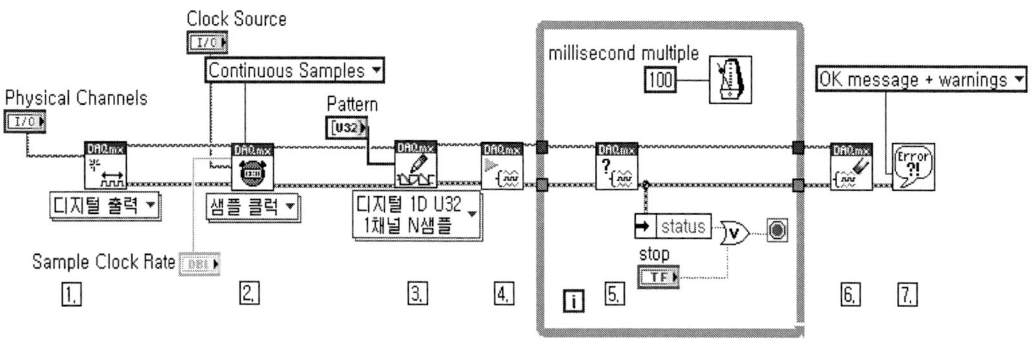

연습 7-6 끝

연습 7-7. cDAQ를 이용한 온도 측정과 LED 출력

온도 측정모듈인 NI-9211과 소싱 디지털 출력 모듈인 9472을 이용하여, 온도가 일정 레벨 이상이 되면, 알람으로 LED를 켜주는 VI를 작성해봅니다. 다음 그림과 같이 cDAQ-9174샤시에 NI-9472와 9211을 설치하였고, 9211의 1번 채널에 TC 센서를 연결하였습니다. 그리고 LED에 소싱 출력을 해주기 위하여, 건전지를 NI 9472의 V_{sup}입력에 연결해줬습니다. 이때 COM을 LED와 공통으로 사용합니다.

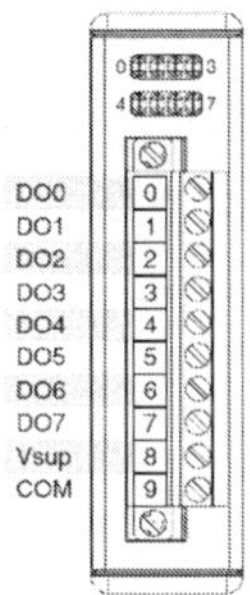

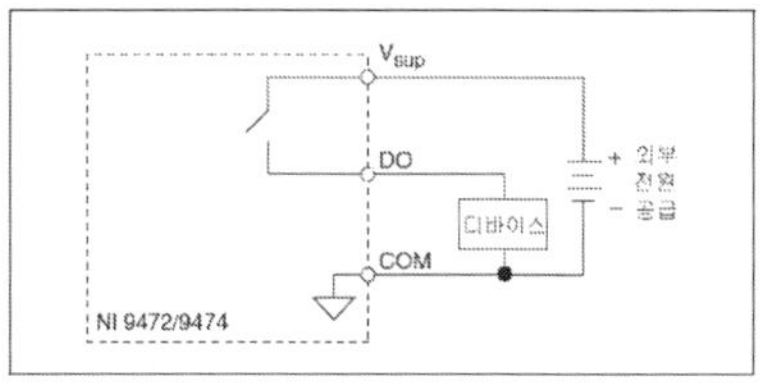

⌘ 온도 측정

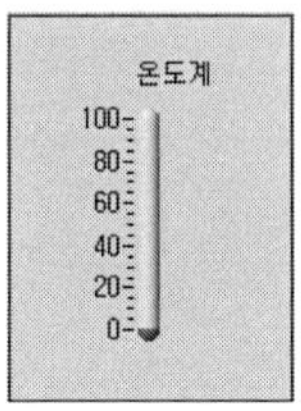

1. 다음과 같이 블록다이어그램에 DAQ 어시스턴트를 위치시키고, 신호 수집 > 아날로그 입력 > 온도 > 열전쌍을 선택합니다. 그리고 TC가 연결된 물리적 채널을 선택해줍니다. DAQ 어시스턴트는 함수 > 측정 I/O > DAQmx-데이터 수집 팔레트에서 찾을 수 있습니다.
2. DAQ 어시스턴트의 채널 셋팅에서 온도 범위는 0에서 100도로 설정하고, 열전쌍의 타입은 J 타입, 그리고 CJC(Cold Junction Confencation)은 NI-9211에 내장된 것을 사용한다고 선택합니다. 타이밍 셋팅으로는 1 샘플(요청할 때)로 선택합니다.
3. 프런트패널에 온도계 인디케이터를 위치시키고, DAQ 어시스턴트의 데이터 출력을 연결합니다. 온도계는 컨트롤 > 일반 > 숫자형 팔레트에서 찾을 수 있습니다. While 루프와 다음 ms 배수까지 기다림을 이용하여 블록

다이어그램을 완성합니다.

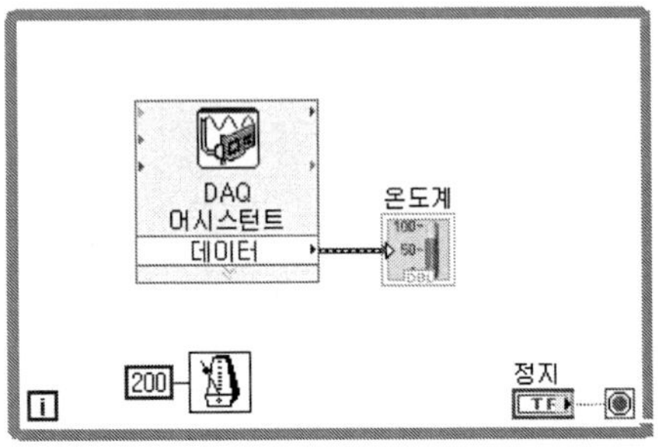

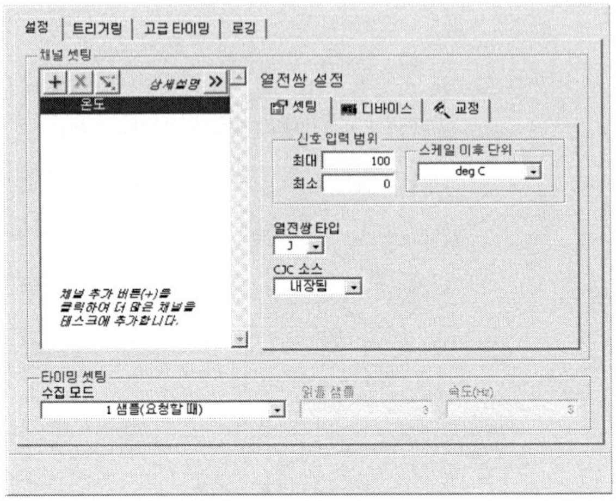

비교 함수

4. 비교 함수를 추가하여 블록다이어그램을 다음과 같이 수정합니다. 비교는 함수 > 프로그래밍 > 비교 팔레트에서 찾을 수 있습니다.

5. [> 보다 큼]을 선택합니다. 그리고 비교 입력으로 [두 번째 신호 입력]을 선택해줍니다.

6. 프런트패널에 숫자형 컨트롤 한 개와 사각 LED 한 개를 위치시키고, 각각 "알람 레벨" 과 "알람" 으로 라벨합니다. 그리고 알람 레벨은 피연산자 2에 입력하고, 결과를 알람에 연결합니다.

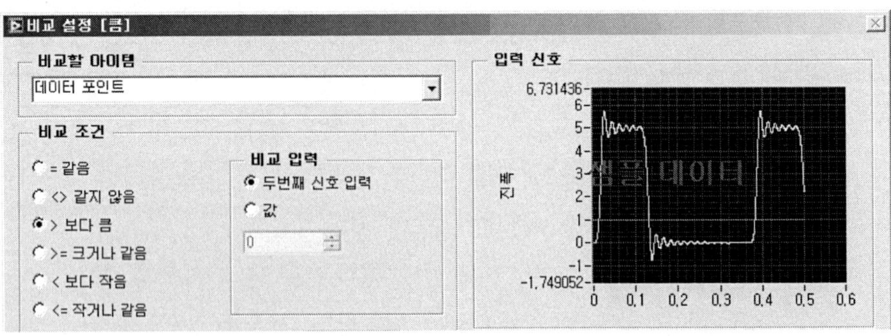

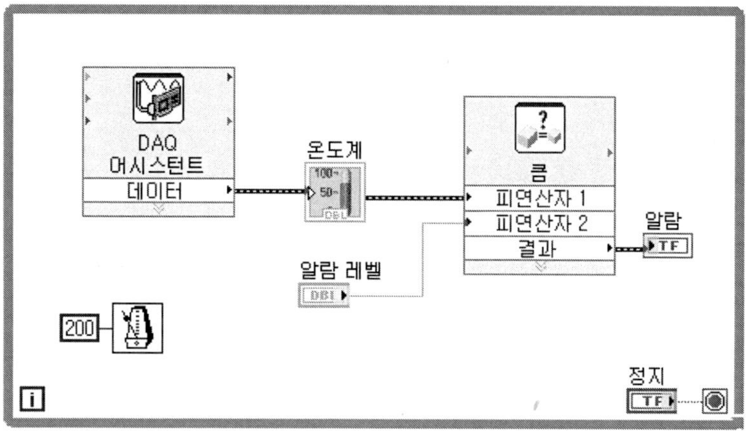

⌘ 디지털 출력

7. DAQ 함수를 이용 디지털 소싱 아웃을 작성합니다. DAQ 어시스턴트를 한 개더 추가하고, 신호 생성 > 디지털 출력 > 라인 출력으로 선택합니다.

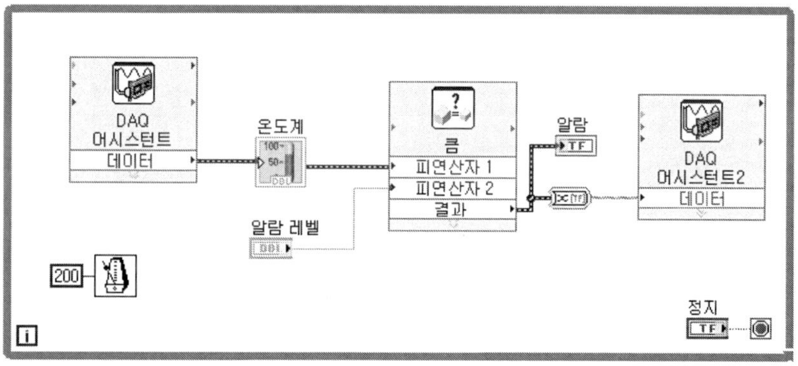

⌘ 프런트패널

8. 다음과 같이 프런트패널을 정리하고, VI를 실행합니다. 알람 레벨을 30으로 설정하고, 열전쌍에 입력되는 온도가 30도가 넘도록 만들어 봅니다.
9. TC의 측정 값이 30도가 넘어면 알람이 ON되고, 디지털 출력에서 High가 출력되어 LED가 ON됩니다. NI-9472는 소싱 디지털 출력 모듈이므로, 건전지 등으로 소스를 인가해줘야 됩니다.

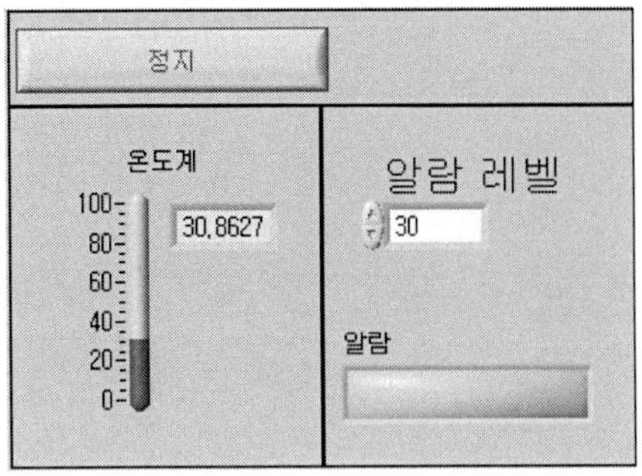

연습 7-7 끝

마. 카운터 측정

물체의 이동거리나 회전체의 회전 각도를 측정하는 것은 앞에서 언급한 단순 아날로그 입력이나 디지털 출력과는 다릅니다. 자동차 엔진의 RPM(rotations per minute)를 자동차 계기판에 나타내기 위해서는 엔진 크랭크 축의 회전 속도를 측정해야 됩니다. 또한 물체의 이동거리, 특히 자동차나 열차와 같이 바퀴를 가진 물체의 이동거리를 측정하기 위해서는 바퀴의 회전수를 측정해야 됩니다. 모터를 이용하여 스테이지를 이동시킬 경우에는 장착된 엔코더(Encoder)를 이용하여 축의 회전수와 회전 각도를 측정해야 됩니다.

회전수와 회전 각도를 동시에 측정할 수 있는 센서가 **엔코더(Encoder)**입니다. 또한 회전수만 측정할 수 있는 센서가 **타코미터(Tachometer)**입니다. 타코미터는 1회전 당 한 개의 Pulse를 출력하는 센서입니다. 열차의 바퀴에 타코미터를 장착하고 출력되는 Pulse의 개수를 카운트(Count)하면 바퀴가 몇 회전했는지 측정할 수 있습니다. 그리고 간단한 수식을 통하여 열차나 차량의 이동거리로 환산할 수 있습니다.
엔코더는 1회전 당, 다수의 Pulse를 출력하는 센서입니다. 예를 들어, 1회전 당 3600Pulse를 출력하는 Encoder를 사용할 경우, 1Pulse당 0.1도의 각도를 측정할 수 있습니다. 다이얼이 몇 도 회전했는지를 측정하고자 할 경우나 모터와 스테이지의 움직임을 미세하게 측정할 경우에 엔코더를 사용합니다. 실제로 대부분의 모터는 항상 엔코더와 한 쌍을 이루어 장착됩니다. 이처럼 엔코더나 타코미터에서 출력되는 Pulse의 개수를 카운트하는 방법을 설명합니다.

Pulse의 개수를 카운트하는 디바이스를 **카운터/타이머**라고 부릅니다. 다음과 같이 디지털 신호가 High, Low로 변할 경우, 카운터는 Status 변화만 카운트합니다.

카운터/타이머는 다음과 같은 구성으로 이루어집니다. Gate, Source, Up/Down과 Out으로 구성됩니다. 그리고 회전수에서 회전 속도를 측정하기 위하여 **기준 클럭**을 가지고 있습니다.

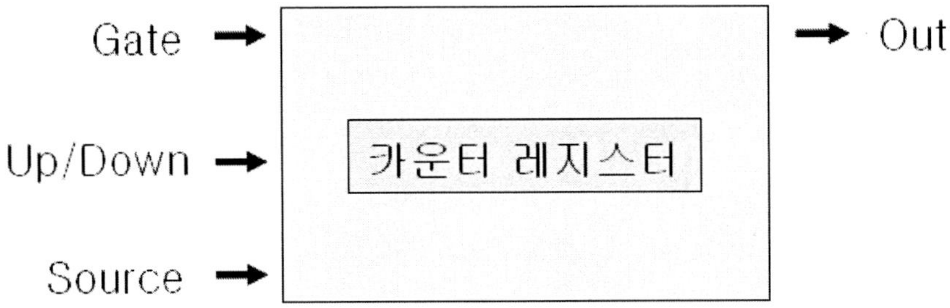

a. 소스 (Source)

Source로 Pulse가 한 개씩 들어오면 **카운터 레지스터**가 0에서 1씩 증가할 것입니다. 카운터 레지스터는 Bits 단위입니다. 예를 들어, 3Bits 카운터의 경우, 2^3 = 8로 0,1,2,3,4,5,6,7을 카운트할 수 있습니다. 32bits 카운터의 경우, 2^{32} = 2147483647로 0에서 2147483646까지 카운트할 수 있습니다. 이때 2^n – 1을 터미널카운트(Terminal Count)라고 부릅니다. 카운트가 터미널카운트를 넘으면 Out 단으로 Pulse 한 개를 출력하고 다시 0부터 시작합니다.

참고로 다음과 같이 8bits의 카운터/타이머 두 개를 서로 연결해주면 16bits 카운터/타이머를 만들 수 있습니다. 즉, 첫 번째 카운터/타이머가 0에서 2^8–1까지 카운터하고 다시 0으로 돌아갈 때 Out으로 Pulse 한 개를 출력하므로 두 번째 카운터/타이머에서 1이 카운트됩니다. 첫 번째 카운터/타이머가 터미널카운트에 도달할 때마다 두 번째 카운터/타이머가 한번씩 카운트하므로 결과적으로 2^8 X2^8 = 2^{16}입니다.

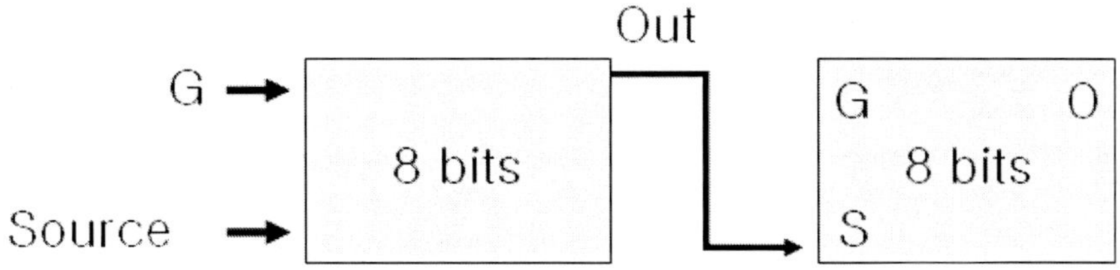

b. 아웃(Out)

카운터/타이머를 단순 에지 카운터(Simple Edge Count) 모드로 설정할 경우, 터미널 카운트를 넘을 때 Out 단으로 Pulse 한 개를 출력합니다. 또한 카운터/타이머를 Pulse 생성 모드로 설정할 경우, Out 단으로 주파수와 진폭이 다른, 다양한 형태의 Pulse나 Pulse Train을 생성할 수 있습니다. Pulse Train이란 연속적으로 반복하는 Pulse를 의미합니다.

c. 게이트(Gate)

카운터/타이머에서 Gate 입력은 아날로그 입출력의 트리거와 비슷한 역할을 수행합니다. 또한 Gate가 High인 경우에만 Source 입력을 카운트하거나 Gate가 High인 동안의 시간을 측정하여 Pulse의 폭을 측정할 수 있습니다.

d. 온보드 타임베이스

데이터 수집 디바이스의 온보드 타임베이스는 모든 디지털 회로를 구동하는 내부 중추부로 작동합니다. 샘플 클럭에서 트리거 라인까지 모든 사항은 타임베이스를 온보드 클럭을 참조로 사용하여 클럭 주파수를 생성하고 디지털 엣지를 래칭합니다. M 시리즈 DAQ 보드는 80Mhz, X시리즈 DAQ 보드는 100Mhz 온보드 타임베이스를 가지고 있습니다.

카운터/타이머의 활용

카운터/타이머를 이용하여 다양한 어플리케이션을 구현할 수 있습니다. 그리고 카운터/타이머로 구현 가능한 어플리케이션 예제는 NI 예제 탐색기에서 하드웨어 입력과 출력 > DAQmx의 디지털 펄스 생성하기 폴더와 카운터 측정 폴더에서 찾을 수 있습니다.

카운터 측정으로는 이벤트 카운트, 주파수 측정, 펄스 주기 또는 폭 측정, 그리고 GPS 타임스탬프 측정(NI-6608에서만 가능함) 등의 어플리케이션이 가능합니다. 그리고 디지털 펄스 생성하기로는 Single Pulse 생성하기와 Pulse Train 생성하기 등의 어플리케이션이 가능합니다. Pulse Train 생성하기는 펄스의 폭과 주기를 조정하여 원하는 형태의 Pulse Train을 생성하는 어플리케이션입니다.

1. 디지털 이벤트 카운트

Pulse의 개수를 카운트하는 VI를 작성할 수 있습니다. 카운터의 Source로 Pulse가 입력되면 Pulse의 개수에 따라서 카운터 레지스터의 값이 증가합니다. 카운터 레지스터의 초기 값은 초기 카운트로 사용자가 설정할 수 있습니다. 카운터 레지스터의 값은 VI가 종료할 때까지 계속 증가합니다. 그리고 DAQmx 읽기를 이용하여 일정한 간격으로 카운터 레지스터의 값을 읽어 와서 디스플레이할 수 있습니다. 이때 아날로그 입력 VI와 비슷하게 1샘플(요청할 때), 1샘플(HW 타임드), N샘플, 연속 모드 등이 가능합니다.

- **1샘플(요청할 때)**은 While 루프와 시간지연 함수를 이용하여 일정한 간격으로 카운터 레지스터의 값을 읽어오는 것입니다.
- **1샘플(HW 타임드)**은 외부 클럭을 입력 받아서 이 클럭에 맞추어 카운터 레지스터의 값을 읽어오는 것입니다. 외부 클럭은 PFI 핀으로 입력할 수 있습니다.
- **N샘플**은 외부 클럭을 입력받아서 이 클럭에 맞추어 카운터 레지스터의 값을 읽어옵니다. 이때 1샘플(HW 타임드)과 다르게 외부클럭에 맞추어 카운터 레지스터의 값을 N번 읽어오고 종료합니다. DAQ 어시스턴트의 클럭 설정 > 읽을 샘플에 N을 입력합니다.
- **연속 모드**는 N샘플과 동일하지만 While 루프를 이용하여 연속적으로 카운터 레지스터의 값을 N번씩 읽어옵니다.

연습 7-8. 디지털 단순 이벤트 카운트 (DAQ 어시스턴트)

카운터 Source로 입력된 Pulse의 개수를 단순 카운트하는 VI를 작성합니다. VI를 실행하는 동안 몇 개의 Pulse가 입력되었는지 카운트하는 용도로 사용될 수 있습니다.

⌘ DAQ 어시스턴트

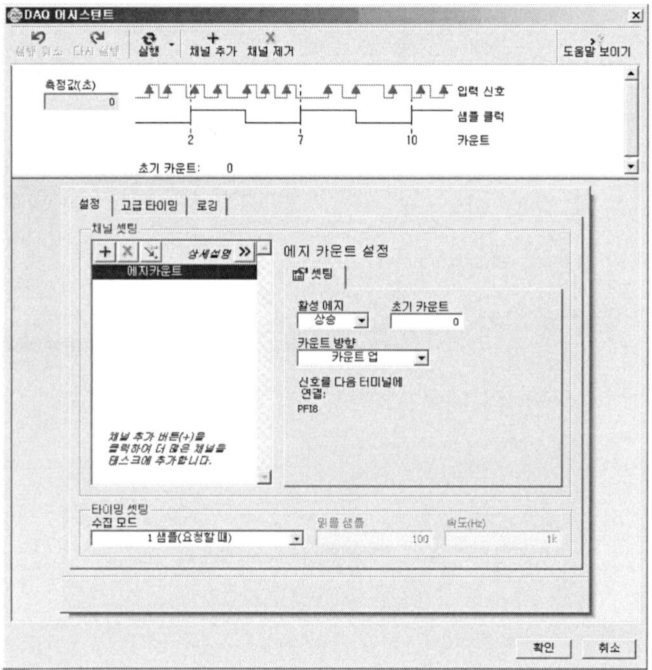

1.  **DAQ 어시스턴트**를 찾아 블록다이어그램에 위치시킵니다. DAQ 어시스턴트는 함수 > 측정 I/O > DAQmx – 데이터 수집 팔레트에서 찾을 수 있습니다.
2. 익스프레스 태스크 생성에서 신호 수집 > 카운터 입력 > 에지 카운트를 선택합니다.
3. **지원되는 물리적 채널**에서 사용할 카운터를 선택합니다. 마침 버튼을 클릭합니다.

4. DAQ 어시스턴트의 **셋팅**을 다음과 같이, 활성 에지 = 상승, 초기 카운트 = 0, 카운트 방향 = 카운트 업으로 설정합니다.
5. 태스크 타이밍에서 수집모드로 **1샘플(요청할 때)**을 설정합니다. While 루프가 한번 실행할 때마다 한번씩 카운터 레지스터의 값을 읽어오게 됩니다.
6. DAQ 어시스턴트의 설정이 끝나면 확인 버튼을 클릭하여 설정을 적용합니다. 단순 이벤트 카운트에서 수집모드로 1샘플(요청할 때)을 선택하면 While 루프를 자동으로 생성할지를 물어봅니다. 예(Y)를 선택합니다.
7. 다음과 같이 블록다이어그램을 구성합니다. DAQ 어시스턴트의 데이터 출력단에서 단축메뉴를 이용하여 숫자형 인디케이터를 생성합니다. 그리고 시간지연 함수를 While 루프 속에 위치시킵니다.

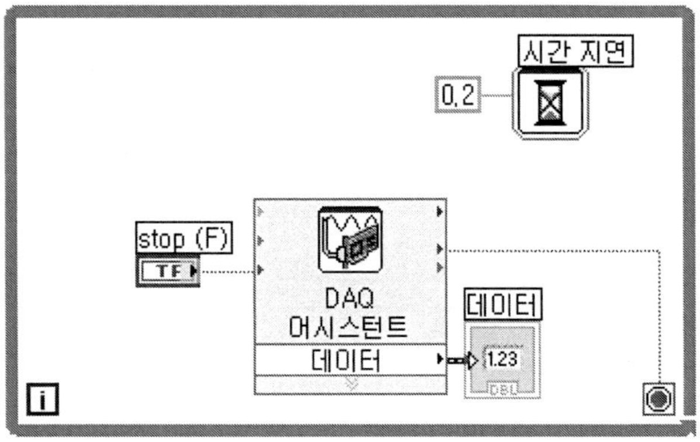

⌘ 프런트패널

8. 다음과 같이 프런트패널을 정리하고 이벤트카운트.vi로 저장합니다.
9. 카운터 Source에 Pulse를 입력하고 VI를 실행합니다.

연습 7-8 끝

연습 7-9. 디지털 단순 이벤트 카운트 (DAQmx 함수)

카운터 VI를 실행하면 Source로 입력되는 Pulse를 카운트하여 카운터 레지스터의 값이 증가됩니다. DAQmx 태스크 지우기가 실행될 때까지 계속 값이 증가할 것입니다. 일정한 간격으로 DAQmx 읽기를 이용하여 카운터 레지스터의 값을 읽어오는 VI를 만들어봅니다. VI를 실행하는 동안 몇 개의 Pulse가 입력되었는지 카운트하는 용도로 사용될 수 있습니다.

⌘ 블록다이어그램

1. 다음과 같이 블록다이어그램을 구성하고, 디지털이벤트카운트.vi로 저장합니다.

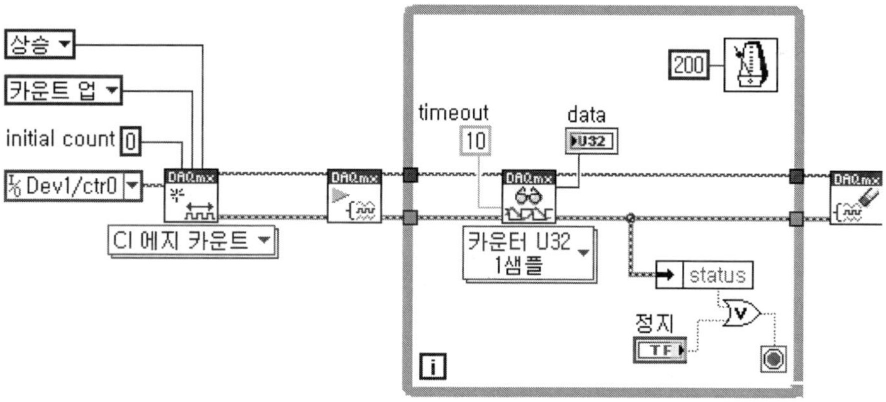

a.  **DAQmx 버추얼 채널 생성**을 카운터 입력 > 에지 카운트로 선택합니다. 단축메뉴를 이용하여 상수와 컨트롤을 생성해줍니다. 초기 카운트를 0, 카운트 방향을 카운트 업, 그리고 에지를 상승으로 선택해주면, 상승 에지 Pulse가 입력될 때마다 0에서부터 시작하여 카운트가 1씩 증가합니다.

b.  **DAQmx 시작**이 실행되면 Source로 입력되는 Pulse를 카운트하기 시작합니다. 측정값은 카운터 레지스터에 기록됩니다. 카운터 레지

스터는 0에서 시작하여 터미널카운트까지 1씩 증가합니다. 터미널카운트를 넘으면 다시 0에서부터 카운트 값이 올라갑니다. 터미널카운트를 넘을 때, 카운터의 Out으로 Pulse 한 개를 출력합니다.

c.  **DAQmx 읽기**를 카운터 > 단일 샘플 > U32로 설정합니다. While 루프를 이용하여 0.2초에 한번씩 실행합니다. 다음 ms 배수까지 기다림 함수를 이용하여 While 루프의 실행 속도를 조절합니다. DAQmx 읽기가 실행될 때마다 그 순간의 카운터 레지스터 값을 읽어서 data에 출력합니다. 카운터 레지스터 값을 읽어 와도 카운터 레지스터 값이 변하지는 않습니다. 카운터 레지스터는 Pulse가 입력됨에 따라서 계속 값이 증가합니다.

d.  **DAQmx 태스크 지우기**는 모든 설정을 초기화하고, 카운터 레지스터도 초기화시킵니다.

⌘ 프런트패널

2. 다음과 같이 프런트패널을 정리하고 실행합니다. 카운터 Source 단에 Pulse를 입력합니다.

연습 7-9 끝

연습 7-10. 디지털 단순 이벤트 카운트 - Pause 트리거

Pause 트리거가 들어오면 카운트를 잠시 정지하는 VI를 만들어봅니다. Pause 트리거가 들어오면 Pulse가 입력되어도 더 이상 카운트를 하지 않습니다. Pause 트리거가 Off되면 카운트를 계속합니다. Pause 트리거는 PFI 핀으로 입력이 가능합니다.

⌘ 블록다이어그램

1. 다음과 같이 블록다이어그램을 구성하고, 디지털이벤트카운트Pause트리거.vi로 저장합니다.

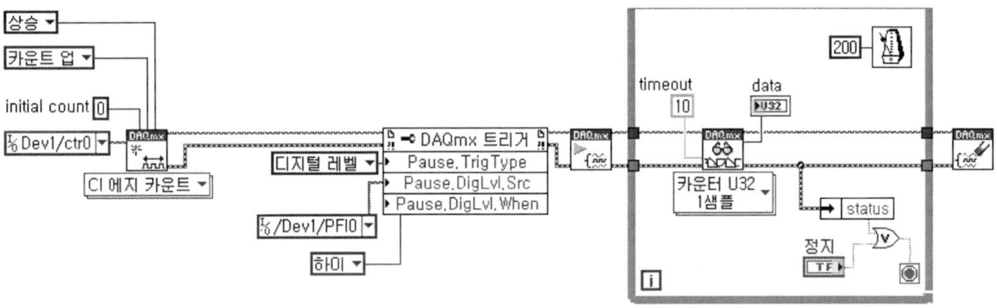

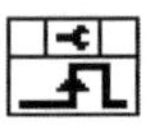 **DAQmx 트리거 프로퍼티 노드**를 이용하여 Pause 트리거 설정을 해줍니다. 트리거 타입에서 추가 옵션 > 일시정지 > 트리거타입을 선택해주고, 디지털 레벨에서 추가 옵션 > 일시정지 > 디지털 레벨 > 소스를 선택해줍니다. 또한 옵션 > 일시정지 > 디지털 레벨 > 일시정지 시점을 선택해줍니다.

2. VI를 실행하고, Pause 트리거 입력단에 디지털 신호를 줘서 트리거를 On/Off합니다.
3. NI 예제 탐색기에서 하드웨어 입력과 출력 > DAQmx > 카운터 측정 > 디지털 이벤트 카운트 폴더에서 Count Digital Events-Pause Trig.vi를 찾을 수 있습니다.

연습 7-10 끝

단순 이벤트 카운트는 DAQmx 읽기가 실행될 때, 카운트 레지스터에서 현재 카운트 값을 읽어와서 출력합니다. 또다른 방식의 이벤트 카운트는 DAQ 하드웨어의 내부 메모리를 이용하고, 외부 Clock에 맞춰서 카운터 레지스터의 값을 읽어와서 온보드 메모리에 저장했다가 다시 컴퓨터의 메모리로 읽어와서 디스플레이하는 Buffered 이벤트 카운트가 있습니다. DAQ 어시스턴트에서 N샘플 모드와 연속 샘플 모드가 여기에 속합니다.

연습 7-11. N샘플 Buffered 이벤트 카운트 (DAQ 어시스턴트)

카운터/타이머 보드의 온보드 메모리를 이용하여 Buffered 이벤트 카운트를 수행하는 VI를 만들어봅니다. 카운터 Source에 입력되는 Pulse를 카운트하고 외부 클럭을 기준으로 카운터 레지스터의 값을 읽어옵니다. 카운터 레지스터의 값을 외부클럭이 입력될 때마다 한번씩 읽어오고, Buffer 개수, N만큼 읽기가 완료되면 N 개 샘플을 디스플레이합니다.

⌘ 프런트패널

1. 새 VI를 만들고, N샘플Buffered이벤트카운트.vi로 저장합니다.
2. 숫자형 1D 인디케이터 배열과 웨이브폼 그래프를 프런트패널에 위치시킵니다.

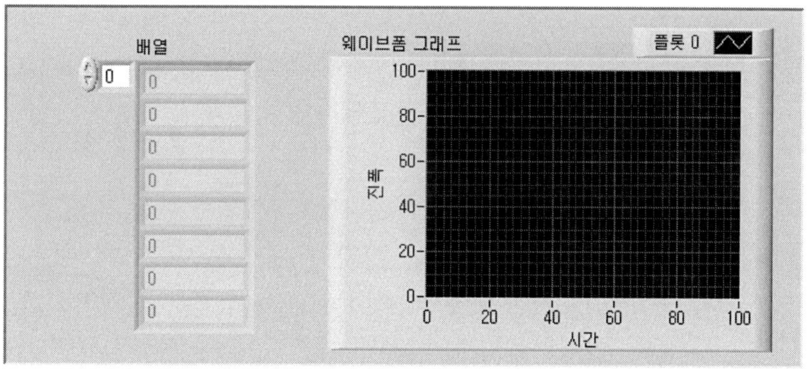

⌘ 블록다이어그램

3.  **DAQ 어시스턴트**를 찾아 블록다이어그램에 위치시킵니다. DAQ 어시스턴트는 함수 > 측정 I/O > DAQmx – 데이터 수집 팔레트에서 찾을 수 있습니다.
4. 익스프레스 태스크 생성에서 **신호 수집 > 카운터 입력 > 에지 카운트**를 선택합니다.
5. 지원되는 물리적채널에서 사용할 카운터를 선택합니다. 마침 버튼을 클릭

합니다.

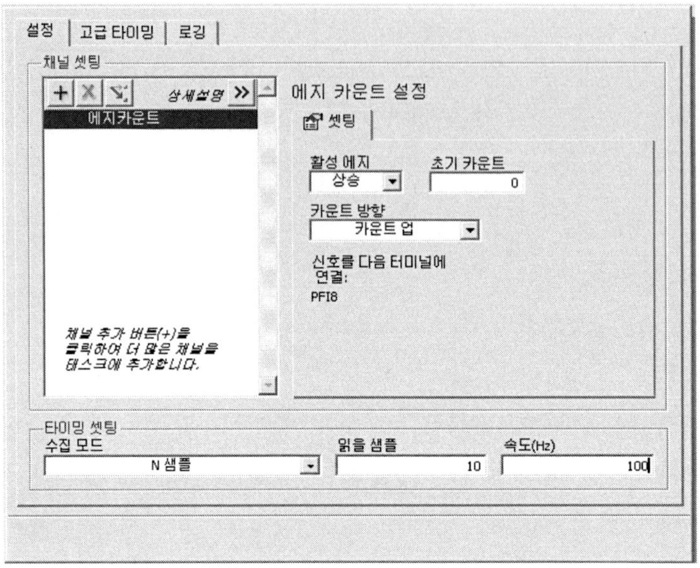

6. DAQ 어시스턴트의 **셋팅**에서 활성 에지=상승, 초기 카운트 = 0, 카운트 방향 = 카운트 업으로 설정합니다.
7. 타이미 셋팅의 수집모드에서 **N샘플**로 선택합니다. 그리고 **읽을 샘플**에 10을 입력합니다. 이때 속도(Hz)에 입력하는 값은 의미가 없습니다. 왜냐하면 업데이트 속도는 외부 클럭의 속도에 의존하기 때문입니다.
8. 고급 타이밍 탭에서 외부 클럭에 대한 설정을 입력합니다. 샘플 클럭 타입 = 외부, 활성 에지 = 상승, 클럭 소스 = PFI 핀으로 설정합니다.

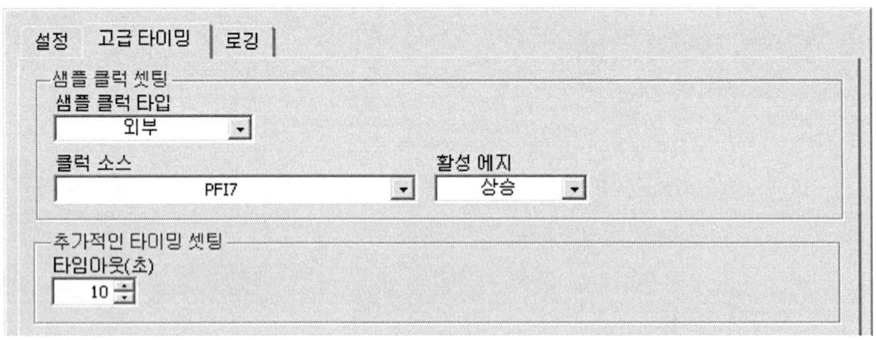

9. DAQ 어시스턴트의 설정을 완료하고, 확인 버튼을 클릭하여 설정을 적용합니다.
10. DAQ 어시스턴트의 데이터 출력을 1D 숫자 배열의 터미널과 웨이브폼 그래프의 터미널에 연결합니다. 1D 숫자 배열에 데이터 출력을 연결하면, **다이나믹 데이터로부터 변환**이 자동으로 생성됩니다. 다이나믹 데이터로부터 변환은 함수 > 익스프레스 > 신호 조작 팔레트에서 찾을 수 있습니다.

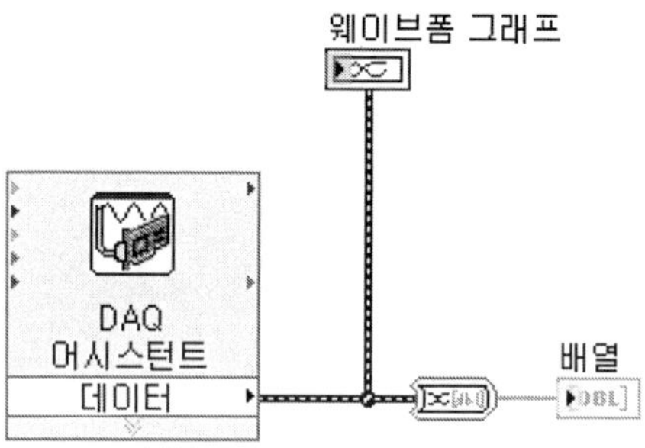

11. VI를 저장하고 실행합니다. Source에 카운트할 Pulse를 입력하고, PFI 핀에 외부 클럭을 입력합니다.

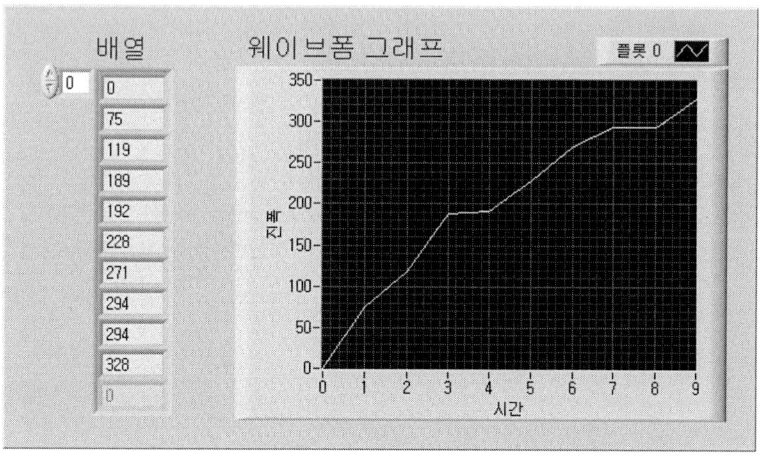

연습 7-11 끝

연습 7-12. N샘플 Buffered 이벤트 카운트 (DAQmx 함수)

DAQmx를 이용하여 N샘플 Buffered 이벤트 카운트 VI를 만들어봅니다.

⌘ 블록다이어그램

1. 새 VI를 만들고 N샘플Buffered이벤트카운트(DAQmx).vi로 저장합니다.
2. 다음과 같이 블록다이어그램을 구성합니다.

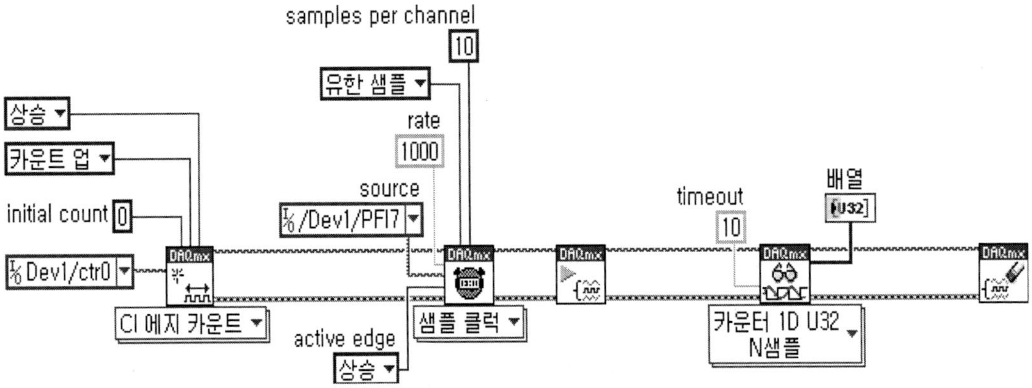

a.  **DAQmx 버추얼 채널 생성**을 카운터 입력 > 에지 카운트로 선택합니다. 단축메뉴를 이용하여 상수 들을 생성해줍니다. 초기 카운트를 0, 카운트 방향을 카운트 업, 그리고 에지를 상승으로 선택해줍니다. 함수 > 측정 I/O > DAQmx – 데이터 수집 팔레트에서 찾을 수 있습니다.

b.  **DAQmx 타이밍**을 샘플 클럭으로 설정합니다. 단축메뉴를 이용하여 상수 들을 생성해줍니다. 이때, 속도에서 생성해준 상수는 의미 없는 값입니다. Default 값으로 놔두면 될 것입니다. 활성에지는 상승으로 샘플모드는 유한 샘플로 선택해주었습니다.

c.  **DAQmx 읽기**를 카운터 > 여러 샘플 > 1D U32로 설정합니다. 타임아웃에 상수를 생성해주고, 데이터에서 인디케이터를 생성해줍니다.

d.  **DAQmx 태스크 지우기**는 모든 설정을 초기화하고, 카운터 레지스터도 초기화시킵니다.

⌘ 프런트패널

3. 다음과 같이 프런트패널을 정리하고 실행합니다. PFI 7번 핀으로 외부 Clock을 입력하고, ctr0의 Source에 카운트할 Pulse를 입력해줍니다.

4. NI 예제 탐색기에서 하드웨어 입력과 출력 > DAQmx > 카운터 측정 > 디지털 이벤트 카운트 폴더에서 Count Digital Events-Buffered-Finit-Ext Clk.vi를 찾을 수 있습니다.

연습 7-12 끝

연습 7-13. 연속 Buffered 이벤트 카운트 (DAQmx 함수)

DAQmx를 이용하여 연속 Buffered 이벤트 카운트 VI를 만들어봅니다.

⌘ 블록다이어그램

1. 새 VI를 만들고 연속Buffered이벤트카운트(DAQmx).vi로 저장합니다.
2. 다음과 같이 블록다이어그램을 구성합니다.

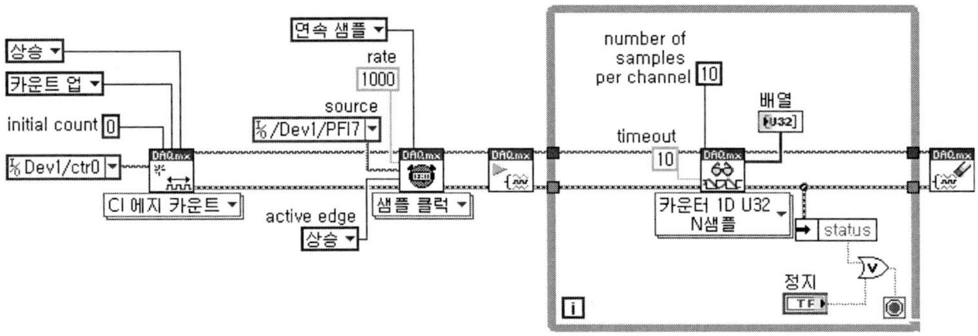

a. DAQmx 타이밍 함수에서 샘플 모드로 상수를 생성하고, 연속 샘플로 선택해줍니다. 연속 샘플 모드에서는 채널당 샘플에 입력이 필요하지 않습니다.
b. While 루프 속에 DAQmx 읽기를 위치시키고, 채널당 샘플 개수에서 상수를 만들어 줍니다.

⌘ 프런트패널

3. 다음과 같이 프런트패널을 정리하고 실행합니다. PFI 7번 핀으로 외부 Clock을 입력하고, ctr0의 Source에 카운트할 Pulse를 입력해줍니다.

4. NI 예제 탐색기에서 하드웨어 입력과 출력 > DAQmx > 카운터 측정 > 디지털 이벤트 카운트 폴더에서 Count Digital Events-Buffered-Continuous-Ext Clk.vi를 찾을 수 있습니다.

연습 7-13 끝

카운터/타이머의 Source에 입력된 Pulse를 카운트하는 방법에 대하여 배웠습니다. Pulse가 입력됨에 따라 카운터 레지스터의 값이 증가하고, DAQmx 읽기 함수를 이용하여 이 값을 읽어옵니다. 읽어오는 방법에 따라서 단순 이벤트 카운트 모드와 Buffered 이벤트 카운트 모드가 있습니다. Buffered 방식은 고속 카운트에서 많이 사용하는 방식입니다. 또한 Buffered 방식은 외부 클럭을 입력받아 이 클럭을 기준으로 카운터 레지스터의 값을 읽어오는 방식입니다.

2. 위치 측정

위치 측정 어플리케이션은 선형 측정과 각도 측정으로 나눌 수 있습니다. 선형 측정은 선형 엔코더 등을 이용하여 선형으로 얼마나 거리나 길이에 변화가 있는지를 측정하는 솔루션입니다. 그리고 각도 측정은 구적 엔코더(Encoder)나 타코미터(Tachometer)를 이용하여 회전체의 회전수나 회전각도를 측정할 수 있습니다. 구적 엔코더는 회전체의 회전각을 측정하는 대표적인 센서입니다. 구적 엔코더의 A상, B상, 그리고 Z상 출력을 카운터/타이머로 입력받아서 회전각과 회전수를 측정할 수 있습니다. 구적 엔코더는 다음과 같은 원리로 작동합니다.

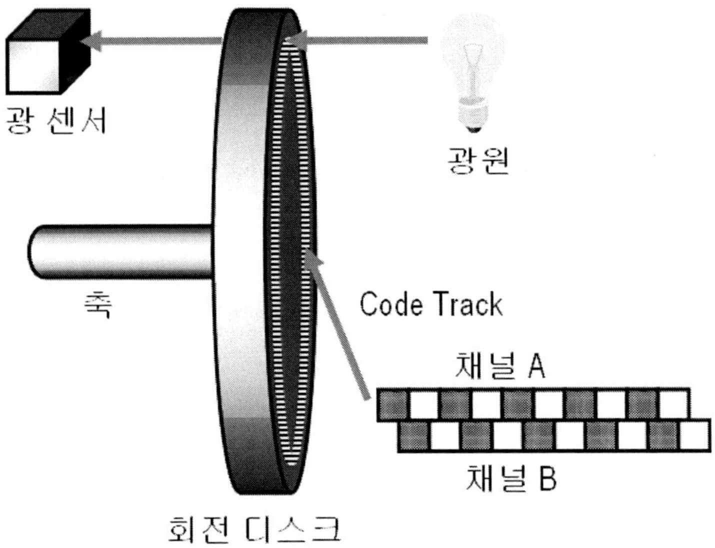

구적 엔코더는 **회전 디스크, 광원, 광센서**로 구성됩니다. 회전 디스크는 두 개 라인으로 구성되며, 각 라인에는 일정한 간격으로 구멍이 있습니다. 각각 채널 A와 채널 B입니다. 광원에서 발생한 빛은 이 구멍을 통하여 광센서로 전달됩니다. 회전 디스크가 회전하면 광센서에서는 빛이 On/Off됨에 따라 Pulse가 발생합니다. 이 Pulse를 카운트하면 회전각을 측정할 수 있습니다. 그리고 두 라인은 그림과 같이, 90도 어긋나 있으므로 회전체의 회전 방향에 따라서 채널 A의 Pulse가 앞설 수 있고, 반대로 채널 B가 앞설 수 있습니다. 채널 A에 연결된 광센서 출력이 A상이며, 채널 B에 연결된 광센서 출력이 B

상이 됩니다.

카운터/타이머를 이용한 구적 엔코더 측정을 위해서는 M시리즈 보드나 X시리즈 보드, TIO 보드(카운터/타이머 전용 보드)를 이용해야 됩니다.

Counter / Timer Signal	Default Terminal Name
CTR 0 SRC	PFI 8
CTR 0 GATE	PFI 9
CTR 0 AUX	PFI 10
CTR 0 OUT	PFI 12
CTR 0 A	PFI 8
CTR 0 Z	PFI 9
CTR 0 B	PFI 10

카운터/타이머의 Source에 **A상**을 연결하고, Up/Down에 **B상**을 연결하면 구적 엔코더의 출력을 측정할 수 있습니다. 핀맵에서 PFI 8핀(CTR 0 SRC)에 A상을 연결하고, PFI 9핀(CTR 0 GATE)에 Z상을 연결하고, PFI 10핀(CTR 0 AUX)에 B상을 연결합니다. 각각 CTR 0 A, CTR 0 Z, CTR 0 B로 표기되기도 합니다.

연습 7-14. 각도 측정 (DAQ 어시스턴트)

구적 엔코더를 이용하여 각도를 측정하는 VI를 작성해봅니다. 구적 엔코더의 A상은 카운터 Source에 연결하고, B상은 카운터 AUX(Up/Down)에 연결합니다. Z상을 사용하는 경우에는 Z상을 카운터 Gate에 연결합니다.

⌘ DAQ 어시스턴트

1.  DAQ 어시스턴트를 찾아 블록다이어그램에 위치시킵니다. 함수 > 측정 I/O > DAQmx - 데이터 수집 팔레트에서 찾을 수 있습니다.

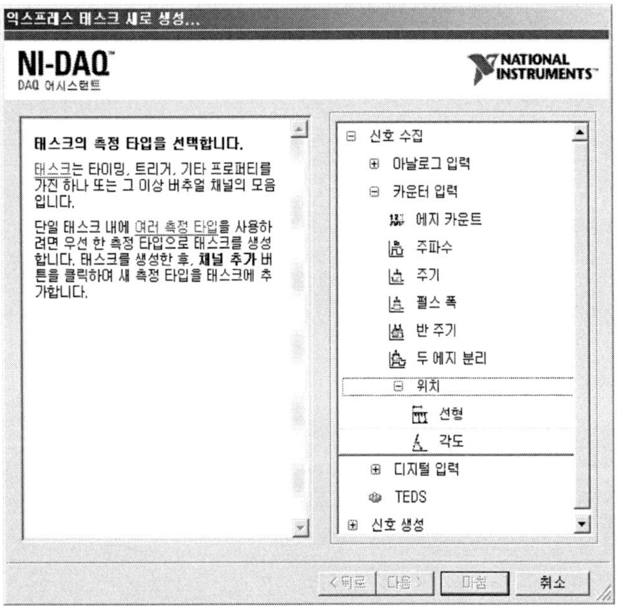

2. 익스프레스 태스크 새로 생성...에서 신호 수집 > 카운터 입력 > 위치 > 각도를 선택합니다.
3. 지원되는 물리적 채널에서 사용할 카운터를 선택합니다. 마침 버튼을 클릭합니다.
4. 구적 엔코더의 하드웨어 스펙을 참고하여 **셋팅**을 입력합니다. 펄스/회전, 초기 각, 단위, 그리고 디코딩 타입을 입력합니다.
5. 타이밍 셋팅에서 수집모드로 **1샘플(요청할 때)**을 선택합니다. While 루프의 실행에 맞추어 한번씩 구적 엔코더의 값을 읽어올 것입니다.
6. DAQ 어시스턴트의 설정이 끝나면 확인 버튼을 클릭하여 설정을 적용합니다. 태스크 타이밍에서 수집모드로 1샘플(요청할 때)을 선택하면 While 루프를 자동으로 생성합니다.

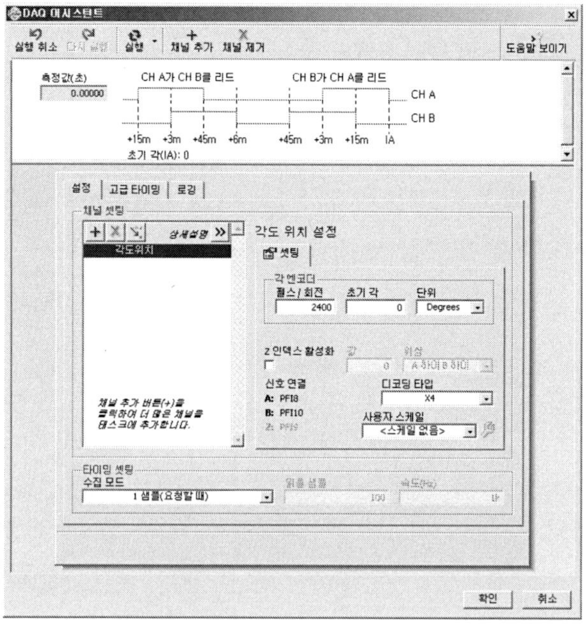

7. 다음과 같이 블록다이어그램을 구성합니다. DAQ 어시스턴트의 데이터 출력단에서 단축메뉴를 이용하여 숫자인디케이터를 생성합니다. 그리고 시간지연 함수를 While 루프 속에 위치시킵니다.

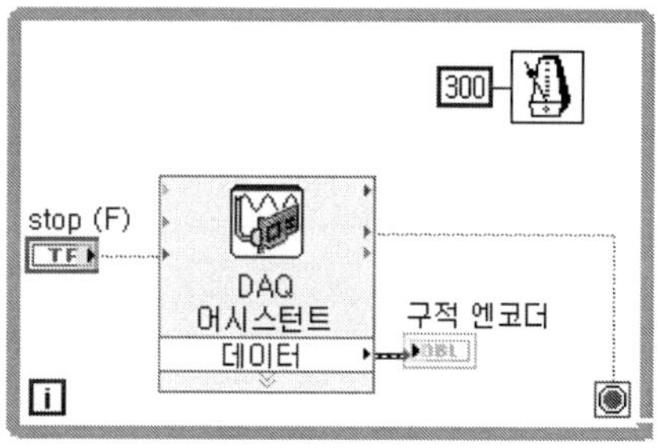

⌘ 프런트패널

8. 프런트패널을 정리하고 구적엔코더.vi로 저장합니다.

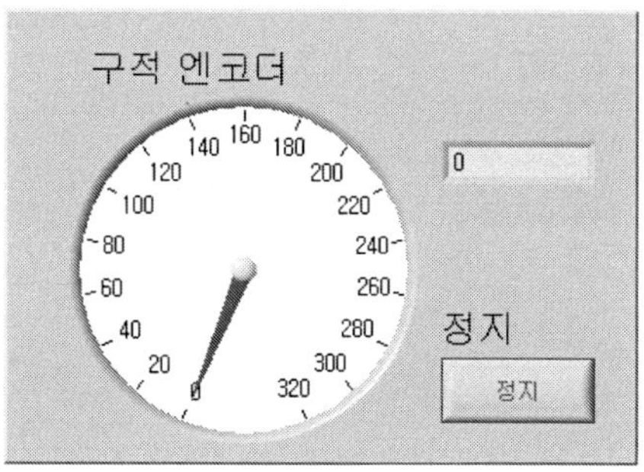

연습 7-14 끝

연습 7-15. 각도 측정 (DAQmx 함수)

DAQmx를 이용하여 각도 측정 VI를 만들어봅니다. 구적 엔코더의 A상은 카운터 Source에 연결하고, B상은 카운터 AUX (Up/Down)에 연결합니다. Z상을 사용하는 경우에는 Z상을 카운터 Gate에 연결합니다.

⌘ 블록다이어그램

1. 새 VI를 만들고, DAQmx각도측정.vi로 저장합니다.
2. 다음과 같이 블록다이어그램을 구성합니다.

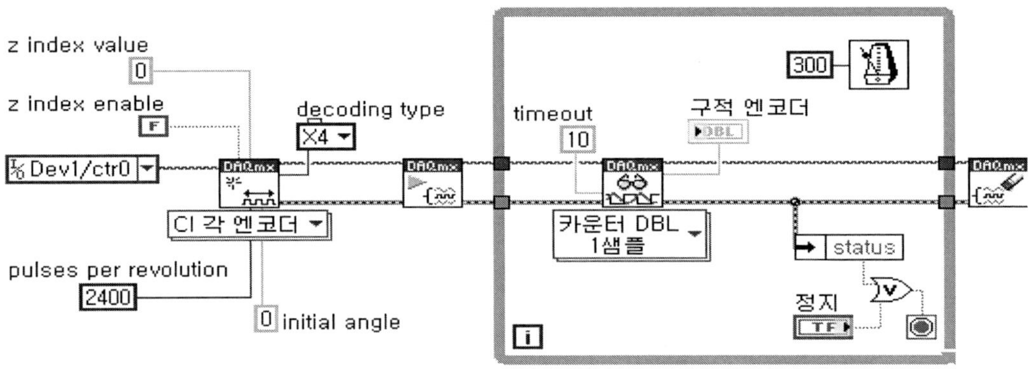

a.  **DAQmx 버추얼 채널 생성**의 다형성을 카운터 입력 > 위치 > 각 엔코더로 선택합니다. 함수 > 측정 I/O > DAQmx – 데이터 수집 팔레트에서 찾을 수 있습니다.

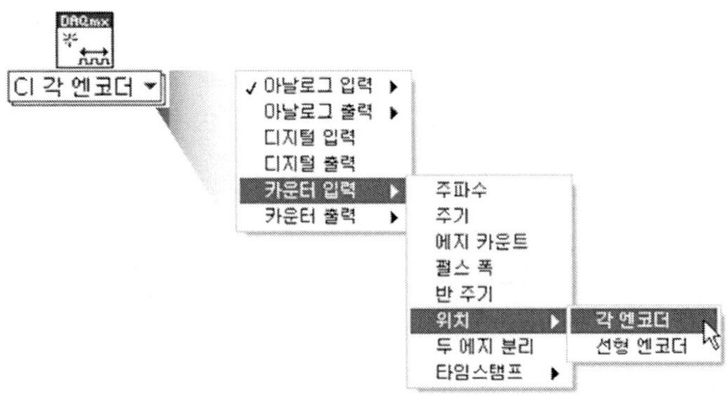

b. **DAQmx 버추얼 채널 생성**의 카운터, 회전당 펄스, 디코딩 타입, Z 인덱스 값, z 인덱스 활성화에서 단축메뉴로 상수를 생성합니다. 그리고 Z 인덱스 활성화는 F로 설정하였습니다.

c. 

DAQmx 읽기의 다형성을 카운터 > 단일 샘플 > DBL로 설정합니다. 타임아웃에 상수를 생성해주고, 데이터에서 인디케이터를 생성해 줍니다.

⌘ 프런트패널

3. 다음과 같이 프런트패널을 구성하고, VI를 실행합니다.

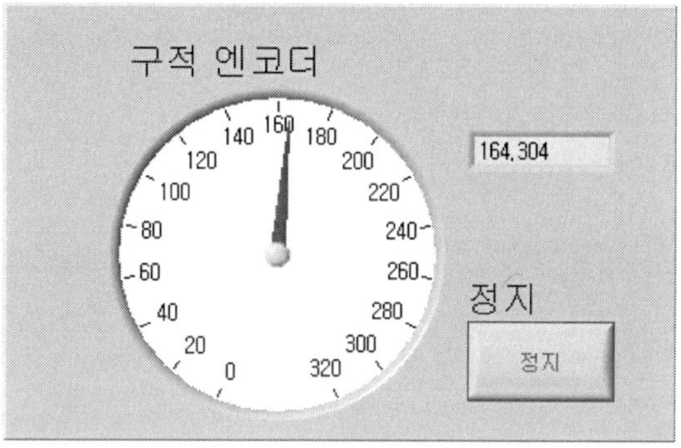

4. NI 예제 탐색기에서 하드웨어 입력과 출력 > DAQmx > 카운터 측정 > 위치 폴더에서 Measure Angular Position.vi를 찾을 수 있습니다.

연습 7-15 끝

연습 7-16. 연속 각도 측정 (Buffered)

DAQ 보드의 온보드 메모리와 외부 Clock을 이용하여 Buffered 방식으로 각도를 측정하는 VI를 만들어 봅니다. 이 방법은 고속 회전체의 각도/회전속도 측정에 적합한 솔루션입니다.

⌘ 블록다이어그램

1. 새 VI를 만들고, DAQmx각도측정-Buffered.vi로 저장합니다.
2. 다음과 같이 블록다이어그램을 구성합니다.

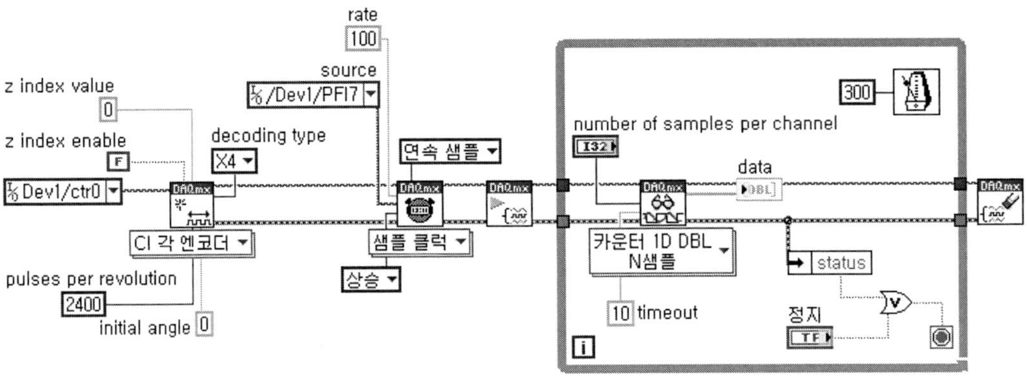

a.  **DAQmx 버추얼 채널 생성**을 카운터 입력 > 위치 > 각 엔코더로 선택합니다. 단축메뉴를 이용하여 상수 들을 생성해줍니다. 초기 각을 0, 회전당 펄스로 2400, 그리고 Z인텍스 활성화 F로 선택해줍니다. 함수 > 측정 I/O > DAQmx - 데이터 수집 팔레트에서 찾을 수 있습니다.

b.  **DAQmx 타이밍**을 샘플 클럭으로 설정합니다. 단축메뉴를 이용하여 상수 들을 생성해줍니다. 이때, 속도에서 생성해준 상수는 의미 없는 값입니다. Default 값으로 놔두면 될 것입니다. 활성에지는 상승으로 샘플모드는 연속 샘플로 선택해주었습니다.

c.  **DAQmx 읽기**를 카운터 > 여러 샘플 > 1D DBL로 설정합니다.

타임아웃에 상수를 생성해주고, 채널당 샘플 개수에 컨트롤, 그리고 데이터에 인디케이터를 생성해줍니다.

d. 

DAQmx 태스크 지우기는 모든 설정을 초기화하고, 카운터 레지스터도 초기화시킵니다.

⌘ 프런트패널

3. 다음과 같이 프런트패널을 구성하고, VI를 실행합니다.

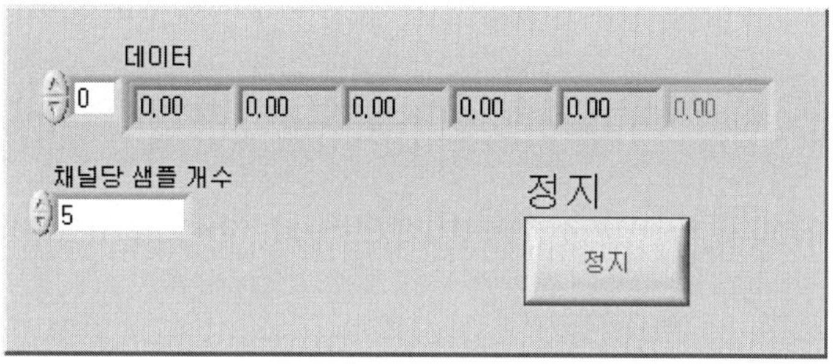

4. NI 예제 탐색기에서 하드웨어 입력과 출력 > DAQmx > 카운터 측정 > 위치 폴더에서 Measure Angular Position-Buffered-Cont-Ext Clk.vi를 찾을 수 있습니다.

연습 7-16 끝

3. 펄스 폭 측정

펄스는 사각 파형의 아날로그 신호 혹은 디지털 신호를 의미합니다. 일반적으로 0V에서 5V 레벨로 변하는 파형입니다.

펄스폭(Pulse Width)을 측정하기 위해서는 정확한 시간 기준(time base)이 있어야 됩니다. 입력된 Pulse를 Gate라고 생각하고, 카운터의 Source로 정확한 주기를 알고 있는 Time Base를 카운트하면 입력된 Pulse의 폭을 측정할 수 있습니다.

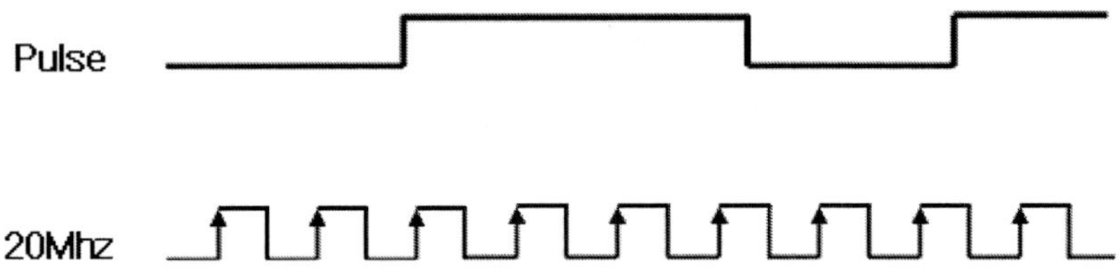

20Mhz Time Base의 주기가 1/20,000,000 초이고, 입력 Pulse 속에 6개의 20Mhz Pulse가 카운트되므로 펄스폭은 6/20,000,000 = 0.0000003초입니다.

측정하고자 하는 Pulse 신호보다 Time Base 신호가 충분히 짧다면 측정이 더 정확해질 것입니다. 만약 Pulse가 주기적인 신호라면 N샘플 모드를 사용하여 여러 번 측정한 다음, 평균을 구하면 더 정확한 Pulse Width 측정이 될 것입니다.

연습 7-17. 펄스 폭 측정 (DAQ 어시스턴트)

DAQ 어시스턴트를 이용하여 펄스 폭을 측정하는 VI를 작성해봅니다. 입력 펄스는 카운터의 Gate에 입력하고, DAQ 보드의 내부 타임베이스를 이용하여 펄스 폭을 측정합니다.

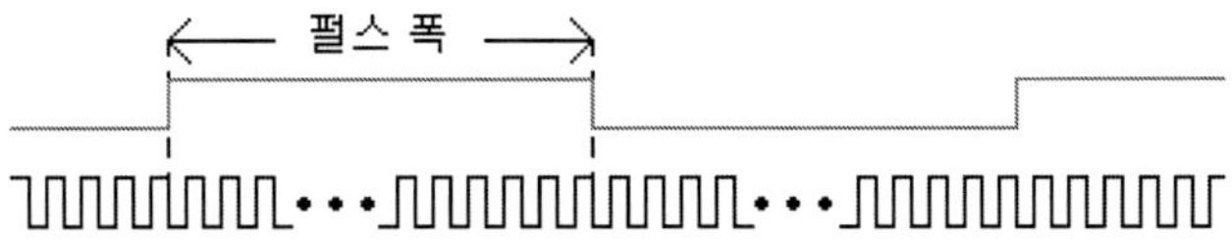

⌘ DAQ 어시스턴트

1.  **DAQ 어시스턴트**를 찾아 블록다이어그램에 위치시킵니다. 함수 > 측정 I/O > DAQmx - 데이터 수집 팔레트에서 찾을 수 있습니다.
2. **익스프레스 태스크 새로 생성...**에서 신호 수집 > 카운터 입력 > 펄스폭을 선택합니다.
3. 측정에 사용할 물리적채널을 선택하고, 마침 버튼을 클릭합니다.
4. 다음과 같이 DAQ 어시스턴트를 설정합니다.

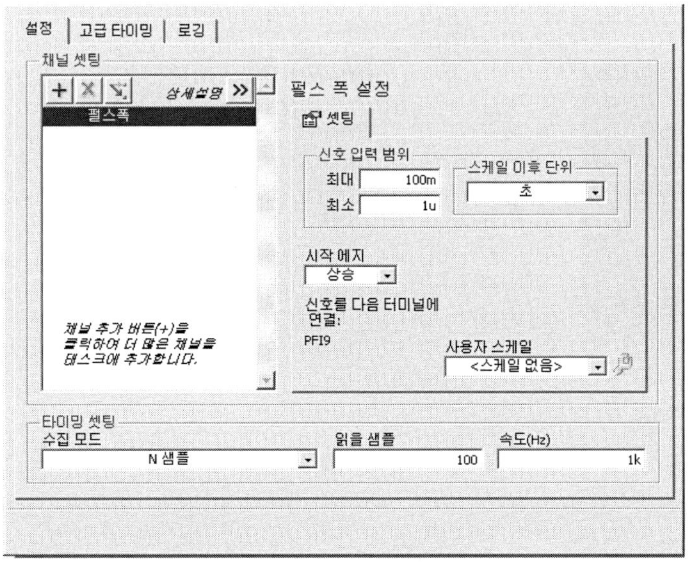

- 셋팅 : 신호 입력 범위의 **최대**와 **최소**를 입력합니다. 입력한 최대/최소에 따라서 측정에 적합한 Time Base가 결정되므로 측정 신호에 근접한 값을 입력하시기 바랍니다.
- 타이밍 셋팅 : 수집 모드로 **N샘플**을 선택합니다. 읽을 샘플과 속도(Hz)를 설정합니다.

5. 확인 버튼을 클릭하여 설정을 적용합니다.
6. 측정값을 쉽게 확인할 수 있도록 다음과 같이 그래프 인디케이터를 생성해줍니다.

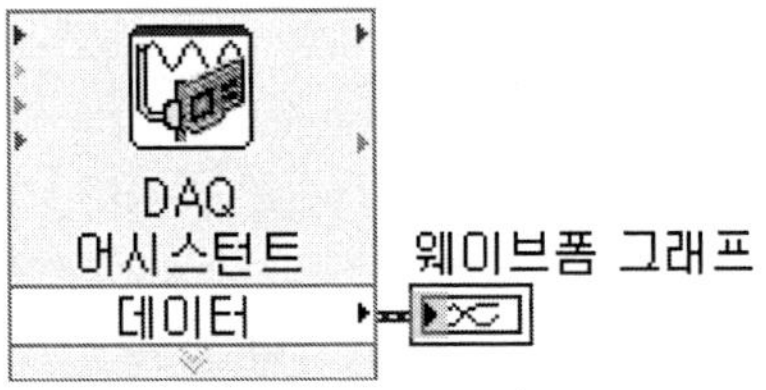

⌘ 프런트패널

7. 다음과 같이 프런트패널에 있는 웨이브폼 그래프의 플롯 방식을 **점**으로 바꾸어 줍니다. 플롯 0에서 단축메뉴를 만들고, 일반 플롯에서 **점**을 선택합니다.

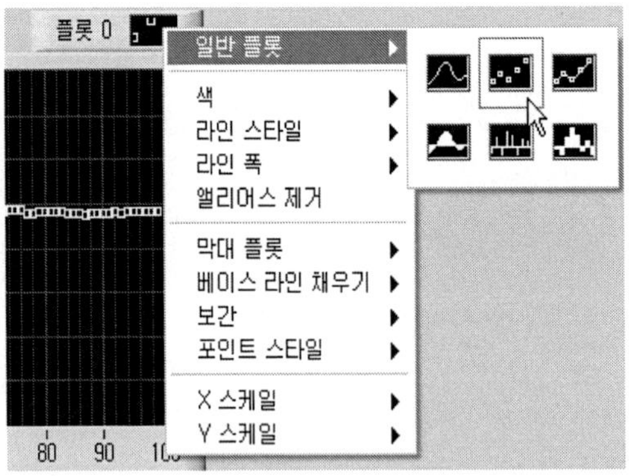

8. 펄스폭측정.vi로 저장하고 실행합니다. 입력 신호는 셋팅에서 지정하는 입력 터미널에 연결합니다. 여기에서는 PFI9에 측정할 Pulse 신호를 입력합니다.

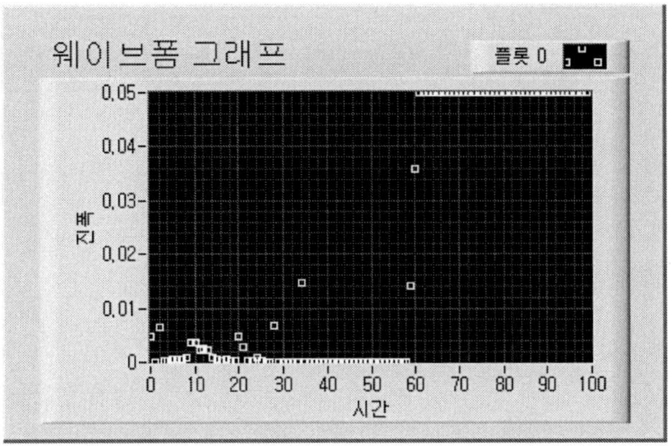

DAQ 어시스턴트 셋팅의 **시작 에지**에서 상승/하강을 설정할 수 있지만, 시작 에지가 맞지 않을 수도 있습니다. 위 그래프는 **시작 에지**가 맞지 않는 경우입니다. 첫 번째 값이 다른 값들보다 1msec 정도 오차가 있음을 확인할 수 있습니다. 이것은 VI를 실행하는 시점에서 입력 Pulse가 어떤 위치에 있느냐에 따른 결과입니다. 그러므로 첫 번째 값은 우연히 맞을 수도 있고 틀릴 수도 있습니다.

연습 7-17 끝

연습 7-18. 펄스 폭 측정 (DAQmx 함수)-Buffered

DAQmx 함수를 이용하여 펄스 폭을 측정하는 VI를 만들어봅니다. 입력 펄스는 카운터의 Gate에 입력하고, DAQ 보드의 내부 타임베이스를 이용하여 펄스 폭을 측정합니다.

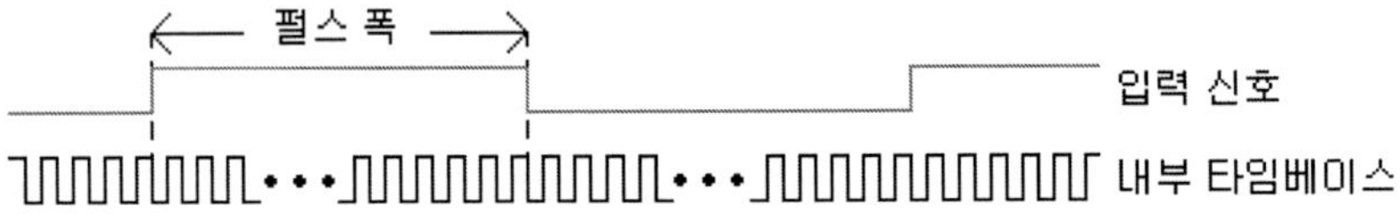

⌘ 블록다이어그램

1. 새 VI를 만들고, DAQmx펄스폭측정.vi로 저장합니다.
2. 다음과 같이 블록다이어그램을 구성합니다.

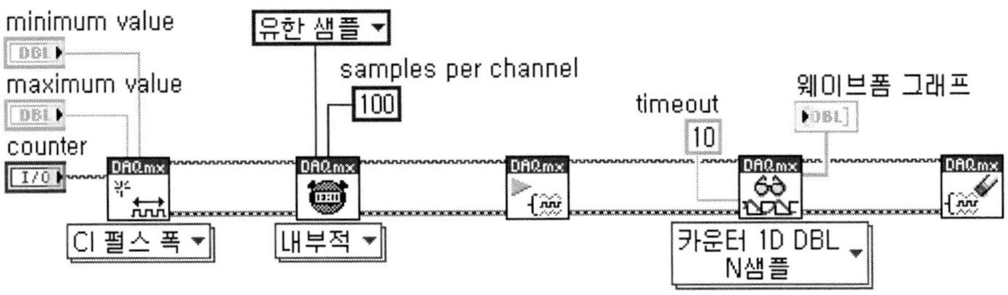

a.  **DAQmx 버추얼 채널 생성**의 다형성을 **카운터 입력 > 펄스폭**으로 선택합니다. 그리고 카운터, 최소값, 최대값에 각각 컨트롤을 생성합니다.

b.  **DAQmx 타이밍**의 다형성을 **암시적(카운터)**으로 설정합니다. 샘플 모드에 상수를 생성하고 **유한 샘플**로 설정합니다. 그리고 채널당 샘플에 상수를 생성하고 100을 입력합니다.

c.  **DAQmx 읽기**의 다형성을 **카운터 > 여러 샘플 > 1D DBL**로 설정합니다. 프런트패널에 웨이브폼 그래프를 위치시키고 그 터미널을 데이

터 출력에 연결합니다. 또한 타임아웃에 상수를 생성해줍니다.

⌘ 프런트패널

3. 다음과 같이 프런트패널을 정리하고 실행합니다.

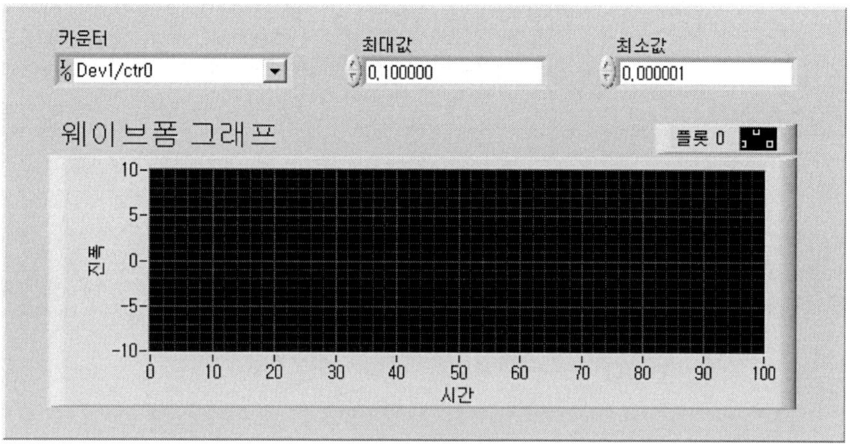

4. NI 예제 탐색기에서 하드웨어 입력과 출력 > DAQmx > 카운터 측정 > 주기 또는 펄스 폭 폴더에서 Meas Pulse Width-Buffered-Finite.vi를 찾을 수 있습니다.

⌘ 블록다이어그램 수정

5. 다음과 같이 블록다이어그램을 수정하여 연속 측정 솔루션으로 변경합니다.

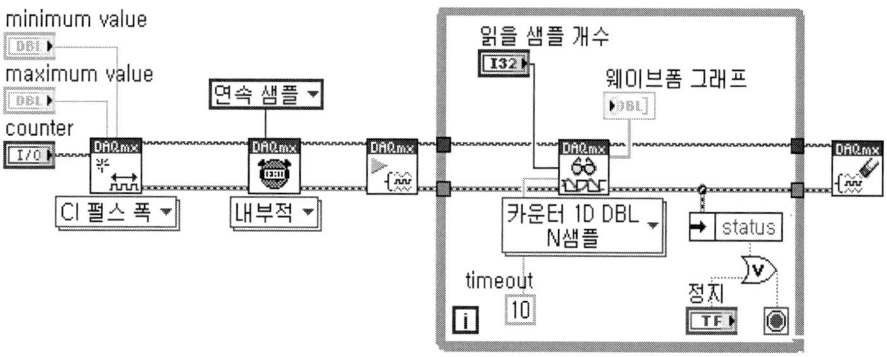

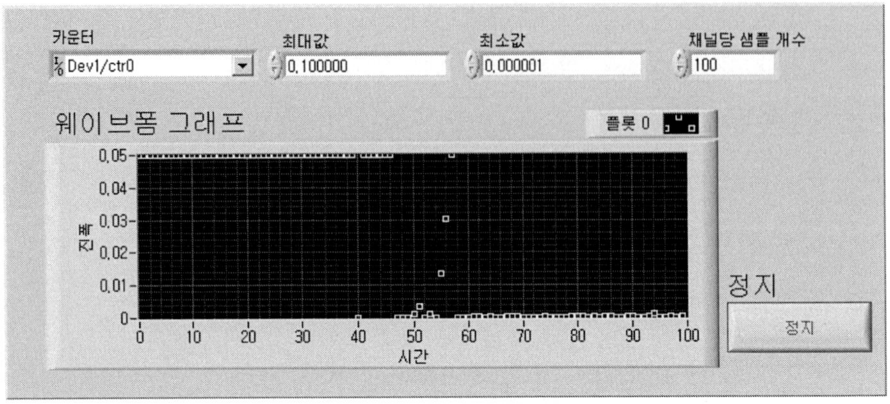

a.  DAQmx **타이밍**의 샘플 모드를 연속 샘플로 설정합니다.

b.  DAQmx **읽기**의 채널당 샘플 개수에서 컨트롤을 생성합니다.

6. NI 예제 탐색기에서 하드웨어 입력과 출력 > DAQmx > 카운터 측정 > 주기 또는 펄스 폭 폴더에서 Meas Pulse Width-Buffered-Cont.vi를 찾을 수 있습니다.

연습 7-18 끝

4. 주파수 측정

펄스의 주파수는 두 가지 방법을 측정 및 계산이 가능합니다. 첫 번째 방법은 **Pulse 개수 / 측정 시간**으로 계산하는 방법입니다. 예를 들어, 타코미터로 RPM을 측정한다면 1분 동안 몇 개의 펄스가 타코미터에서 출력되는지를 카운터하면 될 것입니다. 두 번째 방법은 **1 / 펄스 폭**으로 계산하는 방법입니다. 펄스 폭이 일정하다면, 펄스 폭의 역수가 주파수와 동일하게 됩니다.

$\frac{Pulse\,\text{개수}}{\text{측정 시간}}$ 방법으로 주파수를 측정하기 위해서는 Pulse 개수도 카운트 해야 될 뿐 아니라 측정 시간도 정확하게 구해야 됩니다. 컴퓨터의 내부 Clock을 이용하여 시간을 구할 수도 있겠지만, 정확한 주파수 측정을 위해서는 더 정밀한 Time base를 이용한 시간 측정이 필요합니다. M시리즈 DAQ 보드에서는 두 개의 카운터를 활용하여, 한 개 카운터는 시간을 측정하고, 다른 한 개 카운터는 Pulse 개수를 카운터하여 주파수를 측정할 수 있습니다. X시리즈 DAQ 보드에서는 STC 3칩에 시간 측정 기능이 내장되어 있기 때문에 한 개 카운터로만 Pulse 개수를 측정하고 내장된 시간 측정 기능을 이용하여 주파수를 측정할 수 있습니다.

$\frac{1}{\text{펄스폭}}$ 방법으로 주파수를 측정하기 위해서는 카운터 1 개를 이용하여 펄스 폭을 정확히 측정해야 됩니다. 그러나 앞 장에서 소개한 펄스 폭 측정 방법에서 확인할 수 있듯이 펄스 폭 측정의 정밀도는 펄스 폭이 클수록 높아집니다. 즉, 저주파일 때만 측정의 정밀도가 높게 됩니다. 그래서 1/펄스 폭 방법은 낮은 주파수 측정에서만 사용될 수 있습니다.

연습 7-19. 낮은 주파수 측정 (DAQ 어시스턴트)

$\frac{1}{\text{펄스폭}}$ 방법으로 주파수를 측정하는 VI를 DAQ 어시스턴트를 이용하여 작성해봅니다. 한 개 카운터를 이용하여 입력 펄스의 주기를 측정하고 역수인 주파수를 계산하는 방법입니다.

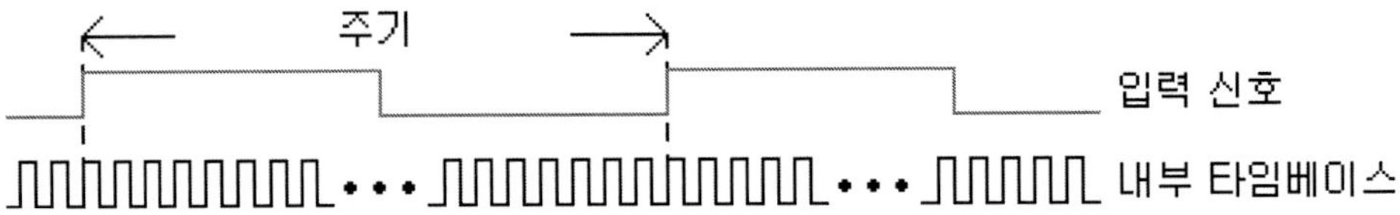

*주파수는 주기의 역수입니다

⌘ DAQ 어시스턴트

1. **DAQ 어시스턴트**를 찾아 블록다이어그램에 위치시킵니다. 함수 > 측정 I/O > DAQmx – 데이터 수집 팔레트에서 찾을 수 있습니다.
2. **익스프레스 태스크 새로 생성...**에서 신호 수집 > 카운터 입력 > 주파수를 선택합니다.
3. 측정에 사용할 물리적채널을 선택하고, 마침 버튼을 클릭합니다.
4. 다음과 같이 DAQ 어시스턴트를 설정합니다.
   - 신호 입력 범위에서 측정 주파수의 **최대**와 **최소**를 지정해줍니다. 측정에 사용할 최적의 Time Base를 지정하기 위한 것이므로 가능한 측정 주파수와 비슷한 범위로 설정해줍니다.
   - 측정 방법 : **1카운터(낮은 주파수)**로 지정합니다. 카운터 한 개로 낮은 주파수를 측정하겠다는 설정입니다.
   - 태스크 타이밍에서 수집모드로 **N샘플**을 지정합니다. 일정하게 반복되는 신호의 주파수를 측정하는 경우에 N샘플을 많이 사용합니다.

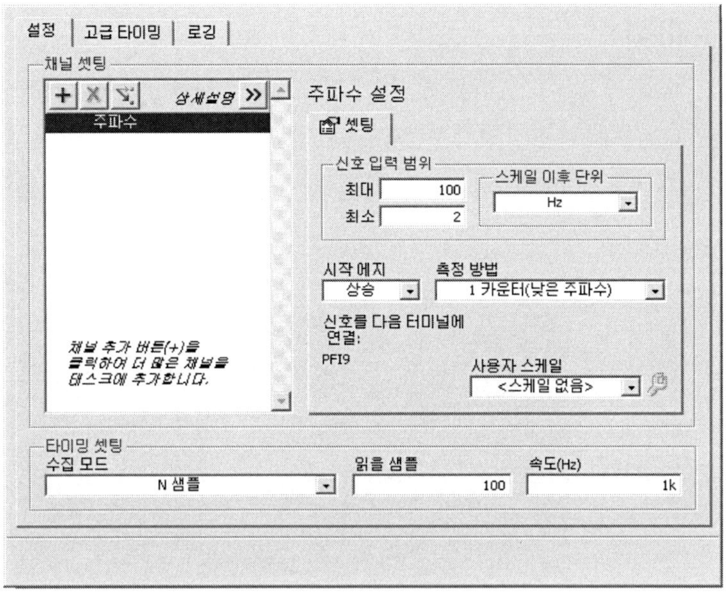

5. 확인 버튼을 클릭하여 DAQ 어시스턴트의 설정을 적용합니다.

⌘ 블록다이어그램

6. 다음과 같이 블록다이어그램을 구성합니다. 프런트패널에 웨이브폼 그래프를 한 개 위치시킵니다.

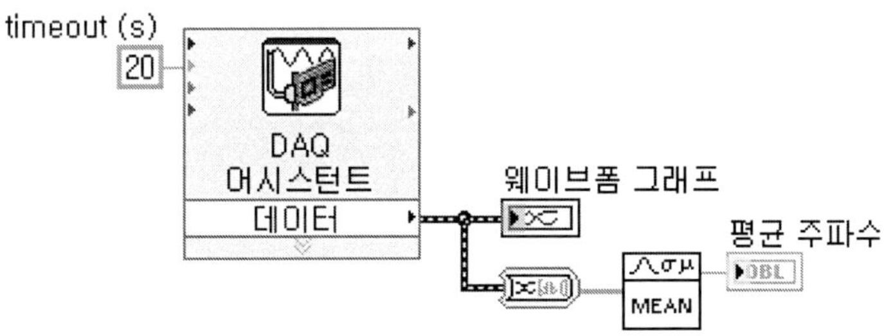

- **다이나믹 데이터로부터 변환**을 이용하여 1D DBL 배열로 변환해 줍니다. 다이나믹 데이터로부터 변환은 함수 > 익스프레스 > 신호 조작 팔레트에서 찾을 수 있습니다.
- MEAN **평균**은 함수 > 수학 > 확률 & 통계 팔레트에서 찾을 수 있습니다.

⌘ 프런트패널

7. 다음과 같이 프런트패널을 정리하고, 저주파측정.vi로 저장합니다.
8. DAQ 어시스턴트에서 지정한 입력 터미널에 Pulse를 입력하고 측정합니다. 일반적으로 Gate 입력을 낮은 주파수 측정에 사용합니다.

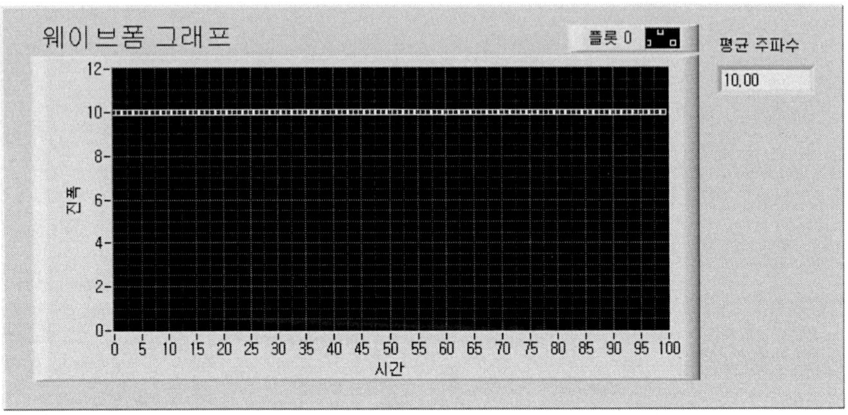

연습 7-19 끝

연습 7-20. 높은 주파수 측정 (DAQ 어시스턴트)

$\frac{Pulse\ \text{개수}}{\text{측정 시간}}$ 방법으로 높은 주파수를 측정하는 VI를 DAQ 어시스턴트를 이용하여 작성해봅니다. 높은 주파수 측정에는 두 개의 카운터를 이용합니다. 그러나 STC 3칩이 내장된 X시리즈 보드에서는 한 개 카운터로 측정이 가능합니다.

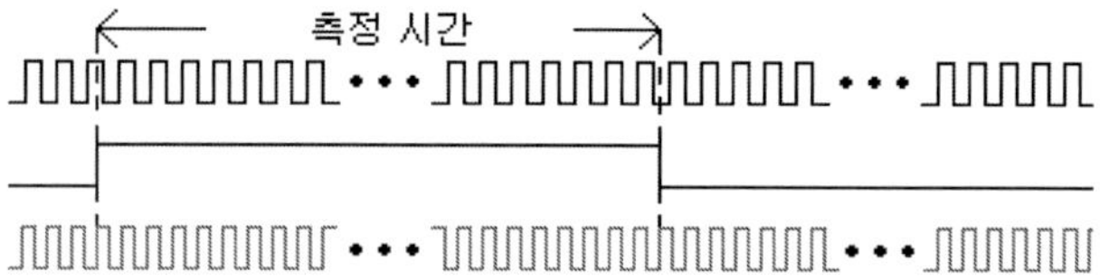

⌘ DAQ 어시스턴트

1.  **DAQ 어시스턴트**를 찾아 블록다이어그램에 위치시킵니다. 함수 > 측정 I/O > DAQmx - 데이터 수집 팔레트에서 찾을 수 있습니다.
2. **익스프레스 태스크 새로 생성...**에서 신호 수집 > 카운터 입력 > 주파수를 선택합니다.
3. 사용할 물리적채널을 선택하고, 마침 버튼을 클릭합니다.
4. 다음과 같이 DAQ 어시스턴트를 설정합니다.

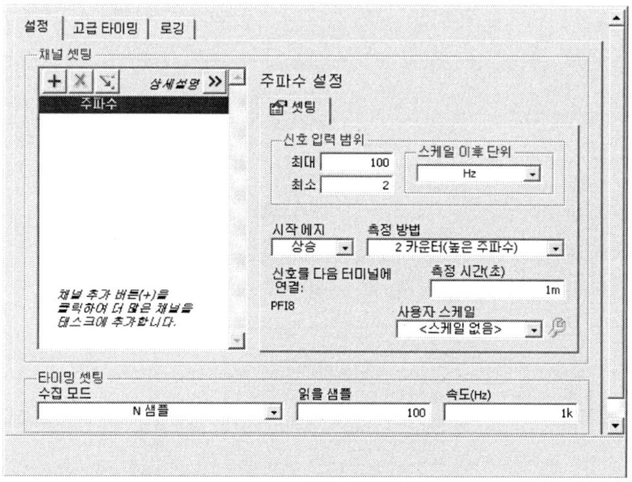

- 셋팅의 신호 입력 범위에서 **최대**와 **최소**를 설정합니다.
- 셋팅의 측정 방법에서 **2 카운터(높은 주파수)**로 설정합니다.
- 측정 시간(초)에 **1m**를 입력합니다.
- 타이밍 태스크의 수집 모드에서 **N샘플**을 설정합니다.

5. 확인 버튼을 클릭하여 DAQ 어시스턴트의 설정을 적용합니다.

⌘ 블록다이어그램

6. 다음과 같이 블록다이어그램을 구성합니다. 프런트패널에 웨이브폼 그래프를 한 개 위치시킵니다. 데이터 출력에서 단축메뉴로 생성 > 그래프 인디케이터를 선택해서 웨이브폼 그래프를 생성할 수도 있습니다.

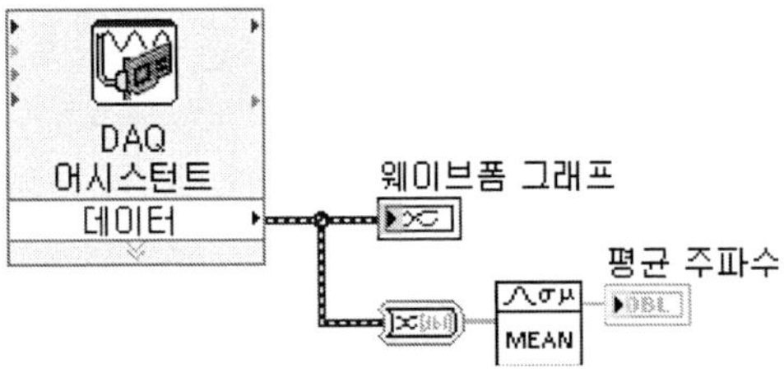

7. 다음과 같이 프런트패널을 정리하고, 고주파측정.vi로 저장합니다.
8. 높은 주파수 측정 시에는 Source 단에 신호를 입력하여 측정합니다. 특히 측정 시간(초)이 매우 중요한 값인데, 여기에서는 1m(초)로 설정하였으므로, 카운터 레지스터에서 1000개씩 카운트되면 읽어올 수 있게 설정됩니다. 그러므로 실제 측정 주파수는 평균값으로만 확인이 가능합니다. 여기에서는 80Hz의 Pulse Train을 입력하여 측정한 사례입니다.

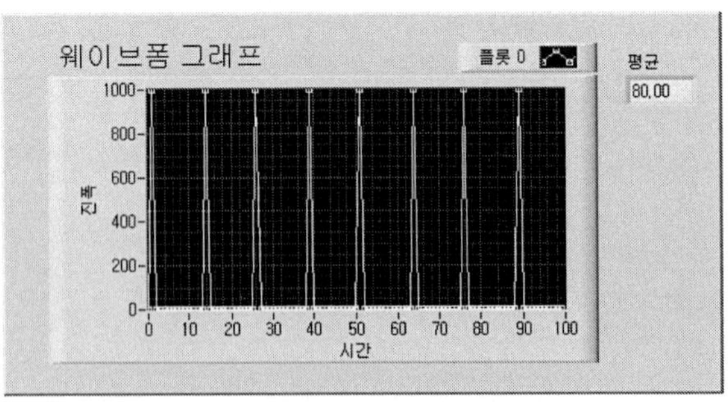

연습 7-20 끝

연습 7-21. 낮은 주파수 측정 (DAQmx 함수)

$\frac{1}{\text{펄스폭}}$ 방법으로 주파수를 측정하는 VI를 DAQmx 함수를 이용하여 작성해봅니다. 한 개 카운터를 이용하여 입력 펄스의 주기를 측정하고 역수인 주파수를 계산하는 방법입니다.

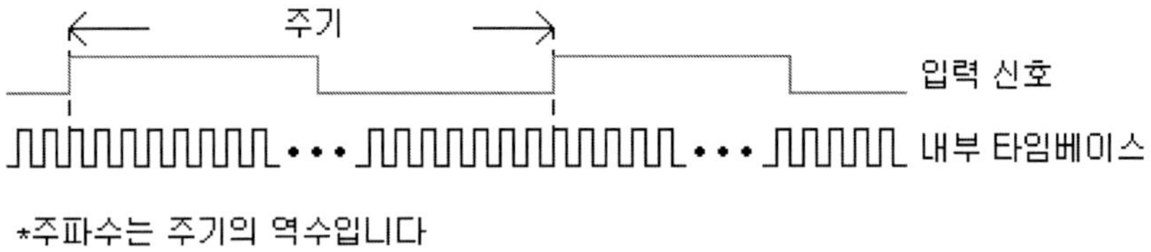

⌘ 블록다이어그램

1. 새 VI를 만들고, DAQmx저주파측정.vi로 저장합니다.
2. 다음과 같이 블록다이어그램을 구성합니다.

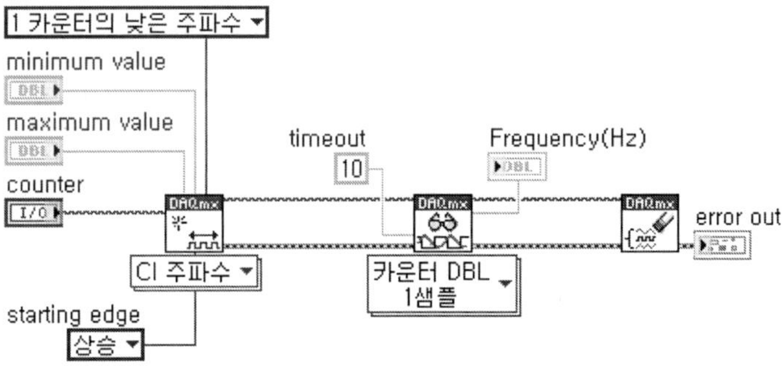

a.  **DAQmx 버추얼 채널 생성**의 다형성을 **카운터 입력 > 주파수**로 선택합니다. 그리고 카운터, 최소값, 최대값에 각각 컨트롤을 생성합니다. 또한 시작 에지와 측정 방법에 상수를 생성해주고, **상승**과 **1카운터의 낮은 주파수**로 설정합니다. 함수 > 측정 I/O > DAQmx – 데이터 수집 팔레트에서 찾을 수 있습니다.

b.  DAQmx 읽기를 **카운터 > 단일 샘플 > DBL**로 설정합니다.

프런트패널

3. 다음과 같이 프런트패널을 정리하고 실행합니다. 1카운터를 이용한 낮은 주파수 측정에서는 Gate에 신호를 입력합니다. M시리즈 DAQ 보드의 0번 카운터인 경우, PFI 9번 핀이 Gate입니다.

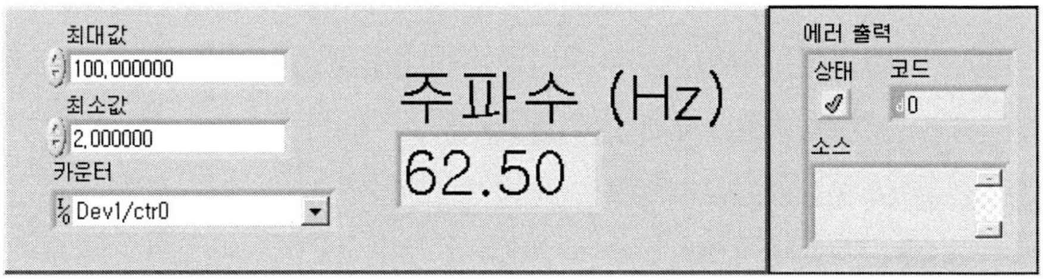

4. NI 예제 탐색기에서 하드웨어 입력과 출력 > DAQmx > 카운터 측정 > 디지털 주파수 폴더에서 Meas Dig Frequency-Low Freq 1Ctr.vi를 찾을 수 있습니다.
5. 다음과 같이 블록다이어그램을 수정합니다. DAQmx 읽기를 **카운터 > 여러 샘플 > 1D DBL**로 설정합니다. 그리고 채널당 샘플 개수에서 상수를 생성해주고, 100을 입력합니다. 100개 펄스의 주기를 읽어서 역수인 주파수를 측정하고, 평균을 취하게 됩니다. 낮은 주파수 측정 오차를 줄이는 방법으로 사용될 수 있습니다.

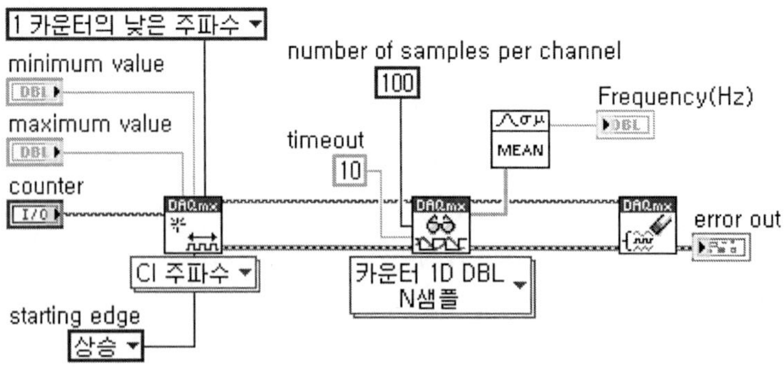

연습 7-21 끝

연습 7-22. 높은 주파수 측정 (DAQmx 함수)

$\frac{\textit{Pulse}\ \text{개수}}{\text{측정 시간}}$ 방법으로 높은 주파수를 측정하는 VI를 DAQmx 함수를 이용하여 작성해봅니다. 높은 주파수 측정에는 두 개의 카운터를 이용합니다. 그러나 STC 3칩이 내장된 X시리즈 보드에서는 한 개 카운터로 측정이 가능합니다.

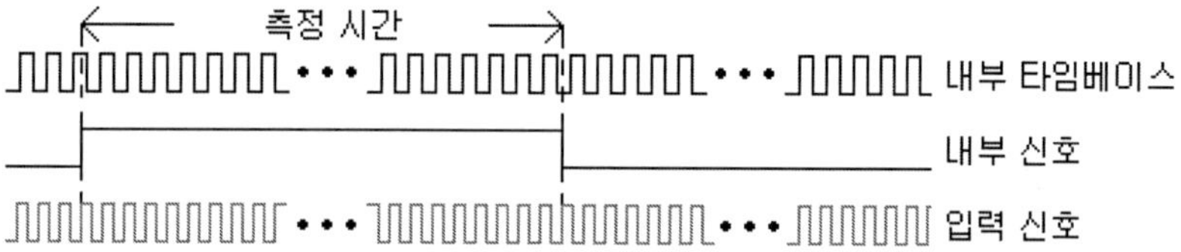

⌘ 블록다이어그램

1. 새 VI를 만들고, DAQmx고주파측정.vi로 저장합니다.
2. 다음과 같이 블록다이어그램을 구성합니다.

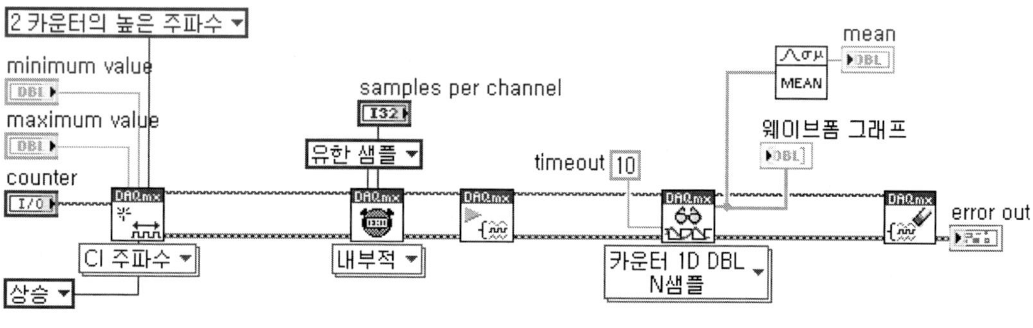

a.  **DAQmx 버추얼 채널 생성**의 다형성을 **카운터 입력 > 주파수**로 선택합니다. 그리고 카운터, 최소값, 최대값에 각각 컨트롤을 생성합니다. 또한 시작 에지와 측정 방법에 상수를 생성해주고, **상승**과 **2 카운터의 높은 주파수**로 설정합니다. 함수 > 측정 I/O > DAQmx - 데이터 수집 팔레트에서 찾을 수 있습니다.

b. DAQmx **타이밍**의 다형성을 **암시적(카운터)**으로 설정하고, 샘플 모드로 **유한 샘플**을 선택합니다. 그리고 채널당 샘플에 컨트롤을 생성합니다.

c. DAQmx **읽기**의 다형성을 **카운터 > 여러 샘플 > 1D DBL**로 설정합니다. 프런트패널에 웨이브폼 그래프를 위치시키고, 그 터미널을 데이터 출력에 연결합니다. 또한 타임아웃에 상수를 생성해줍니다.

⌘ 프런트패널

3. 다음과 같이 프런트패널을 정리하고 실행합니다. 2카운터를 이용한 주파수 측정에서는 Source에 측정할 Pulse를 입력합니다.

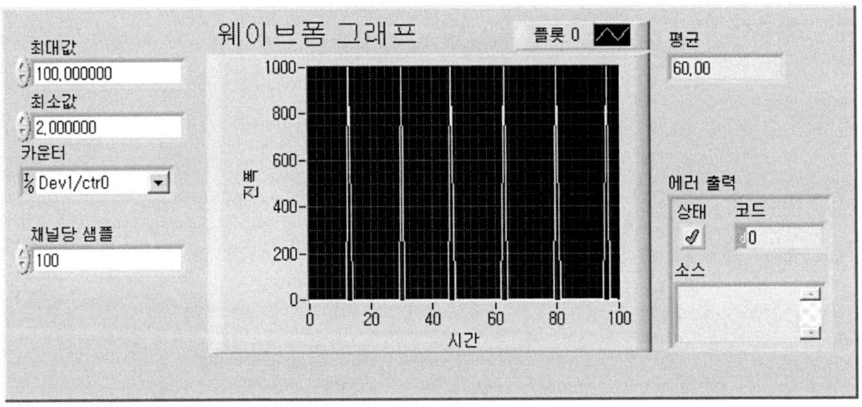

4. NI 예제 탐색기에서 하드웨어 입력과 출력 > DAQmx > 카운터 측정 > 디지털 주파수 폴더에서 Meas Dig Frequency-Buffered-Finite-High Freq 2 Ctr.vi를 찾을 수 있습니다.

연습 7-22 끝

한 개의 카운터 혹은 두 개의 카운터를 이용하여, 입력 Pulse의 주파수를 측정할 수 있습니다. 카운터 한 개만 이용하는 경우는 앞장에서 배운 Pulse 폭 측정을 응용하여 **주파수 = 1/펄스폭**으로 측정하는 것입니다. 그리고 두 개의 카운터를 이용하는 경우는 한 개 카운터는 정확한 시간을 측정하고, 다른 하나의 카운터는 입력 Pulse의 개수를 카운트하는 것입니다. **주파수 = Pulse의 개수/측정 시간**으로 구할 수 있습니다. 참고로 STC 3칩이 내장된 X시리즈 보드에서는 한 개 카운터로 측정이 가능합니다.

추가 예제는 **NI 예제 탐색기**에서 하드웨어 입력과 출력 > DAQmx > 카운터 측정 > 디지털 주파수 폴더에서 확인할 수 있습니다.

5. 펄스 생성

펄스를 생성하여 모터를 움직이거나 디지털 정보를 생성하는 등의 어플리케이션을 수행할 수 있습니다. 일부 Actuator는 Pulse Width Modulation을 통하여 제어됩니다. 펄스를 생성할 경우에, Pulse Trian의 주파수, Pulse Width 등이 컨트롤되어야 되는 항목입니다.
Pulse Width나 Duty를 다음과 같이 정의됩니다.

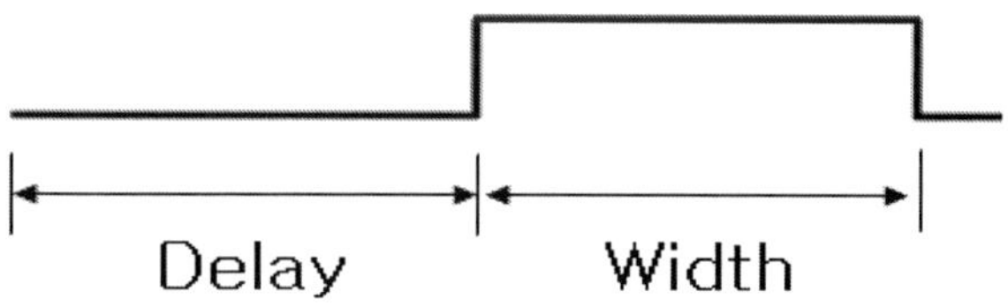

$$Pulse\text{주기} = Delay + Width$$

$$Pulse\text{주파수} = \frac{1}{Pulse\text{주기}}$$

$$Duty\ Cycle = \frac{Width}{Pulse\text{주기}}$$

Pulse 생성은 단일 Pulse 생성과 Pulse Train 생성이 있습니다. Pulse Train은 Pulse를 연속적으로 생성하는 것을 의미합니다.

연습 7-23. 단일 Pulse 생성 (DAQ 어시스턴트)

DAQ 어시스턴트를 이용하여 단일 Pulse 생성 VI를 만들어봅니다.

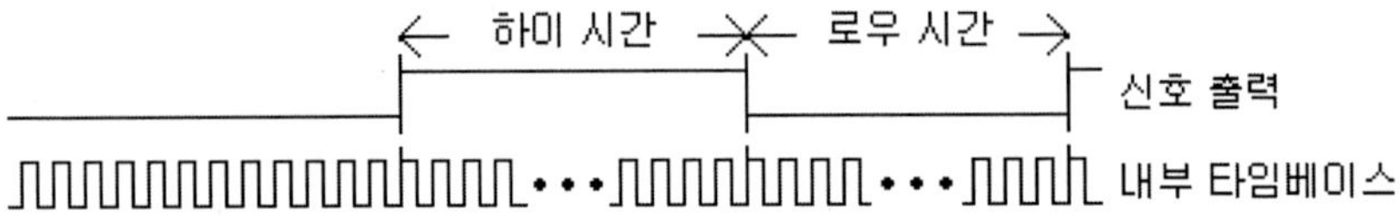

⌘ DAQ 어시스턴트

1.  **DAQ 어시스턴트**를 찾아 블록다이어그램에 위치시킵니다. 함수 > 측정 I/O > DAQmx – 데이터 수집 팔레트에서 찾을 수 있습니다.
2. **익스프레스 태스크 새로 생성**에서 신호 생성 > 카운터 출력 > 펄스 출력을 선택합니다.
3. Pulse 생성에 사용할 물리적채널을 선택하고, 마침 버튼을 클릭합니다.
4. 다음과 같이 DAQ 어시스턴트를 설정합니다.

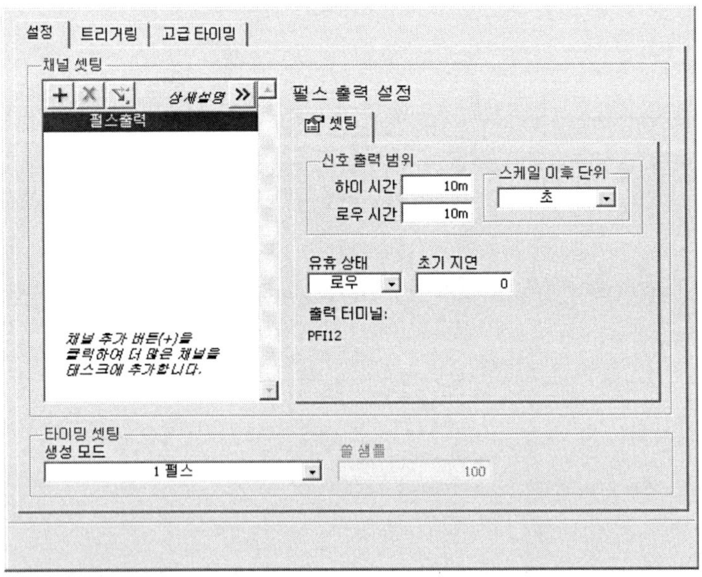

• 셋팅의 신호 출력 범위에서 **하이 시간**(High Time)과 로우 시간(Low

Time)을 지정합니다. 이것을 통하여 Delay와 Width를 지정해줄 수 있습니다.

- **유휴(Idle) 상태**와 **초기 지연**을 설정합니다.
- 출력 터미널을 확인합니다.
- 타이밍 셋팅의 생성 모드에서 **1펄스**를 선택합니다.

5. 확인 버튼을 클릭하여 DAQ 어시스턴트의 설정을 적용합니다.
6. 블록다이어그램은 다음과 같습니다.

7. 단일pulse생성.vi로 저장하고 실행합니다.

연습 7-23 끝

연습 7-24. 단일 Pulse 생성 (DAQmx 함수)

DAQmx를 이용하여 단일 Pulse를 생성하는 VI를 만들어봅니다.

⌘ 블록다이어그램

1. 새 VI를 만들고, DAQmx단일Pulse생성.vi로 저장합니다.
2. 다음과 같이 블록다이어그램을 구성합니다.

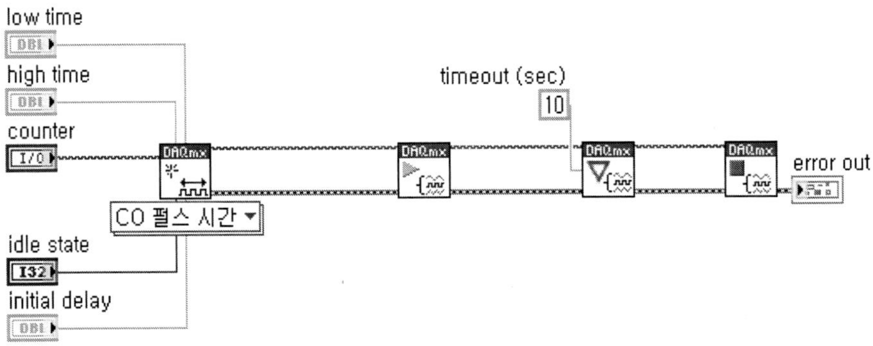

a.  **DAQmx 버추얼 채널 생성**을 **카운터 출력 > 펄스 생성 > 시간**으로 선택합니다. 카운터, 하이 시간, 로우 시간, 유휴 상태, 초기 지연에 각각 컨트롤을 생성합니다. 함수 > 측정 I/O > DAQmx – 데이터 수집 팔레트에서 찾을 수 있습니다.

b.  **DAQmx 완료될 때까지 기다림**을 위치시키고 타임아웃으로 10초를 입력합니다.

⌘ 프런트패널

3. 다음과 같이 프런트패널을 정리하고 실행합니다. 하이 시간(High Time)과 로우 시간(Low Time), 유휴(Idle) 상태, 초기 지연 등을 설정하여 원하는 Pulse를 생성합니다.

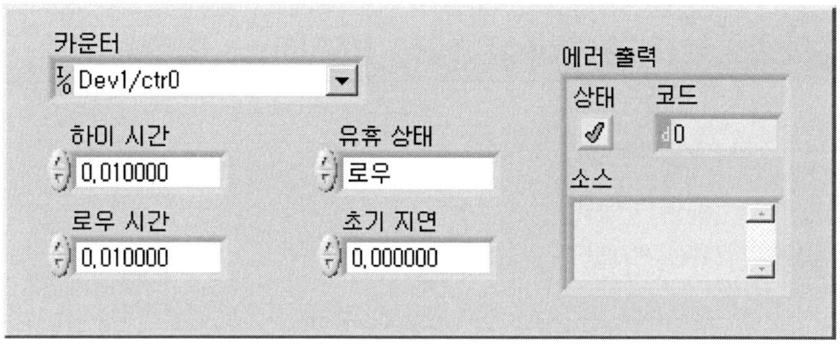

4. NI 예제 탐색기에서 하드웨어 입력과 출력 > DAQmx > 디지털 펄스 생성하기 폴더에서 Gen Dig Pulse.vi를 찾을 수 있습니다.

연습 7-24 끝

연습 7-25. N개 Pulse 생성 (DAQmx 함수)

카운터/타이머를 이용하여 N개 Pulse를 생성하는 VI를 만들어봅니다.

⌘ 블록다이어그램

1. 새 VI를 만들고, DAQmx N개Pulse생성.vi로 저장합니다.
2. 다음과 같이 블록다이어그램을 구성합니다.

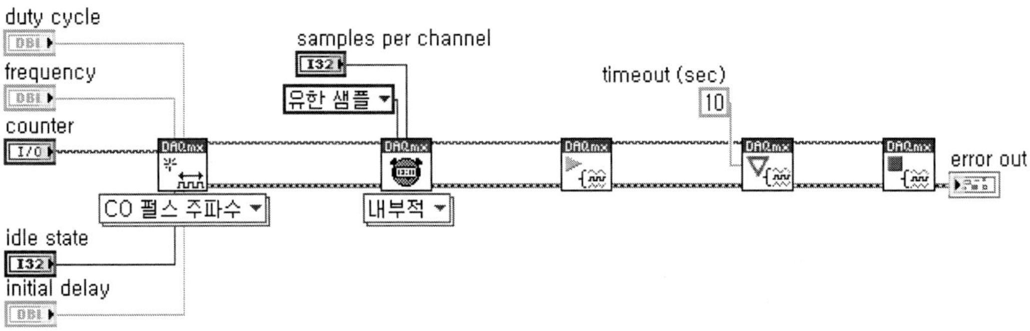

a.  **DAQmx 버추얼 채널 생성**의 다형성을 **카운터 출력 > 펄스 생성 > 주파수**로 선택합니다. 카운터, 주파수, 주기 점유율(duty cycle), 유휴 상태, 초기 지연에 각각 컨트롤을 생성합니다. 함수 > 측정 I/O > DAQmx - 데이터 수집 팔레트에서 찾을 수 있습니다.

b.  **DAQmx 타이밍**의 다형성을 **암시적(카운터)**으로 선택하고, 샘플 모드를 **유한 샘플**로 선택해줍니다. 또한 채널당 샘플에 컨트롤을 생성해줍니다.

c.  **DAQmx 완료될 때까지 기다림**을 위치시키고, 타임아웃으로 10초를 입력합니다.

⌘ 프런트패널

3. 다음과 같이 프런트패널을 정리하고 실행합니다. 주파수와 주기 점유율(duty cycle), 유휴(Idle) 상태, 초기 지연, 채널당 샘플 등을 설정하여 원하는 Pulse를 생성합니다.

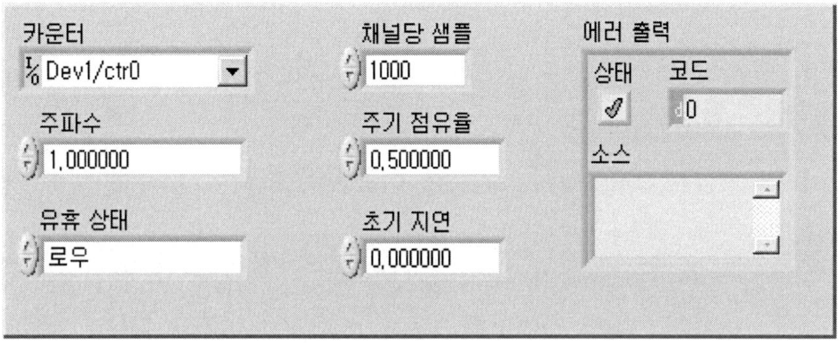

4. NI 예제 탐색기에서 하드웨어 입력과 출력 > DAQmx > 디지털 펄스 생성하기 폴더에서 Gen Dig Pulse Train-Finite.vi를 찾을 수 있습니다.

연습 7-25 끝

요약정리

가. 디지털 신호에는 TTL/CMOS 레벨의 신호와 24V 산업용 레벨의 신호 등이 있습니다.

나. 디지털 입출력은 포트(Port)나 라인(Line) 단위로 제어할 수 있습니다.

다. DAQ 어시스턴트를 이용하여 디지털 입출력 VI를 작성할 수 있습니다.

라. DAQmx 함수를 이용하여 디지털 입출력 VI를 작성할 수 있습니다.

마. 카운터 타이머를 이용하여 디지털 이벤트 카운트, 주파수 및 주기 측정, 펄스 폭 측정, 구적 엔코더 측정 등을 구현할 수 있습니다.

바. 카운터 타이머를 이용하여 단일 펄스나 연속 펄스를 생성할 수 있습니다.

Note

제 8 장

cRIO 어플리케이션

이 장에서는 LabVIEW FPGA 모듈을 이용하여 cRIO 타깃에서 데이터 수집 및 제어, 알고리즘 등을 수행할 수 있는 방법을 배웁니다.

가. LabVIEW 임베디드 시스템
나. 원격 타깃 설정 및 기본 사용법
다. cRIO 프로젝트 구현
라. FPGA 어플리케이션 구현
마. Real-Time 호스트 어플리케이션 구현
바. Real-Time 호스트와 FPGA Target의 핸드쉐이킹
사. 사용자 컴퓨터 어플리케이션 구현
아. 독립 임베디드 시스템 만들기
자. (옵션) FPGA 어플리케이션 최적화 방법

가. LabVIEW 임베디드 시스템

Windows 운영체제는 데스크톱 PC나 노트북 등에서 사용하는 가정 및 사무용 컴퓨터의 대표적인 운영체제입니다. 그리고 LabVIEW는 Windows 운영체제에서 데이터 수집 및 분석, 저장 등의 어플리케이션을 프로그래밍 할 수 있는 프로그래밍 언어입니다. Windows OS에서 제공하는 편리하고 다양한 어플리케이션과 솔루션을 활용할 수 있기 때문에 대부분의 사용자들은 Windows 기반에서 어플리케이션을 구현합니다. 그러나 보안에 취약하고, Blue Screen 발생이나 프로그램이 멈추고 느려지는 등의 에러가 많이 발생하며, 잦은 업그레이드를 요구합니다. 그래서 1년 365일 안정적으로 운영되어야 되는 시스템에서는 Windows OS보다 임베디드 시스템을 주로 채택합니다. 대표적인 임베디드 시스템으로는 Real-Time 시스템과 FPGA 시스템입니다. 이들은 하드웨어적으로 지원해야만 구현이 가능한 시스템들입니다.

1. Real-Time 시스템

결정성 있는(Deterministic) 어플리케이션을 구현하는 목적으로 Real-Time 운영체제를 사용합니다. 흔히 Real-Time의 개념을 빠르게 또는 실시간의 의미로 인지하는 경우가 많지만 정확하게 정의하면 정시성(In-Time)입니다. Real-Time 시스템은 In-time 응답을 보장합니다. 예정된 시간에 예정된 일을 수행할 수 있는 시스템입니다.

다음 소개한 용어들을 통하여 결정성 있는 어플리케이션에 대하여 이해해봅니다.

Loop 순환 시간 - While 루프나 For 루프에서 한 번 실행하는 데 걸리는 시간을 의미합니다.

Jitter - 원하는 Loop 순환 시간 대비 실제 Loop 순환 시간의 변화를 의미합니다. Real-Time 운영체제는 각 Loop 사이의 Loop 순환 시간의 변화를 최소화할 수 있는 운영체제입니다.

시간 결정성(Determinism) – Jitter 양의 측정값입니다. 시간 결정성이 의미하는 것은 주어진 시간제한 안에 시스템이 얼마나 안정적으로 외부 이벤트에 응답을 하거나 동작을 수행하는지 여부입니다.

Real-Time 시스템의 특성인 높은 시간 결정성은 연산 또는 동작이 주어진 시간에 종료하는 것을 보장합니다. 그러므로 시간 결정성을 가진 시스템은 예측 가능합니다.

LabVIEW Real Time 모듈은 사용자에게 Real Time 솔루션을 개발할 수 있는 툴을 제공합니다. LabVIEW Real Time 모듈의 하드웨어적인 타깃 플랫폼으로는 PXI Real Time 시스템과 cRIO 시스템, sbRIO 시스템, cFP 등이 있습니다. 이들 타깃에 탑재된 운용체제로는 Phar Lap ETS와 VxWorks가 있습니다.

호스트 컴퓨터 – Real Time 시스템에서 사용자가 프로그램을 개발하거나 사용자 인터페이스를 구현하는 컴퓨터입니다. 주로 Windows OS 시스템을 호스트 컴퓨터로 사용합니다. Real Time 타깃과는 인터넷 통신으로 연결합니다.

Real Time 타깃 – Real Time OS가 탑재되어 있고, 어플리케이션이 임베디드되어 운용되는 타깃 플랫폼입니다.

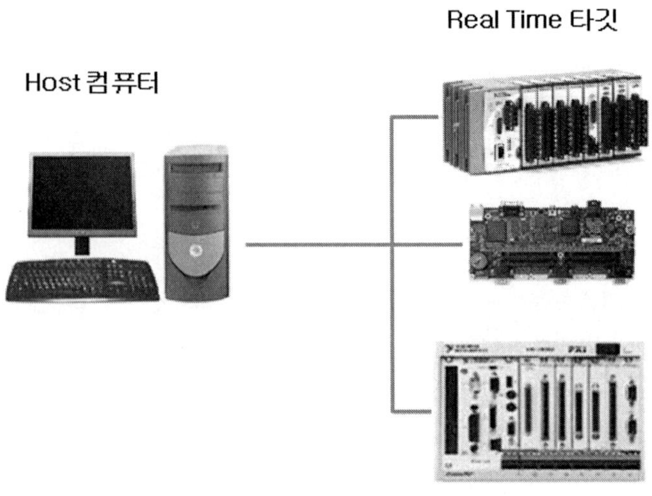

2. FPGA 시스템

FPGA (Field Programmable Gate Arrays)는 연결되지 않은 다수의 로직 게이트로 이루어진 실리콘 칩입니다. 이 칩은 소프트웨어를 이용하여 로직 게이트를 정의할 수 있으며, 이를 통해 사용자가 칩의 기능을 재정의할 수 있습니다.

기본적으로 FPGA 칩의 개발사에서 제공하는 텍스트 기반의 HDL(Hardware Description Language)을 사용하여 프로그래밍하지만, NI-RIO 플랫폼은 LabVIEW FPGA 모듈을 이용하여 손쉽게 사용자 로직을 정의할 수 있습니다.

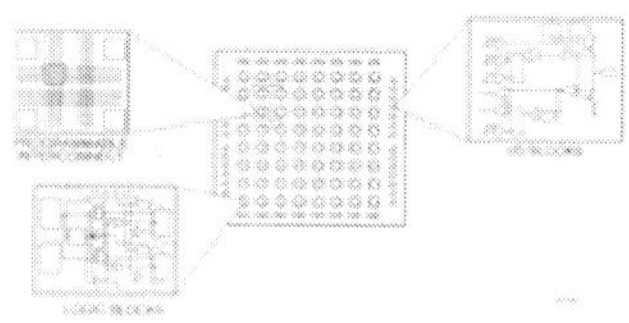

LabVIEW FPGA 모듈은 LabVIEW환경을 HDL 또는 보드 레벨의 하드웨어 설계 지식이 없더라도 FPGA 프로그래밍을 가능하게 합니다.

재구성 가능한 NI-RIO (Reconfigurable I/O) 시스템으로는 다음이 있습니다.

- R시리즈 보드 (Plug-in Reconfigurable I/O)
- CompactRIO 시스템
- Single Board RIO 시스템

NI CompactRIO는 크게 컨트롤러, I/O 모듈, 그리고 FPGA가 내장된 백플레인 섀시의 세 부분으로 구성됩니다.

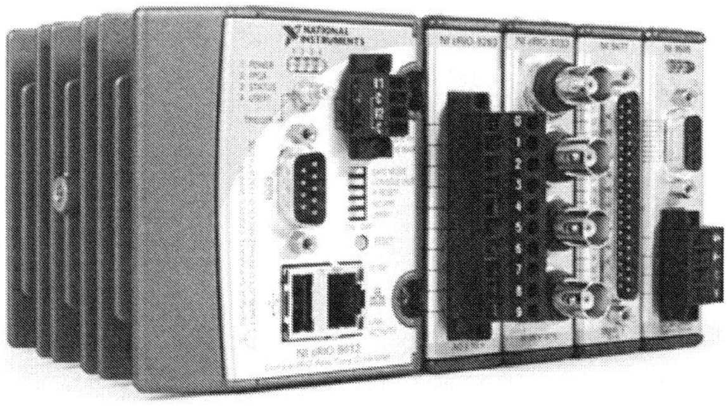

컨트롤러에는 32비트 PowerPC 마이크로프로세서가 내장되어 VxWorks 또는 Phar Lap ETS의 Real-Time 운영체제로 구동되며, 듀얼 파워 입력과, 이더넷, 그리고 시리얼 포트를 내장하고 있습니다. -40~70℃의 넓은 동작 온도 범위, 50g의 충격에도 견디는 내구성, 그리고 7~20W의 낮은 전력 소비와 낮은 고장율의 상당히 안정적인 시스템입니다.

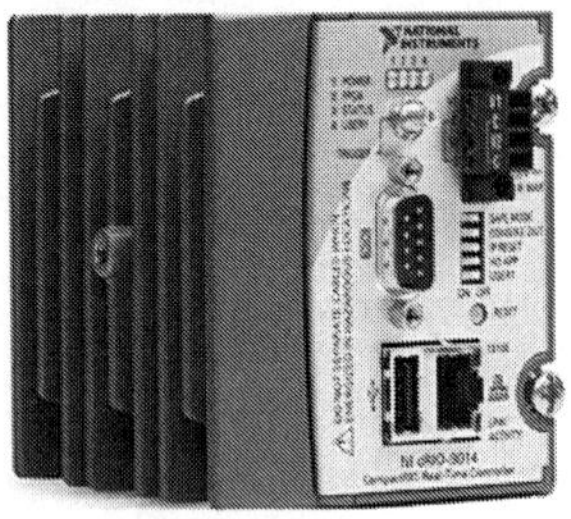

재구성 가능한 섀시는 NI CompactRIO 임베디드 시스템의 핵심으로써, RIO FPGA 칩이 내장되어 있습니다. FPGA 칩은 스타 토폴로지로 I/O 모듈에 연결되어 각 모듈로 직접 액세스하며 무제한적인 타이밍, 트리거링, 동기화 유연성을 구현합니다. 그리고 FPGA 섀시와 컨트롤러는 로컬 PCI 버스를 통하여 연결됩니다.

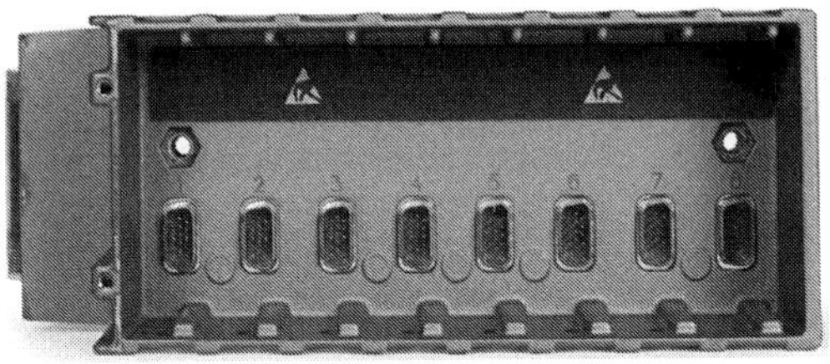

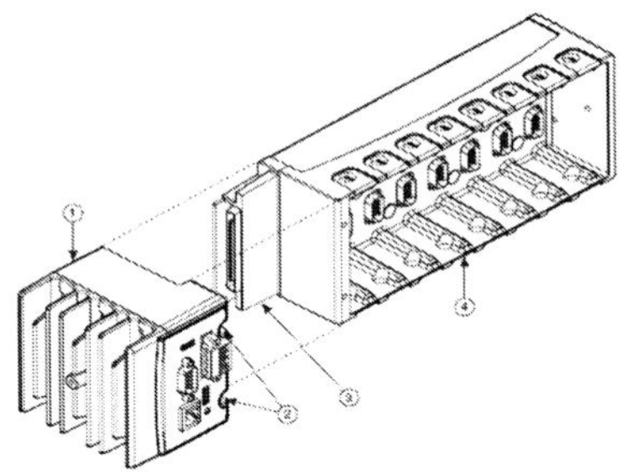

C시리즈 모듈들을 cRIO 섀시에 장착하여 다양한 I/O를 구현할 수 있습니다. 대부분의 C시리즈 모듈들은 cDAQ 플랫폼과 cRIO 플랫폼에서 함께 사용할 수 있습니다.

각 I/O 모듈에는 내장된 신호 컨디셔닝 및 스크류 터미널, BNC 또는 D-Sub 커넥터를 제공합니다. 사용 가능한 I/O 유형은 ±80mV 열전대 입력, ±10V 동시 샘플링 아날로그 입출력, 최대 1 A의 전류 드라이브의 24V 산업 디지털 I/O, 5V 차동/TTL 디지털 입력, 250Vrms 유니버셜 디지털 입력 등과 같이 다양합니다.

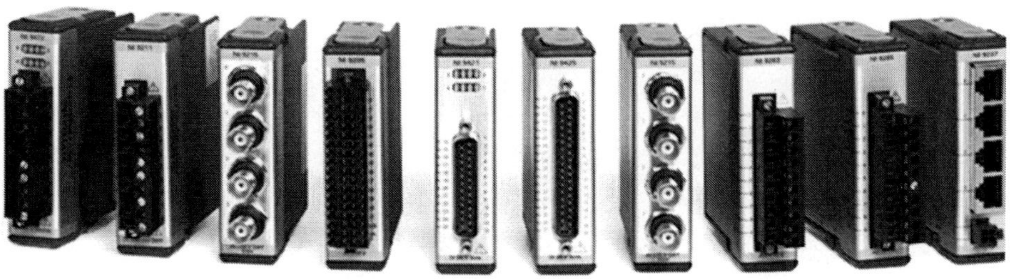

정리하면 다음과 같습니다. Real-Time Processor인 cRIO 컨트롤러와 FPGA 칩을 내장한 섀시는 로컬 PCI 버스로 연결되고, 모듈 형으로 구현된 아날로그 입출력, 디지털 입출력 C시리즈 모듈들은 신호 컨디셔닝 기능을 내장하고 다양한 센서로 직접 연결되어 신호를 수집하거나 액추에이터를 구동합니다. C시리즈 모듈과 섀시는 SPI 통신으로 연결됩니다.

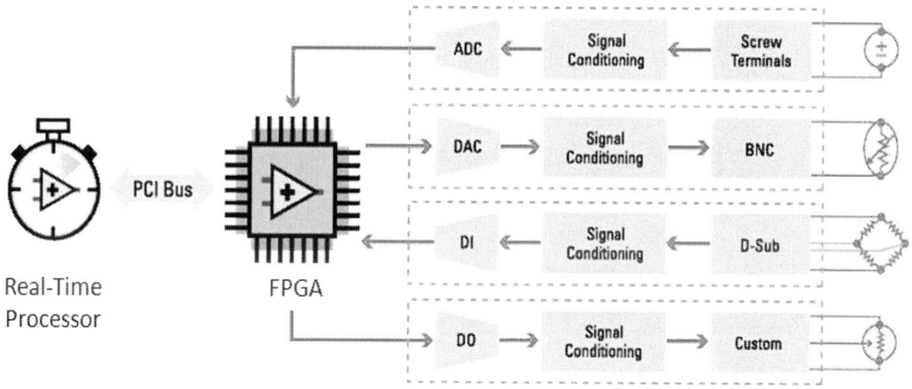

3. cRIO 리얼타임 컨트롤러

CompactRIO 임베디드 컨트롤러는 최상의 견고함, 안정성 및 전력 효율성을 위해 설계된 제품으로, 섀시/모듈에 절연된 전원을 공급하는 듀얼 9~35VDC 전원 입력 및 -40~70℃의 온도 범위를 갖추고 있습니다.

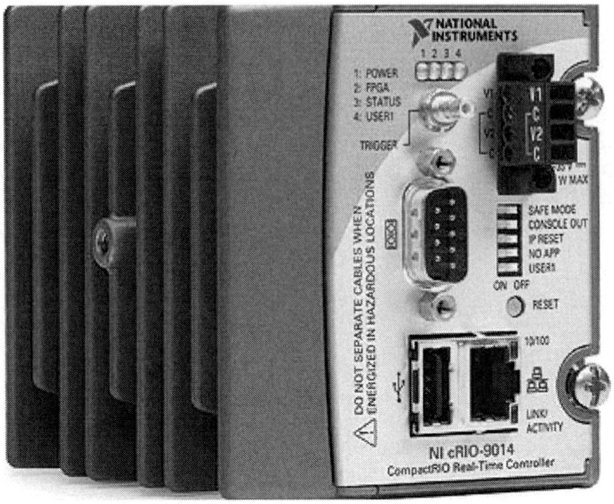

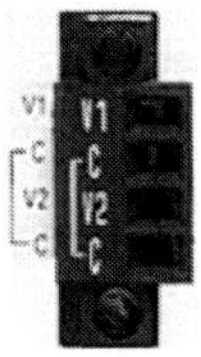

안정적인 전원 공급을 위하여 두 개의 전원을 연결할 수 있습니다. 기본 전원을 V1과 C터미널에 연결하고, 보조 전원을 V2와 C터미널에 연결합니다. 전원은 9~35VDC, 20W Max로 입력해 주고, 일반 스위칭 모드 파워 공급기나 어댑터, PLC용 전원 공급기를 사용할 수 있습니다. 그리고 컨트롤러에는 역 전압 방지(reverse - voltage protection) 장치가 있습니다.

1Gb/s 이더넷 포트로 네트워크 및 Web(HTTP) 및 파일(FTP) 서버에서 프로그램적인 통신을 수행할 수 있으며, USB 호스트 포트가 있으므로 추가의 스토리지가 필요한 임베디드 로깅 어플리케이션을 위해 외부 USB 기반 스토리지 미디어(플래시 드라이브 및 하드 드라이브)를 연결할 수 있습니다.

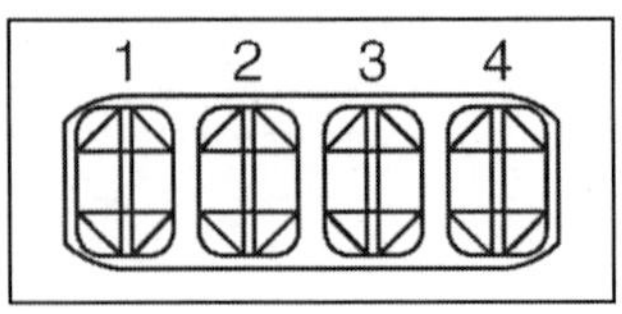

1. POWER 2. FPGA 3. STATUS 4. USER1

컨트롤러 상단의 상태 LED는 컨트롤러의 상태를 보여줌으로써 진단 및 조치가 가능하도록 합니다.

- Power LED : 컨트롤러에 전원이 들어오는 동안 POWER LED는 불이 켜집니다. 컨트롤러에 연결된 전원 공급 장치가 적합하며, 컨트롤러가 CompactRIO 시스템에 전원을 공급하고 있음을 나타냅니다. 이 LED는 두 가지 색을 띠는 LED입니다. 컨트롤러가 V1으로부터 전원을 공급받으면, POWER LED는 초록색으로 켜집니다. 컨트롤러가 V2로부터 전원을 공급받으면, POWER LED는 노란색으로 켜집니다.
- FPGA LED : 사용자가 어플리케이션 상에서 정의 및 제어가 가능한 LED입니다. 프로젝트에서 FPGA LED를 정의하여 버그를 수정하거나 어플리케이션 상태를 손쉽게 복구할 수 있습니다.
- STATUS LED : 컨트롤러의 다양한 상태를 표시하는 LED입니다. 정상적으로 작동 중일 때, STATUS LED는 꺼져있습니다. 그리고 컨트롤러는 STATUS LED를 정해진 횟수만큼 깜박거려 특정 에러 상태를 나타냅니다.

깜빡거림 횟수	Status
1	컨트롤러가 설정되지 않았음. 초기화 상태
2	컨트롤러에 소프트웨어 재설치를 요청함
3	컨트롤러가 안전모드로 부팅된 상태, Safe Mode Dip 스위치가 On인 상태
4	컨트롤러 소프트웨어에서 충돌이 두 번 발생 했으나, 중간에 다시 부팅하지도 않고, 전원이 꺼졌다가 켜지지도 않았다는 것을 의미한다. 일반적으로 메모리가 부족할 때 이 경고가 발생한다.
계속 깜빡거림	컨트롤러가 회복할 수 없는 에러를 감지했음. National Instruments에 문의하십시오.

RT LEDs.vi

- USER1 LED : 어플리케이션의 필수사항을 충족하도록 USER1 LED를 정의할 수 있습니다. LED를 정의하려면 Real Time 타깃에서 Real-Time >> RT Utilities >> RT LED.vi를 찾아서 사용합니다.

[DIP 스위치]

cRIO 컨트롤러에는 아래 그림과 같이 5개의 DIP 스위치가 있습니다. Safe Mode, Console Out, IP Reset, No App, 그리고 User1입니다. 이들 DIP 스위치는 다음과 같은 용도로 사용됩니다.

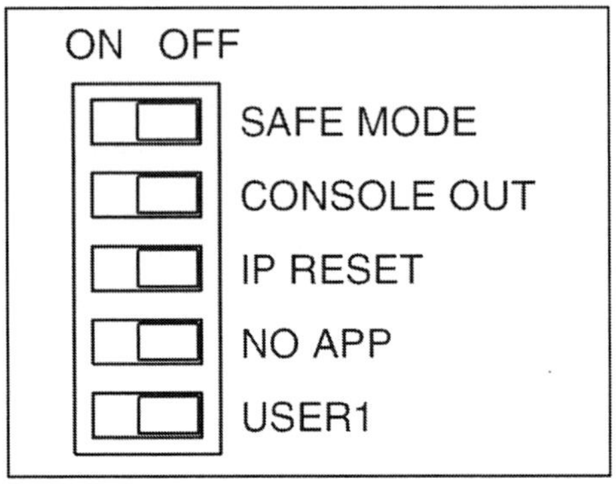

- SAFE MODE : 컨트롤러를 부팅할 때 임베디드 Real-Time 엔진이 시작될지 여부가 SAFE MODE 스위치의 위치로 결정됩니다. 스위치가 OFF 상태에 있으면 Real-Time 엔진이 시작되고, ON 상태에 있으면 컨트롤러 설정과 소프트웨어 설치에 꼭 필요한 필수 서비스만을 지원하는 Safe mode가 시작됩니다. 컨트롤러의 드라이브를 다시 포맷하려면 SAFE MODE 스위치가 반드시 ON 상태이어야 합니다.
- CONSOLE OUT : 시리얼 포트 터미널 프로그램이 있으면, CONSOLE OUT 스위치를 사용하여 컨트롤러의 IP 주소와 펌웨어 버전을 읽을 수 있습니다. 일반 동작에서는 이 스위치를 OFF 상태로 둡니다.
- IP RESET : IP RESET 스위치를 ON으로 변경한 후, 컨트롤러를 다시 부팅하여 컨트롤러의 IP 주소를 0.0.0.0으로 리셋합니다. 컨트롤러가 사용자의 로컬 서브넷에 있고, IP RESET 스위치가 ON에 있으면, MAX 에서 컨트롤러의 IP 주소가 0.0.0.0으로 나타납니다. 그리고 MAX 에서 컨트롤러의 새 IP 주소를 설정할 수 있습니다.
- NO APP : 일반적으로 Real-Time 컨트롤러에 임베디드된 어플리케이션은 파워를 켜면 바로 실행됩니다. 그래서 NO APP 스위치를 ON으로 변경하여, 컨트롤러가 켜질 때 Start up 어플리케이션이 컨트롤러에서

실행되지 않도록 설정할 수 있습니다.

- USER1 : 사용자 어플리케이션에서 USER1 스위치를 정의하여 사용할 수 있습니다.

4. sbRIO 시스템

sbRIO (Single Board RIO)는 cRIO로 개발한 어플리케이션을 대량 생산할 때 적용하기 위한 플랫폼으로 cRIO의 모든 기능을 가지고 있으며 케이스를 제거한 단일 보드 형태입니다. sbRIO는 다음과 같은 특성을 가집니다.

- 임베디드 단일 보드 솔루션
- 안정적인 독립형 작동 또는 분산 작동을 위한 온보드 리얼타임 프로세서
- 맞춤형 I/O 타이밍 및 처리를 위한 온보드 FPGA 칩
- 온보드 아날로그 I/O 및 디지털 I/O

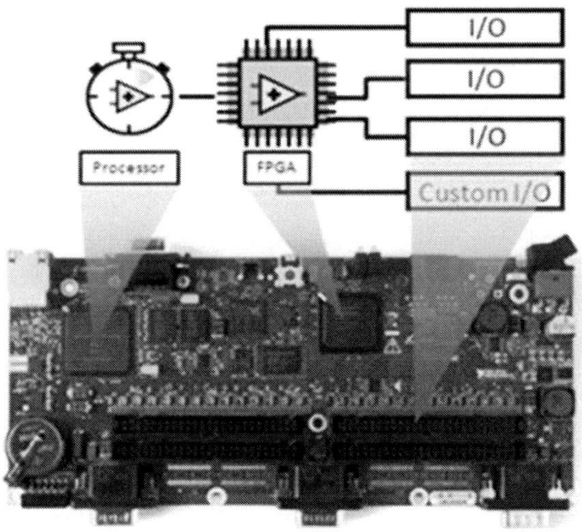

나. 원격 타깃 설정 및 기본 사용법

cRIO 시스템을 사용하기 위해서는 개발자의 컴퓨터에 LabVIEW FPGA 모듈과 LabVIEW Real-Time 모듈이 설치되어 있어야 됩니다. 이들이 설치되어 있는 경우, LabVIEW 부팅 화면에서 FPGA 모듈 과 Real Time 모듈 이 설치되어 있음을 확인할 수 있습니다.

cRIO 등의 원격 타깃은 개발자 컴퓨터와 직접연결하거나 동일한 서브넷에 위치시킵니다. 개발자 컴퓨터의 Measurement & Automation Explorer를 실행하고, 원격 시스템을 선택하면, 다음과 같이 로컬 서브넷에 존재하는 모든 원격 시스템들이 검색됩니다. 그리고 한번 검색된 시스템의 정보는 계속 남아 있으므로, 다음 검색에서 연결이 안될 경우에는 연결이 끊어졌음을 나타내줍니다.

개발자가 사용할 원격시스템을 선택하면 오른쪽 창에 관련 정보 및 설정 창이 나타납니다. 아래쪽 탭을 확인하면, 시스템 셋팅, 네트워크 셋팅, 시간 설정, Help로 네 개의 탭이 있음을 확인할 수 있습니다.

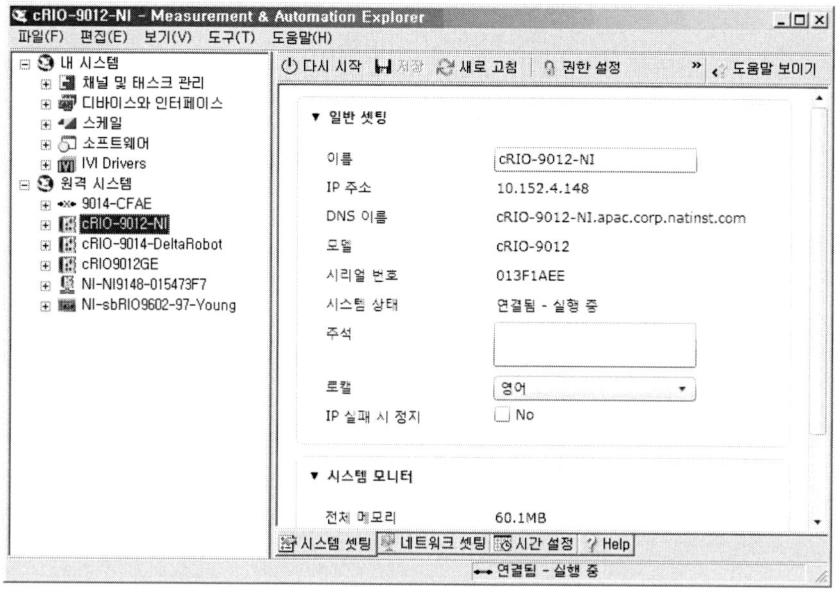

- 시스템 셋팅 : 원격 시스템의 기본 정보를 확인하고, 이름을 지정할 수 있습니다.
- 네트워크 셋팅 : IPv4 주소 설정을 [정적]으로 선택한 경우에는 정적 IP 주소를 사용자가 설정할 수 있고, [DHCP 또는 링크 로컬]로 선택한 경우에는 로컬 서브넷에서 자동 IP가 할당됩니다.
- 시간 설정 : 원격 시스템의 시간을 설정해줄 수 있습니다. 이때 자동으로 개발자 컴퓨터와 시간 설정이 동기화됩니다.

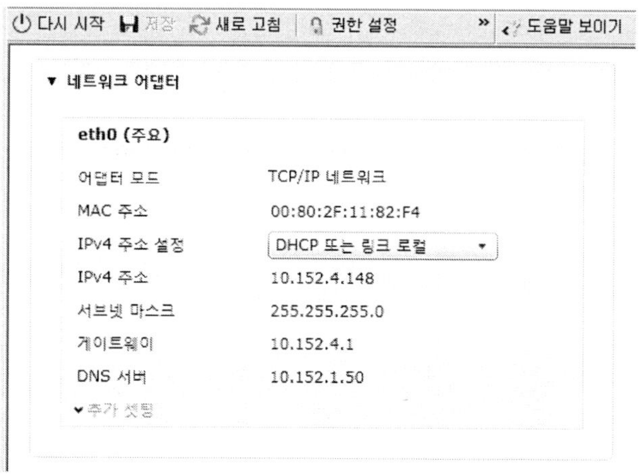

1. cRIO 원격 시스템 포맷

먼저 cRIO 컨트롤러의 SAFE MODE 딥스위치를 ON하고, 재부팅합니다. 오른쪽 상단에 있는 [다시 시작]을 클릭하여 재부팅하거나 하드웨어의 전원을 끊었다 다시 연결하여 재부팅할 수 있습니다.

시스템을 선택하고, 단축메뉴에서 [디스크 포맷]을 선택합니다. cRIO 컨트롤러에 있는 모든 소프트웨어와 파일을 제거할 것이라는 경고 메시지를 확인하고, 포맷(F) 버튼을 선택합니다.

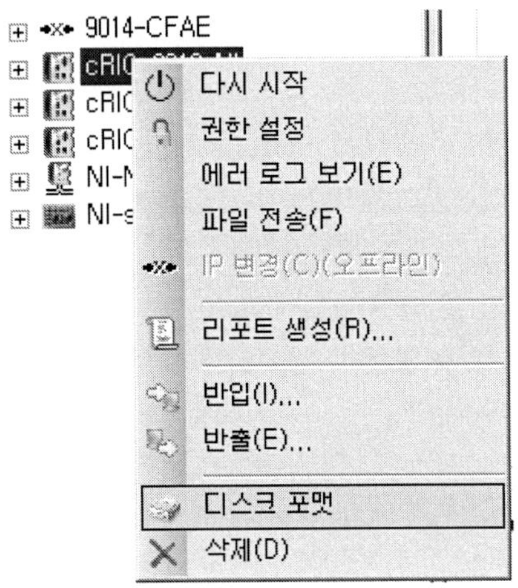

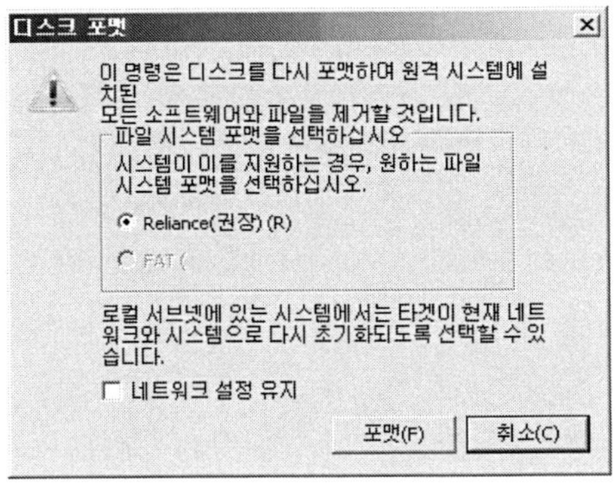

cRIO 원격 시스템이 포맷되고, 재부팅됩니다. 네트워크 셋팅을 [DHCP 또는 링크 로컬]로 선택한 경우에는 로컬 서브넷에서 자동 IP가 할당될 것입니다. 다음 단계로 cRIO 원겻 시스템에 필요한 기본 소프트웨어를 추가해줍니다. 다음과 같이 소프트웨어 탭에서 단축메뉴로 [소프트웨어 추가/제거]를 선택해줍니다. 개발자 컴퓨터에 설치되어 있는 최신 소프트웨어를 선택해주고, 다음 버튼을 클릭하여 cRIO 원격 타깃에 설치해줍니다. 그리고 필요한 에드온 소프트웨어들도 모두 설치한다고 선택해주면 될 것입니다.

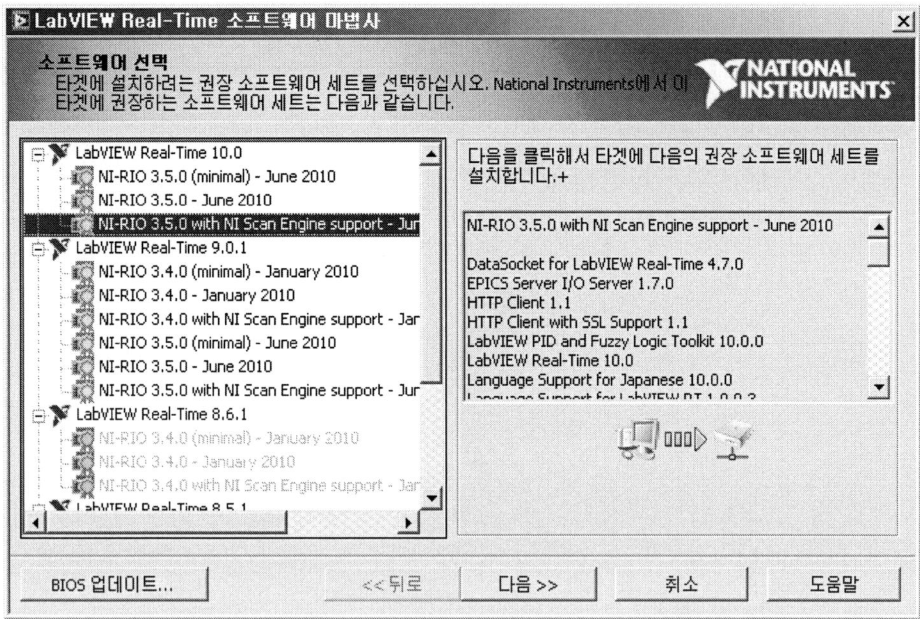

cRIO가 공장에서 처음 출고되면, 디스크가 포맷된 상태와 동일합니다. 그러므로 동일한 방법으로 IP를 설정하고, 필요한 소프트웨어를 타깃에 설치해주면 됩니다. 또한 cRIO 컨트롤러의 BIOS를 업데이트하거나 소프트웨어 버전을 업그레이드할 경우에도 동일한 방법으로 진행할 수 있습니다.

소프트웨어 설치 후 재부팅된 뒤에는 소프트웨어 탭에서 설치된 소프트웨어의 정보를 확인할 수 있습니다.

포맷이 완료되면, SAFE MODE 딥스위치를 OFF 위치로 바꿔주고 재부팅해줍니다.

2. FTP 이용

cRIO 컨트롤러에는 FTP 서버를 제공합니다. 다음과 같이 웹브라우저에서 FTP:\\cRIO 주소를 입력하여 FTP 서버에 접속할 수 있습니다. 특히 ni-rt 디렉터리 아래의 startup 디렉터리 안에 있는 VI나 프로그램이 cRIO 컨트롤러의 파워업과 함께 실행되는 프로그램입니다.

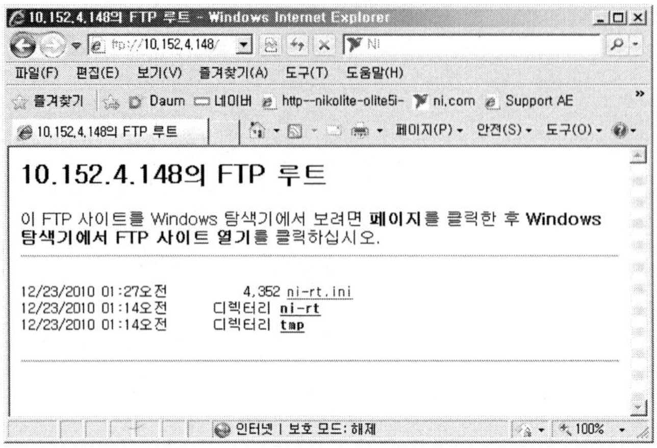

cRIO 컨트롤러에 USB 타입 메모리를 연결한 경우에는 USB 메모리가 U 드라이버로 잡힙니다. 그러므로 FTP:\\.. .. .. .. \u:\로 USB 메모리에 접근이 가능합니다.

참고로 MAX에서 원격 시스템의 cRIO 타깃에서 단축메뉴로 [파일 전송(F)]를 선택하면 다음과 같이 File Transfer 유틸리티를 실행할 수 있습니다. Anonymous Login을 선택하여 로그인하면 되고, 위쪽이 원격 타깃이고, 아래쪽이 개발자 컴퓨터입니다. FTP를 이용하여 만든 유틸리티이므로, FTP와 동일한 기능을 수행할 수 있습니다.

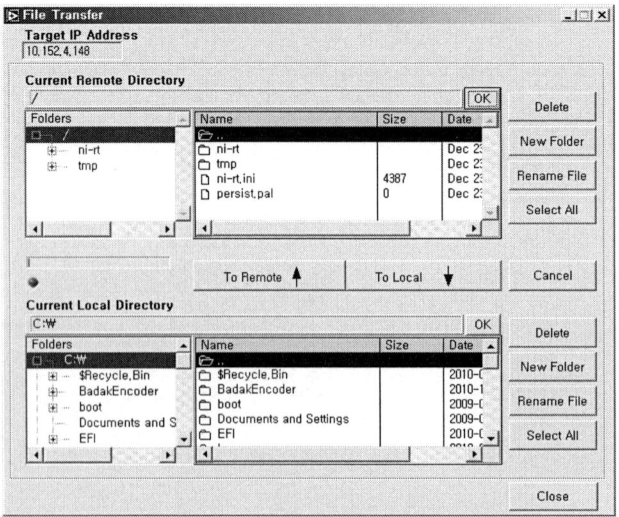

File Transfer 유틸리티에서도 U드라이브로 USB 메모리에 접근할 수 있습니다. 아래와 같이 u:을 입력하고 OK를 선택하면, USB 메모리에 접근할 수 있습니다.

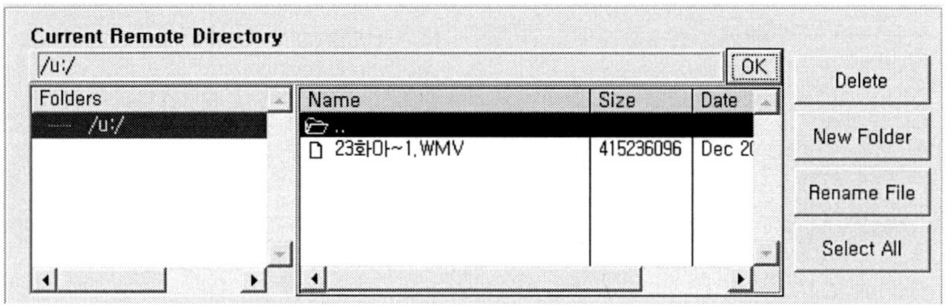

다. cRIO 프로젝트 구현

cRIO를 이용한 프로젝트는 다음 그림과 같이 세 개의 층으로 구성됩니다. 첫 번째 층은 호스트 컴퓨터인 [내 컴퓨터]입니다. 일반적으로 Windows 운영체제의 PC입니다. 두 번째 층은 cRIO 컨트롤러입니다. cRIO 컨트롤러는 Real Time 운영체제이고, 다양한 신호 처리 연산과 파일 저장, 그리고 호스트 컴퓨터로의 통신 등에 관한 프로그램이 위치하게 됩니다. 세 번째 층은 섀시에 위치한 FPGA 칩입니다. FPGA 칩에 임베디드시킬 로직이 위치합니다.

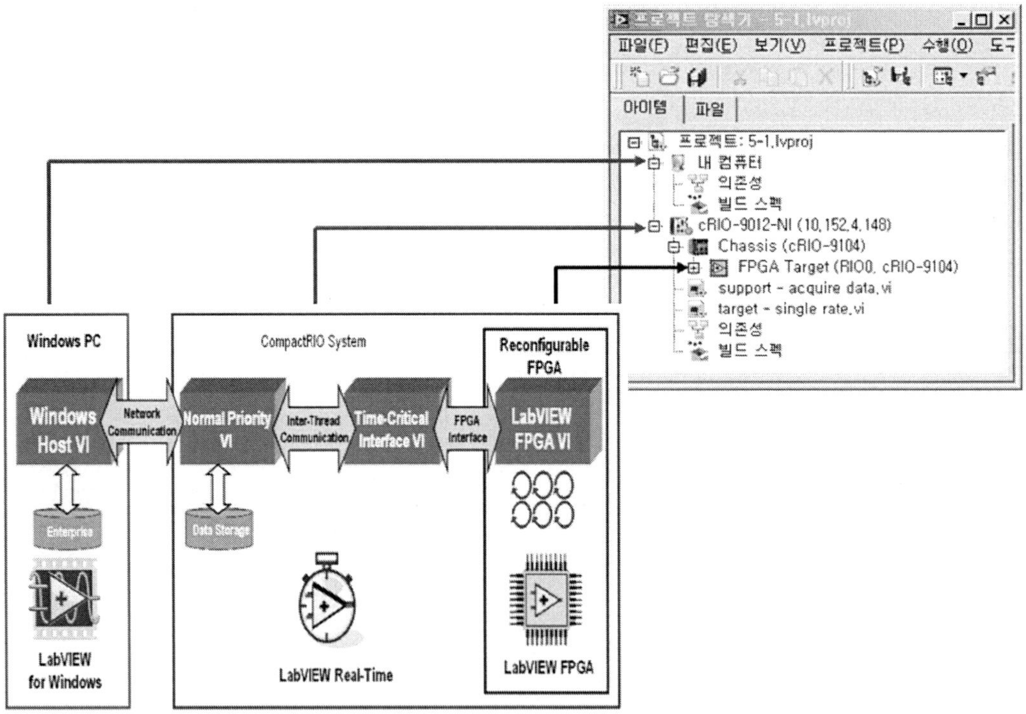

1. LabVIEW 프로젝트 생성

LabVIEW에서 cRIO를 사용하기 위해서는 프로젝트를 만들고, 호스트 PC와 Real Time 타깃, 그리고 FPGA의 계측을 구성해줘야 됩니다. 가장 간단하게 cRIO 프로젝트를 구현하는 방법은 다음과 같이 LabVIEW 시작하기에서 새로 만들기 > Real-Time 프로젝트를 선택하여 프로젝트를 생성하는 것입니다.

a. LabVIEW 시작하기에서 새로 만들기 > Real-Time 프로젝트를 선택합니다. Create new LabVIEW Real-Time project 대화창이 나타나며, 대화식 설명에 따라 사용자가 원하는 프로젝트를 선택하여 생성할 수 있습니다.

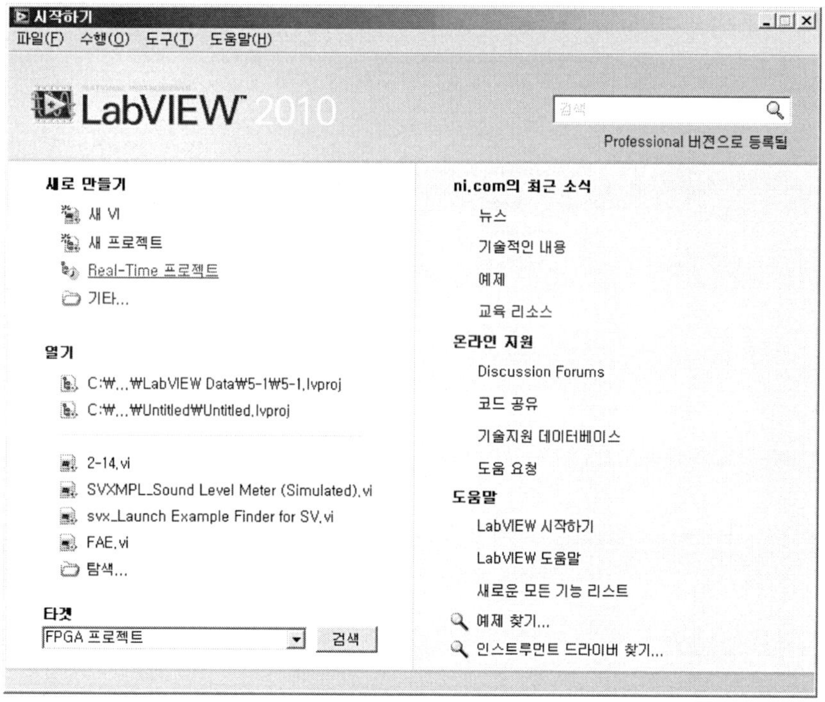

b. Create new LabVIEW Real-Time project 창에서 Project type을 선택해주고, Project name을 입력해줍니다. 또한 Project folder를 지정해줍니다.

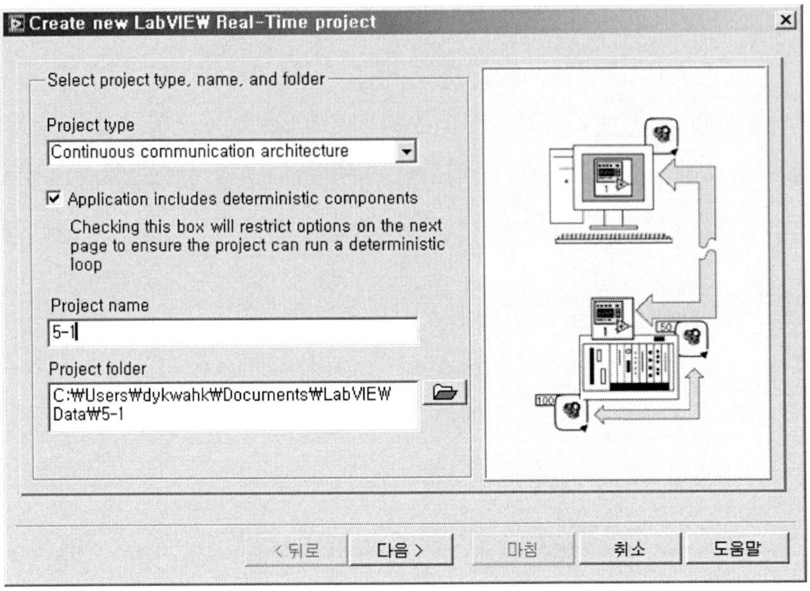

Project Type으로는 [Continue communication architecture], [State machine architecture], 그리고 [Custom project]를 선택할 수 있습니다.

- Continue communication architecture는 Real-time 시스템에서 가장 많이 사용하는 형태입니다. 타깃 Real time 컨트롤러에서 임베디드 프로그램이 구동하고, 호스트에서는 구동 상황 및 결과물을 모니터링하는 구조입니다. 이때 폴링 방식을 사용하며, 항상 일정한 주기로 상태를 업데이트합니다.
- State machine architecture는 호스트와 Real time 타깃이 직접적으로 상호 작용할 수 있도록 하는 구조입니다. 이벤트 방식을 사용하며, 이벤트가 발생했을 때만 상태를 업데이트합니다. 호스트에서 사용자 입력 이벤트가 발생하면 대응하는 동작을 Real time 타깃에서 수행하는 프로그램을 구성할 수 있습니다. 반대로 Real time 타깃에서 이벤트가 발생하면 호스트에서 예약된 동작을 수행하거나 Real time 타깃에서 전달된 정보를 디스플레이 하도록 구성할 수도 있습니다.
- Custom project는 앞에서 언급한 대표적인 두 가지 프로젝트 구조 이외의 사용자 구조를 구상할 수 있습니다.

c. [Continue communication architecture]을 선택하고 다음 버튼을 클릭합니다. 그리고 Customize architecture options을 설정해줍니다. [Continue communication architecture]에서 구체적으로 타깃과 호스트를 어떻게 구성할 것인가를 선택하는 것입니다. 차후에 타깃 VI와 호스트 VI를 생성 및 수정이 가능하므로 기본 상태에서 다음 버튼을 클릭하여 다음 단계로 넘어갑니다.

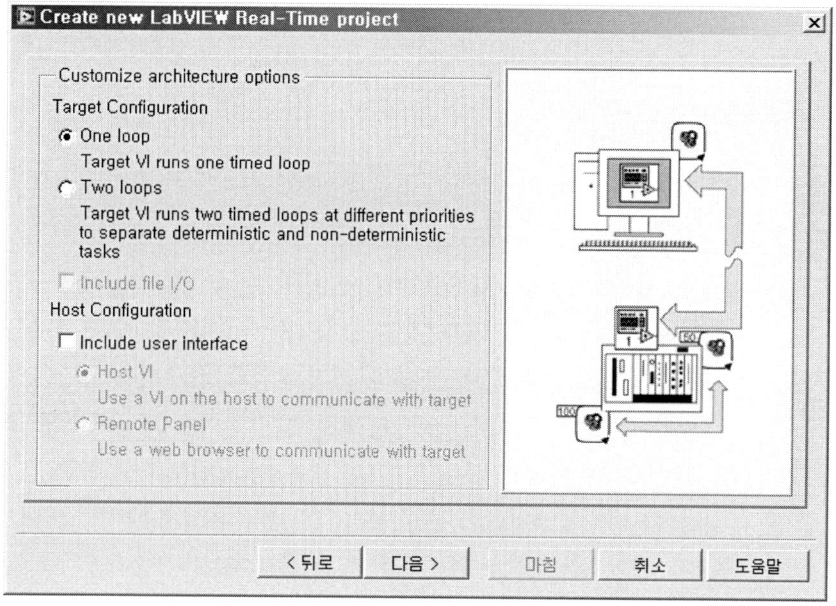

[Target Configuration] Real Time 타깃에서 실행되는 VI의 설정을 지정합니다.

- One loop : 하나의 Timed 루프를 사용하여 타이밍과 어플리케이션 태스크의 실행을 제어합니다. 이때 파일 I/O는 포함하지 않아야 됩니다.
- Two loops : 다른 우선순위의 두 개의 Timed 루프를 실행하여 타이밍과 어플리케이션 태스크의 실행을 제어합니다. 높은 순위의 Timed 루프는 시간에 대해 결정적인(time critical) 태스크들을 제어합니다. 보다 낮은 순위의 Timed 루프는 사용자 인터페이스 통신과 파일 I/O 같은 어플리케이션 태스크에 사용합니다.
- Include file I/O : RT 타깃 VI에서 파일 I/O 포함을 지정합니다.

[Host Configuration] 호스트 컴퓨터에서 사용자 인터페이스의 설정을 지정합니다.

- Include user interface : 호스트 컴퓨터에 어플리케이션을 위한 사용자 인터페이스를 포함할지 지정합니다.
- Host VI : 호스트 컴퓨터에서 VI를 사용하여 어플리케이션을 위한 사용자 인터페이스를 제공합니다. RT 타깃에서 VI 실행은 공유 변수들을 사용하여 호스트 VI와 데이터를 공유합니다.
- Remote Panel : 웹 브라우저를 사용하여 어플리케이션을 위한 사용자 인터페이스를 제공합니다. 리얼타임 프로젝트 마법사는 html 파일을 생성합니다. RT 타깃 VI의 프런트패널을 출판(publish)하기 위해서 html 파일은 RT 타깃으로 이동해야 합니다.

d. Browse targets에서 Browse 버튼을 클릭하여 원격 타깃을 검색합니다. 개발자 컴퓨터에 연결 가능한 Real time 타깃 중에서 어떤 컨트롤러를 사용할 지를 검색하여 선택하는 단계입니다. [타겟 및 디바이스]에서 [기존 타깃 또는 디바이스] > [기존의 타깃 또는 디바이스를 검색]을 선택하고, 아래쪽 트리에서 Real-Time CompactRIO를 선택하고, 사용할 cRIO 타깃을 선택해줍니다. 확인 버튼을 클릭하여 타깃을 선택합니다.

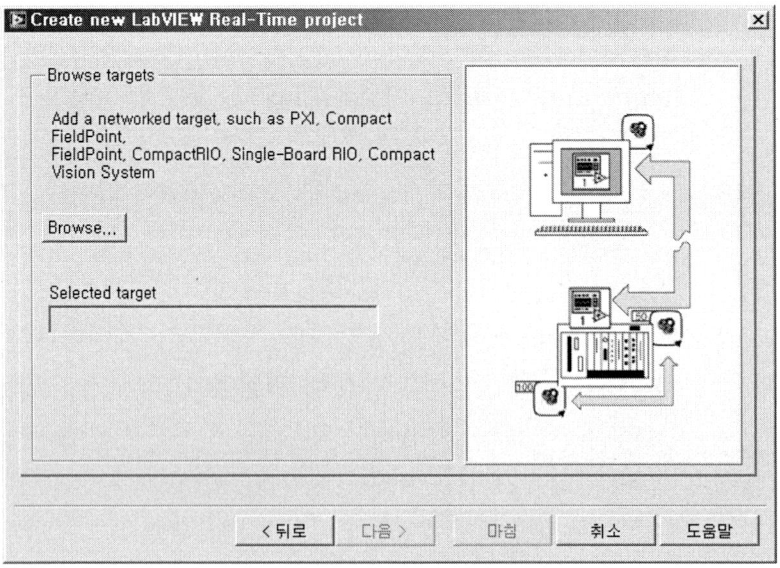

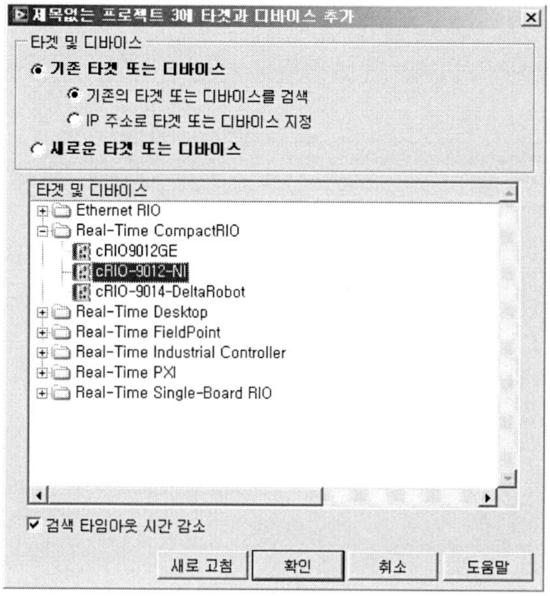

e. Select Programming Mode에서 Scan Interface 혹은 LabVIEW FPGA Interface를 선택해줍니다. Scan Interface 모드는 설명처럼 FPGA 프로그래밍 없이 cRIO 섀시에 장착된 C시리즈 모듈에서 데이터를 읽어오거나 출력을 설정할 수 있는 모드입니다. 반면 LabVIEW FPGA Interface 모드는 FPGA VI를 사용하여 프로그래밍을 수행할 수 있는 모드입니다.

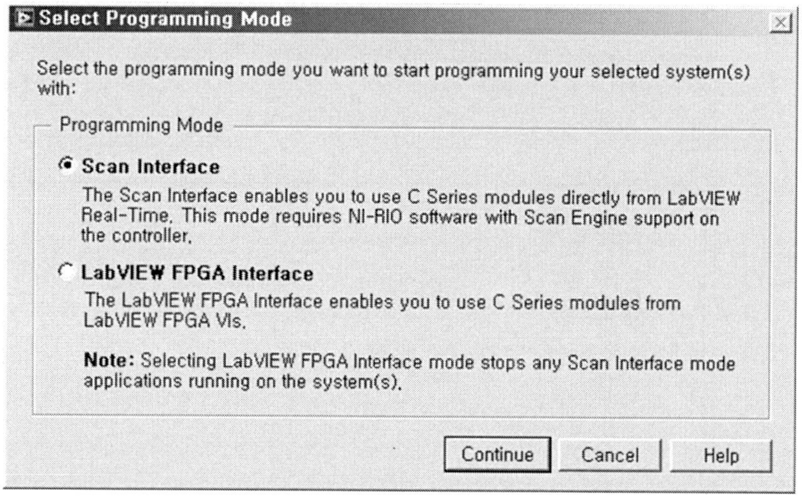

f. 다음 버튼을 클릭하고, 생성될 프로젝트의 형태를 확인한 후에 마침 버튼을 클릭하여 적용 및 프로젝트를 생성합니다.

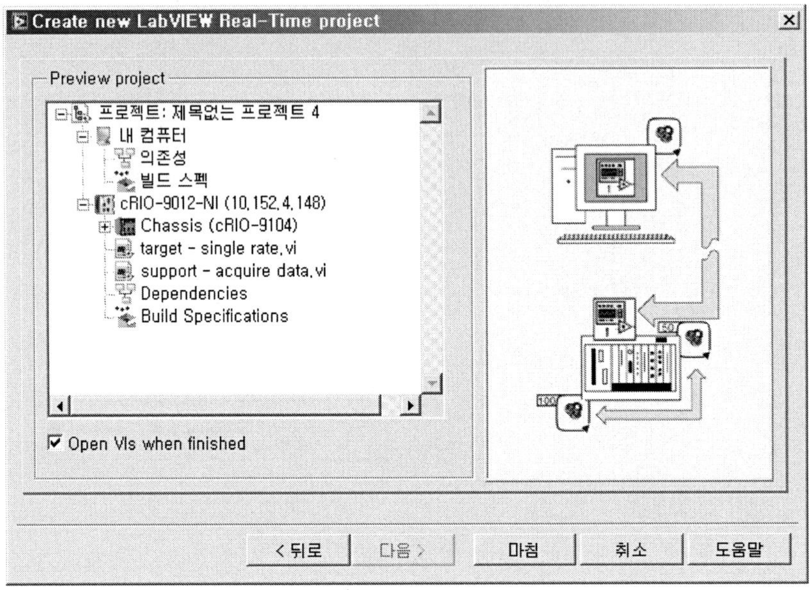

다음과 같이 cRIO용 프로젝트가 생성됩니다. 이때 cRIO 타깃 컨트롤러에는 두 개의 VI가 예제로 함께 생성됩니다. Target Configuration에서 One Loop를 선택했기 때문입니다. Support – acquire data.vi와 Target single rate.vi입니다.

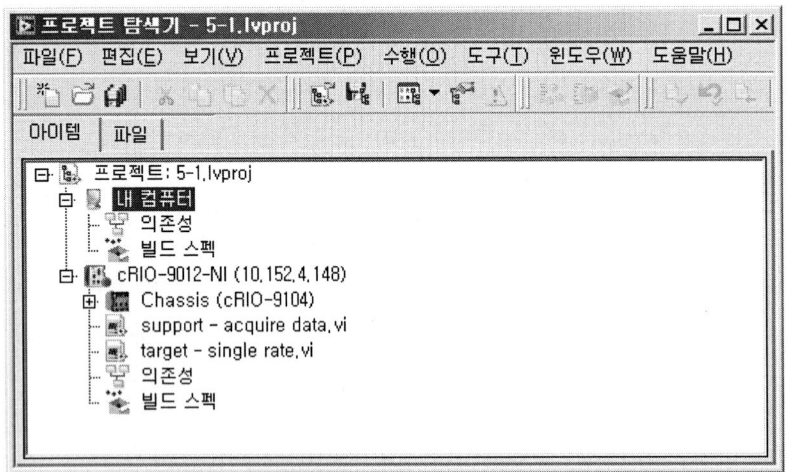

여기에서 target – single rate.vi가 타깃의 Main VI이고, support – acquire data.vi는 subVI입니다. support – acquire data.vi에서 시뮬레이션으로 사인파형을 생성하고, 이것을 target – single rate.vi에서 디스플레이합니다. target – single rate.vi를 실행하면 다운로드 과정을 거치고 VI가 실행됩니다.

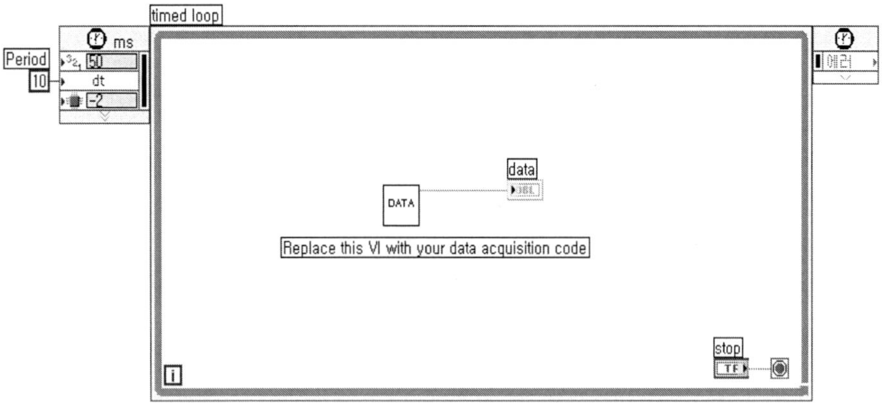

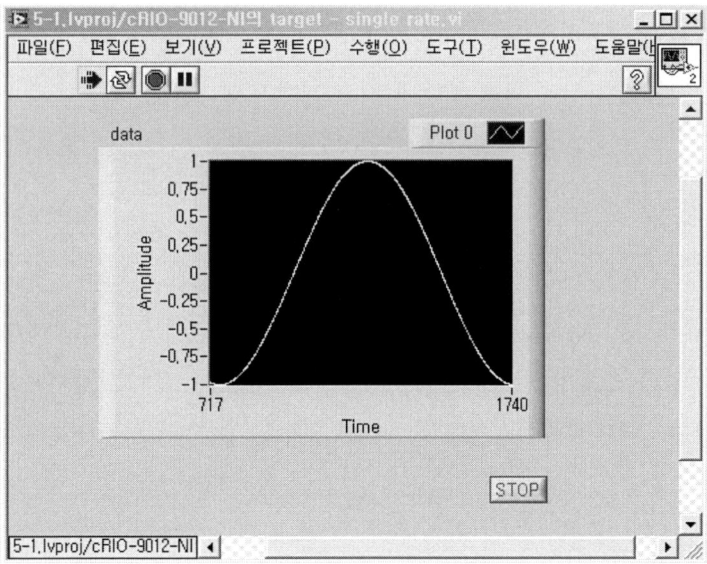

2. Scan Interface 모드

Scan Interface 모드는 cRIO 섀시에 장착된 C시리즈 모듈을 FPGA 프로그래밍 또는 컴파일 없이 LabVIEW Real-Time의 I/O 및 호스트 VI로 직접 액세스할 수 있는 모드입니다. 반면 LabVIEW FPGA Interface 모드에서는 FPGA를 프로그래밍한 후, LabVIEW Real-Time에서 LabVIEW FPGA 인터페이스 VI를 사용하여 CompactRIO I/O에 액세스해야합니다.

Scan Interface 모드는 I/O 모듈을 자동 감지하고 이를 LabVIEW 프로젝트에 추가합니다. 그 후 사용자는 LabVIEW Real-Time 및 호스트 VI 블록다이어그램에 I/O 변수를 Drag & Drop하여, 확장되고 교정된 I/O 데이터를 FPGA 프로그래밍 또는 컴파일 없이 즉시 읽고 쓸 수 있습니다. LabVIEW Real-Time의 새로운 요소인 NI Scan Engine은 사용자가 지정한 속도(최고 1kHz)로 I/O 변수값을 업데이트합니다. Scan은 하드웨어 타이밍에 의해 이루어집니다.

앞에서 만든 cRIO 프로젝트에서 온도 모듈의 채널을 Scan Interface 모드로 스캔해봅니다.

1. 프로젝트의 cRIO 컨트롤러에서 단축메뉴를 선택하고, 다음과 같이 [모두 배포]를 실행해줍니다. 모듈들에 대한 Scan Engine을 활성화시키는 단계이며, 모두 배포하는 데 다소 시간이 소요됩니다. 모두 배포시에 에러가 발생하면, 개발자 컴퓨터 및 cRIO 컨트롤러에 Scan Engine이 설치되어 있는지, 버전은 동일한지 등을 확인해주시고, cRIO 컨트롤러를 재부팅시킨 후에 다시 [모두 배포]를 시도해보기 바랍니다. MAX에서 cRIO 컨트롤러를 재부팅시킬 수도 있고, cRIO 컨트롤러 상단에 위치한 Reset 버튼을 3초 정도 눌러서 재부팅시킬 수도 있습니다.

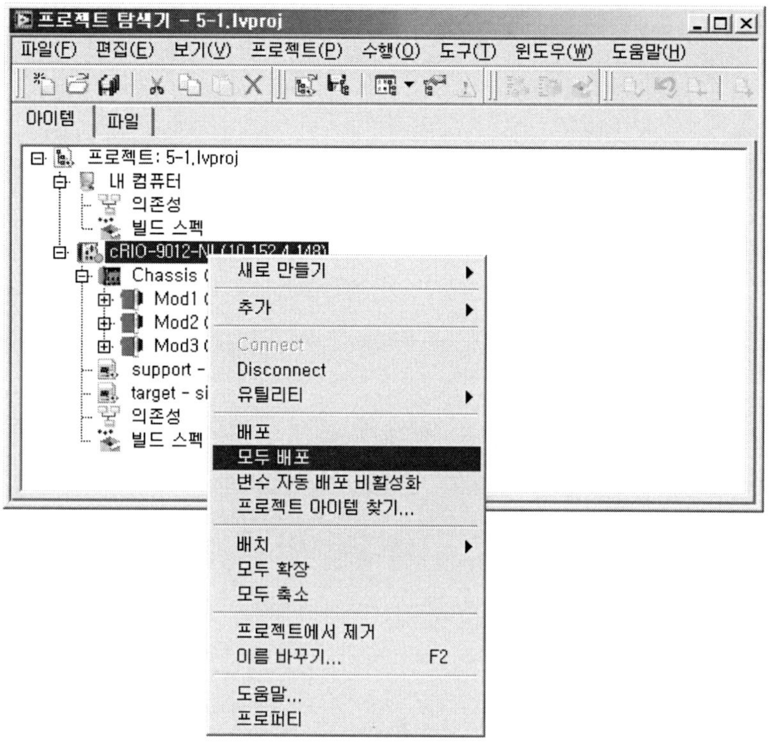

2. Scan 모드로 스캔할 채널을 선택한 후에 블록다이어그램으로 드래그 앤 드롭을 시킵니다.

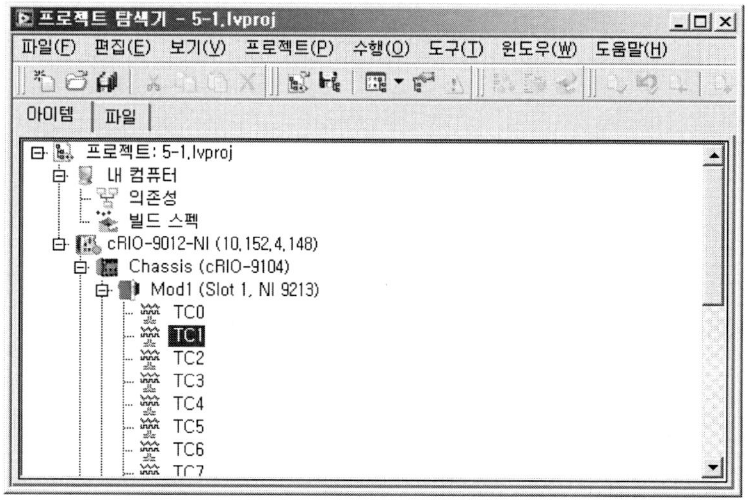

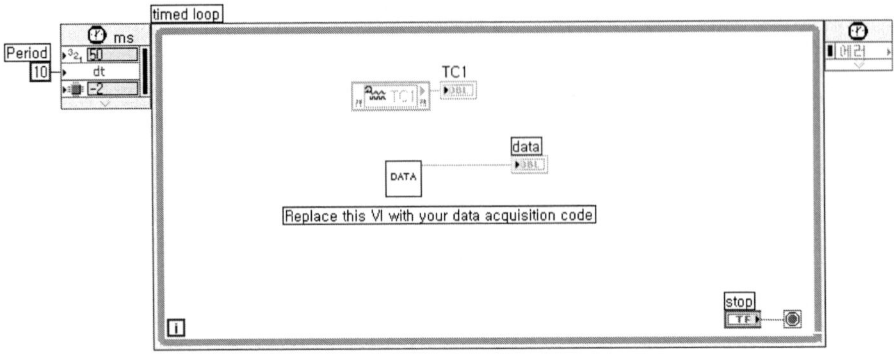

3. VI를 저장하고 실행시키면 다운로드 후에 실행됩니다. TC 센서가 온도 변화에 따라 측정값이 바뀜을 확인할 수 있습니다.

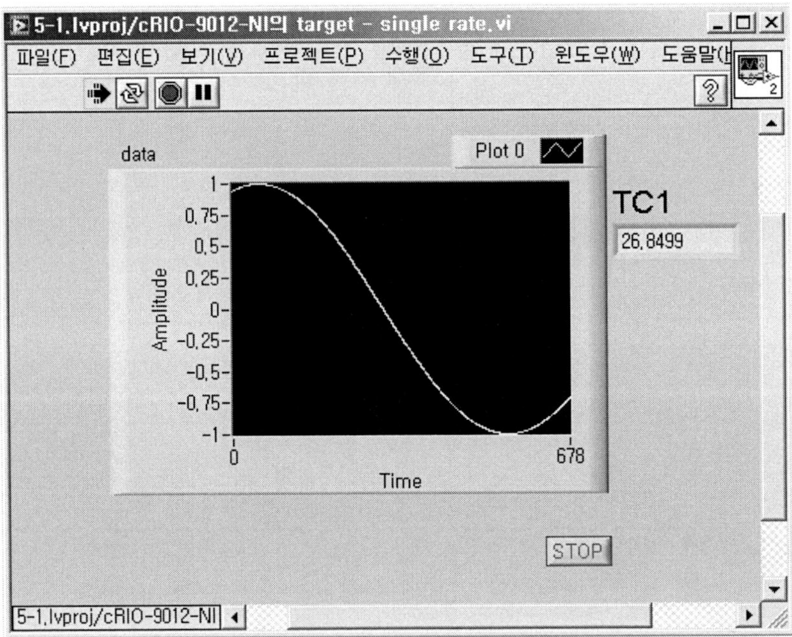

[Thermocouple 측정 모듈의 채널 설정 바꾸기]

NI-9213은 대표적인 TC 측정용 C시리즈 모듈입니다. 16채널의 TC를 측정할 수 있고, 내장된 CJC (cold-junction compensation)과 최대 1,200 S/s의 샘플링 속도(모두 합한 경우), 그리고 250Vrms 채널 대 Earth Ground 절연, Autozero 기능, 24bits ADC를 이용한 최대 0.02℃의 측정 정

밀도 및 J, K, T, E, N, B, R, S 타입의 TC센서를 지원합니다. 이러한 모듈의 채널을 사용자가 설정하기 위해서는 다음과 같이 해당 모듈에서 단축메뉴로 [프로퍼티]를 선택하고, [C Series Module Properties] 대화창에서 모듈의 채널 설정을 바꿔줄 수 있습니다.

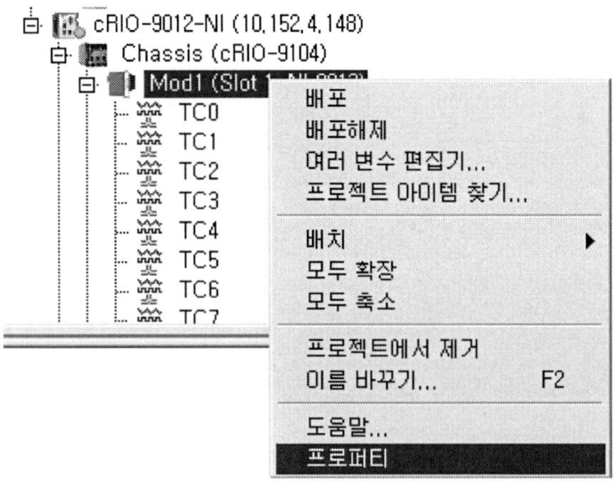

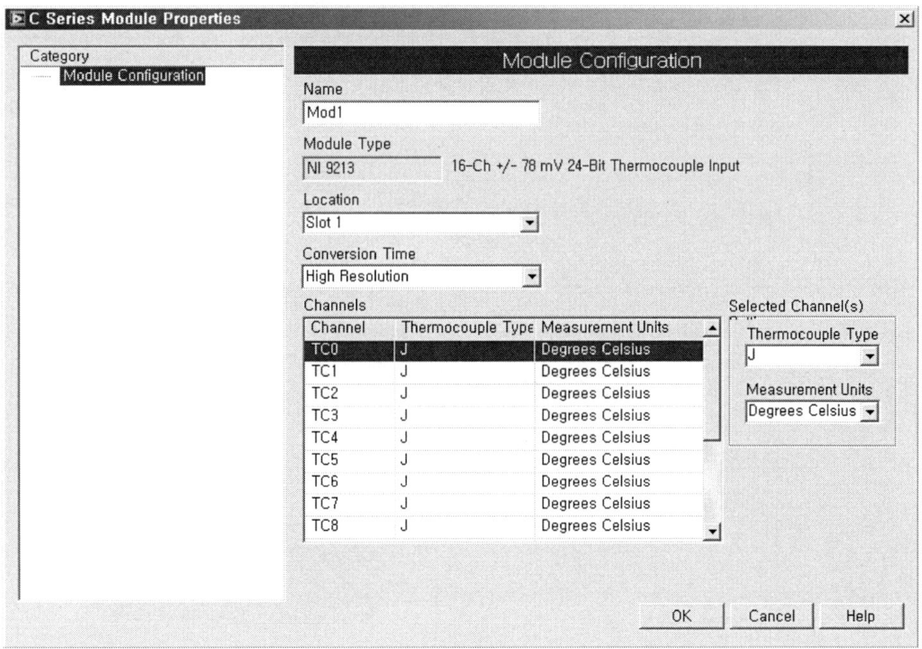

[NI 배포된 시스템 관리자]

cRIO에서 제공되는 유틸리티인 시스템 관리자에서 Scan Interface 모드를 이용하여 각 채널의 값을 모니터링할 수 있습니다. 또한 이때 cRIO 컨트롤러에서 사용되는 CPU 사용량과 메모리 사용량도 확인할 수 있습니다. 다음과 같이 cRIO 컨트롤러의 단축메뉴에서 유틸리티 > [시스템 관리자에서 보기]를 선택해서 실행시키거나, 윈도우즈 시작 > 모든 프로그램 > National Instruments에서 [배포된 시스템 관리자]를 선택하여 실행시킬 수 있습니다.

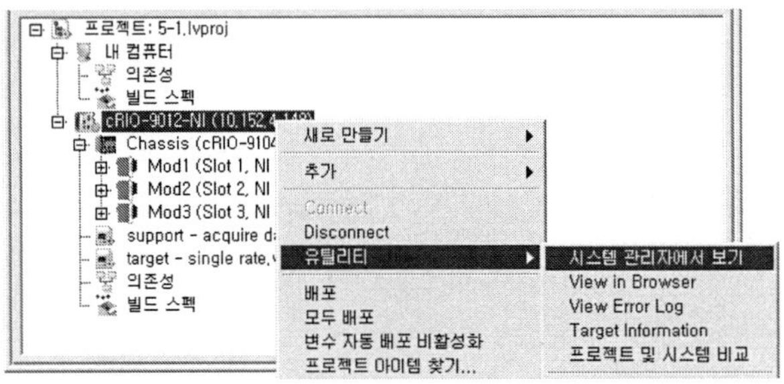

NI 배포된 시스템 관리자에서는 아래와 같이 내 시스템에 연결된 원격 타깃의 IP로 배포된 시스템의 정보와 Scan 엔진을 지원하는 경우, 채널의 값을 읽어올 수 있습니다.

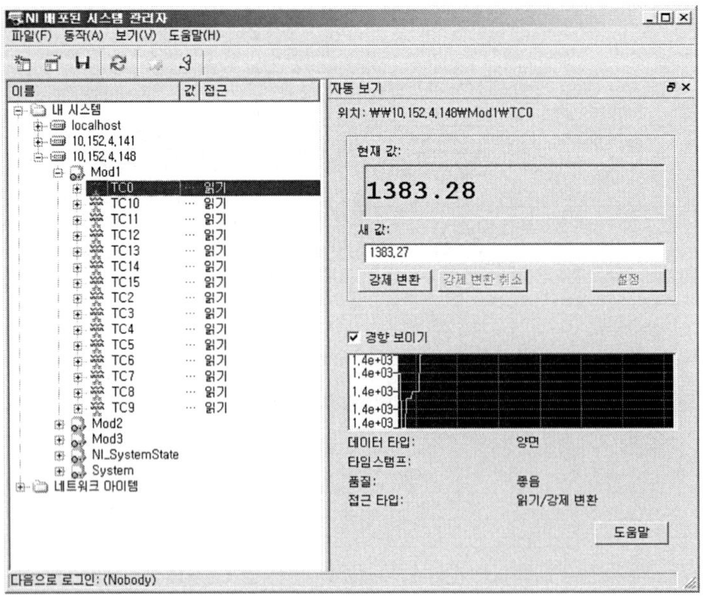

라. FPGA 어플리케이션 구현

Compact RIO의 백플레인 섀시와 Single board RIO에는 재설정 가능한 FPGA 칩이 내장되어 있어서, 사용자가 LabVIEW FPGA 모듈을 이용하여 FPGA 로직을 프로그래밍하고 임베디드시킬 수 있습니다. 이 절에서는 FPGA의 기본 개념을 배우고, LabVIEW FPGA 모듈과 cRIO 시스템을 이용한 프로그래밍 방법에 대하여 배워봅니다.

1. FPGA 기본

모든 FPGA 칩은 재구성 가능한 디지털 회로를 실행하기 위해 일정 개수의 프로그래밍 가능한 커넥터를 가진 미리 정의된 리소스로 구성되어 있습니다. FPGA 칩은 슬라이스, 로직 셀과 같은 구성 가능한 로직 블록(Configurable Logic Block ; CLB), 멀티플라이어와 같이 고정된 함수 로직, 및 임베디드 블록 RAM과 같은 메모리 리소스로 나뉩니다.

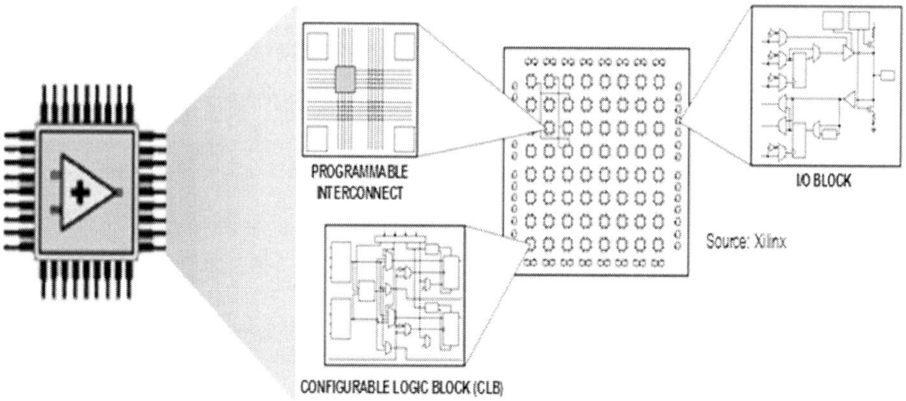

가장 하위 레벨에 있는 CLB(슬라이스 및 로직 셀)는 두 개의 기본 요소 즉, 플립플롭(Flip-flop)과 룩업테이블(Lookup table : LUTs)로 구성됩니다. 플립플롭은 로직을 동기화하고 클럭 주기 간 로직 상태를 저장하는 데에 사

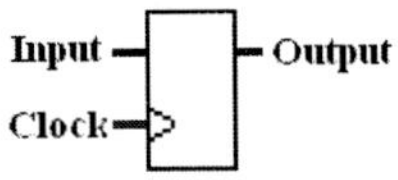

용되는 2진 시프트 레지스터입니다. 각 클럭 엣지에서, 플립플롭은 입력에 대해 1 또는 0(참 또는 거짓) 값을 래치하며 다음 클럭 엣지까지 값을 유지합니다.

그림에서 회로 도식의 로직은 룩업테이블(LUT) 형태로 매우 소량의 메모리를 사용하여 실행됩니다. FPGA의 시스템 게이트의 수는 NAND 게이트 및 NOR 게이트를 의미한다고 판단하기 쉬우나, 실제로는 모든 로직 조합(AND, OR, NAND, XOR 등)은 LUT 메모리 내의 진리표로 실행됩니다. 진리표는 모든 입력 조합에 대한 미리 지정된 출력 목록입니다.

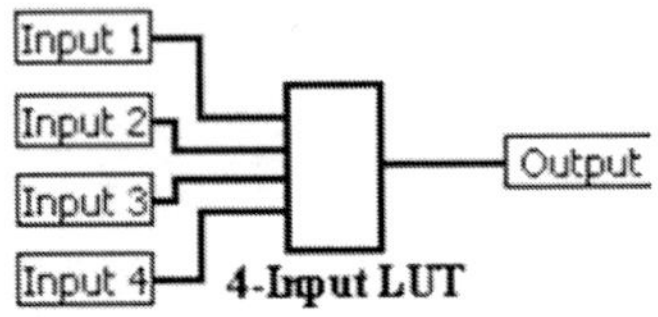

메모리 리소스는 FPGA를 선택할 때 고려해야 할 주요 스펙입니다. 사용자 정의된 메모리(RAM)는 FPGA 칩을 통해 임베디드 되어 있으며, 데이터 세트를 저장 또는 병렬 루프 사이로 값을 전달하기에 유용합니다.

FPGA를 프로그래밍하기 위해서는 칩 제조사에서 제공하는 VHDL을 이용해야 됩니다. LabVIEW FPGA 모듈은 그래픽 개발환경에서 FPGA 프로그래밍을 구현할 수 있게 해줍니다. 예를 들어, 아래와 같이 생성된 VI는 A, B, C, D를 이용하여 F=C*D*(A+B)를 연산할 수 있는 논리로써 재구성 됩니다.

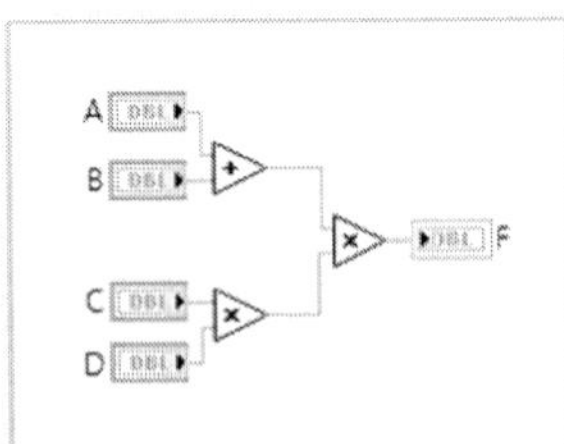

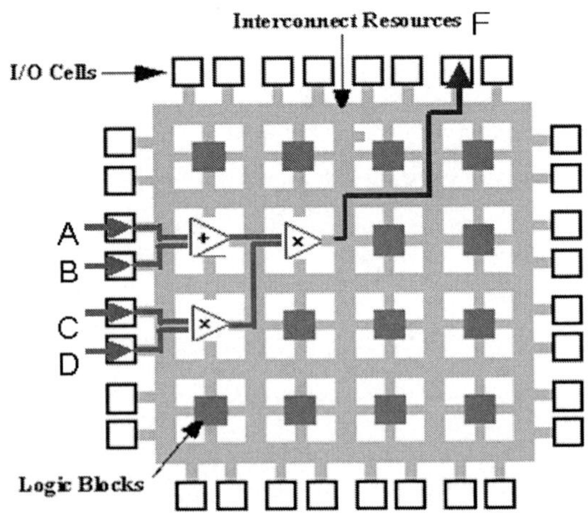

LabVIEW 프로젝트에서 FPGA Target을 추가하고 다시 FPGA Target에서 VI를 생성해야만, FPGA 함수 팔레트를 사용할 수 있습니다. FPGA Target을 추가하기 위해서는 cRIO 섀시에서 단축메뉴로 새로 만들기 > FPGA Target을 선택하여 추가하거나 LabVIEW 시작하기의 Real-Time 프로젝트 생성 시에 FPGA Interface 모드로 선택해줘서 처음부터 추가시킬 수 있습니다. 그리고 FPGA 타깃에서 VI를 생성한 경우에는 FPGA 로직으로 변환이 가능한 함수만 함수 팔레트에서 보이고 사용할 수 있습니다. 근본적으로 Gate Array이므로, Floating Point 연산 등에서 제약이 있고, 병렬 로직처리를 기본으로 합니다.

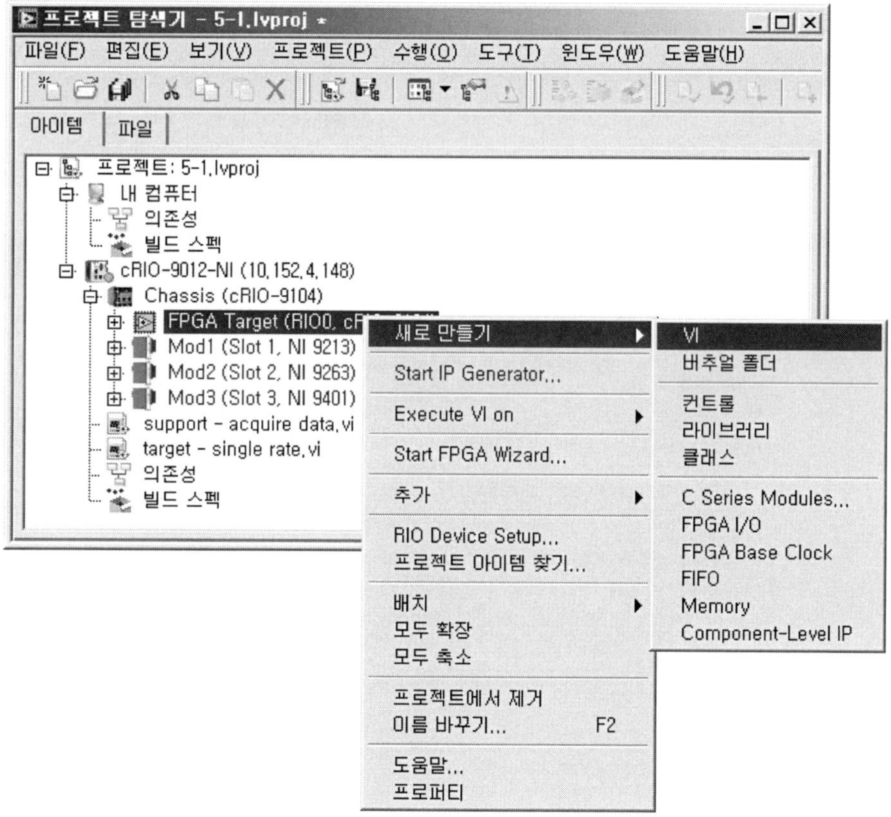

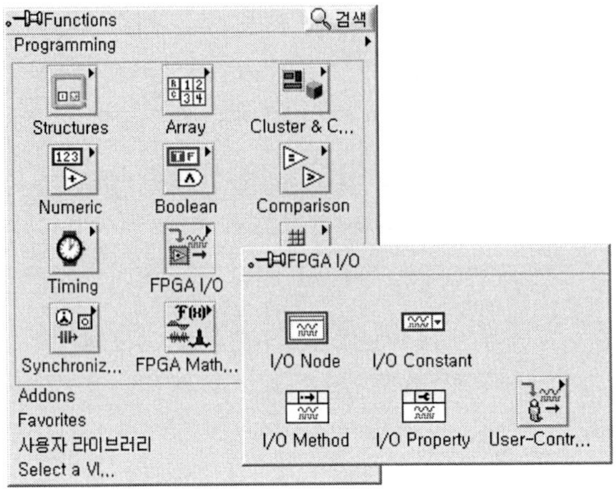

2. FPGA Interface 모드

FPGA 로직을 구현할 수 있는 LabVIEW 프로젝트를 만들어 봅니다. 앞 절에서처럼 LabVIEW 시작하기에서 [Real-Time 프로젝트]를 선택하고, FPGA Interface 모드를 생성해줄 수도 있습니다. 그러나 여기에서는 일반 프로젝트에서 단계별로 FPGA 모드를 구현하는 방법에 대하여 설명합니다.

1. LabVIEW 시작하기에서 [새 프로젝트]를 선택하여 프로젝트를 생성하고 저장합니다.

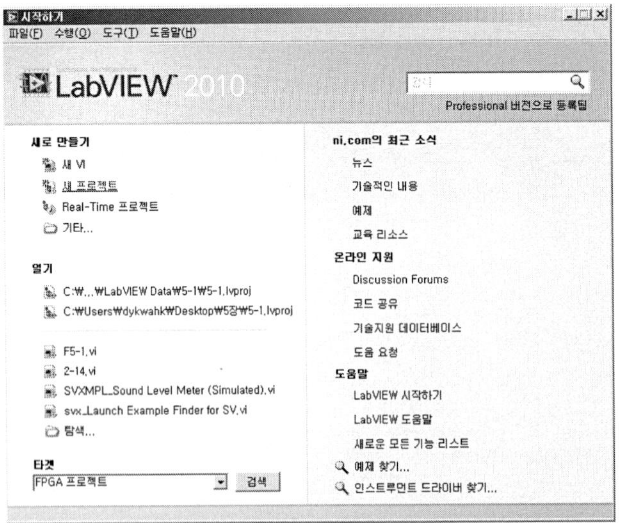

2. 프로젝트의 단축메뉴에서 새로 만들기 > 타깃 및 디바이스를 선택하여 [타겟과 디바이스 추가] 대화창을 실행합니다.

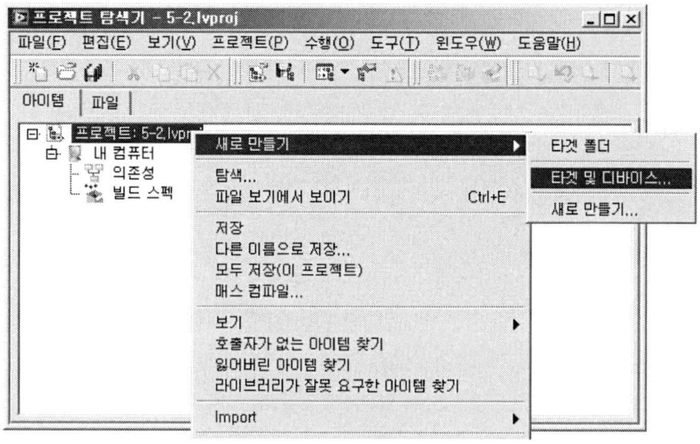

3. 타깃과 디바이스 추가 대화창에서 기존 타깃 또는 디바이스 > 기존의 타깃 또는 디바이스를 검색을 선택하고, Real-Time CompactRIO 시스템 아래에 있는 cRIO 타깃을 선택하고, 확인 버튼을 클릭합니다.

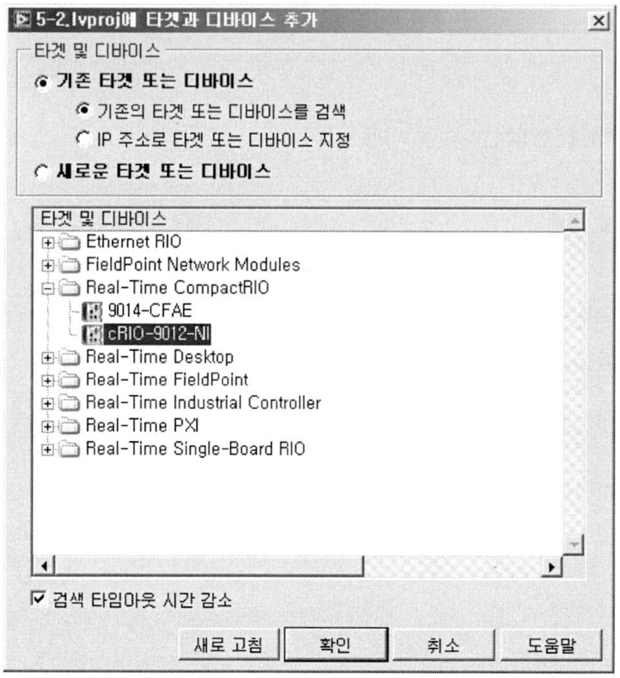

4. Select Programming Mode 대화창에서 LabVIEW FPGA Interface를 선택하고 Continue 버튼을 클릭합니다. 이때 cRIO 타깃을 찾고 섀시와 디바이스 모듈을 검색하여 설정하는데 다소 시간이 소요될 수 있습니다.

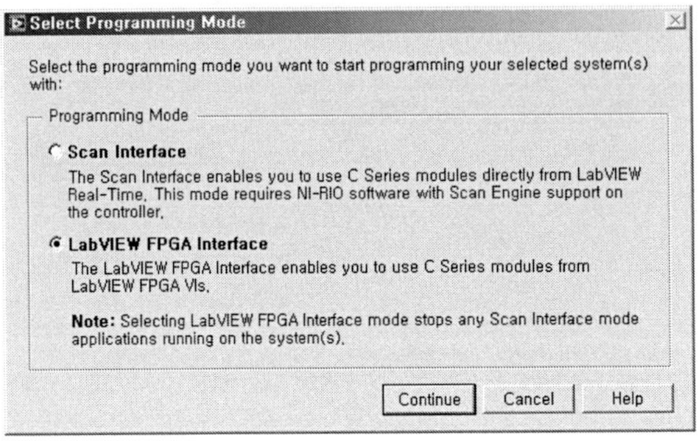

다음과 같이 FPGA Interface 모드의 프로젝트가 완성되었습니다. 프로젝트 아래에 호스트인 내 컴퓨터와 Real-Time 타깃인 cRIO 시스템이 있고, 다시 cRIO 시스템 아래에 Chassis가 있습니다. 그리고 Chassis 아래에 FPGA Target이 있습니다. 이때 Scan 모드와 다르게 C시리즈 모듈들은 FPGA Target 아래에 위치하고 있습니다. 이것은 FPGA 프로그래밍으로 통하여 모듈들의 I/O가 정의된다는 의미입니다.

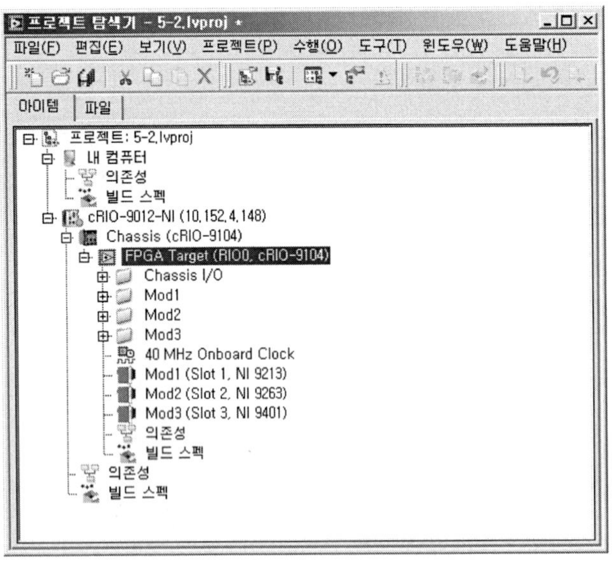

5. FPGA Target의 단축메뉴에서 새로 만들기 > VI를 선택하여 FPGA VI를 생성합니다. FPGA Target 아래에 VI가 생성됨을 확인할 수 있을 것입니다.

6. 같은 방법으로 내 컴퓨터의 단축메뉴에서 새로 만들기 > VI를 선택하여 Host VI를 만들어주고, cRIO 타깃의 단축메뉴에서 새로 만들기 > VI를 선택하여 Target VI를 만들어줍니다.

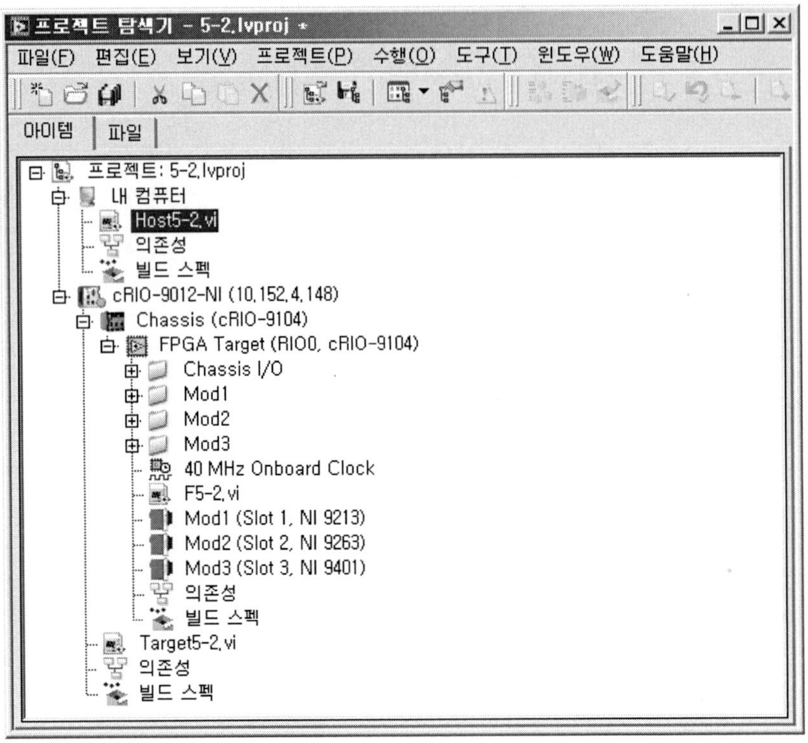

생성된 Host VI, Target VI, FPGA VI는 모두 다른 타깃이고, 각 VI에서 사용할 수 있는 함수도 다릅니다. Host VI는 호스트 컴퓨터에서 모니터링이나 파일 분석, 저장 등을 수행하는 목적으로 사용되며, Target VI는 Real-Time 타깃에서 Time critical한 로직을 수행하거나 호스트 컴퓨터로 데이터를 전송하고 혹은 내장 메모리에 파일을 저장하는 목적으로 사용됩니다. 그리고 FPGA VI는 FPGA 로직을 구현하여, 모듈 I/O를 수행하고, 좀더 Low Level의 Time Critical한 로직을 칩 레벨에서 구현합니다.

연습 8-1. FPGA LED 깜빡거리기

FPGA Traget에 내장된 FPGA LED를 깜빡거리는 VI를 만들어 봅니다. C시리즈 모듈을 사용하지 않고, 구현할 수 있는 기본 예제이므로, FPGA 프로젝트를 공부할 때 유용한 예제입니다. 이를 통하여 다음을 배웁니다.

- 새로운 FPGA 어플리케이션 생성 방법
- FPGA 함수 팔레트 사용

⌘ 프로젝트 구성

1. LabVIEW 시작하기에서 새 프로젝트를 선택합니다. 그리고 프로젝트의 이름을 FPGA LED.lvproj로 저장합니다.
2. 프로젝트에서 단축메뉴로 새로 만들기 > 타깃 및 디바이스를 선택합니다. 타깃과 디바이스 추가 창에서 사용할 Real-Time CompactRIO를 선택하고 확인 버튼을 클릭합니다.

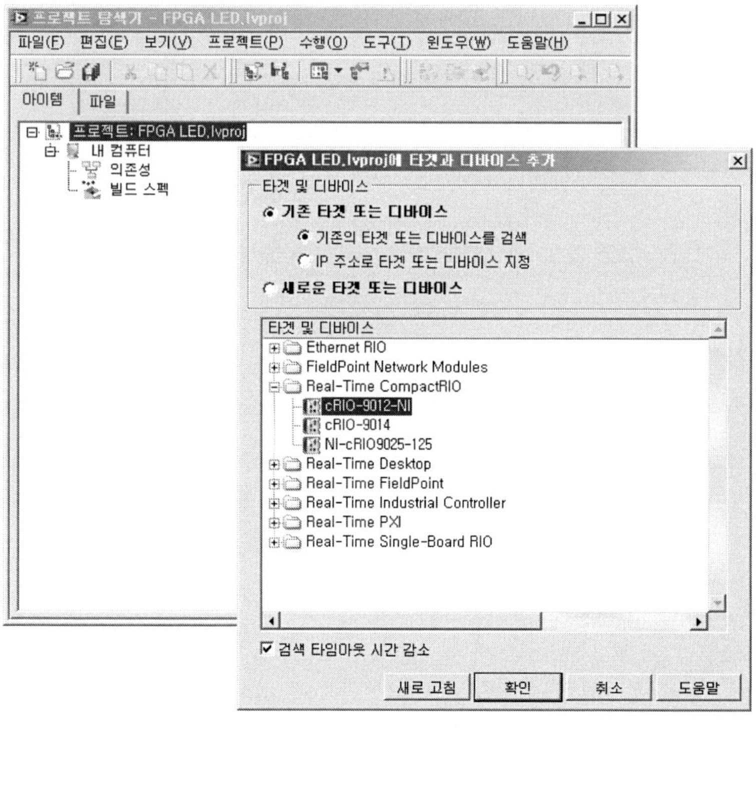

3. LabVIEW FPGA Interface mode로 선택하고 Continue 버튼을 클릭합니다. FPGA 타깃과 장착된 C시리즈 모듈을 검색하는 과정이 진행될 것입니다. 검색 과정에 다소 시간이 소요됩니다.
4. FPGA Target에서 단축메뉴로 새로 만들기 > VI를 선택하여 새 VI를 추가합니다. FPGA LED.vi로 저장합니다. 다음과 같이 FPGA Target 아래에 VI가 추가될 것입니다.

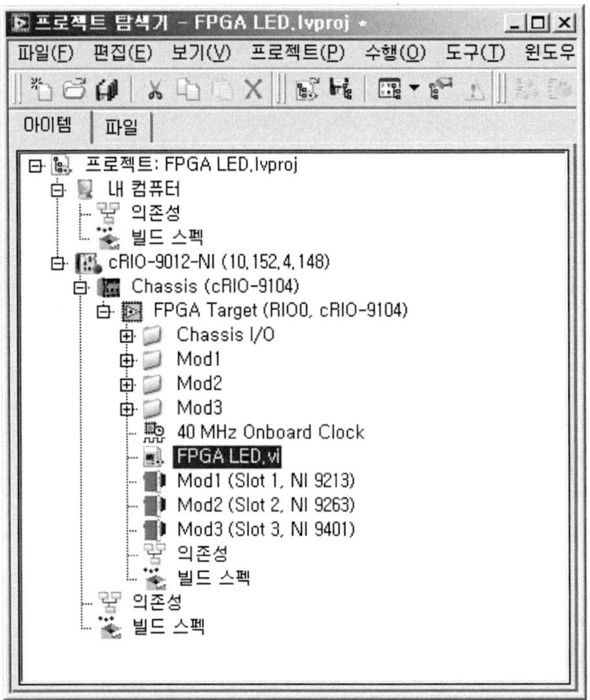

⌘ 블록다이어그램

5. FPGA LED.vi의 블록다이어그램을 다음과 같이 구성합니다.
6. 블록다이어그램에 While 루프와 시퀀스 구조를 위치시킵니다. 플랫 시퀀스에 프레임을 추가하여 두 개의 프레임을 구성합니다. 그리고 While 루프의 루프 반복 횟수에 인디케이터를 생성하고, 루프 조건에 상수로 False를 생성해줍니다.

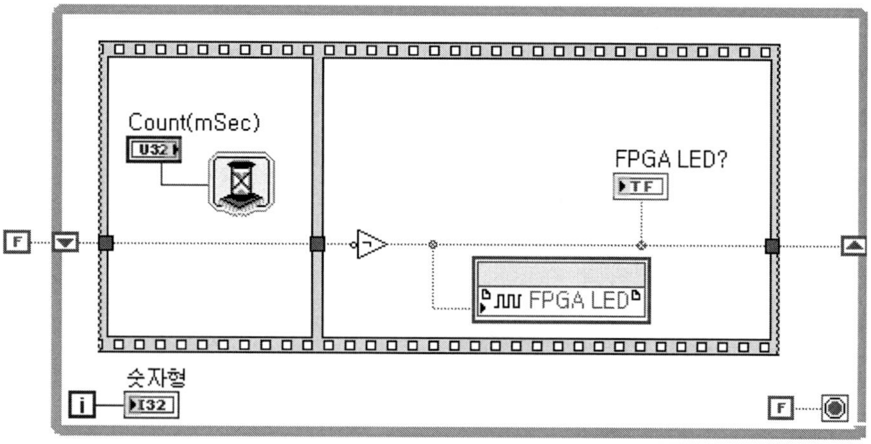

시퀀스 구문과 While 루프를 사용하여 지정한 Loop Time으로 FPGA LED가 깜빡 거리도록 구성합니다. 이때 FPGA를 시작하고 정지하는 부분을 Real Time 호스트에서 제어 할 수 있기 때문에 FPGA의 While루프 조건 터미널은 대부분 상수로 처리합니다. 컨트롤이나 인디케이터는 FPGA의 용량을 상수보다 많이 차지하기 때문에 FPGA는 컴파일 시간이 오래 걸립니다. 개발단계에서는 모니터링하기 위해 컨트롤이나 인디케이터를 사용하지만 개발이 완료되면 FPGA 용량이 한정되어 있는 관계로 가급적 상수나 용량이 적은 로우 레벨의 함수로 대체하는 것이 좋습니다.

7. 타이밍 팔레트에서 Wait 함수를 찾아서 위치시킵니다. 카운터 단위로 mSec를 지정합니다.
8. 프로젝트 탐색기에서 FPGA Target 아래의 Chassis I/O 폴더에 FPGA LED I/O를 찾아서 블록다이어그램에 드래그 앤 드롭합니다. 혹은 FPGA I/O 팔레트에서 I/O Node를 찾아서 위치시키고, I/O Item을 클릭한 후, Chassis I/O > FPGA LED를 선택해줄 수도 있습니다.

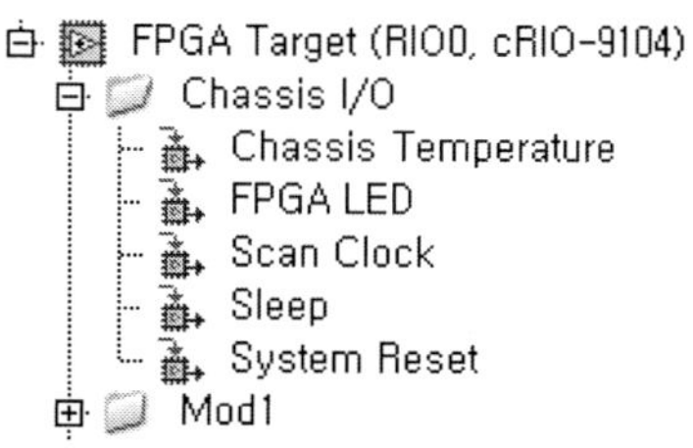

⌘ 프런트패널 및 컴파일

9. 블록다이어그램이 완성되면, 다음과 같이 프런트패널을 구성합니다. 카운트에 100을 입력하고, 편집 메뉴에서 [현재 값을 기본값으로]를 선택해줍니다.
10. 저장하고 Run 버튼을 누릅니다. Intermediate Files를 생성하는 단계와 컴파일하여 Bit-stream 파일을 생성하는 단계가 진행된 뒤에 Bit-stream 파일이 FPGA 타깃에 다운로드되어 실행됩니다. 이 과정에 십분 이상의 시간이 소요됩니다.

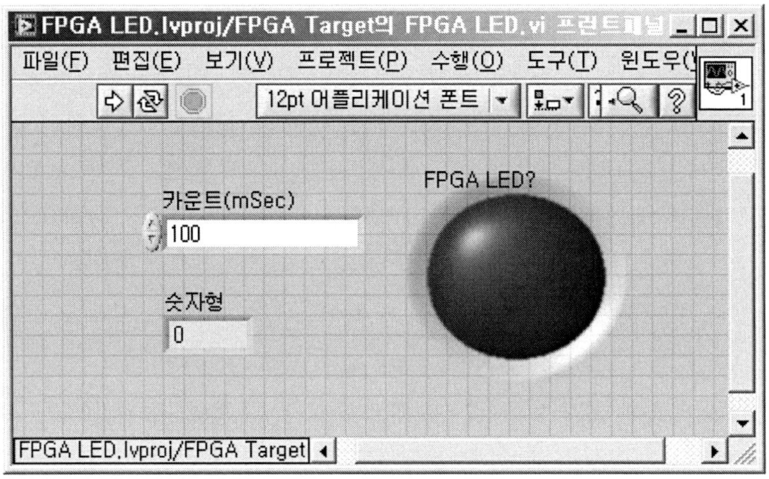

FPGA LED.vi가 실행되면 cRIO 컨트롤러에 위치한 2번 LED가 깜빡거리게 됩니다.

연습 8-1 끝

연습 8-2. FPGA 어플리케이션 구현

FPGA Interface 모드에서 VI를 생성하고, 장착된 C시리즈 모듈을 I/O를 구현해봅니다. 이를 통하여 다음을 배웁니다.

- FPGA I/O 노드를 사용하여 아날로그, 디지털 I/O 신호 읽기와 쓰기
- 아날로그 입력(AI)과 아날로그 출력(AO)을 다른 속도로 병렬 실행
- 아날로그 값에 근거하여 5V 디지털 출력을 내보내 주기 위한 사용자 트리거 로직의 정의
- 1틱 내에서 이벤트를 검색하기 위한 Single cycle timed loop 구현
  사용한 C시리즈 모듈은 Mod1 = NI 9213, Mod2 = NI 9263, Mod3 = NI 9401입니다.

⌘ 블록다이어그램

1. LabVIEW 프로젝트를 생성하고, FPGA App.lvproj로 저장합니다. 그리고 모듈 및 디바이스를 추가합니다. 이때 FPGA Interface모드로 구성합니다.
2. FPGA target에서 단축메뉴로 새로 만들기 > VI를 선택하여, FPGA App.vi를 생성합니다.

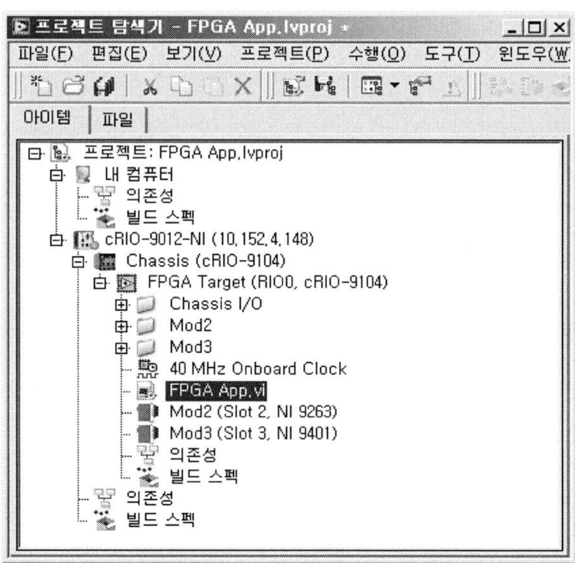

3. FPGA App.vi에서 블록다이어그램을 띄웁니다. 블록다이어그램의 하얀색 바탕에서 마우스 오른쪽 버튼을 클릭하면 함수 팔레트가 나타납니다. Functions 팔레트 좌측 상단 구석의 압정 아이콘( )을 클릭하면 고정 시킬 수 있습니다. 그리고 VI의 도움말 메뉴로 가서 기본 도움말 보이기를 선택합니다.
4. 함수 팔레트를 훑어보며, Structures, Timing, Numeric, Boolean, Comparison, FPGA Math & Analysis, FPGA I/O, Synchronization 팔레트를 한번씩 확인해 봅니다.

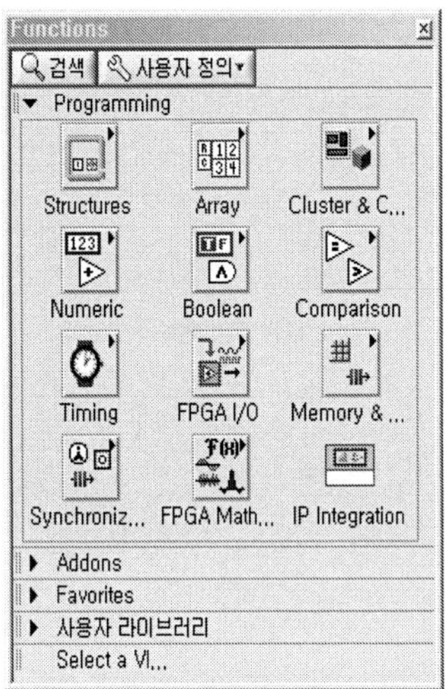

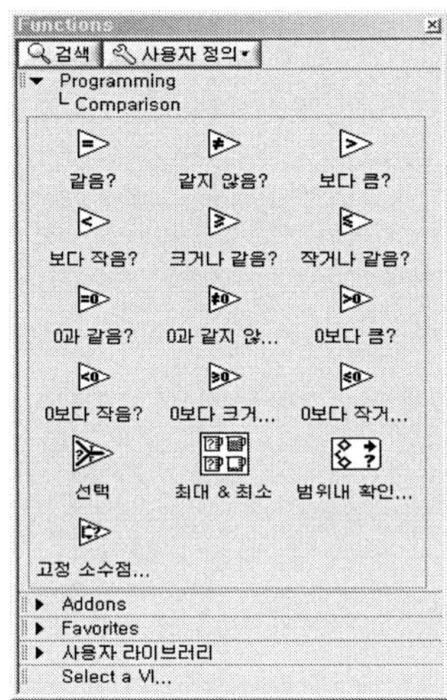

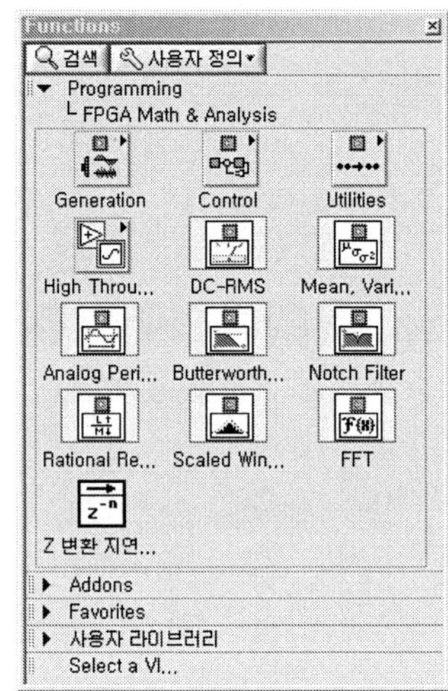

5. LabVIEW FPGA와 RIO 하드웨어의 일반적인 사용은 사용자 트리거링 로직입니다. 이 예제에서 여러분은 FPGA를 프로그래밍하여 아날로그 채널로부터 데이터를 읽고 threshold에서 데이터를 비교할 것입니다. 그리고 디지털 채널에서 참/거짓 값을 나타낼 것입니다.

가장 먼저 아날로그 출력 값에 대한 Calibration 값을 읽는 어플리케이션을 작성할 것입니다.

6. Programming > FPGA I/O 팔레트에서 I/O Property 함수를 블록다이어그램에 놓습니다.
7. I/O Property에서 마우스 오른쪽을 클릭하고 Select Item > FPGA

Target > Mod2 > Mod2/AO0을 선택합니다.

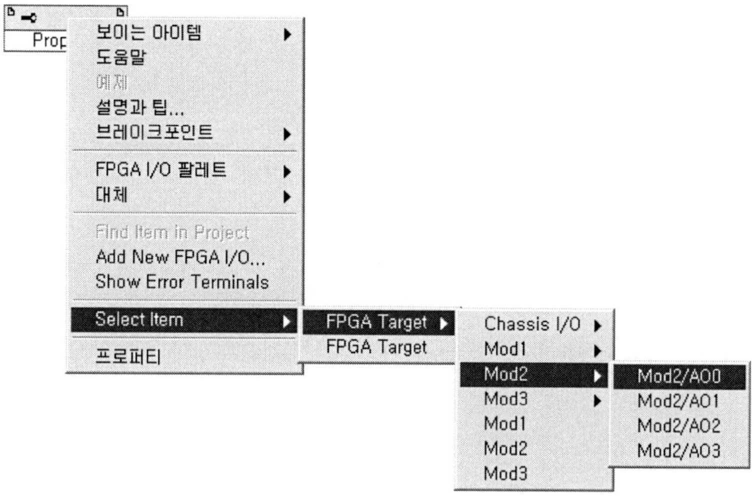

8. LSB Weight와 Offset을 선택하고 클러스터 묶기 함수를 사용하여 클러스터로 변환합니다. 라벨을 AO Calibration으로 바꿔줍니다.

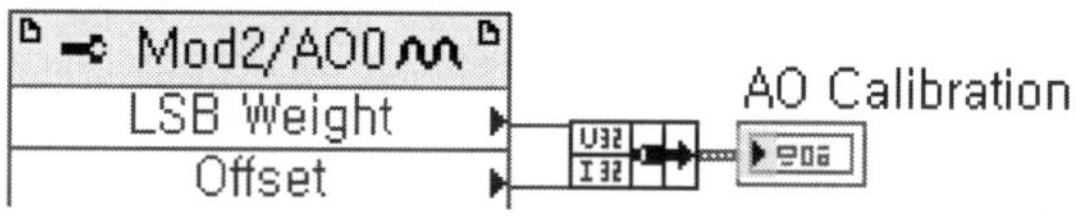

다음은 일정한 시간 간격으로 아날로그 입력 채널 0번과 채널 1번에서 값을 읽어오는 어플리케이션을 작성합니다.

9. Programming > Structures 팔레트에서 While 루프를 찾아서 블록다이어그램에 가져다 놓습니다.
10. Programming > FPGA I/O 팔레트에서 I/O Node 함수를 While 루프 안에 놓습니다.
11. Programming > Structures 팔레트에서 플랫 시퀀스 구조를 선택하여 FPGA I/O Node를 시퀀스 구조 안에 놓습니다. 시퀀스 구조 경계에서 마우스 오른쪽 클릭하고 이전 프레임 추가를 선택합니다.
12. 다음과 같이 블록다이어그램을 구성합니다.

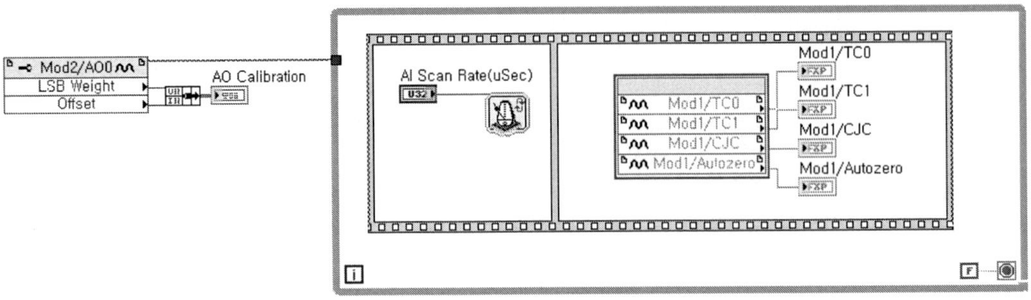

13. I/O Item 터미널을 클릭하고, 단축메뉴에서 Select FPGA I/O > Mod1 > Mod1/TC0를 선택합니다. 혹은 I/O Item을 클릭하고, Mod1 > Mod1/TC0를 선택합니다.
14. I/O Node 함수를 아래로 3개 추가한 후, 같은 방법으로 TC1, CJC, Autozero를 선택합니다.
15. TC0, TC1, CJC, Autozero 터미널에서 단축메뉴로 생성 > 인디케이터를 선택하여 인디케이터를 생성해줍니다.
16. 왼쪽 프레임을 확장하여 보다 큰 공간을 확보합니다. 왼쪽 프레임 안에 Loop Timer 함수를 놓습니다. Programming > Timing 팔레트에서 찾을 수 있습니다. 카운터 단위로 μSec를 선택하고, 내부 카운터 크기를 32비트로 선택합니다.

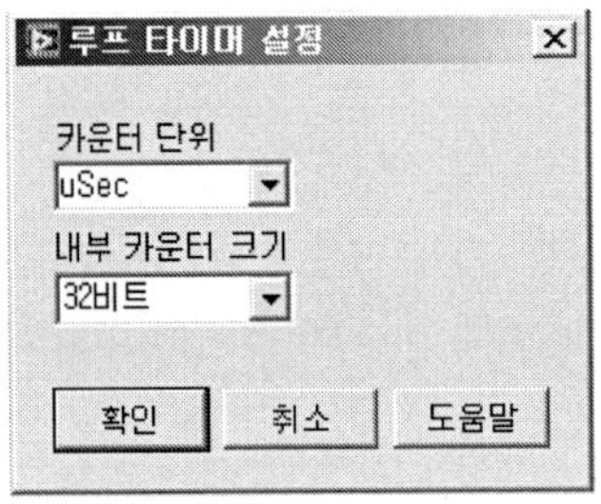

17. Loop Timer 함수의 왼쪽 입력 터미널에서 마우스 오른쪽 클릭하고 생성 > 컨트롤을 선택합니다. 컨트롤의 이름을 "AI Scan Rate (uSec)"로 합니다. 루프 타이머를 설정하는 것은 Mod1 : NI 9213 모듈의 동시 샘플링 속도를 지정하는 것입니다. 시퀀스 구조를 사용하는 것은 샘플들 사이의 타이밍 간격이 정확하게 동작하도록 해줍니다.

참고 플랫 시퀀스 구조의 첫 번째 프레임에 루프 타이밍 함수를 놓음으로써 루프의 첫 반복부터 정확한 루프 타이밍이 발생할 수 있도록 해줍니다. 시퀀스 구조를 사용하지 않는다면, 지연이 없기 때문에 첫 번째 데이터 수집이 끝난 후 바로 두 번째 데이터 수집이 바로 발생할 것입니다. 첫 번째 실행에서 Loop Timer 함수가 내부 타이밍 레지스터를 설정하지만 루프에 지연을 주지 않기 때문입니다. 또한 다른 함수들이 데이터의 종속 없이 블록다이어그램에 병렬로 놓이게 되면, LabVIEW FPGA는 각 병렬 함수의 시작을 동기화할 것입니다.

18. While 루프의 조건 터미널에 상수로 False를 생성해줍니다.

다음은 일정한 시간 간격으로 아날로그 출력 채널 0번으로 값을 출력하는 어플리케이션을 작성합니다.

19. 블록다이어그램의 아날로그 입력 루프 아래에 다른 While 루프 구조를 놓습니다.
20. I/O Node 함수를 While 루프 안에 놓습니다. Programming > FPGA I/O 팔레트에서 찾을 수 있습니다. 아날로그 출력 채널 0번에 액세스하기 위해 I/O Item을 클릭하고, Mod2 > Mod2/AO0를 선택합니다.
21. AO0 터미널의 왼쪽에서 단축메뉴로 생성 > 컨트롤을 선택하여, 컨트롤을 생성합니다.
22. 시퀀스 구조를 위치시키고, 왼쪽에 프레임을 추가하고 Loop Timer 함수를 놓습니다. 카운터 단위로 μSec를 선택하고, 내부 카운터 크기를 32비트로 선택합니다.
23. Loop Timer 함수의 입력 터미널에서 단축메뉴로 생성 > 컨트롤을 선택합니다. 라벨은 "AO Scan Rate (uSec)"로 합니다. Mod2 : NI 9263 아날로그 출력 모듈의 업데이트 속도를 설정하는 것입니다.
24. While 루프의 조건 터미널에서 상수로 False를 생성해줍니다. 블록다이어그램은 아래와 같습니다.

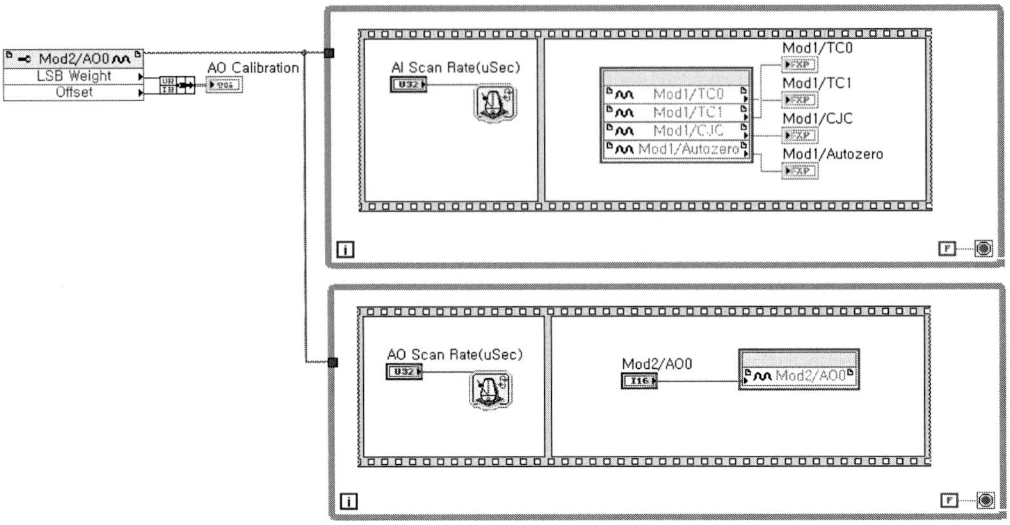

참고 LabVIEW FPGA에서 각 루프는 병렬로 실행됩니다. 일반 프로세서와 달리 FPGA는 프로세싱 로직을 위하여 전용 하드웨어를 사용하고 운영 체제를 가지고 있지 않습니다. 그리고 FPGA는 근본적으로 병렬입니다. 따라서 프로세싱 동작은 동일 리소스를 사용하지 않고도 병렬 동작이 가능합니다. 결과적으로 추가의 프로세싱이 더해져도 다른 부분의 실행은 영향을 받지 않습니다. 또한 여러 개의 루프를 하나의 FPGA 칩에서 다른 속도로 실행할 수 있습니다.

다음은 병렬 실행의 예입니다. 병렬 루프에서 F = (A+B)*C와 Z = X+Y+M을 구현한 예를 나타내며, 동시적으로 동작하는 원리를 알 수 있습니다.

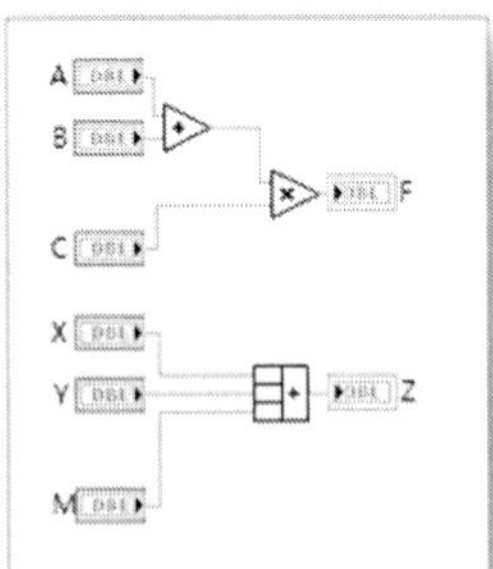

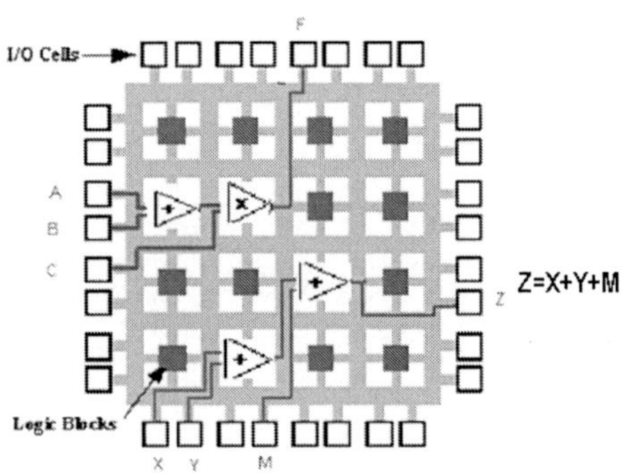

마지막으로 사용자 트리거링과 디지털 출력을 수행하기 위해 다른 루프를 추가할 것입니다. 이 어플리케이션에서 아날로그 입력이 임계치 위 또는 아래에 있는지 보기위해 트리거 상태를 찾을 것입니다. 이 사용자 트리거 로직은 단일 사이클 timed 루프 안에서 40MHz의 속도로 실행될 것이고, 변화가 발견되면 알맞은 값을 위해 NI 9401 모듈의 디지털 출력을 설정할 것입니다.

25. 두 개의 루프 아래에 추가의 While 루프를 놓습니다.
26. While 루프 속에 Timed 루프를 놓습니다. Programming > Structures > Timed Structures 팔레트에서 찾을 수 있습니다.
27. 아날로그 입력인 Mod1/TC1 인디케이터에서 마우스 오른쪽 클릭하고 단축메뉴에서 생성 > 로컬 변수를 선택합니다. 그리고 Timed 루프 구조 안에 로컬 변수를 놓습니다. 로컬 변수에서 마우스 오른쪽 클릭하고 읽기로 변경을 선택합니다.
28. 보다 큼?을 놓습니다. Programming > Comparison 팔레트에서 찾을 수 있습니다. 위쪽의 입력 터미널과 Mod1/TC1 로컬 변수를 연결합니다. 보다 큼? 함수의 아래 터미널에서 마우스 오른쪽 클릭하고 생성 > 컨트롤을 선택합니다. 컨트롤의 라벨을 "Threshold" 로 합니다.
29. Timed 루프의 경계에서 마우스 오른쪽 클릭하고 시프트 레지스터 추가를 선택합니다. 이 레지스터는 비교 함수의 값을 저장하고 이전 루프의 값을 다음 루프로 전달합니다. 보다 큼? 함수의 출력과 timed 루프 오른쪽에 있는 시프트 레지스터의 입력을 연결합니다.
30. 보다 큼? 함수의 오른쪽에 같지 않음?을 놓고 아래와 같이 와이어를 연결합니다. Programming > Comparison 팔레트에서 찾을 수 있습니다.

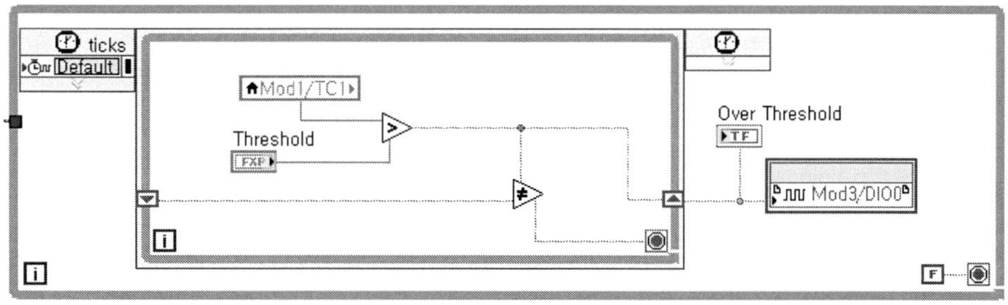

참고 아날로그 값이 threshold 값을 넘으면 Timed 루프는 멈추고 디지털 출력을 업데이트 할 것입니다. 단일 사이클 Timed 루프 구조는 LabVIEW 컴파일러가 FPGA(40MHz)의 25ns 시간 안에 내부 코드를 실행하도록 합니다. 단일 사이클 timed 루프는 Loop Timer 함수 사용보다 빨리 실행될 뿐만 아니라 적은 FPGA 리소스들을 사용합니다. 그러나 아날로그 입력, 출력 I/O 노드들과 Quotient & Remainder 함수와 같은 어떤 함수들은 단일 사이클 timed 루프에서 지원하지 않습니다. 이렇게 지원되지 않는 함수를 사용한다면 컴파일 과정에서 에러가 발생할 것입니다.

31. Timed 루프의 오른쪽 경계에 있는 시프트 레지스터에서 마우스 오른쪽 클릭하고 단축메뉴에서 생성 > 인디케이터를 선택합니다.
32. I/O Node를 위치시키고, I/O Item을 클릭하여, Mod3/DIO0를 선택해줍니다. Programing > FPGA I/O 팔레트에서 I/O Node를 찾을 수 있습니다. 단축메뉴에서 change to write를 선택합니다. 오른쪽에 있는 시프트 레지스터의 출력과 Digital Output 노드를 연결합니다. 이때 NI-9401의 속성은 DO로 설정해줘야 됩니다. Default는 DI입니다.
33. While 루프의 조건 터미널에 상수로 False를 생성해줍니다. FPGA 어플리케이션이 아래의 그림과 같이 나타날 것입니다.

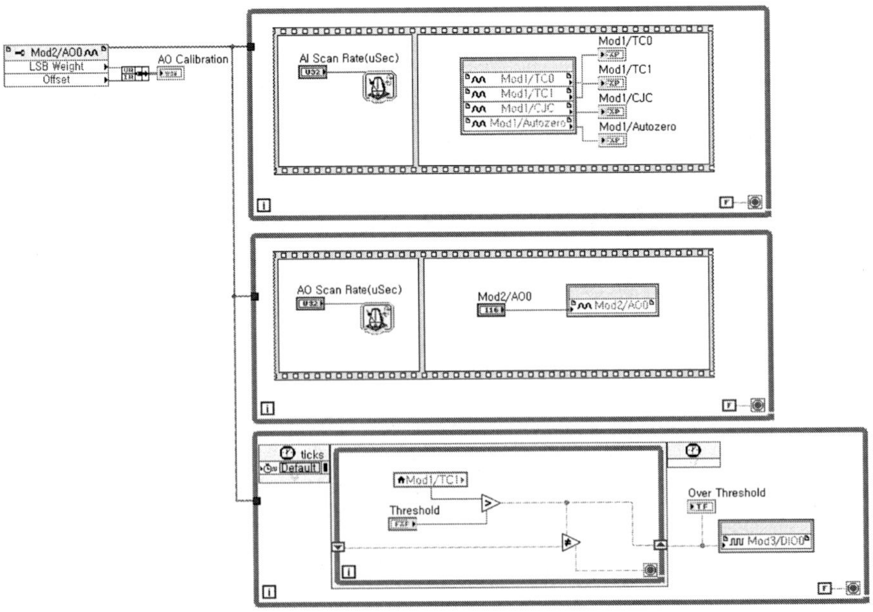

⌘ 프런트패널

34. 프런트패널로 이동하여 아래의 그림과 같이 컨트롤과 인디케이터를 배치합니다. AI Scan Rate(uSec)를 10000, AO Scan Rate(uSec)을 10, Mod2/AO0을 0으로 놓습니다. 편집 메뉴를 클릭하여 [현재값을 기본값으로]를 선택하고 저장합니다.

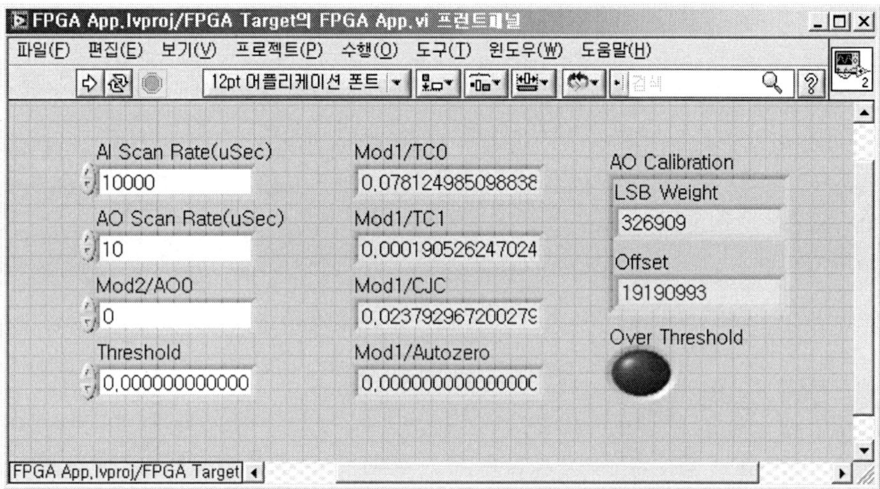

참고 FPGA Target에서 아날로그 입력과 출력 값은 Fixed Point 형입니다. 블록다이어그램에서 Fixed Point의 컨트롤이나 인디케이터에서 프로퍼티를 확인하면 다음과 같이 고정 소수점의 설정을 확인하고 바꿀 수 있습니다. 일반적으로 아래 그림과 같은 설정으로 Fixed Point를 사용합니다. 코드화의 [부호있음], 위드 길이 [24 비트], 정수부분 워드 길이 [-2 비트] 등입니다. FPGA Target에서는 Fixed Point 형으로 변수를 처리하고, 정수나 실수로의 변환은 Real-Time 타깃에서 필요에 따라 변환시켜서 사용하게 됩니다. FPGA Target에서 굳이 리소스를 낭비하는 형 변환을 수행할 필요는 없기 때문입니다. 형 변환이 꼭 필요한 경우에는 Programming 〉 Numeric 〉 Fixed-Point 팔레트에 있는 형 변환 함수를 사용할 수 있습니다.

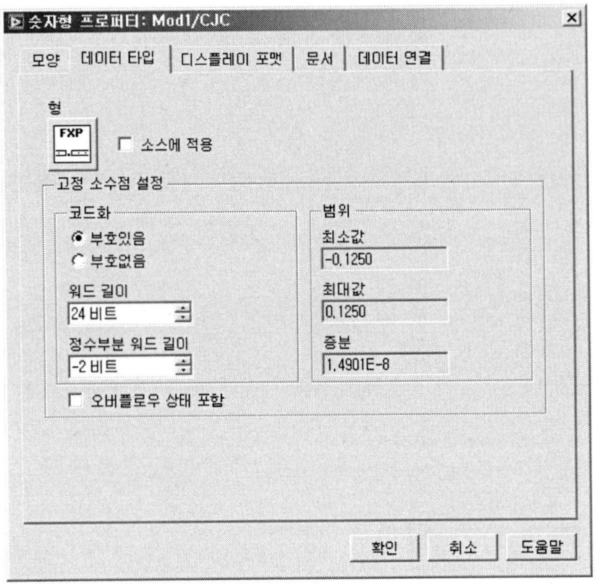

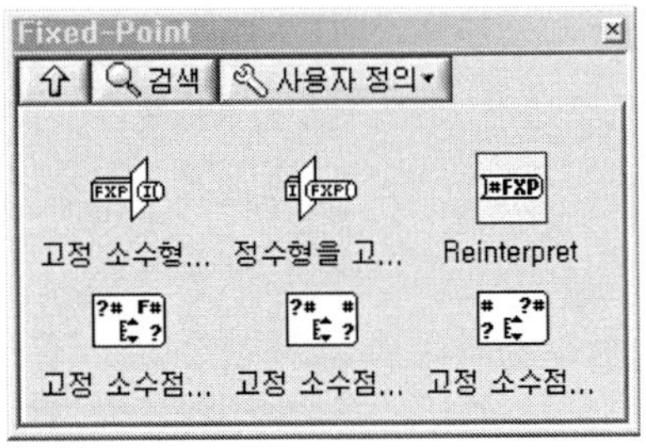

컴파일링

35. 실행 버튼 [실행 버튼] 을 클릭하여 컴파일을 시작합니다. LabVIEW FPGA 어플리케이션이 컴파일 하는 동안 10분 이상이 소요됩니다.

참고 FPGA 컴파일 속도는 호스트 PC의 성능에 좌우됩니다. 더 빠른 컴파일을 위해서는 최고급 사양의 컴퓨터를 사용하고, 컴파일 중에는 다른 작업을 하지 않는 것이 좋습니다.

36. 컴파일이 완료되면, Close 버튼을 클릭하여 Compilation Status 창을 닫습니다. 자동 실행할 것입니다.
37. 프런트패널의 값들을 조절하여 동작이 잘 되는지 테스트합니다. Threshold 값을 조절하고 시스템의 반응을 관찰합니다. 테스트와 디버깅을 위해 이 양방향 통신 모드를 이용하여 사용자는 FPGA 어플리케이션과 통신을 할 수 있습니다. Interactive Mode 실행이라고 부릅니다.

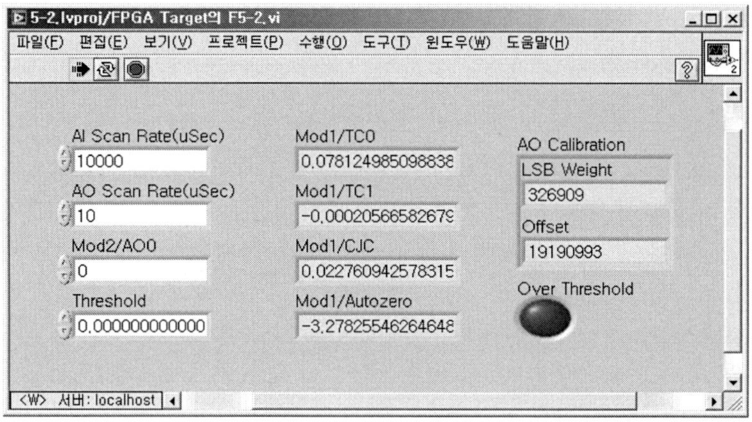

연습 8-2 끝

[LabVIEW FPGA 컴파일 과정의 이해]

LabVIEW FPGA 모듈은 Xilinx사의 컴파일러를 사용합니다. 우선 LabVIEW FPGA 코드가 텍스트 언어인 VHDL 코드로 변환됩니다. 이때 Generating Intermediate Files 대화창이 나타납니다.

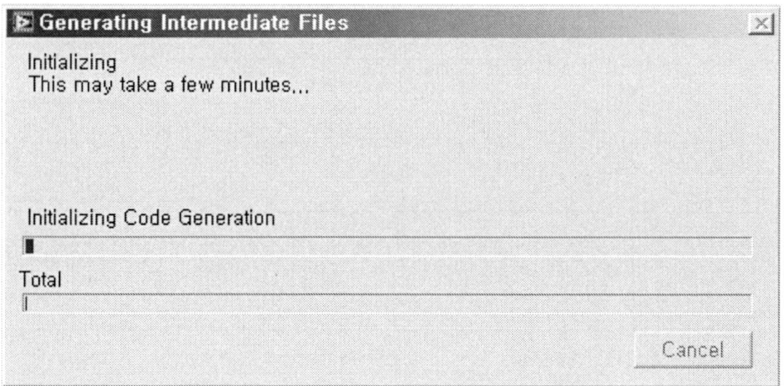

Intermediate Files 생성이 완료되면, Xilinx ISE 컴파일러 도구들이 불러지고 VHDL 코드는 활용, 축소, 동기화됩니다. 이 과정은 또한 회로 디자인에 FPGA 리소스의 효과적인 사용을 보장하는 타이밍 제한들을 적용합니다. 최대의 최적화가 컴파일 과정동안 실행되면 디지털 로직을 줄이고 LabVIEW

어플리케이션의 최적 구현을 생성합니다. 최종 결과는 반도체로 만들어진 칩처럼 최적화 됩니다.

FPGA 칩에 운영체제가 없기 때문에 코드는 최대의 성능과 신뢰도를 보장하는 방법으로 실행됩니다.

컴파일링의 최종 결과물은 비트 스트림(Bit Streaming) 파일입니다. 그리고 어플리케이션이 실행될 때 비트 스트림 파일이 FPGA 칩에 다운로드 됩니다.

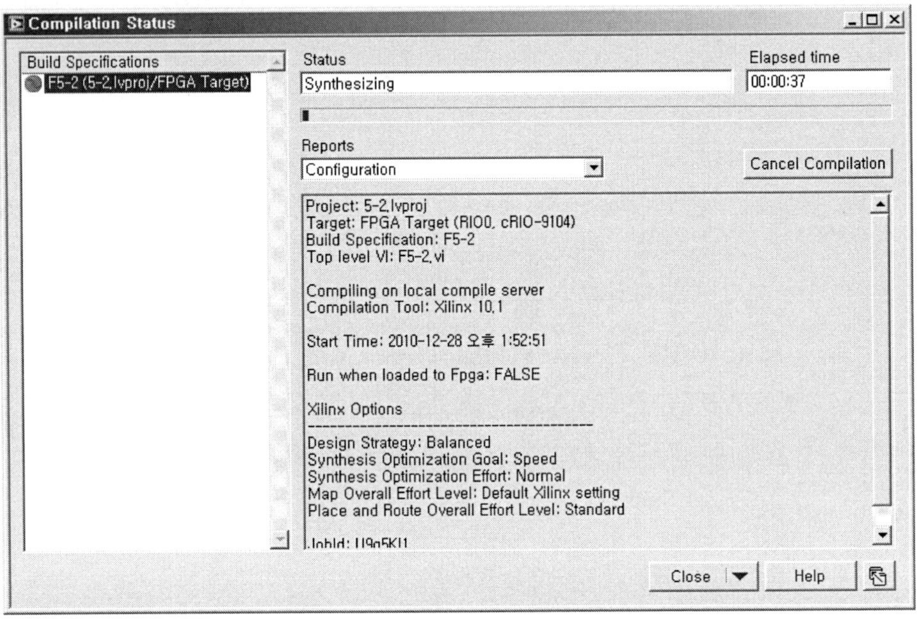

아래의 그림은 LabVIEW FPGA 컴파일 과정의 개요입니다.

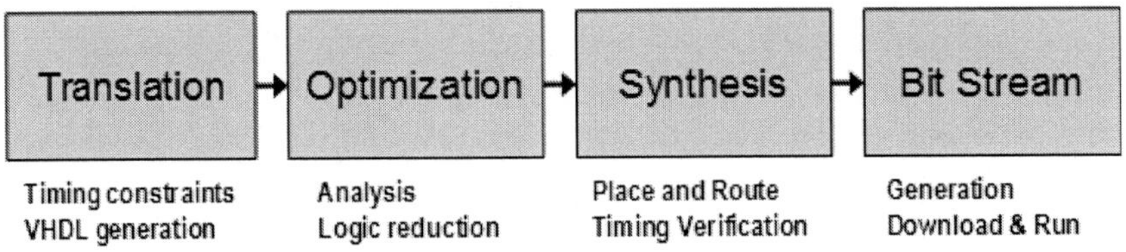

FPGA VI에서 컨트롤이나 인디케이터의 라벨을 바꾸는 것과 같은 작은 수정이라도, 컴파일에 소요되는 기본 과정이 있으므로 재 컴파일 작업에 시간이 많이 소요 됩니다. 그러므로 FPGA VI를 컴파일하기 전에 수정사항이 발생하지 않도록 Review를 철저히 할 필요가 있습니다.

Interactive Mode 실행

FPGA VI를 컴파일한 뒤에 실행하면, 실행 상황과 컨트롤 및 인디케이터를 개발자 컴퓨터에서 확인할 수 있습니다. 이것은 LabVIEW FPGA 모듈에서 제공하는 Interactive Mode로 실행하기 때문입니다.

어플리케이션이 FPGA에 실행되는 동안 프런트패널의 컨트롤과 인디케이터의 데이터가 초당 수십 번, 네트워크로 보내지고 어플리케이션의 Interactive Mode 테스트가 작동합니다. 양방향 모드 통신에서 업데이트 속도는 일반적으로 약 10S/s로 제한됩니다.

개발 과정이나 디버깅 과정에만 Interactive Mode 실행을 사용하고, 완성된 어플리케이션에서는 모니터링이나 컨트롤 전용 VI를 호스트 컴퓨터에 두고 사용해야 될 것입니다.

FPGA Clock 속도

기본적으로 FPGA 클럭은 40MHz로 실행됩니다. 이것은 FPGA클럭에서 한 개의 Tick이 25nSec와 같음을 의미합니다.

The Compilation Report

컴파일이 완료될 때 컴파일 리포트가 생성될 것입니다. 이 리포트는 컴파일 시간의 시작과 끝, 사용된 SLICE들의 수, 컴파일된 클럭 속도(40MHz), 그리고 예상 클럭 속도를 보여줍니다.

SLICE는 FPGA의 로직 구성요소들의 집합입니다. 그리고 퍼센트는 사용된 FPGA의 퍼센트를 의미합니다. FPGA가 90% 사용량 이상에 도달할 때 컴파일러는 최적화를 수행하여 리소스들을 최대한 효과적으로 사용하도록 만듭니다.

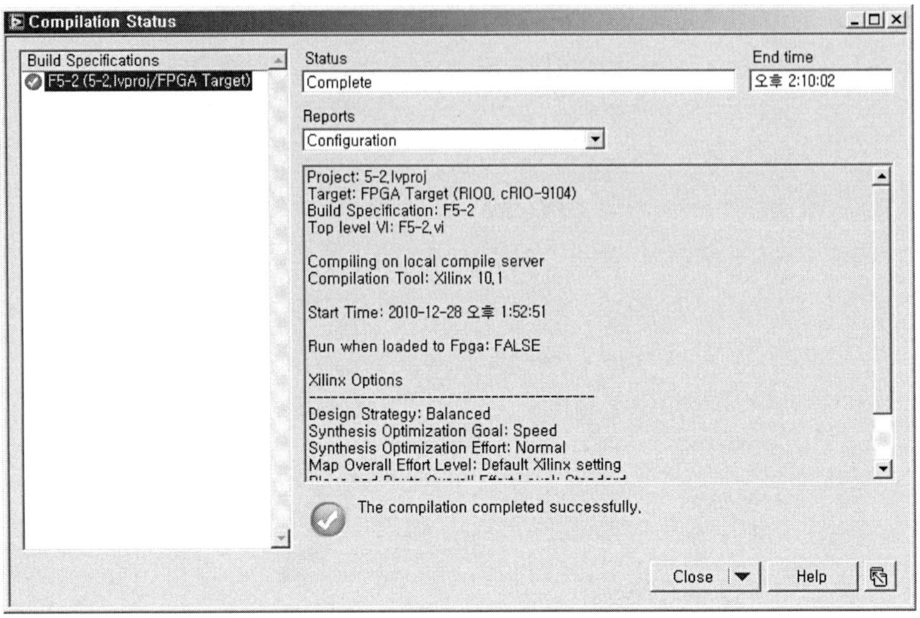

3. FPGA용 함수 사용 팁

FPGA Target에서 VI를 생성하고, 컴파일하여 비트 스트림 파일 생성 및 FPGA 칩에 다운로드 시키는 일련의 과정에 대하여 설명하였습니다. 여기에서는 FPGA VI 생성에서 유용한 추가적인 기능들을 소개드립니다.

A. LabVIEW 프로젝트에서 Drag & Drop

FPGA VI에 I/O Node를 추가하는 방법으로는 FPGA I/O 팔레트에서 I/O Node를 가져와서 블록다이어그램에 놓고, I/O Item을 클릭하여 사용할 모듈과 채널을 선택하여 지정하는 방법이 있습니다.

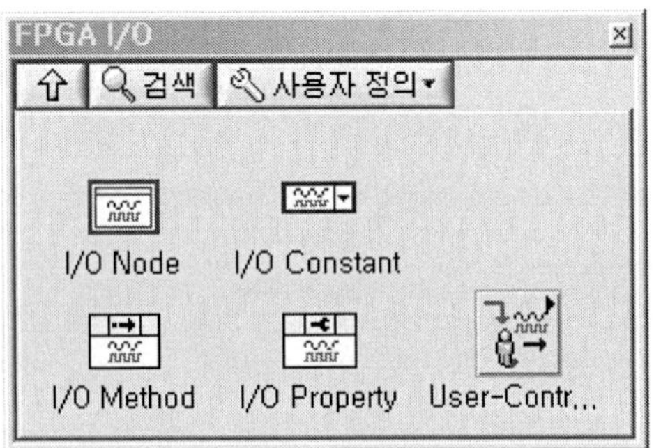

그리고 또 다른 방법으로는 다음 그림과 같이 프로젝트에서 FPGA Target 아래에 있는 모듈(Mod1) 아래에 채널을 선택하여 블록다이어그램으로 드래그 앤 드롭하여 I/O Node를 추가할 수 있습니다.

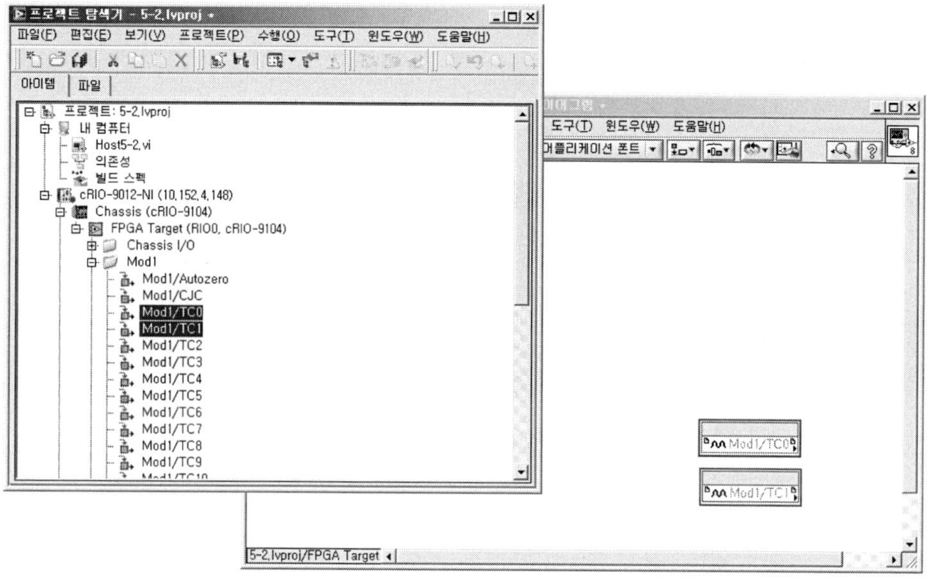

B. 입출력 변수 타입

FPGA Target에서 사용되는 입출력 변수 타입으로는 디지털 라인과 포트, 그리고 아날로그 입출력 변수가 있습니다.

디지털 라인에는 불리언 변수로 쓰거나 읽을 수 있습니다. 그리고 디지털 포트에는 부호 없는 8비트 정수 값으로 쓰거나 읽을 수 있습니다. 또한 아날로그 입출력은 Fixed Point 값으로 쓰거나 읽을 수 있습니다.

- 디지털 라인 : 불리언 변수

- 디지털 포터 : U8 정수

- 아날로그 입출력 : Fixed Point

또한 Fixed Point의 속성은 다음과 같이 프로퍼티에서 확인하고 변경할 수 있습니다.

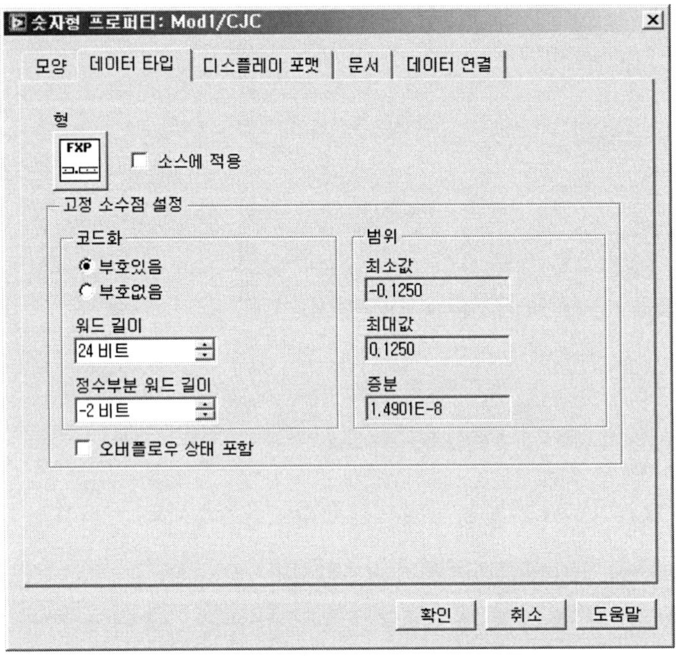

C. 타이밍 컨트롤 함수

FPGA Target의 타이밍 컨트롤 함수로는 Loop Timer, Wait, 그리고 Tick Count가 있습니다.

• Loop Timer는 While 루프 등이 일정한 시간 간격으로 실행하도록 설정하는 함수입니다.

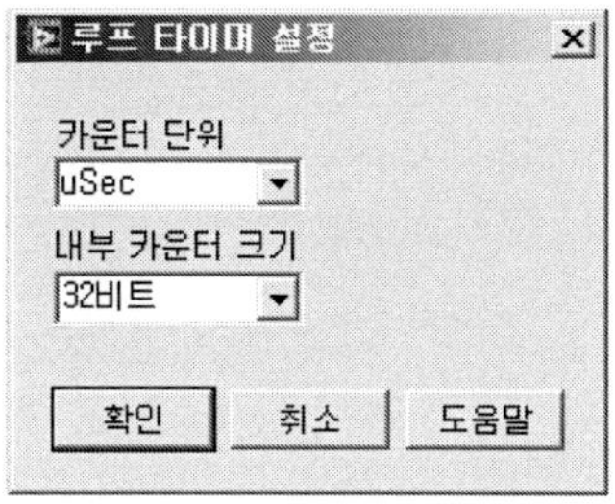

카운터 단위로는 Ticks, μSec, 그리고 mSec를 선택할 수 있습니다.
Ticks — 40MHz 클럭의 한주기를 의미합니다. 이것은 25nSec와 같습니다.
또한 μSec — microseconds, 그리고 mSec — milliseconds을 의미합니다.
그리고 내부 카운터 크기로는 32비트, 16비트, 8비트를 선택할 수 있습니다.

• Wait는 일정한 시간 간격의 지연을 설정하는 함수입니다.
• Tick Count는 지정한 간격의 독립적으로 작동하는 카운터 값을 반환합니다. 예를 들어, Tick Count 함수를 사용하여 FPGA의 실행 시간을 계산할 수 있습니다.

연습 8-3. FPGA 어플리케이션의 실행 시간

Tick Count 함수를 이용하여 어플리케이션의 실행 시간을 구하는 VI를 작성해봅니다.

⌘ 프로젝트

1. 연습 8-2의 LabVIEW 프로젝트에서 FPGA VI를 새로 생성해줍니다. 이때 FPGA Target에서 단축메뉴로 새로 만들기 > VI를 선택하여 새로운 VI를 만들어주고 저장합니다.
2. 다음과 같이 Tick Count를 이용하여 블록다이어그램을 작성합니다. Tick Count는 Programming > Timing 팔레트에서 찾을 수 있습니다. 플랫 시퀀스의 두 번째 프레임에 실행 시간을 측정하고자 하는 Code를 넣어주면 될 것입니다.

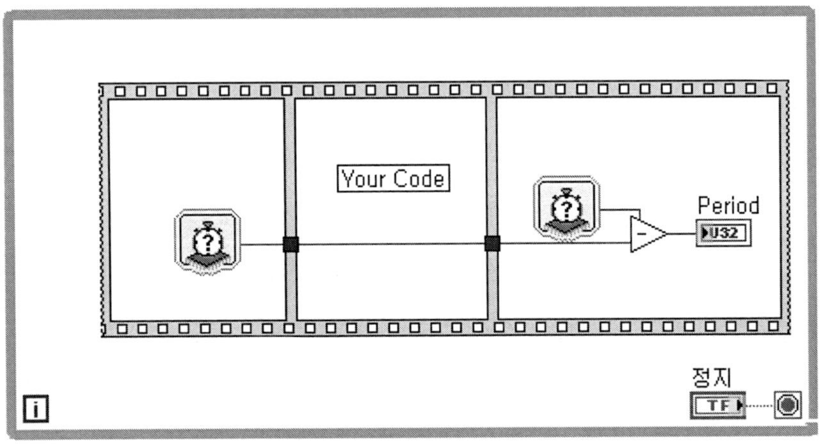

3. 다음과 같이 블록다이어그램을 수정해봅니다. Tick Count 함수를 한 개만 사용하는 대신, 시프트 레지스터를 사용하였습니다.

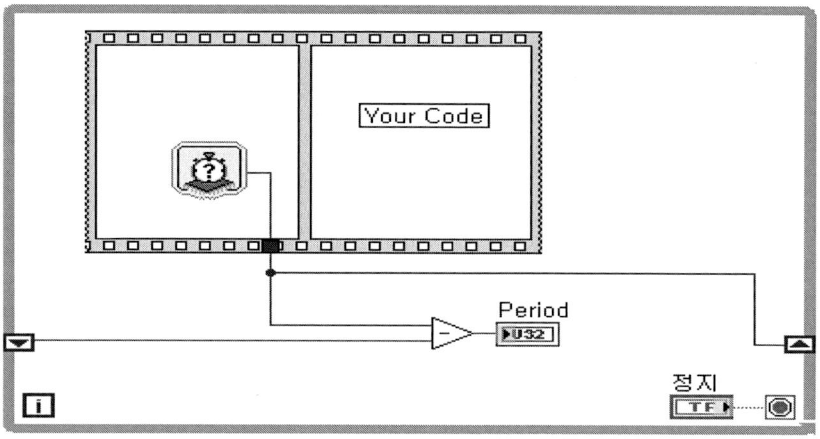

4. 두 가지 경우에 대하여, VI를 저장 및 컴파일 하여 실행해봅니다.

연습 8-3 끝

마. Real-Time 호스트 어플리케이션 구현

Compact RIO의 컨트롤러는 Phar Lap ETS 혹은 VxWorks 리얼타임 운영체제를 가지고 있는 Real Time 호스트입니다. cRIO 시스템은 윈도우즈 OS인 호스트 컴퓨터와 Real-Time 시스템인 cRIO 컨트롤러, 그리고 FPGA Target인 cRIO 섀시로 구성됩니다. 그리고 이들을 이용하여 네 가지 타입의 어플리케이션을 구상할 수 있습니다.

- **호스트 컴퓨터, Real-Time 컨트롤러, 그리고 FPGA Target으로 구성된 어플리케이션**

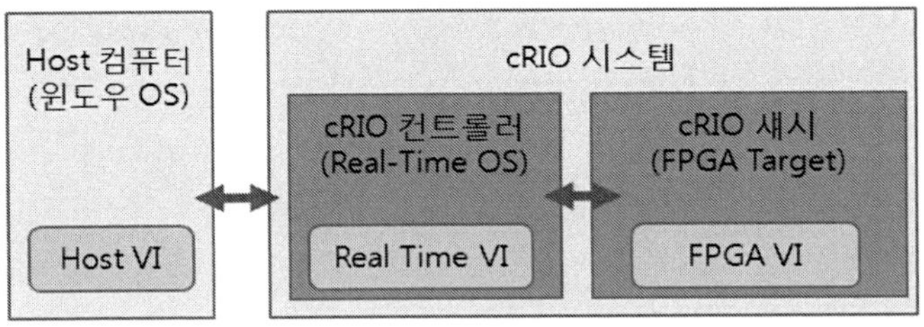

- **호스트 컴퓨터와 FPGA Target으로 구성된 어플리케이션**

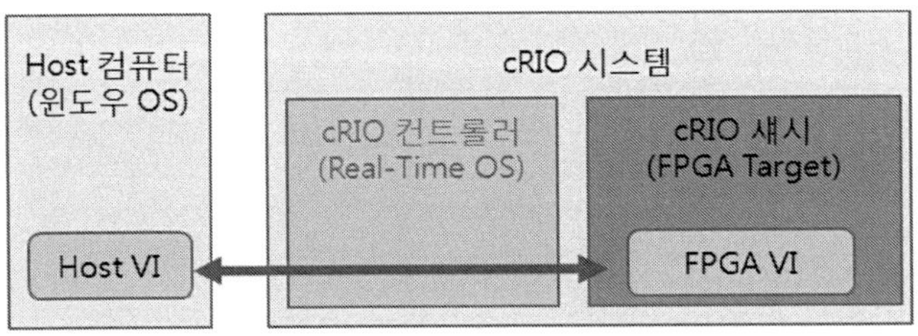

- **Real-Time 컨트롤러와 FPGA Target으로 구성된 Stand alone 어플리케이션**

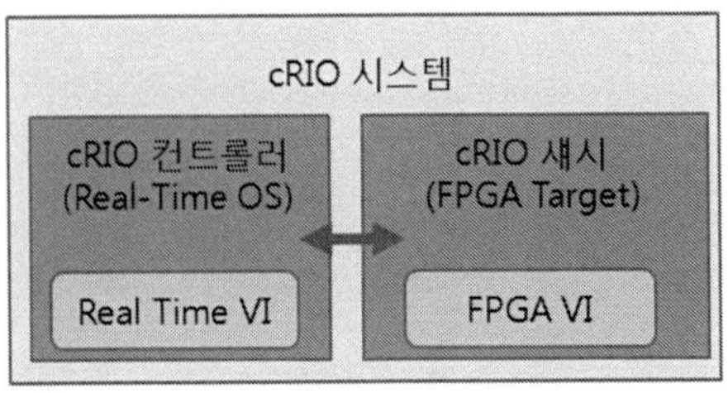

- **FPGA Target 만으로 구성된 Stand alone 어플리케이션**

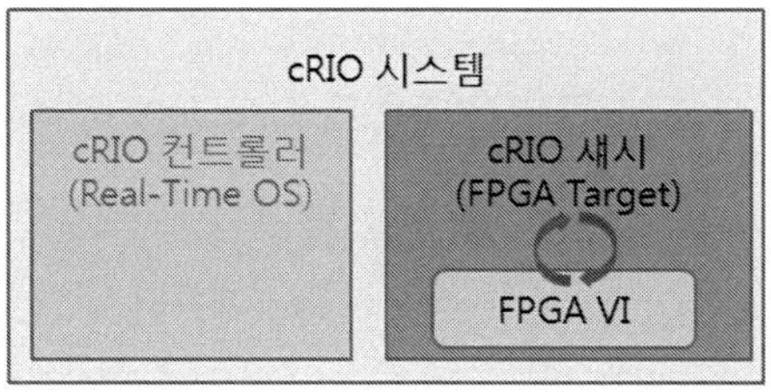

이와 같이 cRIO를 이용한 네 가지 어플리케이션이 가능하고, 호스트 컴퓨터와 Real-time 컨트롤러를 이용한 사용자 인터페이스 구성 어플리케이션과 Real-time 컨트롤러와 FPGA를 이용한 임베디드 Stand alone 어플리케이션을 구현하기 위해서는 Real-Time VI를 만들어야 됩니다.

1. Real Time VI 만들기

Real Time 컨트롤러에서 단축메뉴로 새로 만들기 > VI를 선택하여 Real Time VI를 생성하고, 프로젝트에 추가할 수 있습니다. 이 VI는 Real Time 컨트롤러 아래에 생성됩니다.

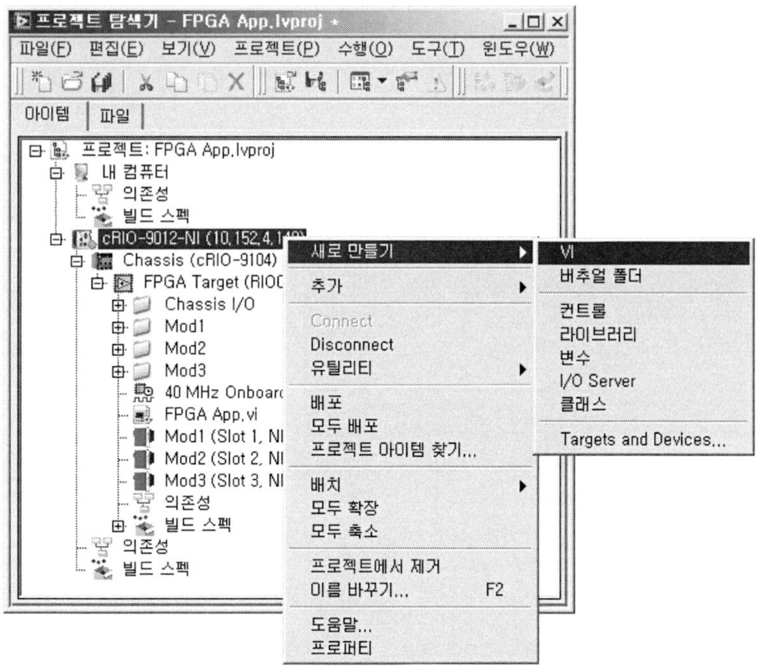

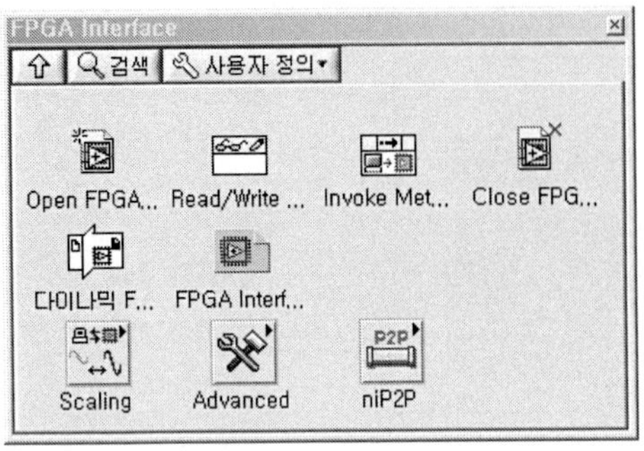

Real Time 컨트롤러에서 FPGA 타깃으로 접근하기 위해서 함수 > FPGA Interface 팔레트의 함수를 이용합니다. 예를 들어, FPGA Interface 팔레트의 함수를 이용하여 FPGA 타깃에서 생성한 모든 컨트롤과 인디케이터를 Real Time 컨트롤러의 Read/Write 함수에서 모두 선택하여 입출력할 수 있습니다.

다음과 같이 Open FPGA VI Reference를 위치시키고, 단축메뉴에서 Configure Open FPGA VI Reference를 선택하여, FPGA Target의 VI를 선택해줄 수 있습니다. 이렇게 생성된 VI Reference를 Read/Write Control에 연결하면, 선택한 FPGA Target VI의 모든 컨트롤과 인디케이터를 선택하여 접근할 수 있습니다.

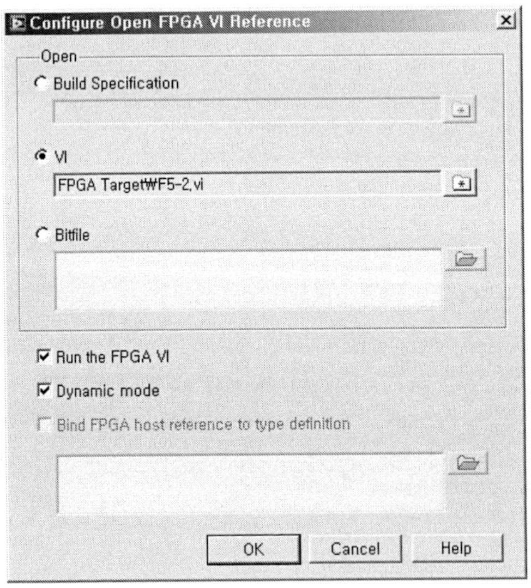

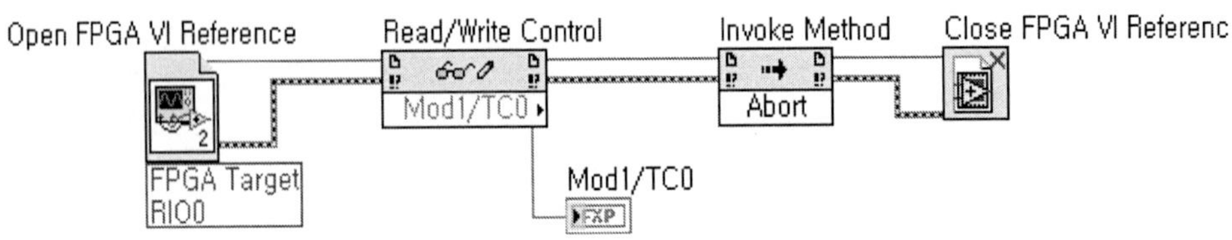

여기에서 Invoke Method 함수는 Method나 Action을 제어하기 위한 용도입니다. 가능한 Method로는 Run, Abort, Reset, Wait on IRQ, Acknowledge IRQ, Download, 그리고 Read and write DMA FIFOs가 있습니다.
Close FPGA VI Reference는 VI Reference를 닫고 리셋 하는 역할을 수행합니다. Reset 없이 닫기만을 원한다면, 단축메뉴에서 Close만 선택해주면 될 것입니다.

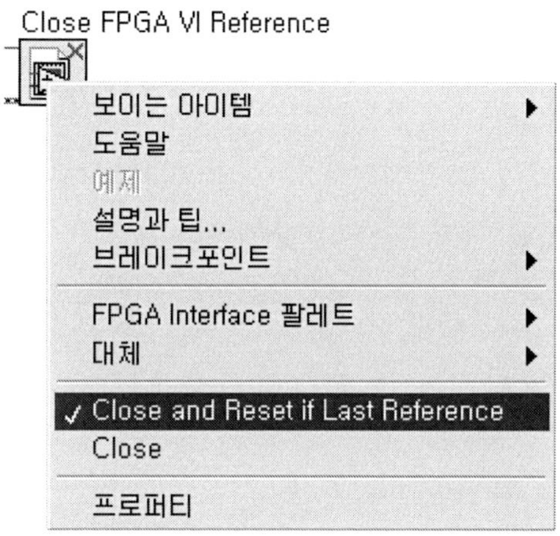

[Real Time 컨트롤러 VI의 실행]

Real Time VI를 실행하면, 다음과 같이 배포 과정이 먼저 진행되고 VI가 실행됩니다. 배포된 VI는 Real Time cRIO 컨트롤러에 임베디드되어 실행됩니다.

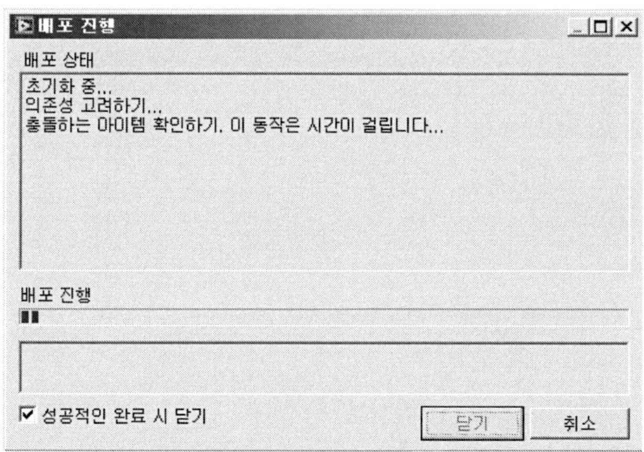

연습 8-4. FPGA LED - Real Time 호스트

연습 8-1에서 FPGA Target VI를 생성하였습니다. 이번 연습에서는 Real Time cRIO 컨트롤러에서 구동할 Real Time VI를 만들어봅니다. 프로젝트에 RT Host.vi를 추가하여 FPGA Target VI의 컨트롤과 인디케이터를 제어합니다.

⌘ 블록다이어그램

1. cRIO Real time 컨트롤러의 단축메뉴에서 새로 만들기 > VI를 선택하여 새 VI를 생성해줍니다. RT Host.vi로 저장합니다.

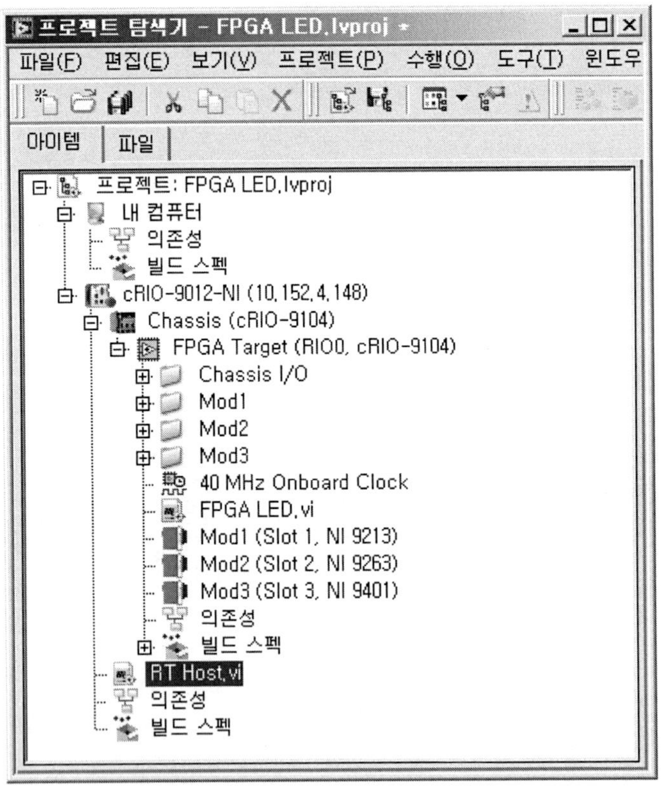

2. 블록다이어그램을 구성합니다. FPGA Interface 팔레트에서 Open FPGA

VI Reference를 위치시킵니다. 단축메뉴에서 Configure FPGA VI Reference를 선택하고, VI에서 FPGA Target의 FPGA LED.vi를 선택해 줍니다.

3. FPGA Interface 팔레트에서 Read/Write Control과 Close FPGA VI Reference를 찾아서 위치시킵니다. 또한 While 루프를 위치시키고 다음과 같이 블록다이어그램을 완성합니다.

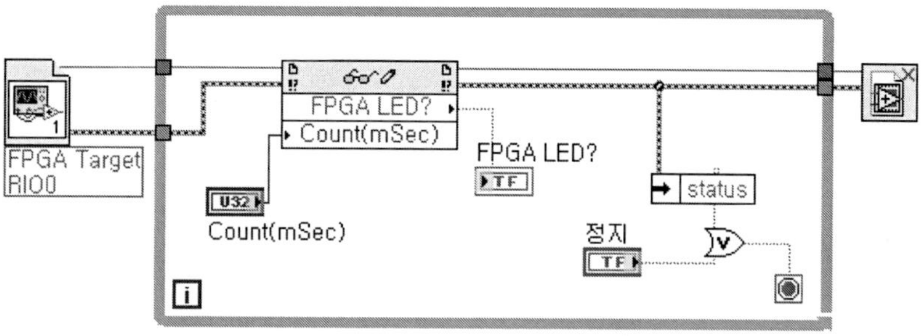

⌘ 프런트패널

4. 프런트패널을 다음과 같이 구성합니다.
5. VI를 저장하고 실행하면 Real Time host에 다운로드되는 과정이 있고 실행됩니다. cRIO 컨트롤러의 2번 LED가 깜빡거리는 것을 확인할 수 있을 것입니다.

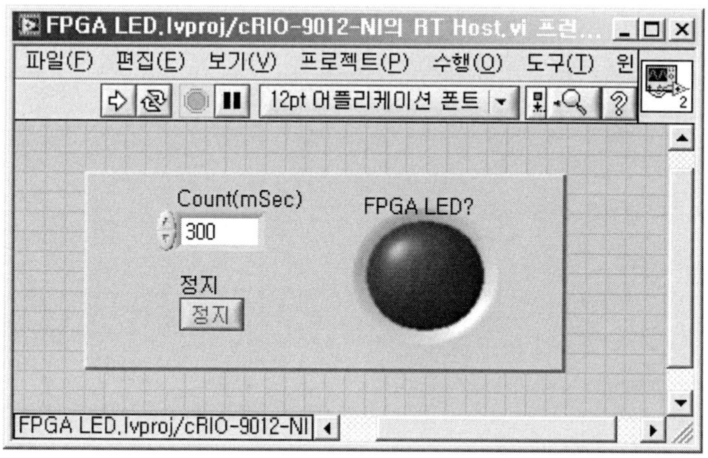

연습 8-4 끝

연습 8-5. Real Time 타깃 어플리케이션

연습 8-2에서 FPGA Target VI를 생성하였습니다. 이번 연습에서는 Real Time 타깃 cRIO 컨트롤러에서 구동할 Real Time VI를 만들어봅니다.
사용한 C시리즈 모듈은 Mod1 = NI 9213, Mod2 = NI 9263, Mod3 = NI 9401입니다.

⌘ 블록다이어그램

1. 연습 8-2에서 만든 프로젝트에 Real Time VI를 추가해줍니다. Real Time 타깃 컨트롤러에서 단축메뉴로 새로 만들기 > VI를 선택하여 Real Time VI를 생성하고, 프로젝트에 추가해줍니다. RT Host App.vi로 저장합니다.
2. FPGA Interface 팔레트에서 Open FPGA VI Reference를 찾아서 블록다이어그램이 위치시킵니다. 그리고 단축메뉴에서 Configure Open FPGA VI Reference를 선택해줍니다.
3. Configure Open FPGA VI Reference 창에서 FPGA Target의 FPGA App.vi를 선택하고 OK 버튼을 클릭합니다.

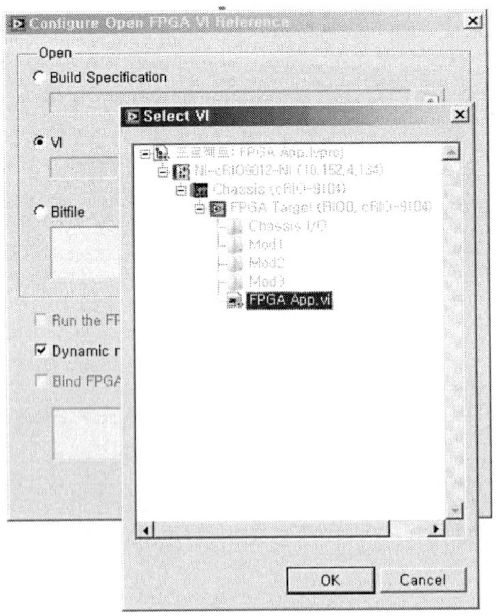

4. While 루프를 위치시키고, 조건 터미널에 정지 버튼을 생성해줍니다.
5. FPGA Interface 팔레트에서 Read/Write Control을 찾아서 While 루프 안에 놓습니다. Mod1/TC1을 선택해주고, 출력에 인디케이터를 생성해줍니다.
6. Close FPGA VI Reference를 While 루프 밖에 두고, 다음과 같이 블록 다이어그램을 구성합니다.

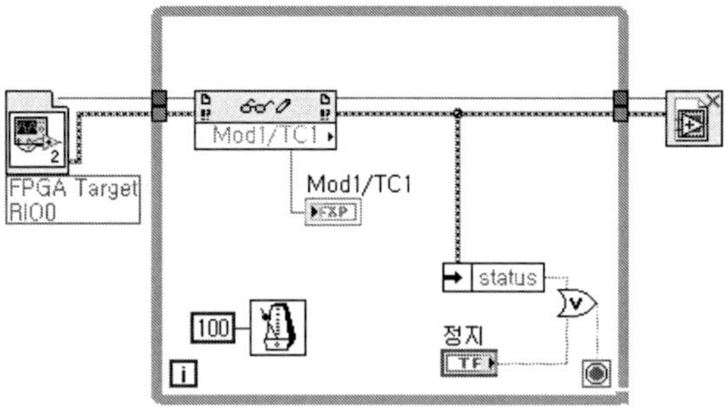

7. Function > Select a VI…을 선택한 후 \Program Files\National Instruments\LabVIEW 2010\examples\CompactRIO\Module Specific\NI 9213에 있는 NI 9213 Support Files.lib 라이브러리에서 다음과 같이 NI 9213 Convert to Temperature (Calibrated).vi를 선택합니다. 9213 모듈에서 측정한 값을 온도 단위로 환산하는 VI입니다.

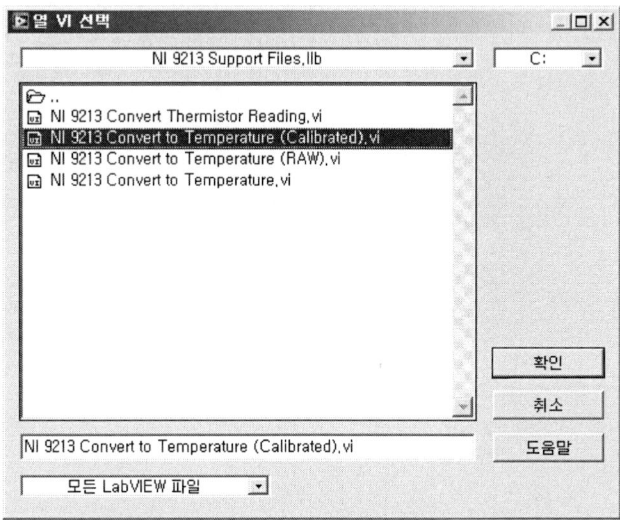

8. Read/Write Control의 Item을 아래로 두 개 더 늘려주고, Mod1/CJC와 Mod1/Autozero로 선택해줍니다. 각 출력을 NI 9213 Convert to Temperature(Calibrated).vi의 해당 입력에 연결해주고, Thermocouple Type와 Temperature Unit에 상수를 생성해줍니다. 다음과 같이 블록다이어그램을 완성합니다.

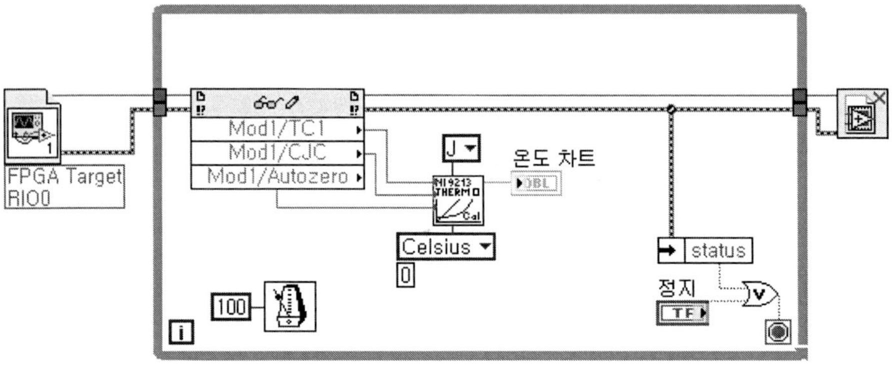

⌘ 프런트패널

9. 다음과 같이 프런트패널을 정리하고 VI를 실행합니다. TC센서에 온도 입력을 바꿔주면서, 측정값을 확인해봅니다.

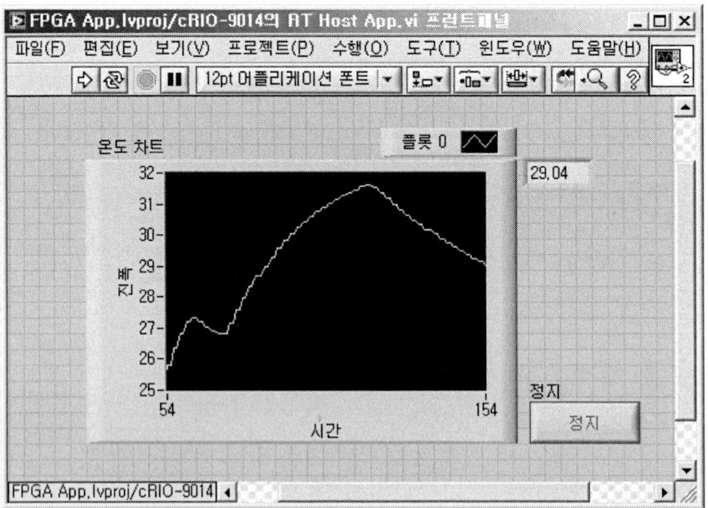

연습 8-5 끝

바. Real-Time 호스트와 FPGA Target의 핸드쉐이킹

Real Time 호스트와 FPGA Target이 동기화되어 구동해야 되는 경우가 있습니다. 저속 데이터 수집의 경우에는 인터럽트(Interrupt) 방식으로 동기화가 가능하며, 고속 데이터 수집의 경우에는 DMA FIFO를 이용한 방법을 이용할 수 있습니다. 일반적으로 DMA FIFO의 경우에는 핸드쉐이킹보다는 FPGA Target에서 측정된 데이터를 연속으로 Real Time 호스트로 전송하는 data streaming에 많이 사용됩니다.

1. 인터럽트

인터럽트(Interrupt)는 IRQ(Interrupt Request)를 정의하고 기다리고 발생시키는 방법으로 Real-Time 호스트와 FPGA Target을 동기화시키는 기술입니다.

먼저 FPGA Target에 Interrupt 함수를 위치시키고, Interrupt를 정의 및 발생시킵니다. IRQ Number는 정수로 지정하고, Wait Until Cleared에 불리언으로 True 혹은 False를 설정해줍니다.

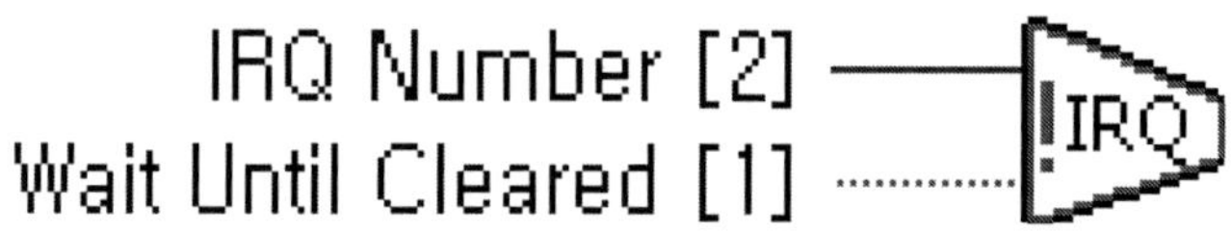

정의된 Interrupt를 Real Time Host VI에서 Invoke Method 함수를 이용하여 동기화 시킵니다. Invoke Method의 Wait on IRQ와 Acknowledge IRQ를 이용하여 지정된 IRQ를 기다리고, 수행을 완료했음을 다시 FPGA Target의 알려주는 역할을 수행합니다.

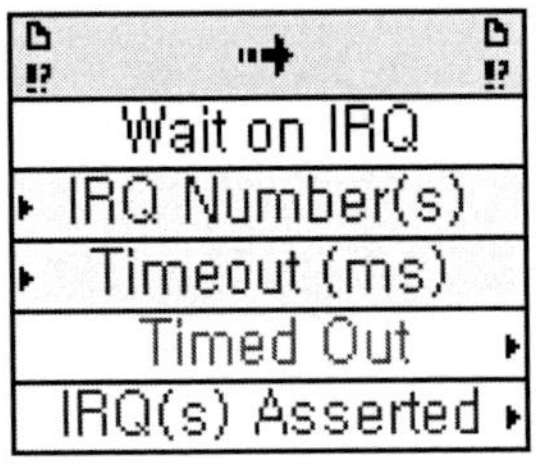

정리하면 다음과 같은 과정으로 Interrupt 동기화가 진행됩니다. FPGA Target에서 IRQ가 만들어지면 Real Time Host의 Wait on IRQ에서 IRQ를 인지하여 Real Time Host 어플리케이션을 실행하고, 완료 후에 Acknowledge IRQ로 FPGA Target으로 알려줍니다. 예를 들어, FPGA Target에서 Analog Input을 수행하여 데이터가 측정되면, 데이터가 준비되었음을 IRQ로 알립니다. IRQ가 인지되면 Real Time Host에서 준비된 데이터를 FPGA Target에서 읽어오고, 읽기가 완료되었음을 Acknowledge로 다시 통보합니다.

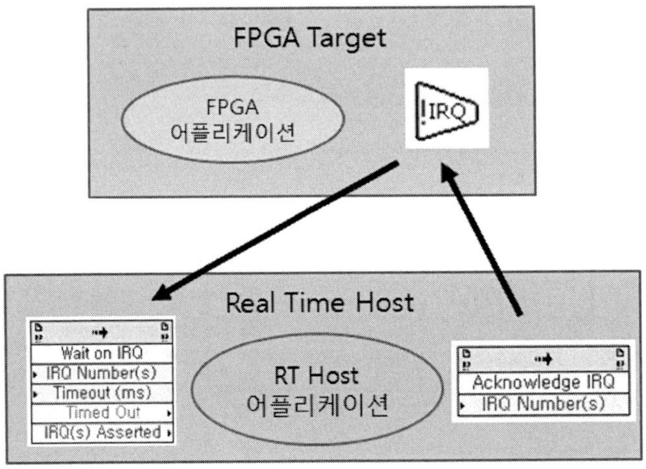

다음 연습을 통하여 Interrupt를 이용한 FPGA Target과 Real Time Host의 동기화 방법에 대하여 배워봅니다.

연습 8-6. Interrupt을 이용한 동기화

Interrupt를 이용하여 FPGA Target과 Real time 호스트를 동기화하는 프로젝트를 만들어 봅니다. 다음을 배울 수 있습니다.

- FPGA Target에서 Interrupt 함수 사용법
- Real time 호스트에서 Wait on IRQ 함수와 Acknowledge IRQ 함수의 사용법

사용한 C시리즈 모듈은 Mod1 = NI 9213, Mod2 = NI 9263, Mod3 = NI 9401입니다.

⌘ 프로젝트 구성

1. LabVIEW 시작하기에서 새 프로젝트를 선택합니다. 그리고 프로젝트의 이름을 FPGA IRQ.lvproj로 저장합니다.
2. 프로젝트에서 단축메뉴로 새로 만들기 > 타깃 및 디바이스를 선택합니다. 타깃과 디바이스 추가 창에서 사용할 Real-Time CompactRIO를 선택하고 확인 버튼을 클릭합니다.
3. LabVIEW FPGA Interface mode로 선택하고 Continue 버튼을 클릭합니다. FPGA 타깃과 장착된 C시리즈 모듈을 검색하는 과정이 진행될 것입니다. 검색 과정에 다소 시간이 소요됩니다.

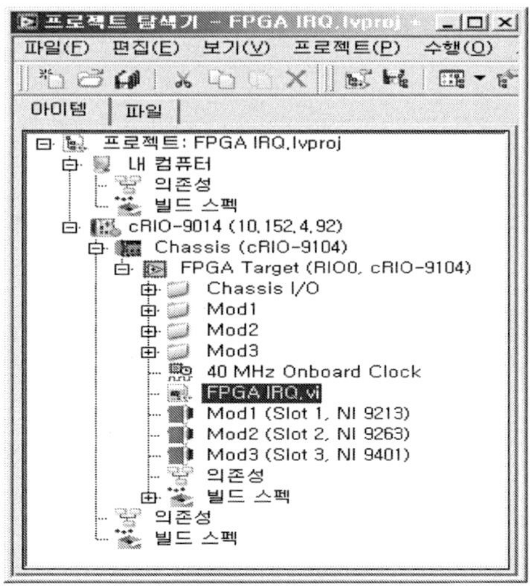

4. FPGA Target에서 단축메뉴로 새로 만들기 > VI를 선택하여 새 VI를 추가합니다. FPGA IRQ.vi로 저장합니다. 다음과 같이 FPGA Target 아래에 VI가 추가될 것입니다.

⌘ FPGA Target VI 만들기

5. FPGA IRQ.vi의 블록다이어그램을 다음과 같이 구성합니다.
6. 블록다이어그램에 While 루프와 시퀀스 구조를 위치시킵니다. 플랫 시퀀스에 프레임을 추가하여 세 개의 프레임을 구성합니다. 그리고 While 루프의 루프 조건에 상수로 False를 생성해줍니다.
7. 왼쪽 프레임을 확장하여 보다 큰 공간을 확보합니다. 왼쪽 프레임 안에 Loop Timer 함수를 놓습니다. Programming > Timing 팔레트에서 찾을 수 있습니다. 카운터 단위로 mSec를 선택하고, 내부 카운터 크기를 32비트로 선택합니다. 단축메뉴를 이용하여 Count(mSec)에 컨트롤을 생성해줍니다.
8. I/O Node 두 개를 두 번째 프레임에 위치시키고, I/O Item을 차례로 Mod2/AO0와 Mod1/TC1으로 선택해줍니다. 각자 컨트롤과 인디케이터를 생성해줍니다. I/O Node는 Programming > FPGA I/O 팔레트에서 찾을 수 있습니다.
9. Programming > Synchronization 팔레트에서 Interrupt 함수를 찾아서 세 번째 프레임에 위치시킵니다. IRQ Number와 Wait Until Cleared에 상수를 생성해줍니다. 0와 True를 입력합니다.

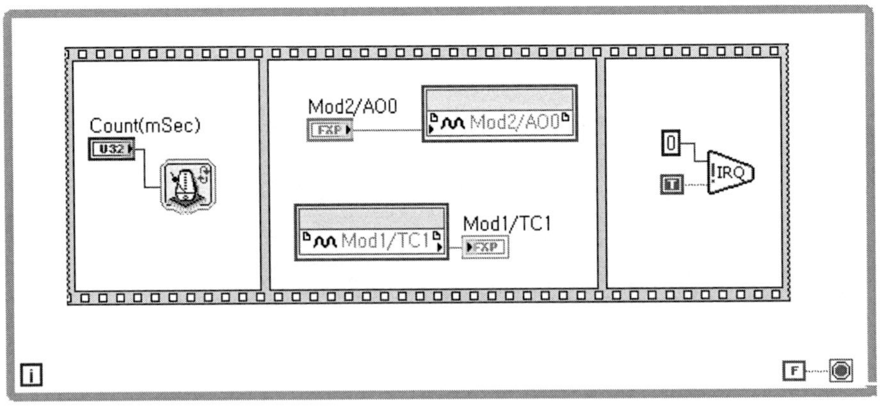

10. 블록다이어그램이 완성되면, 다음과 같이 프런트패널을 구성합니다. 카운트에 10을 입력하고, 편집 메뉴에서 [현재 값을 기본 값으로]를 선택해줍니다.

11. 저장하고 Run 버튼을 누릅니다. Intermediate Files를 생성하는 단계와 컴파일하여 Bit-stream 파일을 생성하는 단계가 진행된 뒤에 Bit-stream 파일이 FPGA 타깃에 다운로드되어 실행됩니다. 이 과정에 십분 이상의 시간이 소요됩니다.

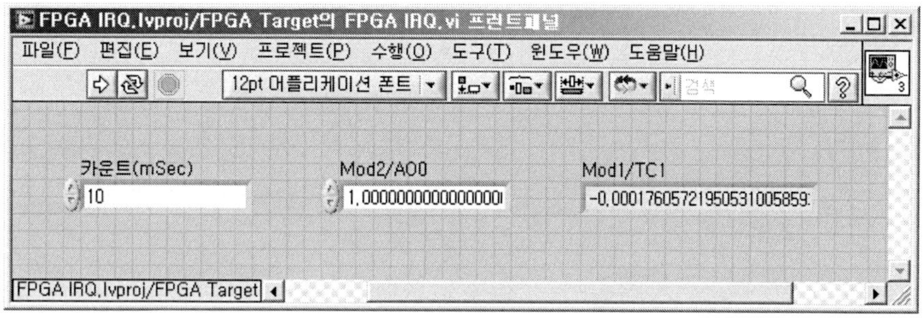

⌘ RT Host VI 만들기

12. 프로젝트의 Real Time 호스트 컨트롤러에서 단축메뉴로 새로 만들기 > VI를 선택하여 새 VI를 추가합니다. RT Host IRQ.vi로 저장합니다.
13. RT Host IRQ.vi의 블록다이어그램에 While 루프를 위치시킵니다. 루프 컨트롤에 정지 버튼을 생성해줍니다.
14. 함수 > FPGA Interface 팔레트에서 Open FPGA VI Reference를 찾아서 위치시키고, 단축메뉴에서 Configure Open FPGA VI Reference를 선택하여 FPGA Target VI인 FPGA IRQ.vi를 선택해줍니다.
15. 함수 > FPGA Interface 팔레트에서 Invoke Method 함수와 Read/Write control 함수를 찾아서 각각 두 개씩 위치시킵니다.
16. 첫 번째 Invoke Method는 Wait on IRQ로 선택해줍니다. IRQ Number에 상수로 0을 생성해주고, Timeout(ms)에 상수를 생성하고, 2000을 입력합니다.
17. 첫 번째 Read/Write Control은 Mod2/AO0로 선택하고, 두 번째 Read/Write Control은 Mod1/TC1으로 선택합니다. 컨트롤과 인디케이터를 각각 생성해줍니다.
18. 두 번째 Invoke Method를 Acknowledge IRQ로 선택하고, IRQ Number 입력에 Wait on IRQ의 IRQ(s) Asserted의 출력을 연결해줍니다.

19. While 루프 밖에 Close FPGA VI Reference를 위치시키고, 다음과 같이 블록다이어그램을 완성합니다.

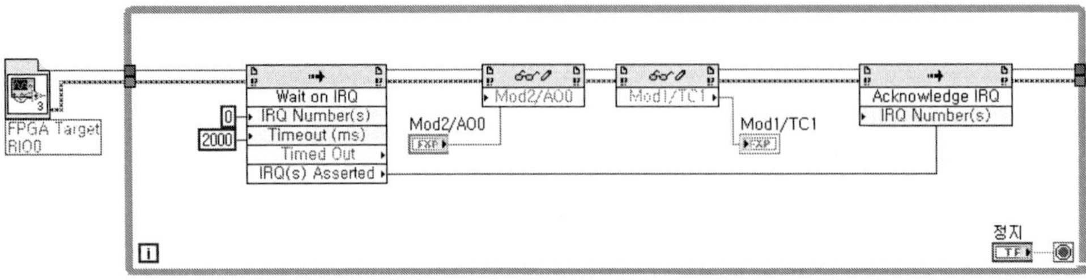

20. 다음과 같이 프런트패널을 정리하고, VI를 저장 및 실행합니다. Real Time 컨트롤러에 다운로드되는 과정이 완료된 이후에 VI가 실행됩니다.

연습 8-6 끝

2. DMA FIFO를 이용한 고속 데이터 전송

NI-9233과 같은 고속 데이터 수집용 C시리즈 모듈을 이용한 다채널 측정 시에는 초당 전송되어야 되는 데이터의 양이 수Mbyte가 될 수 있습니다. 이 경우에는 FPGA Target과 Real Time Host 사이의 PCI 버스에서 제공하는 DMA(Direct Memory Access)를 이용할 수 있습니다. 일반 컴퓨터의 DMA 채널과 비슷하게 Real time 컨트롤러의 CPU를 경유하지 않고 바로 메모리에 엑세스하는 방법입니다. 그리고 CPU에 여유가 생기므로, FPGA Target이 DMA FIFO(First In First Out)를 사용하여 데이터를 호스트의 메모리로 전송하는 동안, Real time 호스트는 데이터를 처리도 함께 진행할 수 있습니다. 그리고 물리적으로 DMA FIFO는 두 개의 Part로 구성됩니다. Host Part와 FIFO part입니다.

A. 프로젝트에 DMA FIFO 추가하기

다음과 같이 FPGA Target에서 단축메뉴로 새로 만들기 > FIFO를 선택하여 FIFO를 추가할 수 있습니다.

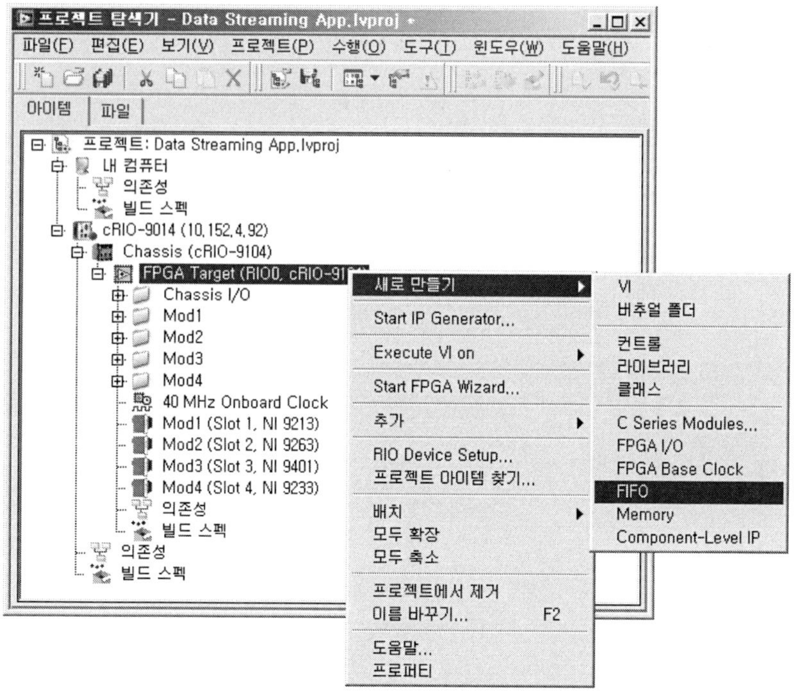

FIFO Properties 창에는 General과 Data Type, Interfaces로 세 가지 설정 항목이 있으며, General 항목에서는 FIFO의 이름, Type 등을 설정할 수 있습니다. 여기에서는 Type으로 [Target to Host - DMA]로 설정하였습니다.

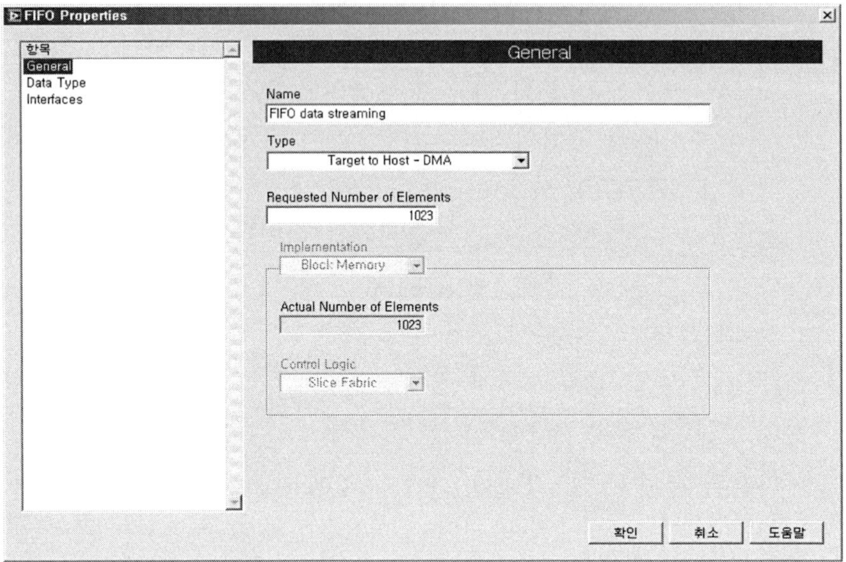

Data Type 항목에서는 전송할 데이터 형을 선택할 수 있습니다. 대부분의 C 시리즈 아날로그 입력 모듈들은 Fixed Point(FXP) 타입을 사용합니다.
여기에서 C시리즈 아날로그 입력 모듈들의 고정 소수점 설정을 모듈마다 다르므로, 각 모듈 별로 확인하여 설정해야 됩니다. 잘못 설정하면 DMA FIFO를 사용할 수 없습니다. NI-9233의 경우, 워드 길이 [24비트], 정수부분 워드 길이 [4비트]입니다.

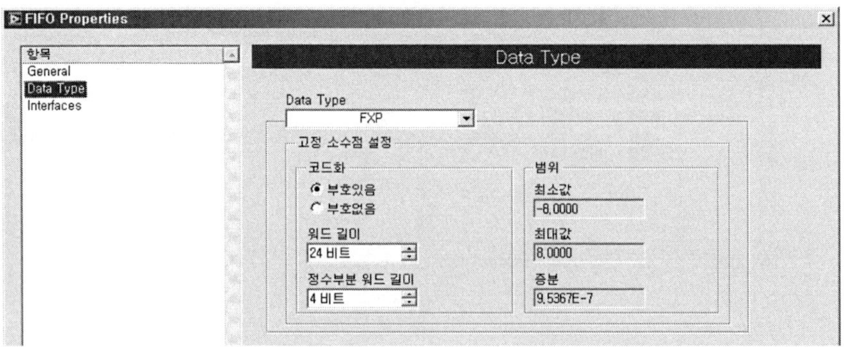

각 모듈의 고정 소수점 데이터 타입을 알아보는 방법은 FPGA Target VI에 I/O Node를 놓고, 모듈과 임의의 채널을 선정한 다음, 인디케이터를 하나 만들어서 해당 모듈의 측정값이 어떤 데이터 타입을 사용하는지 확인할 수 있습니다. 다음은 NI-9213 모듈의 측정 데이터 타입입니다.

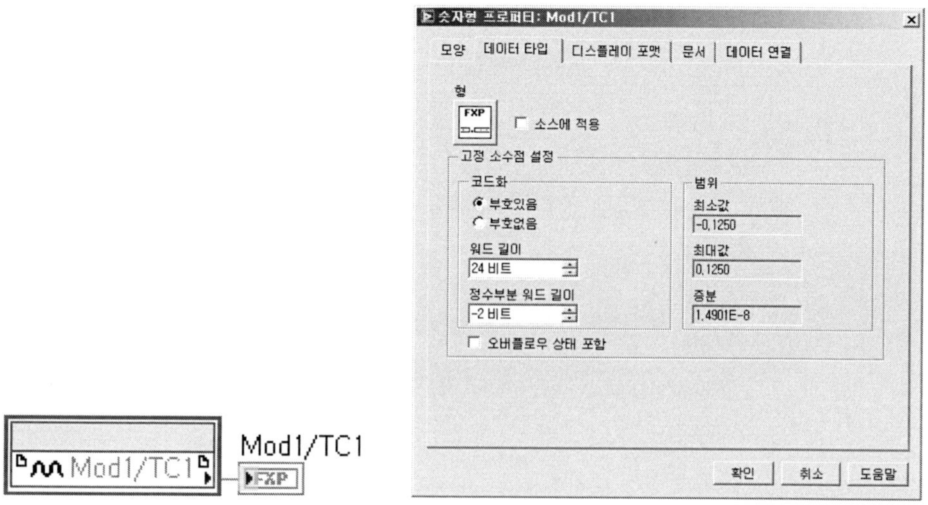

Interface에서는 동시에 여러 요청이 있을 경우, 조정한다는 [Arbitrate if Multiple Requestors Only]를 선택해주었습니다.

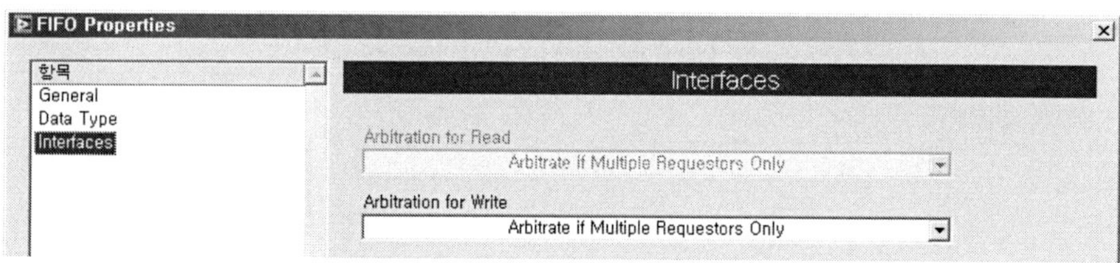

생성된 FIFO는 FPGA Target VI로 드래그 앤 드롭하여 사용할 수 있습니다. 블록다이어그램에서는 다음과 같이 나타납니다. 여기에서 Timeout은 Clock Tick 단위입니다. −1을 입력하면 Timing out 없이 계속 진행하고, 0을 입력하면 no wait를 의미합니다. 주로 Single−cycle timed loop 어플리케이션에서 FIFO Method를 사용할 경우에 Timeout으로 0을 설정합니다.

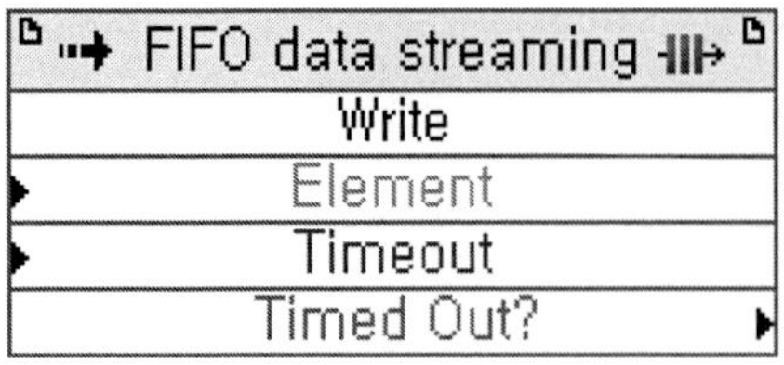

B. Real Time 호스트에서 DMA FIFO 읽기

Real Time 호스트에서 FPGA Interface 팔레트의 Invoke Method 함수를 이용하여 DMA FIFO 데이터를 읽어올 수 있습니다. Method에서 FIFO data streaming > Read를 선택해줍니다. 여기에서 [FIFO data streaming]은 프로젝트의 FPGA Target에 생성해준 FIFO의 이름입니다.

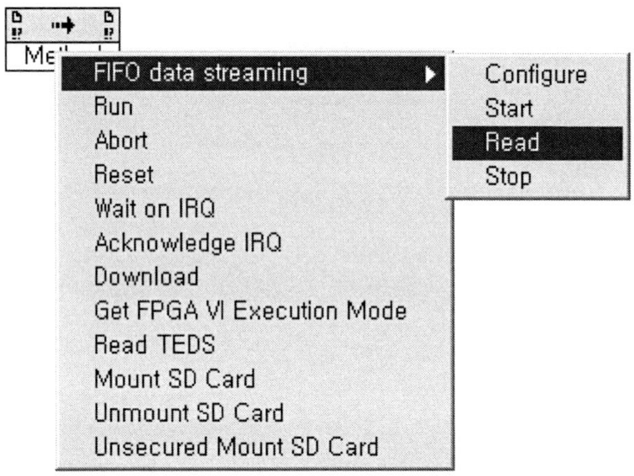

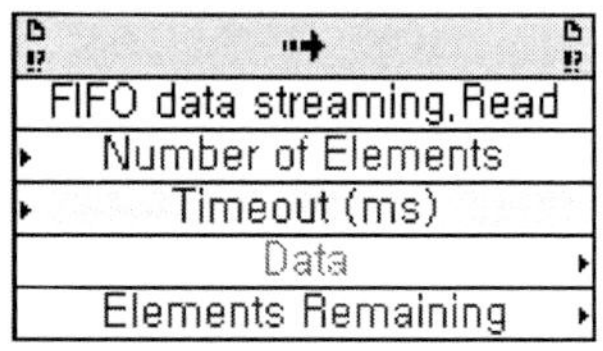

- Number of Elements : 매번 읽어오는 데이터의 크기를 지정합니다. Real Time 호스트가 느리게 실행될 경우, Overhead나 데이터의 Overflow가 생길 수 있고, 이때는 더 많은 데이터를 읽어오도록 설정해야 됩니다.
- Timeout : 기본 값은 5,000ms이고, -1은 무한히 기다립니다.
- Data : 읽어온 데이터를 반환합니다.
- Elements Remaining : 호스트 부분의 DMA FIFO에 남아 있는 데이터량을 표시합니다.

[Overflow 발생과 조치 사항]

Overflow는 FIFO 버퍼에 들어오는 데이터가 읽어 내는 데이터보다 많아서 넘치는 경우입니다. FPGA Target에서 모듈의 데이터 수집 속도가 빠를 때 많이 발생합니다.

조치 사항은 다음과 같습니다.

- Number of Elements를 키워서 Real Time 호스트에서 읽는 데이터의 수를 증가시킵니다.
- While 루프의 루프 속도를 키워서 읽는 속도를 증가시킵니다.
- FPGA Target에서 FPGA의 버퍼 사이즈를 증가시킵니다.

[Underflow 발생과 조치 사항]

Underflow는 FIFO에 읽어올 데이터가 충분하지 않은 경우입니다.

조치 사항은 다음과 같습니다.

- Timeout을 증가시킵니다.
- While 루프의 루프 속도를 줄여서 읽는 빈도를 감소시킵니다.
- Number of Elements를 줄여서 읽을 데이터양을 감소시킵니다.

연습 8-7. DMA - FPGA Target

NI-9233 다이내믹 신호 측정 모듈을 이용하여 네 채널의 마이크로폰 신호를 측정하고 DMA FIFO를 이용하여 Real Time 호스트로 전송하는 VI를 작성해봅니다. 여기에서 Mod4에 NI-9233 모듈이 장착되어 있습니다.

⌘ 프로젝트 구성

1. LabVIEW 시작하기에서 새 프로젝트를 선택합니다. 그리고 프로젝트의 이름을 Data Streaming App.lvproj로 저장합니다.
2. 프로젝트에서 단축메뉴로 새로 만들기 > 타깃 및 디바이스를 선택합니다. 타깃과 디바이스 추가 창에서 사용할 Real-Time CompactRIO를 선택하고 확인 버튼을 클릭합니다.
3. LabVIEW FPGA Interface mode로 선택하고 Continue 버튼을 클릭합니다. FPGA 타깃과 장착된 C시리즈 모듈을 검색하는 과정이 진행될 것입니다. 검색 과정에 다소 시간이 소요됩니다.
4. FPGA Target에서 단축메뉴로 새로 만들기 > FIFO를 선택하여 FIFO를 추가합니다. 이름은 "FIFO data streaming" 으로 입력하고, Type으로 [Target to Host - DMA]로 설정합니다. Data Type 항목에서는 전송할 데이터 형으로 Fixed Point (FXP) 타입을 선택합니다. 고정 소수점 설정으로 [부호있음]과 워드 길이 [24비트], 정수부분 워드 길이 [4비트]로 선정합니다. Interface 항목에서는 [Arbitrate if Multiple Requestors Only]를 선택합니다.

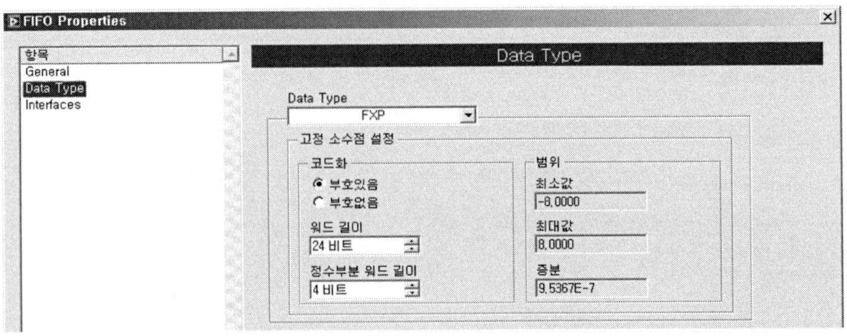

참고 NI-9233 모듈은 24비트 ADC를 가진 데이터 수집 보드이고, 최대 5V, 최소 -5V까지 측정할 수 있는 보드입니다. 측정 범위의 최소/최대값은 고정 소수점의 정수부분 워드 길이로 변경할 수 있는데 4 비트로 설정해야만 최소/최대값이 NI-9233의 측정 범위를 포함할 수 있습니다. 이론적으로는 이와 같지만 C시리즈 모듈마다 Fixed Point(FXP)로는 측정 데이터의 형태가 모두 다르므로, 미리 확인하여 FIFO Properties를 설정해줘야 됩니다. FIFO Properties에서 Data Type의 설정이 잘못될 경우에는 데이터가 전송되지 않습니다.

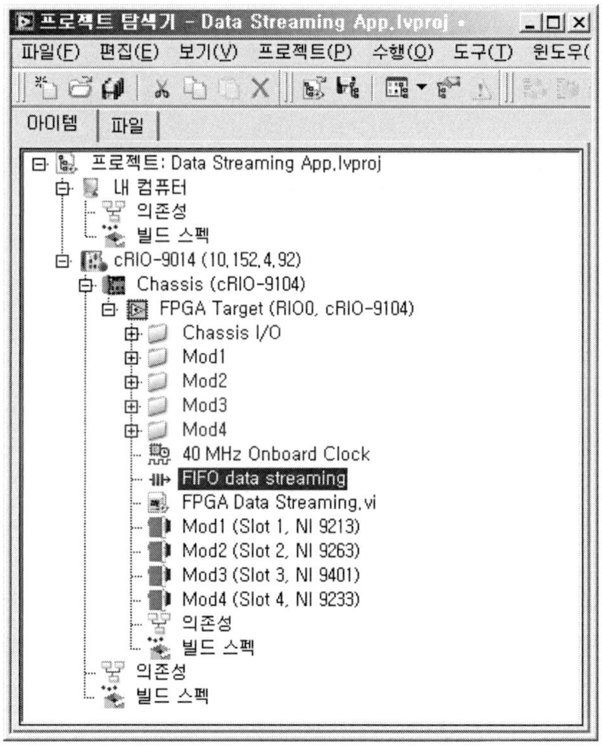

5. FPGA Target에서 단축메뉴로 새로 만들기 > VI를 선택하여 새 VI를 추가합니다. FPGA Data Streaming.vi로 저장합니다. FPGA Target 아래에 VI가 추가될 것입니다.

⌘ FPGA Target VI 만들기

6. FPGA Data Streaming.vi의 블록다이어그램을 다음과 같이 구성합니다. Programming > FPGA I/O 팔레트에서 I/O Property를 찾아서 블록다이어그램에 위치시키고, 위쪽의 분홍색 부분에서 단축메뉴로 Select Item > FPGA Target > Mod4를 선택합니다. 여기에서 Mod4에 NI-9233 모듈이 장착되어 있습니다.
7. Property에서 Data Rate를 선택해주고, 컨트롤을 생성해줍니다.

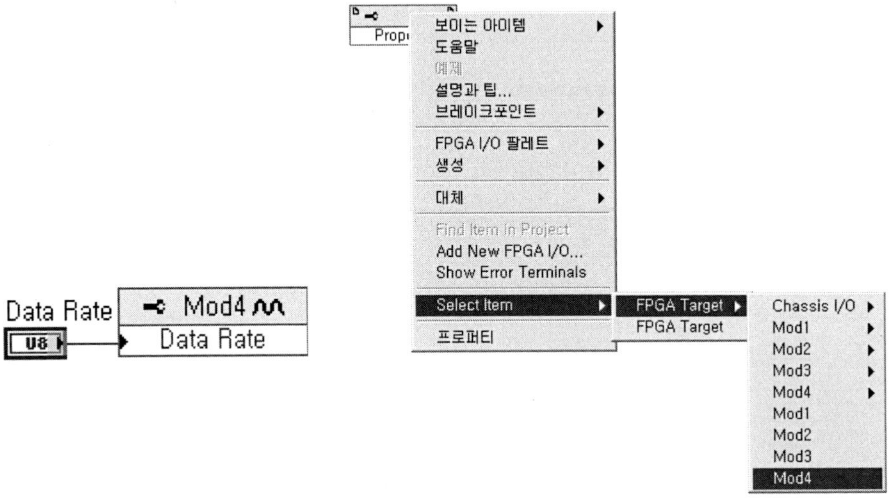

8. I/O Node를 위치시키고, I/O Item으로 Mod4/Start를 선택해줍니다. 상수로 True를 생성해줍니다.
9. 실행순서를 정해주기 위하여 각각 단축메뉴에서 Show Error Terminals를 선택하여 Error Terminal을 만들어 주고 차례로 연결해줍니다.

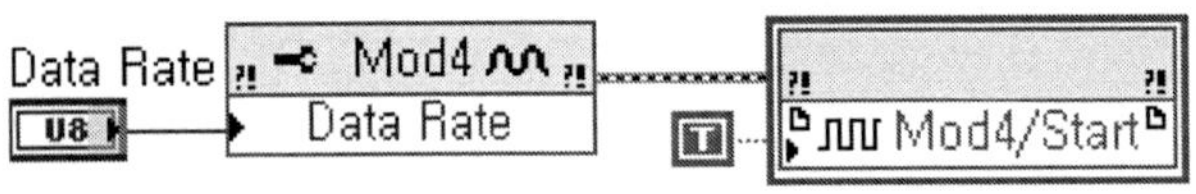

10. 블록다이어그램에 While 루프와 For 루프를 위치시키고, While 루프의 루프 조건에 상수로 False를 생성해줍니다.
11. I/O Node를 위치시키고, I/O Item으로 Mod4/AI0를 선택합니다. 그리고

아래로 아이템을 세 개 더 추가하여, 각각 Mod4/AI1,2,3을 선택해줍니다. 또한 단축메뉴에서 Show Error Terminals를 선택하여 Error Terminal을 만들어 줍니다.

12. 배열 만들기 함수를 사용하여 I/O Node의 네 개 출력을 묶어서 배열로 만들어 줍니다. Programming > Array 팔레트에서 찾을 수 있습니다.
13. 프로젝트에서 FIFO data streaming을 찾아서 For 루프 속으로 드래그 앤 드롭합니다. 그리고 다음과 같이 블록다이어그램을 구성합니다. Time out으로 2000을 입력하였습니다. Tick 단위입니다. 또한 단축메뉴에서 Show Error Terminals를 선택하여 Error Terminal을 만들어 줍니다.

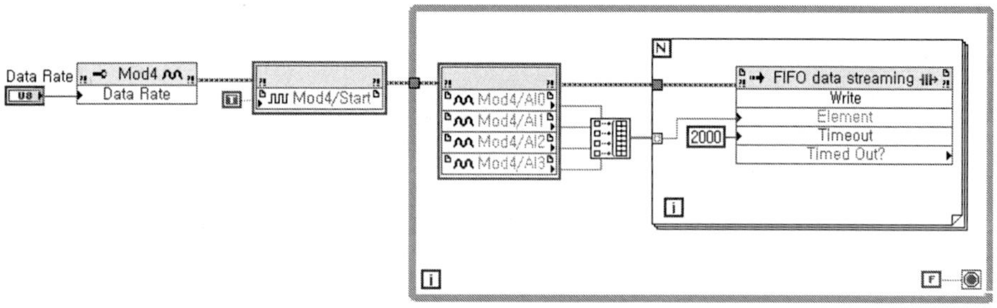

14. I/O Node를 위치시키고, I/O Item으로 Mod4/Stop을 선택해줍니다. 상수로 True를 생성해줍니다. 실행순서를 정해주기 위하여 단축메뉴에서 Show Error Terminals를 선택하여 Error Terminal을 만들어 주고 차례로 연결해줍니다. FIFO data streaming의 error 출력을 For 루프 밖으로 뺄 때에는 인덱싱 비활성화를 선택해줘야 됩니다.

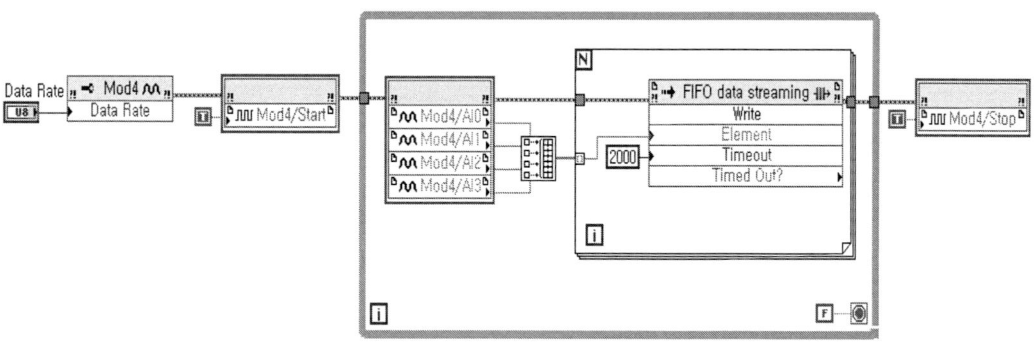

참고 NI-9233 다이내믹 수집 C시리즈 모듈은 내부 Clock을 가지고 측정을 수행하는 모듈입니다. 그러므로 하드웨어 Clock을 이용한 데이터 수집 방법으로 프로그래밍 해야 됩니다. 여기에서는 While 루프의 속도를 조절하는 타이밍 함수를 사용하지 않고, 모듈의 Data Rate를 이용하여 측정 속도를 조절하고 있습니다. 그리고 프런트패널에서 Data Rate를 NI-9233의 최고 샘플링 속도인 50 kS/s로 설정하였습니다.
또한 DAQmx 함수에서 DAQmx 태스크 시작에 해당하는 I/O Node의 Mod4/Start를 사용하고, DAQmx 태스크 정지에 해당하는 I/O Node의 Mod4/Stop을 사용하였습니다. 그리고 에러 연결을 통한 실행 순서 지정을 위하여 각 함수에서 Show Error Terminals를 선택해줬습니다.

15. 프런트패널은 다음과 같습니다.

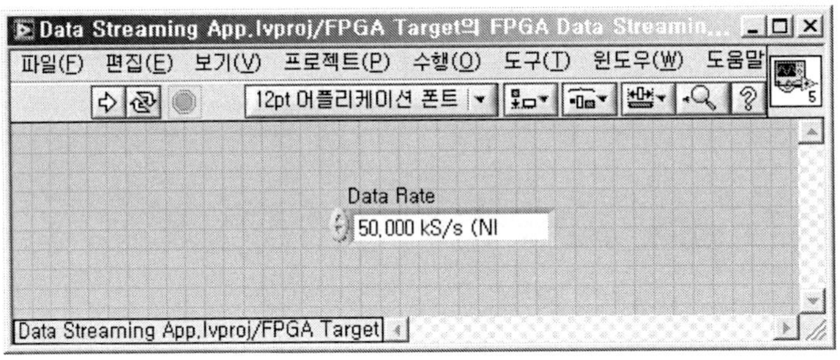

16. 실제로 데이터 수집이 에러 없이 진행되고 있는지 확인하고 디버깅하는 목적으로 다음과 같이 Mod4/AI3에서 인디케이터를 한 개 생성해줍니다.

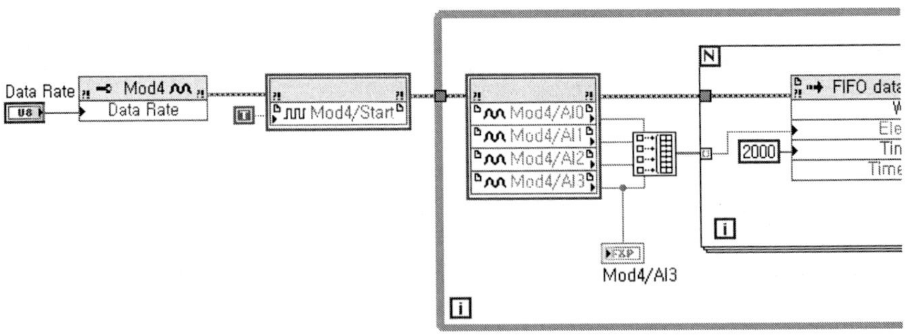

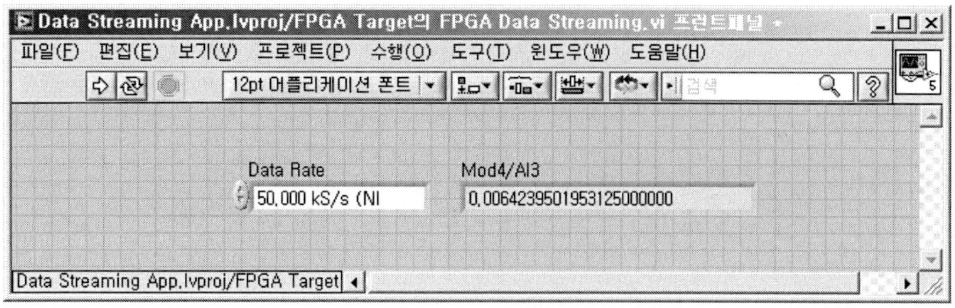

17. NI-9233 모듈의 측정값이 Fixed Point(FXP)로 어떤 타입인지 확인하는 방법은 다음과 같이 Mod4/AI3 인디케이터의 프로퍼티에서 [데이터 타입]으로 확인할 수 있습니다.

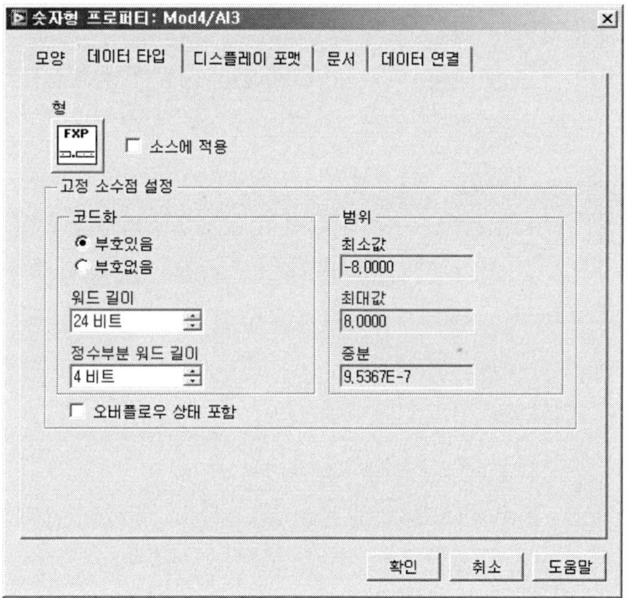

18. FPGA Target VI를 저장하고 Run 버튼을 누릅니다. Intermediate Files를 생성하는 단계와 컴파일하여 Bit-stream 파일을 생성하는 단계가 진행된 뒤에 Bit-stream 파일이 FPGA 타깃에 다운로드되어 실행됩니다. 이 과정에 십분 이상의 시간이 소요됩니다.

연습 8-7 끝

연습 8-8. DMA FIFO – Real Time Host

앞 연습에 이어서 FPGA Target에서 보내온 DMA FIFO의 데이터를 Real Time 호스트에서 읽어오는 VI를 만들어 봅니다.

⌘ 블록다이어그램

1. Data Streaming App.lvproj 프로젝트의 Real Time 호스트 컨트롤러에서 단축메뉴로 새로 만들기 > VI를 선택하여 새 VI를 추가합니다. RT Host DMA Read.vi로 저장합니다.
2. 블록다이어그램에 While 루프를 위치시킵니다. 루프 컨트롤에 정지 버튼을 생성해줍니다.
3. 함수 > FPGA Interface 팔레트에서 Open FPGA VI Reference를 찾아서 위치시키고, 단축메뉴에서 Configure Open FPGA VI Reference를 선택하여 FPGA Target VI인 FPGA data streaming.vi를 선택해줍니다.
4. 함수 > FPGA Interface 팔레트에서 Read/Write control 함수, Invoke Method 함수, 그리고 Close FPGA VI Reference 함수를 찾아서 위치시킵니다. FPGA VI Reference와 Error를 연결해줍니다.
5. Read/Write Control 함수에서 아이템으로 Data Rate를 선택해주고, 컨트롤을 생성해줍니다.
6. Invoke Method에서 FIFO data streaming > Read를 선택해줍니다. Number of Elements에 컨트롤을 생성하고, Timeout에는 5000을 입력합니다.
7. Data 출력은 DBL 타입으로 변환시킨 뒤에 아래와 같이 배열 부분 제거 함수를 이용하여 각 채널 별로 데이터를 분리하여 출력할 수 있게 구성합니다. [배정도 부동소수로] 함수는 프로그래밍 > 숫자형 > 변환 팔레트에서 찾을 수 있고, [1D 배열 부분 제거] 함수는 프로그래밍 > 배열 팔레트에서 찾을 수 있습니다.
8. [다음 ms 배수까지 기다림]을 이용하여 20mSec 기다림으로 While 루프 속도를 지정합니다.

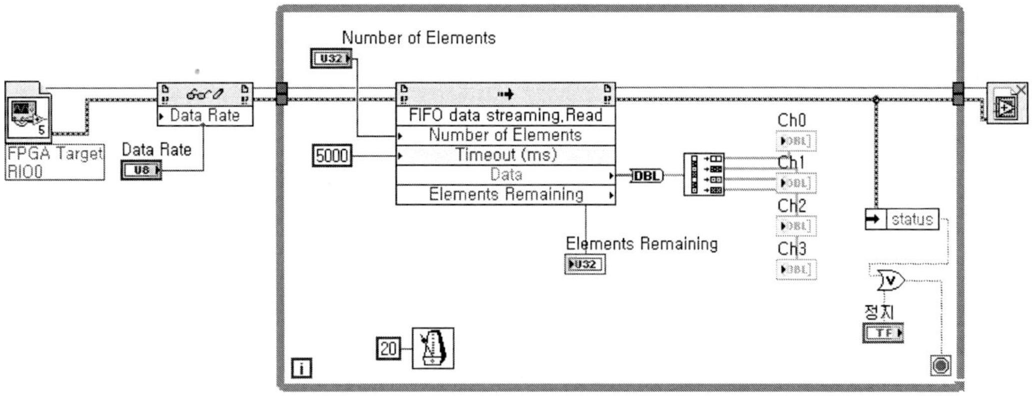

⌘ 프런트패널

9. 다음과 같이 프런트패널을 정리합니다. 참고로 Data Rate는 컨트롤로 생성했을 때는 단순한 U8 정수인데, 사용이 불편하므로 FPGA Target VI인 FIFO data streaming.vi에서 Data Rate 컨트롤을 복사해 와서 교체시켜주었습니다.
10. VI를 저장하고 실행합니다.

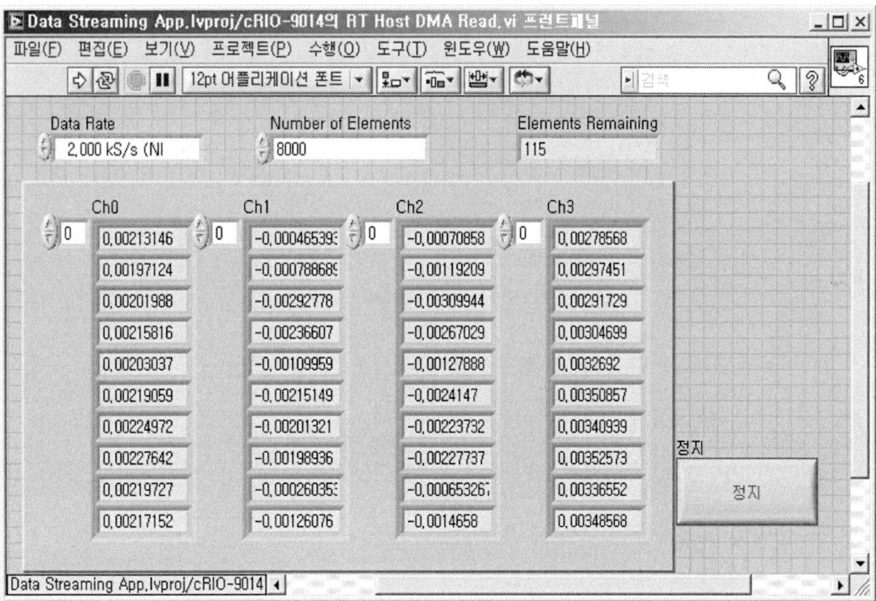

11. 다음과 같이 웨이브폼 그래프를 프런트패널에 위치시키고, Ch0를 연결해주면 데이터를 그래프로 확인할 수 있습니다.

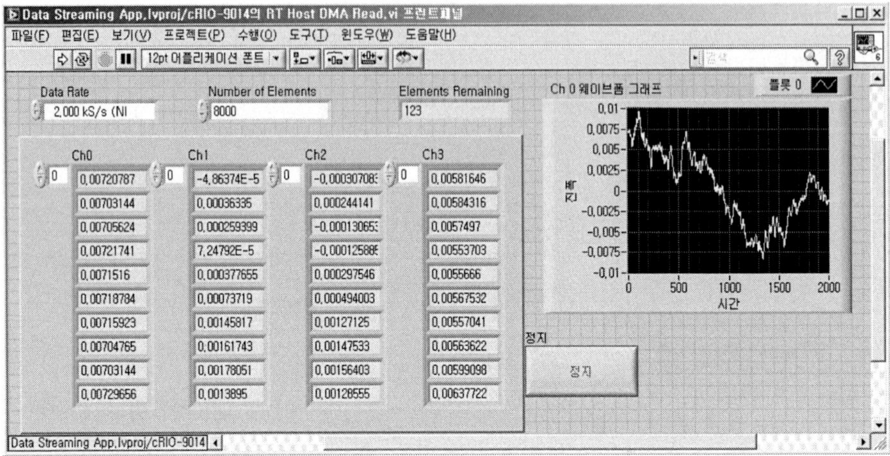

연습 8-8 끝

사. 사용자 컴퓨터 어플리케이션 구현

개발자는 Windows OS 환경에서 VI를 개발하고 MAX 등을 이용하여 하드웨어를 설정합니다. 개발 단계에는 앞 절에서 연습 등으로 확인한 것처럼 Real Time 호스트나 FPGA Target의 VI가 실행되는 것을 개발자 컴퓨터에서 모니터링이 가능합니다. 그러나 개발 및 디버깅이 끝나고 최종적으로는 각 VI를 실행 파일로 만들어 Real Time 호스트나 FPGA Target에 임베디드시켜서 배포해야 됩니다. 실행 파일로 변환된 뒤에는 독립적인 Stand Alone 시스템이 되는 것입니다.

사용자 컴퓨터인 Windows 호스트 시스템에서 Real Time 호스트나 FPGA Target을 모니터링하거나 제어하기 위해서는 Windows Host VI를 만들어야 됩니다.

이때 다음과 같이 두 가지 방법이 있습니다.

- 공유변수를 이용하는 방법
- TCP/IP를 이용하는 방법

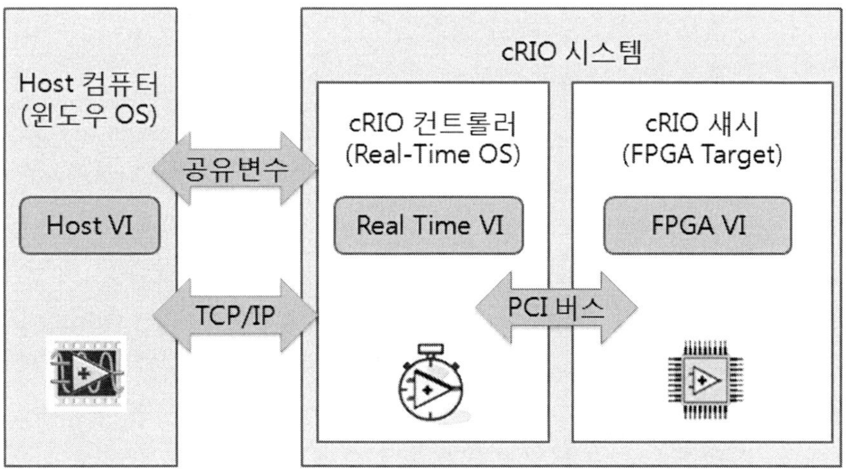

[어플리케이션 사례]
MCM(Machine Condition Monitoring) 시스템에서 cRIO를 모니터링 어플리케이션으로 사용하는 경우, Real Time 호스트에서의 신호처리 및 제어를 진행하면서, 동시에 사용자 서버로 데이터를 전송하여 연속적으로 저장하고 모니터링 및 분석을 수행하는 어플리케이션도 요구됩니다.
예를 들어, 풍력 발전 시스템의 상태 모니터링 시스템으로 사용할 수 있습니다. 고공에 위치한 풍력 발전 시스템에 cRIO 임베디드 시스템을 장착하고, 진동과 풍향, 풍속, 외부/내부 온도, 습도 등의 데이터를 수집하여 중앙 컨트롤 센터에 위치한 서버로 데이터를 전송해주고, 중앙 서버에서는 전체 풍력 단지 및 개별 풍력 발전기의 상태를 실시간으로 디스플레이하고 저장된 데이터를 분석/진단을 수행합니다. 이와 같은 사례는 빌딩 모니터링 시스템이나 교량 모니터링 시스템에서도 적용되어 사용되고 있습니다.

1. 공유변수를 이용한 데이터 전송

공유변수는 LabVIEW에서 데이터 통신을 쉽게 구현할 수 있도록 만들어진 유틸리티입니다. 데이터 전송을 관리하는 공유변수 엔진이 있고, 데이터를 전송하는 쪽과 전송 받는 쪽으로 구성됩니다.
프로젝트에서 공유변수는 단축메뉴에서 새로 만들기 > 변수를 선택하여 만들어줍니다. 이때 Windows 호스트 컴퓨터의 공유변수 엔진을 이용할 경우에는 내 컴퓨터에서 공유변수를 생성해주고, cRIO Real Time 컨트롤러의 공유변수 엔진을 이용하고자 할 경우에는 cRIO 컨트롤러에서 공유변수를 생성해줍니다.

앞 절에서 만든 Data Streaming App.lvproj 프로젝트에 두 개의 공유변수를 생성해준 예입니다. 하나는 내 컴퓨터에 생성하였고, 다른 하나는 cRIO real time 컨트롤러에 생성해주었습니다. 공유변수는 라이브러리 아래에 생성되어야 되므로, 공유변수를 새로 만들기 > 변수로 생성하면 라이브러리가 자동으로 생성됩니다. 공유변수와 라이브러리의 이름은 영문으로 사용하는 것이 유리하며 명확한 이름을 사용해야만 헷갈리지 않을 것입니다. 여기에서는 Microphone1과 Microphone2를 생성해줬습니다.

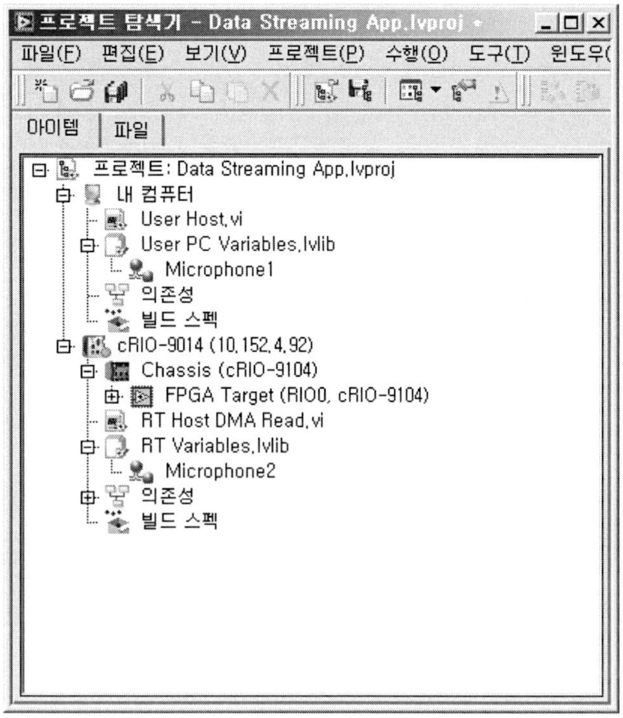

Microphone1과 Microphone2 공유변수는 1차원 DBL 배열을 전송할 수 있게 데이터 타입으로 [배정도의 배열]로 설정해줬습니다.

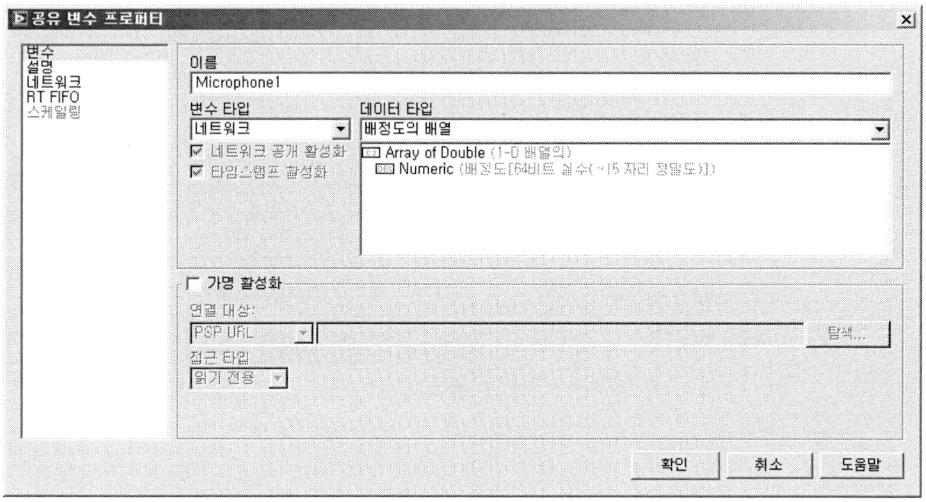

공유변수는 프로젝트에서 선택하여 블록다이어그램으로 드래그 앤 드롭할 수 있습니다. 또한 단축메뉴에서 접근 모드를 읽기 혹은 쓰기로 바꿔서 선택할 수 있고, 변수를 바꿔 선택하고자 할 경우에는 아래와 같이 마우스로 클릭하여 다른 변수로 바꿔서 선택해줄 수 있습니다.

그러나 LabVIEW 프로젝트에서 쉽게 드래그 앤 드롭 한 경우에는 [내 컴퓨터]의 인터넷 IP가 변경되거나 로컬서브넷이 변경되면 변수를 찾지 못하게 됩니다. Windows 호스트 VI가 항상 최초 개발자 컴퓨터에 위치할 것이라는 보장이 없으므로 최종 배포용 프로그램에서는 다음과 같이 공유 변수 함수를 이용한 VI로 만들어줘야 됩니다.

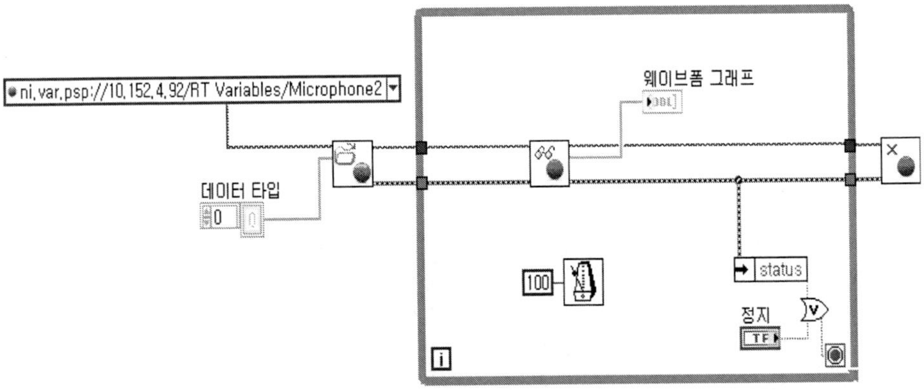

공유 변수 함수는 함수 > 데이터 통신 > 공유 변수 팔레트에서 찾을 수 있습니다. 그리고 변수 객체 탐색 창을 이용하여 로컬네트웍에 위치한 공유변수를 검색하여 선택할 수 있습니다.

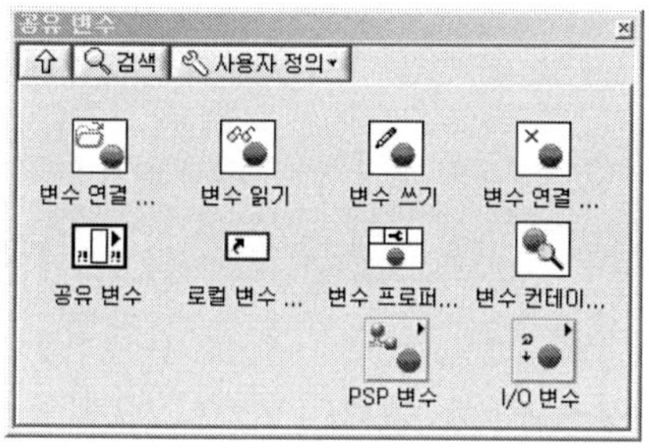

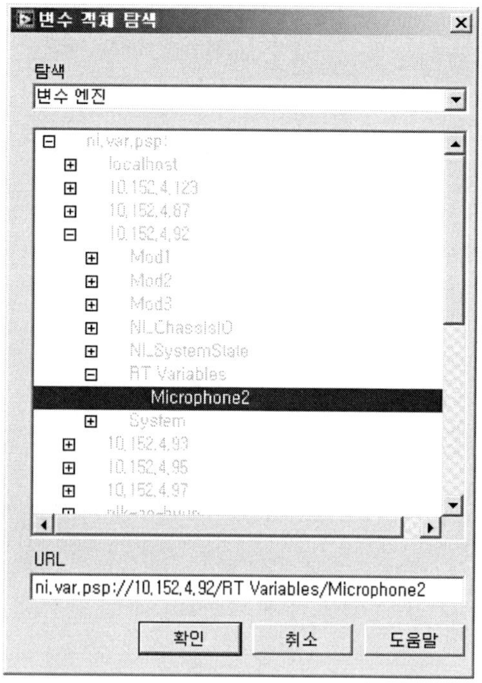

다음 연습을 통하여 드래그 앤 드롭 방법을 쉽게 데이터 통신 VI를 만드는 방법과 공유변수 함수를 이용한 방법에 대하여 연습해봅니다.

연습 8-9. Windows 호스트 통신 - 공유변수

공유변수를 이용하여 cRIO에서 측정한 마이크로폰 신호를 Windows 호스트로 전송하는 프로젝트를 만들어봅니다. 앞 연습에서 만든 Data Streaming App.lvproj 프로젝트를 수정하는 방법으로 진행할 것입니다. 이때 공유변수로 전송 가능한 최대 샘플링 속도는 약 1KS/s입니다. 더 빠른 데이터 전송이 필요한 경우에는 TCP 통신을 이용해야 될 것입니다.

⌘ 공유변수 생성 및 Windows 호스트

1. Data Streaming App.lvproj 프로젝트의 [내 컴퓨터]에서 단축메뉴로 새로 만들기 > VI를 선택하여 새 VI를 추가합니다. User Host.vi로 저장합니다.
2. [내 컴퓨터]에서 단축메뉴로 새로 만들기 > 변수를 선택하고, 공유변수를 만들어 줍니다. 이름은 Microphone1로 데이터 타입은 [배정도의 배열]로 설정합니다. 자동으로 생성되는 라이브러리는 User PC Variables.lvlib로 이름을 바꿔서 저장합니다.
3. Real Time 호스트 컨트롤러에서 단축메뉴로 새로 만들기 > 변수를 선택하고, 공유변수를 만들어 줍니다. 이름은 Microphone2로 데이터 타입은 [배정도의 배열]로 설정합니다. 자동으로 생성되는 라이브러리는 RT Variables.lvlib로 이름을 바꿔서 저장합니다.

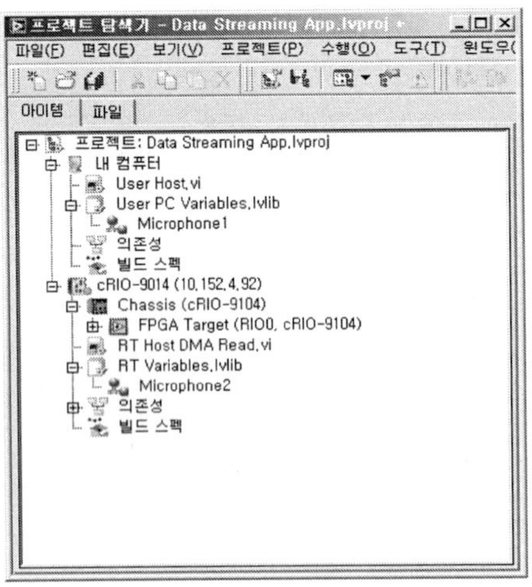

4. User Host.vi의 프런트패널에 웨이브폼 그래프를 위치시키고, 블록다이어그램에 While 루프를 하나 위치시킵니다. 루프 컨트롤에 정지 버튼을 생성해줍니다.
5. 다음 ms 배수까지 기다림을 위치시키고, 100mSec를 입력합니다.
6. [내 컴퓨터]에 있는 공유변수 Microphone1을 User Host.vi의 블록다이어그램에 드래그 앤 드롭해주고, 출력을 웨이브폼 그래프에 연결합니다.

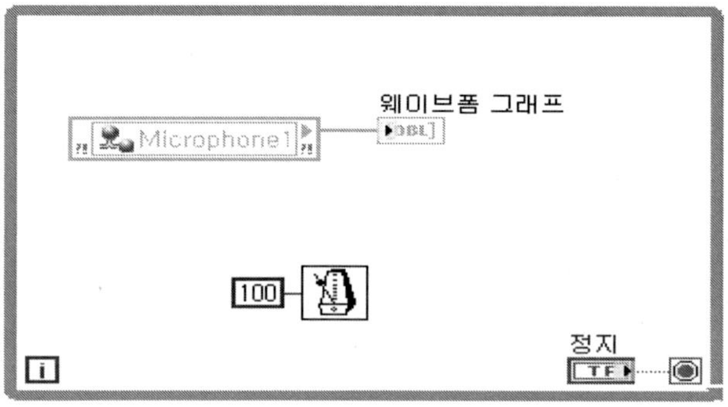

⌘ Real Time 컨트롤러

7. Real Time cRIO 컨트롤러의 RT Host DMA Read.vi를 열어서 수정합니다.
8. [내 컴퓨터]에 있는 공유변수 Microphone1을 RT Host DMA Read.vi의 블록다이어그램에 드래그 앤 드롭해주고, 단축메뉴의 접근 모드 > 쓰기로 선택해줍니다.
9. Ch0을 공유변수 Microphone1에 연결해줍니다.

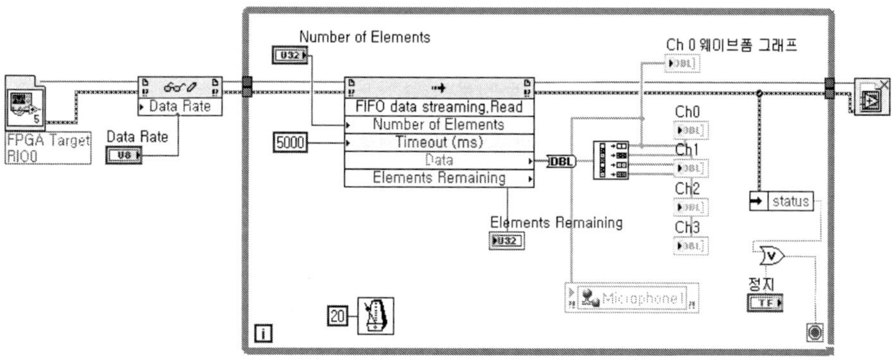

⌘ 실행하기

10. User Host.vi와 RT Host DMA Read.vi를 저장하고 실행합니다. cRIO의 Mod4에 위치한 NI-9233에서 측정된 마이크로폰 데이터가 Windows 호스트 컴퓨터의 User Host.vi에서 모니터링 됨을 확인할 수 있습니다.

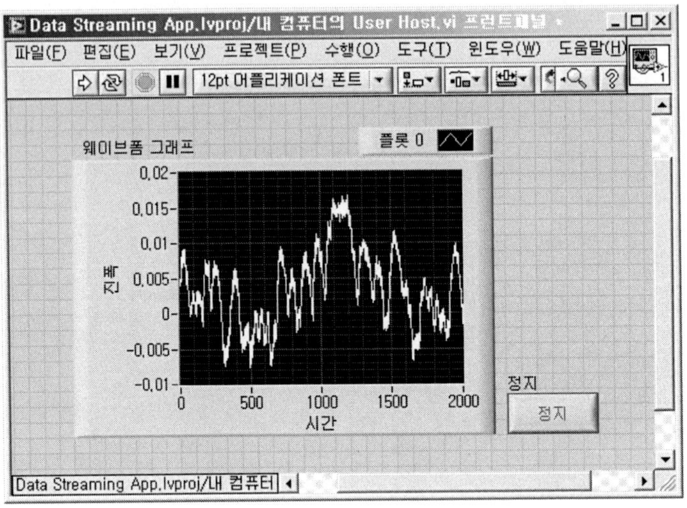

⌘ 수정하기

다른 공유변수 엔진 및 변수를 이용하여 같은 데이터 통신을 구현해봅니다. 그리고 최종적으로 Windows 호스트 VI로 실행파일로 만들어 배포하는 경우를 고려하여, 공유변수 함수를 사용한 VI로 일부 수정해봅니다. LabVIEW 프로젝트에서 쉽게 드래그 앤 드롭 한 경우에는 [내 컴퓨터]의 인터넷 IP가 변경되거나 로컬서브넷이 변경되면 변수를 찾지 못하게 됩니다. Windows 호스트 VI가 항상 최초 개발자 컴퓨터에 위치할 것이라는 보장이 없으므로 이와 같은 수정이 꼭 필요합니다. 이 연습에서는 User Host.vi만 공유변수 함수를 사용하는 것으로 변경하는 예제를 보여줄 것입니다. 실제 경우에는 모든 공유변수 부분을 바꿔줘야 될 것입니다.

11. RT Host DMA Read.vi의 공유변수를 마우스로 클릭하고, Real Time cRIO 컨트롤러에 있는 다른 공유변수 Microphone2로 바꿔줍니다.

12. User Host.vi를 다음과 같이 수정합니다. 먼저 공유변수 Microphone1를 삭제합니다.
13. 함수 > 데이터 통신 > 공유변수 팔레트에서 변수 연결 열기, 변수 읽기, 그리고 변수 연결 닫기를 찾아서 위치시키고, 참조 번호와 에러라인을 연결합니다.
14. 변수 연결 열기의 [공유 변수 참조 번호 입력]에 상수를 생성해고, 탐색에서 현재 프로젝트를 선택하고 Real Time cRIO 컨트롤러에 있는 공유변수 Microphone2를 선택합니다.

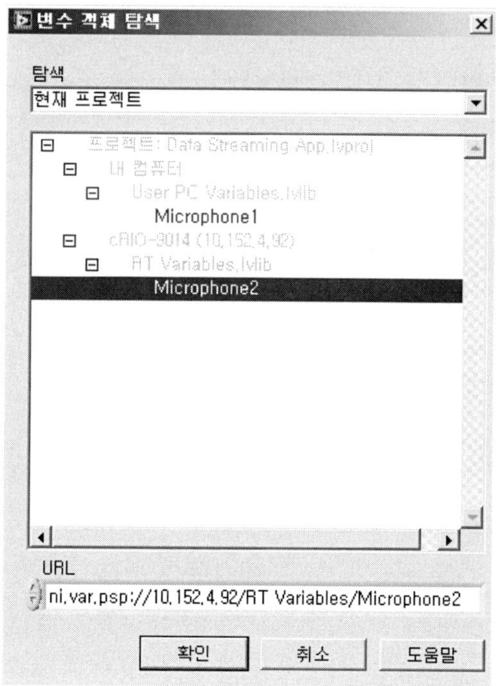

15. 함수 > 프로그래밍 > 배열 팔레트에서 배열 상수를 찾아서 위치시키고, 숫자형 팔레트에서 DBL 숫자형 상수를 찾아서 배열 상수 안에 넣어줘서

1D DBL 배열 상수를 만듭니다. 이름은 "데이터 타입" 으로 바꿔주고, 변수 연결 열기의 [데이터 타입]에 입력해줍니다.

16. 변수 읽기의 출력을 웨이브폼 그래프에 연결하고, 다음과 같이 블록다이어그램을 완성합니다.

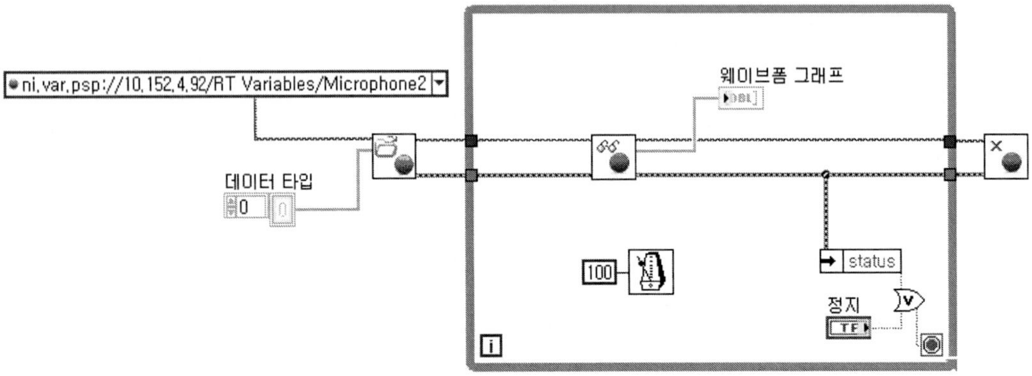

17. User Host.vi와 RT Host DMA Read.vi를 저장하고 실행합니다. 10번에서와 동일하게 4번 모듈의 0번 채널에서 측정한 마이크로폰 신호가 웨이브폼 그래프에 디스플레이 됩니다.

연습 8-9 끝

2. TCP 통신을 이용한 데이터 전송

가장 대표적인 통신 프로토콜인 TCP(Transmission control protocol) 통신을 cRIO Real Time 컨트롤러와 Windows 호스트 컴퓨터 사이의 통신에서도 사용할 수 있습니다.

함수 > 데이터 통신 > 프로토콜 > TCP 팔레트에서 필요한 함수들을 찾을 수 있습니다. 이때 TCP 읽기와 TCP 쓰기 함수는 문자열(String) 타입의 데이터만 사용할 수 있으므로, 타입 캐스트 함수를 이용하여 문자열로 변환하는 작업이 요구됩니다.

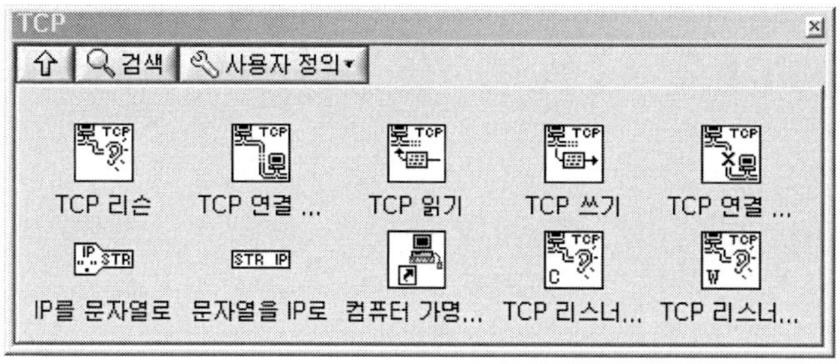

아래는 기본적인 TCP 예제입니다. Subscribe VI에 위치한 TCP 연결 열기 함수가 통신 서버가 되고, Publish VI는 클라이언트가 됩니다.

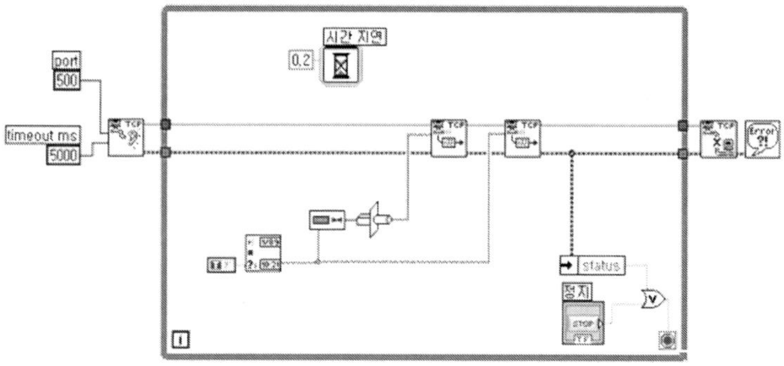

Publish VI

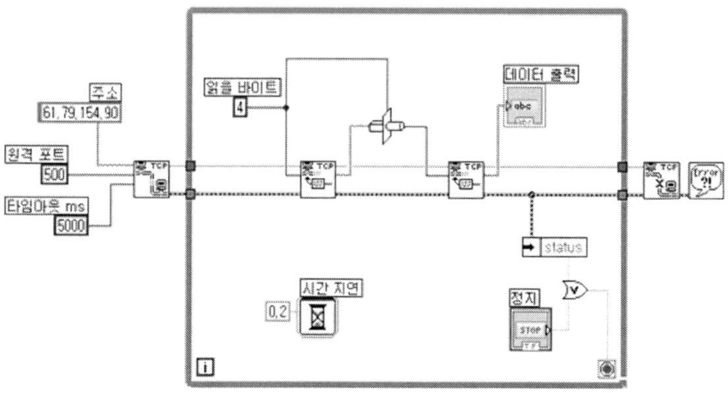

Subscribe VI

01. 독립 임베디드 시스템 만들기

완성된 cRIO 어플리케이션을 독립 임베디드 시스템으로 만들기 위해서는 Real−Time Application 빌드 과정을 수행해야 됩니다.

프로젝트에서 cRIO real time 컨트롤러의 [빌드 스펙]을 사용합니다. 빌드 스펙의 단축메뉴에서 새로 만들기 > Real−Time Application을 선택합니다.

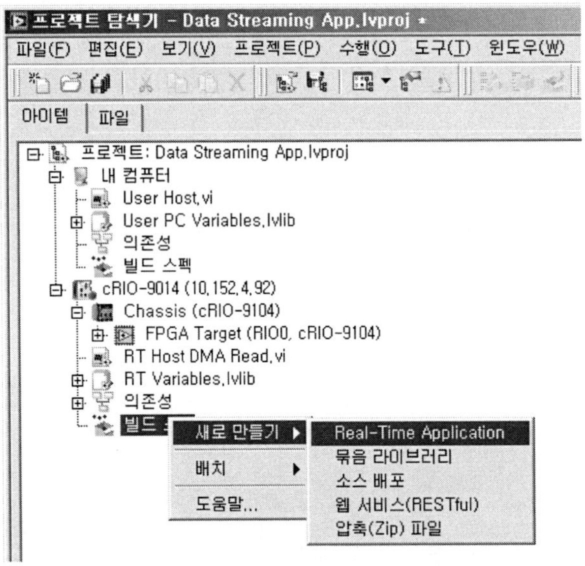

Real−Time Application 프로퍼티 창의 Information 탭에서 빌드 스펙의 이름 등을 설정해줍니다. 대부분 Default 상태로 두면 될 것입니다. 그리고 여기에서 눈여겨 볼 항목은 [타깃 대상 디렉터리]입니다. c:\ni−rt\startup 디렉터리로 배포시키겠다는 의미입니다. cRIO 컨트롤러는 파워가 들어와서 부팅되면, startup 디렉터리에 위치한 RT 실행파일을 자동으로 구동합니다. 그러므로 여기에서 빌드하여 배포한 실행파일은 독립 임베디드 어플리케이션이 되는 것입니다.

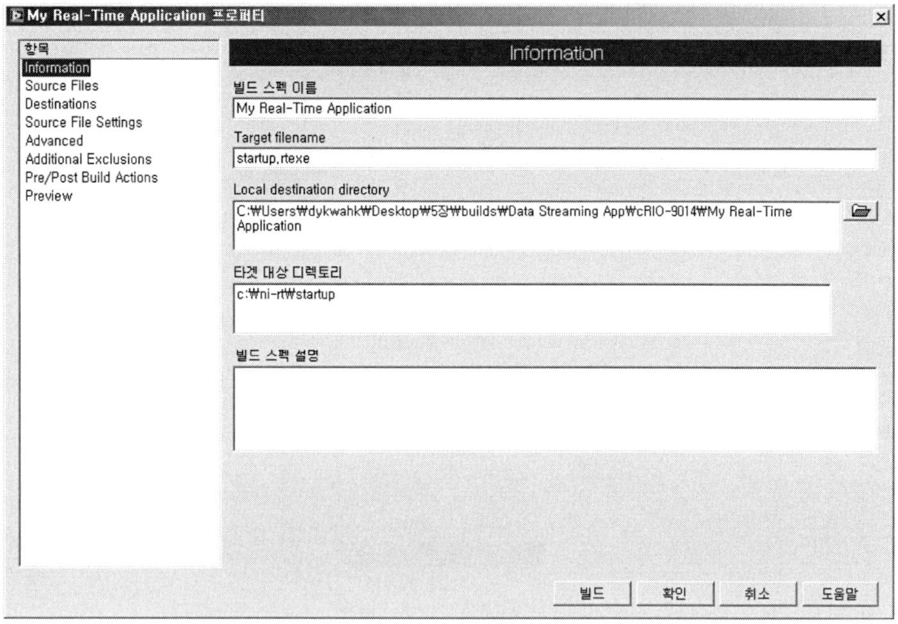

[Source Files] 텝에서 다음과 같이 시작 VI와 필요한 파일을 지정하여 오른 쪽 칸으로 추가해줍니다. 빌드 버튼을 클릭하면 빌드 과정이 진행됩니다.

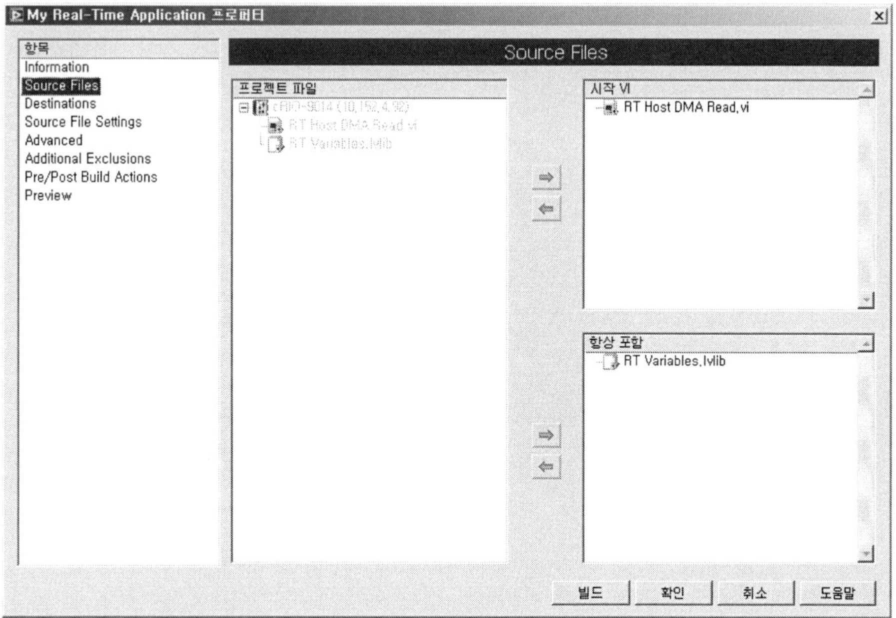

빌드가 완료되면 프로젝트의 빌드 스펙 아래에 My Real-Time Application 이라는 이름으로 스펙이 만들어집니다.
빌드된 실행파일을 cRIO 타깃으로 다운로드 시키기 위하여 단축메뉴의 [Run as startup]을 클릭합니다. 다운로드가 완료되면 cRIO 컨트롤러가 재부팅하고 실행파일이 시작될 것입니다.

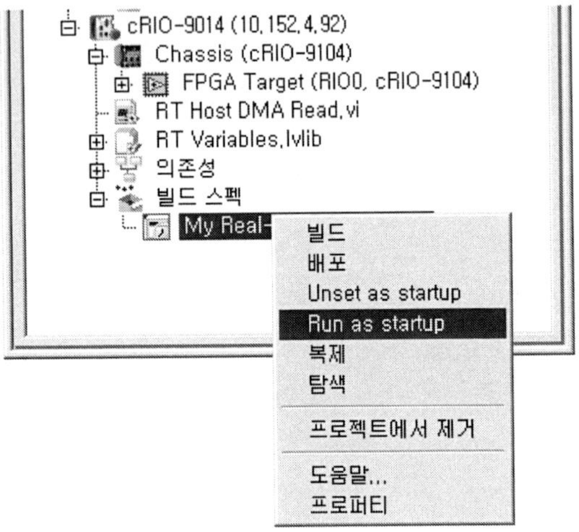

cRIO real time 컨트롤러에서 임베디드되어 실행되는 프로그램을 모니터링 하기 위하여 Windows 호스트 VI를 실행합니다. 이 프로젝트에서는 User Host.vi입니다.

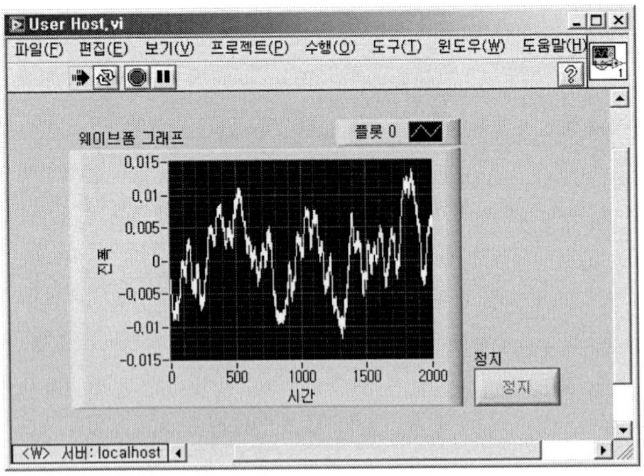

자. (옵션) FPGA 시스템 최적화 방법

FPGA는 임베디드 독립 시스템이므로 주어진 리소스에서 원하는 속도만 구현되면 됩니다. 그러나 FPGA Target 어플리케이션을 구현한 뒤에 컴파일링 과정에서 FPGA 리소스 초과로 컴파일이 안 되거나 컴파일 이후에 예상보다 느린 속도로 실행되는 경우가 발생할 수 있습니다. 이 경우에는 어플리케이션의 크기를 줄이고 실행속도를 높이는 최적화가 요구될 것입니다.
FPGA 어플리케이션 개발은 Windows OS 어플리케이션 개발과는 근본적으로 다르므로 일반 LabVIEW 어플리케이션처럼 VI를 작성하면 문제가 발생할 수 있습니다.

이번 절에서는 FPGA Target 어플리케이션의 크기를 줄이는 방법과 실행속도를 높이는 방법에 대하여 소개합니다. 물론 경우에 따라서는 실행속도를 높이는 방법이 어플리케이션 사이즈를 키우는 부작용을 가질 수도 있습니다.

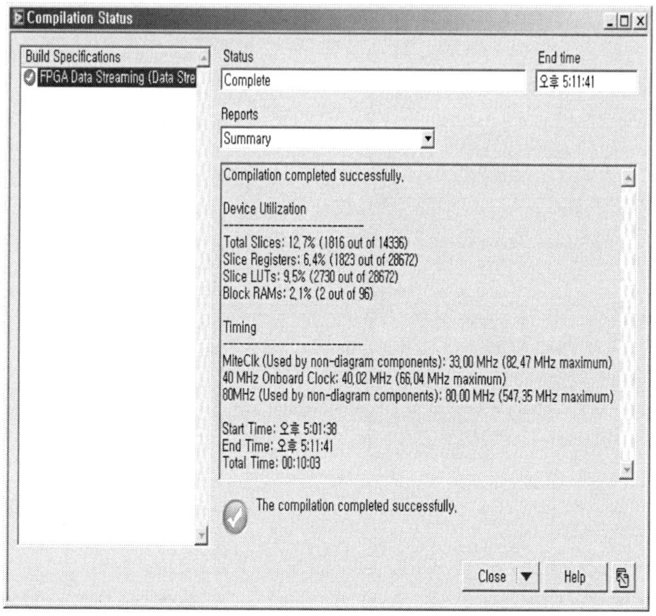

어플리케이션의 사이즈는 다음과 같이 FPGA 컴파일 이후에 Compilation Status로 확인할 수 있습니다. Report에서 Summary를 선택하면 다음과 같이 Total Slices, Slice Registers, Slice LUTs, Block RAMs 등의 사용 비율을 확인할 수 있습니다.
[Compilation Status] 창은 컴파일이 완료된 직후에 확인할 수 있고, 나중에 다시 확인하

기 위해서는 다음과 같이 프로젝트의 FPGA Target 아래 빌드 스펙에서 해당 빌드 스펙의 단축메뉴로 Display Compilation Results를 선택하여 확인할 수 있습니다.

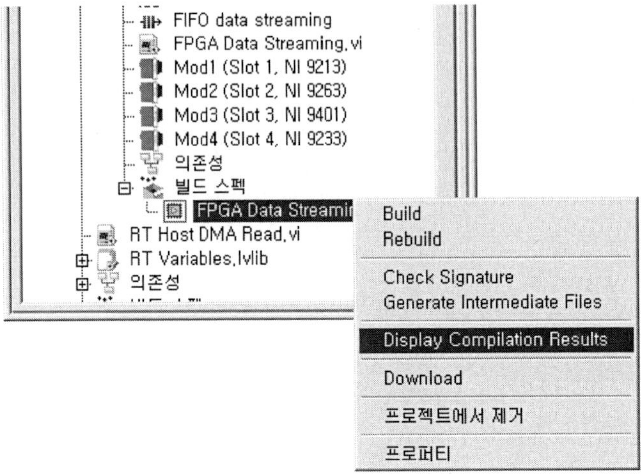

FPGA VI의 실행 속도는 틱 카운트 함수와 While 루프의 시프트 레지스터를 이용하여 측정할 수 있습니다. 다음과 같이 While 루프 속에 실행 속도를 알고 싶은 FPGA VI를 위치시키고, 이전 루프의 틱 카운트 값과 현재 루프의 틱 카운트 값의 차를 구하여 속도를 계산할 수 있습니다.

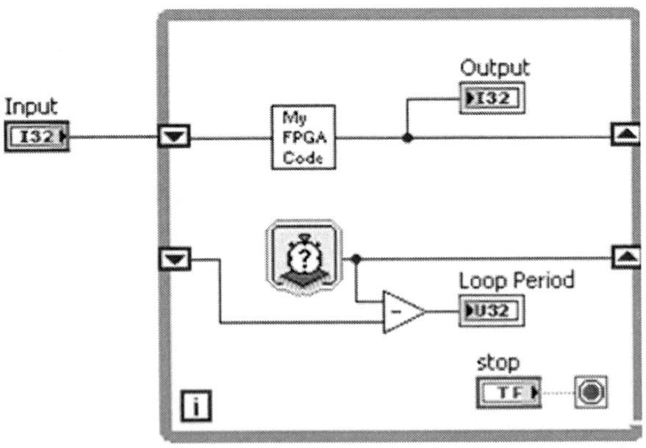

1. 기초적인 최적화 방법

프런트패널에 배열과 클러스터와 같은 큰 용량의 객체를 사용하는 것을 자제하고, 가능한 작은 크기의 데이터 타입을 사용하며, 나누기 연산이나 범위 비교 연산처럼 리소스를 많이 사용하는 연산을 피하는 것이 필요합니다. 그리고 SubVI를 Reentrance로 만들면 실행속도는 빨라지지만 리소스는 Non-reentrance보다 많이 사용하게 됩니다.

A. 프런트패널 객체

프런트패널에 꼭 필요한 객체가 아니면 사용하지 않는 것이 중요합니다. 일반적으로 프런트패널의 인디케이터와 컨트롤은 모니터링이나 디버깅 용도로 사용되거나 Real Time 호스트로 데이터를 전송하는 목적으로 만들어집니다. 그러나 FPGA Target과 Real Time 호스트 컨트롤러는 PCI 버스로 연결되어 있고, 데이터는 32bits 패킷으로 묶어서 전송됩니다. 이와 같은 32bits 패킷 전송에서 Loss가 발생하지 않도록 변수의 크기가 32bits를 넘을 경우, Extra Copy를 만들게 됩니다. 즉 프런트패널의 배열이나 클러스터의 크기가 32bits를 넘을 경우, 추가로 Extra Copy의 리소스를 할당하게 되는 것입니다. 그러므로 큰 사이즈의 배열이나 클러스터를 프런트패널에서 사용하는 것은 피하는 것이 좋습니다.

B. 리소스를 많이 사용하는 함수

나누기 연산이나 범위 비교 연산들은 Low Level에서 반복연산을 통하여 구현됩니다. 그러므로 다음과 같은 함수는 리소스를 많이 사용하므로 가급적 피해야 됩니다.

 **나누기,**  **몫 & 나머지**

 **범위내 확인과 강제변환,**  **크거나 같음?**

나누기 연산은 FPGA 레벨에서는 근본적으로 불가능한 연산인데 Low Level에서 빼기 연산의 반복으로 구현되는 것이므로 리소스를 많이 사용하게 됩니다. 그리고 범위 비교 연산은 일반 비교 연산의 반복으로 구현되기 때문에 리소스를 많이 사용합니다.

[나누기 연산을 사용한 예]

다음 예제는 몫 & 나머지 함수 를 두 개 사용하였고 1M Gate FPGA의 21%를 사용합니다.

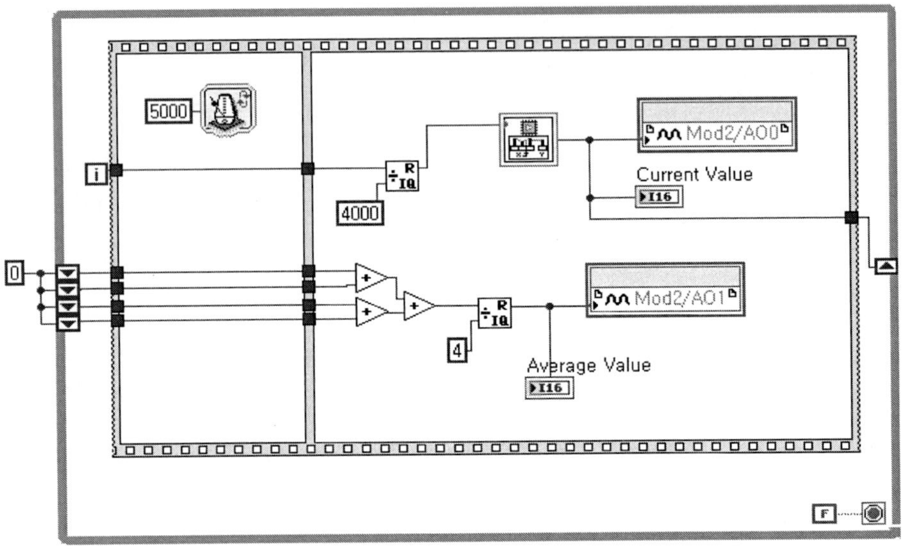

이 예제를 아래와 같이 몫 & 나머지를 사용하지 않는 VI로 수정하면 1M Gate FPGA의 9% 리소스로 구현이 가능하게 됩니다.

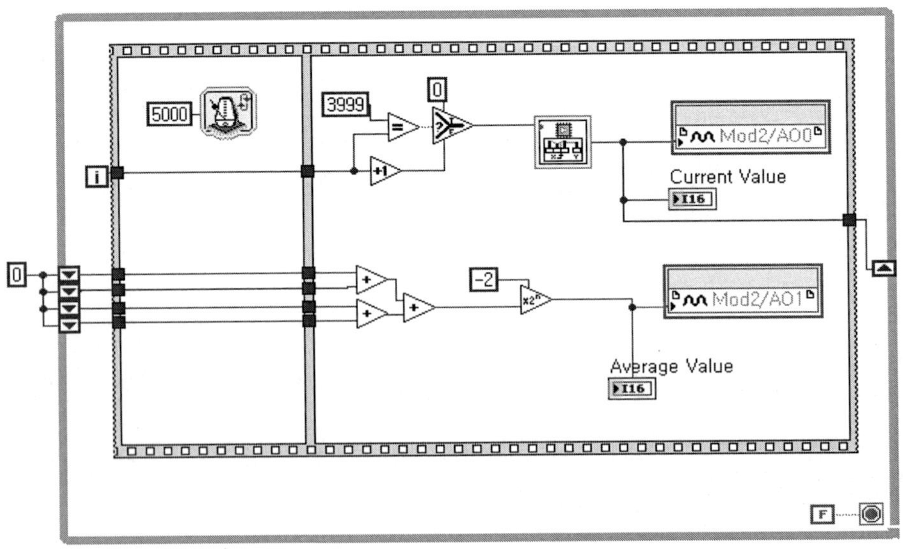

좀 더 상세히 설명하면, 다음과 같이 나누기 연산으로 4를 나눠주는 것과 1/4을 곱해주는 것을 비교했을 때, 동일한 결과이지만 곱하기 연산이 더 적은 리소스를 사용합니다. 이때 1/4를 만들기 위하여 2의 −2 거듭제곱으로 구하였습니다.

2의 거듭제곱으로 스케일을 사용하였습니다.

[범위 비교를 사용한 예]

범위내 확인과 강제변환과 **크거나 같음?**처럼 넓은 범위를 비교하는 것도 반복된 비교연산을 수행하기 때문에 리소스를 많이 사용하게 됩니다. 다음과 같이 일반 비교 함수를 사용하여 수정하는 것이 유리합니다.

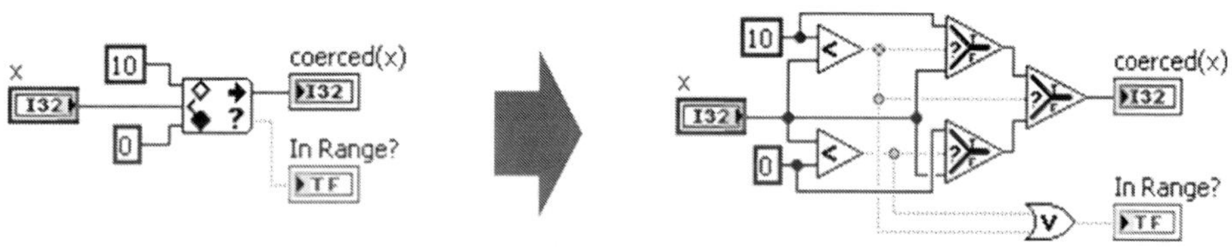

C. Coercion Dot을 피함

강제 형변환 점(Coercion Dot)은 LabVIEW에서 제공하는 편리한 기능으로, 데이터의 형이 다를 경우, 자동으로 형 변환해주는 기능입니다. 빨간색 점으로 표시됩니다. 그러나 이 과정에 추가적인 리소스 복사가 이루어지므로, 다음과 같이 형 변환 함수를 추가하는 것이 유리합니다.

2. Architecture 최적화하기

FPGA는 근본적으로 병렬(parallel) 실행 구조입니다. 이러한 구조를 적확히 이해하고 활용한다면 리소스를 효율적으로 사용할 수 있고 동시에 실행 속도를 높일 수 있습니다.

[FPGA의 실행 구조 이해]

- 모든 함수나 VI의 최소 실행 속도는 1틱(Tick)입니다.
- 병렬 실행을 기본으로 합니다.
- 순차적인 실행이 필요한 경우에는 시퀀스 구조를 사용하거나 참조번호, 에러 등으로 순서를 정해줍니다.
- 한 시퀀스는 가장 오래 걸리는 아이템의 속도에 맞춰서 실행됩니다.
- While 루프는 추가로 2틱(Tick)을 사용합니다. 예를 들어, 3틱이 필요한 함수가 While 루프 속에 있다면 총 5틱이 소요될 것입니다.

A. 병렬 실행

FPGA Target VI에서 다음과 같이 두 개의 While 루프가 있을 경우, 각자 병렬로 실행되고 서로 영향을 미치지 않습니다.

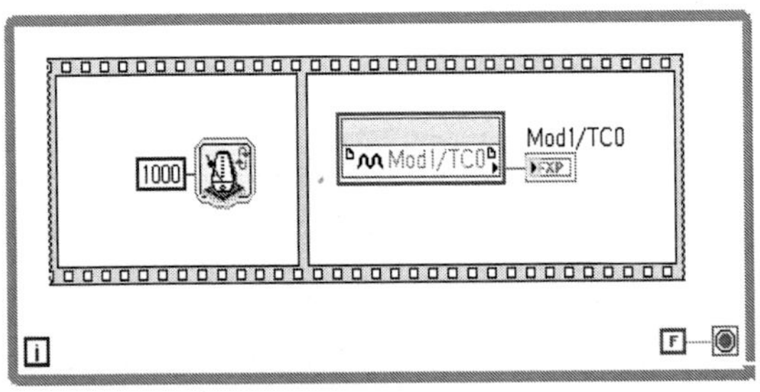

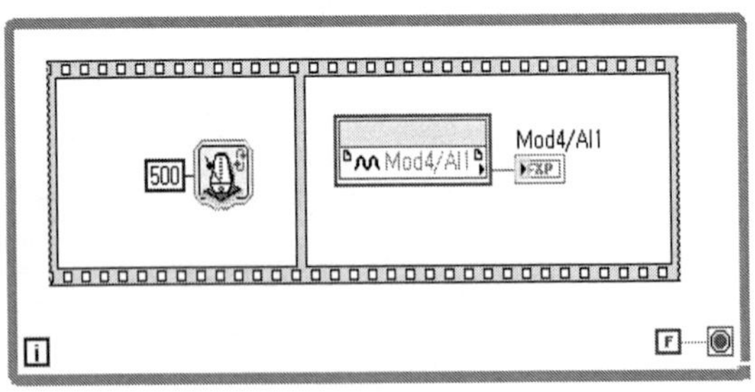

다음과 같이 한 개의 While 루프 속에 두 개의 I/O 노드가 있을 경우 각자 병렬로 실행됩니다. 그러나 While 루프는 가장 오래 걸리는 노드에 맞춰서 실행합니다. 예를 들어, AO 노드가 32틱이 필요하고 DI 노드가 1틱이 필요하다면, While 루프는 32틱으로 실행됩니다.

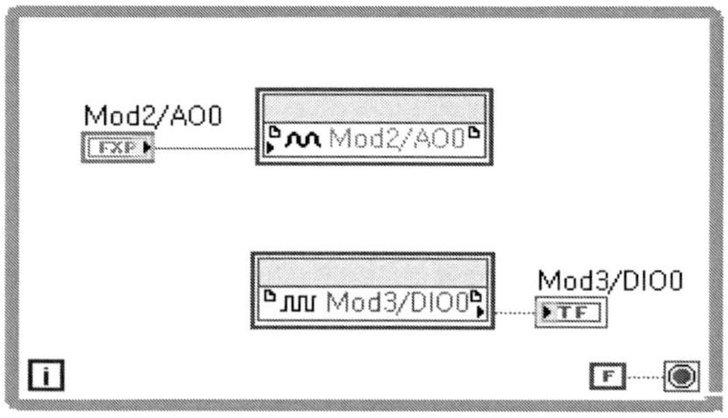

만약 DI 노드가 1틱으로 빠르게 실행되어야 된다면 다음과 같이 두 개의 While 루프로 만들어야 될 것입니다.

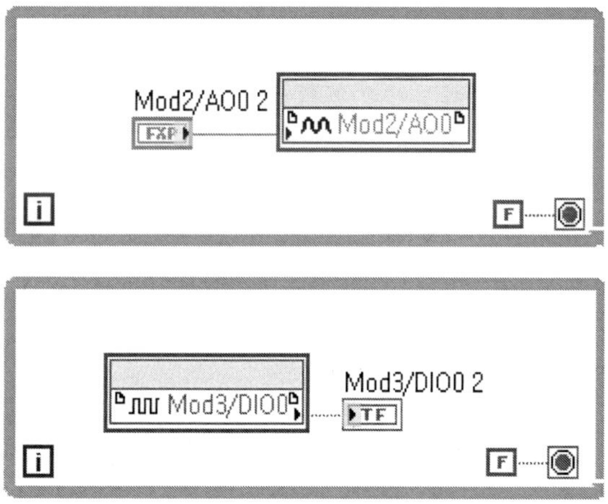

B. 파이프라이닝(Pipelining)

파이프라이닝이란 컴퓨터 용어로서 여러 개의 연산 장치를 설치하여 명령 실행을 개시한 후에 계속해서 다음 명령의 실행을 중복시키는 일을 의미합니다.(인터넷 용어 사전 인용)

LabVIEW에서는 다음과 같은 구조로 파이프라이닝을 구현할 수 있습니다.

FPGA Target에서는 기본적으로 병렬 실행이라는 점과 시프트 레지스터를 이용한 것입니다.

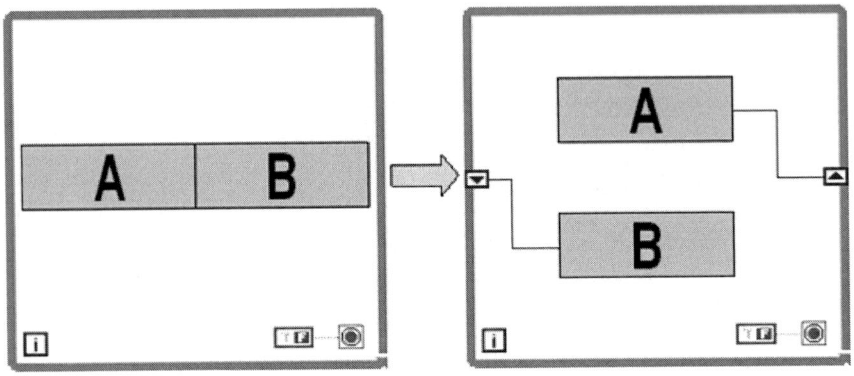

다음은 7틱으로 구현되는 VI를 파이프라이닝을 활용하여 5틱으로 바꾼 사례입니다.

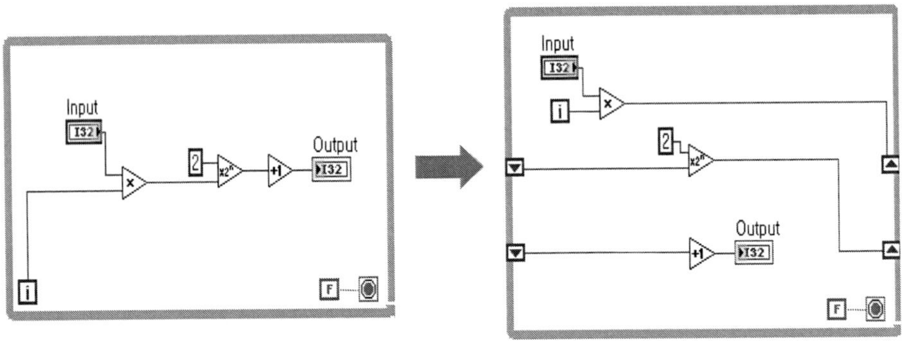

C. Single Cycle Timed Loop(SCTL) 사용

SCTL는 1틱으로 실행이 가능하고 리소스 사용도 최적화할 수 있는 방법입니다. 그러나 모든 FPGA 함수를 SCTL에서 사용할 수 있는 것은 아닙니다. 사용할 수 없는 함수를 SCTL에서 사용할 경우에는 컴파일 단계에서 에러가 발생합니다.

Single Cycle Timed Loop(SCTL)은 Programming > Structures > Timed Structures 팔레트에서 찾을 수 있습니다. Timed 루프가 SCTL입니다.

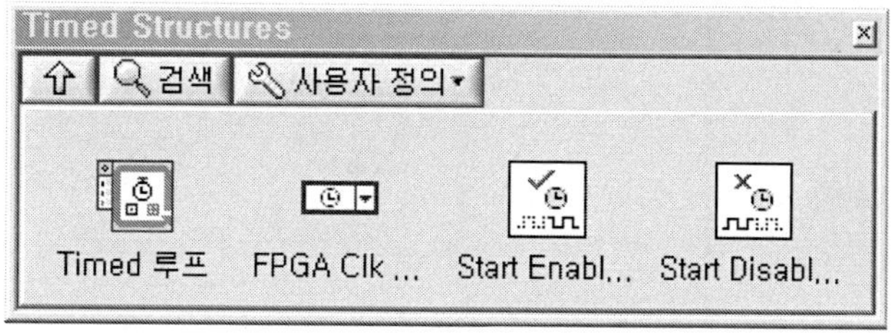

다음은 While 루프를 이용한 VI입니다. 그리고 12틱이 필요한 VI입니다. 동일한 내용을 SCTL에서 작성하면 1틱으로 실행됩니다.

While 루프

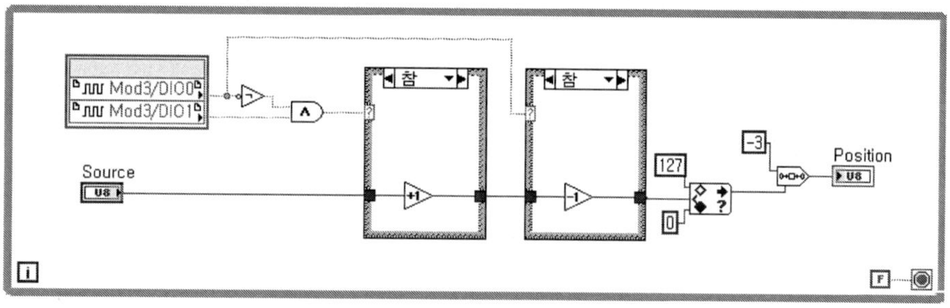

Single Cycle Timed Loop

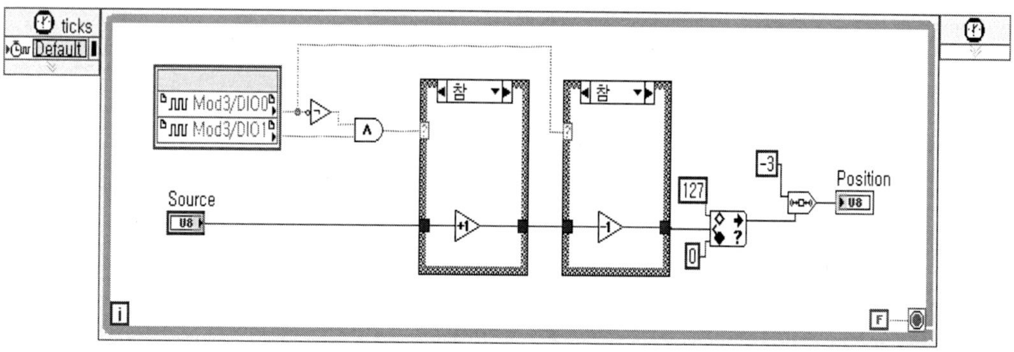

다음은 7틱이 소요되는 While 루프를 1틱의 Single Cycle Timed Loop로 바꾼 경우입니다.

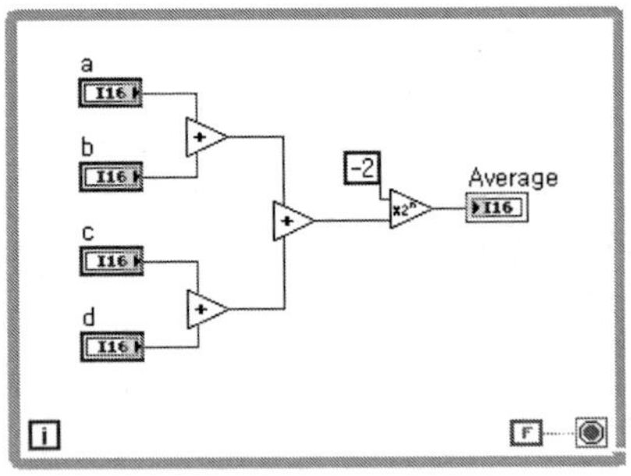

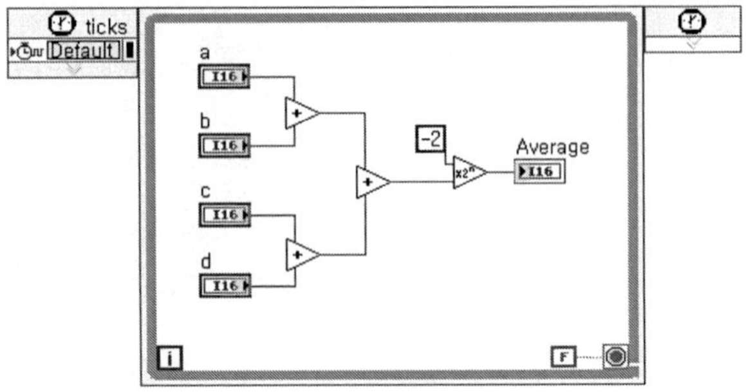

[Single Cycle Timed Loop에서 사용할 수 없는 함수들]

- 아날로그 입력과 아날로그 출력(대부분의 C시리즈 모듈)
- 다른 루프 구조(For 루프, While 루프 등)
- 1틱 이상의 실행이 꼭 필요한 모든 어플리케이션
- 공유되는 리소스(Arbitration)
- Loop Timer
- Wait 등

요약정리

가. 대표적인 임베디드 시스템으로는 Real time 시스템과 FPGA 시스템이 있습니다.

나. 정시성이 요구되는 결정성 있는 어플리케이션을 구현하는 목적으로 Real time 시스템을 사용합니다.

다. cRIO, sbRIO, 그리고 R 시리즈 보드가 LabVIEW FPGA를 지원합니다.

라. cRIO 컨트롤러나 sbRIO 등을 원격 타깃으로 설정하고 사용할 수 있습니다.

마. LabVIEW 프로젝트에서 Real time 타깃을 지정하여 cRIO 임베디드 컨트롤러 프로젝트를 구현할 수 있습니다.

바. Scan Interface 모드를 이용하여 FPGA 프로그래밍이나 컴파일 없이 cRIO 섀시에 장착된 C시리즈 모듈을 사용할 수 있습니다.

사. FPGA Target VI를 만들고, 컴파일하여 FPGA 어플리케이션을 구현할 수 있습니다.

아. cRIO 컨트롤러에서 구동하는 Real Time VI를 만들고 FPGA Target VI와 통신할 수 있습니다. 이때 PCI 버스를 이용합니다.

자. Interrupt를 이용하여 cRIO 호스트 컨트롤러와 FPGA Target을 동기화할 수 있습니다.

차. 고속의 데이터 전송을 위하여 DMA FIFO를 이용할 수 있습니다.

카. 사용자 컴퓨터에서 Windows 기반의 모니터링 VI를 이용하여 모니터링 및 컨트롤이 가능합니다.

타. 공유변수나 TCP 통신을 이용하여 Windows 호스트와 cRIO 컨트롤의 통신을 수행할 수 있습니다.

파. 빌드 스펙에서 새로 만들기 〉 Real-Time Application을 선택하여 임베디드 실행 파일을 만들 수 있습니다.

하. FPGA는 칩 레벨의 어플리케이션이므로 Windows 어플리케이션과 차별화되는 최적화 방법들이 있습니다.

Note

저자약력

- 1993년 밀양고등학교 졸업.
- 1999년 연세대학교 이과대학 물리학과 졸업.
- 2001년 포항공대 물리학과 석사.
- 2001년 3월 한국내쇼날인스트루먼트 입사.
- 2002년 4월 LabVIEW 컴퓨터 기반의 제어와 계측 Solution 저 – Ohm사.
- 2003년 9월 LabVIEW Express 저 – Ohm사.
- 2004년 8월 LabVIEW 컴퓨터 기반의 제어와 계측 저 – Ohm사.
- 2006년 11월 LabVIEW 한글판 – Ohm사.
- 2008년 10월 LabVIEW 8.6 한글판 – Ohm사.
- 2009년 10월 LabVIEW 2009 – Ohm사.
- 현재 한국내쇼날인스트루먼트 기술지원부 본부장.

컴퓨터 기반의 제어와 계측

LabVIEW 데이터 수집 및 CompactRIO

초판 발행 2011년 3월 21일
1판 2쇄 2011년 6월 15일

저 자 곽 두 영 지음
발 행 인 곽 종 학
발 행 처 도서출판 **Ohm사**

주 소 140-150 서울시 용산구 갈월동 17번지. 세기B/D
전 화 02-776-4868~9
팩 스 02-779-6757
등록번호 1975년 9월 12일 제3-3호

ISBN 978-89-7101-817-8 **정가 32,000원**

LabVIEW 무료 체험방법

ni.com/trylabview 를 방문하십시오

- LabVIEW 온라인 교육 동영상
- 모든 기능을 경험할 수 있는 평가판 다운로드
- 평가판 DVD 요청

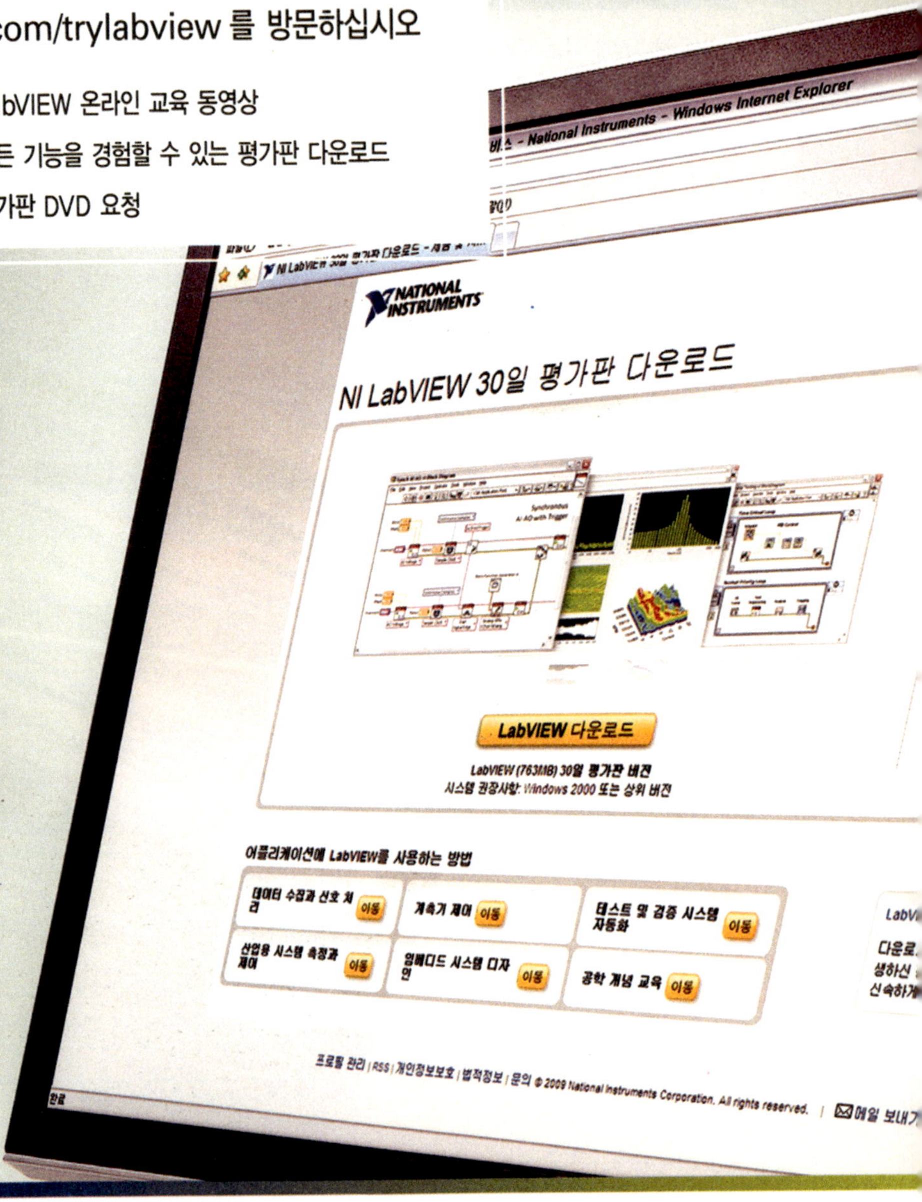